막스 베버 사회학

연구논문집

나남
nanam

전성우

서울대 문리대 독문과 졸업

독일 괴팅겐대학 사회학 박사

한양대 정보사회학과 교수

독일 하이델베르크대학 및 에아랑겐대학, 일본 각슈인대학 초빙교수

한국이론사회학회 회장 역임

나남신서 1677

막스 베버 사회학

연구논문집

2013년 2월 28일 발행
2013년 2월 28일 1쇄

지은이 • 전성우
발행자 • 趙相浩
발행처 • (주) 나남
주소 • 413-120 경기도 파주시
회동길 193
전화 • (031) 955-4601(代)
FAX • (031) 955-4555
등록 • 제 1-71호(1979.5.12)
홈페이지 • http://www.nanam.net
전자우편 • post@nanam.net

ISBN 978-89-300-8677-6
ISBN 978-89-300-8001-9(세트)

책값은 뒤표지에 있습니다.

나남신서 1677

막스 베버 사회학
연구논문집

전성우 지음

나남
nanam

Sociology of Max Weber

Research Papers

by

Song-U Chon

nanam

머리말

막스 베버(Max Weber: 1864~1920)는 칼 맑스, 에밀 뒤르켐과 함께 현대 사회과학의 토대를 구축한 이른바 '성 삼위일체'에 속하는 독일 사회사상가이다. 이런 위상에 걸맞게 베버는 '만능천재', '사회과학의 스핑크스', '지적 거대 산맥' 등 다양한 별칭을 가지고 있다.

이 논문집은 필자가 지난 30여 년간 '막스 베버 사회학'이라는 지적 거대산맥을 탐색하면서 얻은 성과물을 담고 있다. 딱히 어디 도달한 것도 아니고, 무언가를 쌓아올린 것도 없이 이리저리 헤매기만 한 부끄러운 지적 등반이었다. 그러나 꾸준히 이 산맥을 오르내리기는 했다. 그래서 고비마다 나름대로 열심히 기록했던 '등정기'들 가운데 일부나마 한곳에 모아보고 싶었다. 이런 '허영심'을 억누르지 못해 나온 것이 이 논문집이다.

책은 총 5부로 구성되어 있다. 제 1부는 크게 네 가지 주제를 다루고 있다. 첫째, 베버 근대성 이론의 지성사적 배경: 나는 이 배경을 크게

‘포스트 자유주의’, ‘포스트 맑스주의’ 및 ‘포스트 니체주의’라는 세 가지 핵심 관점으로 압축하여 분석하였다. 둘째, 베버의 근대화론의 핵심인 ‘합리화 과정론’: 나는 베버가 근대 합리화 과정의 요체를 ‘가치영역의 분화’라는 명제에 담고 있다는 해석을 제시하였다. 셋째, 베버의 근대성 비판: 나는 이 비판을 ‘합리화 과정의 역설’이라는 관점에서 서술하였다. 끝으로 베버가 근대사회의 문제점에 대해 내린 처방: 나는 이 처방을 ‘의회주의’와 ‘노동조합주의’라는 두 가지 이념에서 도출하였다. 여기에 두 가지 보론을 추가하였는바, 첫 번째 보론에서는 상기한 합리화 과정론에 깔린 베버의 행위이론적 함의를 요약하였으며, 두 번째 보론에서는 최근 합리성 개념에 대한 비판적 성찰들을 베버와 연관지어 서술하였다.

제 2부는 베버의 사회과학방법론을 대상으로 한다. 그러나 서술의 중점은 베버 방법론 자체의 재구성에 있다기보다는 오히려 그것의 지성사적 배경에 놓여 있다. 이 배경의 요체는 19세기말~20세기 초 독일에서 진행된 이른바 “방법론 논쟁”인바, 나는 이 논쟁을 독일 지성사의 특수성(반 자연주의적, 역사주의적 특수성) 이라는 관점에서 정리하였다. 베버는 이러한 독일적 특수성을 한편으로는 ‘계승’하면서 다른 한편으로는 이와의 ‘단절’을 시도한 ‘이단자’라는 것이 나의 해석이다. 제 2부 역시 보론을 하나 가지고 있는바, 바로 상기한 독일적 특수성을 영국과 프랑스 지성계와 비교 분석하는 글이 그것이다.

제 3부는 베버의 지배사회학을 분석하고 있는바, 나는 여기서 베버의 이른바 ‘합법적 지배유형’이 가진 다양한 차원들을 집중적으로 고찰하였다. 핵심 차원들로는 ‘관료제론’, 카리스마론, 그리고 합법적 지배와 자연법 및 법실증주의와의 관계 등을 들 수 있다. 보론에서는 베버의 유명 강연인 “직업으로서의 정치”에 대한 간략한 해제를 제시하였다.

베버의 종교사회학을 다루고 있는 제 4부는 크게 두 가지 주제에 집중하고 있다. 그 하나는 베버의 '지적 상표'로 간주되는 "프로테스탄티즘의 윤리와 자본주의 정신"으로서, 두 개의 논문이 이 주제를 다루고 있다. 첫 번째 글에서 나는 베버와의 '가상 대담' 형식을 빌려 그가 '프로테스탄티즘 명제'를 구상하게 된 가족사적-개인적 배경을 살펴보았다. 두 번째 글에서는 '베버 명제'에 빗대어 개신교가 한국 근대화 과정에서 수행한 역할을 간략히 분석하였다(영어논문). 다른 하나의 주제는 베버의 유교 문명론이다. 나는 여기서 베버의 유교 연구를 역사사회학적-비교사회학적 관점에서 분석하였으며, 특히 중세 서양 도시와 중국 도시 간의 정치사회학적 그리고 종교사회학적 차이점을 대비하였다.

제 5부는 〈'인간' 베버 재조명〉이라는 제하에 베버 생애 연구의 최근 성과를 소개하였다.

이 논문집에서 다루어진 주제들은 '베버 사회학'이라는 거대 산맥이 가진 몇 개의 봉우리에 지나지 않는다. 이외에도 매우 다양한 준령들이 베버 사회학에 우뚝 솟아 있다(심지어 '음악사회학'이라는 뜻밖의 나지막한 구릉도 있다). 그러나 나는 지배사회학, 종교사회학, 방법론, 중국 내지 동양문명론은 베버 사회학의 가장 중요한 봉우리들에 속한다고 생각한다. 이 주제들을 관통하는 베버의 문제의식과 그가 풀고자 했던 사회과학적 수수께끼의 내용 등에 대해서는 이 책의 첫 번째 논문에서 상론하였다.

제 1~4부에 수록된 글들은 대부분 이른바 '베버 내재적' 해설들이다. 다시 말해, 가능한 한 베버 원전 자체의 충실한 재구성에 집중하고 있는 글들이다. 따라서 '지배', '방법론', '종교', '중국 문명' 등 해당 주제들에 대해 베버가 '어느 저작에서 무슨 말을 어떤 맥락하에 했는가'에 관심을 가진 독자에게는 이 글들이 어느 정도 도움이 될 수 있을 것이다. 그러나 동시에 이 논문집은 이러한 '유용성'을 무색케 하는 한계를 지니고 있다는 점 역시 지적하지 않을 수 없다: 즉, '베버 사회학'에 대한 생산적 비판을 통해 베버의 '어깨 위에 서서' 베버보다 더 멀리 바라보는 데 필요한 성찰 공간은 매우 좁다는 한계가 그것이다. 이것은 '베버와 사랑에 빠져' 눈멀기 십상인 대다수의 이른바 '베버 문헌학자'들이 가진 한계이기도 하다. 이제 정년과 함께 주어질 여유 속에서 이 한계를 벗어나는 작업, 즉 베버에서 출발하되 베버를 넘어서는 성찰작업을 본격적으로 수행할 각오를 지금 다지고 있다.

그런데 후학들이 나의 이 논문집과 동시에 나남에서 출간하는 《현대사회와 베버 패러다임》은, 베버가 제시한 이정표에서 출발하지만 베버의 '언어'를 '자신의 언어'로 풀고, 베버의 '문제'를 '우리의 문제'로 과감히 새롭게 제기하는 창의적 소장-중견 학자들의 노작을 담고 있다. 나의 정년을 계기로 후학들이 이 책을 펴낸 것은 나로서는 감당하기 힘든 과분한 영광이면서 동시에 나를 향해 '더 나아가라'는 격려의 채찍이기도 하다. 앞으로 이 격려에 부응할 수 있도록 더욱더 정진할 것임을 감히 약속한다.

지금까지 나의 〈베버-산맥〉 등정을 앞에서 이끌어주고, 함께 동반해주고 또 뒤에서 밀어준 분들을 일일이 거명하기에는 그 수가 너무 많다. 이 자리를 빌려 진심으로 감사드린다. 그러나 내가 큰 빚을 진 두 학회는 따로 언급하고 싶다: 〈막스 베버 연구회〉(1987~1997)와 〈한국이론사회학회〉(2001~현재), 이 두 학회의 회원들 모두는 나의 가장 귀중한 지적 동반자였으며, 따라서 이분들 모두에게 각별히 고마운 마음 전한다.

이 변변찮은 논문집의 출판을 흔쾌히 맡아준 나남출판 조상호 사장님, 정성껏 편집작업을 해준 방순영 님, 민광호 님에게도 진심으로 감사한다. 나남출판은 나의 베버 관련 저서와 역서 모두의 출간을 도맡아

준 곳이었고, 따라서 나의 '베버 등반'을 지탱해준 가장 든든한 버팀목 중 하나였다. 고전에 대한 남다른 열정이 없는 문화 사업가라면 이런 '손해 보는 장사'를 근 30년간 군말 없이 해왔을 리 없다. 조상호 사장 및 그 팀의 열정과 배려에 이 자리를 빌려 각별한 고마움과 경의를 표하고자 한다.

가부장적 심술에서 평생 헤어나지 못한 경상도 사나이를 40여 년간 무던히도 참아내고 보살펴주면서 지적 반려자 역할을 해온 아내이지만, 대놓고 '고맙다'는 말 하기는 여전히 참 쑥스럽다. 그러나 이제 '심술'에서라도 이 말을 해야 할 때가 되었구나 싶다. 아내에게 이 부족한 책을 헌사한다.

2013년 2월
감사합니다.
전 성 우

나남신서 1677

막스 베버 사회학

연구논문집

• 차 례 •

제2부 사회과학방법론

제3부 지배사회학

제4부 종교사회학

제 1 부

근대사회론

인용된 베버 저서의 약자

GASS: *Gesammelte Aufsätze zur Soziologie und Sozialpolitik*, 1924.

RS I, II, III: *Gesammelte Aufsätze zur Religionssoziologie*, 1924.

WG: *Wirtschaft und Gesellschaft* 제 5판, 1976.

WL: *Gesammelte Aufsätze zur Wissenschaftslehre*, 1924.

PS: *Gesammelte Politische Schriften*, 1921.

1. 서론

막스 베버(Max Weber: 1864~1920)는 현대 사회과학의 발전에 지대한 공헌을 한 독일 사회사상가이다. 그의 공헌은 워낙 다양한 방면에 걸쳐 있어서 어느 한 분야의 업적만으로 그가 현대 사회과학 내에서 차지하는 위상을 규정짓기란 거의 불가능할 정도이다. 그래서 베버는 간혹 20세기의 마지막 학문적 '만능천재'(*universalgenie*)라고 불리기도 한다.

그의 주요 저서 몇 가지를 지적하면, 우선 가히 사회과학적 '개념 건축학'이라 부를 수 있을 《경제와 사회: 이해사회학 개요》를 들 수 있다. 이 책에서 베버는 '행위이론'과 '이해(理解)사회학적' 방법론 등을 구축하였으며, 또한 법사회학, 정치사회학, 종교사회학, 경제사회학, 계급-계층론, 도시사회학 등 사회과학의 지극히 다양한 분야에 대해 정교한 개념도식들 및 독창적인 이론모델들을 제시하였다. 또한 《종교사회학 논문집》(전 3권)에서는 신교, 유교, 도교, 힌두교, 불교, 유대교 등을 비교 종교사회학적 차원 및 더 나아가 비교 문명론적 차원에서 분석하였다. 그리고 《과학론 논문집》에서 베버는 '가치중립성', '이념형' 등 현대 사회과학방법론의 중심화두가 된 이론 및 개념들을 제시하였다. 또한 그는 《사회경제사》, 《일반경제사》 등에서 근대 자본주의적 산업화 과정의 역사적 경로를 추적하였다.

이런 다양한 영역에서 수행된 베버의 연구활동 전반을 관통하는 일관된 인식관심은 자본주의적 근대 시민사회의 역사적 기원 및 근대성의 사회학적 성격을 규명하는 것이었다. 베버는 그의 (상대적으로) 짧은 학문적 생애 동안 서양과 동양의 역사 전반을 섭렵하면서 자신의 이러한 문제의식을 지속적으로 확대하고 심화시켜나갔다: 베버가 걷은 지적 섭렵의 길은 그를 메소포타미아에서 이집트를 거쳐 이스라엘로(중동

문화권), 고대 그리스-로마 및 헬레니즘으로부터 로마제국시대를 거쳐 중세 및 근대 유럽으로(서양문화권), 그리고 중국을 거쳐 인도에(아시아문화권) 까지 이르게 한다. 이 과정에서 베버는 단순히 연구자료의 기반을 보편사적으로 확대해나갔을 뿐 아니라, 분석의 이론적 지평 역시 점차 넓히고 또 정교화해 나간다. 이 여정을 우리는 대개 1910년을 기준으로 〈초기 베버〉와 〈후기 베버〉의 단계로 나눌 수 있으며, 연구대상 및 주제 차원에서는 3단계로 나누어 볼 수 있다.

(1) 주제상으로 볼 때, 초기 베버는 일차적으로 '자본주의'라는 서구 근대 경제체제의 발생과정에서 작용한 서구 특유의 역사적-이념적 요인들에 관심을 두었으나, 점차 그는 경제뿐 아니라 근대 과학, 예술, 정치, 법 등 '근대 서구문명' 일반 내지 '근대성' 일반의 발현과 그 특수성의 문제로 자신의 관심영역을 확대시켜 나간다.

(2) 역사적 분석대상의 경우, 초기 베버는 근대 자본주의문명 발생문제를 일단은 '서구 내적'인 역사발전의 틀에서 고찰하다가 점차 유럽문명에 대한 대안적인 구조와 발전양식을 찾는 보편사적인 비교분석의 차원으로 연구대상을 확대시켜 나간다.

(3) 위의 두 과정을 거치면서 베버는 근대 자본주의 및 근대문명의 사회학적 핵심문제를 점차 '합리주의' 및 '합리화 과정'이라는 더 포괄적이고 이론적인 문제로 확대-심화시켜 나간다(물론 '합리성' 문제는 그의 초기 저작에서도 이미 일정한 이론적 잣대 역할을 한다).

이렇게 볼 때, 근대 자본주의의 기원이라는 구체적인 역사적 문제가 베버 사회학의 출발점이었다면, 그것의 이론적 귀착점이자 중심주제는 '합리주의' 및 '합리화 과정'이라고 볼 수 있다. 베버는 이 주제를 추적함에 있어서, 위에서 언급했듯이, 동서양을 넘나들며, 또 학문 간의 통상적 경계선(정치학, 경제학, 사회학, 역사학, 철학 등) 을 초월하여 자신의 연구작업을 전개한다. 따라서 그가 이 과정에서 파고드는 문제차원들과 분석대상들은 지극히 다양하고 다층적이다.

필자는 이 글에서 베버 사회학의 이러한 다층적 논증구조를 그의 주요 저작들에 의거하여 '내재적으로' 개괄하고자 한다. 이렇게 내재적 개괄을 일차 목표로 삼기 때문에 이 연구는 베버의 사회학적 분석모델이 작금의 현대사회의 구체적 문제들을 이해하고 설명하는 데 어떠한 적실성을 가지고 있는가 라는 주제는 제 1장과 결론 부분에서 간략히 짚어보고 있을 뿐임을 미리 밝혀둔다. 그러나 필자는 아래에서 제시되는 내재적 재구성 작업이, 지금 우리가 처한 현실의 분석에 베버 사회학이 어떤 효용성을 가지고 있는지를 검증하기 위해 거쳐야 할 필수적 전초작업이라고 믿으며 이것이 본 연구의 의의라고 생각한다.

재구성의 가장 포괄적 틀은 베버의 근대성이론이라고 볼 수 있으며 논의는 5장으로 구성되어 있다. 제 1장은 베버 사회학의 현대적 의의를 간략히 서술한다. 제 2장은 베버 근대성이론 형성의 지적 배경을 자유주의, 맑스 및 니체를 중심으로 살펴본다. 제 3장은 베버 이론의 핵심인 합리화 과정론을 검토하며, 제 4장은 이 합리화 과정론에 내포된 베버의 '근대 비판'을 재구성한다. 마지막으로 제 5장은 근대 사회가 안고 있는 사회학적 문제들에 대해 베버가 내리는 실천적 · 정치적 '처방'을 서술한다.

2. 막스 베버 사회학의 현대적 의의

베버 사회학의 현대적 위상을 평가한다는 것은 한마디로 그가 '근대성'[1]에 대해 던진 '화두'들이 아직 '우리'의 화두인가를 검토하는 것을 뜻한다. 그럼 베버의 화두들은 무엇인가? 이를 몇 가지 잘 알려진 개념들로 묶어보면: 사회이론의 차원에서는 '합리성'과 '합리화 과정론' 및 행위이론, 지배조직을 비롯한 근대적 조직원리의 차원에서는 '관료제론', 방법론적 차원에서는 이념형적 개념 구성론, 해석학적 '이해'('의미적합성')와 인과적 '설명'('인과적합성')의 결합 , 윤리론의 차원에서는 '책임윤리'와 '신념윤리' 등이다.

이 화두들은 분명히 현대문명, 그리고 현대 사회과학 일반이 아직도 씨름하는 화두들이며, 동시에 이미 깊숙이 근대화 과정에 몰입해 있는 우리 한국 사회의 화두들이기도 하다. 다시 말하여, 베버가 던진 문제들은 아직도 근대성에 대한 우리의 이른바 '담론언어'의 중심축을 형성하고 있다. 어떤 의미에서 그러한지, 앞서 지적한 베버의 화두들 중 아래 4가지, 즉 ① 합리성, ② 관료제, ③ 방법론, ④ 윤리론을 중심으로 간략히 짚어보고자 한다.

(1) '합리성': '합리성' 문제는 현재 다시 한 번 사회이론적 패러다임의 핵심주제로 부각되는데, 이것은 최근 '근대주의'와 '탈근대주의' 간에

---

1) 이 논문에서 '근대성'(*modernity*, *moderne*) 이라는 용어는 근-현대사회의 사회학적 그리고 문화적 속성들을 지칭하는 추상적 총체개념으로 쓰인다. 'modern-modernity'는 물론 현대적-현대성으로도 번역될 수 있으나 필자는 이 개념의 역사적 출발점을 함께 표현하는 '근대적-근대성'이라는 용어를 선호한다. 그러나 맥락에 따라서는 이 두 가지 표현을 혼용하고 있음을 미리 밝혀둔다.

진행되는 논쟁의 대상이 바로 근대적 '합리성'이라는 사실에서 잘 드러난다. 그리고 이 논쟁에서 근대적 합리성을 고수하고자 하는 모더니즘 진영과 이 합리성의 해체를 요구하는 포스트모더니즘 진영 공히 막스 베버의 합리성 이론을 중요한 비판적 준거로 삼고 있다.

(2) 관료제: 특히 사회주의체제 붕괴 이후 '관료제' 문제는 정치적 지배조직에 관한 논의에서 다시금 우리의 중심주제로 떠오르고 있다. 그리고 동구 사회주의체제의 와해를 계기로, 통제되지 않은 관료적 지배가 가져올 수 있는 파국에 대한 인식이 확산되면서 베버의 관료제론은 이 파국에 대한 매우 설득력 있는 설명논리로 사회과학계의 주목을 받고 있다. 그러나 베버의 관료제론의 '화두적' 성격은 비단 정치-행정적 지배조직에만 한정되는 것은 아니다. 왜냐하면 이 모델은 또한 경제적 생산 및 노동조직과 경영조직의 차원에서도 활발한 논의의 대상이 되고 있기 때문이다: 가령 포디즘(생산조직의 관료화)과 탈포디즘(탈관료화)에 대한 논쟁은 많은 경우 바로 자본주의사회의 관료화에 대한 강력한 '경고-메시지'를 담고 있는 베버의 고전적 관료제 모델에 대한 비판적 성찰에서 출발한다.

(3) 방법론: 현대 사회과학방법론 논쟁에서 베버의 화두가 차지하는 중심적 위치는 잘 알려져 있다. 제 2차 세계대전 종전 이래 서구의 과학방법론을 확고히 지배하던 인과설명적 실증주의적 '표준과학론'은 1960년대 말경부터 근본적인 도전을 받게 되었고 그 결과 '의미 이해'를 지향하는 해석학적 접근이 새로운 방법론적 대안 패러다임으로 점차 관철되기 시작한바(최근에는 오히려 해석학적 패러다임이 주도권을 쥐고 있는 듯한 인상을 주기까지 한다), 이러한 방법론적 전환에서도 베버는 긍정적 준거로나 비판적 준거로나 핵심적 역할을 했으며 또 하고 있다.

(4) 윤리론: 현대의 윤리학적 담론에서 베버의 '책임윤리'라는 화두의 위상은 어떠한가? 이 위상의 견고함을 보여주는 한 가지 사례를 들자

면: 기술문명시대의 윤리문제에 대한 최근의 논쟁에서 아마도 가장 많은 주목을 받은 저서 중의 하나가 독일 철학자 한스 요나스(Hans Jonas)의 《책임의 원칙》(1979)일 것이다. 칸트와 베버의 윤리론에 비판적으로 접목하는 이 저서가 보여주듯이, 근 80년 전에 베버가 현대적 조건하에서 가능한 윤리관으로 제시한 '책임윤리론'은 그동안 고루해지기는커녕 오히려 바로 우리가 처한 세기전환기의 윤리적 딜레마의 정곡을 찌르고 있다고 해도 과언이 아닐 것이다(최근 관찰되는 실천철학의 복원경향은 이것을 잘 보여준다).

베버의 화두가 아직도 우리의 화두임은 특히 1980년대에 들어서면서부터 이른바 '막스 베버-산업'이 번창하고 있다는 사실에서도 확인된다: 대규모 베버 관련 학회들, 매년 쏟아져 나오는 엄청난 양의 베버 연구서들 및 통계적으로 확인되는 높은 베버 인용빈도수 등이 이 번창의 가시적인 징표들이다. 또한 현재 독일에서 진행되는 새로운 《막스 베버 전집》(40여 권)의 출간 준비도 이를 뒷받침한다. 사실 요즈음은 베버 연구 전반의 개관은 차치하고 그의 사회학의 각론분야 — 가령 방법론, 종교사회학, 정치사회학, 역사사회학 등 — 가운데 한 특정 분야에 대한 연구성과만을 개괄하기에도 벅찰 지경이다(예를 들어 "프로테스탄티즘의 윤리와 자본주의 정신" 논문 단 하나에 관한 가장 최근의 연구서만도 근 700편을 넘고 있으며 또 계속 나오고 있다).

베버는 국제학계에서 말하자면 사회이론가로서의 화려한 '르네상스'를 경험하고 있는 것이다. 또한 국내 학계에서도 최근 베버 사회학 전반에 대한 관심이 높아지고 있으며 전문적 베버 연구서들이 줄지어 출간되고 있는바, 가령 활발한 베버 저서 번역작업, 공동연구(가장 최근의 예: 《막스 베버 사회학의 쟁점들》, 1995)의 증대 등이 그 징표들이다.[2] 흔히 '베버 르네상스'라고 지칭되는 이 현상은 맑스와 뒤르켐 같은 다른 고전사상가들에 대한 연구성과와 비교할 때도 그 지속성과 광범위성에서 유별나다.

물론 베버 사회학의 고전적 위상은 진작부터 확고히 정립되었던 터이지만, 특히 1980년대 이래 베버가 다른 어느 고전 사회사상가들보다 더 각별한 관심의 대상이 되고 있다는 사실은 어느 정도 설명이 필요하다. 그럼 베버 사회학의 어떤 속성이 이러한 '르네상스'를 설명해줄 수 있는가? 우선 지적될 수 있는 것은, 그의 사회학적 사고와 구도가 가진 포괄성과 복합성은 이념적·이론적 '진영 차이'를 뛰어넘는 범학제 간 대화의 가능성을 내포하고 있다는 사실이다.

이미 1980년대 중반에 시작된 맑스와 베버의 대화 가능성에 대한 활발한 탐색에서 구체적으로 표출되듯이(Antonio, 1985; Böckler, 1987), 그의 방법론적 그리고 이론적 입장의 특이성은 가령 맑스주의자와 비맑스주의자가 각각의 서로 상충되는 역사관 및 사회관을 견지하면서도 상호 대화할 수 있도록 해주고 있다. 이러한 속성 덕분에 그는 지금까지의 수용과정에서 어느 특정한 학파에 의해 지속적으로 독점되지 않았고 또 될 수도 없었으며, 그의 사회학이 하나의 체계적 '학파'를 형성한 적도 없었다. 이런 상황이 암시하는 바는, 그의 사회과학관은 이론적 방법론적 다원주의와 개방성, 다차원성을 단순히 〈허용〉할 뿐 아니라 바로 그것을 원칙적으로 〈요구〉하고 있다는 점일 것이다.

베버의 사회학적 성찰이 가진 바로 이런 기본속성이 아마도 그로 하여금 기존 사회학에서 우리가 흔히 발견하는, 아래와 같은 상호배타적·이분법적 대립도식들의 어느 한쪽에 안주할 수 없도록 만들었다고 볼 수 있다(Weiß, 1989: 14~15) : 즉 '가치 지향' 이냐면 '가치 구속', '인

2) 또한 베버 사회학의 각론들에 대한 연구도 국내학계에서 활발히 진행되고 있다. 연구성과에 대한 개괄을 위해서는 김중섭, 1980; 박성환, 1992; 양영진, 1989, 1994 등을 참조.

과'-설명적 아니면 '의미'-해석적 사회학, '경험과학적' 아니면 '이론과학적' 사회학, 행위론적 아니면 구조론적 사회학, '유물론적' 아니면 '관념주의적' 사회학이라는 대립도식들이 그것이다. 물론, 베버가 지금까지 통상적으로 이 대립도식의 한쪽 진영, 특히 행위론적, 가치중립적 그리고 관념론적 사회과학의 대변자로 간주된 것은 사실이다. 그러나 베버 저작의 정확한 독해는 이런 유의 단순한 자리매김이 부당하다는 점, 그리고 베버가 얼마나 끈질기게 이러한 이분법적 진영가름에 저항했는지를 여실히 보여준다는 것이 필자의 입장이다(아래 참조). 그에 의하면 진정한 사회학은 이들 대립적 구도들의 어느 한 진영에 고착되지 않고 오히려 이들이 창출해내는 긴장과 갈등의 '현실'에 뿌리내릴 때 비로소 시작된다. 이 갈등의 장에 위치지어진 사회학은 항상 '살아 있는' 학문이고, 어느 한 구도에 안주하는 사회학은 '죽은' 사회학이 되는 것이다.

이렇게 어느 한 진영에 안주하기를 거부하는 '범 비판주의'[3]가 그의 사회학 전반에서 우리가 느끼는 팽팽한 긴장감의 근원일 것이다. 그러나 필자가 보기에 이러한 긴장감의 더 중요한 근원은 베버의 아래와 같은 과학방법론적 입장에 놓여 있다. 즉, 위에서 예를 든 도식과 개념들은 현실 그 자체의 모사가 아니라 단지 우리가 현실에 대해 구성한 이념형적 '허구'이며 방법론적 수단에 불과하다고 보는 베버의 입장이 그것이다. 그래서 베버 자신, 스스로가 만든 개념과 도식의 세계에 예속된 채 살아 움직이는 '현실'을 망각하거나 심지어 이 현실을 도식에 예속시키는 과오를 범하지 않으려고 부단히 노력했으며, '현실'과 '개념' 간의 이러한 '비합리적 괴리'가 야기하는 긴장을 결코 회피하거나 부인하려고

3) 베버는 "자기 자신에 대해 무비판적인 모든 인식"(WL: 167) 태도를 철저히 경계했으며, 이런 의미에서 우리는 베버 사회학을 일종의 '범 비판주의'라고 규정할 수 있을 것이다.

하지 않았다.

이러한 성격의 베버 사회학에 대해, 앞서 언급했듯이, 최근 다시금 광범위한 관심('베버 르네상스')이 일고 있는 것은 작금의 사회과학 일반이 처한 일반적 상황과 무관하지 않다. 이 상황은 사회과학의 학문적·사회적 정체성의 위기라는 말로 요약될 수 있을 것이다. 실제로, 한편으로는 '사실'(*facts*)이, 만약 그것이 충분히 축적만 된다면, 진리를 말해주리라는 실증주의의 소박한 '자료-신앙'이 가져다준 실망, 그리고 다른 한편으로는 '거대이론'(*grand theory*) 혹은 교조적 총체이론이 가져다준 실망에 직면하여 사회과학, 특히 사회학이 정체성 위기를 맞고 있다는 주장이 흔히 제기된다. 이러한 위기는 가령 1960년대 말에 학생운동과 함께 풍미했던 맑시즘에 대한 희망이 1970년대 초에 수그러들다가 최근 사회주의체제의 붕괴와 함께 이제는 절망으로 전환되는 과정, 그리고 전후 서구 사회학계를 지배했던 구조기능주의적 패러다임과 논리실증주의적 방법론이 1970년대 중반부터 받기 시작한 중대한 도전 등에서 여실히 드러난다. 그러나 가만히 따지고 보면, 사실 위기를 맞은 것은 사회학 그 자체라기보다는 사회학에 우리가 건 아래와 같은 기대들이라고 볼 수 있다: 즉 한편으로는 사회학이 지니고 있다고 믿었던 순전히 실증적·사회공학적 문제해결능력에 대한 기대와 다른 한편으로는 사회학이 세계관 내지 '과학적 구원론'으로 기능할 수 있다는 기대가 그것이다.

베버는 사회학에 대해 이 두 가지 기대 중 어느 것도 걸지 않았다. 베버는 말하자면 자신의 그 유명한 탈주술화 명제를 사회학 자체에도 적용했던 것이다: 그의 사회학은 탈주술화된 학문으로서, 어떤 '주술적' 혹은 '예언적' 능력도 주장하지 않으며 사회학적 인식의 역사적 규정성과 상대성에 대한 철저한 인식에 기반하고 있다. 이와 연관하여 기실 작금의 베버-르네상스에 아마 가장 놀라는 사람은 바로 베버 자신일 것이라는 아이러니컬한 지적을 하지 않을 수 없다. 왜냐하면, 베버에 의하면 사회학적 문제의식과 개념들은 필연적으로 그것이 생성된 시기의 문화가 던지는 '중대한 문제들'에 대한 지적인 대응이며, 따라서 한 문화의 축이 이동하면 그것이 던지는 문제들도 달라지고 이에 상응하여 사회과학적 개념과 시각 역시 변할 수밖에 없기 때문이다(WL: 214). 그래서 베버는 자신의 학문적 성과 역시 10~20년 후에는 낡은 것이 될 것이고 또 되어야만 한다고 주장한다. 베버에 의하면 이것이 어째서 사회과학은 '영원히 젊은 학문'(WL: 205)으로 남을 수밖에 없는가 하는 이유이다. 우리는 베버가 자신의 저작에 대해 스스로 제시하는 이러한 철저한 자기비판적 독해법을 진지하게 받아들여야 한다. 그리고 이것은 비단 베버만이 아니라 모든 사회과학 고전에 해당되는 독해법이다. 즉, 고전이란 저술 당시의 '시대정신' 또는 문화의 축에 대한 치열한 고뇌 없이는 탄생할 수 없었으며, 따라서 시대정신과 문화의 축이 이동했다면 이 고전이 가진 설득력 역시 그와 함께 감소할 수밖에 없고 그런 이상 고전은 항상 비판적 독해를 필요로 한다. 그리고, 위에서 지적했듯이, 베버는 자신의 저작에 대해 스스로 그리고 명시적으로 이러한 비판적 독해를 요구하고 있다.

그러나 고전을 고전으로 만드는 또 하나의, 그리고 방금 말한 것과는 상반되는 기준이 있으니, 그것은 곧 그 고전에 내포된 보편적 문제제기이다. 다시 말하여, 문화의 축이 이동하고 시대정신이 변화했음에도 불구하고 해당 저작들이 여전히 유효한 문제제기를 내포하고 있을 때 비로소 우리는 그것을 고전이라 부르게 되는 것이다. 베버의 경우 우리는 이와 관련하여 아래와 같은 평가를 내릴 수 있을 것이다: 즉, 최근의 베버 르네상스가 보여주듯, 베버 시대의 문화의 축이 아직 우리의 축일 수 있다는 평가가 그것이다. 다시 말하여, 우리가 피상적인 역사관찰에서 얻는 인상과는 달리 베버가 씨름했던 문화적 기본문제들은, 베버 스스로 인정했던 시대구속성에도 불구하고 아직도 그 시의성을 잃지 않았다고 볼 수 있다. 베버가 근래에 다른 관점에서보다는 특히 서구의 합리화 내지 탈주술화 과정, 이 과정의 발생원인과 그것에 내재하는 모순들, 그리고 이 과정의 이중성 등에 대한 이론가로 주목을 끈다는 사실은 바로 상기한 해석이 타당함을 증명하는 듯하다 (Lash & Whimster, 1987).

이렇게 볼 때, 베버가 다루는 문제와 그의 방법론, 그의 개념들은 다른 많은 고전이론가들의 경우와는 달리 우리에게 역사적으로 소원한 느낌을 주는 것이 아니라 오히려 '우리'의 사회적 그리고 개인적 생존조건과 가능성을 탐색하고 학문적으로 이해하는 데 기여할 수 있는 살아 있는 이론 및 개념체계를 제공하는 듯한 '친숙함'을 느끼게 한다. 이는 베버가 겪었던 역사적 경험과 그가 출발점으로 삼았던 보편적 문제상황이 아직까지도 상당 부분 '우리'의 경험과 문제상황으로 남아 있기 때문일 것이다. 어떤 의미에서 그러한지를 검토하기 위해, 이제 베버가 직면했던 '시대정신'과 '문화의 축'이 던진 문제들, 그리고 이들에 대한 베버의 학술적 '응전'의 사상사적 맥락을 짚어보고자 한다.

3. 베버 근대성이론의 사상사적 배경: 자유주의, 맑스, 니체

1) '청산'-논쟁

베버 근대성이론의 사상사적 맥락을 재구성하기 전에 우선 이른바 '근대라는 프로젝트' 전반에 대해 현재 (특히 서구 지성계에서) 벌어지는 담론을 간략히 살펴보자.

지금 구미 사회과학계에서는 '청산'-논쟁이 한창이다. 청산대상은, 17~18세기에 서유럽을 중심으로 구상되고 설계된 '근대'라는 이름의 기획이다. 최근 사회이론의 조류를 우리는 이 '기획'의 청산 여부 및 청산방법에 대한 입장을 기준으로 아래와 같이 나눌 수 있다.

첫째, '근대'라는 기획은 '실패작'이라는 입장 혹은 이 기획은 이제 그 시효를 상실하였다는 입장이다. 이 입장에 의하면, 서구 근대문명의 발전은 정치경제적 지배권력의 공고화와 사회구조의 '내파' 위험 확산을 의미할 뿐이며 따라서 '근대'로부터의 '작별' 내지 '근대'라는 기획원리 자체의 파기가 불가피하다. 실제로 이런 입장의 대변자들은 18세기 이래 근대성 해석의 바탕을 이루어온 '이성'중심적 계몽주의적 기본 개념틀의 '해체'를 시도한다. 이른바 탈근대주의 혹은 후기구조주의라고 불리는 조류들이 여기에 속하며 이들의 사상사적 대부로는 계몽주의적 이성비판의 최고봉을 이루었던 니체와 하이데거를 들 수 있다.

둘째, '근대'는 '성공작'이라는 입장이 있다. 이 입장에 의하면 '근대화'는 바로 이러한 성공적 측면 때문에 보편적 과정으로 간주되어야 하며 모든 사회가 조만간 따라야 할 모델이다. 이 입장을 더 세분화하면: 비교적 소박한 역사낙관주의에 바탕하여 근대의 단순한 지속 및 보편화를 주장하는 이른바 '근대화' 이론이 있는가 하면, '근대'를 탄생시킨 '문화적' 유산은 이미 탕진되었다고 보며 단지 (경제, 국가, 기술 등) '사회적' 근대화 과정의 통제불가능성에 대한 비관주의적 체념에서 근대를 긍정하는, 이른바 '신보수주의적' 입장이 있다. 가령 독일의 신보수주의적 사회이론가인 아르놀드 겔렌(Arnold Gehlen)은 이 관점을 "계몽주의의 전제조건들은 이미 죽었고 단지 그 결과들만이 아직 계속 진행되고 있다"고 압축시킨다. 이런 시각에서 보면, 자족적으로 계속 진행되는 〈사회적〉 근대화는 일견 이제 소멸해버린 〈문화적〉 근대성의 추동력으로부터 분리되어버렸다(Habermas, 1988: 6).

셋째, '근대'는 아직 '미완성 기획'이며, 이 기획이 지금까지 야기해온 수많은 파행적 결과들 및 파괴 잠재력에도 불구하고 이 기획은 '비판적'으로 계승되어야 한다는 입장이다. 이 입장은 서구의 계몽주의적 합리성이 가진 '해방적' 관점과 '억압적' 요소를 엄밀히 구분하고, 전자의 포괄적 실현을 요구하고 또 기대하면서 어느 정도 '비판적' 낙관주의를 견지한다. 이런 입장을 취하는 조류로는 하버마스를 중심으로 한 '신비판이론' 및 서구 맑시즘의 전통을 들 수 있으며 이들은 강한 실천철학적 기조를 가지고 있다(Habermas, 1981).

위 분류가 암시하듯, 심판대에 오른 '근대'의 기획원리의 중핵은 일단 계몽주의적 이성이라는 개념으로 요약될 수 있다. 즉, 근대사회란 인간의 이성적 잠재력을 전제로 기획된 사회모델이며 따라서 청산논쟁의 중심적 대상은 곧 '이성'이라고 볼 수 있다. 그리고 바로 여기에 베버 사회학이 좁게는 상기한 '청산논쟁' 내에서, 넓게는 현대 사회학 일반에서 가진 중요한 위치가 드러난다. 왜냐하면, 근대적 이성의 문제를 그 원래의 발생지인 계몽주의적 '철학'의 차원에서 '사회과학'의 차원으로 선치시키고(Schnädelbach, 1984: 8), 이를 통해 근대성에 대한 우리의 '사회학적' 이해에 하나의 중요한 개념적 이론적 단서를 제공한 사상가가 바로 막스 베버이기 때문이다. 이렇게 '사회과학화'된 이성을 베버는,

주지하다시피, '합리성'이라고 부르며 이것을 자신의 사회학적 사고의 중심주제로 삼고 있다.

따라서 베버의 사회학적 명제들이 상기한 근대성 청산논쟁의 모든 진영에게 핵심적 준거틀을 제공하는 것은 결코 우연이 아니다. 가령 탈근대주의는 베버가 제시한 합리화의 역설(아래 참조)에 대한 통찰을 수용하고, 신보수주의자들은 그의 근대화론적 요소와 역사비관주의에 주목하고, 무엇보다도 하버마스는 베버의 합리화론 일반 및 그의 행위론에 비판적으로 접목하고 있다. 그러나 동시에 베버는 어느 진영에 의해서도 사상적 대부로 독점되지 않으며 또 될 수도 없는 것이다. 왜냐하면 이미 지적했듯이, 베버는 근대성 및 근대화 과정, 그리고 그 중핵인 '합리성' 및 '합리화 과정'이 가진 지극히 복합적이고 모순적인 요소들을 그의 사회학적 연구에 함께 포용하고 있기 때문이다. 그럼에도 불구하고 만약 우리가 '편 가름'을 굳이 베버에게도 적용하고자 한다면 베버는 비판이론적-실천적 조류에 가장 근접해 있다고 볼 수 있는바, 이런 접목점에 대해서는 다른 기회에 상론하기로 하고 여기서는 우선 베버 근대진단의 사상사적 배경을 살펴보고자 한다.

2) 자유주의

막스 베버가 지적 활동을 시작할 당시(19세기 말) 그는 근대사회의 이념적 기초, 사회적 구조와 규범적 이상에 대해서 대개 아래와 같은 3가지 방식의 진단과 처방에 직면하게 된다: 자유주의적, 맑스주의적 그리고 니체주의적 진단과 처방이 그것이다. 이 세 방식은 다 함께 계몽주의적 '해방' 이념에 그 사상적 뿌리를 두고 있다.

우선 자유주의[4]를 이념형적으로 살펴보면: 계몽주의 및 자연권 사상에 기초하여 17～18세기에 성립하는 자유주의이념은 시민계급이 봉건

귀족, 절대왕조 및 교회에 대한 이데올로기적 저항무기로 사용한 사상체계로 '근대성'에 대해 대개 아래와 같은 진단과 처방을 내린다: 근대사회는 ① 봉건적 신분원리를 무너트리고 평등과 자유라는 개개인의 자연권에 기반한 사회이며(개인주의, 인권사상), ② 주권재민의 원칙 및 법의 지배가 실현되는 사회이며(국민주권주의 및 법치사상), ③ 사적 복리에 대한 개인의 이기심에 기반한 자유경쟁과 '수요공급'의 기제를 통해 점진적으로 사회적 조화와 최대다수의 최대행복을 확보할 수 있게 하는 시장사회이고(낙관적 진보사관, 시장주의, 자유방임주의, 공리주의), ④ 국가간섭이 최소화되는 체제, 즉 '(경제) 시민사회' 내지 '부르주아-사회'가 '국가'로부터 해방되고 그것에 대해 우위성을 확보하는 사회이다.

그러나 산업혁명과 정치적 혁명을 거친 영국과 프랑스의 조건하에서 생성된 상기한 자유주의모델은 산업 및 정치 후진국이었던 독일에 와서는 쉽게 뿌리를 내릴 수 없었고, '서부 유럽적' 자유주의이념은 '중부 유럽'의 중심국가인 독일의 경우 이미 1860년대에 들어오면 상당 부분 설자리를 잃어버리고 만다. 그 결과 상기한 '서유럽적' 자유주의에 빗대어 독일서 자라난 '독일적' 자유주의는 '원산지'의 모습과는 사뭇 다른, 오히려 보수주의와 사회주의가 취하고 남은 이념들을 주워 모은 것 같은 이념체가 되었다(Turner, 1984: 17). 독일 자유주의의 이러한 비일관성과 약체성은 무엇보다도 독일 부르주아 계급이 처했던 구조적 상황에 기인했다. 즉, 다른 곳에서는 국가에 저항하면서 자유주의적 시민사회를 대변했던 계급인 부르주아 계급이 독일의 경우는 국가의 보호하에서 성장했으며 따라서 〈시민사회〉의 〈국가〉로부터의 해방이라는 자유주의적 근대화를 주도할 수 있는 역량을 지니지 못했다. 그 결과 독일 부

4) 자유주의는 지극히 다양한 의미를 지닌 개념이지만, 여기서는 그 가장 통상적 의미만을 염두에 두고 정의내리고자 한다.

르주아 계급은 국가와 연대하여 한편으로는 국가로부터 자신들의 번영을 보장받으며 다른 한편으로는 그 대가로 자신들의 정치적 무력성을 감수할 수밖에 없었다.

이런 상황을 통찰한 베버는 국가에 예속된, 정치적으로 무력한 부르주아 계급이 왜곡시킨 독일적 변종-자유주의와는 비교적 일찍이 결별한다(Scaff, 1984: 193). 그에 반해 베버는 서유럽적 자유주의의 몇 가지 핵심적 구성요소, 특히 개인의 자율성이라는 이념과 가치다원주의(즉 '절대이념'으로부터의 자유), 법의 지배 즉 법치국가 및 의회민주주의 등을 자신의 가치관의 기초로 삼는다. 그러나 나중에 서술하겠지만, 동시에 베버는 이러한 고전적 자유주의모델에 깔린 현실왜곡적 이데올로기에 엄정한 비판을 가하면서 이 모델의 함정들에 대해 경고하는바, 이것은 예컨대 그의 자본주의적 경제질서의 기본성격에 관한 견해에서 잘 드러난다. 베버는 고전적 자유주의자들의 가정과는 달리, 자본주의적 경제체제에서 시장을 움직이는 것은 생산하고 소비하는 '개인들'이 아니라, 막강한 사회적 강제력을 가진 지배조직들(그것이 사적 기업이든 공적 관료조직이든 간에)이라고 보는 것이다. 이것이 그가 자본주의적 현대를 '거대한 강철 우리'로 묘사하는 소이(所以)이기도 하다. 그래서 베버는 곧잘 '한계상황의 자유주의자'라고 불린다. 이렇게 볼 때 베버는 정치 및 경체 이론적 관점에서 post-liberal한 사상가이었다.

맑스와 니체는 상기한 자유주의와는 다른 성격의 해방이념에 기초하여 근대성이론을 구축했다. 이 두 거인의 정신 즉 '사회주의'와 '허무주의'(Scaff, 1984: 193)는 분명 여러 가지 점에서 서로 상충한다: 사회주의가 계몽주의의 극단적 완성 즉 이성에 대한 극단적으로 낙관적인 진단이요 처방이라면, 허무주의는 바로 계몽주의적 유산의 극단적 부인 즉 반이성적·생명주의적 진단과 처방이다. 그러나 동시에 이 두 사상가는 그 혁명적 급진성에서는 서로 상통한다. 다만 이 급진성의 지향점은 다시금 서로 달랐다: 즉 전자가 정치-경제-사회적 혁명을 지향했다면, 후자는 가치혁명('모든 가치의 전도')을 요구한 것이다. 필자는, 베버의 학문적 발전이 이 두 가지 극단적인 근대성이론의 비판적 수용과 극복을 통해 근대성에 대한 자신의 독자적인 이론을 구축하는 과정이라고 파악한다. 베버는 죽음을 몇 주 앞두고 가진 어느 한 대화에서 다음과 같이 말했다고 한다:

> 오늘날의 학자, 특히 철학자의 정직성을 가늠하는 기준은, 그가 니체와 맑스에 대해 어떤 평가를 내리는가 하는 것이다. 만약 그가 자신의 학문적 연구의 중요한 부분을 상기한 두 사람의 업적이 없이는 이룩해내지 못했을 것이라는 점을 인정하지 않는다면, 그는 자기 자신과 남을 속이고 있는 것이다. 오늘날 우리의 정신세계는 거의 전적으로 맑스와 니체에 의해 그 모습을 갖추게 된 것이다(Baumgarten, 1964: 554).

아래에서는, 이 두 사상가의 근대진단이 던지는 '도전'에 베버가 어떤 방식으로 '응전'하며 자신의 사회학의 골격을 형성했는지 살펴보자.

3) 맑스의 노동-생산-패러다임

베버는 맑스의 근대진단을 다음과 같이 평가하고 있다:

> 그가 만약 지금 무덤에서 나와 주위를 둘러본다면, 그의 예언에 어긋나는 몇 가지 중요한 현상이 있음에도 불구하고, 그는 아래와 같이 말할 충분한 근거를 가지고 있다: 진정고, 이것(그 당시 사회의 모습)은 나의 살 중 살이요, 뼈 중 뼈이다(E. Baumgarten, 1964: 554).

이 인용문이 보여주듯, 베버는 맑스가 내린 근대진단의 핵심을 긍정하고 있다. 그럼 맑스의 근대진단의 '살'과 '뼈'는 무엇인가? 그것은 한마디로 '노동'의 문제 — 그것이 수탈의 관점에서든 '조직'의 관점에서든 — 및 계급 분화적 생산관계의 문제라고 볼 수 있다. 다시 말하여, 맑스는 근대사회를 일차적으로 계급적 노동 및 생산구조의 관점에서 파악하고 있으며 동시에 그는 이 관점을 하나의 일반적 사회이론으로 확대하고 있다. 따라서 우리는 맑스의 이론적 구도를 '노동-생산-패러다임'으로 규정할 수 있다. 그런데 베버가 근대사회에 대해 내리는 진단의 출발점 역시 바로 노동구조 내지 노동의 조직방식 문제이다.

즉 베버는 일단 맑스의 '노동-패러다임'(내지 '생산-패러다임')을 받아들이면서 이를 바탕으로 근대사회를 "형식적으로 자유로운 노동"의 자본 중심적 조직체제로 진단한다(RS I: 7). 동시에 그는 — 이 점에서도 맑스와 맥을 같이 하면서 — 바로 이 '형식적 자유노동'이 가진 역설적인 의미를 직시하고 있다(WG: 77; RS I: 35, 54): 즉 봉건적 혹은 가부장적 시대의 경제 외적 구속(정치적, 법적, 신분적)으로부터의 자유 내지 '해방'은 동시에 자본에의 예속(RS I: 387) 및 '소외'라는 대가를 요구한다는 역설이 그것이다. 그래서 베버는 "기아의 채찍"(WG: 59)에 쫓겨 자신의 노동력을 팔 수밖에 없는 자본주의체제하의 노동자들을, 고대 그리스-로마 시대의 '주인 있는 노예층'과 구분하여, "주인 없는 노예층"(WG: 353, 361, 708)이라고 부르며, 자본주의체제는 '인간'이라는 주(主)와 '영리행위'라는 객(客)이 전도된 사회구조라고 파악한다(RS I: 35, 54). 그러나 베버는 이러한 '형식적 자유노동'의 출현을, 비록 그것이 또 다른 예속과 소외를 동반하기는 하지만, 근본적으로는 장기간에 걸쳐 진행된 노동 해방과정의 산물로 본다. 즉, 근대 이전에는 노동, 더 정확히는 생산노동을 제공하는 자의 인격체가 사용자에 의해 다른 물적 자원과 같은 의미에서 '소유'되었다면, 형식적 자유노동의 출현은 곧 "(구체적 인간: 노예주)의 소유물이었던 노동의 해방"을 뜻하는 것이다(Weber, 1897: 1). 그 최초의 해방투쟁은 고대사회에서 일어났고(베버는 가령 고대 노예제에서 중세 농노제로의 이양을 생산노동 담지자층의 "건강회복" 내지 "건강화" 과정이라고 서술하고 있다: 전성우, 1989) 이 투쟁은 새로운 상황하에서 새로운 모습으로 반복되어왔다.

요약컨대, 베버 역시 노동과 생산의 관점을 역사과정의 분석에서 핵심개념으로 활용하며 이것은 특히 그의 초기저작[5]의 뼈대이기도 하다. 가령 "동엘베 지역 농업노동자 상황의 발전경향들"(1894) 혹은 "고대농업사"(1897, 1898) 등 그의 초기저작을 관통하는 문제의식은 〈가부장적〉 노동체제에서 〈근대적〉 노동체제로의 이행과정과 이의 결과로 야기되는 프롤레타리아트화 과정이다. 이 과정의 서술에서 베버는 농업사회에서 진행되는 계급구성과 계급갈등의 역동적 과정에 초점을 맞추고, 개념상으로도 예컨대 '상부구조', '하부구조' 등과 같은 맑스적 개념을 원용하고 있다. 그래서 고대에서 출발하여 중세를 거쳐 근대에까지 이르는 베버의 역사사회학적 분석들을 개괄하면 우리는 그가 각 시대와 문명권에 특유한 사회적 계층구조의 밑에 깔린 생산노동의 조직 및 분배양식에 분석의 초점을 맞추고 있음을 확인할 수 있다. 즉, 베버는 사회적 계층구조란 곧 노동구조(*arbeitsverfassung*)임을 간파하고 있으며 따라서 그의 분석시각은 명백히 '구조주의적' 틀에 바탕하고 있다. 이런 의미에서 특히 그의 초기저작은 맑스적 색채가 강한 '노동의 계보학'을

5) 1900년 이전 베버의 초기 저작은 오랫동안 '서자' 취급을 받아왔다. 그도 그럴 것이, 사회학자로서의 베버의 명성은 주로 1904~1905년에 발표된 "프로테스탄티즘의 윤리와 자본주의 정신" 논문에 근거하고 있었으며 이것이 말하자면 '베버적' 사회학의 시발점으로 간주되어 왔기 때문이다. 베버 사회학에 대한 우리의 이해를 왜곡시키는 데 중요한 역할을 한 이러한 가정의 문제점은 비교적 최근에 와서야 비로소 인식되기 시작했다(Käsler, 1979; Zingerle, 1981; Scaff, 1984; 전성우, 1984, 1986, 1987).

그 주제로 한다고 해도 과언이 아니다(Scaff, 1984: 199).

그의 유명한 "프로테스탄티즘 논문" 혹은 더 나아가 그의 종교사회학적 연구 일반이 추적하는 문제도 따지고 보면 '노동 내지 노동윤리'의 역사적·이념적 뿌리이다. 가령 그가 서양의 종교적 전통 즉 유대교와 기독교의 특이성으로 부각시키는 중요한 요소 중의 하나가 바로 이들의 신관 및 교리에 내재하는 '노동지향적 성향'이다: 예를 들어 여호와의 우주창조 행위가 이 전통에서는 일종의 '노동'으로 간주되는바, 그렇지 않다면 엿새 동안의 세계 창조 후 '7일째의 안식'이라는 발상이 생겨날 수가 없는 것이다(베버는 이러한 신관의 뿌리는 바로 유대-기독교적 신은 '노동하는 자'들 즉 천민들의 신이기 때문이라는 점을 밝히고 있다: WG: 300; RS I: 240).[6] 이러한 노동지향적 성향의 극치가 바로 근대 자본주의사회라고 볼 수 있는바, 여기서는 전통사회에서는 '어쩔 수 없이' 수행해야 했던 힘겹고 고통스러운 '노동'이 이제 인간의 '본질' 그 자체로 둔갑 내지 승화되어 버린다. "프로테스탄티즘 논문"의 주제 중의 하나는 바로 이러한 '가치 전도적'(즉 우리의 '자연적' 성향에 반하는) 상황의 종교적 근원을 규명하자는 것이다.

이렇게 볼 때 흔히 제시되는 대비표, 즉 '경제 및 구조결정주의적 유물론자 맑스' 대 '행위이론적 관념론자 베버'라는 대비표는 이 두 사상가의 차이를 부당하게 단순화하고 있다. 이 대비표가 담고 있는 주장, 즉 맑스는 경제적 생산양식 내지 이른바 〈존재〉 영역의 하부구조가 이른바 〈의식〉 영역의 이념적 상부구조를 결정한다고 믿는 반면, 베버는 그 역의 입장을 취하며, 맑스가 객관적 〈구조〉의 결정력에만 주목하는 반면에, 베버는 주관적 〈행위자〉의 주관적 의도에 주목하고 있다는 주장은 이 사상가들의 저술을 엄밀히 비교분석하면, 최소한 이렇게 단순

6) 이 주제에 대해서는 여기 수록된 필자의 졸고 〈서양 노동개념사 소론〉 참조.

하고 일면적 형태로는, 그 설득력이 크지 않다. 예컨대 "대중에 의해 수용되는 이념은 그 자체가 물질적 힘이다"라는 맑스의 명제가 보여주듯이, 맑스도 주관적 · 이념적 요소(즉 상부구조적 요소)의 역동적 역할을 충분히 인식하고 있었다. 다른 한편 베버는, 위에서 언급했듯이, 그의 역사사회학적 실질연구에서 물질적 요소와 구조, 특히 계급구조의 결정적 역할을 일관되게 추적하고 있다. 또한 자본주의 발생의 조건에 대한 연구에서 두 사상가는 공히 가령 도시시민계급, 기업가의 전략적 역할, 국제무역의 중요성 등을 강조하고 있다. 뿐만 아니라 자본주의문명에 내재하는 파행적 병리적 요소에 대한 이들의 인식은 상당 부분 서로 접근한다.

다시 말하여, 구체적 역사 내지 사회분석의 차원에서는 맑스와 베버는 상기한 도식적 대비표가 암시하는 바와는 달리 단시 상조점의 차이를 보이고 있을 뿐이고 그런 이상 둘은 상호대립적이라기보다는 오히려 상호보완적이다. 앞서 인용했듯이, 실제로 베버는 여러 저서에서 맑스의 "천재적" 발상과 분석력을 찬탄하고 있다. 이렇게 볼 때, 베버는 맑스를 출발점으로 하고 있으며 그런 의미에서 그는 "맑스의 어깨 위에 서 있는 것이지" 결코 그와 등을 돌리고 있는 것은 아니다. 필자가 보기에 이 두 사상가를 도식적으로 상호 대비시키는 경향은 이들의 실질연구의 엄밀한 비교에 근거하고 있다기보다는 정치적 · 이데올로기적, 즉 학문외적 요소의 개입과 작용에 힘입은 바가 크다. 따라서 이러한 이데올로기적 해석의 문제점에 대한 인식이, 서문에서 이미 지적했듯이, 작금의 베버-맑스 연구가들 간에 점차 확산되고 있음은 매우 바람직한 일이다.

물론, 이 두 사상가가 위에서 언급한 관점에서 서로 접근한다는 것 그 자체가 중요한 것은 아니다. 왜냐하면, 가령 베버가 맑스적이고 맑스가 베버적이라고 해서 이 두 이론의 타당성 자체가 더 커지는 것은 결코 아니기 때문이다. 이 타당성 문제는 여기에서와는 다른 방법으로, 그리고 다른 차원에서 분석되어야 할 것이다. 그러나 위에서 매우 개괄적으로나마 살펴본 이 두 사상가 간의 공통점은 우리에게 적어도 한 가지 사실만은 분명히 보여준다. 즉, 지금까지 이 두 사상가에게 덮어 씌어졌던 유심론, 유물론, 경제결정론, 구조결정론 혹은 행위론 등의 레테르가 암시하는 바와는 달리, 이 대가들이 얼마나 경직된 도그마의 틀에서 벗어나 역사적 현실 그 자체에 대한 냉철한 분석과 설명에 몰두했던가 하는 점이다. 이들은 기본적으로, 인간 및 인간이 만들어내는 사회와 역사는 "논리 정연하게 잘 쓰인 책"(베버)과 같은 것이 아니라, 극도의 모순들이 혼재하면서 얽어내는 생생한 과정이라는 점을 부단히 상기시키는 학자들이다(어차피 이들은 둘 다 정교하고 체계적인 이론가 내지 철학자는 아니었다는 사실은 양 사상가의 많은 해석가들이 공유하는 인식이다).

그러나 이것이 양자를 어설프게 결합시키고 절충시키려는 시도라고 오해되어서는 안 된다. 왜냐하면 상기한 모든 관점에서 베버가 맑스와 만난다면, 또 바로 이 모든 관점에서 베버는 맑스를 벗어나고 있기 때문이다(이러한 맑스 극복에서 결정적 역할을 하는 것이 니체임은 나중에 서술하겠다). 이는 물론 우선 맑스와 베버가 각기 처했던 역사적·지적 상황의 상이성과 밀접하게 연관되어 있다. 가령 맑스가 본 자본주의와 베버가 경험한 자본주의는 서로 다른 발전단계를 가졌으며(베버 당시 자본주의는 이른바 〈조직화된 자본주의〉라고 불리는 단계에 들어섰다), 맑스의 유럽에서는 아직 혁명적 대변혁(예컨대 프랑스 혁명)의 여진이 남아 있었던 반면에, 베버의 유럽은 이미 조직화·관료화의 단계에 들어선 사회였다. 맑스는 계몽주의가 가졌던 인간사회의 진화가능성에 대한 낙관적 믿음이 아직 채 고갈되기 전의 지적 분위기에서 살았다면, 베버는 이미 이 믿음이 환상일 수도 있다는 비관적 분위기가 익어가던 시기에 활동한 것이다. 그리고 이러한 역사적 상황의 상이성은 왜 맑스가 택한 것은 칸트가 아니고 헤겔이며(물론 헤겔을 〈물구나무 서기〉시키지만),

자유주의 대신에 사회주의이며, 주관적 가치론 대신에 영국 정치경제학의 객관적 가치론인지, 그리고 베버는 이 모든 문제에서 맑스의 역의 편으로 기울었는지를 설명해주는 하나의 요인일 수 있다.

그러나, 다시 한 번 강조하지만, '후학'인 베버가 '선학'인 맑스와 달리 선택했다는 것은 그가 맑스에게서 등을 돌린 것이 아니라 그의 어깨 위에 서 있었다는 것, 즉 그는 맑스보다 더 폭넓은 조망을 할 수 있었고, 따라서 이론적-실천적 문제 진단과 처방에서 그와 다른 방점들을 찍었다는 것을 의미한다. 필자는 아래에서 베버가 맑스와는 어떤 점에서 더 '넓은' 조망의 이점을 활용했으며, 이 과정에서 어떤 강조점의 차이를 보여주는지를 압축적으로 서술하고자 한다.

첫째, 베버의 구조주의는 어느 하나의 인과요인에 독점적 우위를 부여하지 않는다: 즉 그는 '하부구조'(생산력, 생산관계)와 '상부구조' 간의 결정론적 관계에서 출발하지 않으며, 따라서 베버는 일원론적 그리고 단선적 인과론과 환원론(그것이 가령 유물론에서와 같이 '밑에서 위로' 올라가든, 혹은 유심론의 경우와 같이 '위에서 밑으로' 내려오든)을 거부한다. 오히려 베버는 인간의 행위동기와 행위가 전개되는 영역들을 규정하는 기제들 및 거기서 사용되는 수단들의 위상을 원칙적으로 대등한 것으로 간주한다. 여기서 행위동기는 그 기본성격을 기준으로 물질적-현실적 '이해관계'라는 범주와 '규범적-이념적' 가치추구라는 범주로 대별할 수 있으며, 행위가 전개되는 영역들과 그 수단들은 크게 볼 때 3가지 즉 '경제', '문화', '정치'의 영역 및 그에 상응하는 '생산수단'(경제), '해석수단'(문화) 그리고 '지배수단'(정치)으로 나눌 수 있다. 그는 경제적 생산구조, 정치적 지배구조 및 문화적 의식구조의 역사 규정력을 근본적으로 대등한 것으로 평가하고, 이들을 모든 사회의 3가지 기본차원으로 간주하며, 이 차원들은 부단히 상호 침투하고 상호 규정하는 관계를 가지고 있다고 본다. 달리 표현하자면, 우리는 사회발전의 해석과 설명에서 상기 영역의 어느 특정한 기제나 어느 특정한 수단의 소유 및 분배구조가 선험적으로 인과적 우위성을 가지고 있다고 가정할 수는 없다는 것이다. 오히려 문명의 역사적 발전과정은 이 3가지 기제들의 원칙적으로 대등한 상호작용, 더 정확히 말하자면 상호갈등작용에 의해 진행된다고 보아야 하며 이 3가지 기제의 관계는 따라서 '역사적' 관계이지, '결정론적' 관계가 아니라는 것이 베버의 입장이다(이런 관점에서 우리는 베버 사회학의 기본성격을 〈역사사회학적 갈등이론〉이라고 규정할 수 있다).

더 나아가, 이러한 역사적 상호작용의 명제와 밀접하게 연관되면서 동시에 이 명제를 보완하는 것은, 개개의 기제가 가진 상대적 자율성(*eigengesetzlichkeit*)에 대한 베버의 명제이다. 이 명제를 압축시켜 표현하자면: 베버는 한편으로는 이른바 생산 내지 노동-기제, 문화-기제 및 지배-기제 간의 밀접하고 체계적인 상관관계와 상호작용을 출발점으로 삼고 있지만, 그러나 다른 한편으로는 이러한 상호작용의 논리적 그리고 이론적 전제조건으로서 이 3가지 기제들의 상대적인 독자성, 자기법칙성을 인정하며, 바로 그렇기 때문에 이 3가지 영역 간에는, 위에서도 언급했듯이, 해소될 수 없는 근원적 갈등 내지 긴장관계가 존재한다고 본다. 그래서 베버는 여러 상이한 부분영역들 간의 상관관계를 엄밀한 '인과적' 관계보다는 오히려 "선택적 친화력"(WG: 201, 705, 724)의 관계로 파악하고 있다. 이것이 베버가 왜 모든 종류의 환원론을 거부하는가에 대한 일반이론적 근거이다(이러한 일반이론의 근대사회에 대한 적용에 대해서는 아래 참조).

둘째, 베버의 〈해방〉 개념은 맑스의 경우에서와 같은 진보에 대한 낙관에 근거한 것도, 혹은 〈인간해방〉이라는 추상적이고 보편적인 의미를 지닌 것도 아니며, 그것은 주로 〈노동〉, 특히 〈생산노동〉의 경제외적 구속으로부터의 해방이라는 제한된 역사적·경험적 의미를 지니고 있을 뿐이다. 베버는 이른바 인간의 진정한 본성에 대한 모든 이념은 일단 철학적인 허구 내지 이데올로기라는 관점에서 출발하고 있다(여기서 니체의 영향이 드러난다: 아래 참조). 이런 입장은 상기한 노동의 '해방투쟁' 해석에도 그대로 적용된다: 베버의 눈에는, 이 투쟁과정에서의 노동의 구성 및 재구성을 서술하는 데는 역사철학적 방식이 있는 것이 아니라, 오히려 전체계층 (및 생산) 구조를 특징짓는 사회학적이고 논리적인 "유형들"이 있을 뿐이다. 맑스와는 달리, 베버는 노동문제의 분석에서 노동의 존재론이나 목적론이 아니라, 노동의 사회학 혹은 〈발전사〉를 지향할 뿐이다. 다시 말하여 베버는 좀바르트(Sombart) 혹은 그의 많은 동시대 지식인들과는 달리 맑스의 "변증법의 '젖'을 먹고" 자라지는 않았다(Scaff, 1984: 202).

셋째, 베버의 이러한 입장은 그의 역사관에 깔린 기본가정들과 밀접하게 연관되어 있다: 베버는 역사적 사실들의 엄밀한 분석을 통해, 그리고 자신이 겪은 당대의 역사적 경험을 통해 (그리고, 아래에서 밝히겠지만, 무엇보다도 니체의 영향하에) 사회진화에 대한 계몽주의적 낙관론의 환상에서 철저히 벗어난 사람으로, 〈발전〉의 개념 그 자체가 가진 이중성과 모호성을, 그리고 그것의 가치연관적 뿌리를 냉철히 분석해냈다. 그는 말하자면, 장밋빛 낙관론이 즐겨 입던 옷, 즉 인간의 역사가 하나의 보편적 · 유토피아적 목적을 향해 진보 내지 〈발전〉한다는 이른바 〈역사목적론〉에 대한 신뢰를 상실한 사상가이다. 이러한 보편적 역사목적론 내지 객관주의적 역사철학은 흔히 역사발전을 담당하는 하나의 일관된 준거주체를 상정하는바, 이 주체는 인간집단일 수도 있고 혹은 추상적 개체 내지 세력일 수도 있다: 전자의 예는 가령 '계급'(맑스), '인류' 혹은 공교상시사들이며, 후자의 예는 가령 헤겔의 '절대정신' 혹은 '사회' 등이 될 수 있다. 역사목적론에 의하면, 모든 역사현상 간의 연관성은 이 준거주체에 의해 정립되고 이 주체를 향해 내지 그것을 준거로 진행된다. 역사목적론자들은 말하자면 인류의 보편사를 하나의 주체를 중심으로 설명하고 이 주체 속에 인류역사의 기본구도가 결정되어 있다고 가정하며, 이 기본구도는 보편적·법칙적 단계를 통해 필연적으로 실현된다는 입장이다(베버 당시 이런 유의 각종 '진화론적 단계론'들이 창궐하고 있었다).

특히 진화론의 '자연주의적' 변형, 즉 역사 및 사회현상 역시 자연현상과 같이 보편적 법칙성의 관점에서 파악될 수 있고 따라서 완결된 이론체계로 표현될 수 있다고 믿는 '자연주의적 일원론'을 베버는 철저히 거부하며, 이런 자연주의적 진화론들을 '낭만적 사기' 혹은 매우 해로운 '상표 사기'로 간주하고 있다. 왜냐하면 베버의 견해로는 이들은 현실에 대해 '우리'의 관념이 엮어내는 논리를 현실 그 자체의 논리인 것으로 간주하기 때문이다. 세계사의 내적인 보편기제를 인식할 수 있다는 주장을 담고 있는 역사적 진화이론은 말하자면 인식론적 '전체주의'를 결과하는바, 이것은 경험적 사실과의 무편견적인 소통을 방해하고 경쟁적인 세계상의 공존을 방해한다. 그래서 베버는 명시화된 가치이념을 바탕으로 엄밀히 한계지어진 인과연계의 범위를 벗어나 보편적인 진리주장을 내세우는 모든 진화이론은 세속화된 신학에 불과하며 따라서 과학적 담론의 세계에서는 배제되어야 한다고 역설한다(WL: 518).

베버가 보는 인류사는 하나의 일관된 법칙에 의해 설명될 수 있는 역사가 아니며 따라서 단 하나만의 법칙실현 주체가 있을 수도 없다. 이런 이유에서 그의 역사발전에 대한 설명은 다축적 구조를 가지고 있으며 복합적 요소들의 다차원적인 상호교섭이라는 이념에 바탕하고 있다. 물론 이러한 상호교섭의 결과는 상대적으로 안정되고 지속적인 체제와 발전방향을 창출하는 것은 사실이고, 그래서 우리는 이런 한정된 인식영역 내에서 부분적이고 개별적인 역사주체를 상정-확인할 수 있으며 이를 이론적으로 체계화할 수는 있다. 따라서 베버는 '발전'을 논할 때면, 역사적 변화과정을 이해하는 데 유용한 가설적 그리고 '(문제) 발견적'(*heuristic*) 구성물이라는 의미에서만 '발전단계'라는 개념을 사용하고 있다. 그리고 이러한 '발견적' 의미에서의 발전론 혹은 발전단계론은 베버의 역사적 실질연구의 여러 곳에서 발견될 수 있으며 여기서 베버는 마치 '객관적 운동법칙'의 확인작업을 하는 듯이 보인다. 이것은 무엇보다도 그의 〈고대 및 중세사회론〉에 명확하게 드러난다(《고대문명 몰락의 사회적 요인》, 《고대농업사》, 《도시유형론》 등이 주요 관련 저작들이다) : 이 연구들에서 베버는 고대사회의 '조직의 제 단계'를 논하고 있으며 고대사회의 발전경향과 몰락과정에 대한 거시사회학적 진단을 서슴지 않고 있다(GASW: 45).

그러나 상기한 바와 같이 한정된 분석구도를 넘어서서, 역사발전의 성격과 방향을 하나의 보편적이고 총체적인 주체에 의거하여 역사철학적으로 연역해낼 수 있는 인식능력은 우리에게 주어져 있지 않다는 것이 베버의 기본입장이다(WL: 146pp). 이런 입장에서 베버는 그 당시 난무하던 진화론적이고 단선적인 발전론들을 다차원적인 역사적 분석틀로 해체시킨다. 베버가 "두 가지 길밖에 없다: 헤겔의 길 아니면 우리 자신의 접근방법"이라고 했을 때 그가 의미한 바는 아마 이것일 것이다. 그러나 이것이 곧 베버가 객관주의적 역사철학 내지 자연주의적 진화단계론에 대한 다른 하나의 극단적 대안 즉 역사주의적 대안을 취했음을 의미하지는 않는다. 특히 독일에 뿌리를 둔 '역사주의'(아래 '방법론' 논문 참조)는 낭만주의적 전통과 깊이 연관되어 있으며, 따라서 반 계몽주의적 성향이 강한 이념으로서, 인간 및 역사현상이 가진 합리성 내지 규칙성을 부인하고 그 대신 이들의 개별성 내지 유일성을 강조하며 이런 의미에서 반 이론적이고 개념 적대적인 입장을 취하고 있다. 베버는 자연주의와 역사주의라는 두 모델 중 어느 하나도 사회현상의 특이성을 파악하지 못한다는 관점에서 출발하면서, 사회 및 인간현상을 하나의 독특한 고유영역으로 간주한다. 즉, 그는 자연주의적 일원론도, 역사주의적 반 이론도 거부하며, 일반 법칙적 자연과학도, 일회적 사건의 '역사'도 아닌 독특한 〈사회-내지 문화과학〉 혹은 〈현실과학〉의 정립을 시도한다. 이런 입장에서 그는 한편으로는 엄밀한 개념구성, 이론적 시각, 일반적·경험적 규칙성의 발견과 상정을 문화과학의 정당한 과업이라고 주장하면서, 다른 한편으로는 인간 및 사회현상을 〈자연현상〉으로 환원시키려는 모든 실증주의적 내지 자연주의적 시도에 저항한다. 이러한 양면전쟁의 결과로 태어나는 것이 이념형적 방법론을 중심으로 하는 그의 독특한 사회과학방법론이다.

이념형을 둘러싼 지극히 복잡한 논쟁은 여기서 일단 논외로 할 수밖에 없으며, 단지 지금까지의 서술을 종합하면서 베버의 이념형적 방법론에 깔린 기본의도만을 아래와 같은 두 가지 관점으로 요약하고자 한다: ① 보편이론학파와 역사학파 간의 방법론 논쟁을 (이것은 그 당시 특히 경제학 내에서 격렬히 진행되었다) 해결하려는 의도, ② 헤겔의 유산이고 맑스에 의해 계승된 객관주의적 역사철학을 극복하기 위한 전략, 즉 경험적 역사와는 구분되는 '이념형적 발전사'의 구성 시도가 그것이다. 위에서 예를 든 베버의 다양한 발전론적 구도들의 기본성격 역시 이념형적인 것이며 또 이러한 발전사들을 하나의 체계적 틀로 묶는 그의 '합리화론'(다음 장 참조) 역시 같은 성격을 지니고 있다.

이런 관점에서 베버는 맑스의 개념들과 발전법칙들을 〈필연적〉이고 〈실재적〉인 기제들이 아니라, 거시적 〈경향〉에 대한 〈이념형〉으로 이해해야 한다고 주장하며 (그리고 맑스 역시 자신의 개념들의 성격과 기능을 이렇게 이해하고 있었음을 우리는 그의 초기저작 《독일 이데올로기》에서 발견할 수 있다: 특히 MEW 3: 27), 베버는 또한 이렇게 해석할 때에 한하여 맑스적인 구도와 발상은 '천재적'이라고 평가받을 수 있다고 말한다. 그리고 이렇게 이해된 문화과학적 이념형은 본질적으로 항상 대체 가능하고 변화될 수 있으며 또 그렇게 되어야만 한다고 베버는 강조한다(WL: 184).

넷째, 그러나 위에서도 서술했듯, 베버가 맑스의 근대진단 및 이와 연관된 그의 사회이론에 대해 가하는 비판은 비단 방금 언급된 맑스의 역사관에 내재하는 법칙적 발전론에 국한되는 것이 아니다. 그의 비판은 바로 이 발전론의 내용적 핵심인 경제적 생산노동의 절대화도 그 대상으로 한다. 사실, 사회현상의 경제주의적 해석은 그 당시 맑시즘의 독점물이었다기보다는 오히려 매우 일반화된 시각이었다고 볼 수 있다. 베버의 말을 빌면: "우리는 경제적 사고양식이 모든 영역에서 확산되고 있음을 관찰할 수 있다: '정치'의 자리에는 (경제적) 복지정책이, 법적 관계의 자리에는 경제적 권력관계가, 정치사의 자리에는 … 경제사가 들어섰다"(PS: 15). 그리고 베버는 이런 경향을 일단은 학문적으로 매우 중요한 발전의 징표라고 보고 있다. 그러나 동시에 베버는 경제주의적 시각이 이룩한 업적의 중요성을 사람들이 너무 과대평가한 나머지, 마치 경제적 〈이상〉이라는 자율적이고, 자명한 영역이 따로 있는 것으로 상정하고, 이 이상에 따라 정치-사회적 영역이 결정되는 것으로 믿는 경향이 팽배하였음을 지적하면서 이 경향이 내포하는 위험을 엄중히 경고하고 있다. 이런 경향은, 플라톤의 야심 즉 지식의 확실한 기반을 철학에서 다지자는 야심이 이제 경제학 내지는 좀더 넓게는 사회과학 일반에서 실현될 수 있다는 환상의 결과이다. 그러나 철학에서와 마찬가지로, 이 새로운 플라톤적 야심의 경제주의적 혹은 사회과학적 변형도 "가치기준의 혼란"으로 치달을 것인바, 이 혼란은 경제 고유의 수단으로는 해결될 수 없는 것이다(PS: 16).

그러나 베버의 이러한 통찰은 단순히 그 당시 학계에서 관찰될 수 있었던 경제주의적 해석의 과대평가 현상에 대한 비판에서만 나온 것은 아니다. 이 통찰은 맑스에 버금가는 또 하나의 '혁명적' 근대진단을 제시하던 니체의 비판적 수용을 통해 그가 근대성의 본질에 대해 얻게 되는 또 다른 중대한 인식에서 유래하는 것이다.

4) 니체의 '가치혁명': 탈주술화와 가치다신교

잘 알려져 있다시피, 니체가 서구의 근대문명에 대해 내리는 진단은 "신은 죽었다"라는 선언으로 시작한다(Nietzsche, 1980).[7] 이것은 베버의 근대진단의 출발점이기도 하다. 천 수백 년간 서구정신을 이끌어왔던, 기독교적 절대-유일신관에 기초한 종교적 세계상은 '신의 사망'과 함께 와해되었다는 것이 이 진단의 내용이다. 이 와해과정이 서구인들에게 가져다준 정신적 '공황상태'는 절대-유일신의 전통을 가지지 않은 우리 동양인들로서는 추체험이 힘들다. 서구정신은 천 년이 넘도록 기독교적 유일신이라는 형태로 단 하나의 절대진리, 단 하나의 절대권위, 단 하나의 절대의미에 의해 온전히 지배당해왔는바, 따라서 이 절대신의 상실은 이들에게는 기실 모든 것의 상실로 다가왔다고 볼 수 있다.[8] 이렇게 볼 때, 신의 사망을 선포한 니체가 도달한 곳이 '허무주의'라는 것은 당연한 귀결이다. 즉, 서구의 지성에게는 신이 사라짐과 함께 삶

7) 물론 종교비판 내지 종교부정의 경향 그 자체는 니체 훨씬 전 계몽주의시대에 이미 시작되었음은 주지의 사실이다.

8) 이런 이유에서 필자는 서구의 근대 사상사는 오늘날에 이르기까지 이 '잃어버린 절대성'에 대한 향수를 근간으로 하며, 또 이 절대성을 세속적 형태로 회복하려는 시도들로 점철되어 있다고 생각한다. 서구정신은 말하자면 절대성의 족쇄에서 영원히 벗어날 수 없는 '갇힌 정신' 또는 '전체주의적 정신'이라면 너무 과도한 표현일까? 가령 주기적으로 일어나는 헤겔-부활은 이런 가정을 뒷받침하는 증거가 아닐까? 왜냐하면, 여기서는 논외로 했지만, 헤겔의 절대적 관념주의는 상실된 신학적 절대성을 철학적 절대성('절대정신', '절대체계')으로 대체하려는, 즉 철학을 신학화하려는 가장 완벽하고 성공적인 시도였기 때문이다.

과 우주 전체가 이제 원칙적으로 '무의미'해졌다는 인식이 불가피했던 것이다. 모든 의미와 가치의 근원으로서의 절대-유일신이라는 태양을 잃어버리고 의미의 공황상태에 빠진 서구문화, 이 문화에 엄습하는 추위와 혼돈의 상황을 니체는 아래와 같은 절박한 물음에 담고 있다:

> 우리는 어떻게 바닷물을 다 마셔 없앨 수 있었을까? 지평선을 송두리째 지워버리도록 우리에게 지우개를 준 자는 도대체 누구인가? 우리가 이 지구를 태양으로부터 떼어버렸을 때, 우리는 도대체 무슨 짓을 한 것인가? 이제 지구는 어디를 향해 가고 있는가? 모든 태양으로부터 멀어져가는 것인가? 우리는 지금 계속 추락하는 것 아닌가? 뒤로, 옆으로, 앞으로, 즉 모든 방향으로? 아니 도대체 아직 '위'나 '아래'가 있기나 한 것인가? 우리는 지금 무한한 무(無) 속을 방황하는 것은 아닌가? 텅 빈 공간이 우리에게 입김을 불어대고 있는 것이 아닌가? 더 추워지지 않았는가? 줄곧 밤이 오고 있지 않은가? 그리고 또 더 많은 밤이?[9]

니체의 '절규'가 암시하듯이, '의미'의 자원('바닷물')을 다 마셔버렸고, 의미의 지평선을 지워버렸고, 〈신〉이라는 태양으로부터 스스로를 해방시킨 서구의 근대세계는 동사(凍死)의 위험, 모든 가치기준의 와해와 모든 의미자원의 고갈이 만들어내는 추위에 의한 동사의 위험에 직면하게 되는 것이다.[10] 베버 자신은 이런 근대적 상황을, 모든 것이

---

9) Friedrich Nietzsche, 1960, *Werke in drei Bänden*, hg. von Karl Schlechta, Zweiter Band, München, 127.

10) 되풀이하지만, 모든 의미와 가치의 단 하나의 근원으로서의 신을 가져본 적이 없고 따라서 상실한 적도 없는 우리 동양인으로서는 위의 니체 인용에서 암시되는, 신의 사망에 대한 '환희'와 '절망'의 묘한 결합을 이해하기란 쉽지 않다. 즉 유일신이 그어 놓은 정신적 '지평선', 이 지평선을 지울 수 있는 지우개를 손에 쥔 자의 해방의 환희, 그러나 태양으로부터 떨어져 나온 후 엄습하는 추위,

"이제 단지 '존재'하고 '일어나기만' 할 뿐, 더 이상 무언가를 '의미하게' 되지는"(WL: 507) 않는 세계라고 표현하고 있다. 왜냐하면 이제 인간과 세계의 존재의미를 해석하고 정당화할 수 있는 모든 초월적-절대적 기준이 사라졌기 때문이다. 다시 말해, 니체가 내린 신의 사망선고는 비단 기독교적 신에게만 내려지는 것이 아니라, 이 신관에 바탕하여 형성된 그전까지의 모든 가치체계 및 의미체계들도 그 대상으로 하며, 이런 의미에서 니체는 '모든 가치의 전도' 즉 '가치혁명'을 주창하고 있다. 그리고 이 '전도'의 핵심은, 계몽주의에 깔려 있던 믿음 즉 이성에 근거한 '과학'은 곧 '진보'를 낳는다는 믿음의 와해이며 이는 곧 계몽주의적 '이성'의 사망선고라고 볼 수도 있다. 왜냐하면, 계몽주의가 가진 역사적 진보에 대한 확신은 인간의 이성적 잠재력에 대한 믿음에 바탕하고 있었고 이 잠재력의 극치는 곧 근대과학이기 때문이다. 계몽주의의 이러한 낙관주의적 확신이 암시하는 바는, 역사의 '진화' 및 과학의 발전 그 자체가 단순한 물질적 생존조건의 개선뿐 아니라, '행복', '생의 의미'와 같은 인간의 내면적 근본문제들까지도 궁극적으로 해결해줄 것이라는 것이었다. 니체가 이른바 '이성' 뒤에 숨은 '권력의지'를 폭로하고 이성은 단지 '허구'에 불과함을 밝힘으로써 내리는 이성의 사망선고는 바로 이러한 확신 즉 역사와 과학의 발전이 '의미'의 문제까지도 풀어주리라는 확신의 포기를 강요한다. 이와 함께 '역사'와 '과학' 그 자체는 '무의미'(물론 여기서는 '가치가 없다'라는 뜻에서가 아니라 단지 그 자체에 내재하는 의미가 없다는 뜻) 하게 되는 것이다. 베버는 니체의 이러한 진단을 받아들이고 있다:

무의미의 추위와 밤에 대한 두려움과 절망이 그것이다. 그렇게 볼 때, 애초부터 셀 수 없이 많은 조상신과 연줄신으로 이루어진 다신교의 세계에서 살아온 우리는 '행복'한 것인가? 우리의 이 신들은 '잊힐 수'는 있지만, '사망'할 수는 없지 않은가?

사람들이 소박한 낙관주의에서 과학 및 이에 기초한 삶의 통제기술을 행복에의 길이라고 찬양했다는 사실. 이런 소박한 낙관주의는, '행복'을 발명한 '마지막 인간들'에 대한 니체의 결정적 비판이 있은 후 이제 더 이상 언급할 가치조차 없다고 보아도 무방하리라. 도대체 누가 아직도 그런 믿음을 가지고 있는가? 강단 위에 서 있는, 혹은 신문 편집실에 있는 몇몇 '큰 아이들'을 제외한다면 말이다(WL: 598).

주지하다시피, 베버가 수긍하는 니체의 이러한 가치혁명은 흔히 '허무주의'로 불린다. 그러나 여기서 허무주의란 가치 그 자체가 이제 신봉될 수 없다거나 혹은 심지어 불필요해졌다는 입장이 아니다. 허무주의가 주장하는 '가치의 탈가치화'란 단지, 앞서 언급했듯이, 가치와 의미의 세계가 지금까지 종교적 혹은 윤리적 세계상을 통해 보장받았던 '객관적' 그리고 선험적 타당성 근거가 이제 더 이상 존재하지 않게 되었다는 것을 의미할 뿐이다. 그리고 이것은 근대와 함께 시작된 세계상 자체의 '탈주술화' 과정의 결과이다. 베버의 정의에 따르면 세계상의 탈주술화 과정이란 아래와 같은 인식 또는 믿음이 확산되어가는 과정이다:

원칙적으로 이제 더 이상 신비스러운 혹은 비밀스러운, 계산될 수 없는 힘들이란 존재하지 않는다는 사실, 즉 우리가 모든 사물을 — 원칙적으로는 — 〈계산〉을 통해 〈지배〉할 수 있다는 사실의 인식 혹은 이 사실에 대한 믿음(RS I: 594).

이렇게 탈주술화된 세계상에 기초한 허무주의는 말하자면 하나의 '객관적' 허무주의로서(Breuer, 1991), 이것은 주관적인 허무주의 내지 "가치허무주의적인 입장"(Loos, 1987: 179)과는 구별되어야 한다.[11] 베버의 객관적 허무주의는 이제 "우리는 가치(내지 의미)를 우리 자신의 가슴으로부터 창출하는 수밖에 없다"는 필연성에 대한 통찰을 요구하고 있을 뿐, 가치 자체의 허무성을 주장하는 것은 아니다:

> 인식의 나무의 열매를 따 먹은 문화시대의 운명은 아래와 같은 사실을 통찰할 수밖에 없다는 것이다: 즉 현실의 사건들에 대한 우리의 연구가 제아무리 철저하고 그 결과가 제아무리 완벽하더라도 거기로부터는 이 사건들의 의미가 도출될 수 없으며 이 의미는 우리가 스스로 창출할 수밖에 없다는 사실, 그리고 〈세계관〉은 결코 경험적 지식의 계속적 발전의 산물일 수는 없다는 사실, 그래서 우리를 가장 강력히 움직이는 최고의 이상들은 항상 다른 이상들과의 투쟁 가운데서만 실현되며, 우리의 이상이 우리에게 성스럽듯이, 다른 이상은 또 다른 사람들에게 우리에게와 똑같이 성스럽다는 사실(WL: 154).

베버는 이렇게 니체의 상기한 '가치혁명'을 받아들이면서, 형이상학적 그리고 종교적 '의미'에 관한 한 이제 역사는 폐허가 되어버렸음을 인정한다. 그리고 그는 자신의 분석적 시각이 하나의 폐허 위를 조망하고 있음을 결코 잊지 않았고 또 우리로 하여금 잊지 않게 하고 있다: 이 폐허는 그 자체 단편적이며 개괄할 수 없으며 또 무의미한 것이다. 현대사회에서 과거, 현재, 미래를 서로 연결시켜주는 어떤 하나의 요소라도 있다면, 그것은 다름 아니라 바로 이 혼란성 그 자체이다. 바로 그렇기 때문에 역사 혹은 근대사회를 진단할 수 있는 유일한 길은, 우리가 '우리'의 가치이념에 기반하여 이 역사에 혹은 근대에 '의미'를 부과하는 길뿐이다. 근대의 이러한 정신적 생존조건하에서 우리가 택할 수 있는 유

11) 다시 말하여, 베버는 허무주의를 출발점으로 삼고 있을 뿐이지, 그것에 '탐닉'하고 있는 것은 아니다(Schluchter, 1988 I: 201f; 전성우, 1993; Eden, 1983; Hennis, 1987).

일한 존재방식을 베버는 "신도, 예언자도 없는 시대"에서 좌절하지 않고 이겨내는 것(WL: 610)이라고 담담하게 규정했다. 그리고 이 점에서 니체와 베버의 결정적인 차이점이 노정되는바, 베버는 동일한 근대진단에서 니체와는 상이한 결론을 이끌어내고 있기 때문이다. 베버는, 결국에는 예언자적 차원에 머무르고 마는 니체의 철학적 열정 대신에, '그럼에도 불구하고' 즉 이 '모든 무의미성에도 불구하고'를 주장한다.

이와 함께 베버는 두 가지 측면에서 니체의 도전에 응전하고 있다: 한편으로 그는 니체의 신의 사망선고를 받아들이면서 이 명제를 문명 비판적-철학적 차원을 넘어서는 차원, 즉 '세계의 탈주술화' 내지 합리화라는 사회학적 차원의 명제로 전환시키고 있다. 다른 한편으로 베버는 신을 모르는 현대세계에 대한 니체의 처방 제의를 거부하고 있다. 왜냐하면 베버는 니체의 '초인'의 대두에 대한 예언자적 열정을 택하지 않고 서구 합리화 과정에 대한 사회과학적 병리학자 내지 해부학자의 냉철함을 택했기 때문이다. 즉, 베버는 니체의 심미주의적 과학 해체를 끝까지 거부하며 인간의 과학적 담론능력을 옹호하려고 노력한다. 니체의 가치철학은 비단 니체 개인의 비극적인 결말을 촉진했을 뿐 아니라, 사상사적으로도 베버 당시 풍미하던 사조(思潮)인, 이른바 '신을 잃은 성자(聖者)들'의 정치 및 과학으로부터의 반 합리주의적-생명주의적 도피에 그 철학적 빌미를 제공하고 마는 것이다.[12] 그에 반해 베버는, "모든 희망의 전적인 좌절도 견디어낼 수 있는 마음의 견고성"을 정치에서나 학문에서나 요구하는 것이다(PS: 560).

다른 한편, 니체가 통찰한 근대의 운명, 즉 모든 절대기준의 상실 및

12) 이러한 사조가 후에 히틀러의 등장을 가능하게 한 하나의 정신사적 요인이라는 해석도 있다.

궁극적 의미와 가치의 상실은 역으로 궁극적 '의미해방', '가치해방'을 뜻한다. 따라서 베버가 〈근대인간〉의 가장 중요한 자격요건으로 지적하고 또 요구하는 것은 첫째, 앞선 인용문에서 니체가 그리는 '허무'의 밤을 직시하고 받아들일 수 있는 용기와, 둘째 이 밤을 밝힐 의미-'빛'과 추위를 녹일 가치-'열'(熱)을 스스로 만들어내겠다는 의지이다. 즉, 근대의 시작과 함께, 모두를 차별 없이 비춰주었고 또 모두가 저항 없이 수용할 수 있었던 단 하나의 태양은 이제 더 이상 없으며 또 있어서도 안 된다. 적어도 우리가 의미해방과 가치해방을 포기하려고 하지 않는 한 말이다. 그 대신 이제 우리 각자가 의미와 가치의 소(小) 태양이 되어야 한다. 즉, 이제 가치는 주어지는 것이 아니라 우리 각자가 선택하고, 결단하고, 창출해야 하는 것이다. 이와 함께 이제 또 한 번 고대와 같은 '다신교'의 시대가 도래하게 되는 것이다. 그러나 '사망한' 유일신의 자리에 들어서는 새로운 신들은 여호와와 같은 인격신도, 고대와 같은 신화적 신도 아닌 일반적 '가치'의 모습을 띠고 있으며, 그래서 이 새로운 다신교는 '가치의 다신교'이다:

> 많은 옛 신들이 무덤에서 기어 나와, 이제는 탈주술화되고 그래서 일반적 힘의 모습으로 우리의 삶을 지배하고자 하며 또 서로들 영원한 투쟁을 다시 시작하고 있다(《직업으로서의 학문》: 70).[13]

이 새로운 신들은 개개인의 사적 가치관일 수도 있고, 사회적 이념(민족주의, 자본주의, 공산주의, 자유주의 등) 일 수도 있다. 그러나 무엇보다도 이 새로운 신들의 거처는 베버가 이른바 '가치영역'이라고 부르

13) 베버는 같은 맥락에서 이런 상황을 근대인의 '기본상황'이라고 규정하고 있다: "삶이 어떤 형이상학적 또는 종교적 준거 없이 그 자체로서 존재근거를 가지고 있고 또 그 자체로서 이해되어야" 하는 상황(《직업으로서의 학문》: 77).

는 것, 즉 인간의 다양한 정신적-실천적 활동영역들이다. 이것들은 크게 볼 때 '인지적-기술적'(眞), '도덕적-실천적'(善) 그리고 '심미적-표현적'(美) 가치영역으로 나뉠 수 있다. 이 영역들은 종교적-주술적 세계상하에서는 단 하나의 절대권위와 절대논리, 즉 신성의 논리에 예속되고 함몰되어 있었다. 그러나 세계상의 탈주술화와 함께 이 가치영역들은 신성의 절대논리에서 해방되고 분화되어 나와 이제 각각 자신만의 고유한 논리와 '주권'을 선포한다. 이와 함께 이 가치영역들은 다른 어느 누구도 침범할 수 없는 자신들만의 '관할 영토'를 규정하고 주권 행사에 나선다: 인지영역은 '진리'의 영토(과학), 도덕적-실천적 영역은 '정의'의 영토(법과 윤리), 그리고 심미적-표현적 영역은 '미와 취향'의 영토(예술)가 그것이다. 근대와 함께 이 영역들은 자신만의 합리성을 개발하고 이 합리성의 극대화에 매진하게 된다.

즉 근대 이전까지 '신성'이라는 독재적-독단적 단일논리에 묶여 있던 인간의 잠재력은 이제 여러 개의 '합리성들'로 분해되는 것이다. 이와 함께 이제 인간정신은 되돌릴 수 없는 '분열의 시대'로 들어선다. 이제 가능한 것은 '부분-합리성들'일 뿐, 이 부분-합리성들을 아우를 수 있는 총체적 합리성이란 더 이상 상정할 수 없게 된 것이다. 판단의 상위 심급 내지 상급재판소의 부재로 인해 이제 개별행위, 제도, 그리고 상기한 가치영역들 등 모든 것은 자신의 존재의미를 정당화할 수 있는 어떠한 외부 자원도 동원할 수 없게 되고, 따라서 '자기 자신'이 이 정당성을 창출할 수 있는 유일한 근원이 되는 것이다. 물론 예컨대 상기한 '진', '선', '미'라는 가치영역들의 주권은 부분적 또는 전면적으로 강탈당할 수도 있고(가령 전체주의 국가에서 학문과 예술의 제약) 또는 개개 가치영역은 설득과 합의를 통해 스스로 주권행사를 유보할 수도 있다(가령 생명공학의 윤리적 문제들: 여기서는 과학의 주권이 윤리적 주권의 힘에 의해 유보된다). 그러나 이 모든 협상과 타협은, 그리고 심지어 강탈까지도,

바로 각각의 가치영역이 절대적 주권을 가지고 있다는 것을 전제로 하는 것이다. 그렇지만 이러한 '현실적' 조정가능성을 떠나 원칙의 차원에서 보면 이 가치들 간에는 어떠한 타협도 불가능하며 단지 "화해될 수 없는 사활을 건 투쟁, 마치 '신'과 '악마' 간의 투쟁"(《직업으로서의 학문》: 75)[14] 만이 있을 뿐이다. 그런데 이 투쟁은 비단 각 가치영역의 '주권 수호'(예컨대 과학적 연구의 자율성 수호) 라는 소극적 차원에만 머물지 않는다. 왜냐하면 이 '소태양(小神) 들' 각각은 곧잘 이제 자신이야말로 다른 모든 소태양들의 상위에 있는 '대태양'(大太陽, 유일신) 임을 주장하고 나서기 때문이다. 이것이 근대의 시작과 함께 등장한 수많은 이른바 '지상주의'들의 정체이다: 과학지상주의, 도덕지상주의, 예술지상주의, 또는 민족지상주의, 자유지상주의, 평등지상주의, 개인지상주의, 공동체지상주의, 합리성지상주의 등이 그것이다. 지상주의자들은 모두 다시 '유일신교'로 돌아가기를 희구하는 자들이며, 이들은 자신들의 '신성'(神性) 으로 인간을 재주술화하고자 하는 자들이다. 니체에서 출발한 베버가 서구 근대의 탈주술화된 문화적 상황에 대해 내리는 비판적 '진단'의 핵심 중 하나가 바로 이것, 즉 단일가치로의 회귀 내지 단일가치의 재주술화의 함정에 대한 경고인바, 이런 함정과 위험에 대해 베버는 일관되게 가치다원주의와 '관점주의'(니체) 로 대처하고자 한다.

지금까지 우리는 베버가 어떻게 자유주의, 맑스 그리고 니체의 근대 진단 및 처방에 한편으로는 창의적으로 접목하면서 다른 한편으로는 이

---

14) 베버는 근대의 다원주의의 어느 구석엔가 그래도 아직 남아 있던 '조화주의적' 욕구와 미련을 철저히 포기한 사람이며, 최소한 이런 의미에서 그는 '탈근대주의자'이다. 왜냐하면 탈근대주의는 가치의 이른바 "양립불가능성"을 자신들의 기초개념으로 삼으면서 다원주의를 그 마지막 극단으로까지 몰고 가는 사조이기 때문이다.

들보다 한걸음 더 나아가려고 시도했는지를 간략히 살펴보았다. 위의 논의가 보여주듯이, 우리는 베버의 사회과학 모델을 한마디로 포스트-자유주의적, 포스트-맑스적 그리고 포스트-니체적 모델이라고 규정할 수 있다. 아래에서 필자는 이 베버적 모델이 내포하고 있는 근대진단의 핵심내용 및 그 이론적 구도를 간략히 살펴보겠다.

4. 합리화 과정론

1) 합리화 과정의 다차원성

근대진단에서 맑스와 니체를 창의적으로 극복하려는 베버의 시도는, 이미 여러 번 지적했듯이, 그의 유명한 '합리성' 개념 및 '합리화 과정론'으로 귀결된다. 우선 니체의 경우, 베버의 이러한 시도는 두 가지 결과를 낳는다. 첫째, 베버는 합리성 개념을 새로이 정립하여 니체가 파괴한 계몽주의적 이성을 경험적 사회과학의 차원으로 '구해내고' 있다: 이로써 그는 철학적 '이성' 패러다임을 사회과학적 '합리성' 패러다임으로 전환하게 된다.[15] 둘째, 베버는 '합리화 과정론'을 통해 역사의 '이성적'

15) '이성'에서 '합리성'으로의 이러한 전환이 가진 함의들은 베버가 '합리성' 내지 '합리주의'에 대한 논의와 관련하여 제시하는 아래와 같은 두 가지 '경고'에 함축되어 있다. 필자는 여기에 함축된 의미차원들의 일부만을 이 글에서 활용하고 있을 뿐임을 밝혀둔다. 참고로 베버는 대부분의 경우 '합리주의'를 어떤 특정한 철학적 조류와 연결시키는 것이 아니라 '합리성'의 뜻으로 쓰면서 혼용하고 있다. 필자 역시 이 글에서 베버의 용례를 따르고 있다.
(1) 아래의 단순한 문장은 흔히 잊히지만, 〈합리주의〉를 논하는 모든 연구의 맨 앞에 서 있어야 할 것이다. 즉, 인간의 삶은 지극히 다양한 궁극적 관점에서 그리고 매우 다양한 방향으로 〈합리화〉될 수 있는 것이다. 〈합리주의〉는 하나의 역사적 개념으로서, 이 개념은 내적 모순들로 가득 차 있다(RS I: 62).
(2) 그런데 〈합리주의〉라는 개념은 지극히 다양한 의미를 지니고 있는바, 우리는 이 점을 앞으로 자주 확인하게 될 것이다. 경제, 기술, 학문활동, 교육, 전쟁, 법 집행과 행정 등의 영역에 합리화 과정이 있는 것과 똑같이 예를 들어 신비적 명상의 〈합리화 과정〉도 있다. 다시 말하여, 다른 생활영역에서 볼 때는 각별히 〈비합리적〉 행동인 신비적 명상이라는 행동에도 합리화 과정이 있는 것이다. 더 나아가 우리는 위에서 열거한 영역들 각각을 지극히 다양한 궁극적 관점과 목표하에 〈합리화〉할 수 있으며, 그 결과 어떤 한 관점에서 볼 때 〈합리적〉인 것이, 다른 관점에서 보면 〈비합리적〉일 수 있다. 따라서 합리화 과

의미를 부정하면서도 '역사'와 '이성'의 관계를 〈경험적〉인 것으로 파악할 수 있는 개념적-이론적 장치를 제공한다(Schnädelbach, 1987: 9). 그 다음 맑스의 경우, 베버는 한편으로는 맑스의 생산-노동-패러다임이 내포하는 본질적 통찰들을 수용하여 자본주의경제를 노동 및 계급주조를 중심으로 파악하지만, 다른 한편으로 그는 생산-노동-패러다임을 발전적으로 수정·보완하고 있다: 왜냐하면 베버는 '노동-패러다임'을 '사회적 행위-패러다임'으로 확대하고, '물질적 생산' 패러다임을 '물질적 그리고 상징적(규범적, 가치적) 생산' 패러다임으로 전환시키고 있기 때문이다. 다시 말하여, 맑스의 '사회적 노동'이라는 기본개념을 베버는 '사회적 행위'라는 기본개념을 통해 수정·보완하는 것이다(Habermas, 1985: 395).

요약컨대, 베버의 합리화 과정론은 크게 두 가지 의미차원을 가지고 있다: 그 하나는 '문화적' 합리화로서, 여기서는 주로 니체와의 논쟁에서 형성된 세계상의 '탈주술화' 및 '가치의 다신교' 명제가 중심을 이루고 있다. 다른 하나는 '사회적' 합리화로서, 이 합리화 과정은 (주로 맑스의 인식을 수용한) 자본주의 경제구조와, 앞으로 논의할 베버의 독창적 관점인 (특히 근대 국가조직의) 관료제화[16] 라는 두 가지 축을 중심으로 분석된다.

베버가 시도한 일련의 패러다임 전환의 출발점은 — 이미 앞장에서 암시되었지만 — 한마디로 생산-노동-패러다임이 가진 아래와 같은 문제점이라고 볼 수 있다: 이 패러다임은 행위 내지 실천의 개념을 너무

정은 다양한 생활영역에서 지극히 다양한 방식으로, 그리고 모든 문화권에서 진행되었다. 이런 합리화 과정들의 문화사적 차이를 특징짓는 것은 단지, 어떤 영역들이 합리화되었으며 그리고 이 영역들이 어떤 방향으로 합리화되었는가 하는 점일 뿐이다(RS I: 11~12).

16) 관료제화론에 관해서는 다음 장 및 제 3부 "지배사회학"에서 상술할 것이다.

협소하게 잡는 바람에, '노동' 혹은 생산물의 창출이라는 단일 활동유형이 인간의 다른 모든 사회문화적 표현양식의 총체를 일방적으로 규정한다는 결론에 도달할 수밖에 없다는 문제점이 그것이다. 다시 말하여, 사회적 실천 내지 행위의 준거점이 가진 다차원적 성격이 이 패러다임에서는 일차원화해버린다는 것이다. "행위의 뒤에는 인간이 있다"(WL: 492) 라는 베버의 말이 이 관점을 함축적으로 표현한다. 베버 사회학은 바로 인간행위의 다차원적 규정성에서 출발하고 또 이를 중심으로 전개되고 있으며 그의 유명한 행위이론의 의미 역시 여기에 놓여 있다.

베버는, 주지하다시피, 인간의 활동형태를 우선 '주관적 의미'의 부여 내지 '의미 의식'에 기반한 '행위'와 이 요소가 부재하거나 미미한 '행태'로 구분하면서 사회학의 고유대상은 전자임을 분명히 한다. 이 구분을 통해 베버는 인간행위의 '주관성', 즉 '가치 및 의미지향적' 기본성격을 강조한다. 이 구분은 동시에 인간행위의 실증주의적 그리고 행태주의적(혹은 자연주의적) 획일화 및 계량화에 대한 개념적 제동장치이기도 하다. 그 다음 단계로 베버는 이러한 주관적 행위를 '사회적 행위'와 구분하고 있는바, 이 구분의 기준은 타인지향성 혹은 '상호주관성'이다(여기서 '타인'이란 대자적 개인일 수도, 익명의 다수일 수도 있으며 또 시간적으로도 과거, 현재, 미래를 포용한다). 타인지향성을 베버는 '기대의 기대' 상황이라고 부르기도 한다: 즉 나는 내 행위를, 타인의 특정한 행위의도를 '기대'하면서 수행하며 동시에 나는 타인이 나의 이러한 '기대'를 '기대'하고 있음을 알고 행동한다. 바로 이러한 '기대의 기대' 상황이 '규범적' 구조를 형성한다. 이러한 기대상황이 상호적일 때 베버는 그 관계를 '사회적 관계'라고 부른다. 베버는 사회학의 출발점은 바로 이런 의미에서의 유의미하고 상호주관적인 '사회적 행위' 내지 '사회적 관계'라고 규정하고 있다(이에 반해 기계적, 무의식적 반복활동은 베버에 의하면 사회학이 아니라 가령 '실험심리학'의 주된 연구대상이다).

타인지향적, 상호주관적 사회적 행위의 준거점으로 베버는, 잘 알려져 있다시피, 아래 4가지를 지적하였으며, 이로써 베버는 행위의 다차원성에 대한 자신의 입장을 구체화한다: 목적합리적, 가치합리적, 감성적 그리고 전통적 준거점(WG: 1~13)이 그것이다. 준거점의 이러한 이념형적 구분의 근거이자 기준이 곧 베버의 합리성 개념이다. 왜냐하면 베버는 이 유형화를 행위의 구성요소 가운데 '합리적'으로 통제된, 즉 의식적이고 체계적으로 통제된 요소의 다소에 따라 구성하고 있으며 따라서 이 유형들은 합리성 정도의 차등질서를 형성한다. 여기서 행위의 구성요소란 행위의 〈수단〉, 〈목적〉, 〈가치〉 및 〈결과〉 이 4가지이며 이 중 어느 것이 합리적 통제의 대상이 되느냐에 따라 합리성의 수준이 결정되며 이것은 다시 행위의 유형화와 연결된다: 즉, '목적합리적', '가치합리적', '감성적' 그리고 '전통적 행위'(Schluchter, 1979: 192; Döbert, 1989: 213, 베버의 행위유형론에 대해서는 "보론 1" 참조) 가 그것이다. 다시 말해, 베버는 행위의 합리성을 일차적으로 행위에 대한 의식적 · 체계적 자기조정능력 및, 추가하자면, 이 조정의 '일관성'(RS I: 537) 으로 규정하였으며 그런 이상 행위의 합리성은 불가분하게 행위의 '자율성'과 연계된다(전성우, 1986a: 9).

베버의 규범적 가치이념이라고 볼 수 있는 행위 자율성은 〈외적〉 자율 즉 정치-사회적 자율과 동시에 〈내적〉 자율 즉 가치선택 및 실현의 자율을 포괄한다. 전자는 형식적 · 객관적 성격의 자유이며 후자는 실질적 · 주관적 자유인바, 이런 의미에서의 자율은 합리성 실현의 전제조건이다. 왜냐하면 행위에 대한 의식적 · 체계적 자기조정능력은 행위에 대한 자기결정권이 보장될 때 비로소 주어지는 것이기 때문이다. 다시 말하여, 내 · 외적 자율성의 양과 질은 인간의 행위 합리성의 양과 질에 체계적으로 연동되어 있다. 그래서 베버는 흔히 제기되는 주장, 즉 인간의 주관적 자율성은 행위의 예측불가능성과 계산불가능성의 원천

이며 따라서 비합리성의 잠재력을 내포하고 있다는 주장에 대해 아래와 같이 반박하고 있다:

> 물리적 · 심리적 강제, 격렬한 감정, '우연적' 방해 등이 부재한 가운데 우리가 아래와 같은 명료한 의식, 즉 분명하게 규정된 '목적'을 타당한 경험적 지식에 따라 가장 적절한 '수단'을 통해 실현하겠다는 명료한 의식하에 행동할 때, 즉 우리가 합리성을 실현하고 있다는 의식을 가질 때 우리는 최고도의 실질적 '자유의 느낌'을 가지게 되는 것이다(WL: 42).

베버는 이렇게 자율적인 의사결정과 행위자의 합리적 능력을 서로 연계시킨다. 상기 유형론에서 분명한 것은, 베버가 전통성, 감정성, 가치합리성 그리고 목적합리성이라는 4가지 범주에 일종의 위계질서를 부여하고 있다는 점이며, 이 위계질서는 선택과정(즉 자율적 의사결정과정)에서 작용하는 숙고의 점증하는 양과 질(계획성 내지 신중성)에 바탕하는 것이다.

다시 말하여, 증대하는 주관적 합리성을 베버는 행위자의 주관적 선택의 자유의 증대와 연결시키고 있다. 우리의 행동이 관습이나 혹은 뿌리 깊은 습관에 의해 결정되어 있는 한 우리는 선택의 자유를 거의 가지지 못한다('전통적' 행위). 선택의 자유가 한 단계 더 높아지는 경우는, 행위자가 의식적으로 견지하는 최고의 가치를 기준으로 행위의 목적과 수단을 냉철하게 평가할 경우이다('가치합리적' 행위). 선택의 자유가 최고도가 되는 경우는, 대안적 가치들, 수단들 그리고 이들 각각이 가진 비용과 편익들을 숙고할 수 있는 자유를 가지고, 자신의 주관적 욕구들의 상대적인 긴급성에 대한 등급표를 작성하고 또 이에 따라 행동할 수 있는 자유를 가질 경우이다('목적합리적' 행위). 다시 말하여, 행위자가 자신의 행동의 목적과 수단에 대해 더 많이 숙고하면 할수록, 즉 자신의 주관적 지향성에서 점점 더 '목적합리적'이 되면 될수록, 그에 상응하는 만큼 이 행위자는 더 큰 주관적 자유를 경험하게 되는 것이다(Levine, 1981). 그러나 합리성과 자율의 상관관계 및 합리성의 위계질서는, 이미 지적했듯이, 어디까지나 '이념형적' 설계이지 결코 현실의 반영이 아니다. 오히려 우리의 현실적 행위는 위 4가지 행위근거들이 부단히 뒤섞이고 상호작용하는 가운데 진행된다.[17]

2) 가치영역의 분화

이 맥락에서 우리가 또 하나 주목해야 할 관점은, 상기한 유형들은 '행위'의 준거점일 뿐 아니라 동시에 사회적 행위의 구조화의 결과로 형성되는 거시적 '가치영역들'(*wertspharen*: 사회과학에서는 흔히 부분-체계 또는 하위체계 등으로 불린다)을 지칭하고 있다는 점이다.[18] 《종교사회학 전집 제1권》에 실린 그의 유명한 〈중간고찰〉에서 베버는 이 가치영역들을 아래와 같이 유형화하고 있다. ① 종교적-윤리적 영역, ② 혈연공동체, ③ 경제영역, ④ 정치영역, ⑤ 심미영역, ⑥ 성애(에로틱) 영역, ⑦ 지성의 영역(RS I: 536~538; WG: 348~367)이 그것이다. 그러나 또 다른 곳에서 베버는 이런 영역들을 크게 3가지 영역으로 압축하고 있는바(WL: 600ff), 우리는 앞장에서 이 영역들을 하버마스의 개념들

17) 물론 바로 이렇기 때문에 이념형이 필요하다는 것이 베버의 방법론적 입장이다. 즉, 이념형이 가진 '비현실성'이야말로 그것이 '현실'을 비출 수 있는 조명탄의 역할을 할 수 있는 소이인 것이다.

18) 베버가 이들을 '가치'-영역이라고 부르고 있는 데서 이미 드러나듯이, 이 영역들은 인간의 사고와 행위가 지향할 수 있는 기본적인 의미 및 기대구조들이다. 그리고 이 영역들은 서로 상이한 합리성 구조를 가지고 있으며, 이 합리성들은 〈내적인 자기법칙성 내지 독자법칙성〉을 가지고 있다.

에 빗대어 ① 인지적-기술적 영역, ② 심미적-표현적 영역, ③ 도덕적-실천적 영역으로 압축한 바 있다(Habermas, 1985: 9). 이를 상기한 행위의 준거점들과 연결시키면: 인지적-기술적 영역은 '목적합리적' 행위, 심미적-표현적 영역은 '감성적' 행위, 그리고 도덕적-실천적 영역은 '가치합리적' 그리고 '전통적' 행위에 상응한다. 행위의 이러한 총체적 구조를 기준으로 볼 때, 생산노동은 인간행위의 한 부분영역 및 부분유형으로 규정될 수 있으며 이 유형은 곧 '목적합리적' 행위유형 내지 인지적-기술적 가치영역과 연관된 것이다. 이로써 노동-패러다임의 행위-패러다임으로의 전환의 단서가 마련된다.

막스 베버가 제시하는 서구문화의 근대 합리화 과정론에 깔린 핵심적 명제는, 그의 합리성 개념이 암시하듯, 한편으로는 '행위'의 차원에서 상기한 행위의 구성요소들에 대한 자율적 조정력이 증대했으며, 다른 한편으로 '구조'의 차원에서는 상기한 가치영역들이 상대적 자율성을 지닌 부분체제로 분화했다는 시각이다. 앞장에서 분석한대로, 이렇게 내부적으로 분화된 가치영역들은 그전까지 자신들이 함몰되었던 신 중심의 문화적 총체성에서 이제 각각 고유한 문제영역을 유리시켜 그것을 '전문적' 성찰의 대상으로 삼는다: 인지영역은 '진리의 문제'(과학의 전문분야), 심미적-표현적 영역은 '미와 취향의 문제'(예술과 문예비평), 도덕적-실천적 영역은 '정의의 문제'(법과 윤리)가 그것이다. 이 명제를 뒤집어서 풀면: 전근대적 전통사회에서는 행위의 구성요소에 대한 자율적 통제력이 극히 제한되었으며 또한 가치영역들은 미분화된 채 하나의 총체적 틀 속에 융합되었다고 말할 수 있다. 이 전통적 틀을 유지해온 두 가지 기둥을 베버는 ①'문화'의 차원에서는 신학적-주술적 세계상의 논리에서, ②'사회'의 차원에서는 (바로 신학적 세계상에서 그 정당성을 보장받은) 정치권력의 절대성의 논리에서 찾는다. 이렇게 볼 때, '근대'로의 이행은 이 두 가지 논리의 절대성의 붕괴로 해석될 수 있는

바, 이 붕괴는 전자의 경우 세계상의 '탈주술화'를 통해, 후자의 경우 무엇보다도 부르주아 계급의 부상을 통한 경제권력의 정치권력으로부터의 상대적 해방 즉 자본주의적 체제의 정착을 통해서 시작된다.

이 과정의 결과로 진행되는 상기한 가치영역 분화의 요체를 베버는 — 이 점에서 칸트를 따르면서 — "경험적으로 주어진 것과 규범적으로 타당한 것 간의 구분"(RS I: 266) 이라고 표현하며, 이 구분은 다른 모든 분화과정의 기초이다. 다시 말하여, '당위'의 세계와 '존재'의 세계가 이제 각각 상대적 자율성을 얻게 된다(이것을 우리는 자연의 '탈사회화', 사회의 '탈자연화'로 묘사할 수도 있다: Habermas, 1981).

앞서 이미 서술했듯이, 이렇게 분화된 기능체계와 생활구조들은 〈자기법칙성〉의 지배하에 놓이게 되며. 모든 특수기능적 행위영역들은 각 영역의 고유 법칙성에 기초한 합리화-자율화 과정을 겪게 된다(RS I: 571). 다시 말하여, 그전까지는 하나의 총체성 속에 용해되었던 사회의 구성영역들이 근대의 시작과 함께 이제 각각 상대적 자율성을 가진 부분영역으로 "분화"된다는 것이다. 이와 함께, 그전까지는 인간의 모든 문화적-창조적 잠재력이 단 하나의 개념 — 가령 '신성' 혹은 '이성' — 의 개념에 용해되었다면, 이제 이 개념도 여러 개의 합리성들로 분해되기 시작하는 것이다. 즉, 이성의 총체성이 와해되고 인간이성의 '분열의 시대'가 시작되며, 따라서 우리는 '부분-합리성'은 가지지만 이 부분합리성들을 포괄하는 단 하나의 총체적 합리성은 상정할 수 없게 되는 것이다. 물론 이 과정은, 위에서도 언급했듯이, 비단 경제영역에만 국한되는 것이 아니라 정치, 문화, 도덕, 예술("예술은 점차 독자적 가치를 가진 … 소우주로 구성된다." RS I: 555) 혹은 성적(性的) 영역에도 적용된다(에로틱이 근대에 와서야 하나의 '독자적' 체험대상으로 인정되는 것은 주지의 사실이다). 우리는 가령 심미적 영역이 도덕적 영역에 대해 얻게 된 근대적 자율성을 아래와 같이 표현할 수 있다: 선하지 않은 것도 아름다울 수 있으며, 아니 더 나아가 바로 선하지 않기 때문에 아름다울 수도 있다. 이것이 우리에게 잘 알려진 베버의 방법론적 기본명제 즉 '개념'과 '현실' 간의 메울 수 없는 괴리, '이론'과 '실천'의 분화 내지 '존재'와 '당위'의 구분과, 그의 역사철학적 기본입장 즉 '진화'와 '역사'의 분리 및 이에 근거한 목적론적 역사관의 거부에 깔린 이론적 바탕이다.

이러한 분리와 함께 개개 가치영역은 비로소 자기성찰적 시각을 얻게 되고, 그 결과 도덕적, 인지적 그리고 심미적 개별 가치영역은 자신이 그전까지 함몰되었던 총체적 '생활세계'와의 '자연스러운' 관계를 상실하고 이제 이 관계를 '의도적'으로 정립해야 할 '문제'로 의식하게 된다. '자연스러웠던' 규범적 자명성과 타당성들이 이제는 말하자면 '의식적' 정당화의 대상이 되어버리는 것이다. 즉, 그전까지는 〈담론〉의 자명한 전제조건들이었던 것이, 이제는 담론의 〈대상〉 그 자체로 등장할 수 있게 된 것이다. 이러한 분화과정이 낳은 결과 중의 하나는, 이제 각각의 가치영역은 지속적으로 자신의 존재와 기능의 정당성을 증명해야 할 의무를 지니게 된다는 것이며 동시에 이 정당성의 근거가 이제는 더 이상 '신적'인 것에도 또 '전통'에도 의존할 수 없이 '자기 자신'에서 창출되어야 하는 것이다.

그런데 개별 기능체계들의 자기법칙성 및 자기논리에 의한 합리화는 불가피하게 각 가치영역들 간의 갈등과 긴장을 초래한다. 그래서 베버는, 합리주의란 "내적 모순들로 가득 차 있는" 세계라고 규정하는 것이다. 필자가 보기에, — 이미 위에서 지적했듯이 — 가치영역들 간의 이러한 갈등관계의 상정 — 그것도 화해될 수 없는 근원적 갈등관계의 상정 — 은 베버 사회학 전반을 관통하는 일관된 이론적 시각이다. 이런 이유에서 필자는, 베버 사회학의 기본성격을 일종의 급진적·역사적 갈등이론이라고 규정할 수 있다고 생각한다. 물론 가치영역 간의 긴장관계가 가장 첨예하게 표출되는 역사적 시기는 바로 근대이다. 베버는 이 상황을 앞장에서 이미 인용한 비유 즉 옛 신들이 탈주술화되어, 일반적인 힘들의 형태로 '신들의 전쟁'을 다시 시작한다는 비유를 빌려 표현하고 있다. 그래서 근대에 와서는 과거 어느 시기보다 적나라한 형태의 투쟁들이 가치의 영역에서도 발생하게 된다. 즉, 비단 "계급이해 간에만 투쟁이 있는 것이 아니라 세계관들 사이에도 투쟁"(WL: 153)이 분출하며, 그것도 근대 특유의 매우 격렬한 방식으로 분출하게 되는 것이다.

그러나 바로 이 긴장관계가 근대사회의 독특한 〈역동성〉의 근원이며 그래서 근대문명은 인류 역사상 그 전례가 없는 미래 개방적이고 또 끊임없이 '혁신-중독적인' 문화이다. 동시에, 바로 개개 기능체계들이 가진 발전 역동성의 '자기논리성'으로 인해 개별체계 내의 행위에 대한 체계 고유의 어떤 '중단규칙'도 존재하지 않게 된다. 가령 경제체계는 경제체계를 중단할 아무런 내적 중단규칙도 가지고 있지 않다. 즉, 모든 체계는 〈지속〉, 〈확대〉, 〈강화〉, 〈기능수행력의 개선〉을 지향한다. 따라서, 부분영역들의 내재적인 수행능력 강화는 그 자기논리성으로 인해 해당 부분영역 자체에게는 하나의 절대명제로 군림하게 된다. 그러나 이런 구조적 상황의 결과로, 한 특정행위영역(가령 경제)에서의 기능의 자기논리적 합리성 극대화는, 역시 극대화를 추구하는 다른 행위영역들의 자기논리적 합리성 극대화와 불가피하게 충돌하게 되고 이는 어떤 특정 개별영역도 해결할 수 없는 '총체적 불합리성 내지 비합리성' 문제를 야기시키는 것이다(Beck, 1986; Berger, 1989: 229). 그리고 바로 이 지점에서 서구 근대문명의 합리화 과정이 가진 역설적 성격이 드러난다(이 문제와 관련해서 최근 특히 독일 사회이론가들이 제시하는 '현대진단'을 아래 "부론 2"에서 정리했다).

그러나 역설의 문제는 또 다른 의미에서도 제기된다: 위에서도 보았듯이, 가치영역의 자기논리적 발전의 전제조건은, 비단 형식상으로뿐 아니라 '내용적으로도' 구속력 있는 규범체계로 작동했던 종교적 세계상, 즉 전통사회의 전 영역을 획일적으로 지배했던 종교적 세계상의 붕괴였다(탈주술화 명제). 그 결과 이제 각 부분영역을 '내용적'으로 규제할 수 있는 어떠한 상위 규범체계도 존재하지 않게 되며 따라서 각각 특수가치를 실현하는 부분영역 간의 대화와 교통의 유일한 길은 '형식'의 보편성 즉 형식합리성이다. 형식합리성은 '내용'을 대상하는 것이 아니라, '주어진' 내용에 대한 협상 및 이 내용의 실현 절차와 과정만을 대상으로 삼는다는 뜻에서 절차 내지 과정합리성이며 또 그런 이상 목적-수단합리성과 연계된다. 다시 말하여, 가치영역의 분화, 다양화, 다원화의 구조적 결과는 한 특정 유형의 합리성, 즉 형식합리성의 위상을 극대화하는 것이다. 베버는 이 과정을 모든 사회관계의 "객관화"(혹은 즉물화 내지 물상화, *versachlichung*, RS I: 552) 라고 부른다.

그러나 부분영역 가운데서도 이런 의미에서의 사회관계의 객관화 혹은 형식 내지 목적합리화를 가장 필요로 하며 또 가장 조직적으로 실현하는 곳이 '시장' 기제(즉 인간을 형식적으로 동등한 구매력 단위로 환산하는 기제)에 의존하는 자본주의적 기업과 관료적 기제(즉 인간을 형식적으로 동등한 행정단위로 환산하는 기제)에 의존하는 근대국가이다. 그런데 베버는 특히 후자 즉 관료제화 과정을 중심으로 합리화 과정 일반이 가진 '역설적' 성격에 주목하고 있는바, 아래에서는 이 '역설'의 주제를 간략히 살펴보고자 한다.

5. 합리화 과정의 역설: 베버의 근대 비판

서두에서도 지적했듯이, 베버는 서구 근대사회의 합리화 과정 그 자체의 해부학적 분석 못지않게 어느 고전사상가보다도 냉철하게 이 합리화의 '병리적' 그리고 역설적 성격을 관찰하고 비판한 사회학자이다. 이 비판적 시각의 요체는 아래와 같은 두 가지 관점으로 정리될 수 있다: 첫째, 세계상의 탈주술화를 그 핵으로 하는 문화적 합리화는 근대인간으로 하여금 '의미상실'이라는 실존적 위기에 봉착하게 한다. 둘째, 자본주의적 기업과 국가조직의 관료화를 주축으로 하는 사회적 합리화는 근대인간으로 하여금 '자유 상실'이라는 정치적 그리고 문화적 위기에 봉착하게 한다(Habermas, 1981). 이 두 현상이 역설적인 소이는, 합리화가 기실 그 출발점에서는 예속이 아니라 '인간해방'의 가치를 내건 혁명적 운동의 결과였기 때문이다. 자신의 생존조건상 자연과 인간을 형식 합리적 계산과 통제의 대상으로 삼지 않을 수 없는 상공인-시민계급이 봉건적 예속에 혁명적으로 저항하며 이 해방운동을 주도했으며 그 결과 서구문명은 한편으로는 〈시민사회〉의 〈국가〉로부터의 해방, 다른 한편으로는 물질적 생산력의 엄청난 폭발을 통한 〈자연〉으로부터의 해방을 향해 나아갔다. 또한 민주주의적 법치체제 및 행정-사회조직의 관료화는 전통사회가 가졌던, '인간의 인간에 대한 직접적이고 자의적인 지배'로부터의 해방을 뜻했고, 계몽주의적 종교비판은 탈주술화, 즉 수천 년 동안 인간정신을 지배하고 억압했던 '절대신'으로부터의 '내적' 해방을 뜻했다. 이러한 다차원적 해방과정은 주지하다시피 가령 자유, 평등 등 일련의 보편적인 자연권 사상을 배태했고 이것은 이제 인류가 결코 포기할 수 없는 지고의 가치로 정착하게 되었다. 아울러 자본주의적 산업화는 이 가치들의 실현에 필요한 물질적 조건들도 제공하는 듯

했다. 그리고 베버는 다층적 의미의 합리화 과정을 통해 가능해진 우리의 인지적 통찰력의 증가, 기술적인 발전, 행동반경의 선택권 확대 등을 적극적으로 인정하고 있으며, 그는 합리화 과정이 가져다준 일련의 포기될 수 없는 유산들을 명확하게 지적하고 근대 시민사회의 이상들이 지닌 창조적 잠재력을 높이 평가하고 있다.

그러나 이러한 다차원적 해방의 지렛대들이 근대성의 일반적 관철과 함께 점차 인간을 옥죄는 족쇄들로 변모되어 간다는 것이 베버의 역설론이다.[19] 우선 문화적 차원에서 보면, 탈주술화와 가치영역의 분화는 전통적 생활양식이 가졌던 유기적 통일성을 해체하게 되고 이 해체의 결과로 이제 근대인은 각자가 자율적 의미 및 가치창출의 짐을 지게 된다. 그러나 다수의 근대인들은 이 짐을 견디지 못하고 다시 신비적·주술적 세계로 도피하면서 세계상의 '재주술화'를 시도하거나 아니면 '의미'의 문제를 제기할 능력을 상실한 철저한 '감흥 없는 향락인간'(RS I: 204)으로 전락할 위험에 처하게 된다. 또한 사회적 행위의 관료적 조직방식이 일방적으로 관철됨에 따라, 생활양식 그 자체가 표준화되고 도식화되어(WG: 561) 개인적 자율의 폭은 감소되며, 근대인은 관료적 조직 속에서 부품으로 기능하는 '정신이 부재한 전문인'(RS I: 204)으로 나락할 위험에 처하게 된다.

관료화-자유상실-의미상실 명제는 서로 밀접하게 연관되어 있음이 분명하다. 합리적으로 그리고 위계적으로 조직된 대기업, 관청 혹은 군대에서 종사하는 "인간기계"(SS: 413)들은, 이 조직들의 단순한 부속품으로 기능할 뿐이며, 여기서 이 조직이 사적(私的)으로 운영되든 혹은 국영이든, 그리고 이 노동자가 어떤 지위를 가지고 있든 그것은 별 상관

19) 물론 베버는 비단 여기서 뿐 아니라 다른 많은 역사적 과정에서도 '역설'의 현상을 확인하고 있다. 베버의 이러한 역설론은 한마디로 '행위의 의도와 그 결과 간의 역설'로 요약될 수 있다(RS I: 524).

이 없다. 이러한 부속품화의 위험은, 이에 저항하기 위해 필수적으로 필요한 문화적 자원들이 고갈되면 될수록 더 커지기 마련이다. 베버는 관료화된 사회 즉 관료적 이상과 원칙만이 지배하는 사회는, '교수들로 가득 찬' 사회만큼이나 위험하다고 보았는바, 이 사회는 "자그마한 직위에 집착하고는 다시 또 조금 더 높은 직책을 얻기 위해 바둥거리는 인간들로 가득 차게 될 것이기 때문이다"(SS: 414) 라고 주장한다. 이런 인간들은 개성을 형성할 능력을 상실한 자들이며 이들은 "기존의 질서가 한 순간이라도 동요하면 불안하고 비겁해지며, 이 질서에 대한 자신들의 절대적인 순응의 궤에서 밀려나면 어쩔 줄 모르는" 인간들이다(SS: 414). 즉, 한 공동체의 완벽한 관료적 통제는, 역설적으로, 바로 이 공동체의 관리능력을 극도로 제한한다. 왜냐하면 관료제는 인간들을 그 "내면으로부터" 동기화하는(WG: 658) 능력을 지니지 못하고 있기 때문이다(동구 사회주의체제의 운명은 이것을 웅변으로 보여준다). 이런 점에서 관료세하에서의 정치-행정 기제는 공장제하에서의 생산-노동 기제와 유사하다(WG: 825).

두말할 나위도 없이, 사회 전반의 공장식 조직화의 선봉이자 주역은 자본주의적 기업이었다: 생산자의 생산수단으로부터의 분리라는 과정은 여기서부터 시작되어 지배-행정수단, '해석수단'(문화-교육: 가령 베버는 현대의 학자는 "노동자가 생산수단에서 유리된 것과 같이 연구수단에서 유리되고" 있음을 지적하였다. WL: 584) 영역까지 확대되어갔으며 이것은 곧 모든 조직의 관료화를 초래했던 것이다(SS: 499).[20] 즉 위에서

20) 기업조직의 관료화에 대한 베버의 이러한 비판적 시각은 그 당시의 자본주의의 발전단계와 무관하지 않다는 점은 자명하다. 베버가 경험한 자본주의는 오스트리아의 사회민주주의자인 루돌프 힐퍼딩(Rudolf Hilferding)이 이른바 '조직화된 자본주의'라고 부른 것이었다. 카르텔의 형성과 기업집중(콘체른), 대기업의 관료화, 강력한 중산층의 형성 및 국가개입의 증대 등이 이 '조직화된 자

언급한 시장의 기제와 관료주의적 기제는 해방의 잠재력을 스스로 집어삼키면서 새로운 예속의 울타리를 쌓는다. 왜냐하면 관료조직과 대기업은 자율적 인격체로서의 인간을 탈 인격화하면서 조직의 자기 역동적 요구에 기능적으로 순응하지 않을 수 없게 하기 때문이다. 다시 말해, 구체적 인간이 구체적 인간을 지배하던 전통사회와는 달리 상기한 조직들에서는 지배의 주체가 추상적 규율과 시장 기제라는 형태로 불가시화되어버린다. 이로 인해 우리는 단순히 기능적 이유에서 이 구조물들에 순응할 뿐 아니라 우리의 예속상황을 내면화하고 더 나아가 (이 조직들의 기능적 효율성을 명분으로) 정당화하게 된다. 이로 인해 우리는 점차 독자적 사고, 적극적인 정치-사회적 참여 등에 대한 동기부여의 제한을 감수하는 수밖에 없게 되며, 결국에는 수동적이고 기계적인 상품 〈소비자〉 및 행정 〈소비자〉로 전락하게 되는 것이다. 합리화 과정의 이러한 역설적 결과가 낳는 상황을 베버는 '새로운 예속의 쇠창살 우리'(PS: 63; RS I: 203; GASS: 502)로 형상화하면서, 근대적 합리화는 종국적으로 그 외양적인 '해방'의 성격에도 불구하고 '지배를 최소화'하는 것이 아니라 오히려 지배의 강화를 가져올 것이라고 주장한다. 여기서 베버는 말하자면 일종의 파국이론가적인 면모를 보이고 있다.

이렇게 볼 때, 상기한 '새로운 예속의 쇠창살 우리'의 해체는 단순히 시장경제를 중앙계획경제로, 생산수단의 사적 소유를 공적 소유로 전환함으로써 달성될 수 있는 것은 아니다. 왜냐하면 이것은, 이 강철 우

본주의'의 특징이다. 그래서 베버는 자본주의란 개인의 자유로운 경제행위가 창출하는 준(準) 자연적인 균형상태에 기초한다는 자유주의적 경제학의 가정을 비판하면서 자본주의는, 특히 조직화된 자본주의는 개인들의 '경제적 행위'에 근거하는 것이 아니라, 법인체로 조직된 '영리기업'들에 의해 지탱되는 것이며 이른바 균형상태는 준자연적 상황이 아니라 인위적인 지배의 균형상태라고 주장한다.

리가 가진 이중 족쇄로 인해, 노동자계급의 해방이 아니라, 단지 시장의 예속을 관료적 예속화로 대체하는 것일 뿐이며, 종국에 가서는 소수의 〈당 관료 독재〉를 낳을 뿐이기 때문이다. 시장지배가 계급 구조적 예속을 낳는다면, 관료적 예속의 대상은 관료적 조직원리에 포착되는 모든 생활영역이고 또 실지로 현대문명의 조건하에서는 거의 모든 영역이 이 조직원리의 망에 걸려들기 마련이다. 왜냐하면 추상적인 법 내지 규율과 전문성에 기반하여 엄정히 중립적이고 객관적인 업무수행을 '원칙'으로 하는 관료제는(WG: 124ff, 551ff) 지배자의 자의가 수시로 개입하는, 즉 인간의 인간에 대한 직접적인 지배에 기반한 어떤 전통적 행정조직보다, 표면상으로는, 훨씬 더 '합리적'이고 효율적인 듯이 보이기 때문이다. 이 원리는 그래서 공장제 생산조직, 노동조직, 학술조직, 정당, 종교단체 등 모든 조직에 침투하며, 그리고 자본주의적 독점화의 경향이 심화되면 될수록 심지어 개인적 창의성과 모험심을 '먹고 사는' 기업가의 활동마저도 관료화되어 버린다.

이 두 가지 〈새로운 예속〉의 유형은 그 사회학적 기본성격 면에서는 동일한 것인바, 왜냐하면 둘 다 개별적인 인격체로서의 인간을 〈탈 인격화〉 내지 형식화하고 있기 때문이다: 즉 시장의 지배가 인간을 자본계산단위로 〈탈 인격화〉한다면, 관료적 지배는 인간을 행정적 관리단위로 〈탈 인격화〉한다.

6. 막스 베버의 '처방'

1) 의회주의

베버는 합리화 과정이 초래하는 이러한 역설적인 상황들을 결코 '유토피아적 구상'을 통해 회피하려고 하지는 않았다. 가령 베버는 톨스토이의 기독교적 평화주의 혹은 초기 루카치의 구원론적 사회주의 등의 열정적, 유토피아적 그리고 윤리적 모델들에 진지한 관심을 보였지만, 이 모델들을 탈주술화되고 물상화된 근대사회에서는 이미 그 존립근거를 상실한 구원종교적 형제애 윤리의 세속적 대용물들에 불과한 것으로 간주하고 거부한다. 그럼 베버 자신은 어떠한 비유토피아적 · 대안적 청사진을 제시하고 있는가? 만약 여기서 '청사진'을 하나의 포괄적이고 체계적인 이론구도와 현실적 실천전략을 담은 합리적 설계도로 이해한다면, 베버에게서 이런 청사진은 찾을 수 없다는 것이 필자의 견해이다. 그리고 이것은 지금까지 서술한 베버의 사회이론적 기본 명제들과 그의 근대진단이 가진 성격을 고려할 때 어쩌면 당연한 일이기도 할 것이다. 베버는 합리화 과정의 이러한 역설에 대한 하나의 '합리적' 내지 합리성 이론적 해결책을 제시하지는 않았다.

어떻게 보면 이것은 베버의 접근방식이 가진 당연한 귀결이라고 할 수 있다. 베버의 주된 이론적 관심은 개별적인 질서영역들 — 정치, 경제, 법, 종교, 과학 등 — 에 있었고 이들 간의 상호관계가 관심의 대상이었다. 그리고 위에서 보았듯이, 베버가 주로 제기한 문제는 일차적으로 이들 간에 존재하는 〈가치불화해성〉에 관한 것이었다. 그에 반해 포괄적인 사회체계 및 총체로서의 '사회'에 관한 한 베버는 입장 표명을 극도로 자제하고 있다. 가치영역들의 분화를 논하는 어디서도 그는 사회적 통일 내지 통합의 문제를 제기하지 않았다. 총체개념에 대한 베버의

'무관심'은 아래와 같은 사실에서도 나타난다: 그 당시 지성계를 풍미했던 두 개의 중요한 시대적 위기진단 즉 ① 사회의 계급분열이라는 사회주의적 위기진단과 ② 사회의 병리적인 통합결핍이라는 보수주의적 위기진단(이것은 뒤르켐에서 특별히 부각된다)에 대해 베버는 거의 어떤 체계적 대응도 하지 않고 있었다는 사실(Tyrell, 1994)이 그것이다. 그리고 이것이 왜 앞서 서술한 베버의 가치영역 분화론이 스펜서 유 또는 파슨스 유의 기능주의적 분화이론과 가진 외양적 유사성에도 불구하고 이들과는 근본적으로 구분되는가 하는 소이이다. 왜냐하면 이 사상가들은 — 그리고 최근의 이른바 〈해체 패러다임〉도 — 결국 분화의 출발점이자 동시에 종착점, 또는 분화의 대상으로 〈사회〉라는 하나의 전체체계를 전제로 하고 있고, 따라서 '통합'과 분화의 문제는 이들에게 동전의 양면이라고 볼 수 있기 때문이다(Schwinn, 2001). 그러나 베버에게서는 이러한 의미에서의 〈사회〉 개념을 찾을 수가 없다. 그래서 베버사회학은 간혹 〈'사회' 개념이 없는 사회학〉이라고 지칭되기도 하는 것이다(Tyrell, 1994).

그러나 다른 한편, 만약 우리가 베버를 실용주의자(*pragmatist*)로 이해하며 읽는다면 우리는 그에게서 다양한 '처방들'을 확인할 수 있다. 베버는 상기한 합리화 과정의 역설들에 대체하는 데 각별히 중요한 두 가지 권력영역에 주목하고 있는바, 그것은 '정치권력'과 '사회권력'의 영역이다. 전자의 경우, 우리가 보았듯이, 거의 불가항력적으로 확산되는 관료제화 및 관료권력을 어떻게 통제할 것인가 라는 것이 핵심문제이고, 후자의 경우, 마찬가지로 불가항력적으로 보이는 조직화된 자본권력을 어떻게 통제할 것인가 라는 것이 핵심문제이다.[21)]

21) 그런데 이 두 문제에 대한 베버의 접근방식은 기본적으로 제도적 실용주의

우선 '관료제화' 주제를 살펴보자. 앞장에서 서술했듯이, 베버가 보는 근대사회의 구조적 요체는, 가치영역들의 분화와 각 영역의 고유논리에 따른 발전이 야기하는 지속적인 긴장과 역동성이다. 이에 상응하여 베버가 제시하는 정치적-제도적 대응책은, 어떻게 이러한 긴장과 역동성의 틀 내에서 합리화의 역설적 현상들이 효과적으로 통제될 수 있느냐는 문제에 그 초점이 맞추어져 있다. 물론 고도 산업화된 대중사회로 발전한 현대문명의 조건하에서 우리는 관료화의 철폐를 시도할 수도, 기대할 수도 없으며, 단지 우리는 그것을 제도적으로 통제할 수 있을 뿐이다. 베버는 그중 특히 그 영향력이 막대하고 포괄적인 국가 관료제의 통제에 관심을 기울였다. 이 문제에 대한 베버의 정치적·제도적 대응책은 우선 의회주의의 강화 요구로 요약될 수 있다. 그에 의하면 강력한 의회는 국민, 정부관료 및 의회 간의 지속적인 대화를 강요하고 또 보장할 것이다. 의회의 이러한 역할을 뒷받침할 '제도적' 장치로 베버가 각별히 주목한 것은 '국정조사권'이다. 그에 따르면, 우리는 국정조사권의 강화와 확립을 통해 의회가 수시로 정부로 하여금 국민과 의회에 대해 자신들의 정책을 정당화하고 설명하게 하도록 강제할 수 있다(PS: 399, 353). 이를 통해 베버는 말하자면 행정행위를 지속적인 '정당화'의 압력하에 예속시키고자 하는 것이다.

관료권력에 대해 의회가 행사할 수 있는 이러한 '제도적' 대항 전략에 더하여 베버는 '정치적' 차원에서도 하나의 대응책을 제시하고 있는바, 그것이 바로 '카리스마적 지도자론'이다. 여기서 이 유명한 명제를 상론할 여유는 없지만, 그러나 한 가지 점만은 분명히 짚고 넘어가고자 한다. 즉, 이 명제는 상기한 두 가지 맥락에 편입되어 고찰되어야만 한다

(*pragmatism*)의 성격을 지니고 있다는 점은 미리 지적해두고자 한다. 필자는 더 나아가 베버 사회이론 전반이 강한 '실용주의'적 지향을 보이고 있다는 입장이다. 다른 기회에 이 입장을 체계적으로 서술할 작정이다.

는 것이다: 관료화에 대한 통제 역할이라는 맥락과 강력한 의회주의라는 맥락이 그것이다. 왜냐하면 그렇게 하지 않을 경우 우리는 이 명제를 자칫 전체주의적 혹은 독재적 지도자와 연계시키는 오류에 빠지게 되기 때문이다. 베버가 요구하는 카리스마적 지도자는 말하자면 '의회주의적 카리스마'이지, 결코 선동적 카리스마가 아니다. 이러한 지도자의 필요성은, 바로 의회 자체가 경우에 따라서는 관료 및 자본가계급과 결탁하여 국익과 국민의 뜻에 반하는 조직으로 전락할 수 있기 때문이다. 베버는 바로 카리스마적 지도자에게 이런 특수이익 집단들 간의 '결탁과 야합'에 제동을 걸 수 있는 역할을 부여하고자 했다.[22)]

2) 노동조합주의

이제 '자본권력'의 문제를 간략히 짚어보자. 베버는 거대조직들이 확산되고 모든 생활영역이 관료화되는 사회, 동시에 적대적 계급관계에 기반한 시장에 의해 조정되는 사회에서 어떻게 우리는 '개성'을 발전시키고 보존할 수 있는가 라는 자신의 근본적인 문제제기에 대한 답으로 자율조직(*selbstorganisation*)의 전반적인 관철을 제시하면서, 자율조직을 그 자체로서 하나의 지고한 "문화적 가치"로 간주했다. 그러나 베버가 특별히 관심을 둔 것은 노동계층의 자율조직이었다.[23)]

---

22) 같은 맥락에서 베버는 국가-자본-관료의 결탁을 감시할 필수적 권력체로서 언론기구에 지대한 관심을 가졌으며, 이와 관련한 대규모 연구계획을 수립한 바 있다. 불행히도 베버의 이 중요한 연구계획은 여러 가지 사정으로 중도에 무산되고 말았다.

23) 그러나 유감스럽게도 베버는 자신이 지대한 현실적 관심을 가졌던 이 문제에 대해 체계적인 학술적 저작을 남기지는 못했다. 여러 가지 정황으로 미루어볼 때 그는, 만약 뜻하지 않은 급사(急死, 1920)의 비운을 피할 수 있었다면, 앞서 언급한 미완의 '언론사회학' 프로젝트와 함께, 이 문제에 관해서도 중요한

베버는 '국가'가 계급이해를 초월해 있는 중립적 조정자라는 모든 입장을 가차 없이 비판하면서, 국가에 의한 갈등해결이 아니라 사회적 집단들이 법적으로 대등한 이익대변단체들로 조직되어 전개하는 투쟁을 통한 갈등해결을 지지한다. 그래서 베버는 노동조합의 강화와 이것의 경영자 조직과의 법적 동등화를 강력히 요구했으며 특히 노동자들의 자율적 결사권을 제한하는 법조항의 폐기를 적극 지지했다(Mommsen, 1974: 107~132; Horst Baier, 1989). 이 맥락에서 주목할 것은 베버가 노동자의 자율조직 문제를 '사회경제적' 관점 못지않게 '문화적' 관점에서도 바라보고 있다는 점이다. 왜냐하면, 분명 노동자층의 자율조직〔베버는 '자발주의'(*voluntarismus*) 라는 개념도 자주 쓴다〕은 한편으로는 관료적으로 조직된 행정국가와 다른 한편으로는 점점 독점 권력화해가는 대기업이라는 이 두 가지 거대 세력군에 대한 하나의 대항세력 역할을 해야 하지만, 다른 한편으로 베버는 이것을 반드시 물질적인 성공전망과 연결시키지만은 않기 때문이다. 되풀이해서 베버는 자신에게는 노동조합은 그 자체로서 가치가 있는 것이라고 선언한다: "내 개인적으로는 솔직히, 공개적 투쟁에서 실지로 얼마나 많은 것을 성취하는지 여부를 떠나서, 노동조합은 그 자체로서 가치가 있는 것이라는 입장이다"(*Schriften des Vereins für Sozialpolitik*, Bd. 116, 1906). 베버는 이른바 노동자계급을 대변한다는 사회민주주의당의 심각한 관료화 경향을 비판하면서 이 경향에 대한 대항세력으로서의 노동조합의 이러한 자체 가치를 강조한다: "사회민주주의당 내에서 이상주의적 헌신과 이상주의적 신념의 유일한 저장고는, 독일적 상황에서는, 노동조합이며 또 앞으로도 그러할 것이다. 그래서 나는 노동조합의 본질을 위협하는 모든 시도를

업적을 남길 수 있었을 것이다. 참고로 베버는 대학의 자치권에 대해서도 큰 관심을 가졌을 뿐 아니라 이 문제를 두고 그 당시 독일 '교육부'와 격렬한 투쟁도 불사했었다.

거부한다. 설사 이러한 시도가 노동자들의 물질적 이해증진이라는 명분을 내세우는 경우라도" 그러하다(*Schriften des Vereins für Sozialpolitik*, Bd. 116, 1906). 반 관료주의적 베버의 성향이 여기서 또 한 번 분명히 드러난다.

그러나 이에 못지않게 베버는 권위주의국가적 색채를 띤 노동관련법과 공무원법이 인격구소에 미치는 영향에 대해서도 관심을 기졌다. 1912년 11월에 그가 배부한 사회정책 팸플릿에서 베버는 위의 문제에 대해 아래와 같이 비판하고 있다:

> 공기업 및 사기업에서 온갖 종류의 준(準) 공무원적 사무직 고용인들이 지속적으로 증대함에 따라 이미 수백만을 포용하는 하나의 계급이 탄생했다. 이 계급은 그들의 생존조건으로 인해 자신들의 개성발전에 있어서 부분적으로는 노동자계급 상층부보다 더 심각하게 위협받고 있으며, 이들은 이러한 개성발전에 대한 하찮은 대용물들에 안주하고 있으며 그 결과 특히 아래와 같은 위험에 처해 있다: 즉 이들은 가장 내면적인 의미에서의 문화를 결여하고 있을 뿐 아니라, 더 나아가 이들은 억압과 충족되지 않은 요구들이 혼합된 상태로 사육되어가는, 정신적으로 비자주적인 인간들의 군집으로 나락할 위험에 처해 있는 것이다(Schäfers, 1967: 266).

베버에게 중요한 것은, 노동자들도 하나의 계급으로서 다른 사회적 계급들에 대비되는 하나의 독자적인 문화적 자기정체성을 형성해야 한다는 것이다. 이런 의미에서 그는 "동료애와 계급의식"은 "그 자체로서 문화가치"라고 선언한다(Schäfers, 1967: 266). 이런 시각에서 베버는 관료화 및 관료적 전문인간 유형의 탄생, 그리고 사회민주주의당의 경우, '당 봉록수령자층'의 탄생과정과 이들이 가진 '복지부동화'의 경향을 날카롭게 분석했다. 베버는 이러한 부동화에 대한 저항세력으로서 대등한 정치적 사회집단과 조직이 구축되어야 한다고 보았으며, 이 집단들에게, 자신의 물질적 '이해관계'뿐 아니라 자신이 속한 계급 특유의 '이상들' — 물론 이 이상들은 역사적으로 변할 수 있다 — 을 위해 적극적으로 투쟁할 것을 요구하였다(AfSS 20, 1905: 551).

베버는 1912년 이러한 문화정치적 의도에서 자신과 같은 생각을 가진 일단의 경제학자와 사회학자를 조직하려고 시도했으며, 그 목적은 최고도의 자치권을 가진 자율조직의 관철을 위해 "가능한 한 포괄적인 사회정책적 좌파의 기본지침들"을 작성하는 것이었다. 그가 접촉한 학자들 중에는 가령 자유주의적 사회개혁주의의 대부였던 브렌타노(L. Brentano), 뷔허(K. Bücher), 퇴니에스(F. Tönnies) 등이 포함되어 있었다. 그러나 이 계획은 실패로 끝났다. 그 원인은, 가령 보호관세 문제와 사회민주주의자들의 참여 문제 등에 대한 의견차이뿐 아니라, 무엇보다도, 도대체 이러한 구상이 얼마나 실현 가능하며 또 현실적합적인지라는 문제에 대한 이견에서 찾을 수 있을 것이다. 가령 브렌타노는 노동자의 자율조직보다는 오히려 국가의 감독하에 노동자 및 자본가의 조합주의적인 조직화를 선호했다. 다른 학자들은, '자유'의 원칙과 '개성의 발전'을 경제생활에서 다시금 활성화하자는 시도 자체에는 찬성하지만 그것의 실현가능성에 대해서는 심각한 회의를 표명했다: 즉 "고도자본주의의 상황에서는 개성주의와 자유는 불가능하다"는 것이다. 심지어 가장 개성주의적이고 창조적인 인간들인 기업가와 예술가들마저도 온갖 종류의 조직, 협회, 기구들에 의해 전적으로 구속당하고 있는 판에 어떻게 노동자 대중 다수가 개성주의와 자유를 구현할 수 있겠는가라는 것이다(Aldenhoff, 1989: 67). 베버의 시도가 실패로 끝났다는 사실은 1900년대의 자유주의적 사회개혁가들이 처해 있던 딜레마 상황을 여실히 보여준다: 이들은 더 많은 자치와 자율조직의 필요성은 충분히 인식하고 있었지만, 동시에 '생디칼리즘', 국유화 등의 막강한 경향 앞에 결국 굴복하고 말았던 것이다(Aldenhoff, 1989: 77).

그러나 베버 자신은 끝까지 이러한 체념적 패배주의에 동참하지 않았다고 보는 것이 옳을 것이다. 왜냐하면 베버가 노동조합주의를 지지한 것은 궁극적으로 그것이 시민의식과 시민적 행위양식에 대해 가진 교육효과에 대한 기대, 다시 말해 그것이 다수 대중에게 어떻게 정치적으로 사고하고 행동하는가를 가르칠 때 얻을 수 있을 실제적인 효과에 대한 기대에 기반하고 있었기 때문이다(Scaff, 1973: 128~141). 베버는 말하자면 노동조합운동이 정치적 선택과 참여의 냉철하고도 열정적인 행동의 장에 대중들을 노정시키고 단련시키는 과정이라고 믿었던 것이다(Scafff: 135). 이러한 베버의 입장은 다음 인용문에서 잘 드러난다:

> 민주주의와 자유는 한 민족이 양떼같이 지배당하지 않겠다는 확고히 정립된 의지를 가지고 있는 곳에서만 가능하다. 우리가 '개성주의자'이고 민주적 제도의 옹호자이고자 하는 것은 물질적 이해관계의 주된 '발전경향'이 이와는(즉 개성주의와 민주주의) 반대되는 방향으로 나아가고 있기 때문이다(PS: 61).

그런데 의회주의자로서든, 노동조합주의자로서든 또는 사회이론가로서든 베버가 가장 열정적으로 수호하고자 했던 하나의 근본적 '가치이념'이 있었으니 그것은 곧 '자율'이라는 가치이다. 이에 대한 서술로 이 글의 맺음말을 대신하고자 한다.

7. 맺음말: '자율'이라는 가치

지금까지의 서술에서 드러나듯이, 베버는 무엇보다도 근대적 합리화가 내포하고 있는 한 가지 '가치'에 각별히 집착했는데, 그것은 '자율' 또는 '자유'(*freiheit*) 라는 가치이다. 근대화 과정에서 서구문명이 자율적 인격체로서의 '개인'을 위해 쟁취한 다양한 '자유'는 베버에게는 결코 포기할 수 없는 최고의 규범적-실천적 가치척도이다. 이런 입장은 베버 사상의 자유주의적 뿌리를 암시한다. 베버는 그의 실질연구의 여러 곳에서 자유에 대한 열망이 계급위치에 무관하게 인간의 행위동기로 얼마나 중요한 역할을 하는지를 경험적으로 분석하고 있다(가령 동엘베 지방 농업노동자에 대한 연구). 서두에서도 밝힌 바와 같이, 베버의 자유개념은 매우 포괄적인 것으로, 정치-사회적, 외적 자유와 내적, 가치 실현적 자유를 포함하며, 이는 가령 공리주의적 자유(세속적 행복추구) 나 경제적 자유주의자들의 시장자유와는 구별되는 가치철학적, 전인적 개념이다. 베버는 자율에 대한 욕구를 인간의 원초적 욕구로 보며 자율은 인간에게 '마적인 힘'을 발휘하는 가치라고 간주한다. 베버는 자율성이라는 가치가 근대의 탈주술화된 가치다신교적 조건하에서도 하나의 '보편적' 판단기준을 제공하는 핵심적 준거점이라고 믿는다. 그래서 베버는 단호히 선언하기를, "〈인권〉시대에 얻은 이 자유들이 없이도 오늘날 우리가 살아갈 수 있으리라는 생각은 매우 조잡한 자기기만이다"(PS: 333). 다시 말하여, 베버는 위에서 서술한 합리화의 역설이 자유에 대한 위협을 내장하고 있음을 보면서도 동시에 이 합리화 과정에서 자유의 확대를 위한 절호의 기회도 전망했으며 특히 러시아와 미국에서의 변혁을 근거로 베버는 이런 희망을 표명하고 있다(PS: 66).

그러나 이 자유는, 이미 인용했듯이, "양떼같이 지배당하지 않고 민주적 제도의 옹호를 위해 투쟁함으로써"(PS: 61) 만, 즉 〈갈등〉과 〈투쟁〉을 통해서만 보장될 수 있다. 위에서 언급한 새로운 예속의 물결, 즉 〈시장기제〉와 〈관료기제〉를 축으로 형성되는 예속의 물결에 대해 베버는 자율적 인격체로서의 인간이 지닌 자유에 대한 열정만이 저항의 둑을 구축할 수 있다고 믿는다. 만약 이러한 저항의 둑을 쌓지 않은 채, 우리가 이 자유의 가치가 물질적 이해관계의 어떤 법칙적 발전의 결과로(가령 사회주의로의 이행) 우리에게 저절로 굴러들어오기를 기다리거나 혹은 한번 쟁취되었다고 해서 계속 그대로 유지될 것이라고 기대한다면, 우리는 어김없이 바로 이 가치 자체를 잃어버릴 것이다. 왜냐하면, 바로 이 물질적 이해관계의 발전방향은 우리를 하나의 '새로운 예속의 쇠창살 우리'로 몰아넣고 있기 때문이다(PS: 63).

이러한 관점이 베버가 그 당시 자유주의 및 사회민주주의에 대해 가한 엄정한 비판의 근거이다. 베버의 눈에는 그 당시 지도급 엘리트집단은 바로 이 〈투쟁〉을 거부하는 "정치적 속물들과 기술자들"(PS: 557) 및 극좌·극우파의 환상가들로 구성되어 있었다. 가령 사회민주당은 경직되고 도식화된 맑스주의의 기계적 주입에만 급급하며 바로 이 과정에서 맑스 사상의 가장 중요한 가치기반인 사상의 자유 그 자체를 억압하고 있다는 것이다. 베버가 생각하는 정치교육의 핵심적 임무는 민중에게 '불가침의 인권사상'을 근대인의 가치로 주지시키는 것이다. 그러나 그 당시의 자유주의는 베버에 의하면 이 임무를 수행하지 못하고 있을 뿐 아니라(PS: 65) 오히려 정반대되는 경향을 보였다: 즉 자유주의자들은 "너무 많은 민주주의와 개인주의에 대한 불안에 사로잡혀 있다"는 것이다.

자유를 위한 의식적·적극적 투쟁에 대한 베버의 이러한 열정은 기실 하나의 역사적 인식에 바탕하고 있다: 즉 근대적 자유와 인권은 유일무이한 특수한 역사적 조건의 산물이었을 뿐, 어떤 필연적인 역사발전의 결과는 아니라는 인식이 그것이다. 그래서 베버는 자본주의도 사회주의도 그 자체로서는 민주주의와 '선택적 친화력'을 가진 것으로 보지 않았다. 베버에 의하면 사회주의와 자본주의를 가르는 것은 "강요의 질적 성격과 강요의 분배방식"이지 결코 "자유의 전체 양"은 아니다(WuG: 439ff). 강요의 질적 차이란, 사회주의가 공적인 권위에 기초한 강요, 구체적으로 당의 권위에 바탕한 〈관료 독재〉(GASS: 508)의 강요를 기반으로 한다면, 자본주의는 시장 세력과 이해관계에 기초한 사적 지배의 강요를 기반으로 하는 것이다. 따라서 자본주의와 사회주의의 차이는 종국적으로 "누가 명령을 내리며 지배하느냐"(GASS : 511)의 차이이지 '자유의 다소(多少)'의 차이가 아닌 것이다.

그런데 우리가 니체의 영향을 논하는 과정에서 보았듯이, 베버는 이 자유의 가치를 어떠한 신학적, 형이상학적 혹은 종교적 초월성에도 근거지우지 않으며 또 실체화하지도 않는다. 종교적 위안도 없이, 진보에 대한 낙관도 없이, 위대한 예언자도 없이, 즉 자신의 삶의 의미에 대한 아무런 확실성도 없이, 그럼에도 불구하고 자신의 삶의 설계를 고안해 내어야 하는 것, 이것이 탈주술화된 시대의 '운명'이며 우리는 '시대의 운명을 직시하는' 용기를 가져야만 한다는 것이 베버의 요구이다(WL: 605). 그렇기 때문에 베버는, 다시 한 번 니체로 돌아가자면, 텅 빈 밤의 공간 속을 '위'도 '아래'도 없이 부유하는 '근대 인간'들에게 손쉬운 처방책이, 새로운 유일신적 '구원의 길'이 있다고 떠들어대는 지적 사기꾼들을 가차 없이 질책한다. 베버는 특히 지식인들의 허영과 오만, 권력욕이 찍어내는 값싼 모조품-유토피아들에 대해 되풀이해 경고하면서, 사회과학적 권위를 등에 업은 이러한 '직업적' 몽상가들, 곧 실천요구 앞에서는 슬슬 뒤꽁무니를 빼는 무책임한 몽상가들에게는 단호히 "유토피아는 없다"라고 선언한다. 그러나 다른 한편으로 베버는 유토피아를 향한 진정한 욕구와 사명감, 그리고 실천의지를 가진 진지한 사람들에게는 이와는 정반대되는 말을 한다. 그는 이들에게, "만약 지금까지 〈불가능〉에 도전하는 사람들이 계속 나타나지 않았더라면, 인류는 아마 가능한 것마저도 성취하지 못했을 것이다"(《직업으로서의 정치》: 141) 라고 말하고 있다.

다시 말하여, 베버의 문화비판은 비관주의로 나락하지는 않는다. 어떤 비통, 처량함, 푸념도 우리는 그에게서 발견할 수 없다. 베버는 유토피아는 "어느 곳에도 없다"라는, 말하자면 '학문적 금욕주의'를 주장하면서 맑스도, 니체도 따르기를 거부한다. 이 금욕주의자의 과업은, 과거, 현재, 미래가 보여주는 의미의 폐허더미에서, 그래도 '유의미'한 오솔길을 찾아내는 것이다. 이렇게 볼 때, 베버는 냉철함 즉 "모든 정열 중 가장 차가운 정열"인 냉철함의 필요성을 역설하고 있다.

바로 이런 냉철함을 가지고 자신의 문화를 해부했기 때문에 베버는, "인간성의 최고봉에 도달했다"(RS I: 204) 는 (서구) 근대인들 — 이 "하잘것없는, 감흥을 잃은 향락인간 혹은 정신이 부재한 전문가들"(RS I: 204) — 의 오만과 환상을 공유할 수 없었다. 베버는 오히려 근대가 낳은 자율이라는 가치를 다른 객관적인 구조와 제도의 공격으로부터 보호해야 한다는 절박감 속에 있었다. 즉, 우리는 우리가 도달한 근대성의 바탕위에서 바로 이 근대성의 결과에 대해 거의 절망적인 투쟁을 하지 않을 수 없으며 이 투쟁에 대해 책임의식을 가져야 하고 그래서 정치적으로 행동해야 한다는 것이다.

물론 이런 '행동주의적' 관점은 가령 맑스나 헤겔에서와 같이 모든 인류를 포용하는 보편적 역사철학에서 나오는 것도 아니고 또 어떤 더 나은 세계에 대한 유토피아적 희망에 근거하지도 않는다. 베버의 이런 자세는 오히려 하나의 비관적 열정, 역사의 막강한 흐름, 객관적인 강압 구조들에 대한 하나의 개인적인 저항 및 경고의 색채를 띠고 있다. 즉, 우리가 분명한 의식과 의지를 가지고 행동하지 않으면, 이 자유의 가치는 다시 함몰될 것이라는 경고가 그것이다. 이 경고의 대상은 필자가 보기에 시장에 의해 파편화되고 관료조직에 의해 무기력해진 〈사적(私的) 개인〉들이다. 이들은 객관적 구조의 강압에 무의식적으로 순응하면서 자신의 조그마한 사적 세계로 후퇴하여 삶을 마치 자연현상인 양 그냥 흘러가듯 사는 것이다. 이들은 〈정치〉는 요구하지도 않으며 능률적 〈행정〉만으로 만족한다.

이에 대비하여 베버는 다른 하나의 〈현대인〉상을 제시하는바, 필자는 이것을 일단 〈공적(公的) 개인〉이라고 부르고자 한다. 이 인간형은, 가령 자본주의사회의 출현과 함께 진행된 공적 영역과 사적 영역 간의 구분을 구조적-원천적으로 파기하여 인간을 〈사회적-공적〉 존재로만 인정하려는 사회주의적 인간관과도 구분되며, 철저한 원자적 개인을 상정하는 경제적 자유주의자들의 〈사적 개인〉과도 구별된다. 베버의 '공적 개인' — 물론 이것은 필자의 조어이다 — 이념에 깔린 의도는, 객관적 구조의 중압에 밀려 사적 영역으로 후퇴하고 안주하려는 현대인을 사적인 가치선택 및 가치실현의 자유의 포기 없이 다시 공적인 인간으로, 즉 공적인 정치적 〈책임〉영역으로 끌어들이려는 것이다. 그리고 베버의 유명한 〈책임윤리〉와 〈심정윤리〉 개념은 바로 이런 공적 개인의 행위원칙을 표현하고 있다는 것이 필자의 소견이다.

'책임윤리'의 핵심적 관점은, 자기행동의 목적과 수단을 단순히 사적인 조건이나 동기에서가 아니라, 자기가 몸담고 있는 공동체의 객관적인 상황과의 연관하에 정립한다는 것이다. 그런 이상 책임윤리에 바탕한 행위에서는 목적과 수단 및 그 행위의 객관적 〈결과〉 간의 관계에 대한 엄밀하고 〈사실〉에 근거한 현실적인 숙고가 요구되며 (즉 형식합리적 사고) 무엇보다도 이 행위의 결과에 대한 철저하고 일관된 〈책임의식〉이 전제된다. 이 책임은 역사를, 국가를, 인류를 혹은 그 다음 세대를 향한 것일 수 있다. 이에 반해 심정윤리가 요구하는 바는, 탈주술화된 현대문명의 조건하에서는 여러 상이한 가치의 충돌이 불가피하다는 인식하에 자신의 〈신〉('데몬'), 즉 스스로 타당하다고 믿는 궁극적 가치를 주관적으로 〈선택〉하여 그 실현을 추구하려는 것이다(즉 가치합리적 사고). 이 두 가지 윤리적 행위원칙은 서로 상충되는 것이 아니라 오히려 상호보완적이며(PS: 559) 이 둘의 결합만이 진정한 의미에서 〈현대인〉의 윤리, 즉 현대 특유의 합리주의적 문명조건에서 도피하려고 하지 않고 이 문명의 도전에 의연히 응하면서 〈의식적으로〉 살아가는 인간의 윤리를 구성하는 것이다.

그러나 과연 베버 자신 〈새로운 예속의 틀〉이라고 부르지 않을 수 없었던 현대사회의 억압적 구조에 대한 대응책으로 이러한 개인적 차원의 윤리와 열정 및 행동주의가 충분한가? 물론 그렇지 않고, 베버 역시 윤리적 차원에서의 문제제기만으로 만족하고 있지 않다는 점은 위에서 그의 제도적 저항방안을 논하면서 이미 언급한 바 있다. 그러나 제도에 대한 베버의 이러한 기대는 가령 헤겔 유의 국가절대주의 혹은 제도의 윤리화 혹은 실체화 경향들과는 전혀 무관하며, 그의 관심은 주로 제도의 실용적인(*pragmatic*) 측면에 집중되어 있다.

20세기가 저물어가는 시점에 서 있는 우리는 그동안 베버가 상상한 것 이상으로 훨씬 다양한 체제와 제도들을 경험하고 〈실험〉해볼 수 있었으나, 작금 거의 모든 체제가 각기 나름대로 〈위기〉에, 〈한계〉에 봉착했다는 좌절감에 시달리고 있으며 이는 우리에게 구조적 변혁가능성에 대한 많은 순박한 환상들을 빼앗아갔다. 이것이 우리로 하여금 체제 혹은 제도 차원에서의 대안에 대한 과학적·실천적 탐구를 포기하거나 경시하게 해서는 안 될 것임은 두말할 나위도 없다. 그러나 다른 한편으로, 우리는 이러한 경험을 통해 체제와 제도에 못지않게 중요한 것은 결국 그 뒤에 있는 〈인간〉들의 능동적이고 자율적-주체적이며 가치지향적인 행동잠재력이라는 지극히 범상한 진리를 다시 한 번 확인하게 된다. 이렇게 볼 때 위에서 약술한 베버적 시각의 의미는 결코 과소평가되어서는 안 될 것이다. 만약 상기한 뜻에서의 인간의 자율에 대한 열정과 이의 실현을 위한 광의의 정치적 행동을 우리 개개인이 하지 않는다면, 베버가 예언했듯이, 우리는 현대문명의 끝에 가서 "〈정신〉이 부재한 전문가들", "〈감흥〉이 없는 향락가들"의 무리가 되어 있을지도 모른다(RS 1: 204).

• 보론 1

막스 베버의 행위유형론

본문에서 서술한 베버 행위론의 요점을 여기서 다시 한 번 간략히 재정리한다. 베버는 유의미하고 상호주관적인 '사회적 행위' 내지 '사회적 관계'를 사회학의 출발점이라고 규정한다(WG: 1). 그리고 타인지향적, 상호주관적인 사회적 행위의 준거점으로 베버는 아래 4가지를 지적한다: 목적합리적, 가치합리적, 감성적 그리고 전통적 준거점(WG: 12~13)이 그것이다. 준거점의 이러한 이념형적 구분의 근거이자 기준이 곧 합리성이다. 왜냐 하면 베버는 이 유형화를 행위의 구성요소 가운데 '합리적'으로 통제된, 즉 의식적이고 체계적으로 통제된 요소의 많고 적음에 따라 구성하기 때문이다. 따라서 이 유형들은 합리성 정도의 차등질서를 형성하고 있다. 여기서 행위의 구성요소란 행위의 〈수단〉, 〈목적〉, 〈가치〉, 〈결과〉(이것은 의도된 결과와 예상되는 — 의도하지 않은 — 부수적 결과로 나뉠 수 있다) 이 4가지이다. 이 중 어느 항목이 어느 정도 합리적 통제의 대상이 되느냐에 따라 합리성의 수준과 성격이 결정되며 이것은 다시 행위 유형화와 연결된다(Schluchter, 1979). 물론 이 유형들은 어디까지나 '이념형들' 즉 분석목적에서 인위적으로 구성된 비현실적 개념구조물로 이해되어야 한다. 현실적 행동은 당연히 아래 이념형들의 복잡한 조합과 혼합하에 진행된다.

(1) '목적합리적' 행위

베버에 의하면 한 행위는 "목적, 수단 그리고 부수적 결과가 모두 합리적으로 숙고되고 서로 견주어질 때 목적합리적이다. 이것은 특정 목적 달성을 위한 대안적 수단들에 대한 고려, 목적과 부수적 결과 간의 관계에 대한 고려, 그리고 끝으로 여러 상이한 가능한 목적들이 가진 상대적 중요성의 고려를 포함한다"(WG: 13). 목적합리적 행위에서는 위에서 언급한 행위의 구성요소 즉 〈수단〉, 〈목적〉, 〈가치〉 및 〈결과〉, 이 4가지 모두가 의식적-체계적 조정의 대상이 되고, 이 중 특히 행위의 '결과'에 대한 고려가 우선적 위치를 차지하며, 따라서 목적합리적 행위는 '결과지향적'이다. 가령 베버는 '목적' 개념을 아래와 같이 정의하고 있다: 행위의 목적이란 "어떤, 미리 예측된 〈결과〉에 대한 판단으로서, 이 판단은 한 행위의 〈원인〉이 되는 것이다"(WL: 183).

(2) '가치합리적' 행위

이 유형은 "예상되는 결과를 고려하지 않은 채, 자기에게 마땅히 해야 할 일로 주어졌다고 간주되는 것에 대한 확신, 예컨대 의무, 존엄, 미, 종교적 소명, 경건 또는 이와 유사한 어떤 중요한 '대의'에 대한 확신에 준거하여" 수행되는 행위를 일컫는다(WG: 12). 다시 말해, 가치합리적 행위는 "결과와는 무관하게, 순전히 가치 자체에 대한 확신"에 기반하고 있다. 이렇게 볼 때, 가치합리적 행위에서는 행위자가 선택한, 또는 그에게 '주어진', 특정 가치가 행위의 다른 구성요소들 — 수단, 목적, 결과 등 — 에 대한 고려를 압도하게 되며 따라서 가치합리적 행위는 '신념 지향적'이다.[24] 즉 여기서는 가치지향적 '대의'가 가진 '타당성'

---

24) 목적합리적 행위 및 가치합리적 행위유형과 베버의 두 가지 윤리유형, 즉 '신념윤리'와 '책임윤리' 간의 관계에 대해서는 다음 장 참조.

에 대한 믿음이 행위의 '원인'이지, 행위의 '결과'나 성공 여부 자체는 부차적인 것이 된다.

(3) '감성적' 행위

다양한 성격의 감정적-정서적 동기가 의식적으로 통제되지 않은 채 행위를 유발시킬 때, 이것은 '감성적' 행위에 속한다. 이 유형에서는 행위의 구성요소들 중 정서적 욕구의 즉각적 충족이라는 '목적'과 그 '수단'만이 주로 고려되는 반면, 행위의 '가치'와 '결과'는 숙고되지 않는다. 물론 감정적-정서적 욕구가 의식적으로 '승화'되는 과정을 거치는 경우 감성적 행위는 '가치합리적' 행위로 전환될 수 있다(WG: 12).

(4) '전통적' 행위

행위의 구성요소 모두가 의식적으로 숙고되지 않은 채, 관행화된 습관 또는 전수된 규범과 규율들에 의해 지배되는 경우, 이것은 '전통적' 행위이다(WG: 12). 다만, 전통적 행위는 하나의 독자적 행위유형인 측면 이외에, 상기한 목적 내지 가치합리적 행위들의 근거가 일상화, 관습화된 결과라는 측면도 가지고 있다. 즉, 이 유형은 특정 전통의 '내용'의 구속성에 못지않게 '전통화'(내지 일상화) 라는 '과정'에도 초점이 맞추어져 있다.

• 보론 2

최근의 합리성 개념 재고 시도와 막스 베버

1) 과도분화와 합리성[25]의 위기

본문에서 필자는 합리화 과정의 역설에 대한 비판적 성찰의 핵심대상은 바로 현대사회의 과도한 분화과정에 놓여 있다고 진술한 바 있다. 아래에서는 이런 비판을 주도하는 대표적 독일 사회학자들인 울리히 벡(Ulrich Beck), 클라우스 오페(Claus Offe) 그리고 한스 요아스(Hans Joas)의 견해를 간략히 살펴보고자 한다.

울리히 벡은 특히 환경문제에 집중하여 아래와 같은 진단을 내리고 있다. 즉, 분화원칙에 의해 현대사회는 한편으로는 엄청난 발전 잠재력을 과시했지만, 그러나 동시에 현대사회는 이 발전의 과정에서, 또 그 결과로 일련의 심각한 위험요인들을 창출해왔고 이런 위험요인들에 현대사회는 속수무책으로 노정되어 있을 수밖에 없다. 우리가 당면한 근

25) 합리성 논의에 대한 최근의 한 개괄서는 적어도 22개의 합리성 유형들을 확인하고 있다. 그리고 이 각각의 유형들은 거의 대부분 각기 다른 기준에 따라 정의되고 있는바, 이 기준들은 적어도 16개의 각각 다른 분화 개념에 기초하고 있다. 그런데 이것은, 가령 〈심미적 합리성〉 또는 〈신화적 합리성〉 등과 같은 형태는 고려의 대상에서 제외하고 좁은 합리성 범위만을 분석했음에도 불구하고 도출된 결과이다(H. Lenk & H. F. Spinner, 1989). 이 결과는 합리성 개념이 가진 '가능성'과 '한계'를 동시에 여실히 보여준다.

본적 문제는, 이런 위험요인들이 한편으로는 분화된 부분체계들에 의해 창출되지만, 다른 한편으로 이 위험들은 전문화된 부분체계들의 인식 거물망에는 포착되지 않는다는 점이다(Beck, 1986). 이렇게 인식되지 못한 위험요인들은 점차 부분체계들을 넘어서는 양적 규모와 질적 성격을 가지게 된다. 또한 부분체계들의 복잡한 상호의존성은 각각 유리된 채 발생하는 개별원인들과 그 결과를 과연 누구에게 책임지어야 할지를 판단하는 일을 매우 어렵게 한다. 즉, 부분체계 초월적인 위험 상황들에 대해 우리는 그 제도적 책임소재지와 해결주체를 확인할 수 없는 것이다. 그래서 각 부분체계와 그 하위 조직들은 단지 개별적 차원에서 자신들이 준수하는 내부적 합리성 기준들에 따라 위험상황에 대처하기 십상인데, 그러나 이러한 대처방식들은 많은 경우 위험요인의 제거에는 극히 부적절한 것으로 판명된다(Beck, 1986).

클라우스 오페의 진단 역시 벡과 맥을 같이한다. 전문가들이 계획하고 조직한 부분체계들은 고도의 〈내부합리성〉을 지니고 있다. 그러나 이 부분체계들에는 〈전체 사회적 연관성의 합리성〉을 고려하는 부서도 전문가도 없다(Offe, 1986). 그런데 개별합리성들의 실현이 낳는 총체적 결과는, 각 개별합리성 자신은 애초 예측하지 못했던 비합리적 성격을 가지게 될 위험이 상존하는 것이며, 따라서 개별 부분영역들에서 선택가능성이 증대하는 만큼 이 개별영역들 간을 조정하고 연결시키는 문제는 더욱더 큰 어려움에 봉착하게 된다. 그 결과 부분영역들의 합리성들이 강화되면, 전체의 비합리성도 함께 증대하기 마련이다(Beck, 1986).

벡과 오페는 부분과 전체 간의 이러한 합리성 괴리에 대해 유사한 처방을 내리고 있다. 이들에 의하면 현대사회는 제 2차 근대화 문제들에 봉착했으며(Offe, 1986) 이 문제들은 지금까지의 '단순 근대화'의 전략들로는 해결될 수 없는 것들이다. '단순 근대화'는 대안들의 증가, 사회적 제도들의 능률 향상을 통한 선택가능성의 확대 등을 그 특징으로 한다. 그리고 이런 목표들을 위한 전략으로는 행위영역들의 분화 및 각각의 내부기준들의 전문화 등이 매우 효율적인 것으로 입증되었다. 그러나 이미 언급했듯이 우리가 지금 봉착한 문제들은 이미 이러한 단순 근대화적 전략으로는 해결할 수 없는 성질의 문제들이다.

그래서 벡과 오페는 이제 단순 근대화의 단계를 넘어서 〈복합적 또는 성찰적 근대화〉로 이행할 때가 왔다고 주장한다. 성찰적 근대화란 이미 합리화된 영역들 간의 〈협력의 합리화〉를 뜻한다. 즉, 지금까지의 분화 및 합리화 과정을 단선적으로 확대하는 것이 아니라, 부분체계들을 포괄하는 중재적 제도들을 추구하는 것, 즉 〈합리성 개혁〉과 〈합리성 혼합〉을 추구하는 것이 필요하다고 이들은 주장한다(Beck, 1993).

이제는 노동 분업적 전문가들 이외에 '종합' 전문가들이 절실하다는 것이다. 노동 분업적 전문가들은 우리에게 우리가 부분영역 내에서 어떻게 합리적으로 행동할 수 있을지에 대한 기준들을 제공할 수는 있지만, 이 부분영역들 〈사이〉에서 어떻게 합리적으로 행동할 수 있는지에 대해서는 말해줄 수 없다. 그런데 바로 이 문제에 대한 지식은 점점 더 절박해지고 있는 것이다. 즉, 공존 또는 상생과 조정에 대한 지식이야말로 지금 새로이 개발되고 학습되어야 할 지식유형이며, 이 지식은 우리에게 무엇이 가능한가를 말해줄 뿐 아니라, 경험적·이론적으로 타당한 근거에 기초해서, 무엇을 해서는 안 되는가도 말해줄 수 있어야 한다. 다시 말해, 대안과 선택 폭의 증대라는 지금까지의 논리는 중재의 논리 및 자기한정의 논리와 연계되어야 하고 이를 통해 통제되어야 한다는 것이 이들이 제시하는 처방의 요체이다(Offe, 1986).

한스 요아스 역시 같은 맥락에서 분화-패러다임을 비판한다(Joas,

1992). 그는 행위이론적으로 정초된 비 기능주의적 거시사회학을 지향하는바, 그에 의하면 우리가 만약 인간 행동의 창조성을 진지하게 고려한다면 분화이론을 사회적 변동연구의 만능열쇠로 더 이상 간주할 수 없다는 것이다. 물론 그는 단적으로 분화를 배격하거나 또는 분화의 지양에서 해결책을 찾으려는 것은 아니다. 다만 그에 의하면 우리가 분화과정의 담지자 집단을 고려하면, 분화이론들이 가정하는 것과는 달리, 앞으로 분화과정들이 행위자들의 등 뒤에서 일방적으로 그리고 지속적으로 관철될 것인지 여부는 예단할 수 없다는 것이다. 그러면서 그는 인간의 창조적 의미창출능력에 우리가 주목하고 또 그것의 개발에 진력하면 할수록 분화-패러다임은 점차 그 위력을 상실할 것이라고 주장한다. 이런 노력의 이론적 '동지'들로 그는 투렌느(Alain Touraine), 카스토리아디스(Cornelius Castoriadis), 기든스(Anthony Giddens) 등을 지목하고 있다(Joas, 1990).

2) 과도분화론과 막스 베버

지금까지 서술한, 현대 독일의 대표적인 사회이론가들의 현대진단은 일단 구조적 분화과정의 문제점에 초점이 맞추어졌다면, 사실 이런 진단의 배경에는 역설적으로 구조 및 분화와는 정반대되는 두 가지 상호 연관된 현상에 대한 문제의식도 함께 깔려 있다. 즉, 구조가 아닌 개인, 분화가 아닌 획일화 내지 일면화가 그것이다. 전자의 경우 극단적 개인주의화가, 후자의 경우 '합리성' 개념의 도구합리성으로의 획일화 내지 일면화가 문제로 제기된다. 한마디로, 원자화된, 도구합리적인 '개인'이 현대사회 위기의 또 다른 진원지로 지목되고 있는 것이다. 이제 베버의 합리성론적 시각에서 위에서 제기된 두 가지 위기진단, 즉 분화의 극단화와 합리성의 획일화 문제를 간략히 검토해보자.

필자는 현대사회의 과도분화 상황에 대한 상기 이론가들의 진단과 처방을 상당 부분 공유한다. 동시에 필자는 이들의 입장이 몇 가지 차원에서 베버 사회학이 가진 기본노선의 연장선상에 있다고 본다. 우선, 막스 베버는 부분체계의 '내부합리성'이 자기논리적으로 극단화될 경우 발생하는 거시적-구조적 문제점을 예리하게 통찰하고 서술한 학자임은 주지의 사실이다. 가령 그의 관료제화론에서 그는 관료제의 형식합리성이 극대화·전면화할 경우, 그리고 자본주의적 시장의 형식합리성이 편재할 경우 우리는 결국 '새로운 예속의 쇠창살 우리'에 갇히게 될 수도 있음을 강력히 경고한다(RS I: 203) (최근 일어난 사회주의체제의 붕괴는 베버의 '관료제' 관련 명제에 대해 시사하는 바가 크다).

더 나아가, 베버가 견지한 입장 즉 합리성 개념은 '역사적' 개념이며 그 자체 '모순에 찬' 개념이라는 입장을 상기할 필요가 있다. 베버는 합리성이란 '주어진 실체' 또는 '총체적 실체'가 아니라 역사적으로 형성되어가는 것이며, 이 형성과정은 바로 합리성에 내재하는 모순들을 인식하고 이렇게 인식된 모순들을 합리성의 내적 분화 또는 합리성 의미의 확대를 통해 해결해야 한다는 입장을 취한다. 벡과 오페가 제안하는 '협력의 합리화', '합리성 개혁' 또는 '합리성 혼합' 등의 발상은 기본적으로 베버의 노선과 합치될 수 있는 발상들이다. 다만, 앞서 지적했듯이, 베버가 총체적 그리고 선험적 실체로서의 합리성 개념을 일관되게 거부하고, 그 결과 전체체계로서의 '사회' 개념 없는 사회학을 전개했다는 점을 고려할 때 베버의 해결책이 총체적 사회구조에 주안점을 둘 것으로 기대하기는 어렵다. 오히려 그의 초점은 항상 인간의 능동적이고 창조적인 능력(특히 가치창출적 능력: 그의 카리스마론의 핵심이 이것이다)에 맞추어져 있었다. 이런 의미에서, 앞서 본 대로, 요아스가 체계-구조-기능주의적 분화이론에서 행위이론으로의 전환을 요구하는 것은 베버의 기본노선이 아직도 살아 있음을 보여주는 사례일 것이다.

이제 두 번째 논점인 합리성 개념의 획일화, 즉 도구합리성으로의 축소 문제를 살펴보자. 잘 알려져 있다시피, 흔히 막스 베버가 합리성 개념의 이러한 '실증주의적 반토막' 과정에 이론적·개념적 빌미를 제공했다는 견해가 표명된다. 그리고 이런 해석의 중심에는 물론 그의 목적합리성 개념이 놓여 있다. 이 개념은 (특히 미국 학계에서) 도구합리성(*instrumental rationality*)이라는 이름으로 개명된 이후 현대 사회과학의 지배적인 이론적 패러다임들의 핵심에 자리 잡게 되었다. 예컨대 우리는 합리적 선택이론, 결정이론, 게임이론 등에서 이를 확인할 수 있다. 이런 이론모델들에 깔린 기본가정은, 인간 행동의 가장 중요한 동력은 이기심이며, 합리적 행동이란 바로 이러한 이기적 '목적'을 최대한 달성할 수 있는 수단을 강구하는 행동이라는 것이다. 그래서 이들은 이러한 '최적화 합리성'(*optimizing rationality*)의 원칙[26]에 어긋나는 행위동기와 행위양식은 일단 비합리적이거나 합리외적(*arational*: 무합리적 또는 몰합리적이라고 번역할 수도 있다)인 것으로 간주한다. 그리고 이것은 베버의 행위유형론의 일정 부분을 반영하고 있는 것은 사실이다. 가령 그의 목적합리성 개념은 분명히 합리성 사다다리의 정점에 있으며 철저히 타산적 합리성이다.

그러나 다른 한편으로 이 이론가들과 베버 간에는 중대한 차이점이 있다. 위에서 보았듯이, 베버는 합리적 행위에 관해 복수의 유형들, 즉 목적합리적, 가치합리적, 형식합리적 그리고 실질합리적 유형—물론, 앞서 언급했듯이 마지막 두 가지 유형은 '구조'의 합리성과 밀접하

26) 이 원칙 내지 가정의 '비현실성'에 주목하여 그 대안적 합리성 모델로 제시된 것이, 잘 알려져 있다시피, 허버트 사이먼(Herbert Simon)의 이른바 '만족적 또는 제한된 합리성'론(*satisficing or bounded rationality*)이다. 그러나 필자는, 이 모델이, 인간관 및 행위개념 차원에서는, 최적화 합리성론과 단지 정도의 차이가 있을 뿐 본질적 차이는 없다고 본다.

게 연관되기는 하지만 — 을 제시하고 있다. 행위합리성의 이러한 다원화에 깔린 베버의 의도는 명백하다. 즉, 그는 목적합리적 행위를 유발시키는 동기, 즉 이기적 욕구충족의 극대화라는 동기를 결코 합리적 행위의 유일한 동기로 보지는 않았으며 오히려 그는 현실적으로는 규범적·가치적 동기가 합리적 행위의 주요한 추동력이 될 수 있음을 특히 그의 종교사회학적 분석에서 설득력 있게 보여주었다. 즉, 그는 인간의 행동은 이기심에 근거하지 않고도 합리적일 수 있다는 점을 분명히 했던 것이다. 가령 그의 논문 "프로테스탄티즘의 윤리와 자본주의 정신"(RS I: 17~205)은 특정 조건하에서 인간은 이상주의적, 규범적 혹은 박애주의적 목표를 추구함에 있어 놀라운 합리적 능력을 발휘할 수 있음을, 즉 가치합리적이 될 수 있음을 보여주는 가장 유명한 논문일 것이다.

참고문헌

인용된 베버 저서

Weber, M., 1976, *Wirtschaft und Gesellschaft* (WG: 《경제와 사회》), Studienausgabe, J. C. B. Mohr Tübingen.

______, 1980, *Gesammelte Politische Schriften* (PS: 《정치평론집》), J. C. B. Mohr Tübingen.

______, 1973, *Gesammelte Aufsätze zur Wissenschaftslehre* (WL: 《과학론》), J. C. B. Mohr Tübingen.

______, 1978, *Gesammelte Aaufsätze zur Religionssoziologie I, II, III* (RS I, II,

III: 《종교사회학》), J. C. B. Mohr Tübingen.
______, 1981, *Wirtschaftsgeschichte* (Wirts. : 《경제사》), Duncker und Humblot/Berlin.
______, 1924, *Gesammmelte Aufsätze zur Soziologie und Sozialpolitik* (GASS: 《사회학 및 사회정책학 논문집》), J. C. B. Mohr Tübingen.
전성우 역, 2006, 《직업으로서의 학문》, 나남출판.
______, 2007, 《직업으로서의 정치》, 나남출판.

국내 연구서

김중섭, 1980, "한국에서의 막스 베버 연구", 〈현상과 인식〉, 4권 4호, 207~219.
배동인, 1995, "베버 합리성 개념의 비판적 검토와 재구성", 전성우 외, 《막스 베버 사회학의 쟁점들》, 민음사
양영진, 1989, "종교집단에 대한 일고찰: 베버와 뒤르켐의 비교", 〈한국사회학〉, 23집, 겨울호.
______, 1995, "베버 종교사회학 저술들의 내적 연관성", 전성우 외, 《막스 베버 사회학의 쟁점들》, 민음사.
______, 1995, "막스 베버의 종교사회학에 대한 일고찰: 종교신앙과 사회행위를 중심으로", 전성우 외, 《막스 베버 사회학의 쟁점들》, 민음사.
전성우, 1984, "Max Webers Stadtkonzeption. Eine Studie zur Entwicklung des okzidentalen Bürgertums", Herodot, Göttingen.
______, 1986, "막스 베버의 근대자본주의 발생론 I", 〈한국사회학〉, 20집, 여름호.
______, 1986, "막스 베버의 근대자본주의발생론 II", 〈한국사회학〉, 20집, 겨울호.
______, 1988, "막스 베버의 고대사회론 I, II", 《사회사이론의 새로운 조류》 (한국사회사연구회편), 문학과 지성사.
______, 1992, "막스 베버의 근대사회론", 《막스 베버와 동양사회》, 나남출판, 17~70.

국외 연구서

Adolphi, R., 1996, "Drei Thesen zum Typus einer Rationalitätstheorie nach Weber: Begriffsdifferenzierung, Pluralität, Konflikte", *Die eine Vernunft und die vielen Rationalitäten*, Frankfurt, Suhrkamp, 91~138.

Aldenhoff, R., 1989, "Max Weber und der Evangelisch-soziale Kongreß", *Max Weber und seine Zeigenossen.*

______, 1990, "Nationalökonomie und Kulturwerte um 1900", G. Hübinger, ed., *Kultur und Kulturwissenschaft um 1900*, Steiner.

Baier, H., 1988, "Vater Sozialstaat", 47, *Max Weber. Ein Symposion.*

Baumgarten, Ed., 1964, *Max Weber*, Tübingen.

Beck, U., 1986, *Risikogesellschaft*, Frankfurt, Suhrkamp.

______, 1993, *Die Erfindung des Politischen*, Frankfurt, Suhrkamp.

Bendix & Roth, 1971, *Scholarship and Partisanship*, Berkeley.

Berger, J., 1988, "Modernitätsbegriffe und Modernitätskritik in der Soziologie", *Soziale Welt*, 224.

Breuer, S., 1991, *Max Webers Herrschaftssoziologie*, Frankfurt.

______, 1993, "Max Webers Staatssoziologie", *KZfSS, Heft 2*, 199~210.

Eden, R., 1983, *Political Leadership and Nihilism*, Tampa.

Gneuss, C. (ed.), 1988, *Max Weber. Ein Symposion*, Frankfurt.

Habermas, J., 1981, *Theorie des kommunikativen Handelns*, 2 Bde, Frankfurt.

Hennis, W., 1988, *Max Webers Fragestellung*, Tübingen.

Holton, R., 1989, *Max Weber on Economy and Society*, London.

Joas, H., 1992, *Die Kreativität des Handelns*, Frankfurt, Suhrkamp.

______, 1990, "Die Demokratisierung der Differenzierungsfrage", *Soziale Welt*, 8~27.

Lenk, H. & Spinner, H., 1989, "Rationalitätstypen, Rationalitätskonzepte und Rationalitätstheorien im Uberblick. Zur Rationalismuskritik und Neufassung der Vernunft heute", H. Stachowiak, Ed., *Pragmatik*, Bd. 3, Hamburg, 1~31.

Levine, D., 1981, "Rationality and Freedom: Weber and Beyond", *Sociological Inquiry*, *51*, 5~25.

Loos, F., 1987, "Max Webers Wissenschaftslehre und die Rechtswissenschaft", Rehbinder, ed., *Max Webers Rechtssoziologie.*

Love, J., 1986, "Max Weber and Theory of Ancient Capitalism", 152, *History and Theory XXV.*

Marx, K., 1845, *MEW 3.*

Nietzsche, F., 1960, *Werke in drei Bänden*, hg. von Karl Schlechta,

Zweiter Band, München.
Offe, C., 1986, *Die Utopie der Null-Option*, Göttingen, Schwartz.
Portinaro, P. P., 1989, "Kulturpessimismus und die Grenzen der Entzauberung", *Kultur und Kulturwissenschaften um 1900*, G. Hübinger, ed., Steiner.
Reißig, R., 1991, *Das Ende eines Experiments*, Berlin.
______, 1993, *Rückweg in die Zukunft*, Frankfurt.
Scaff, L. A., 1973, "Max Weber's politics and political Education", 128, *American Political Science Review vol. 67.*
Schäfers, B., 1967, "Max Weber und die Gewerkschaft", 266, *Soziale Welt 18.*
Schäffle, A., 1875, *Bau und Leben des sozialen Körpers*, Leipzig.
Schluchter, W., 1972, *Aspekte der bürokratischen Herrschaft*, München.
______, 1979, *Die Entwicklung des okzidentalen Rationalismus*, Tübingen, Mohr-siebeck.
______, 1988, *Religion und Lebensführung*, Frankfurt.
Schnädelbach, H., 1983, *Philosophie in Deutschland 1831 ~ 1933*, Frankfurt.
______, 1984, *Rationalität*, Frankfurt, Suhrkamp.
______, 1992, *Zur Rehabilitierung des animal rationale*, Frankfurt, Suhrkamp.
Schwinn, T., 2001, *Differenzierung ohne Gesellschaft*, Göttingen, Velbrück.
Schriften des Vereins für Sozialpolitik, Bd. 116, 1906.
Turner & Factor, 1983, *Max Weber and the Dispute Over Reson and Value*, Routledge.
Tyrell, H., 1994, "Max Webers Soziologie: eine Soziologie ohne 'Gesellschaft'", Wagner, G. (Ed.), *Max Webers Wissenschaftslehre*, Frankfurt.
Wagner, G. (Ed.), 1994, *Max Webers Wissenschaftslehre*, Frankfurt.
Wallace, A. & Wolf, A., 1986, *Contemporary Sociological Theory: Continuing the Classical Tradition*, Prentice-Hall, New Jersey.
Weiß, I., ed., 1989, *Max Weber heute*, Frankfurt.
Wellmer, A., 1985, *Zur Dialektik von Moderne und Postmoderne*, Frankfurt.
Zingerle, A., 1981, *Max Webers historische Soziologie*, Darmstadt.

제 2 부

사회과학방법론

1. 서론

이 글은 필자가 베버의 사회과학방법론 논문집 번역작업[1]과 병행하여 준비하고 있는 일련의 베버 방법론 해설논문 중 첫 부분에 해당한다. 필자는 해석작업을 크게 두 가지 관점에서 진행하고 있다: 첫째, 베버 방법론[2]의 학문사적 그리고 사상사적 배경에 주목하는 '역사적' 관점, 둘째, 그의 사회과학론이 제시하는 개념들과 이론적 시각에 초점을 맞춘 '체계적'-내재적 관점이 그것이다. 이 글은 첫 번째 관점, 즉 베버 방법론의 사상사적 배경을 주된 대상으로 하며, 그중에서도 특히 독일의 지적 전통과 베버 방법론과의 관계에 분석의 중점을 두고 있다. 그에 반해 앞으로 집필할 후속논문들에서는 베버 방법론 자체의 이론적 구조와 개념틀을 집중적으로 조명할 것이다.[3] 따라서 이 논문에서는 베버 방법론 자체에 대해서는 마지막 장(III)에서 매우 압축된 형태로 개괄하는 데 그치고 있음을 미리 밝혀둔다.

---

1) 번역집 제1권은 이미 출판되었다: 《막스 베버 사회과학방법론 선집》(개정-증보판), 전성우 역, 2011, 나남.

2) 여기서 '방법론'이란 '사회과학론' 즉 과학체계 내에서, 그리고 특히 자연과학과의 관계에서 사회과학이 차지하는 위상 및 사회과학이 정립할 수 있는 법칙과 일반화의 성격 등에 대해 성찰하는 분야를 뜻한다. 따라서 이것은 기술적 의미에서의 '사회조사방법'과는 단지 간접적으로만 연관되어 있다. 실지로 베버의 방법론논문집의 원제목은 《과학론》(*Wissenschaftslehre*)으로 되어 있다. 아래에서 '방법론'이라는 용어는 일관되게 이런 의미에서 쓰인다.

3) 베버 방법론이 가진 현대적 의의에 관한 문제, 가령 최근의 사회과학방법론적 그리고 과학 철학적 논의들에서 베버 방법론이 차지하는 위상 또는 한국 사회과학 내에서 그동안 진행된 방법론 논쟁들에서 베버 방법론이 한 역할 등의 문제는 모두 이 후속편에서 다루어질 것이다.

한국 사회과학계에서 베버의 방법론에 대한 연구는 비교적 일찍부터 이순구(1974), 이종수(1981), 김경동(1989), 김용학·장덕진(1992, 1995) 등에 의해 심도 있게 수행했다. 그러나 베버 방법론의 학문사적 배경, 핵심개념들의 상호연관성 및 베버의 방법론이 그의 일반이론과 가진 연계성 등을 아우르는 종합적 소개서는 아직 없거나 아니면 최소한 충분하지는 못하다는 것이 필자의 판단이다. 필자의 해설작업은 이러한 공백을 메우는 데 일익을 담당하고자 한다. 물론, 이런 작업의 첫 걸음인 본 논문은, 이미 밝혔듯이, 베버 방법론의 독일 정신사적 배경의 재구성이라는 매우 제한된 목적을 가지고 있다. 그리고 이 재구성마저도 여기서는 엄밀한 사상사적 논증보다는 오히려 일반적 '개괄'에 중점을 두고 진행될 것임을 미리 지적해둔다.

이 글은 크게 3장로 구성되어 있다. 제 1장에서는 베버 방법론의 성격을 살펴보고, 제 2장에서는 19세기 독일의 지적 전통의 몇 가지 특수성을 논의할 것이며, 제 3장 결론 부분에서는 독일의 지적 전통과 베버 방법론과의 관계를 검토할 것이다. '보론'으로 프랑스, 영국 그리고 독일의 지적 풍토를 간략히 비교하는 글을 추가하였다.

2. 베버 방법론 개괄

1) 베버 방법론의 기본성격

베버는 한 서평에서 방법론을 해부학에 비유하고 역사적-경험적 실질연구를 "옳게 걷는 것"에 비유하면서, 우리가 옳게 걸을 수 있기 위해서 반드시 보행에 대한 해부학적 지식을 가지고 있어야만 하는 것은 아님을 지적하였다(WL: 217f). 오히려 만약 걸을 때마다 해부학적 규칙들을 상기하려고 한다면 우리는 아마 연속해서 넘어질 것이다. 따라서 걸을 수 있는 사람은 열심히 걷는 것이 중요하지 보행의 해부학적 기초를 상시로 염두에 둘 필요는 없다. 과학적 활동에서 '방법론'과 '실질연구'의 관계에 대한 베버의 견해를 잘 형상화한 이 비유는 여러 가지 의미를 함축하고 있다: 이 비유에서 베버는 한편으로는 방법론의 기초이론적 성격을 인정하면서, 다른 한편으로는 가령 방법론적 기초가 다져진 후에야 비로소 실질연구가 가능하다는 식의 방법론에 대한 과도한 의미부여를 경계하고 있다. 다시 말하여, 실질적 문제에서 출발하는 구체적 연구작업 자체에 베버는 더 큰 비중을 두고 있는 것이다.

이 비유가 가진 또 다른 함의는, 방법론은 기초이론이면서 동시에 하나의 '전문영역'이라는 것이다. 즉, 과학자라면 누구나 한마디씩 할 수 있는 그런 영역이 아니라, 해부학이 그러하듯이, 많은 전문-논리적, 철학적 훈련과 성찰이 요구되는 그러한 영역이라는 것이다. 따라서 방법론자와 실질연구자 간에는 어느 정도 분업이 이루어진다. 다시 말하여, 잘 걷는 사람이 반드시 해부학의 대가일 필요는 없으며 또 그 역도 마찬가지다.

그러나 이러한 분업의 경계선이 흔들리고 그래서 실질연구에 주로 종사하는 과학자들마저도 방법론적 성찰을 하지 않을 수 없는 상황이 있음을 이 비유는 동시에 암시하고 있다: 즉 해당 과학의 기초가 '위기'에 처해 있다는 인식이 확산되고 그 결과 실질연구의 방향이나 소재탐구 자체가 벽에 부딪혔다는 의식이 다수에 의해 공유되는 상황이 그것이다. 가령 열심히 걷고자 하는 이들도 해당 과학의 기초가 흔들리는 바람에 길을 잃고 방황하는 등 위기에 처하게 되는 상황이 그러한 경우이다.

베버가 방법론적 성찰을 하게 된 동기도 바로 이런 상황에서 찾을 수 있다. 다시 말하여, 베버는 자신이 활동하던 학문영역 — 국민경제학, 법학, 역사학 그리고 사회학 등 인문사회과학 일반의 기초가 '위기'에 처해 있다는 진단을 내리고, 이 위기는 말하자면 정상적인 보행을 어렵게 하고 따라서 전문적 해부학적 진단과 처방을 불가피하게 한다고 판단한 것이다.

그런데 베버는 이러한 위기상황에 대해 자신이 내린 방법론적 진단과 처방을 어떻게 평가하고 있는가? 이에 대한 답을 베버는 또 하나의 비유를 통해 간접적으로 표현하고 있다: 즉 베버는 자신의 방법론 논문들을 "의사의 병상보고(病狀報告)가 아니라 환자 자신의 병상보고"라고 서술하였다(WL: 215). 이것이 의미하는 바는 명백하다. 우선, 베버 사회학 전반을 보면 우리는 그가 자신의 연구 중점을 실질연구, 특히 역사사회학적 실질연구 쪽에 두고 있음을 알 수 있다. 그렇기 때문에 베버는 자신을 해부학자 즉 전문적 방법론자로 보지는 않았으며 오히려 열심히 걷는 사람 즉 실질적-경험적 문제의 연구가로 여겼다(Tenbruck, 1959: 573). 이렇게 볼 때 베버가 스스로를 상기한 위기에 처방을 내릴 해부학자나 의사로 보는 것이 아니라 오히려 이 위기에 고통당하는 '환자'로 간주하고 있음은 충분히 납득할 수 있는 일이다. 그리고 이 고통은 가볍지 않았던 것이 분명한바, 이것은 베버가 자신의 몇몇 방법론 논문들을 "한숨-논문"이라고 부르고 있는 데서도 나타난다.[4] 이것은 또한 그의 방법론 논문들 대부분이 미완성으로 남아 있다는 사실에서도 확인된다.

실지로 우리는 베버의 방법론 논문들에서 그 어조의 '겸손함'에 놀란다. 반복해서 베버는 독자들에게, 자신은 어떤 체계적으로 개발된 과학이론적인 입장을 제시하는 것이 아니며 또한 과학논리 그 자체를 위해 분석하는 것도 아니라는 점을 강조한다. 예컨대 그는 자신이 논리학의 중대한 문제들을 해결하겠다는 야심은 전혀 없으며, 단지 "현대 논리학의 잘 알려진 성과들"을 자신의 목적을 위해 활용하고자 할 뿐이라고 강조한다(WL: 146). 베버의 이러한 자기평가는, 그의 방법론이 그동안 불러일으킨 논쟁들과 그 과정에서 드러난 문제점들을 개괄할 때, 결코 단순한 겸양의 말만은 아님을 알 수 있다. 그러나 다른 한편으로는, 바로 베버가 방법론을 하나의 전문적·철학적 문제가 아니라 실질연구와의 밀접한 연관에서 고찰하였기 때문에 그의 방법론적 성찰이 현대 사회과학의 발전에 그렇게 지대한 영향을 끼칠 수 있었다고 볼 수도 있다.

그럼 베버의 방법론적 성찰을 촉발시킨 과학의 위기상황은 어떤 문제들을 중심으로 형성되었는가? 우리는 이 문제들을 크게 아래와 같은 4가지 관점으로 요약할 수 있다:

(1) 개념구성의 문제 및 과학적 개념과 이론의 성격 문제
(2) 과학과 가치, 이론과 실천, 개념과 현실의 관계 문제
(3) '이해'와 '설명'의 문제
(4) 위의 3가지 문제들을 다 함께 아우르면서 동시에 이 문제들을 초월하는 이론적 그리고 실천적 문제로서의 '합리성' 문제.

4) 지난 수년간 베버의 방법론 번역 및 해제에 매달려 필자가 '내리 쉰 한숨'의 서술적 민노에 관한 한 필자는 베버와 대등한 위치에 있다고 감히 주장하고 싶다: 다시 말하여, 필자의 아래 해제 역시 "한숨-해제"이다. 그만큼 방법론적 문제에 관해서 쓴다는 것도, 해석한다는 것도 지난한 일이다.

위에서 지적한 문제들을 중심으로 베버 당시 서구 인문-사회과학계는 크게 볼 때 두 개의 방법론적 진영, 즉 '자연주의'와 '역사주의' 진영으로 분열되어 있었다. 그리고 이 두 진영 간의 갈등은 문화과학 일반의 정체성 위기로까지 심화되었다. 베버는 양 진영 간의 논쟁들 (이른바 '방법론 논쟁')에 적극적으로 참여하면서 자기 나름대로 이 위기에 대한 해결책을 추구하였다. 이 해결책의 요체를 여기서 한마디로 묶어 지적한다면, 그것은 하나의 〈종합과학적〉 방법론이다. 여기서 〈종합과학〉이란 실증주의 내지 자연주의에서 말하는 〈통합과학〉 개념과는 원칙적으로 구분되는 개념으로서, 종합과학적 방법론은 모든 과학적 행위에 내재하는 〈역사적-해석적〉 요소를 전제하며(역사주의) 동시에 모든 문화과학 내지 행위과학적 대상들이 가지고 있는 실증적 규칙성과 분석적 설명가능성도 포섭하는(자연주의) 방법론적 모델이다. 필자는 이 모델을 〈역사적 사회과학〉이라는 개념으로 묶고자 한다. 물론, 서두에서 이미 밝혔듯이, 베버의 이러한 방법론 모델 자체에 대한 체계적 분석은 본 논문의 후속편에서 비로소 제시될 것이며 아래에서는 단지 이 모델의 지성사적 배경의 재구성에 주로 초점이 맞추어질 것이다.

그러나 그전에 베버 방법론의 시의성에 대하여 간략히 고찰해보기로 한다.

2) 베버 방법론의 시의성

우선 던져야 할 질문은: 도대체 90여 년 전에 — 베버의 방법론 관련 핵심 저작인 〈객관성〉 논문은 1904년에 발표되었다 — 베버라는 '환자'가 쓴 '병상보고서'가 과연 아직도 우리의 관심의 대상이 될 수 있는가라는 것이다. 다시 말하여, 과연 베버의 방법론적 견해들은 학문사적 박물관에 소장되어야 할 다소간 흥미로운 유품 이상의 의미를 지니는가? 더구나 "과학은 '발전의 족쇄'에 묶여 있으며 따라서 과학의 발전에 내재하는 역동성과 증대하는 전문화의 결과로, 과학적 연구의 산물은 생산된 지 얼마 안 가서 낡아버릴 '운명'을 지니고 있다"고 어느 누구보다도 설득력 있게 주장한 사람이 바로 베버 자신임을 고려할 때, 우리는 이러한 질문을 피할 수가 없다.[5] 사실 최근에 통용되는 지적 담론능력의 지표는 리요타르 아니면 하버마스, 푸코 아니면 데리다 중 누가 옳은지에 대한 논쟁을 통해 설정되고 있음을 고려하면, 90여 년 전 쓰인 베버라는 환자의 병상보고서가 아직도 성찰의 가치가 있는지 여부에 대한 위의 질문은 더더구나 적절한 듯이 보인다. 그러나 필자는 이 보고서가 아직도 충분히 성찰의 가치가 있다고 믿는다.

우선 지적해야 할 것은, 베버가 앓고 있던 병들(즉 위에서 이미 언급한 그 당시의 방법론적 논쟁점들: '이해와 설명', '과학과 가치', '개념의 성격 및 개념구성' 등의 문제들)은 아직도 '치유'되지 않은 채 여전히 '우리'의 병들로 남아 있다는 점이다. 이것은 현대 사회과학철학과 방법론 내에서 진행되는 논쟁들의 주제를 들여다보면 쉽게 확인될 수 있다: 우리는 여전히 사회과학이 일반적이고 체계적인 이론을 정립할 수 있는가 라는 문제, 이와 연관하여 사회현상이 법칙개념을 통해 설명될 수 있는지 여부, 사회과학적 개념장치들의 위상 및 이들이 경쟁적으로 내거는 타당성 주장을 판단할 수 있는 기준, 즉 '객관성'의 문제 등에 대해 논쟁을 벌이고 있는바(Oakes, 1988), 이 문제들은 위에서 지적한 베버 방법론의 첫 번째 주제, 즉 (1) '과학적 개념과 이론의 성격 문제 및 개념구성문제'의 변형들인 것이다. 또한 우리는 여전히 과학의 목적을 정의하는데 있어서 이론적 이해관계와 이론 외적 이해관계 간의 상호작용관계, 즉

5) 물론 '박물관'은 시의성과는 무관하게 그 자체로서도 의미를 가진다는 상식은 여기서 논외로 한다.

과학과 가치 간의 관계를 논하고 있는바, 이것 역시 위에서 지적한 베버 방법론의 두 번째 대주제, 즉 (2) '과학과 가치, 이론과 실천, 개념과 현실간의 관계'의 다른 표현일 뿐이다. 이러한 연속성은 베버의 세 번째 주제인 '이해'와 '설명'의 문제에도 적용되는바, 가령 사회이론의 발전에서 행위이론이 가진 중요성에 대한 근래의 새로운 인식은 바로 이해사회학 또는 해석적 사회학의 부흥과 밀접하게 연관되어 있는 것이다. 또한 최근에 이른바 '포스트모더니즘'의 대두와 함께 또다시 열띤 논쟁의 대상이 되는 문제, 즉 〈합리성〉이라는 기준의 보편성과 특수성의 문제, 특히 '과학적' 합리성과 여타 영역들의 합리성과의 관계는 '대등한' 것인가 아니면 과학적 합리성은 특권적 위치를 지니고 있는가, 달리 표현하자면, 다양한 생활영역들은 각각 자신의 영역에 고유하고 적합한 합리성 기준을 가진 것인가 아니면 결국 합리성은 단 하나의 기준 즉 과학적 기준이라는 것으로 수렴되는 것인가 라는 문제(Schluchter, 1988)는 가히 사회학적 합리성 이론의 창시자라고 볼 수 있는 베버의 중심주제인 것이다.

이렇게 볼 때 최소한 방법론적 주제의 차원에서는 베버의 '병상보고서'는 그 시의성을 조금도 잃지 않고 있다. 물론 이러한 방법론적 주제상의 연속성 그 자체가 베버의 의의를 정당화하는 것도, 또 우리로 하여금 '베버로 돌아가게' 요구하는 것도 아니다. 왜냐하면 이 주제들은 베버만의 것도, 또 현대만의 것도 아니며 오히려 이 주제들은 근대 사회과학이 형성되기 시작하면서 줄곧 제기되고 또 논쟁의 대상이 되었던 주제들이며 또한 앞으로도 그러할 것이기 때문이다. 따라서 베버의 방법론적 병상보고서의 현대적 의의는 그가 이 주제들을 제기했다는 사실 그 자체에 있다기보다는 그가 이들에 대해 제시한 '진단'과 '처방' 역시 여전히 현대의 사회과학방법론 논쟁에서 주목받고 있는가 하는 점에 달려 있다. 이 문제는, 앞서 언급했듯이, 본 논문의 후속편에서 본격적으로 논증될 것이므로 여기서는 단지 원칙적 확인으로 만족하고자 한다. 즉, 현대 방법론사를 개괄하면 실제로 베버의 방법론적 진단과 처방은 현대 사회과학의 전제와 목적 및 방법에 대한 논쟁에서 그리고 심지어는 이 문제들의 언어적 표현방식에까지 지속적으로 중심화두의 역할을 해왔음을 확인할 수 있다. 따라서 사회과학방법론에 관한 논쟁에 핵심적으로 기여한 학자들이 일반적으로 베버에 대한 이해가 필수적이라고 느끼고 흔히 베버에 대한 해석을 자신의 입장을 서술하기 위한 수단으로 사용하는 것은 결코 놀라운 일이 아니다(Steinvorth, 1994).[6)]

그러나 베버 방법론이 아직도 우리의 관심을 끌고 있을 뿐만 아니라 1970년대에 들어서면서 전에 없이 활발한 연구와 토론의 대상이 되기 시작한 것은 비단 위에서 언급한 방법론적 '문제들'의 연속성과 이에 대한 베버의 답들이 가진 설득력뿐만 아니라, 무엇보다도 이 문제들을 중심으로 형성되었던 방법론적 내지 과학론적 진영들 간의 대립구도 때문이라고 볼 수 있다. 그리고 베버가 자신의 방법론적 성찰을 '병상보고서'라고 했을 때의 '병'은 사실 위에서 언급한 주제들 그 자체라기보다는 — 이 주제들은 기실 방법론의 '건강한' 내용들이다 — 오히려 바로 이러한 첨예한 대립관계 및 이로 인해 야기된 정신과학 내지 문화과학의 위기상황이라고 볼 수 있다. 베버가 처했던 상황은, 서두에 지적했듯이, 19세기 말 20세기 초 막강한 "학문 제국주의적" 세력으로 통합과학을 지향하던 자연주의적[7)] 내지 실증주의적 과학관과 이에 저항하면서 문화적

---

6) 예를 들면, 사회철학적 기본시각과 논조에서 서로 전혀 상이한 아래와 같은 사회이론가들이 자신들의 주저에서 베버를 비판적 입장에서(가령 슈트라우스) 혹은 긍정적 입장에서(가령 쉬츠) 자신의 방법론적 성찰의 준거점으로 삼는다: ① Leo Strauss, 1953, *Natural Rights and History*, ② Peter Winch, 1958, *The Idea of a Social Science and its Relation to Philosophy*, ③ Alfred Schütz, 1932, *Der sinnhafte Aufbau der sozialen Welt*, ④ Jürgen Habermas, 1981, *Theorie des kommunikativen Handelns*.

현상의 고유논리와 고유구조를 주장하던 역사주의적 과학관사이의 첨예한 갈등이 빚어낸 위기상황이었고,[8] 이 상황은 부득이 문화현상을 다루는 학문분야들의 방법론적 기초에 대한 근본적인 성찰을 불가피하게 했던 것이다.

이것이 90여 년 전 베버라는 환자가 낸 병상보고가 왜 아직도 위에서 언급한 것과 같은 위상을 점하고 있는지를 설명해줄 수 있는 가장 포괄적인 배경이라고 필자는 본다.[9] 왜냐하면 대개 1970년대 이래 현대 사회과학이 처한 상황은 여러 가지 점에서 다시 한 번 베버 당시의 방법론적 대립구도를 보여주기 때문이다: 즉 자연주의와 역사주의의 대립이 그것이다. 물론 오늘날 이 '주의'(主義)들은 여러 가지 다양한 형태와 이름으로 등장하고 있기는 하다. 가령 자연주의는 신실증주의(논리실증주의 내지 논리경험주의 및 이른바 표준과학)로 불리며, 역사주의는 쿤 유의 신과학관, 포스트모더니즘, 방법론적 개별주의에 기초한 주관주의적 사회이론들, 심리학주의, 해석학, 문화주의 등의 형태로 나타나고 있다(이 후자의 조류들을 우리는 '신역사주의'로 묶을 수 있을 것이다). 또한 이 대립구도의 전제조건들과 대립항의 구체적 성격 역시 베버 당시의 상황과 같을 수 없으며(그래서 〈신〉실증주의이고 〈신〉역사주의이다), 따라서 우리의 병은 베버가 앓았던 병과는 여러모로 다르고 이에

7) '자연주의'는 매우 다양한 의미를 가진 개념이다. 그러나 베버에게 이 개념은 주로 실증주의, 자연과학주의 또는 법칙과학주의를 뜻하며, 자연과학적 방법, 특히 물리학적 그리고 생물학적 방법을 사회현상에 적용하려는 시도를 총칭한다.

8) 앞으로 서술하겠지만, 1900년경의 독일 사회과학에서는 바로 이런 위기의 결과 일종의 패러다임 전환이 일어나며, 이 전환의 중심인물이 막스 베버이다 (Rossi, 1987).

9) 실제로 베버 방법론에 대한 연구는 상당기간 동안 소강상태를 유지하다가 1970~80년대에 와서 사회학계로부터 집중적인 주목을 받았으며 이에 상응하여 엄청난 양의 연구서들이 쏟아져 나왔다(Wagner, 1994).

대한 처방 역시 같을 수는 없다. 이 차이들을 비유적으로 표현하자면, 사회학의 경우 베버 당시의 위기는 사회학의 '태아기'의 위기였고, 지금 우리의 상황은 '중년기'의 위기(*mid-life crisis*)라고 볼 수도 있을 것이다. 그러나 제기되는 문제들을 순전히 '논리적' 차원에서 들여다보면, 100년을 사이에 둔 이 두 가지 위기구조는 놀랄 만큼 유사하고 또 사회과학자들의 이에 대한 절박한 문제의식 역시 크게 다를 바 없다. 실제로 우리는 곳곳에서 사회과학에 대한 '위기담론'이 진행되고 있음을 확인할 수 있다.[10]

이 담론의 내력과 내용에 대해서는 다음 기회에 상세히 논의하겠지만, 아무튼 상기한 위기상황이 베버-르네상스 일반 및 베버 방법론의 시의성을 설명할 수 있는 하나의 중요한 요인임은 분명하다. 왜냐하면 이 위기에 대한 사회학의 다양한 대처방안 중[11]의 하나가 바로 고전 사

---

10) 전통적 봉건사회의 와해와 근대적 산업사회의 형성이라는 대전환의 시기에 태어난 사회학은 애초부터 이른바 〈위기학문〉의 성격을 가졌다는 것은 잘 알려진 사실이다. 여기서 〈위기〉란 이중적 의미를 가진다: 한편으로 사회학은 그 대상인 〈사회〉의 위기를 반영하는 학문이라는 의미와, 다른 한편으로는 과학으로서의 사회학 내에는 항상 위기의 잠재력이 내포되어 있다는 의미이다. 물론 필자가 지금 논하는 위기는 이러한 일반적-내재적 위기라기보다는 현대 사회학의 특정한 상황을 지칭하는 것이다. 그리고 이러한 〈위기진단〉은 사회이론의 발전을 추적한 저명한 사회학자들(Gouldner, Bottomore, Eisermann)로부터 이미 1970년대 이래 제시되었다. 최근 한국 사회학계에서의 위기논의에 대해서는 한국사회학회, 1994 참조.

11) 사회학의 다양한 반응에 대해서는 Dahme(1994) 참조: 이 반응의 극단적 형태에는 가령 반사회학주의의 기치 아래 아예 사회학의 존재정당성을 부인하는 것도 속한다. 그 외에 사회학의 심미화, 정치화, 행정부조과학화 등도 예로 들 수 있다(Rammstedt, 1984). 어떤 이들은 이 위기는 사회과학에게는 "죽음에 이르는 병"일 수도 있다고 진단한다: 가령 포스트모더니스트들 중 보드리야르는 "사회적인 것" 자체가 사라지고 있으며 따라서 사회과학의 대상 자체가 소실되고 있다고 주장한다.

회사상가들에 대한 재해석 작업과 위기에 찬 '위기학문'의 역사적 기원에 대한 자성적 고찰인바, 이 작업은 지난 십수 년 이래 활발히 진행되고 있으며 그리고 비단 베버에 한정된 것은 아니다(Rammstedt, 1984).

그러나 고전에 대한 이러한 새로운 반추는 비단 사회학의 자기정체성이 불명확해지고 위협받는 위기상황에 대한 반응일 뿐 아니라, 어떻게 보면 이런 특정상황과는 무관하게 사회학적 사고 그 자체의 필수적 요소라고 볼 수도 있다. 왜냐하면 사회학은, 대다수 사회학도가 인정할 수 있고 또 그 타당성과 유용성이 증명된 공리체계에 의해 뒷받침되지 못하는 학문이며, 따라서 항상 자기 자신의 〈전통들〉을 새로이 확인하고 재검토하는 작업을 포기할 수가 없기 때문이다. 그리고 이 고전사상가들의 저작에 담겨 있는 개념과 이론 그리고 문제제기들은 전문사회학계의 상호이해를 위한 복합적인 매개체의 역할을 한다. 그래서 흔히 특정 고전사상가의 특정 업적에 대한 학계 내 대립적 학파들의 치열한 논쟁이 이들 간에 막혀 있던 대화통로를 비로소 열어주며 의사소통을 가능케 하기도 한다.

이러한 기능을 수행한 고전의 가장 중요한 예 중 하나가 바로 막스 베버의 방법론이다. 왜냐하면 그의 방법론은, 위에서 언급했듯이, 지난 수십 년간의 방법론 논쟁의 가장 중요한 준거틀 중의 하나로 작용했기 때문이다. 이런 의미에서 현대 사회과학방법론은 아직까지도 베버의 방법론에 대한 비판적 또는 긍정적 논의 그 이상도 그 이하도 아니라는 오크스(Oakes)의 주장은 분명히 과장된 것이긴 하지만, 전혀 근거 없는 말은 아니다.

3) 베버 방법론의 체계성에 대한 논쟁

그런데, 베버 방법론에 대한 논의가 봉착하는 딜레마 중의 하나는, 그것이 현대 사회과학론에서 차지하는 상기한 큰 비중에도 불구하고 과연 하나의 완결된 체계로서의 〈베버 방법론〉이라는 것이 도대체 있는지 여부에 대해 어느 누구도 자신 있게 답할 수 없다는 점이다. 이 딜레마를 여실히 보여주는 예가 바그너(G. Wagner)와 찌페리안(Zipperian)이 최근에(1994) 편집한 베버 방법론에 관한 연구논문집이다. 세계 각국의 베버 방법론 전문가들이 기고한 27편의 논문들을 수록한 이 책(근 800페이지)에서 편집자들은 지금까지의 베버 방법론에 대한 연구업적을 크게 4가지 부류로 나누고 있다:

(1) 이론사적인 기원 내지 유래: 이 영역에서는 베버가 자신의 방법론적 구상들을 정립하던 당시의 학문사적 맥락을 분석하는 논문들이 제시된다.

(2) 영향사: 여기서는 베버 방법론의 수용과 베버 방법론적 개념들이 어떻게 다른 사회과학자들에 의해 개선-발전되었는가 하는 문제가 다루어진다.

(3) 특수한 방법론적인 문제들: 여기서는 사회학의 방법론적 기초정립에 대한 현재의 논쟁들에 베버가 어떠한 기여를 하고 있는지 라는 문제가 분석된다.

(4) 베버가 사회학의 방법론적 독자성을 확보하도록 하는 하나의 체계적인 모델을 제시해주는지 여부에 대한 전체적인 평가.

흥미로운 것은 '전체적 평가'라는 네 번째 주제는 기고분이 부족하여 아예 독립항목으로 구성하는 것을 포기해야만 했다고 편집자들이 밝히고 있다는 점이다. 다시 말하여, 베버 방법론에 대한 전문가들 사이에서마저도(혹은 바로 이들 사이에서) 베버의 방법론적 구상들이 사회과학에 적합한 하나의 완결된 방법론적 체계로서 재구성될 수 있는지 여부에 대해 적잖은 회의가 존재하는 것이다.

이런 회의는 우선 베버가 집필한 방법론 관련저작들의 편집상황에서부터 시작된다. 우리가 지금 《베버 방법론 논문집》으로 알고 있는 책은 사실 베버 자신이 편집 간행한 것이 아니라, 1920년 베버가 급사한 후 그의 부인 마리안네 베버(Marianne Weber)가 그의 유고(遺稿) 중에서 선정하여 《과학론 논문집》(*Gesammelte Aufsatze zur Wissenschaftslehre*)이라는 제목으로 1922년에 출간한 초판에 기초한 것이다. 그러나 마리안네는 이 논문들의 선택기준과 근거는 전혀 제시하지 않고 있다. 그 이후 제 2판은 1951년에 요한네스 빙켈만(Johannes Winckelmann)에 의해 출간되는데, 이것은 초판과 차이가 없다. 빙켈만이 1968년에 펴낸 제 3판에는 아래와 같은 논문이 추가된다: "Die drei reinen Typen der legitimen Herrschaft"(정당한 지배의 3가지 순수유형)이 그것이다. 빙켈만은 이 유작이 1913년에 베버가 발표한 "이해사회학의 몇 가지 범주들에 대하여"라는 논문과 내용상으로 직접 연계되기 때문에 추가한다고 밝히고 있다. 그리고 1973년에 제 4판, 1982년에 제 5판, 1985년에 제 6판, 1988년에 제 7판이자 마지막 판이 나왔으나 수록내용은 제 3판 이래 변화가 없었다.

그런데, 과연 〈베버 방법론〉이라는 하나의 일관된 체계가 있는지 라는 문제는 이러한 불완전한 편집상황 때문만이 아니라 그의 방법론 논문집에 수록된 논문들의 내용과 성격 때문에도 제기될 수 있다. 왜냐하면 우선 이 논문들의 다수는 어떤 체계적이고 일관된 관점하에서 집필된 것이 아니라 비교적 우연한 계기들에서 저술된 것이며, 또 다수는 '자발적'으로 쓴 것이 아니라 기고 요청에 따른 '주문제작'이었으며 이것마저도 대부분 미완성으로 남아 있기 때문이다. 그 결과 베버의 방법론

저작들은 얼핏 보기에 주제상으로나 논증의 차원과 수준에서나 편차가 심하며 단편적이라는 인상을 준다.

그의 저작이 가진 위와 같은 특성들로 인해 베버 방법론은 매우 다양한 층위의 긍정적 또는 비판적 평가를 받아왔다. 베버 방법론의 기본성격에 대한 지금까지의 논쟁들은 크게 볼 때 두 가지 관점으로 요약될 수 있다: 첫째, 그의 방법론적 기초개념들과 과학이론적 시각은 과연 베버의 '독창적 발명들'인가 아니면 그는 자신의 방법론의 정립에 어느 특정한 외부이론에 의존하고 있는가, 만약 그렇다면 이 의존의 정도와 성격은 어떠한 것인가? 둘째, 과연 베버는 자신의 방법론적 기본입장을 일관되게 끝까지 유지했는가 아니면 그의 방법론적 사고에는 하나의 단절 내지 전환이 있는가?가 그것이다.

매우 복잡하고 긴 논쟁사를 가진 이 두 문제는 그 성격상 본 논문의 후속편에 속하므로 이 자리에서는 몇 가지 원론적인 언급만 하고자 한다.

우선 베버의 '독창성' 문제를 간략히 살펴보자. 1970년대 이래 상당기간, 베버의 방법론은 서남학파 신칸트주의, 특히 리케르트(Rickert) 철학의 배경하에서만 옳게 이해될 수 있다는 것이 베버 학계의 지배적 견해였다. 그러나 이러한 견해는 근래에 와서 어느 정도 도전을 받고 있다. 물론 리케르트의 신칸트주의적 철학이 베버의 방법론에 영향을 끼쳤다는 점은 아직도 이론의 여지가 없다. 그러나 이 영향이 얼마나 컸는지, 또 이 영향의 성격이 어떠한 것이었는지에 대해서는 예전만큼 의견이 통일되어 있지 않다.[12] 베버가 리케르트 유의 인식론적 신칸트주의

12) 가령 버거(Burger, 1994)는 주도적 영향을 끼쳤다는 주장인 반면, 로시(P. Rossi, 1994)는 베버가 후기에 와서는 리케르트에서 떨어져 나왔다는 주장이고 카발리(A. Cavalli, 1994)는 심지어 두 사람 간에는 지극히 제한되고 선별적인 목적-수단 관계만 있었다고 주장한다. 이 문제는 후에 상론하겠다.

자라는 그전까지의 광범위한 합의가 깨어지는데 결정적인 역할을 한 것은 니체의 영향에 대한 재평가이다. 이 문제에 대해서는 다음 장에서 상술하겠지만, 미리 그 핵심내용을 약술하자면 아래와 같다.

19세기 독일 내지 유럽의 일반적인 지적 상황이 베버의 사고에 끼친 영향은 매우 크며, 따라서 베버의 방법론적 개념과 시각이 그 당시의 인식론적, 철학적 그리고 방법론적 조류들에 의해 심대한 영향을 입었다는 것은 분명하다. 이것을 서두에 제시한 3대 주제와 연관시켜 볼 때, 개념구성이론에서는 리케르트, 가치이론에서는 니체, 이해방법론에서는 딜타이와 짐멜이 베버에 영향을 끼친 핵심사상가들이다. 물론 그 외에도 가령 베버는 후설을 수용했고, 실험심리학의 발전을 면밀히 추적했으며(Frommer, 1994), 그 당시 역사학 내의 제 논쟁들에 참여했고 법학적 범주들을 자신의 행위이론에 편입시켰다. 그리고 베버에게 영향을 미친 이런 시대적 조류들의 항목은 더 연장될 수 있다.

그러나 다른 한편으로 베버는 위에서 언급한 사상가들 중 어느 누구의 사상도 전적으로 수용하고 추종한 적은 없으며, 단지 이들을 자신의 목적과 문제의식을 위해 창조적으로 활용하고 있을 뿐이다. 이렇게 볼 때, 베버는 신칸트주의자도, 니체주의자도 아니며, 그는 이들 모두에게서 중요한 것을 섭취하여 자기 고유한 방식으로 이론화하고 있다. 이것은 지금 매우 유행하는 명제 즉 니체가 베버 저작의 〈숨겨진 위인〉이라는 명제에도 적용된다. 즉, 베버는 자신의 과학론을 리케르트, 니체, 딜타이 등의 사상체계들이 서로 자아내는 긴장의 장에서 발전시키고 있지 이들 중 어느 누구도 전적으로 수용한 것은 아니다.

두 번째 문제, 즉 베버 방법론은 일관된 통일성을 가지고 있는가?, 아니면 그 발전과정에서 단절 또는 전환을 경험하였는가? 라는 문제의 요체는, 베버가 자신의 출발점인 역사주의적 입장을 견지했는가, 즉 넓은 의미에서 역사학자로 남아 있었는가 아니면 방법론적 성찰의 진척과 함께 점차 사회학자로 변신했는가 라는 점이다. 여기서도 과도한 통일성론은 과도한 단절론과 마찬가지로 베버 방법론의 성격을 왜곡할 수 있다. 앞에서 이미 언급했듯이, 필자는 베버의 지향점을 하나의 '종합과학적 방법론'으로 파악하고 있는바, 이 관점을 상기한 문제에 적용할 경우 베버는 '역사학' 또는 '사회학'만이 아니라 오히려 하나의 '역사적 사회과학'을 향해 자신의 방법론적 구상을 점차 정교화했다고 보는 것이 적절할 것이다.

결론적으로, 우리가 이 장의 서두에 던진 질문, 즉 베버는 과연 하나의 체계적 방법론을 제시하고 있는가 라는 질문에 대해 우리는 어떻게 답해야 하는가? 우선, 베버가 전문적-형식적 의미에서 완결된 방법론 체계를 제시하지 않았음은 분명하다. 왜냐하면 베버의 방법론적 성찰의 원천은 순전히 전문적 방법론적 문제들이었다기보다는 오히려 실질연구영역이었기 때문이다. 다시 말하여, 그는 자신이 역사적-경험적 연구에서 부딪힌 방법론적 벽들을 뛰어넘기 위해 감히 아마추어로서 '해부학'이라는 전문영역으로 진입했던 것이다. 그러나 동시에 베버는 스스로에게 끊임없이 아래와 같은 질문을 던지는 학자였다. 즉, 자신이 "과학"이라고 부르는 것의 성격이 무엇이며, 이 과학의 한계가 무엇이고 과학을 넘어서서 존재하는 것은 무엇인가 하는 질문이 그것이다. 베버는 과학이라는 자신의 소명의 '문화적 의의'에 대해 끊임없이 근본적 자기성찰을 수행한 학자였다. 베버의 방법론이 이와 같이 한편으로는 그의 실질연구와, 다른 한편으로는 학문의 '실존적' 의미 문제와 연계되어 있었다는 사실이 그의 방법론의 생명력을 보장해주며 그의 방법론이 아직도 우리의 지적 영감의 지속적 원천이 될 수 있게 하는 것이다. 분명히 베버는 하나의 완성된 방법론이라는 〈건축물〉을 제시하지는 않는다. 그러나 그는 우리가 이러한 건축물을 구축하는 데 필요한 필수적인 '건축자재'들을 공급하는 것은 분명하다. 그렇지 않다면 베버의 개념들과 시각들이, 이들이 가진 여러 가지 문제점에도 불구하고, 지난 한 세기 동안 사회과학방법론의 발전에 끼친 막대한 영향이 설명될 수 없을 것이다.

그러나 베버의 건축자재들 자체는 다시금 그의 시대가 제공한 지적 자원, 더구나 독일 특유의 지적 자원에서 산출되었음은 두말할 나위도 없다. 이 지적-사상사적 자원들은 어떤 것들이었는가? 이로써 이제 우리는 이 논문의 본론, 즉 베버 방법론의 사상사적 배경에 대한 논의로 넘어간다.

필자는 제 2장에서 우선 19세기 말~20세기 초 독일 지적 전통의 특수성을 몇 가지 관점에서 살펴본 후 이 독일적 특수발전의 방법론적 귀결점인 독일 역사주의를 논한다. 물론 이 논의는 매우 개괄적인 차원에 머문다. 왜냐하면, 지면의 제약이라는 조건 이외에도, 여기서 언급되는 개념들과 시각들은 베버 방법론을 체계적으로 재구성할 후속편에서 베버와의 연관하에 면밀히 재조명될 것이며, 따라서 역사적 배경에 초점을 맞춘 이 논문에서 필자는 주로 전반적인 사상사적 상황의 전달에만 집중하고자 하기 때문이다.

3. 베버 방법론의 사상사적 배경

1) 독일 지적 전통의 특수성

(1) 19세기 독일의 지적 상황: 철학의 위기

독일의 19세기는 헤겔(1770~1831)과 괴테(1749~1832)가 사망한 1830년대를 기점으로 비로소 시작한다. 왜냐하면 이 두 거인의 퇴장이 비로소 18세기의 독일정신 즉 〈관념주의〉(헤겔), 〈고전주의〉 그리고 〈낭만주의〉(괴테)를 만개시킨 18세기 독일정신의 종언을 고하기 때문이다. 이와 함께 이제 〈과학〉, 〈역사 교육〉, 〈사실주의〉, 〈환상의 상실〉의 시대가 시작된다. 이것은 동시에 유럽적-인문주의 문화의 〈위기〉의 시기이기도 하다. 왜냐하면 관념주의의 붕괴는 철학의 자기정체성의 위기를 가져다주었으며 이제 유럽 철학은 탈관념주의적 돌파구를 탐색하지 않을 수 없게 되었기 때문이다(Topitsch, 1967).

관념주의는 매우 다양한 의미로 쓰이지만, 특히 독일 철학에서는 하나의 특정한 인식론적 입장, 즉 피히테(Fichte), 쉘링(Schelling) 및 헤겔(Hegel)이 대표하는 〈절대적 관념주의〉만을 지칭한다. 바로 이들의 사상체계의 붕괴가 상기한 철학의 자기정체성 위기를 야기하였던 것이다. 왜냐하면 독일 철학은 그 당시 이들의 체계에 의해 거의 전적으로 지배되었기 때문이다. 이것이 왜 다른 나라들 — 가령 영국 — 은 독일과 같은 철학사적 단절을 겪지 않았는지를 설명해준다. 칸트(Kant) 철학은 이 〈절대적 관념주의〉에 속하지 않으며 이것이 왜 그의 철학이 관념주의의 몰락 이후 철학의 재생에 그렇게 중요한 역할을 하게 되었는가 하는 이유이다(Schnädelbach, 1983). 〈절대적 관념주의〉는 아래와 같은 3가지 핵심적 명제에 기초하고 있다:

(1) 〈존재〉와 〈사고〉의 〈절대성〉 속에서의 통일성

(2) 〈진〉, 〈선〉, 〈미〉의 〈절대성〉 속에서의 통일성
(3) 〈절대성〉에 대한 학문을 철학적 〈체계〉로 파악하는 것 (Schnädelbach, 1983).

이 명제들을 하나씩 간략히 살펴보자. 우선 〈존재〉와 〈사고〉의 통일성 명제: 존재와 사고는 일상적 〈오성〉(*Verstand*)의 영역에서는 상이하지만 절대성의 세계 즉 〈이성〉(*Vernunft*)의 세계에서는 〈변증법적〉 통일을 이룬다. 이 통일성은 주관과 객관, 유한과 무한의 통일성을 포함한다. 이에 관련된 헤겔의 가장 유명한 명제는 그의 〈법철학 서문〉에 나오는 "이성적인 것은 현실적인 것이고, 현실적인 것은 이성적인 것이다"라는 명제이다. 헤겔의 해석사는 이 명제의 해석사와 동일하다고 해도 과언이 아니다. 그러나 이 명제는, 흔히 주장되듯이, 현재를 정당화하는 보수적 이데올로기라기보다는 절대적 관념주의의 표현이라고 보는 것이 옳을 것이다.

그 다음 진(眞)과 선(善)의 통일성 명제: 헤겔은 〈진〉을 이론적 이념으로, 〈선〉을 실천적 이념으로 파악하며 이들은 헤겔에서는 〈절대이념〉 속에서 통일된다. 헤겔은 〈존재〉와 〈당위〉의 차이를 인정하기는 하지만 철학의 궁극적 답이라고는 생각하지 않으며 오히려 존재와 당위를 하나의 철학적 체계 내로 통합하려고 시도한다.

마지막으로 〈체계〉로서의 철학 명제: 존재와 사고, 주관과 객관, 〈진〉과 〈선〉을 통합하려는 시도는 하나의 '절대적' 체계, 즉 모든 것을 포용하는 〈체계〉를 통하지 않고는 이루어질 수 없으며 그래서 〈체계〉는 '총체성'의 서술방식이다. 이 체계는 존재하는 모든 개별과학적 지식을 포괄하고자 시도한다.

위에서 언급한 〈관념주의의 붕괴〉라는 것은 이 3가지 대명제의 타당성 상실을 뜻한다(Ritter, 1968). 헤겔 사후 관념주의는 제도권 철학 내

에서 잠시 동안 연명하다가 곧 잊히며, 이와 함께 헤겔 철학 전반에 대한 평가절하 작업이 시작된다. 물론 이 작업에는 이데올로기적 요소도 강하게 개입하는바, 왜냐하면 그 당시 자유주의자들에 의하면, 헤겔의 법철학 서문의 상기한 인용문은 그가 프러시아의 국가 철학자였음을 입증해주며, 이것은 그들에게 그의 철학 전체를 거부할 이데올로기적 명분을 제공했기 때문이다. 이렇게 하여 〈학문적〉 평가절하와 함께 〈정치적〉 평가절하가 추가되고 이것은 〈철학 일반〉에 대한 거부경향을 강화한다(Schnädelbach, 1983).

절대적 관념주의의 붕괴로 인해 생긴 철학적 공백을 메우는 과정에서 생겨나는 유럽 지성의 대응은 크게 두 가지로 나누어 볼 수 있다: 하나는 말하자면 '서유럽적'(여기서는 주로 영국과 프랑스) 대응으로 이것은 계몽주의적 이성 신뢰에 바탕한 실증주의 내지 자연주의의 형태로 나타난다. 이를 통해 이제 철학 그 자체가 "과학화"되는바, 이 과정의 중요한 산물이 곧 스펜서 및 콩트 유의 기능주의적-실증주의적 사회학이다. 전체적으로 볼 때, 자연과학의 성공사례에 기반한 이 실증주의적 과학관은 엄청난 설득력을 가지고 서유럽 지성계 전체를 압도하게 되며 따라서 관념주의의 붕괴는 최소한 영국과 프랑스에서는 결코 "위기상황"으로 인지되지 않는다. 상기한 철학적 공백에 대한 다른 하나의 대응은 "독일적" 대응으로서, 여기서는 관념주의의 붕괴가 깊은 철학적 위기를 야기한다.[13] 이 위기는, 이미 언급했듯이, 한편으로는 철학 그 자체에

---

13) 주지하다시피 헤겔의 관념주의, 특히 그의 역사철학에 반기를 든 가장 중요한 두 집단은 초기 맑스를 포함한 헤겔좌파와 랑케(Ranke)를 중심으로 한 역사학파이다. 헤겔좌파와 초기-맑스는 〈관념〉이 아니라 〈현실〉의 역사라는 이름하에 헤겔에 반항한다. 물론 맑스는 변증법적 방법과 헤겔의 학문관, 즉 〈총체성〉에 대한 지식의 체계적 서술이라는 헤겔의 유산은 승계하고 고수한다.

대한 회의를 증폭시키지만 다른 한편으로는 관념주의의 와해로 발생하는 문제들에 대한 철학 내적 해결책을 찾으려는 시도들을 불러일으킨다. 동시에 독일적 대응에는 또 하나의 중요한 차원이 있으니, 그것은 상기한 서유럽의 계몽주의와 실증주의의 거대한 파고에 대한 저항이다. 여기에는 서유럽적 사회학에 대한 저항도 물론 포함한다.

그러나 이 문제는 다음 장에서 살펴보기로 하고 우선 관념주의의 붕괴가 야기하는 철학 내적 문제들 가운데 중요한 몇 가지를 지적하자면 아래와 같다: (1) 〈역사〉와 〈이성〉의 통일성의 와해, (2) 〈총체적 해석〉의 불가능성, (3) 〈이론〉과 〈실천〉의 통일성의 와해가 그것이다. 이 문제들을 차례로 간략히 살펴보자.[14]

(1) 헤겔 이후에 일어나는 역사관 및 학문관의 변화는 절대적 관념주의가 전제한 〈역사적인 것〉과 〈체계적인 것〉의 통일성의 와해를 야기한다. 왜냐하면 헤겔 유의 관념주의는, 이성의 역사란 역사 속에서 이성이 발현되는 과정이라고 보았고 따라서 이 관념주의는 역사란 곧 관념의 체계라는 것을 철학적으로 보장했지만, 이제 이 보장이 깨어진 상황에서 생겨나는 문제는, 어떻게 〈역사적인 것〉에 접근할 수 있을 것인가 하는 문제이기 때문이다. 즉, 〈이해〉(*Verstehen*)의 문제가 대두하는 것이다(Schwemmer, 1976). 19세기의 철학적 사고에서 〈해석학적〉 문제가 가지고 있는 엄청난 비중은 단순히 그 당시 '우연히' 정신과학이 정립되었다는 사실의 결과가 아니다. 이해와 해석의 문제가 부각되는 것은 〈이성〉과 〈역사〉가 분리되어 버린 상황, 즉 역사가 헤겔의 전제와는 달리 반드시 이성의 실현은 아니라고 믿게 된 상황에서 어떻게 우

역사학파에 관해서는 아래 참조.

14) 그 당시 유럽 철학계가 처해 있었던 전반적 상황에 대해서는 무엇보다도 슈네델바흐(Schnädelbach)의 탁월한 저서 *Philosophie in Deutschland 1831 ~1933*를 참조할 것.

리는 아직도 역사에 대해 이성적으로 또는 학문적으로 접근할 수 있는가 하는 딜레마의 결과이다(Riedel, 1978).

(2) 이 딜레마의 또 다른 표출은, 헤겔 철학의 붕괴 이후에는 현실에 대해 학문적 근거를 가진 체계적인 총체해석은 이제 더 이상 불가능하다는 인식이다. 즉, 총체적 해석에 대한 욕구는 〈학문〉을 통해서는 이제 더 이상 충족될 수 없다는 인식이 자리 잡게 되는 것이다. 그럼 무엇이 학문 대신에 이 욕구를 충족시켜줄 수 있는가? 그것은 〈세계관〉(*Weltanschauung*) 또는 〈인생관〉(*Lebensanschauung*)이다. 〈인생관〉 개념에 내포된 〈생〉(生, *Leben*)이라는 개념은, 절대성에 대한 관념주의적 이념이 기반을 상실한 후 〈생〉의 개념이 철학적 사고가 아직도 소유하는 유일한 〈총체성〉 개념이라는 점을 암시하고 있다. 이런 배경이, 오늘날에는 '지나간 역사'에 불과한 〈생철학〉이 그 당시 왜 그렇게 큰 영향력을 행사할 수 있었는지를 설명해준다: 〈생〉의 개념에는 아직 〈전체〉가 사고의 대상으로 남아 있었기 때문이다. 물론 이 〈전체〉는 〈비합리적〉 전체이다. 따라서 생철학은 불가피하게 계몽주의, 즉 합리성과 이성을 핵으로 하는 계몽주의를 거부하는 반 계몽주의적 운동,[15] 반 실증주의 운동이 된다. 가령 프로이트, 니체, 베르그송, 보들레르, 도스토예프스키, 프루스트 등은 실증주의적인 인간관 및 세계관을 파괴하고 합리적으로 질서지어진 세계라는 관념의 허구성을 폭로하며, '존재'의 세계와 '의미 부여'의 세계 간에는 점차 메워질 수 없는 괴리가 형성되고 있음을 탁월하게 서술한 사상가 및 예술가들이다. 그러나 이러한 문명 비판적 혹은 문명 비관주의적 생철학의 맥락에서도 제기되는 문제는, 역사에 대한 '과학' 혹은 사회에 대한 '과학'이라는 것이 도대체 가능한가 하는 문

15) 그러나 이것을 이데올로기 비판적으로 단순히 〈비합리주의〉로 치부해버리는 것은, 관념주의의 붕괴 이후의 철학적 상황의 절박성을 무시하는 안이한 자세이다.

제였다. 왜냐하면 주관성과 비합리성을 인간현상의 기본 동력으로 보는 한, 모든 지식의 설명력과 예측력은 극도로 제한될 수밖에 없으며 결국에는 절대적 상대주의로 나락할 수밖에 없기 때문이다.

(3) 헤겔 체계의 종언은 곧 〈진〉과 〈선〉, 이론과 실천의 통일성의 종언을 뜻한다: 칸트에서 보듯이, 존재와 당위는 다시 서로 분리된다. 〈선〉의 〈진〉으로의 '자연주의적' 환원시도에 대한 비판을 거쳐 철학자들은 이 문제에 대해 〈가치〉의 개념으로 답한다. 이 시기의 독일에서는 윤리의 문제가 거의 전적으로 〈가치〉-문제로 논의되었다. 〈가치철학〉(이것이 신칸트학파의 요체이다)은 그래서 독일 특유의 산물이다. 가치철학은 〈사실성〉과 세계의 〈의미〉 간에 헤겔 이후 생겨난 괴리를 철학적으로 메우겠다는 시도이다. 물론, 니체의 니힐리즘, 즉 〈형이상학적 무의미성〉이라는 이념은 그의 생철학과 함께 이러한 가치이론들의 의미창출 능력을 전적으로 부인하는 극단적 대항이념이라는 점을 이 맥락에서 기억해둘 필요가 있지만 말이다(Riedel, 1978).

위에서 비체계적으로 나열한 관점들이 관념주의의 붕괴와 함께 생겨난 철학의 위기에 대한 대응이었다면, 방법론과 인식론의 차원에서 일어난 대응들의 가장 독일적인 이념은 역사주의와 신칸트학파이다. 그러나 독일지식인들의 일반적 철학적 정서를 가장 잘 포착한 대응책은 오히려 생철학에 대한 경도라고 볼 수 있다. 역사주의는 다음 장에서, 그리고 신칸트학파는 후속논문에서 상론할 것이므로 여기서는 우선 상기한 반 계몽주의적 생철학적 경향을 잠시 살펴보자.

(2) 생철학과 과학적대주의(科學敵對主義)

이 경향을 이해하기 위해서는 그 당시 독일 학계의 일반적 상황과, 특히 제 1차 세계대전 전의 독일학자들의 정치적 자의식을 살펴볼 필요가 있다. 비스마르크 시대에 독일의 대학에서는 자연과학의 급속한 발전이 진행되었지만, 이 과정이 곧바로 정신과학자들에게 정치사회적 위기를 가져다주지는 않았다. 가령 역사학자들의 지배적인 위상은 그대로 유지되었고, 또 다른 비 자연과학 분야의 대표적 학자들은 정치이념적으로 그 당시 주도적이던 민족자유주의 경향을 수용하면서 기존의 정치체제에 대해 신뢰를 가지고 있었다. 그러니 일견 딘딘해 보이는 이러한 안정과 합의라는 외피 내에서 기성의 학문방법과 사회체제에 도전하는 반 계몽주의적 세력들이 형성되어 이 외피를 뚫고 분출되어 나온다. 그것은 바로 이 시기에 등장하는 이른바 〈문화비판〉 또는 〈문화비관주의〉라고 불리는 조류들이다. 이들은 근대적 정치 및 사회질서의 정당성을 회의하면서 동시에 근대 과학의 의미 자체에 도전한다. 가령 그 당시 엄청난 대중적 인기를 끌던 라가르드(Paul de Lagarde, 1827~1891)와 랑-벤(Julius Langbehn, 1851~1907)[16]의 저서들은, 단지 사실들만을 확인하는 〈사이비 학문〉에 대한 근본적 비판을 제기하고 있는바, 이들에 의하면 〈진정한 학문〉의 〈궁극적 목적〉은 가치판단을 내리는 것이다(Zöller, 1979). 과학의 〈객관성〉은 거짓된 것으로 간주되며, 모든 인간을 평등하다고 간주하는 현대의 인문주의 역시 거짓된 것으로 간주되었다. 학문은 이제 주지주의와 전문가주의에서 벗어나 다시 생으로 돌아와야 한다는 것이다. 한마디로, 이 운동은 근대 대중민주주의와 사회주의에 반대하며 계몽주의적 이성의 자기도취에 반기를 들었다.[17]

그런데 실증과학이 아니라 '가치판단' 하는 학문을 요구하는 이런 경

16) 가령 *Rembrandt als Erzieher*, 1890

17) 이 운동이 가진 상기한 특성들은 거의 그대로 우리 시대의 세기말 현상인 이른바 포스트모더니즘에서 발견된다. 여기서는 이 문제를 논의할 여유가 없지만, 그러나 단지 이러한 외견상의 일치만을 근거로 이 두 가지 세기말 조류를 동일시하는 것은 매우 위험하다는 것은 두말할 나위도 없다.

향은 1890년에서 1914년 사이에 점점 더 확산되었다. 예컨대, 독일 대학의 과제는 정치에서의 선악에 대해 가치 판단하는 민족의 공공 양심이 되는 것이라는 주장도 스스럼없이 제기되곤 했다. 이러한 요구들은, 그 당시 빌헬름 시대의 사회를 갈등이 없고, 이데올로기적 분열이 없는 사회로 만드는 데 독일의 대학들이 도움을 주어야 한다는 뜻을 담고 있었으며, 이것은 단순히 교육정치가들의 요구였을 뿐 아니라, 독일의 대학구성원들 내에서도 적지 않은 호응을 얻었던 요구들이다(Lübbe, 1963).

물론 계몽주의적 이념에 대한 반발 및 이 이념에 기초한 이성정치, 민주화, 산업화, 도시화에 대한 반발 그리고 경험세계의 과학적 분석에 대한 반발과 이데올로기적 공격은 19세기 유럽의 다른 나라들(특히 프랑스 및 이탈리아)에도 있었다. 그러나 이런 공격이 독일에서만큼 격렬했던 곳은 없었고,[18] '영웅적 생명주의자들'의 예언과 '저주'들이 독일에서만큼 열광적으로 수용된 곳도 없다. 위에서 언급한 생철학의 대중작가라고 할 수 있는 라가르드와 랑-벤 등의 저서가 행사한 막강한 영향

18) 이런 반발운동("독일적 운동")에서 문학은 가장 중요한 매체가 되었다. 독일에서 문인은 인간성의 최고의 표현이었다. 그리고 괴테는 모든 문학의 가능성을 조화적으로 완성시킨 사람으로 간주되었다. 그래서 괴테는 아래와 같은 세계관의 핵심 증인이 되었다. 즉, 문학에서는 규칙보다는 천재성을, 종교에서는 교리보다는 예언자를, 도덕에서는 관습보다는 영웅을, 그리고 법 및 국가에서는 체계나 이론보다는 민중의 창조력을 더 신뢰하는 세계관이 그것이다. 그런데 독일에서는 학문이 문학에 대비될 뿐 아니라, 시문학은 다시금 산문문학으로부터 구별된다. 이런 경향은 물론 프랑스와 영국에도 있었지만, 이 나라들에서는 이것이 그렇게 결정적인 중요성을 획득하지는 못한다. 바로 이 점을 기준으로 우리는 독일 지성문화와 프랑스 지성문화를 서로 구별할 수 있다. 발터 벤야민의 "프랑스는 행복한바, 왜냐하면 여기서는 시문학과 산문문학의 구별을 인정하지 않기 때문이다"라는 한탄이 이를 잘 보여준다(Lepenies, 1985). 이 문제에 대해서는 아래 보론 참조.

력이 그 좋은 예이다(심지어 퇴니에스와 토마스 만도 이에 영향을 입는다) (Lepenies, 1985).

이런 경향이 우리의 주제에 대해 가지는 가장 중요한 함의는, 독일에서는 학문과 '삶'이 원칙적으로 상호 적대적인 것으로 간주되었다는 것이다. 아이러니컬하게도, 19세기에 유럽에서 최고수준의 자연과학적 그리고 인문과학적 연구역량을 확보하게 된 독일에서 바로 학문-적대성(敵對性)이 넓게 퍼져나갔으며 학문 일반은 우리를 삶으로부터 소외시키며 그것은 삶에 대해 적대적이라는 의혹이 확산되었다. 그래서 '체험'의 직접성에 비하면 학문의 인식가능성은 부차적인 것으로 간주된다. 이런 학문 적대적인 분위기가 바로 상기한 생철학 창궐의 배경이다. 물론 생철학이 '이성의 파괴'(루카치)를 통해 독일이 히틀러로 가는 길에 얼마나 영향을 미쳤는지는 아직 논란이 많다. 그러나 이론(異論)의 여지가 없는 것은, 이것이 철학의 이성적 전통의 맥을 비이성적으로 재해석하도록 하는 데 기여했다는 사실이다.

그런데 이러한 학문비판의 대상은 자연과학이 아니라 (자연과학을 비판할 만한 능력을 갖춘 '문명비평가'가 드물었다는 것도 그 이유 중의 하나이다) 오히려 정신 및 사회과학이었다. 그리고 이 비판은 자연과학의 방법이나 결과들 자체를 향했던 것이 아니라, 이 방법과 결과를 다른 분야에도 적용하여 점차 모든 인식영역을 과학화하려는 시도, 즉 '자연주의적' 시도를 겨냥하고 있었다. 특히 독일에서 깊이 뿌리내린 이러한 과학비판의 핵심인물 중의 하나가 생철학자 니체였음은 주지의 사실이다. 시인이자 사상가인 니체는 합리주의를 감성의 직관적인 기준으로 대체해야 한다고 주장했다.

그럼 이러한 상황이 독일에서 사회학이 정착하는 데는 어떤 영향을 끼쳤는가? 그 영향은 매우 부정적이었다. 왜냐하면 독일 특유의 이러한 생철학적 시각에서 볼 때 자연주의적 과학관을 체현하는 가장 전형적인 신학문 중의 하나가 다름 아니라 '사회학'이었기 때문이다. 따라서 19세기 독일의 지적 토양은 '사회학'의 착근에는 극도로 불리한 것이었다.[19] 그리고 독일이 '서유럽적' 신학문인 사회학에 깔린 실증주의에 대해 방법론적으로 제시한 대안이 곧 역사주의이다. 그럼 아래에서는 우선 독일에서 사회학이 어떻게 평가되었는지를 살펴보고, 연이어 역사주의적 대안이 어떤 내용을 담고 있었는지를 살펴보고자 한다.

---

19) 물론 프랑스에서도 반 사회학적 보수주의자들이 있었다. 가령 이들은 뒤르켐의 사회학을 중심으로 한 신-소르본 건설에 격렬히 반발했다. 이들은 Institut de l'Action Francaise를 중심으로 하여 반 사회학 운동을 벌이며 가톨릭과 프랑스의 문화적 전통 및 언어의 고수를 주장했다. 1902년 뒤르켐이 소르본으로 부임할 당시 자연과학(파스퇴르)과 문학(빅토르 위고)은 대학 내에서 확고한 위치를 차지했다. 그에 반해 사회학은 밖으로부터의 투쟁을 통해 자신의 위상을 쟁취해야만 했다. 그런데 그 당시 제3공화국 정부는 대학 개혁을 시도하면서, 종교 대신 과학이, 형이상학 대신 도덕론이 들어서도록 했는바, 여기서 사회학이 결정적 역할을 하게 되었다. 공화주의자들은 대학 개혁을 통해 전문인들을 길러내는 것만으로는 충분하지 않고 하나의 '교리'가 필요하다는 것을 깨달았던 것이다. 이 교리를 조달할 수 있는 학문이 바로 뒤르켐의 사회학이었다. 그래서 사회학은 철학과 문학을 제치고 제3공화국 및 신-소르본의 핵심학문이 된다. 그러나 'Agathon'이라는 익명하에 신-소르본 및 사회학에 대한 거대한 보수주의적 저항운동이 1910년을 기점으로 시작된다. 이들은 상기한 대학 교과과정의 개혁은 고전적 프랑스 문화에 대한 도전이라고 주장한다(흥미로운 것은, 이 보수주의자들이 뒤르켐 사회학을 공격하는 가장 효과적인 무기 중의 하나는 이 사회학이 바로 '독일로부터의 수입품'이라는 낙인이다). 물론 이 운동의 결과만은 아니지만 아무튼 제1차 세계대전을 전후하여 프랑스에서도 일종의 개념전환이 일어나는바, 19세기 중엽 이래 주도적 역할을 해온 〈과학〉의 자리에 또 한 번 〈생명〉 내지 〈삶〉이 들어선다. 여기서 과학을 대변하는 인물은 뒤르켐이고 생명을 대변하는 인물은 베르그송이다(Lepenies, 1985).

(3) 독일의 반 사회학 운동

독일 사회학의 발전과정은 독일의 산업화 과정과 그 맥을 같이 하면서 이와 유사한 행로를 보인다: 즉 산업화 과정에서 독일이 처음에는 유럽 내에서 "지각생"이었다가 신속히 이 후진성을[20] 극복하고는 (최소한 일시적이나마) 선두적 위치를 확보하게 되는 것과 유사한 행로를 독일 사회학도 걸었다는 말이다. 내용적으로 볼 때 독일의 사회학은 그 초창기에 크게 두 가지 적수를 상대해야만 했다. 그 하나는 바로 위에서 약술한 대로 19세기 독일 내에 팽배했던 학문에 대한 적대적 분위기이고, 다른 하나는 — 물론 이것은 위의 경향과 밀접하게 연관된 것이지만 — 기존의 정신 내지 인문과학, 특히 역사학자들의 이 "신학문"에 대한 저항이었다. 이러한 저항의 좋은 예가 역사학자 트라이츠케(Treitschke)의 반 사회학 운동이다.

민족주의적 역사학자로, 이른바 '강단 예언자'에 대한 베버의 비판의

---

20) 서유럽 이웃국가들에 비해 독일이 가지고 있던 정치-사회적 후진성은 독일인들의 자기성찰의 지속적인 주제였다(어느 프랑스 작가의 말대로 독일은 항상 민족적 내적 성찰이라는 병을 앓고 있었다). 그리고 만약 독일적인 이데올로기가 있었다면, 그것은 이 후진성의 원인을 추적하여 극복하려고 하기보다는 오히려 이 후진성을 독일의 특수성으로 이해하려는 '고집'과 '우수'였다. 그래서 독일인들은 계몽주의에 반하여 낭만주의를, 산업사회에 반하여 신분국가를, 근대에 반하여 중세를, 문명에 반하여 문화를, 외부세계에 반하여 내면세계를, 이익사회에 반하여 공동체를, 지성에 반하여 감성(*Gemüt*)을 주장하고, 이 모든 특수성에 기초한 독일적인 특수발전과 '독일적 본질'의 실현을 지향하였다. 독일의 관념주의 철학과 고전주의 문학이 창출한 이러한 내면세계는 비스마르크에 의한 정치적 제국 건설(1871년)보다는 100년 이상 먼저 형성된 것이지만, 그러나 독일인들은 오랫동안 이 내면세계를 '정치 포기'라는 대가를 치르면서까지 수호하고자 하며 '사회'로부터 사적인 세계로의 도피에 대한 정당화의 근거로 삼는다(Lepenies, 1985). 베버는 바로 이러한 독일적 전통에 끈질기게 도전한 소수의 독일 사상가 중의 하나이다.

표적이 되는 트라이츠케의 교수자격 논문(1859)은 "사회과학"이라는 제목을 가지고 있지만 여기서 그는 특히 사회학을 혹독한 비판의 대상으로 삼는다. 그는, 19세기 중엽 이래, 기존의 국가학(*Staatswissenschaft*)에 대한 경쟁분야로 등장하는 새로운 학문들이 있음을 지적하며 이들이 경우에 따라서는 국가학을 대체할 위험도 있음을 간파한다. 이 새 학문들에는 사회인류학, 민속학, 그리고 좁은 의미에서의 사회과학이 속한다. 그러나 그는 '경제' 내지 '사회'를 강조하는 것은 국가를 잘못 이해한 결과라면서 오히려 국가의 기능이 더 중요하며 따라서 사회 내지 경제를 축으로 하는 사회학은 설 자리가 없다고 주장한다(Treitschke, 1859: 39). 더더구나 사회학과 사회주의는 많은 것을 공유하며 둘 다 프랑스의 계몽주의에 기반하고 있다는 것이다.

트라이츠케의 예에서 보듯이, 19세기 독일에서 사회학은 프랑스 및 영국의 학문으로 간주되었고, 이 학문은 모든 것을 알 수 있으며 만들어 낼 수 있다는 오만에 찬 학문이었고 이런 오만은 다시금 계몽주의의 산물이라는 것이다.[21] 그래서 영국(스펜서)과 프랑스 사회학(콩트)은 이른바 "서유럽적 사회학"(*westliche Soziologie*)이라고 불렸으며, 서유럽적 자연과학적 사고방식과 독일적 문화과학적 사고방식이 대비되면서 이것은 서유럽적 〈문명〉(즉 부르주아적 문명)과 독일적인 〈문화〉 사이의 본질적 차이에서 발생하는 대립이라고 주장되기도 했다. 다시 말하여, 유럽에서 이제 막 형성되던 신학문인 사회학은 처음부터 이렇게 서로 융합될 수 없는 국가별 사회학으로 분열되기 시작한 것이다. 즉, 법칙성을 지향하면서 스스로를 자랑스럽게 "실증적"(*positiv*)이라고 지칭하

21) 위에서 언급했듯이, 프랑스에서 한때 뒤르켐 유의 사회학을 배척하기 위해 사용되었던 논리, 즉 그의 사회학은 '독일로부터의 수입품'이라는 논리가 이제 독일에서는 주어와 술어가 뒤바뀌어 독일 사회학의 매도수단으로 사용된다. 즉, 독일의 사회학은 '프랑스 정신'의 산물이라는 것이다.

던 새로운 사회과학자들 — 콩트, 스펜서 또는 (영국으로 건너간) 맑스-엥겔스 — 은 독일의 지적 풍토와 전통과는 첨예한 대립관계에 서 있었다(Rehberg, 1992).[22]

이런 이유에서 사회학은 비독일적인 것이었다. 그뿐 아니라 사회학은 "정치적" 반발을 불러일으키면서 일종의 '정치적' 위협으로까지 간주되었다. 왜냐하면 서유럽적 사회학은 '국가'와 '시민사회'의 분리를 감수할 뿐 아니라 더 나아가 이것이 사회학의 존재조건이라고 주장하는 학문이었으며, 따라서 시민사회를 당연한 분석기준으로 삼았는데 이는 곧 독일의 절대화된 〈국가〉에 대한 위협을 의미했기 때문이다. 그리고 바로 이런 이유에서 서유럽 사회학은 방법론적으로도 반발을 불러일으켰는바, 왜냐하면 이것은 〈시민사회〉가 〈국가〉에 포섭되었던 독일적 발전의 특수성을 적절히 포착할 수 없었기 때문이다(Lepenies, 1985)(사회학의 정착을 둘러싸고 독일, 영국, 프랑스에서 진행되었던 지적 정치적 논쟁들의 차이점과 공통점은 이 글의 말미 보론에 별도로 간략히 서술되어 있다).

2) 독일의 대안: 역사주의

물론 독일에서도 일찍이 사회학의 착근 시도가 없었던 것은 아니다. 이 시도를 잠시 살펴보면: 성공적인 자연과학의 후광을 등에 업고 1870년대 독일에서도 〈실증주의적 사회학〉이 등장한다. 이 시기에 처음으

---

22) 국가 간의 차이와는 상관없이, 모든 반 사회학주의자들의 공통된 자세는 반 근대주의였다. 이 반 근대주의라는 개념은 너무나 애매모호하여 온갖 종류의 입장들을 다 포용할 수 있었다. 가령 어떤 이들에게는 사회학과 사회주의는 동전의 양면일 뿐이었고, 또 다른 이들은 사회학이 사회주의를 대체해야 한다고 주장했다(Rehberg, 1992).

로 독일어로 번역된 콩트와 스펜서의 저서에 접목하여, 그리고 무엇보다도 다윈에 접목하여 하나의 새로운 사회과학이 선전되는바, 이 '신 사회과학'은 해석학이 아니라 자연과학적인 방법을 통해 역사적 그리고 사회적 과정들의 수수께끼를 풀어보겠다는 야심을 표방한다. 그래서 1875년 하이델베르크대학에 독일에서는 처음으로 사회학 과목이 설강된다. 물론 강사들은 아직 사회학자가 아니라 헌법사 혹은 철학 강사들이다(Kruse, 1990). 그리고 다른 대학에서도 콩트, 스펜서 그리고 밀 등의 실증주의에 대한 강의가 진행된다. 베버도 인용하고 또 비판하는 셰프레(Alfred Schäffle)는 독일에서는 처음으로 유기체론에 기초하여 실증주의 사회학의 생물학주의적인 이론모델을 제시한다. 그러나 독일에서 하나의 독자적인 사회학이라는 학문분야를 이론적으로 그리고 제도적으로 정착시키려는 이러한 첫 시도들은 이미 1870년대 말에 오면 학문적 그리고 정치적 기성세계에서 대두되는 상기한 사회학주의-캠페인에 의하여 좌절되고 만다(Rammstedt, Köhnke & Dahme, 1988).

이미 언급했듯이, 독일이 "서유럽 사회학" 내지 서유럽적 신학문의 자연주의적 방법론에 대한 대안으로 제시하는 것이 역사주의이다. 물론 독일의 역사주의는 단순히 '서유럽 사회학'에 대한 대항이념이라는 차원을 훨씬 넘어서는 심대한 의미를 가진 독일적 학문전통이다. 19세기 초 니부어(B. G. Niebuhr)와 랑케(L. v. Ranke) 등을 중심으로 형성되는 독일 역사주의는 이미 17세기부터 활용되던 문헌고증의 방법을 역사학에도 적용하여, 역사학을 단순한 문학적 서술의 차원에서 '과학'의 차원으로 끌어올리고자 하는 방법론적 이념이었다. 이 이념에 의하면 역사학 역시 방법적인 과정의 정확성을 심미적 기준보다 우위에 두어야 하며 확증된 사실을 바탕으로 과거를 "원래 그러했던" 그대로 재구성하는 학문이어야 한다는 것이다.[23] 따라서 이들은 역사적 상황을 역사발전의 총체적 기획이라는 틀에서 고찰하는 헤겔 유의 역사철학을 거부할 수밖에 없었다. 그러나 물론 역사주의는 역사주의대로 철학적 근거를 가지고 있었다. 훔볼트(Wilhelm von Humboldt)는 1822년에 쓴 《역사 저술가의 과제에 대하여》에서, 역사학은 과학이긴 하지만 자연과학과는 원칙적으로 다르며 죽은 자연과는 달리 역사의 자료는 살아 있는 것이라고 주장한다. 그에 의하면 인과적 설명으로는 역사학자의 과업은 끝나지 않으며, 역사학자는 더 나아가 역사적 대상에 내재하는 의도와 의지를 이해하려고 노력해야 한다. 그러므로 역사주의자들은 한편으로는 헤겔적인 범논리주의와 다른 한편으로는 실증주의에 반대하면서, 역사의 기초단위는 그 자체에 근거를 가진 개별체로서 우리는 이들에 고유한 범주를 통해서만 이들을 이해할 수 있다고 주장한다. 이 개별체들은 개인일 수도, 집단일 수도, 교회, 국가 같은 제도일 수도 있다. 이들은 각각 유일하고 일회적인, 자신만의 고유한 원칙에 의해 지배되며 그런 이상 어떤 공통된 일반적인 하나의 원칙으로 환원될 수 없다(Iggers, 1971: 13). 즉, 역사학에서는 일반화란 무의미한 것이며 우리는 자료에 대한 무의도적이고 직관적인 침잠을 통해서만 역사적 개별체를 이해할 수 있다.

상기한 의미에서의 역사주의적 방법은 1830년대부터 다른 학문분야에도 적용되기 시작하면서 독일의 제도권 정신과학 및 사회과학, 즉 역

23) 그러나 훔볼트 또는 랑케 같은 역사주의자들의 학문관 그 자체는 관념주의적 〈체계〉 이념에 묶여 있는바, 이것은 그들이 역사를 〈세계역사〉로 파악하고 보편사적 체계의 정립을 자신들의 학문적 목표로 삼는 데서 드러난다. 즉, 이들은 역사적 현실의 형이상학적 근거를 인정하고 있는 것이다. 가령 랑케에 의하면 역사연구의 목적은 사건 그 자체 또는 한 민족의 역사의 모든 개별적인 사실만의 규명이 아니라, 그 민족의 행위, 발전, 제도, 표현의 전체에서 우리의 관심을 필연적으로 끄는 하나의 '이념'의 발견이라는 것이다. 즉, 이들은 궁극적으로 역사란 의미 충만한, 신에 의해 의도된 과정이라고 본다(Kruse, 1990).

사학, 법학, 언어학, 문예학, 국민경제학, 철학, 예술사, 신학 등은 역사주의학파(아래에서는 '역사학파'로 약칭)에 의해 확고히 지배당하게 되었다. 이 당시 정신 및 문화과학은 모두 '역사적' 학문들로 간주되었다. 따라서 위상이 막강해진 역사학은 비단 독일 학문의 발전방향뿐 아니라 독일적 사고방식의 발전방향 일반에 지대한 영향을 미치게 되었다. 그 결과 제국 건립(1870년대) 당시 역사학은 최고의 영예를 누리며 말하자면 그 시대의 '주도학문'으로 군림하기에 이른다(Nipperday: 1989).[24)]

이렇게 역사학이 가장 성공적으로 구현하던 역사주의적 '방법'은 점차 여러 사상가의 기여를 통해 '이론적' 기초'도 확보하게 되는바, 이 사상가들 중의 하나가 딜타이(Dilthey)이다. 딜타이는 그의 《정신과학 입문》(1883)에서, 어떻게 17~18세기 영국 및 프랑스에서는 〈사회적 이념들의 체계〉가 발전해서 정착한 데 반해 독일에서는 역사주의적 이념이 형성되었는가를 서술하고 있다. 그는 영국 및 프랑스인들이 실증적

24) 그런데 이러한 주도학문적 위상은 역사학에게 단순히 학문적 기능을 넘어서서 자연스럽게 하나의 의미창출적 기능까지도 부과했다. 즉, 역사학은 과거를 재현함으로써 동시에 "의미"를 제시했고, 또한 공동생활의 목적을 해석하고 규정하는 역할까지도 수임했던 것이다. 왜냐하면 역사학은 "일반교양의 효소"였으며 따라서 역사는 민족적-개인적 자기정체성 정립의 기초를 제공한다고 간주되었기 때문이다. 즉, 과거에 대한 역사적 조망 없이는 유의미한 행위준거의 확보란 불가능하다는 인식이 확산되었던 것이다. 따라서 역사학은 학문이면서 동시에 삶의 힘이었고, 역사학자들은 이에 상응하는 자부심을 가지고 있었다. 그 결과 이 당시의 역사학자들이 보기에 정신적 지도자의 기능과 학문적 의무 간에는, 그리고 객관성과 가치기준 간에는 아무런 모순이 없었다. 오히려 객관성과 현실참여는 서로 맞물려 있었으며 가치기준이 과거에 대한 이해의 길을 열었고, 또 과거는 가치기준을 정당화하고 수정했다. 즉, "가치판단"의 논리 그 자체는 논란의 대상이 아예 되지 않았으며 단지 개별적인 판단들에 대해서 논쟁을 벌일 수 있을 뿐이었다(Nipperday, 1989). 나중에 서술하겠지만, 베버는 "객관성 논문"에서 역사주의의 이러한 경향을 엄정히 비판하고 있다.

사회학이라고 부른 것은 망령에 불과하며,[25] 그것은 새로운 형이상학이고 '연금술'의 재도래에 불과하다고 주장한다(Dilthey, 1883).[26]

이렇게 독일정신 특유의 산물로 간주되는 역사주의는 독일의 또 하나의 중요한 지적・문예학적 전통인 낭만주의와 동일한 뿌리를 가지고 있다. 그래서 서유럽 사회학에 대한 독일의 거부는[27] 역사주의뿐 아니라 낭만주의의 이름하에서도 정당화되며, 더 나아가 "진정한" 사회학의 기

25) 후속논문에서 체계적으로 다루기 때문에 이 책에서는 논외로 하는 신칸트주의의 과학론 역시 반 실증주의적 방향을 취한다. 가령 리케르트는 "Die Grenzen der naturwissenschaftlichen Begriffsbildung"(1902)에서 '문화과학'에서는 일회적인 것(유일성, 독특성)이 중요한 반면, 자연과학에서는 일반적 규칙성 및 법칙성이 중요하다고 주장한다. 그러나 리케르트(및 빈델반트)는 딜타이의 자연과 역사의 본질적 차이에 대한 명제를 거부한다: 이들에 의하면 이 차이는 어떤 존재론적 차이가 아니라 단지 논리적 차이일 뿐이다. 즉, 현실은 우리가 그것을 일반성의 관점에서 고찰하면 자연이고 특수성의 관점에서 고찰하면 역사이다(Rickert, 1902, 255). 베버도 이 입장을 원칙적으로 수용한다.

26) 물론 딜타이는 단순한 국수주의적 독일지상주의자와는 전혀 차원이 다른 대학자(大學者)이다. 왜냐하면 그는 독일문화의 함정도 예리하게 감지했기 때문이다. 딜타이는 서유럽의 사회이론의 파행적 길을 피하고 동시에 독일에 상존하는 경향, 즉 비합리적인 것 내지 감성적인 것(*Gemütlichkeit*)으로의 도피라는 위험을 피하고자 했으며 이것이 그의 정신과학론에 깔린 기본의도이다. 가령 그의 '내적 체험'이라는 개념의 핵심은 단순히 감정과 감성적인 것이 아니라 의식의 확인될 수 있는 '사실들'이다.

27) 그러나 어떻게 보면 독일에서의 사회학 비판은 흔히 도깨비 내지 허수아비를 상대로 하고 있었다. 왜냐하면 이 비판의 대상은 콩트 혹은 스펜서 유의 거대한 체계를 지향하는 실증주의적 혹은 기능주의적 사회학이었는데, 독일에서는 이런 사회학을 변호하는 자가, 위에서 서술한 짐시의 '막간'을 제외하면, 거의 없었기 때문이다. 베버가 가진 독특한 위상은 이러한 독일적 지평 아래서 서유럽 사회학에 대해 개방적 태도를 가졌다는 점이다. 즉, 그의 방법론에 내재하는 부분적인 실증주의적 견해들은 결코 그의 약점이 아니라 오히려 강점이다. 아래 참조.

원은 영국, 프랑스 등 서유럽에서가 아니라 오히려 독일의 낭만주의에서 찾아야 한다는 주장까지 제기되기도 했다. 이러한 주장의 가장 강력한 대변자가 저명한 역사학자 베로브(Georg von Below)였다. 그에 의하면 서유럽적 유형의 사회학은 지극히 비독일적인 학문, 즉 조잡한 영국적 자연주의자와 연약한 프랑스적 계몽주의자들이 만들어낸 서유럽의 학문이다. 그는 더 나아가 주장하기를, 진정한 의미에서의 사회학은 영국의 공리주의자나 프랑스의 실증주의자들에서 시작하는 것이 아니라 독일의 낭만주의에 그 뿌리가 있다는 것이다(Below, 1920). 베로브에 의하면 독일 낭만주의는 다른 나라들의 낭만주의와는 달리 계몽주의 및 합리주의에 대한 저항을 단순히 철학과 예술에 국한시킨 것이 아니라 여타 전문 학문분야에도 확대하여 수행하였다는 것이다. 이 과정에서 독일 낭만주의는 계몽주의의 파행적 발전을 수정했는바, 왜냐하면 그것은 시와 상상력을 다시금 회복했고, 개인의 민족정신에 대한 의존성 즉 공동체에의 의존성을 통찰하도록 했으며 또 바로 이런 통찰이 개인의 재발견을 가능하게 했다는 것이다. 그래서 사비니(Savigny)의 법학파, 야콥 그림(Grimm)의 언어학 혹은 경제학의 역사주의 등 어디서나 사회학적인 사고가 발견된다는 것이며 따라서 낭만주의와 사회학은 거의 동일한 것이라는 것이다. 즉, '사회학'이라는 이름을 가진 전문분야는 독일에서 발생한 것은 아니지만 사회학적 방법은 독일의 모든 전문분야에 이미 정착해 있다는 것이다. 그래서 독일의 사회학이 낙후되었다는 주장은 근거가 없는 것인바, 왜냐하면 독일만큼 공동체 관계를 면밀히 연구한 나라는 없기 때문이라는 것이 베로브의 주장이다.

앞장에서 우리는 〈학문〉과 〈생〉을 대비시키며 근대 실증학문 그 자체에 반기를 들었던 독일적 문화비판운동 및 반 사회학 경향을 살펴본 바 있다. 물론 이 운동과는 다른 차원에서이기는 하지만, 딜타이와 베로브에게서도 우리는 결과적으로는 유사한 시도, 즉 서유럽적 학문유형에 대해 독일적 학문유형을 대안으로 제시하려는 시도를 볼 수 있으며 이것은 동시에 반 (서유럽) 사회학주의로 연결된다.

3) 역사주의의 위기

그러나 이렇게 학문적 자부심과 민족적 자의식에 차서 서유럽의 자연주의적 신학문의 도전에 응전하던 독일의 역사주의도 세기말에 들어서면서 점차 한계에 봉착하게 되며 이것은 결국 이른바 〈역사주의의 위기〉로 귀결된다. 이 위기의 첫 번째 요인은 앞에서 이미 서술한 외부적 요인, 즉 실증과학 내지 자연주의의 도전이다. 비록 역사주의는, 위에서 보았듯이, 초기 실증주의적 사회과학이 제도권 학계(특히 대학)에 뿌리를 내릴 수 없도록 방해하는 데 상당한 성과를 거두었지만, 실증주의자들의 시도, 즉 성공적인 자연과학적 모델에 따라 사회에 대한 과학을 정립하겠다는 시도는 계속해서 역사학파의 '살 속에 가시'로 남아 있었다. 왜냐하면 역사학파는 실증주의와 이론국민경제학 그리고 맑시즘 등의 법칙과학적 조류들에 대해 점차 방법론적 '열등감'에 시달리면서 인식론적 · 방법론적으로 자신들의 과학모델을 재정립해야 한다는 압력을 느끼고 있었기 때문이다. 이에 대한 역사주의의 응전이 후에 다룰, 베버 방법론의 직접적 배경인 독일 '방법론 논쟁'(*Methodenstreit*)의 촉발제이자 발단이다.

상기한 위기의 두 번째 요인은 독일 내에서 그리고 역사학 내에서 형성되는 요인인바, 이것은 산업화의 급격한 진행과 연관된 사회경제적 조건들의 심대한 변화와 직결된다. 독일 역사학은 그때까지 주로 정치현상들에 대해 집중적으로 관심을 쏟았다. 그리고 이것은 그 당시까지로는 정당한 것이었다. 왜냐하면 독일 민족국가의 창출이라는 정치적 과제가 역사학에서도 가장 시급한 현안이었기 때문이다. 그러나 이제 독일의 급격하고 또 성공적인 산업화와 함께 〈사회적 문제〉가 전면에 대두함에 따라 〈정치적 문제〉는 점차 그 중요성을 상실하게 되었다. 이와 함께 지금까지 지배적이던 연구방향에 대한 불만이 고조되어갔고 이 불만이 결국에는 역사학의 학문적 성격에 대한 인식론적 그리고 방법론적 근본비판으로까지 확대된다. 특히 비판의 도마에 오른 것은 독일 역사학이 지향하던 이른바 '개별성'과 '국민국가의 형이상학', 즉 개별 국민국가의 유일무이한 발전과정 및 국가의 윤리적 힘, 그리고 이 힘을 실현하는 영웅적 개인들 등의 형이상학적 과대평가였다(Burger, 1994). 왜냐하면 역사주의 학파의 모든 저항에도 불구하고 학문세계 일반은 '형이상학'에서 멀어져가면서 점차 더욱더 "전문적" 즉 더욱더 "실증주의적"이 되어갔기 때문이다. 가령 보편적 역사에 대한 단 하나의 학문이었던 역사학도 이제는 부분영역으로 해체되어 간다. 그래서 1850~1860년대 사이에는 우선 "고대사"가 정립되고, 연이어 "중세사"가 탄생하는바, 중세사는 '엄밀한 고증방법'의 온상지가 된다. 이러한 분화과정은 20세기에 들어서면서 많은 역사적 보조학문들의 정착을 통해 더욱더 조장된다. 물론 정치사는 여전히 제도적으로는 주도적 위상을 유지하기는 한다. 그러나 어디서나 노동 분업은 증대되고 '보편적인 것'이라는 개념은 하나의 상투어로 퇴색한다. 과학성에 대한 점점 더 엄격한 요구는 각종 역사적 문헌들의 고증에 집중하도록 만든다. 그래서 문헌들의 수집과 체계화가 거대한 규모로 수행되며, 문헌비판 내지 전거(典據) 비판이 일종의 목적 그 자체가 되어버린다. 이런 작업 뒤에는 "과학"에 대한 신뢰가 있는바, 즉 이렇게 상세한 자료들을 모아놓으면 학자들이 이로부터 어떤 진리와 체계를 발견해낼 수 있으리라는 믿음이 그 뒤에 숨어 있었던 것이다. 그래서 문헌비판만이 학문이고 "서술"은 단지 "문학"에 불과하다는 견해까지 나온다(Nipperday, 1992). 다시 말하여, 실증주의에 대항한 역사주의의 자기방어 시도는 역설적으로 역사학 자체를 점차 '실증주의화'하고 있었던 것이다.

미시적인 전문화와 '사실' 및 세부적인 것에 대한 이러한 집중은 더 큰 연관맥락들, 사물들의 "정신"에 대한 성찰을 기피하게 하였다. 즉, 분석된 대상들의 의미 내지 의의는 점차 불분명해지고 일견 지극히 '하찮아 보이는' 대상들이 중요성을 얻게 되었다. 그런데 위에서 언급했듯이, 독일의 경우 역사학은 그 형성 초기에 '주도학문'이면서 동시에 바로 그렇기 때문에 의미창출적 기능을 함께 부여받았고 또 자임했었다. 그러나 이 후자의 역할은 방금 서술한 과정을 통해 점차 약화되어갔는바, 즉 역사학이 더 "과학적"이 되면 될수록 역사학의 의미창출적 역할은 더욱더 축소되어갈 수밖에 없었다(Nipperday, 1992). 이것은 '역사주의의 위기'가 가진 말하자면 '규범적'-실천적 측면이었다.

이로써 우리는 베버 방법론의 사상사적 배경을 이루는 독일의 지적 전통에 대한 개괄을 일단락 짓고, 이제 이 글의 결론으로 베버와 독일의 지적 전통과의 관계를 논하고자 한다.

4. 〈이단자〉 막스 베버: 계승과 단절

지금까지 서술한 19세기 독일의 지적 상황의 특이성들은 베버에게 주어진 전통의 짐이었다. 베버는 이 짐들을 지고 일단 자신의 지적 생애를 시작한다. 베버는 역사주의적 분위기하에서 성장하고, 니체의 생철학에 깊이 매료되며, 독일 낭만주의적 심미주의의 최고봉인 "게오르게 서클"과 교류하며 신칸트주의에 경도한다. 이렇게 볼 때 베버는 분명히 독일적 전통의 일정 부분을 '계승'하고 있다. 그러나 베버는 지적 성숙과 함께 이 모든 생철학적, 역사주의적 그리고 신칸트주의적 전통들에서 하나둘 벗어나며 동시에 맑스에 비판적으로 접목하면서 "이단"의 길을 간다. 즉, 베버의 길과 독일의 전통 사이에는 명백한 '단절'이 이루어진다. 이 단절의 길이 각각의 영역에서 어떻게 구체적으로 진행되는가?라는 문제는 후속논문에서 다룰 것이므로, 이 장에서는 단지 위에서 개괄한 독일의 지적 분위기 중 특히 반학문적 비합리주의적 경향에 대한 베버의 기본입장을 압축적으로 정리하는 것에 그치기로 한다.

우선 지적할 것은, 이미 언급했듯이 베버의 지적 성장배경은 역사주의였고 따라서 초기 베버에게는 스펜서 유의 진보낙관론도, 콩트 유의 거대한 체계구성도 생소한 것이었으며 이런 형태를 띤 "서유럽적 사회학"에 대해 베버는 강한 비판적 입장을 취했다.[28] 그래서 베버가 "우리

28) 좀 역설적이지만, 독일에서는 반 사회학주의자들(가령 초기 베버)이 사회학의 발전을 (결과적으로는) 촉진했고, 또한 사회학자들 스스로가 자신의 분야에 대한 가장 날카로운 비판가들이었다. 즉, 독일 사회학은 사실 '제도권' 사회학자가 아닌 학자들에 의해 형성되었다. 베버, 짐멜, 퇴니에스가 그 예이다. 그에 반해 협의의 제도권 사회학자, 즉 사회학 교수직을 가졌던 자들 중에서는 지

분야”라고 말했을 때 그가 의미하는 분야는, 적어도 “객관성 논문” 집필 시기(1904)까지는, ‘사회학’이 아니라 대개 국민경제학이었고, 그는 상당 기간 사회학 교수직 신설을 호의적으로 보지 않았다. 베버는 하나의 독립된 학문영역으로서의 사회학은 그 정체가 매우 불분명하며, 사회학은 어디서나 다른 분야들에 의지하고 있고, 이 다른 분야들에서 획득한 연구경험과 다른 분야들로부터의 전문적 비판을 필요로 하는 학문이라는 사실을 강조했다. 심지어 베버는 한 강연에서 “‘사회학’이라는 이름하에 통용되는 것의 대부분은 사기다”라고까지 말한 바 있다(Jaspers, 1946: 53). 그러나 베버의 이러한 사회학 비판은 어디까지나 자연주의적 사회학관을 그 대상으로 하는 것이지 위에서 본 바와 같은 독일의 학문-적대적 분위기와는 전혀 무관한 것이었다.

오히려 베버는 ‘생’(生)의 이름으로 행해지는 과학비판을 칠저히 거부했다. 물론 베버 역시 이성의 한계를 그 이느 누구보다도 명백히 인식했고 생은 비합리적 역동성에 의해 지배되고 있음을 알고 있었다. 베버 자신 “학문의 사고체계는 인위적인 추상으로 가득 찬 현세적 영역으로서, 이 추상들은 그 깡마른 손으로 진정한 삶의 피와 액을 빨아들이려 하지만 결코 성공하지 못한다”고 고백하고 있다(Baumgarten, 1964). 그래서 그는 학문이 그 과정과 검증방법에서는 합리성을 고수할 수밖에 없지만, 과연 무엇이 알 가치가 있는지에 관해서는 학문이 결정할 수 있는 것이 아니라 ‘생’이 결정할 수 있을 뿐이라는 입장이었다. 그에게는 학문이란 당연한 행위, 자연스러운 행위가 아니라 비합리적인 현실과정의 조그만 단면 속으로 어렵게 이성이 침투한 결과로 얻어진 ‘문화적 산물’이었다. 따라서 합리성과 객관성이란 이런 의미에서 일종의 투쟁개념들인바, 이 개념들은 인간이 삶의 비합리적 현실과 벌이는 투쟁을 표현하

금 어느 누구도 기억되지 못하고 있다.

고 있으며, 인간이 최소한 생의 한 부분에나마 의미를 부여하려고 애쓰는 숭고한 시도를 포착하는 것이다. 그리고 학문은 바로 자신의 한계를 의식하고 있기 때문에 타협 없이 자신의 내적인 합리성을 고수해야만 한다는 것이 베버의 입장이다. 이런 입장이 그의 유명한 이른바 '가치중립성' 명제에 깔려 있다. 즉, 베버에 의하면 우리는 모든 종류의 인식과정이 가치연관의 그물망에 잡혀 있음을 알기 때문에 그리고 바로 이런 이유에서 우리는 학문적 연구과정에서 가치판단을 배제하고자 시도해야 하는 것이다. 이렇게 볼 때, 베버의 사회과학관은 영국의 진화론적 낙관주의도, 프랑스적 사회학주의도, 독일적 비관주의와 비합리주의도 아니면서, 그럼에도 불구하고 또는 바로 그렇기 때문에 이 모든 조류들을 수렴하는 제3의 종합적 사회과학 모델이라고 이해할 수 있다.

그래서 베버는 독일의 생철학자 또는 문명비관주의자들이 자연현상의 객관성과 인과적 기계성에 대비되는 인간의 주관성과 현실의 비합리성을 근거로 하여 문화과학은 성립이 불가능하다고 주장하는 데 대해 이를 반박하며 "그래도 사회과학은 가능하다"라고 주장한다. 베버의 반박논리를 요약하자면: 자연현상은 인간행위보다 더 예측가능성이 높고 더 복합적인 것이 아니며, 오히려 인간행위야말로 자연과정보다 더 예측 내지 계산 가능한 하나의 속성을 지니고 있다. 왜냐하면 인간행위는 추체험이 가능한 동기에 의해 성립되기 때문이다: "개별적인 행위는, 그것이 가진 유의미한 해석가능성으로 인해, — 이 해석가능성이 존재하는 한도 내에서 — 개별적 자연현상보다 원칙적으로 덜 〈비합리적〉이다"(WL: 67).

그래서 베버는 이러한 주관성과 비합리성을 학문에서 배제한다거나 혹은 이것이 학문을 불가능하게 한다는 것과 같은 입장을 모두 거부하며 어떻게 주관성과 비합리성이 통제되고 명료화되어 바로 학문적 과정에 편입될 수 있는가 하는 것을, 아니 더 나아가 어떻게 바로 이러한 주관성이 문화과학의 필수적 전제조건인가를 밝히는 것을 그의 방법론의 주된 과제로 삼았다. 이것이 그가 시도한 종합의 과정이다. 이 맥락에서 그는, 사회과학은 행위의 합리성을 조장하고 고무함으로써 인간의 자유의 확보와 확대에 기여할 가능성을 가지고 있음을 지적하고 있다(Levine, 1981).

학문은 합리화 과정의 일부분이고 이 과정을 주도하지만, 학문과 신앙 사이에는 '머리카락 하나만큼'의 차이밖에 없다(WL: 206).[29] 그래서 '직업으로서의 학문'은 기계적으로 수행될 수는 없으며 여기에는 예술 또는 신앙에서와 같이 정열과 도취, 영감과 영혼이 필요하다. 그러나 베버가 보기에 이 머리카락 하나만큼의 차이는 인간정신이 엄청난 투쟁과 시련 끝에 근대에 들어와서 비로소 간신히 획득한 더할 수 없이 값진 차이이다. 그리고 이 차이에 의해 확보된 학문적 합리성 또는 합리성 일반의 영역은, 역사와 인간의 삶을 지배하는 나른 비합리적인 힘들의 영역과 비교할 때, 상대적으로 매우 작으며 또 이 비합리적 힘들로부터 끊임없이 위협받고 있다. 그래서 베버는 가령 독일의 생철학자 또는 문화비관주의자들이 마치 근대의 과도한 합리주의가 인간본능의 자연스러운 잠재력을 잠식하고 파괴한 듯이 논리를 펴며, 감성과 직관의 이름으로 이성을 공격하고 이성의 억압성을 운위하는 것은 지식인들의 소박한 낭만적 사치라고 간주했다.

오히려 베버는 인간역사 전체에서 그리고 근대에 들어와서도 합리주의라는 둑은 항상 너무나 얇고 불안정했으며, 이 둑은 역사적으로 한 번도 파괴적 충동이라는 비합리성의 파고를 막아내지 못했다고 보았다

29) 현대 사회과학방법론을 정초(定礎)한 고전인 그의 "객관성 논문" 말미에 베버는 나음과 같이 선언하고 있다: "이 글이 가진 목적은 단 하나, 즉 과학과 신앙을 가르는 머리카락 하나만큼 가느다란 경계선을 분명히 드러내 보이는 것이다"(WL: 206).

바로 그렇기 때문에 다른 어느 분야보다도 학문이야말로 상기한 머리카락 하나만큼의 차이를 수호해야 할 문명사적 소명을 지니고 있는 것이다. 따라서 이 소명은 다른 어느 누구에게서보다 바로 학자들에게서 이 차이를 지키는 데 필요한 엄격한 지적(知的) 금욕주의(禁慾主義)를 요구하는 것이다. 필자는, 베버의 〈가치중립〉 명제는 이러한 지적 금욕주의의 다른 표현일 뿐이라고 이해한다.

아래에서는 지금까지의 논의를 요약한 후 이를 기초로 하여 베버 방법론 전반에 깔린 몇 가지 거시사회학적 관점, 특히 '근대사회'의 특수성과 연관된 관점들 및 그의 '실천적' 지향을 짚어보고자 한다.

앞서 보았듯이, 베버의 과학론적 문제의식은 19세기 말~20세기 초에 특히 독일에서 활발히 진행된 두 가지 방법론적 · 인식론적 조류 간의 논쟁(이른바 *Methodenstreit*)에서 연유한다. 필자는 앞서 상기한 〈방법론 논쟁〉의 이론적 대립구도를 그 당시 용어를 사용해 '자연주의'(*Naturalisms*)와 '역사주의'(*Historismus* 또는 *Historische Schule*) 양대 진영으로 묶은 바 있다. 이 두 진영의 대립항목을 여기서 다시 한 번 압축적으로 서술하자면 아래와 같다.

자연주의의 기본입장은, 사회문화적 현상에 대한 분석이 '과학세계'의 시민권을 얻으려면 자연과학(가령 물리학과 생물학)의 방법론을 택해야 한다는 것이다. 이에 따르면, 경험적 검증이 가능한 객관적 사회적 '사실들'(또는 사회현상의 '사실적' 측면)만이 사회과학의 대상이며, 사회과학의 목적은, 자연과학의 경우와 마찬가지로, 이러한 객관적 사실들 간의 일반적, 더 나아가 '법칙적' 인과관계를 '설명'(*Erklären*)해내는 것이다. 한마디로, 자연주의에 의하면 계량적 입증이 가능한 '인과적합성'의 설명이 사회과학방법론의 요체이다. 실증주의, 경험주의, 법칙정립학,[30] 구조주의 또는 기능주의 등 다양한 이름으로 불렸던 자연주의적

이론과 방법론 모델은, 19세기 초 사회학이 신생학문으로 탄생하였던 시기에 주로 프랑스(콩트, 뒤르켐 등의 실증주의)와 영국(스펜서의 사회적 다윈주의) 등에서 진작부터 단단한 기반을 구축하였다. 이 모델의 급진적 유형에 따르면 궁극적으로 사회과학과 자연과학은 하나의 통일된 과학체계, 이른바 '일원론적 통합과학체계'로 포섭된다. 그리고 이러한 통합과학적 분석방법을 통해 검증될 수 없는 모든 주관적·가치연관적 주장은 과학적 분석의 대상에서 배제된다. 즉, 지식체계는 객관성과 가치중립성에 기초한 '과학적 지식'의 세계와 비과학적·가치판단적 신념("형이상학적 독단")과 신앙의 세계로 구분되며 이 두 세계 사이에는 명백하고 뛰어넘을 수 없는 인식론적 그리고 원칙적 장벽이 존재한다.

이러한 자연주의적 사회과학 모델에 대한 비판과 저항은 진작부터 있었지만, 그 정점은 독일에서 일어난다. 우선 관념론적 전통이 특별히 견고했던 독일 철학에서 반자연주의 운동이 전개되는바, 이 운동은, 이미 지적했듯이, 빌헬름 딜타이(Wilhelm Dilthey)의 그 유명한 '정신과학론'으로 귀결된다. 사회과학에서는 경제학 내의 '역사학파 내지 역사주의'에 의해 이 운동이 점화되었다. 구스타프 슈몰러(Gustav Schmoller)를 중심으로 한 일단의 경제학자들은, 경제현상의 '자연적' 보편적 법칙을 강조하는 칼 멩거(Carl Menger) 중심의 이른바 '이론학파'에 대항하여 개별 경제권의 특수한 역사적 배경과 발전경로의 중요성을 강조하였다. 역사주의의 기본입장은, 사회문화적·정신적 현상에 대한 학문은 방법론상으로나 인식론상으로 결코 자연과학적 방법론에 환원되어버릴 수 없는 독자성을 지니고 있다는 것이다. 역사주의에 따

30) 자연주의는 신칸트주의 철학자 빌헬름 빈델반트(Wilhelm Windelband: 1848~1915)가 제시한 두 가지 과학유형 즉 '법칙정립학'(*nomothetisch*)과 '개성기술학'(*ideographisch*) 중 전자에 상응한다.

르면 사회문화적 현상의 본질은 그 일반성, 법칙성에 있는 것이 아니라 오히려 그것의 개별적·역사적 특수성에 놓여 있으며, 따라서 사회문화적 현상 분석의 궁극적 목적은 이 현상 고유의 '의미'를 포착해내는 것이다. 그리고 이 의미는 앞서 열거한 자연주의적 방법 즉 현상적 '사실들 간'의 개량적 인과관계의 '설명'을 통해서가 아니라 질적 주관적 '의미'의 '이해'를 통해서만 인식될 수 있는 것이다. 따라서 역사주의자들의 인식 목표는 현상 들 간의 인과적합성이 아니라 '의미적합성'의 확인이고, 이들의 방법론은 (실증주의가 아니라) 해석학, (법칙정립학이 아니라) '개성기술학' 또는 '현상학'에 기반한다.

다시 말해, 베버가 대면했던 방법론적 대립진영들은, 자연과학의 승승장구에 압도되어 경험과학적 합리성을 절대화하며 현상의 보편적 법칙성만을 과학의 대상으로 보는 '자연주의'와, 이러한 자연주의에 반발하면서 모든 현상의 역사성 및 역사적 특수성과 유일성에 주목할 것을 주장하는 '역사주의'이다.[31] 두 조류는 '행위'와 '구조', '해석적 이해'와 '인과적 설명', '존재'와 '당위', '사실판단'과 '가치판단', 관념론과 유물론 등과 같은 방법론적·인식론적 대립항들을 놓고 논쟁을 벌였다. 이 방법론 논쟁에서 베버는 상기 두 조류가 공히 자연현상과 문화현상의 일면만을 특정한 세계관에 근거하여 과도하게 강조하고 있음을 간파하고 이 조류들에 대해, 이미 지적했듯이, '양면 전쟁'을 벌인다. 이 과정에서 베버는 한편으로는 위에서 언급한 대립항들의 양쪽 항목(가령 '사

---

31) 베버는 "객관성 논문"에서 이 두 조류를 약간 희화화(戱畵化)하여 아래와 같이 묘사하고 있다: "우리 분야에도 … 〈자료수집광〉과 〈의미수집광〉이 있다. 〈자료수집광〉의 사실에 굶주린 목구멍은 서류자료, 통계백서, 그리고 앙케트를 통해서만 채워질 수 있는 반면, 새로운 관점의 섬세함에 대해서는 무감각하다. 〈의미수집광〉은 그의 미식성향으로 인해 사실들에 대한 맛은 잃어버리고 끊임없이 새로운 이념 증류물들을 생산해낸다"(WL: 206).

실판단'과 '가치판단')이 가진 원칙적인 이질성을 인정한다. 그러나 다른 한편으로 그는 이들 대립항의 양쪽을 모두 '과학'의 방법론적 합리주의의 영역 안으로 편입시킬 수 있는 그러한 종합적 사회과학 모델을 모색한다. 즉, 베버는 상기한 〈방법론 논쟁〉에서 거론되었던 거의 모든 핵심의제들을 비판적으로 섭렵하면서 자신의 방법론적 틀을 구축했다고 볼 수 있다. 베버의 방법론적 성찰의 출발점은 이른바 "객관성 논문"(1904)이고, 중간결산은 "가치중립 논문"(1913~1917)이며, 최종결산은 "사회학 기초개념"(1920)에 담겨 있다.[32] 상기한 문제제기의 복합성에 걸맞게 이 논문들에서 베버가 펼치는 논증은 비단 경제학, 사회학, 법학 등의 사회과학 분야뿐 아니라 인식론, 논리학, 윤리학 등의 철학 분야 그리고 인류학, 역사학 등의 인문 분야에 까지 걸쳐 있는 지극히 다차원적이고 복합적 구조를 보여준다.[33]

그러나 베버의 방법론적 구상은, 더 포괄적으로 볼 때, 근대성의 기본성격에 대한 그의 사회학적 통찰들에 근거하고 있다. 그중 방법론상으로 가장 주목해야 할 것은 베버가 칸트에 접목하여 제시한 '가치영역의 분화'(*Herausdifferenzierung der Wertsphähren*) 명제이다. 이 명제에 의하면 근대 이전의 세계상에서는 인간의 행위와 의식의 3가지 핵심영역, 즉 '진'(眞, 인지적 사실탐구)의 영역, '선'(善, 도덕적 판단)의 영역

32) 물론 여기서 '최종결산'이라는 말은 적절하지 않을 수 있다. 베버는 1920년 6월 향년 56세에 급사하는바, 따라서 그는 자신의 학문적 성과들을 의식적으로 '결산'할 기회를 전혀 갖지 못했기 때문이다. 그 결과 그의 방법론 논문들이 수록된 《과학론 논문집》(*Gesammelte Aufsätze zur Wissenschaftslehre*), 그의 주서로 간주되는 《경제와 사회》(*Wirtschaft und Gesellschaft*) 등 우리에게 친숙한 베버 저작의 상당 부분은 그의 사후 미망인인 마리안네 베버가 그의 유작을 정리하여 출산한 책들이다.

33) 그러나, 이미 여러 차례 언급했듯이, 베버 방법론 자체의 이러한 다차원 내적 구조는 이 글의 대상이 아니다.

및 '미'(美, 예술적 창조와 감흥)의 영역은 '신성'(神性)의 절대적 권위에 예속-통합되어 있었다. 그런데 서구의 경우 이러한 종교적 세계상은 근대의 '탈주술화' 과정(*Entzauberung*)을 통해 와해되었으며, 이와 함께 이제 진, 선, 미의 가치영역들은 각각 자신의 내재적 고유논리를 전개할 수 있는 독자적 영역으로 분화되어 나왔다. 이 과정은 한편으로는 인간정신의 돌이킬 수 없는 '분열'을 야기하면서, 다른 한편으로는 동시에 개개 가치영역의 '해방'과 '자율화'의 길을 연다. 근대성의 기본성격에 대한 이러한 진단이 베버가 앞에서 언급한 방법론상의 대립항들의 원칙적 분리, 특히 '사실판단'('진'의 영역)과 '가치판단'('선' 및 '미'의 영역)의 원칙적 분리를 주장하는 중요한 근거 중의 하나이다.

그러나 베버의 사실-가치-이원론은 단순히 방법론적 함의뿐 아니라 실천적 가치이념도 담고 있는데, 그것은, 위에서 이미 암시했듯이, 자율과 해방의 이념이다. 베버는 근대 이전 사회의 지배와 억압의 말하자면 '방법론적' 기반은 바로 '가치'(특히 종교적 가치)의 '사실'에 대한 절대적 우위에 있었다고 본다. 따라서 근대적 해방의 방법론적 시초는 바로 가치의 절대적 권위에 대해 우리가 '사실'의 권위로 저항할 수 있게 된 데 있으며, 이를 위한 전제조건이 곧 '사실'과 '가치'의 원칙적 분리였다. 그러나 다른 한편으로, 근대화가 진척되어감에 따라 이 해방의 과정은 그 자체에서 또 하나의 예속관계를 창출하는데, 그것은 곧 '가치'의 '사실'에 대한 예속이다. 즉, 사람들은 이제 '가치'의 정당성의 근거를 '사실'의 절대적 권위, 즉 '과학'에서 찾기 시작한 것이다. 그 결과 '과학'의 이름을 빌려 특정한 가치체계 또는 이념체계를 정당화하려는 수많은 사이비 학문이 난무하게 되었다. 베버는 이런 경향을 가치영역들의 탈분화와 재통합의 시도로 보았고, 그런 이상 인간정신의 '재주술화'의 위험을 안고 있는 경향으로 간주했다. 따라서 이 경향은 우리가 세계상의 탈주술화를 통해 획득한 근대 특유의 자율과 해방을 다시 상실하는 결과를 낳을 수 있는 것이었다.[34] 베버는 이러한 탈분화 시도에 대해 비단 방법론의 차원에서뿐 아니라 정치적 차원에서도 강력히 저항하면서 두 가지 의미에서의 자율, 즉 가치영역들의 구조적 자율과 개인의 실존적 자율을 옹호하고자 했다.[35] 즉, 베버는 과학의 탈을 쓴 이데올로기와 동시에 과학의 이데올로기화에 저항한 것이다. 그런 만큼 베버의 방법론적 프로그램은 학술적 성격 못지않게 지적 투쟁 프로그램의 성격을 지니고 있으며, 따라서 독자들은 베버의 방법론적 저술들에서도 많은 경우 논리적 '치밀성'보다는 오히려 실천적 '치열성'을 더 강하게 느끼게 될 것이다.

베버에 의하면 탈주술화와 가치다원주의('가치다신교')를 그 핵으로 하는 근대문화의 탄생과 함께 '과학'은 이제 경험적 진리의 발견을 넘어서는 어떠한 의미창출의 능력도 영구히 상실했으며 따라서 과학의 이름하에 특정한 신념체계나 가치관을 보편타당한 것으로 증명하려는 모든 시도는 스스로의 한계를 자각하지 못하는 과학자들의 오만(특히 교수들의 이러한 오만에 대해 베버는 '사기'라는 표현도 서슴지 않고 쓴다)이다. 다시 말하여, 베버는 근대 경험과학이 그 모든 현란한 성공에도 불구하고(그리고 근본적으로는 바로 이 성공 때문에) 의미와 가치의 세계의 탐구에 관한 한 결정적 한계를 가졌다는 것을 밝히고자 했다.[36] 그런데 가치의

34) 왜냐하면 '과학적 진리'의 권위를 업고 등장하는 '가치체계'는 대안적 가치의 존재를 부인할 수밖에 없기 때문이다. 이것은 근대 이전에 부분적으로는 '신학적 진리'의 권위를 업고 등장한 '사실체계'(가령 천동설이 그 좋은 예일 것이다)가 대안적 사실체계(가령 지동설)의 가능성을 부인한 것과 같다.

35) 그러나 베버가 '자유'와 '자율' 개념의 명시적 사용에는 매우 소심스럽다는 점은 지적해둘 필요가 있다. 이런 자제(自制)는 이 개념이 그 당시 이미 이데올로기적으로 엄청나게 '오염'되어 있었다는 사실과 무관하지 않을 것이다. 즉, 극우에서 극좌에 이르기까지 자유 개념은 흔히 오히려 지배와 억압의 정당화를 위해 악용되었던 것이다.

창출과 정당화에서 과학 내지 사회과학이 가진 한계를 베버가 이렇게 열정적으로 강조[37] 하는 가장 중요한 목적 중의 하나는, 사람들이 사회과학 또는 과학 일반에 거는 엄청난 기대에 대해 경고하고자 하는 것이다. 그리고 이 기대는 위에서 이미 언급한 근대 특유의 상황과 연계되어 있다. 즉, 우리 근대인은 '신으로부터 소원해진 시대, 예언자가 없는 시대'에 살게 되었지만, 사람들은 바로 이 사라진 예언자의 역할, 즉 새로

---

36) 그러나 이 말이 가치문제에 대한 과학적 접근, 즉 가치문제의 과학적 논의가 불가능하다는 것을 뜻하는 것은 결코 아니다. 오히려 정반대로, 베버는 과학적 '가치논의'(*Wertdiskussion*) 또는 '가치해석'(*Wertinterpretation*)의 가능성과 필수성을 어느 누구보다도 강력히 주장하고 있으며 동시에 이것이 사회과학의 가장 중요한 임무 중의 하나임을 강조한다('가치중립' 논문 참조). 그러나 가치에 관한 과학적 논의가 가능하다는 이 명제와 과학에서 가치를 도출할 수 있다는 명제는 논리적·인식론적으로 전혀 별개의 명제이다. 베버가 부인하는 것은 후자이지 전자가 아니며 베버는 이 둘의 혼동에 대해 되풀이해 경고하고 있다. 더 나아가, 과학에서 가치가 도출될 수 없다는 주장이 우리가 실제로 수행하는 과학 또는 과학적 행위가 가치로부터 '자유롭다'는 것을 뜻하는 것은 결코 아니다. 베버의 이른바 '가치중립' 명제는 흔히 후자의 뜻으로 곡해된다. 그러나 이 명제는 과학 및 과학적 탐구행위가 가치로부터 유리된 '순수' 영역이고 순수행위라고 주장하는 것이 아니다. 오히려 정반대로, 베버는 특히 사회-문화과학은 연구의 출발에서 종착점까지 가치판단적 요소로 충만해 있는 학문, 다시 말하여 항상 가치문제가 개입되어 있는 학문으로 간주한다. 그런데 바로 그렇게 때문에 가치문제를 과학적으로 논의할 필요성은 더욱더 필수적이 된다는 것이 베버의 입장이다.

37) 이런 강조는 오히려 역설적으로 바로 베버 자신 이 한계를 넘어서려는 유혹에 그만큼 강하게 노정되어 있었음을 암시할 수 있으며, 실제로 이런 추측을 뒷받침할 만한 증거는 적지 않다. 사실 베버는 비상한 학자적 자질과 카리스마적 정치지도자의 자질을 함께 타고난 매우 드문 사상가 중의 하나이며, 따라서 베버 자신 내면적으로 이 두 가지 성향의 끊임없는 갈등을 경험하고 있었을 것이다. 베버는 자신의 신념을 위해서는 어떠한 투쟁도 회피하지 않는 강한 인격의 소유자였으며 매우 다양한 정치참여활동을 했다.

운 가치창출을 통해 우리를 '해방'시키는 예언자의 역할을 사회-문화과학에서 기대하게 된 것이다. 물론, 과학은 탈주술화 과정의 주역 중의 하나이고 따라서 인간해방의 결정적 추진세력이다. 그러나 베버가 볼 때, 과학이 진정한 해방 기능을 수행할 수 있는 전제조건은, 바로 과학 본연의 논리와 합리성이 침해받지 않는다는 보장이다. 다시 말하여, 우리가 과학이 해방에 기여하기를 바라면 바랄수록 우리는 과학을 과학외적 요소들의 개입으로부터 보호해야 하는 것이다.

그래서 베버는 바로 '해방'의 명분하에 과학의 논리를 훼손하면서 위에서 언급한 '구원의 기대'에 영합하려는 모든 시도를 비판하면서,[38] 우리 사회과학도들에게 엄격한 지적 금욕주의와 비판적 자기성찰을 요구한다.[39] 베버의 이러한 요구의 이면에는, 〈근대〉라는 기획은 아직 미완일 뿐 아니라, 이 기획이 가진 해방의 잠재력은 언제든 우리를 다시 '쇠창살' 감옥으로 몰아넣는 예속의 힘으로 전환될 수도 있다는 통찰에 근거한 그의 절박한 심정이 깔려 있다. 즉, 그는 근대성의 역설과 모순을 예리하게 감지했으며, 바로 그렇기 때문에 그는 우리가 근대의 탈주술화를 통해 간신히 얻게 된 그 '조그만' 합리성, 주위의 거대한 비합리성의 파도에 의해 끊임없이 위협받는 이 '합리성'이라는 일엽편주(一葉片舟)를 어떻게든 수호하고자 했던 것이다. 이제, 과학적 합리성이라는 이 '일엽편주'의 성격과 위상에 대한 베버의 입장을 그의 상기한 근대 진단과의 연관하에, 그리고 몇 가지 일반적 방법론적 관점하에 다시 한

38) 베버는 이렇게 과학의 한계를 무시하는 학자들을 〈강단 예언가〉 또는 〈자신이 헌신해야 할 과업의 흥행주로서 무대에 함께 나타나는 사람〉(《직업으로서의 학문》, 2006: 25)이라고 비판하고 있다.

39) 그러나 이 요구가 사회과학자 또는 지식인 일반의 현실참여 자제를 뜻하는 것이 결코 아니라는 점은 논리적으로 자명할 뿐 아니라, 누구보다도 열정적으로 '참여지식인'의 삶을 산 베버 자신의 생애가 증명해준다.

번 명료히 하고자 한다(논증이 일정 정도 반복되는 것에 대해서는 미리 양해를 구해둔다).

베버는 탈주술화와 가치다원주의('가치다신교')를 그 핵으로 하는 근대문화의 특성에서 자신의 학문의 존재근거를 구한다: 만약 모든 객관적 의미창출의 자원이 이제 소멸되었다면, 그래서 '가치의 절대적 다신교' 상황에서 '옛 신들이 자신들의 영원한 투쟁'을 이제 다시 전개해야만 한다면, 또 그럼에도 불구하고 이 갈등이 적나라한 '약육강식'으로 나락하지 않도록 하자면, 이 투쟁은 어디를 무대로 또 무엇을 기준으로 수행되어야 할 것인가? 베버는 이 무대와 기준을 일차적으로 근대 학문이 예시하는 방법론적·절차적 합리성에서 찾는다. 다시 말하여 학문의 내용적·규범적 보편성이 아니라 — 이것은 가치다신교의 조건하에서는 불가능하다 — 학문이 요구하는 담론적 규칙의 보편성이 그것이다. 베버에게는 학문은 상호 경쟁하는 세계관, 궁극적 화합이 힘든 다양한 윤리들이 서로 만나는 장이지만, 동시에 그것은 논리적·방법론적인 규칙의 준수라는 조건하에 서로의 공통점과 불일치점에 대해 이성적으로 명료해질 수 있는 유일한 담론 무대인 것이다. 이런 입장에는, 인간의 인식은 근본적으로 "담론적, 개념적인 성격"(WL: 195)을 가지고 있으며 이 담론능력의 포괄적인 구현이 곧 근대학문이라는 명제가 깔려 있다. 그러나 근대의 가치다신교적 존재조건에 대한 베버의 입장이 보여주듯, 절차적·과정적 합리성에 대한 베버의 이러한 신념은 소박한 '과학지상주의'와는 전혀 무관한 것임은 두말할 나위도 없다. 베버에 의하면, 한 학문적 연구가 도대체 "알 가치가 있다는 의미에서 중요한"지 여부를 결정하기 위한 기준 내지 근거는 학문 내적으로는 도출될 수 없고, "삶에 대한 자신의 궁극적인 입장"에 의해서만 결정될 수 있다(WL: 171). 이러한 '가치연관'에 대한 명료성이 주어져야만 비로소 학문의 합리화적 역할이 가능해지는 것이다.

더 나아가 베버는 근대과학도 그 근원에서는 결국 하나의 특정한 가치에 바탕하고 있음을 강조한다. 이런 관점에서 베버는 많은 전문학자들 간에 확산되어 있던 다음과 같은 견해를 강력히 비판한다: 즉 '과학'과 '세계관'(내지 이데올로기)은 서로 엄격히 대립되는 두 가지 현상이라는 견해가 그것이다. 고전경제학을 예로 그는, 과학 자체가 하나의 특정한 '세계관'임을 보여주고 있다. 왜냐하면, 과학은 "현실의 이론적 그리고 실천적 합리화 가능성에 대한 낙관적 믿음"(WL: 185)이라는 형태의 세계관에 근거하기 때문이다. 다시 말하여, 사회적, 종교적 혹은 정치적으로 강요된 사고 관습에서 스스로를 해방시킨 과학 그 자체도 종국에 가서는 하나의 궁극적인 '가치구속성'에 기초할 수밖에 없다. 과학을 구속하는 가장 보편적인 차원의 가치는 '진리의 가치'이며, 이 가치의 서구 근대과학 특유의 표현양식은 '경험적 진리의 가치'라는 것이다: "모든 경험지식의 객관적인 타당성은, 경험지식만이 우리에게 제공할 수 있는 그런 종류의 진리가 '가치 있다'라고 전제할 때 비로소 성립되는 것이다. 이런 (경험적) 진리가 충분한 가치가 있다고 여기지 않는 자에게는 — 그리고 (경험) 과학적 진리의 가치에 대한 믿음은 특정한 문화의 산물이지 결코 인간의 자연적인 속성은 아니다 — 우리는 우리의 경험과학적 수단으로는 아무것도 제공할 수 없다"(WL: 213).[40]

---

40) 다음 인용문은 이와 관련된 베버의 입장을 다시 한 번 명확히 하고 있다: "모든 경험지식의 객관적 타당성은 아래와 같은 사실, 그리고 이 사실에만 근거하고 있다. 즉, 주어진 현실은 특정한 의미에서 주관적 범주들, 다시 말해 우리의 인식의 전제를 이룬다는 의미에서 주관적 범주들에 의거해서 체계화되며 이 범주들은 다시금 경험지식만이 우리에게 줄 수 있는 그러한 유의 진리가 가치 있다는 전제에 묶여 있다는 사실이 그것이다. 현상의 무한한 풍부성 가운데서 우리에게 본질적인 것을 적절하게 인식할 수 있기 위해서 우리는 특별히 선정된 관점들을 지속적으로 사용하지 않으면 안 되며, 이 관점들은 종국에는 가치이념들에 연결되어 있다. 이 가치이념들 자체는 다시금 인간의 모든 중요한 유의

이렇게 볼 때, 베버는 학문 그 자체를 특정한 가치설정에 근거한 하나의 특수한 실천행위 유형으로 파악하며, 이 실천형태는 극도로 '금욕적인, 자기절제적(節制的)' 행위이다. 그러나 이 '가치'를 받아들이고, 그래서 이 과학적 실천행위를 자신들의 상호소통방식으로 선택하는 모든 이들, 즉 과학자들은 이러한 '가치결단'에서 생겨나는 동일한 형식적, 논리적 그리고 방법론적 규범에 예속된다. 즉, "연구자는 여기서나 또 어디서나 우리의 사고의 규범에 구속받는다. 왜냐하면, 진리를 원하는 모든 사람에게 타당하고자 하는 진리만이 과학적 진리이기 때문이다" (WL: 184). 과학을 직업으로 택하는 가치결단에서 필연적으로 파생하는 것은 "학문적 자기통제라는 기본적 의무"(WL: 200)이다. 이러한 입장에서 베버는 계몽주의적 과학신봉과 낭만주의적-역사주의적 과학기피를 동시에 겨냥하여, 이들은 "개념과 현실 간의 관계를 규명할" 능력이 없는 자들이라고 비판한다(WL: 145). 이들이 무능한 가장 중요한 이유는 이들이 바로 개념과 현실의 관계를 '문제가 없는 것으로' 간주하는 데 놓여 있다. 이에 반하여 베버는 '개념'과 '현실'의 관계는 원칙적인 갈등과 긴장의 관계라고 보며 따라서 학문이란 이 관계를 지속적으로 '문제삼는' 작업이라고 파악한다. 이를 통해 베버는 한편으로는 학자들의 인식론적인 소박성을 파기하고 다른 한편으로는 '개념을 만드는 자들의 오만'을 폭로하고 배격하고자 한다. 이들의 오만 중의 하나는, '현실'이 자신들의 개념에 부합하도록 움직여야 한다는 믿음이다.

종합컨대, 베버는 그의 사회과학방법론에서 아래와 같은 일견 역설적인 현상을 분석하고 있다: (부정적 의미에서의) 주관적 요소들이 학문에서 준동하는 상황은 언제 가장 확실히 발생하는가? 아이러니컬하게

미한 행위의 구성요소에서 경험적으로 확인될 수 있고 체험될 수는 있지만, 그러나 경험적인 소재로부터 그 타당성이 도출될 수는 없다"(WL: 217).

도 바로, 문화생활에 대한 절대적으로 객관적인 분석을 수행하고 있다고 주장되는 상황에서이다. 이러한 절대적 객관성이란 문화과학에서는 있을 수 없는 것이, 왜냐하면, 모든 사회-문화과학적 인식은 불가피하게 가치에 근거한 "주관적 전제조건들에 얽매여 있으며"(WL: 182), 무엇이 '알 가치'가 있다는 것에 대한 결단을 전제로 하고 있기 때문이다. 그래서 베버가 의미하는 '가치자유' 내지 '가치중립'이란 결코 '신념이 없는' 혹은 '전제가 없는' 학문을 뜻하는 것이 아니다(WL: 157, 175): 오히려 베버는 가치자유 명제를, 순수 정신의 자명성을 믿는 "전문학자들의 소박한 자기기만"(WL: 181)을 비판하기 위한 근거로 삼고 있다. 이렇게 볼 때 그의 학문관은 일종의 '범비판주의적' 성격을 띠며, 그래서 베버는 호모 아카데미쿠스의 가장 중요한 자격요건을, '상상할 수 있는 가장 엄격한 객관적-학문적 비판'에 스스로를 항상 노정시킬 수 있는 능력에서 찾는다(WL: 158).

이제, 서두에서 언급했던 '우리'의 상황과 베버가 19세기 말에 처했었던 상황과의 비교를 다시 한 번 상기시키고자 한다. 현재 우리는 또다시 그 당시와 비견할 만한 대립구도를 가진 '신 방법론 논쟁'에 휘말려 있다. 즉, 제 2차 세계대전 종전 이래 서구의 방법론을 거의 독점적으로 지배했던 과학 지상주의적 신자연주의(신실증주의적 '표준과학관')는 1970년대 후반~1980년대에 들어오면서 과학적 합리성, 더 나아가 '근대적' 합리성 그 자체를 문제시하는 이른바 탈근대주의 또는 문화주의 — 이 경향들을 역자는 일단 '신역사주의'라는 개념으로 묶은 바 있다 — 의 강력한 도전을 받기 시작하였다. 그 결과 우리는 20세기 말에 와서 다시 한 번 베버 당시와 같은 자연주의와 역사주의 간의 첨예한 방법론적·과학철학적 대립을 경험하고 있는 것이다. 이 신 방법론 논쟁에서 우리 인문사회과학도가 당면하는 문제의 요체는, 어떻게 하면 우리는 신자연주의의 과학 지상주의적 탈문화화의 덫에 걸리지 않으면서 동시에 신역사주의의 문화 지상주의적 탈과학화와 파편화의 늪에 빠지지 않고 스스로의 '과학성'을 확보해나갈 수 있는가 하는 것이다.

5. 맺음말

이 문제를 염두에 두면서 이제 지금까지의 논의를 정리하고자 한다. 베버가 던진 방법론적 중심화두의 핵심은 그 자신의 말로 표현하자면, "문화생활을 다루는 학문영역에서는 도대체 어떤 의미에서 〈객관적으로 타당한 진리〉가 존재하는가" 라는 질문으로 압축될 수 있다. 다시 말해, 지금 우리는 거리낌 없이 인문'과학', 사회'과학' 등의 용어를 사용하고 있지만, 베버는 '자연'이 아니라 인문사회적 현상을 다루는 학문들에서 '과학성'은 과연 어떤 성격을 가지고 있는가 라는 문제를 이 논문들에서 추적하는 것이다.

이 문제에 관련해, 앞장에서 극히 단순화시켜서 정리한 〈방법론 논쟁〉의 두 진영, 즉 '자연주의'와 '역사주의'에 대해 베버는 일종의 '양면전쟁'을 벌이면서 자신의 이론적·방법론적 틀을 구성했는데, 이른바 '후기 베버'(대략 1910년 이후의 베버)는 자신의 틀을 행위이론에 바탕한 〈이해(理解) 사회학〉(*Verstehende Soziologie*)으로 규정짓는다. 일견 이 틀은 독일적 역사주의를 계승한다는 인상을 준다. '구조' 또는 '기능'보다는 '행위', 인과적 '설명'보다는 해석적 '이해'의 강조, '가치중립' 명제 등이 이런 인상의 근거들이다. 실제로 베버 사회학은 지금까지 흔히 이른바 '해석적 사회과학'의 전형으로 이해되었다. 그러나 필자가 위에서 논증하였듯이, 기실 베버는 양 진영을 공히 비판하면서, 그러나 동시에 이들 간의 중재를 통해(따라서 일정 정도 독일적 전통과의 단절을 통해) 자신 고유의 '제 3의 길'을 추구하였다. 이런 추구를 과학유형론의 입장에서 풀어본다면, 베버는 행위이론적 '이해사회학'을 '정신과학'과 '자연과학' 사이에 위치한 말하자면 '제 3의 과학'(물론 베버는 이런 애매모호한 개념을 전혀 쓰지 않고 있지만) 또는 '종합적 사회과학'으로 정립하고자 했다. 베버는 사회(과)학을 한편으로는 자연주의적 실증과학과 구분하여 '문화과학'으로, 즉 의미지향성과 가치선택 및-결단력을 가진 '문화인간'을 중심에 둔다는 의미에서 '문화과학'으로(행위이론적-해석적 측면), 다른 한편으로는 독일적 '정신과학'과 구분하여 '역사적-경험적 현실탐구과학'으로 정립하고자 한다.

그러나 과연 베버가 이러한 제 3의 길을 얼마나 성공적으로 개척했는지 여부에 대해서는 베버 사후 근 90년이 지난 오늘날까지도 활발한 논쟁이 이어지고 있으며 아직도 분명한 합의점은 도출되지 못하고 있다. 이것은 우리 베버 학도들이 앞으로 풀어야 할 과제로 남겨두고, 필자는 여기서 다만 베버의 중재 시도가 지향하는 바를 암시하는, 그리고 이미 위에서 활용된 바 있는 몇 가지 베버 인용문을 제시하는 것으로 맺음말을 대신하고자 한다. 이 인용문들의 해제를 위해 필자는 '자연주의'와 '역사주의'라는 양 진영을 가른 방법론적 쟁점들의 핵심을 편의상 과감히 두 가지 대립항으로 압축하고자 한다.[41]

(1) 〈과학〉과 〈신앙〉이라는 대립항.

(2) 〈사실〉과 〈의미〉라는 대립항.

(참고로, 아래에서 인용된 모든 단어와 구절은 베버 원문으로부터 인용한 것이다.)

---

41) 이 대립구도는 오늘날의 사회이론 및 방법론 담론에서도 온존하고 있음은 앞서 이미 지적한 바 있다.

1) '과학'과 '신앙'

이 글이 가진 목적은 단 하나, 즉 과학과 신앙[42]을 가르는 "머리카락 하나만큼 가느다란 경계선을 분명히 드러내"보이는 것이다(WL: 212).

"객관성 논문" 말미에 있는 위 인용문은 자연주의자와 역사주의자 양자에 대한 베버의 비판적 입장을 담고 있다. 우선, '과학'과 '신앙' 사이에는 뛰어넘을 수 없는 장벽이 있는 듯 전제하는 자연주의자들에게 베버는 기실 이 경계선은 '머리카락 하나만큼' 가느다랄 뿐임을 "객관성 논문"에서 논증했다고 주장한다. 이 논증에 의하면, 경험성, 객관성, 가치중립성 등을 기반으로 하는 자연주의자들의 과학관 자체가 이미 일련의 근본적 가치이념들에 대한 '신앙'을 전제하고 있다:

> 모든 경험지식의 객관적 타당성은 아래와 같은 사실, 그리고 이 사실에만 근거하고 있다. 즉, 주어진 현실은 특정한 의미에서 주관적 범주들, 다시 말해 우리의 인식의 전제를 이룬다는 의미에서 주관적 범주들에 의거해서 체계화되며 이 범주들은 다시금 경험지식만이 우리에게 줄 수 있는 그러한 유의 진리가 가치 있다는 전제에 묶여 있다는 사실이 그것이다. … 현상

42) 원문의 독일어 Glaube는 일반적 '신념'과 종교적 '신앙' 이렇게 두 가지 의미로 쓰인다. 여기서 후자의 역어를 택한 이유는 '과학'과의 대비성을 선명하게 하기 위해서이다. 따라서 여기서 '신앙'이란, 주관적 가치관과 신념 일반을 뜻하지, 이런 신념의 극단적 형태인 종교적 믿음에 한정되는 것은 아니다. 첨언하자면, 베버는 '의사'(擬似) 가치(이데올로기)와 '궁극적 가치이념'을 구분한다: 전사는 적나라한 물질적 또는 권력적 이해관계를 '가치관'으로 위장한 경우를 뜻하며, 후자는 실존적(가령 삶의 의미) 그리고 사회적(가령 정의) 등과 같은 궁극적 문제에 대해 인간이 취하는 윤리적 그리고 종교적 입장을 뜻한다. 베버는 '가치' 개념을 주로 후자의 의미로만 쓰고 있다.

> 의 무한한 풍부성 가운데서 우리에게 본질적인 것을 적절하게 인식할 수 있기 위해서 우리는 특별히 선정된 관점들을 지속적으로 사용하지 않으면 안 되며, 이 관점들은 종국에는 가치이념들에 연결되어 있다. 이 가치이념들 자체는 다시금 인간의 모든 중요한 유의미한 행위의 구성요소에서 경험적으로 확인될 수 있고 체험될 수는 있지만, 그러나 경험적 소재로부터 그 타당성이 도출될 수는 없다(WL: 212~213).

적어도 이런 관점에서는 '가치중립적 사회과학'이란 원천적으로 불가능하다는 것이 베버의 입장인 것으로 보인다. 왜냐하면 앞서 언급한 베버의 '문화인간론'을 풀어보자면, 인간이라는 존재는 호모 사피엔스 특유의 문명화 과정이 시작된 이래 단순히 물리적 '사물과 사실의 그물망' 뿐 아니라 '문화적 가치 그물망'에도 원천적으로 얽혀 있는 존재이기 때문이다. 따라서 자연현상의 분석과 달리, 사회문화현상의 분석은 이중적 의미에서 가치연관적이다: 분석대상인 사회문화현상 발생 자체에 이미 가치가 깊숙이 관여되어 있다는 의미에서 그러하고, 동시에 이 현상을 분석하는 우리 자신 역시, 베버의 표현대로, "궁극적 가치 이념들"에 구속되어 있다는 의미에서 그러하다.[43]

이렇게 볼 때, '과학'과 '신앙'을 가르는 것은 장벽이라기보다는 가치의 그물망에 갇혀 인식을 추구하는 인간이 부지불식간 또는 의도적으로 쉽게 넘나들게 되는 가느다란 선일 뿐이다.

그러나 위 인용문은 동시에 역사주의자들에 대한 경고도 담고 있다.

---

43) 더 나아가 가치준거를 사회현상의 핵심으로 볼 때, 사회현상 내지 이 현상에 관여된 인간집단의 분석은, 자연현상의 분석 경우와는 질적으로 달리, 이들의 행동양식과 가치지향 자체를 변화시킬 수 있는 잠재력이 있다는 점도 가치연관성 명제의 중요한 실천적 함의임은 두말할 나위도 없다.

왜냐하면 역사주의자들은 자칫 자연주의자들과는 역방향의 함정에 빠질 수 있기 때문이다. 역사주의자는 근대 경험주의적 과학이 비로소 확보한 '사실탐구'와 '현실탐구' 방법의 유일무이한 성취를 도외시한 채, 위에서 언급한 바와 같은 베버적 '문화인간론'을 극단으로 몰고 가는 경향이 있다. 그 결과 이들은 '경험과학적' 인식을 단순한 정신적 구성물로 간주하고 '과학'을 종국에는 '신념'(신앙)의 문제로 환치하려고 시도한다. 베버는 역사주의자들에게 말한다:

> 이런 유의 진리, 즉 경험과학적 진리가 무가치하다고 여기는 자에게 — 그리고 과학적 진리의 가치에 대한 믿음은 특정한 문화의 산물이지 결코 자연적으로 주어진 것이 아니다 — 우리는 우리의 과학적 수단으로는 아무것도 제공할 수가 없다(WL: 212).

그러면서 베버는 역사주의자들이 경험과학 특유의 현실탐구 방식을 "대체하는 다른 어떤 진리체계도 발견하지 못할 것이다"라고 단언한다.

이렇게 볼 때, '과학'과 '신앙' 사이의 경계선은 머리카락 하나만큼 가느다랗다는 베버의 통찰은 역사주의자들도 겨냥한 것이다.

자연주의와 역사주의 양 진영 모두에 대한 이와 같은 비판적 성찰과 중재노력의 결과물 중 잘 알려진 것으로, 개념구성 차원에서는 베버의 이른바 '이념형'(*Idealtypus*)론, 분석방법론 차원에서는 '인과적합성'과 '의미적합성'의 상호연결 시도를 들 수 있다. 그러나 지면관계상 이에 관한 논의 대신 여기서는 베버의 또 다른 유명한 명제 하나를 간략히 짚어 보고자 하는바, '가치중립성' 명제가 그것이다.

베버는 근대문명이 비로소 일어섰힌 상기한 "경험과학적 진리"의 확인과 검증절차에 관한 한[44] 철저한 '가치중립적' 접근을 요구한다. 그런데 이 요구는 일견 자연주의 비판에서 베버가 가치그물망에 얽힌 '문화인간'에 근거하여 제시한 명제, 즉 가치중립적 사회과학의 원천적 불가능성 명제와 상충되는 듯하다. 그러나 그렇지 않다. 왜냐하면 베버가 여기서 상정하는 가치중립성이란 '논리적' 명제라기보다는(물론 베버는 이에 대해 일부 논리적-인식론적 논증도 하고 있지만) 오히려 '실천적' 명제이기 때문이다. 다시 말해, 베버는 우리가 경험과학적 진리와 가설의 검증과정에 들어서는 순간 일체의 가치구속으로부터 해방되어 '중립적'이 될 수 있다는 것을 전제로 하고 있지 않다. 이 경험적 검증과정에서도 과학자는 여전히 가치 그물망에 얽혀 있기 때문이다. 따라서 베버가 의미하는 것은, 가치중립적이 될 수 있다는 '가능성' 명제가 아니라 가치중립적이 되도록 최선을 다해야 한다는 실천적, 과학윤리적 명제이다. 이를 위해 베버는 학자 특유의 엄격한 지적 금욕주의(베버는 니체를 따라 이를 흔히 "지적 성실성"(*Intellektülle Redlichkeit*)이라고 부른다)를 요구한다. 즉, 가치중립적 자세의 가동과 유지는 단순한 '결단'의 문제가 아니라 엄격한 자기통제(더 나아가 자기극복)를 통해 일상적으로 훈련되고 취득되어야 할 학자-금욕주의의 목표인 것이다.[45]

베버는 자신의 가치중립 명제를 잘못 이해하고 그것의 실현이 지난하다는 이유로 이 원칙의 파기를 주장하는 자들(특히 역사주의자들)을 강력히 비판하고 있는바,[46] 어느 한 사신에서 베버는 상기한 의미에서의 가치중립 원칙을 옹호하는 자신이 마치 "돈키호테"같아 보인다고 한탄한다. 그리고 이 장의 서두에 인용된 "과학과 신앙을 가르는 머리카락 하나

---

44) 이 검증단계는, 베버 사후 과학철학계에서 광범위한 지지를 받은 도식인 이른바 '발견의 맥락'(*context of discovery*)과 '정당화의 맥락'(*context of justification*) 간의 구분 도식 중 '정당화의 맥락'에 속한다고 볼 수 있다.

45) 이 맥락에서 베버의 금욕주의 개념은 가령 육체적 금욕주의 또는 도덕적 금욕주의와는 구별되는 지식인 고유의 금욕주의라는 것은 두말할 나위도 없다.

46) 베버의 반박논리는 단순 소박하다. 즉, 만약 '실현가능성'만을 기준으로 삼는다면, 우리는 수많은 윤리적 원칙들을 폐기시켜야 마땅하다는 것이다.

만큼 가느다란 경계선"이란 바로 위에서 서술한 베버적 가치중립론의 다른 표현방식이라고 볼 수 있다. 이 경계선을 장벽으로 여기고 '과학적 사실' 또는 가치유관적 '의미' 어느 한쪽만을 추구하는 자들을 베버는 다음 인용문에서 다소 냉소적 언어로 묘사하고 있다.

2) 자료수집광과 의미수집광

> 우리 분야에도 … 〈자료수집광〉과 〈의미수집광〉이 있다. 〈자료수집광〉의 사실에 굶주린 목구멍은 서류자료, 통계백서, 그리고 앙케트를 통해서만 채워질 수 있는 반면, 새로운 관점의 섬세함에 대해서는 무감각하다. 〈의미수집광〉은 그의 미식성향으로 인해 사실들에 대한 맛은 잃어버리고 끊임없이 새로운 이념 증류물들을 생산해낸다(WL: 214).

사실수집에만 매달리는 자연주의자 내지 실증주의자는, 만약 한 사회현상에 대한 사실들이 충분히 축적되기만 하면, 이 사실들에게서 해당 현상의 '의미'가 저절로 그 모습을 드러낼 것이라고 가정한다. 이에 대해 베버는, '사실들 스스로는 결코 어떤 말도 하지 않는다'는 점을 상기시키고 있다. 더 나아가 베버는 "사실이 말하도록 한다"라는 실증주의의 유명한 도식은 마치 가치판단은 배제한 채 '사실확인'만을 수행하는 듯 보이게 하지만 기실 이 도식은 많은 경우 가치판단을 은폐하는 수단에 지나지 않는다고 질타한다. 즉, "전제 없는" 과학을 주장하는 자들은, 자신의 가치전제를 의식하지 못하거나 아니면 그것을 감추고 있을 뿐이라는 것이다.[47]

47) 베버의 이러한 입장 역시, 앞서 언급했듯이, 베버를 흔히 '가치중립적 사회과학' 또는 심지어 실증주의를 대변하는 이론가로 보는 일부 학계의 베버 해석이 가진 문제점을 잘 보여준다.

다른 한편 "의미 증류물"에만 매달리는 역사주의자는, 베버에 의하면, "마치 사회과학의 진정한 과업은 새로운 관점과 개념적 구도에 대한 몰이사냥이어야 한다"고 오해하고 있다. 이들은, 위에서 제시한 인용문의 일부를 변용하자면, "가치이념들"은 "인간의 모든 중요한 유의미한 행위의 구성요소에서 경험적으로 확인될 수" 있다는 점, 다시 말해, 어떤 '관점', '의미', '가치'도 (우리말의 통상적 의미를 벗어나는 용례이지만) '사실무근'일 수 없다는 점을 간과하고 있다.

이런 맥락에서 베버는, 근대 역사학의 길을 연 독일 역사학자 랑케를 예로 삼아, 사회과학적 창의성 또는 창의적 상상력은 흔히 "이미 알려진 사실들을 이미 알려진 관점들에 단지 연관시킬 뿐이지만 그럼에도 바로 이를 통해 새로운 것을 창출해낼 줄 아는 능력"에서 나온다는 점을 상기시키고 있다.

베버는 사실수집광과 의미수집광에게 아래와 같은 평범한 진리를 상기시킨다: 사실의 세계는 "사건들이 이루는 거대하고 혼돈에 찬 강"이고, 가치이념 또는 의미의 세계는 "시간과 함께 흘러가는 이 강의 한 유한한 부분(그것도 항상 변화하는 부분)"만을 비출 뿐이다. 다시 말해, 나의 가치이념의 빛이 비추는 것도 이 거대한 강의 한 일시적 단면이고, 나의 사실수집의 손이 퍼 올리는 한 줌의 강물도 이 강의 한 단편일 뿐이다. 어디 그 뿐인가? 어느 순간, 그토록 당연한 듯 의지했던 나의 관점 (가치이념) 은 흔들리기 시작하고, 이 관점이 낚아올린 '사실들'의 의미도 달라진다. 이로써 우리는 이제 마지막 인용문에 도달한다.

3) 우리의 "문화적 문제들의 빛"은 어디로 향하고 있는가?

그러나 언젠가는 색채가 변한다. 숙고되지 않은 채 사용된 관점들의 의미가 불확실해지고, 길은 어스름 속으로 사라져간다. 거대한 문화적 문제들의 빛은 이제 자리를 옮긴 것이다. 그러면 이제 과학도 자신의 위치와 개념도구를 바꾸고 착상의 고지에서 사건의 흐름을 내려다볼 채비를 하게 된다. 과학은 자신의 작업에 의미와 방향을 제시할 수 있는 그러한 성좌들을 새로이 찾아 나선다(WL: 214).

필자가 보기에 이 인용문에서 베버는 사회문화과학이 가진 두 가지 근본적 속성을 비유적으로 표현하고 있다: '역사성'과 '문제 의존성'이 그것이다. 그런데 필자는 아마도 누구나 수긍할 수 있을 이 두 가지 속성 보다는 베버가 여기서 묵시적으로 깔고 있는 하나의 요구 때문에 이 인용문을 늘 되새긴다. 그 요구란 다름 아니라 베버를 대하는 우리 스스로도 항상 비판적으로 아래와 같이 자문(自問)하라는 것이다: 과연 베버가 직면했던 '거대한 문화적 문제들'은 여전히 '우리'의 문제들인가? 그 '색채'는 바래지 않은 채 그대로 있는가? 만약 그렇지 않다면, 이 '거대한 문제들의 빛'은 어디로 옮겨갔으며 또 지금은 무엇을 비추고 있는가? 우리는 우리의 문제들을 확인하고 해결하는 데 도움을 줄 새로운 '성좌'(星座)를 찾아 나설 채비가 되어 있는가?

베버 사후(1920) 지금까지 축적된 엄청난 양과 질의 경험지식 그리고 지극히 다양하고 풍성해진 이론적 · 방법론적 도구들을 기준으로 볼 때, 베버의 방법론과 사회이론은 분명 많은 허점을 안고 있다. 그리고 베버 스스로 자신의, 또는 학문적 연구 일반의 한계를 그 어느 누구보다도 명철히 인식하고 있는 학자였다:

> 학문상의 모든 '성취'는 새로운 질문을 뜻합니다. 그리고 이 성취는 능가되고 낡아버리기를 원합니다. 학문에 헌신하고자 하는 자는 누구나 이것을 감수해야 합니다. … 학문적으로 능가된다는 것은 — 다시 한 번 말합니다만 — 우리 모두의 운명일 뿐만 아니라 우리 모두의 목적이기도 합니다. 우리는 다른 사람들이 우리보다 더 멀리 나아가기를 희망하지 않고서는 연구할 수 없습니다(《직업으로서의 학문》, 2006: 41~42).

그런데, 앞서 이미 인용되었듯이, 베버에 의하면 특히 사회과학과 같이 역사적 그리고 문제 의존적 학문영역들은 "영원한 젊음을 운명으로 하는 학문"에 속한다. 왜냐하면 이들에게는 "문화의 영원히 전진하는 흐름이 항상 새로운 문제를 안겨다"주기 때문이다. 그리고 학문적 젊음의 가장 중요한 징표는, '새로운' 문제에 대해서는 과감히 '새로운' 해결도구를 찾아 나설 용기를 발휘한다는 것이다.

필자는, 자신의 문제의식, 개념도구 그리고 성좌를 강요하기는커녕 오히려 이 모든 것들을 '헌신짝'같이 버릴 수 있는 용기, "거대하고 혼돈에 찬 강"에 미련 없이 흘려 보내버릴 수 있는 용기를 요구하는 그런 사상가의 방법론과 이론은, 역설적으로, 바로 그렇기 때문에 여전히 주목할 가치가 있다고 믿는다.

• 보론

프랑스, 영국 그리고 독일의 지적 풍토 비교

이 보론에서는 영국, 프랑스, 독일의 '민족주의적' 상호경쟁과 '상호배척' 성향을 비교 검토하고자 한다. 독일의 상황은 본문에서 서술하였으므로 여기서는 주로 프랑스와 영국의 상황을 살펴보겠다.

우선, 앞서 이미 언급했던 세기말 프랑스 상황을 되짚어 보자. 여기서는 문학적 지식인층과 사회과학적 지식인층 간의 논쟁이 첨예한 정치적 투쟁으로까지 심화되는데, 이의 결정적 요인은 제 1차 세계대전 전의 상황(즉, 독일과 프랑스의 정치적 대치상황)에서 다시 한 번 "프랑스적 사고의 독일화 위기"라는 주제가 대두되었기 때문이다. 위에서도 보았듯이 신-소르본의 사회학 반대자들은, 뒤르켐의 사회학이 근본적으로 '독일적' 학문이라는 것을 증명하기 위해 전력을 다했다. 즉, 프랑스의 대학이 뒤르켐의 영향하에서 게르만화할 위험에 처해 있다는 것이다. 왜냐하면, 독일적 방식에 의한 학문적 엄밀성이라는 관념이 인문주의를 몰아내고 있기 때문이다(Lepenies, 1985). 물론 다른 한편으로 가령 폴 발레리(Paul Valery) 같은 작가는 독일이 보여주던 정치적, 경제적 그리고 학문적 부흥의 원인을 독일인들이 개발한 '방법론적(또는 체계적) 사고방식'에서 찾고 있다. 즉, 지성의 악덕인 '비규율성'이 독일인들에게서는 사라지고 그 대신 몰트케(Moltke)가 상징하는 듯한 완벽한 규율이 병영이나 대학을 지배하고 있다는 것이다. 그래서 프랑스인들에게는 규율이 '희생'을 의미했으나, 독일인들에게는 규율 그 자체가 삶이었다는 것이다. 조직과 분업에 대한 동경이 독일인들의 국민성이 되었으며 이에 비하면 프랑스인들은 마치 '야만인' 집단 같다는 것이다(Lepenies, 1985).

이런 맥락에서 다시 한 번 뒤르켐의 독일문화 및 독일학문에 대한 진단을 살펴보자. 뒤르켐은 독일 대학들을 방문하여 거기서 프랑스에는 없는 강한 '우리-의식'(*Wir-Gefühl*: *we-feeling*)이 지배하고 있음을 인상 깊게 보았다. 그는 이른바 강단사회주의자인 구스타프 슈몰러, 그리고 실험심리학자 빌헬름 분트 등을 경탄했는바, 이들이 시도한 것은 윤리적 문제를 과학적으로 해결하고자 하는 것이었다. 그런데 바로 이것이 뒤르켐 자신이 지향하던 바였다. 그는 제3공화국이 절실히 필요로 하는 것은 국가와 교회의 분리를 바탕으로 한 하나의 세속적 도덕률이고 이것을 제공할 수 있는 것은 사회학이라고 믿었다. 그러나 뒤르켐은 앞으로의 사회학은 근본적으로 '프랑스적' 학문이 될 것이라는 확신을 가지고 귀국했다. 그는 두 국민의 민족성의 비교를 통해 이런 결론을 얻었다. 즉, 그에 의하면 프랑스인들은 어쩔 수 없는 데카르트주의자들로서 항상 무엇보다도 명료성을 추구했으며 복잡한 문제들을 간단하게 설명하는 선천적 성향을 지니고 있다. 이로 인해 프랑스인들은 사회적 현상이 실지로 얼마나 복합적인 것인지를 잊어버리곤 했다. 이에 반해 독일인들에게는 어떤 것도 간단해보이지 않는다. 이들은 세상의 설명가능성에 대해 곧잘 회의에 빠지며 그래서 비합리적인 것으로 후퇴한다. 프랑스 이론은 보통 너무 단순하고 독일 이론은 너무 혼란스럽다. 프랑스인들은 낙관적이고 항상 설명들을 가지고 있었지만, 독일인들은 삶과 영혼의 어두운 면에 대한 숙고에 빠져들어 이들을 결코 설명할 수 없다는 체념에 이른다. 그래서 사회학은 독일에서는 항상 반쪽짜리 학문이 될 수밖에 없는 반면, 명료히 사고하는 프랑스인들이 사회학을 완성시킬 것이라는 것이 뒤르켐의 결론이다(Lepenies, 1985).

영국의 경우, 1903년에 사회학회(Sociological Society)가 런던에서 결성되었지만, 사회학을 대학에 정착시키려는 시도는 실패했으며, 주지하다시피 제 2차 세계대전이 끝난 후에야 비로소 사회학은 영국 대학에 자리 잡게 된다(가령 케임브리지대학에는 1960년대 후반에 가서야 사회학과가 설립되었다). 이런 뒤늦은 제도화는 어디에 기인하는가? 역설적 설명이긴 하지만, 그것은 바로 영국에서는 통계학자, 개혁정치가 내지 관료들이 사회학적 지식을 사회문제의 해결에 활용하는 것을 주저하지 않았기 때문이다(Abrams, 1968). 다시 말하여, 사회학적 지식이 행정에 직접 침투한 결과로 영국에서는 사회학을 제도화해야 할 필요성이 대륙에서보다 덜 절실했던 것이다. 이것이 또한 왜 영국에서는 사회학과 문학 간의 관계에 대한 논쟁이 가령 프랑스에서보다 훨씬 덜 격렬했는지를 설명해준다. 프랑스의 경우 뒤르켐이 소르본에 사회학을 도입하면서 대학의 교과과정이 상당 부분 개편되었으며, 이것은 전통적인 프랑스 문화를 위협하였고 그래서 보수적 문인들의 반발을 불러일으켰다. 그에 반해 영국의 경우 문인과 사회학자들은 대학의 자리를 위해 서로 투쟁하지는 않았고 또 이들 간의 차이점 역시 프랑스나 독일보다는 훨씬 적었다.

물론 19세기 말에 아놀드(Matthew Arnold) 같은 사람은 대륙에서 부상하는 사회학을 문학비평에 대한 하나의 경쟁분야로 간주하고 경계하기도 하였다. 그러나 그의 이러한 두려움은 기우였다. 영국에서는 오랫동안, 다른 지역에서는 사회학이 대학의 정규학과로 정착하도록 한 그런 유의 사회사상적 조건들이 성숙되지 않았기 때문이다. 즉, 영국에서는 사회학적 사고가 박애사상, 사회사업, 그리고 일련의 기존의 학문분야들(가령 통계학, 정치적 , 행정학) 등에서 정착했던 것이다. 그 결과,

프랑스나 독일에서는 사회학이 명백한 프로필을 가지고 '비판 학문' 혹은 '정당화 학문'으로 발전한 반면, 영국에서는 사회학이 사회적 상식의 한 부분이 되어버렸던 것이며, 따라서 그것을 굳이 학문적 분야로 정립할 필요가 절실하지 않았던 것이다(Abrams, 1968).

이렇게 볼 때, 영국에는 사회학이 없었다는 주장은 매우 피상적인 주장이다. 학과로서는 없었지만 사회학적 사고 그 자체는 다른 분야(심지어 문학비평 분야)에서 깊이 뿌리내리고 있었다. 예컨대 영국에서는 이미 19세기 초에 지적인 귀족층이 형성되었고 이들에게는 문학이란 그야말로 '뼛속 깊이' 각인되어 있었다. 그러나 1930년대의 엄청난 경제적·정치적 체제 위기는 이러한 영국의 '안정적 상황'을 뒤흔들었으며 그 결과 비로소 사회학도 하나의 독자적인 분야로 부각되기 시작했다. 물론 그것의 제도화는 제2차 세계대전 이후에야 이루어졌고, 이렇게 제도화된 영국 사회학도 미국, 프랑스, 독일의 학파들과 비교해볼 때 특색이 없고 정체성이 약한 모습이었다. 제2차 세계대전 후에 영국에서 발전하여 국내외의 지적 논쟁에 큰 영향을 미친 영국 특유의 학파는 오히려 이른바 문화연구(*Cultural Studies*)였다(Richard Hoggart, Raymond Williams 등이 대표적 학자들이다). 이 학파는 19세기 이래 영국 특유의 전통, 즉 '사회학'과 '문학비평'의 결합이라는 전통을 탁월하게 구현하고 있다(Lepenies, 1985: 179).

참고문헌

국내 연구서

김용학, 1992, 《사회구조와 행위》, 나남.

김용학·장덕진, 1995, "베버의 가치와 사실의 비대칭적 분리", 《막스 베버 사회학의 쟁점들》, 대우학술총서.

이순구, 1974, 《막스 베버 연구》, 한울.

이종수(편저), 1981, 《막스 베버의 학문과 사상》, 한길사.

전성우, 1996, 《막스 베버 역사사회학 연구》, 나남.

한국사회학회, 1994, 《21세기의 한국 사회학》, 문학과 지성사.

해외 연구서

Abrams, Ph., 1968, *The Origins of British Sociology*, Chicago.

Baumgarten, E., 1964, *Max Weber*, Tübingen.

von Below, G., 1920, *Soziologie als Lehrfach*, Duncker und Humblot.

Burger, T., 1976, *Theory of concept formation*, Durham.

______, 1994, *Deutsche Geschichtstheorie und Webersche Soziologie*, Frankfurt.

Cavalli, A., 1994, *Max Weber und Georg Simmel*, Frankfurt.

Collin, F., 1985, *Theory and Understanding. A Critique of Interpretive Social Science*, New York.

Dilthey, W., 1883, *Einleitung in die Geisteswissenschaften*, Leipzig, Gesammelte Schriften Erster Band, Vandenhoeck & Ruprecht, Göttingen 2006.

Dux, G., 1994, *Subjekt und Gegenstand im Erkenntnisprozess historischen Verstehens: Von der Begründungs-zur Prozesslogischen Wissenschaftlogik*, Frankfurt.

Frese, J., 1974, *Prozesse im Handlungsfeld*, Bielefeld.

Frommer, S., 1994, *Bezüge zur experimentellen Psychologie*, Frankfurt.

Giddens, A., 1987, *Social Theory and Modern Sociology*, Polity Press .

Habermas, J., 1981, *Theorie des kommunikativen Handelns*, 2 Bde, Frankfurt.

Hempel, C., 1965, "Typological Methods in the Natural and Social Sciences", *Aspects of Scientific Explanation and other Essays in The Philosophy of Science*, New York.

Hennis, W., 1988, *Max Webers Fragestellung*, Tübingen.

Hochkeppel, W., 1995, "Ein neuer Positivismusstreit", *Merkur Heft 1*, 49, Jahrgang.

Holton, R., 1989, *Max Weber on Economy and Society*, London.

von Humboldt, W., 2002, Über die Aufgabe des Geschichtsschreibers, 1821, *Werke in fünf Bänden*, Studienausgabe, Darmstadt.

Jaspers, K., 1946, *Max Weber*, Bremen.

Kaleri, E., 1992, "Zum Methodenstreit zwischen Natur-und Geisteswissenschaften", *Journal for general philisophy of science*, 23.

Käsler, D., 1979, *Einführung in das Studium Max Webers*, München.

Kruse, V., 1990, "Von der historischen Nationalökonomie zur historischen Soziologie - Ein Paradimenwechsel in den deutschen Sozialwissenschaften um 1900", *ZfS* Jg. 19, Heft 3.

Lepenies, W., 1985, *Die drei Kulturen. Soziologie zwischen Literatur und Wissenschaft*, Berlin.

Levine, D. N., 1981, "Rationality and Freedom. Weber and Beyond", *Sociological Inquiry*, 51.

Lindenlaub. B., 1967, *Richtungskämpfe im Verein für Sozialpolitik*, Wiesbaden.

Lübbe, H., 1963, *Politische Philosophie in Deutschland*, Basel.

Menger, C., 1883, *Untersuchungen über die Methode der Sozialwissenschaften und der politischen ökonomie insbesondere*, Leipzig.

______, 1884, *Die Irrtümer des Historismus in der deutschen Nationalökonomie*, Wien.

Mommsen, W., 1973, *Max Weber*, Göttingen.

Nagel, E., 1961, *Structure of Sciences*, New York.

Oakes, G., 1988, *Weber and Rickert*, London.

Parsons, T., 1937, *The structure of social action*, New York.

Rammstedt, D., 1984, *Georg Simmel und die Moderne*, Frankfurt.

Riedel, M., 1978, *Verstehen oder Erklären?*, Stuttgart.

Rossi, P., 1987, *Vom Historismus zur historischen Sozialwissenschaft*, Frankfurt.

Rickert, H., 1902, *Die Grenzen der naturwissenschaftlichen Begriffsbildung*, Leipzig.

Ritter, J., 1968, *Hegel und die französische Revolution*, Frankfurt.

Schäffle, A., 1875, *Bau und Leben des sozialen Körpers*, Leipzig

von Schelting, A., 1934, *Max Webers Wissenschaftslehre*, Tübingen.

Schmid, M., 1994, *Analytische Theorie und kulturwissenschaftliche Methode: Zur Rezeption der Wissenschaftslehre Max Webers durch Talcot Parsons*, Frankfurt.

Schmidt, G., 1987, *Soziologiegeschichte*, Hagen

Schmoller, G., 1883, *Zur Methodologie der Staats-und Sozialwissenschaften*, Leipzig.

Schnädelbach, H., 1983, *Philosophie in Deutschland 1831~1933*, Frankfurt.

Schütz, A., 1932, *Der sinnhafte Aufbau der sozialen Welt*, Frankfurt.

Schweder, R., 1986, *Metatheory in Social Science*, Chicago.

Sombart, W., 1894, *Zur Kritik des ökonomischen Systems von Karl Marx*, Berlin.

______, 1896, *Sozialismus und soziale Bewegung*, Berlin.

Stehr & Meja, 1981, *Wissenssoziologie*, Opladen.

Steinvorth, U., 1994, *Webers Freiheit von der Wertfreiheit*, Frankfurt.

Strauss, L., 1953, *Natural Rights and History*, New York.

Schwemmer, O., 1976, *Theorie der rationalen Erklärung*, München.

Tenbruck, F., 1959, "Die Genesis der Methodologie Max Webers", *KZfSS* 11. Jg.

Tenbruck. F., 1989, "Gesellschaftsgeschichte oder Weltgeschichte?", *KZfSS* 41.

Topitsch, E., 1967, *Die Sozialphilosophie Hegels als Heilslehre und Herrschaft-sideologie*, Berlin.

von Treitschke, H., 1859, *Die Gesellschaftswissenschaft*, Leipzig.

Tyrell, H., 1994, *Max Webers Soziologie: eine Soziologie ohne 'Gesellschaft'*, Frankfurt.

Wagner, G. (Ed.), 1994, *Max Webers Wissenschaftslehre*, Frankfurt.

Wallace, A. and Wolf, A., 1986, *Contemporary Sociological Theory: Continuing the Classical Tradition*, Prentice-Hall, New Jersey.

Winch, P., 1958, *The Idea of a Social Science and its Relation to Philosophy*, London

Winkel, H., 1977, *Die deutsche Nationalökonomie im 19*, Jhd., Darmstadt.

Zöller, M., 1975, *Die Unfähigkeit zur Politik*, Opladen.

제 3 부

지배사회학

막스 베버 지배사회학 연구:
〈합리적-합법적 지배〉유형을 중심으로

• 이 글이 집중적으로 분석하고 있는 문헌은 베버의 주저인 《경제와 사회》(*Wirtschaft und Gesellschaft*) 제 2부 제 9장(541~868)이다. 이 장의 독일어 원제는 *Soziologie der Herrschaft*인바 이의 직역인 "지배사회학"을 본 논문의 제목으로 삼았다. 여기서 "지배 = Herrschaft"란 우선적으로 '정치적' 지배를 뜻하며 따라서 사회학에서의 통상적 각론 명칭으로 표현하면 〈지배사회학〉은 일차적으로 〈정치사회학〉에 해당한다. 이것은 상기한 *Wirtschaft und Gesellschaft* 제 1부 제 3장 *Die Typen der Herrschaft*(122~176, "지배의 유형들")의 경우에도 해당된다. 그러나 아래에서는 베버의 사용법을 따라 일관되게 〈지배사회학〉이라고 지칭하고 있음을 미리 밝혀둔다. 물론 '지배' 개념 자체의 다차원성과 다의성에 대해서는 아래 적절한 지점에서 상세히 논의하게 될 것이다.

1. 서론

이 글은 막스 베버의 지배사회학을 특히 〈합리적-합법적〉[1] 지배유형에 초점을 맞추어 재구성하고 있다. 필자는 이 재구성을 통해 베버 지배사회학의 내재적 논리에 대한 이해를 돕고자 하며, 동시에 베버의 분석틀을 빌려 현대의 정치적 지배구조의 사회학적 성격을 규명하는 데, 매우 제한된 범위에서나마 기여하고자 한다. 그러나 아래에서 제시될 여러 가지 이유에서 서술의 중점은 역시 베버 지배사회학의 내재적 논리를 가능한 한 충실하게 재구성하는 데 놓여 있음을 미리 밝혀둔다.

베버의 지배사회학은 현대의 정치이론 및 정치사회학의 발전에 지대한 영향을 끼쳤으며, 현대의 정치적 지배현상에 대한 학문적 이해에 결정적으로 공헌한 고전으로 평가받고 있다. 뿐만 아니라 그의 지배사회학적 이론과 개념들 중 상당 부분은 일반대중에게도 친숙한 정치적 일상용어로 이미 확고한 자리를 차지하고 있다. 예를 들면, 정권의 〈정당성〉, 〈관료제〉, 〈카리스마〉 등이 그러하다. 그런데 베버 지배사회학의 이러한 고전으로서의 확고한 위상과 〈일상화〉와는 대조적으로 정작 한국 사회과학계에서는 아직 그의 지배사회학에 대한 체계적 그리고 비판적 논의가 양과 질 양면에서 상대적으로 미미한 형편이다. 물론 베버의 지배사회학 관련 저작들은 비교적 일찍 그 일부분이 번역되었고 늦어도 1970년대 이래는 간헐적으로나마 연구논문들이 나온 것은 사실이다.[2] 그리고 사회학 및 정치학 개론서에서는 빠짐없이 베버 지배사회

1) 아래에서는 〈합리적 합법적〉 유형을 편의상 〈합법적〉 유형으로(또는 맥락에 따라 간혹 〈합리적〉 유형으로) 줄여 표현하고자 한다.

2) 아직 베버 수용사가 충분히 정리되지 않아서 정확한 판단은 어렵지만 대개 1970년대 초부터 주로 관료제론, 카리스마론, 베버의 정치사상 등에 대한 석사논문

학의 중요성이 지적되고 있다.[3] 그러나 그의 지배사회학에 대한 본격적인 연구는 한국 사회과학계에서 아직 이루어지지 않고 있다고 보아야 할 것이다.[4] 이것은 베버의 통찰이 정치적 지배현상에 대한 기초이론 구성에서 가진 중요성을 생각할 때 시급히 극복되어야 할 상황이다. 필자는 본 논문을 통해 이런 상황의 개선에 조금이나마 기여하고자 한다.

베버의 지배사회학은 매우 복합적이고 세분화된 논증구조를 가지고 있다. 베버는 여기서 한편으로는 〈지배〉현상에 대한 기초이론적인 분석을 시도하면서 다른 한편으로는 이 분석틀을 바탕으로 지배현상의 보편사적 표출형태를 이념형적으로 개념화하고 있다. 따라서 그의 지배사회학은, 그의 사회학 전반이 그러하듯이, 하나의 〈역사사회학적〉 지배분석의 모델을 제시하고 있다(실지로 그의 분석의 중점은 근대 이전의 전통적 지배현상들에 놓여 있다고 해도 과언이 아니다). 또한 베버는 지배사회학을 자신의 다른 각론사회학적 시각들 — 법사회학, 종교사회

과 일반논문이 나오기 시작한다. 1970년대 말까지의 베버 수용사에 대해서는 김중섭(1980: 207~219) 참조. 가장 최근에 나온 지배사회학에 대한 논평으로는 유석춘(1992) 참조. 흥미로운 것은 1980년대 들어오면서 베버의 지배사회학에 대한 연구서는 오히려 눈에 띄게 감소한다는 사실이다. 이것은 아마도 한국 사회과학계에서 이때부터 시작된 〈맑시즘의 전성시대〉 — 그리고 여기에는 이른바 〈국가론 논쟁〉도 포함된다(아래 참조) — 와 연관되어 있을 것이다.

3) 특히 국제정치학 분야에서는 베버가 이른바 〈현실주의〉 패러다임의 중요한 개념적·이론적 기둥의 하나로 단편적으로나마 자주 거론되고 있다. 박상섭(1992: 13~36).

4) 지배사회학에 대한 박사학위논문이 국내에서 아직 한 편도 나오지 않았다는 것이 그 징표 중의 하나이다. 그러나 이것은 어디까지나 베버-문헌학도의 시각에서 나오는 평가인바, 왜냐하면 베버의 지배사회학적 개념들과 이론적 관점들을 현실분석에 창조적, 비판적으로 활용하려는 시도가 우리 사회과학계에서 그렇게 드물다고 볼 수만은 없기 때문이다. 여기서 한두 가지만 예를 든다면, 박성환(1992: 359), 송호근(1991: 47) 등이 있다.

학, 경제사회학, 행위이론, 사회과학방법론 등 — 과 밀접하게 연계시키고 있어서 베버 사회학 전반에 대한 어느 정도의 이해 없이는 그의 지배사회학에 접근하기가 쉽지 않다.

필자가 재구성의 축으로 선택한 〈합리적 · 합법적〉 지배유형의 문제는 이러한 다층적 베버 지배사회학의 한 단면일 뿐이다. 물론 이것은 결정적으로 중요한 단면이기는 하다. 왜냐하면, 베버가 주된 분석의 대상으로 삼는 것이 근대 이전의 전통적 지배현상들인 것은 사실이지만, 이 분석에 깔린 근본적인 인식관심은 근대적 지배양식인 〈합리적 · 합법적〉 지배의 역사적 형성배경과 사회학적 구조를 밝히는 데 있기 때문이다. 그런데 본 논문에서는 이 〈합법적 지배〉유형이라는 단면마저도 우선 개괄적 소개에 중점을 두어 서술하고자 한다. 따라서 개괄적인 재구성이라는 목적을 가진 논문들 특유의 여러 가지 한계점들을 이 글 역시 가지고 있다. 가장 중요한 한계점은 역시 한국 정치현실 분석에 대해 베버 지배사회학이 가진 이론적 함의들을 논의대상에서 제외하고 있다는 점일 것이다. 또 하나의 한계점을 지적하자면: 베버의 〈합법적 지배론〉이 포착하고 있는 현상인 근대의 정치적 지배구조에 대해서는 특히 국가의 계급 규정성 혹은 자율성 문제를 중심으로 한 매우 다양하고 흥미로운 친-베버적 혹은 반-베버적 이론논쟁들이 1970년대 이래 전개되었으나, 본 논문에서 필자는, 매우 간략한 베버 입장정리(제 3장 제 2절 참조)를 제외하면, 이 중요한 논쟁들에 거의 접목하지 못하고 있다. 특히 국가론의 경우 그것이 1980년대 이래 한국 사회과학계에서도 진지한 학술적 · 실천적 논쟁[5]의 대상이 되어왔다는 사실, 그리고 이 논쟁에서

5) 실지로 이 논쟁의 배경에는 국가라는 현상에 대한 냉철한 사회과학적 인식욕구 못지않게 폭압적이던 당시 군부정권 및 이른바 〈자본주의 국가〉 일반의 억압성에 대한 저항이라는 매우 치열한 실천의지가 깔려 있었다. 논쟁의 이러한 정치화는 정치권력 그 자체의 속성과 논리에 대한 인식을 저해하는 경향이 있었고

베버는 흔히 국가의 〈절대적 자율성〉을 주장하는 〈국가중심주의자〉로 거론되고 있었다는 사실을 고려하면(정영태, 1993: 53; 김석준, 1992) 상기한 한계점은 더욱 두드러진다.[6)]

물론 이것은 일단 필자의 능력부족과 지면부족 때문이지만, 베버의 지배사회학 관련 텍스트의 다음과 같은 상황과도 무관하지 않다. 베버는, 필자가 이 글에서 주로 다루는 《경제와 사회》 내의 지배사회학 텍스트와는 별도로 특히 근대 자본주의의 틀 속에서 형성되는 국가구조와 경제구조의 상관관계를 집중적인 분석대상으로 삼는 《국가사회학》(*Staatssoziologie*)을 저술할 계획을 가지고 있었다(Breuer, 1993; Winckelmann, WG 서문). 아마 이 계획 때문에라도 베버는 《경제와 사회》에서는 정치적 지배현상 일반에 대한 개념 및 유형구성에 주력하고, 또한 〈근대적〉 지배구조보다는 〈전통적〉 지배구조의 분석에 더 큰 비중을 두었던 듯하다. 그러나 불행히도 베버는 《국가사회학》의 저술 계획을 실현시키지 못하고 급사했다.[7)] 그 결과 베버의 지배사회학은 〈미완성〉으로 남게 되었으며, 전반적으로 볼 때 그 논증구조에서도 상당한 불균형 내지 〈일면성〉을 드러내게 되었다. 즉, 베버가 위에서도 언급

정치권력을 환원론적으로 축소 내지 과소평가하는 위험을 내포하고 있었다. 이와 관련된 최근 한국 비판사회학의 발전경로에 대해서는 김호기(1993) 참조.

6) 다른 한편 정영태의 관찰에 의하면, 사회주의체제의 붕괴와 함께 국가론 논쟁은 실종되고 대신 시민사회론 혹은 민주주의론이 작금의 〈첨단〉 주제이다(물론 이것은 국가론의 단순한 변형이라고 볼 수도 있지만).

7) 현재 《경제와 사회》의 독일어 원판 말미에 “국가사회학”이라는 제목으로 수록된 부분은 《경제와 사회》를 베버 사후 편집·출판한 빙켈만이 이러한 베버의 의도를 감안해서 베버의 여러 가지 저작 — 특히 정치평론들 — 중에서 자신이 〈국가사회학적〉으로 중요하다고 여겨는 부분을 어느 정도 자의적으로 모은 것이다. 현재 그 구성에 관해 많은 논란을 거치면서 진행되는 《경제와 사회》의 전면개정판 — 언제 출간이 될지는 〈기약〉이 없지만 — 에서는 이 부분이 삭제될 것이 확실하다.

했듯이, 정치적 지배현상을 여타 영역들과의 상관관계라는 관점에서 고찰한 것은 사실이지만, 그러나 이 고찰은 이론적 체계성이 부족하며, 더 나아가 서술의 중점은 역시 〈지배의 사회규정성〉(특히 경제 내지 계급규정성) 보다는 〈사회의 지배규정성〉에 놓여 있다. 이런 문제점들을 근거로 하여 한편으로는, 베버의 지배사회학은 하나의 체계적인 지배이론이라기보다는 오히려 역사적 〈지배유형론〉이라는 해석이 제시되기도 하며(Breuer, 1991), 다른 한편으로는 베버가 〈지배〉 내지 〈국가〉와 〈사회〉의 관계를 거의 일방적으로 전자의 관점에서 규정하고 있다는 해석, 즉 그는 〈지배 중심적〉이라는 비판적 해석이 제시되기도 한다. 앞으로의 재구성 과정에서 논의되겠지만, 이러한 해석들이 전혀 근거가 없는 것이 아님은 사실이다. 그러나 전반적으로 볼 때, 베버의 지배사회학은 분명히 단순한 〈유형론〉 이상의 이론적 잠재력을 가지고 있으며, 베버의 시각은 결코 지배 내지 국가중심주의로 환원될 수 없는 사회이론적 그리고 근대사회론적 측면들을 내포한다는 것이 필자의 입장이다(아래 참조: 가령 지배를 문화이론적 시각에서 보는 그의 정당성론만 해도 상기한 베버-비판적 해석들에 대한 좋은 반박근거를 제공한다).

베버 지배사회학의 기본성격에 대한 상기한 명제들이 필자가 아래에서 전개할 재구성 작업의 출발점이다. 재구성의 중점은, 위에서 든 이유들에서, 〈국가사회학적〉 문제가 아니라 — 만약 그렇다면 베버의 유명한 국가정의, 즉 〈정당한 폭력행사권의 독점〉이라는 정의에서 모든 논의가 출발해야 할 것이다. 오히려 〈지배이론〉의 몇 가지 기초적인 문제들 — 즉, 〈지배〉를 논하는 한 어디서나 불가피하게 제기되어야 할 몇 가지 문제들 — 에 놓여 있다. 물론 이 문제들은 다시금 특히 〈합법적〉 지배유형에 초점을 맞추어 검토될 것이다. 이 글은 크게 두 개의 장으로 구성되어 있다:

제 1장: 베버 지배사회학 개괄.

제 2장: 〈합리적 · 합법적〉 지배유형 분석.

베버 지배사회학 전반에 대한 〈개괄〉은 어디까지나 합법적 지배유형의 도출에 필요한 정도까지만 제시되고 있으나, 사안의 복합성으로 인해 이런 제한된 작업마저도 상당한 양의 지면을 차지하지 않을 수 없었음을 밝혀둔다.

2. 지배사회학 개괄

1) 베버 지배사회학의 수용사

막스 베버는 자신의 지배사회학에 대해 개인적으로 상당한 '야심'을 품었던 것 같다.[8] 가령 그는 출판사에 보낸 한 서신에서 자신이 집필하는 지배사회학은 "완벽한 사회학적 국가론 개요" 혹은 "포괄적이고 사회학적인 국가이론 및 지배이론"이 될 것이라고 예고하며 이것은 지금까지 "전혀 전례가 없는" 작업이 될 것이라고 자신하고 있다(Schluchter, 1979: 123). 지배사회학의 수용사를 보면 그의 이러한 '야심'이 — 비록 그 일부분만이 실현될 수 있었지만 — 그렇게 과장된 것만은 아니었음을 확인할 수 있다. 종교사회학과 함께 베버의 지배사회학은 지금까지 사회과학계는 물론이고, 위에서도 언급했듯이 일상정치의 영역에서도

---

8) 베버는 생애 후기 마지막 10년간인 1910~1920년 사이에 집중적으로 지배사회학적 연구를 수행했는바, 이 시기는 다시 두 단계로 나누어질 수 있다. 1910~1914년 그리고 1918~1920년이 그것이다. 첫 번째 단계인 1910~1914년 사이에 베버는 다음과 같은 두 가지 텍스트를 저술했다. ① 현재 "지배사회학"(*Soziologie der Herrschaft*)이라는 제목으로 《경제와 사회》 제 2부에 수록되어 있는 텍스트(WG: 541~814), ② 《세계종교와 경제윤리》 서문의 일부분을 이루는 짧은 글이 그것이다. 두 번째 단계인 1918~1919년 사이에 저술된 것이 베버 자신이 감수한 《경제와 사회》 제 1부 제 3장에 "지배의 유형들"(*Die Typen der Herrschaft*)이라는 제목으로 수록된 텍스트이다(WG: 122~176). 아마도 이 텍스트의 전신이 유고로 발견된 "정당한 지배의 3가지 순수유형"(*Die drei reinen Typen der legitimen Herrschaft*)일 것으로 짐작되는바, 이것은 현재 WL에 수록되어 있다(WL: 475~488). 그러나 앞에서도 언급했듯이, 베버가 계획하던 국가사회학을 포함한 지배사회학적 연구 프로그램 전체를 두고 볼 때, 현 상태의 지배사회학은 미완성된 단편으로 간주되어야 할 것이라는 것이 베버 연구가들의 공통된 평가이다.

가장 많은 주목을 받고 또 영향을 끼친 그의 저작 중의 하나이다. 지배사회학의 수용사만 다루더라도 몇 권의 책을 쓸 수 있을 만큼 이 수용사는 복합적이므로(Zingerle, 1981: 109), 이에 대해서는 다른 기회를 이용해 상세히 논의하기로 하고, 이 자리에서는 수용사의 한두 가지 큰 줄기를 약술하는 데 그치겠다.

베버 사회학의 수용사 전반이 그러하듯이, 그의 지배사회학의 경우 역시 엄청난 양의 2차 연구서들이 있지만, 주제상으로는 오랫동안 몇몇 특정 개념과 관점만이 매우 선별적으로 수용되었음을 확인할 수 있다. 거기에는 가령 〈관료제〉, 〈정당성론〉, 〈카리스마론〉 등이 포함된다. 다시 말하여 그의 지배사회학의 〈명성〉에 비해 그것에 대한 전반적인 해석작업은 상당 기간 비교적 미미했던 것이다. 이런 상황이 바뀌게 되는 것은, 즉 베버 지배사회학의 전모가 관심의 대상으로 떠오르게 되는 것은 두 가지 이론적 패러다임의 부침과 밀접하게 연관되어 있다. 즉, 근대화 이론과 맑스주의가 그것이다.

우선 근대화 이론을 살펴보자. 주지하다시피, 근대화 이론의 정치사회학적 전제는, 이른바 발전도상국들도 조만간 전통적 권위주의적 정치질서에서 근대적 민주질서로 이행할 것이라는 것이었다. 따라서 근대화 이론의 발상지인 미국의 대외 원조정책에 깔린 기본가정도, 경제적 원조는 민주적, 다원주의적인 제도들의 형성에 기여할 것이라는 것이었다. 그런데 파슨스(T. Parsons) 유의 구조기능주의적 모델에 뿌리를 둔 이 근대화 이론의 가장 중요한 사상적 대부로 바로 막스 베버가 간주되고 있었음은 주지의 사실이다. 그러나 1960년대 말~1970년대 초 이래 이런 근대화 이론은 쇠퇴하기 시작했고, 그와 함께 이 이론이 제시했던 정치적 민주화의 보편적 관철이라는 희망도 점차 사라지기 시작했다. 근대화 이론의 기본가정, 즉 경제적 발전이 전통적 지배구조를 민주주의로 전환시키리라는 가정은 다음과 같은 경험적 현실들에 의해 심각한 도전을 받게 되었다. ① 이 가정은 다수의 후진국에서 현실화되지 않았고, ② 또 일단 경제적 근대화에 성공한 나라들에서도 정치적 근대화는 적어도 상당기간 지체된 경우(가령 대만, 한국, 일본 등)가 많았으며, ③ 이른바 선진민주주의체제에서도 수많은 전통적 지배요소들(가령 미국의 경우 정치의 의인화 논쟁)이 발견되었던 것이다. 이런 현상들은 우리에게, 근대화 이론의 〈전통/근대〉라는 도식적 이분법으로는 포착될 수 없는 정치적 지배의 고유논리의 역동성을 새로이 인식할 것을 요구하였다.

이런 상황에서 자본주의적 근대화 이론 전반을 공격의 대상으로 삼았던 맑스주의적 이론들—가령 종속이론, 세계체제론 등—이 관심을 끌기 시작했다. 이 이론들은 '발전도상국'이라는 개념을 '하나의 미화'로 거부하면서, 이 국가들의 후진적 정체(停滯) 상황을 자본주의 중심부의 고도발전 그 자체의 결과라고 해석했다. 그러나 주지하다시피, 이런 맑스주의적 시각 역시 맑스주의 자체의 위기와 함께 심각한 이론적·경험적 설명력 한계를 드러내기 시작했다(전병재, 1985). 이와 함께, 상기한 근대화 이론에 비판적이면서 이런 맑스주의적 시각에도 비판적인 이론적 시도들이 등장하기 시작했다.

그런데 아이러니컬한 것은, 바로 이런 맑스주의적 시각과의 경쟁 및 이에 대한 비 근대화 이론적-비 맑스주의적 대안 형성과정의 가장 중요한 지적 자원 역시 막스 베버였다는 점이다. 위에서 언급했듯이, 근대화 이론의 융성기에는 베버의 지배사회학은 〈전통〉으로부터 〈근대〉로의 이행이라는 명제 혹은 〈카리스마〉와 〈관료제〉의 이분법적 대비에 대한 명제로 축소·왜곡된 반면에, 1960년대 말부터는 베버는 바로 근대화이론이 경험적 현실과의 대면에서 드러낸 여러 이론적 문제들을 어느 누구보다도 명확하게 인식한 이론가로 재발견되었다. 즉, 베버는 ① 전통/근대라는 이분법의 부당성을 지적하였고, ② 자본주의와 민주주의의 관계에 대해 비판적 입장을 취하고 있었으며(아래 참조), ③ 정치적 지배구조의 계급규정성 못지않게 〈문화규정성〉을 인식한 이론가로 재발견되었다(정당성론). 그래서 그의 지배사회학의 전모를 체계적으로 활용하려는 노력들이 이루어졌으며, 특히 그가 구성한 전통적 지배유형 중 하나인 가산제 개념을 생산적으로 재해석하려는 시도가 일어났다. 왜냐하면, 대부분의 신생국들에서는, 외형적 민주화와 전통적 정당성의 쇠퇴에도 불구하고 오히려 전통적 지배전략과 사적인 지배관계 및 행정방식이 온존하거나 새로이 발생한다는 인식이 확산되었기 때문이다.

이런 맥락에서 베버의 지배사회학은 매우 유용했다. 왜냐하면, 베버는 바로 이런 전통적 전략들과 행정방식들 — 가산제, 술탄주의, 봉건주의, 카리스마적 지배의 일상화, 교권지배 혹은 도시국가 등 — 에 세밀한 주의를 기울이고 있기 때문이다. 또한 1960년대 이래 — 특히 문화인류학 및 교환이론 등의 활성화와 함께 — 근대화 이론에 가해진 비판의 결과로 〈보호자-피보호자 관계〉(*Kliententum-Patronage*)에 대한 연구가 활발해졌으므로 이 관계를 핵심으로 하는 베버의 〈가산제〉론(차종천, 1994)에 대한 관심은 타 영역으로까지 확대되었다(가령 〈보호자-피보호자〉 관계는 아프리카, 아시아 혹은 지중해 연안 기독교 내지 이슬람 국가에서 활발한 경험적 연구대상이 되었다. Roth, 1987). 거기에다 베버의 지배사회학은 소련을 비롯한 동구 사회주의국가의 지배구조 분석에서도 그 유용성이 확인되었다. 가령, 방금 언급한 보호자-피보호자 관계는 여기서는 당 지배와 제 2경제(지하경제)로 인해 매우 광범위하게 형성되었음이 드러났으며, 그의 관료제론은 사회주의국가에 대한 비판적 분석의 출발점이 되기도 했다.

2) 지배사회학의 사회이론적 배경

이제 수용사적 차원을 떠나 지배사회학이 베버 사회학 내에서 가진 위상을 살펴보자. 우리는 지배사회학적 관점이 그의 사회학적 사고 전반에서 중심적인 위치를 차지하고 있음을 알 수 있다(Hennis, 1987; Schluchter, 1979; Roth, 1987). 그래서 맑스가 사회체계의 가장 중요한 구성원칙을 〈생산양식〉에서 찾는 것과는 대조적으로 베버는 이 구성원칙을 정치적 〈지배양식〉 및 이의 제도적 표출로서의 〈국가〉에서 찾고 있다는 몇몇 베버 연구가들의 주장은 설득력이 없지 않다. 사실, 베버의 활동시기인 19세기 말부터 20세기 초까지는 민족주의와 〈국민국가〉(〈민족국가〉)의 발흥시기였으며 그에 상응하여 〈전체사회〉라는 개념은 이 당시 아직 자연스럽게 〈국민국가〉와 동일시되었고, 따라서 국내적 그리고 국제적 갈등에 찬 국민국가 형성과정의 정치적 조정중심부로서의 국가는 흔히 사회이론의 요체로서 강조되는 경향이 있었다. 그러나 다른 한편으로 이 시기는 동시에 국가 내지 정치의 전지전능 혹은 절대성에 대한 헤겔 유의 환상이 깨어지기 시작하고, 국가성에서 그 사회의 가장 강력한 자기정체성을 찾았던 시대가 종언을 고하던 시기이기도 했으며(Portinaro, 1989), 오히려 〈국가〉는 사회경제적 토대를 반영하는 〈부수적〉 현상에 불과하다는 견해(맑시즘의 경우에는 심지어 〈국가소멸론〉으로까지 연결되는 견해)가 강력한 힘을 발휘하던 시기이기도 했다. 시대정신의 이러한 모순적 양면성의 흔적은 분명히 베버의 사고 속에도 존재한다. 그러나 전반적으로 볼 때, 전자의 경향이 암시하는 국가절대주의 내지 지배환원론 혹은 정치결정론도, 또 후자가 내포하는 국가소멸론도 베버의 기본입장을 대변하고 있지 않다. 이 두 가지 조류는 강한 이데올로기적 성격을 띠고 있는데, 전자에는 국수주의로까지 발전하는 보수주의, 후자에는 혁명적 급진주의가 깔려 있기 때문이

문이다. 따라서 이들은 정치적 지배 내지 국가현상에 대해 불가피하게 〈좋은 국가〉 혹은 〈나쁜 국가〉, 아니면 국가 자체의 〈폐기〉라는 규범적 범주를 가지고 접근할 수밖에 없었다.[9)]

그러나 베버가 자신의 지배사회학에서 시도하는 것은, 정치적 지배와 국가현상의 분석에서 바로 이러한 규범적 시각을 극복하고 사회과학적 시각을 정립하는 것이다(이것은 비단 지배사회학뿐 아니라 베버의 사회학적 분석 일반에 적용되는 그의 방법론의 대원칙임은 주지의 사실이다). 이 시도가 가진 함의들 중 현재의 논의맥락에서 중요한 두 가지만을 우선 지적하고자 한다. 첫째, 베버에게는 이제 〈좋은〉 국가 혹은 〈나쁜〉 국가가 있는 것이 아니라 〈정당한〉 혹은 〈비정당한〉 국가가 있을 뿐이며, 이 정당성은 선험적·형이상학적인 문제가 아니라 〈경험적〉으로 검증될 수 있는 사회학적 문제이다(다음 장 참조). 둘째, 베버에게는 국가와 정치영역은 〈전체사회〉의 구성원칙을 규정하는 상위요인이 아니라, 하나의 부분체계일 뿐이며, 따라서 베버는 국가절대주의도 정치 환원론도 거부한다.[10)]

그런데 이 두 번째 관점은 넓게는 베버의 사회이론 일반, 좁게는 그의 근대사회론의 핵심명제와 밀접하게 연관되어 있다. 우선 사회이론 일반의 경우, 베버는 인간의 다양한 행위동기와 행위가 전개되는 이질적인 영역들의 위상을 원칙적으로 대등한 것으로 간주하고 있다. 이 대등

9) 물론 가장 강력한 규범적 이념인 '신의 질서'라는 이념은 계몽주의를 통해 파괴되었지만, 가령 사회계약론 등에서도 아직 합의를 지향하는 규범적 사고가 남아 있었다. 그래서 근세 초기의 정치이론은 유토피아이거나 아니면 정치적 처세론이었다. 이 처세술은 지배자용일 수도 있고(마키아벨리), 아니면 피지배자용일 수도 있다(루소). 어떤 경우든 이들은 〈좋은 국가〉에 대한 추구에서 벗어나지 못했다.

10) 즉 이른바 홉스(Hobbes)적 〈질서문제〉의 〈일방적으로 지배론적인 해결〉을 베버가 제시하는 것은 아니다(Bader, 1989: 330).

성은 각 행위영역에서 작동하는 기제 및 사용되는 행위수단에도 적용된다. 여기서 행위동기란 그 기본성격을 기준으로 물질적 · 현실적 〈이해관계〉라는 범주와 규범적 〈이념 내지 가치〉라는 범주로 대별할 수 있으며, 행위가 전개되는 영역들과 그 수단들은 크게 볼 때 3가지 즉 〈경제적 생산〉, 〈문화적 해석〉 그리고 〈정치적 지배와 조직〉의 영역 및 그에 상응하는 〈생산수단〉, 〈해석수단〉 그리고 〈지배수단〉으로 나눌 수 있다.[11]

베버에 의하면, 우리는 사회발전의 해석과 설명에서 상기 영역의 어느 특정한 기제나 어느 특정한 수단의 소유 및 분배구조가 선험적으로 인과적 우위성을 가지고 있다고 가정할 수는 없다는 것이다.[12] 오히려 문명의 역사적 발전과정은 이 3가지 기제들의 원칙적으로 대등한 상호작용, 더 정확히 말하자면 상호갈등작용에 의해 진행된다고 보아야 하며 이 3가지 기제의 관계는 따라서 〈역사적〉 관계이지, 〈결정론적〉 관계가 아니라는 것이 베버의 입장이다. 더 나아가, 이러한 역사적 상호작용의 명제와 밀접하게 연관되면서 동시에 이를 보완하는 것은, 개개의 기제가 가진 상대적 자율성(*Eigengesetzlichkeit*)에 대한 베버의 명제이다. 이 명제를 압축시켜 표현하자면, 베버는 한편으로는 이른바 생산(내지 노동)기제, 해석(또는 문화)기제 및 지배기제 사이의 밀접하고 체계적인 상관관계와 상호작용을 출발점으로 삼고 있지만, 그러나 다른 한편으로는 이러한 상호작용의 논리적 그리고 이론적 전제조건으로서 이 3가지 기제들의 상대적인 독자성, 자기법칙성을 인정한다. 그래서 베버는 여러 상이한 부분영역들 사이의 상관관계를 엄밀한 〈인과적〉

---

11) 베버는 앞서 말한 기제들이 일상의 차원에서 작용하여 만들어 내는 행위들의 총체를 〈생활영위〉(*Lebensführung*) 양식이라는 개념으로 포착하고 있다.

12) 이러한 가정은 필연적으로 어느 한 요인으로 모든 것을 환원시키는 결과를 낳는다(WL: 167).

관계보다는 오히려 〈선택적 친화력〉(WG: 201, 705, 724)의 관계로 파악하고 있다. 이것이 베버가 왜 모든 종류의 환원론 — 위에서 언급된 정치 환원론까지 포함하여 — 을 거부하는가에 대한 일반 이론적인 근거이며, 동시에 이것은 서론에서 언급한 바 있는 베버 지배사회학의 〈일면성〉을 설명해준다.[13]

이러한 일반이론의 역사적 구체화가 곧 그의 근대 사회론인바, 이것의 요체는, 바로 위에서 지적된 부분영역들의 상대적 자기논리가 근대 서구사회에 와서 비로소 역사적으로 실현되기 시작한다는 것이다(중요한 것은, 베버가 이 과정 역시 하나의 〈역사적〉 과정으로 분석하지, 결코 하나의 보편진화론적 과정으로 보지는 않는다는 점이다). 다시 말하여, 그전까지는 하나의 총체성 속에 용해되었던 사회의 구성영역들이 근대의 시작과 함께 이제 각각 상대적 자율성을 가진 부분영역으로 〈분화〉된다는 것이다. 이와 함께, 그전까지는 인간의 모든 문화적·창조적 잠재력이 단 하나의 개념 — 가령 〈신성〉 혹은 〈이성〉 — 에 용해되었다면, 이제 이 개념도 여러 개의 합리성들로 분해되기 시작하는 것이다. 즉, 이성의 총체성이 와해되고 이제 인간이성 〈분열의 시대〉가 시작되며, 따라서

---

13) 물론, 이 세 가지 기제의 원칙적인 대등성에 대한 베버의 입장에도 불구하고 필자는 베버의 실질적 분석시각과 내용에는 특정한 〈중점〉 영역이 있다고 보는바, 그것은 역시 〈지배〉의 영역과 〈문화〉의 영역이다. 그래서 베버 사회학을 지탱하는 가장 중요한 기둥을 지적하라면 필자는 지배사회학과 종교현상을 그 중심에 둔 문화사회학을 제시할 것이다〔필자 자신 이 두 가지 축을 중심으로 베버의 전근대 서구사회의 발전론을 역사사회학적으로 재구성한 바 있다(전성우, 1984)〕. 베버에게 특히 〈문화〉의 관점은 단순 환원론의 위험을 극복하게 하는 중요한 관점이다. 가령 베버를 (푸코 유의) 권력환원론으로부터, 또 아류-맑스주의 유의 경제환원론으로부터 보호해주는 것은 그의 문화이론이다. 그렇다고 베버가 결코 문화환원론자 내지 문화주의자이지는 않다는 점은 필자가 여러 기회에 충분히 논증한 바 있으며 아래에서도 다시 언급될 것이다.

우리는 이제 〈부분합리성〉은 가지지만 이 부분합리성들을 포괄하는 단 하나의 총체적 합리성은 상정할 수 없는 것이다. 이렇게 볼 때, 베버가 보는바 근대화 과정의 가장 중요한 기제는 분화기제였는데, 이 분화개념은 규범적으로 각인된 전근대의 통일성 및 합의이념과는 반대되는 개념이었다(Berger, 1988: 225). 이것이 우리에게 잘 알려진 베버의 방법론적 기본명제, 즉 〈개념〉과 〈현실〉 간의 메울 수 없는 괴리와 갈등, 〈이론〉과 〈실천〉의 분화 내지 〈존재〉와 〈당위〉의 구분과, 그의 역사철학적인 기본입장, 즉 〈진화〉와 〈역사〉의 구분 및 그에 따른 목적론적 역사관의 거부(아래 참조)에 깔린 이론적 바탕이다.

지금까지 매우 단순화된 형태로 제시된 베버의 일반 사회이론적 그리고 근대사회론적 기본입장이 위에서 언급한 그의 탈규범주의적, 탈국가중심주의적 정치이론의 배경이다. 즉, 한편으로는 〈당위〉와 〈존재〉의 분리명제에 근거하여 베버는 어떤 국가가 규범적으로 〈옳은〉 국가인가를 규정하기를 거부했으며, 다른 한편으로는 개별 〈가치영역〉들 — 정치, 경제, 문화 등 — 이 상대적 자율성을 가진 부분체계로 분화되는 과정이 근대화라는 베버의 입장은 곧 국가의 절대성 거부로 연결되었던 것이다. 즉, 분화이론을 바탕으로 베버는 국가를 〈탈주술화〉하였는데, 이와 함께 비로소 국가를 포함한 정치현상 일반은 하나의 독자적인 경험과학의 대상으로 확립될 수 있었다. 이제 정치학과 정치사회학은 그전까지의 〈국가학〉이 가졌던 규범적 틀에서 벗어나 전문과학이 되었으며, 정치적 행위에 필요한 (마키아벨리 유의) 규범과 전략들은 이 전문과학으로부터 분화되어 하나의 〈정치윤리론〉으로 정립된다(〈책임윤리〉 이념에 기초한 베버의 유명한 "직업으로서의 정치"라는 강연은 이러한 분화과정을 예시하고 있다).

물론 베버는 그의 저작 어느 곳에서도 이 명제들을 체계적으로 정리하여 하나의 이론적 모델로 제시한 적은 없다(상기 명제들의 성격상 이러한 이론적 정형화 내지 도식화 자체가 어려운 점도 있지만). 그러나 문제의식과 문제제기의 차원에서 볼 때 상기 명제는 베버의 저작에서 충분히 도출될 수 있다는 것이 필자의 소견이다.

여기서 이 명제들을(Schluchter , 1979: 39ff. ; 전성우, 1992 참조) 더 이상 상론할 여유는 없지만, 분명한 것은 베버의 지배사회학에는 이러한 다차원적 분석시각이 깔려 있다는 점이며, 이것은 지배사회학이 베버의 다른 '각론사회학'들, 특히 종교사회학, 경제사회학, 법사회학 및 사회과학방법론 등과 가진 밀접한 연관성에서도 확인될 수 있다. 바로 이런 성격을 감안할 때 베버의 지배사회학은 전통적인 정부 내지 국가형태론과는 구분되는 하나의 새로운 유형의 역사적 〈정치사회학〉을 제시한다고 볼 수 있다(Schluchter, 1979: 128). 물론 필자는 이 논문에서 그의 지배사회학의 한 단면에 불과한 이른바 〈합리적 지배유형〉의 문제를 체계적으로 조명하고자 하는 지극히 제한된 목적일 뿐이며 따라서 베버의 지배사회학이 가진 앞서 말한 바와 같은 다원적 분석시각과 또 여타 각론사회학들과의 복합적인 연계성[14]은 이 제한된 목적의 수행에 필요한 한도 내에서만 단편적으로 논의될 것이다. 필자는 아래에서 우선 베버의 지배개념을 살펴본 후, 그의 지배사회학의 전반적 논증구조를 간략히 개괄하겠다.

14) 이 연계성의 전모를 서술하는 것이 얼마나 지난한 작업인지는, 가령 오랜 베버 연구의 전통을 가진 서구학계에서마저도 개별개념이나 명제에 대한 연구는 무수히 많지만 아직 베버의 지배사회학 전반을 재구성한 연구서가 매우 드물다는 사실에서도 여실히 드러난다.

3) 〈권력〉과 〈지배〉

우선 베버의 〈권력〉 개념[15] 부터 살펴보자:

> 〈권력〉이란 한 사회관계에서 자신의 의지를 — 저항이 있을 때에도 — 관철할 수 있는 모든 개연싱을 뜻하는바, 여기서 이 개연성이 무엇에 근거하고 있는지는 문제가 되지 않는다(WG: 28).

이 정의에 따르면 우리가 생각할 수 있는 모든 종류의 자질과 모든 종류의 상황구도가 어떤 한 인간에게 〈권력〉을 행사할 수 있는 잠재력을 제공할 수 있다. 이렇게 볼 때 권력은 불평등상황에 대한 가장 포괄적인 상위개념이고 그런 이상 "사회학적으로 무정형(無定形)적"인 개념이다. 그런데 만약 우리가 자신의 의지를 타인에게 강요할 수 있는 가능성이라는 의미에서의 권력을 〈지배〉라고 규정한다면 〈지배〉는 하나의 거의 무소부재한 현상이 된다.

따라서 비단 경제 혹은 정치영역에서와 같이 명시적이고 가시적으로 〈지배〉가 행사되는 곳에서뿐만 아니라, 일견 지배와 무관한 듯한 현상들의 근저에도 어딘가 지배의 요소가 깔려 있다:

> 흔히 '지배적'이라고 표현되는 지위는 가령 사교클럽의 사회관계에서도, 강의실의 강단에서도, 연애관계 혹은 자선행위에서도, 혹은 학문적 담론에서도, 스포츠에서도 나타나거나 전개될 수 있다(WG: 542).

그러나 개념의 외연을 이렇게 넓게 잡을 경우 〈지배〉는 아눈적으로

---

15) 근세 권력개념사에 대해서는 황태연(1992) 참조. 물론 베버의 권력개념에 대해 황태연이 제시하는 〈도덕주의적〉 비판에 필자는 동의할 수 없다(같은 책: 177 참조). 조직의 관점에서 본 권력 문제에 대해서는 송복(1991: 20) 참조.

유용한 범주의 역할을 할 수가 없다. 그래서 베버는 이 지극히 다양한 지배현상들 중 사회학적으로 가장 중요한 현상들을 선별하여 우선 두 가지 큰 유형으로 묶어볼 것을 제의한다:

> 한편으로는 이해관계 구도에 기초한 지배(특히 독점적 지위에 근거한 지배), 그리고 다른 한편으로는 권위에 기초한 지배(명령권과 복종의무)가 있다. 전자의 가장 순순한 유형은 시장에서의 독점적 지배이며, 후자의 가장 순수한 유형은 가부장적, 관료적 그리고 군주적 권력이다.
>
> 전자에 있어서는, 순수 유형의 경우, 어떤 방식으로든 확보된 소유(혹은 시장유통이 가능한 숙련기술)가 전적으로 지배의 근거가 되며 여기서 지배란, 순전히 자신의 이해관계만을 좇는, 형식적으로 〈자유로운〉 피지배자의 행위에 대해 영향력을 행사함을 뜻한다. 이런 의미에서의 지배는 피지배자가 형식적으로 자유롭게 자신의 고유의 합리적인 이해관계를 추적할 수 있을 때만 성립된다. 후자(권위에 기초한 지배)의 지배 근거는 어떤 동기와 이해관계도 고려하지 않는 순수한 복종의무에 놓여 있다.
>
> 이 두 유형 사이의 경계는 서로 열려 있다. 그럼에도 불구하고 우리는 이 두 가지 유형의 첨예한 극단적 대립관계를 설정해야 하는바, 그렇게 하지 않고는 실제적 현상들의 경계선 없는 부단한 상호교류들에 대한 생산적인 변별화 작업을 수행할 수가 없기 때문이다. 즉, 이해타협을 통해 규제되는 시장교환, 다시 말하여 소유 그 자체에서 생겨나는 실제적인 권력과, 순수한 복종의무에 의거하는 가부장 혹은 군주의 권위적 권력 간의 차별화는 필수적인 것이다. 물론 이해관계 구도에 의거한 지배관계는 시간이 지남에 따라 얼마든지 형식적으로 규제된 권위관계로 전환될 수 있다. 더 나아가, 단순히 시장상황 혹은 이해관계 구도에 의해 형성된 지배관계는 바로 이러한 비규정성 때문에 특정한 복종의무에 의존하는 권위에 의한 지배보다 훨씬 더 억압적으로 느껴질 수 있다. 그러나 사회학적 개념구성을 위해서는 이런 것이 중요한 것은 아니다(WG: 544).

이러한 구분을 시도한 후 베버는 자신의 지배사회학의 대상은 위에서 언급한 두 가지 유형 중 후자(권위적 명령권이라는 의미에서의 지배) 임을 밝히면서, 전자(이해관계 구도), 특히 시장상황에서의 이해관계 구도에 기반한 권력은 논의의 대상에서 제외하고 있다. 따라서 최소한 자신의 지배사회학의 틀 속에서 베버가 의미하는바 〈지배〉는 다른 인간에게 '권력'과 '영향력'을 행사할 수 있는 모든 종류의 가능성(WG: 122) 을 뜻하는 것이 아니라 특정한 내용의 명령에 대해 적시 가능한 인간들에게서 복종을 얻을 수 있는 개연성(WG: 28) 을 뜻한다. 주목할 것은 베버가 여기서 개연성(*Chance*) 이라는 개념을 강조하고 있다는 점이다. 즉, 그는 지배관계를 어디까지나 항상 개연성을 가진, 변화 가능한 그리고 경험적인 사회적 관계로 보는바, 이를 통해 그는 지배관계나 구조의 〈실체화〉의 위험을 피하고자 한다. 이런 방식으로 규정된 〈지배〉는 앞서 서술한 매우 포괄적 의미의 '권력'의 한 특수한 경우이다(WG: 541).

이와 같은 이념형적 지배개념 규정을 출발점으로 하여 전개되는 베버의 지배사회학은 지극히 복잡다기한 이론적 그리고 역사적 논증구조를 가지고 있다. 이 논증구조는 대개 다음과 같은 3가지 주제를 중심으로 구성되어 있다. ① 지배의 〈정당성〉 문제, ② 수반(최고권력자) 과 막료의 관계, 즉 〈행정조직〉의 문제, ③ 지배구조의 발전사적 맥락이 그것이다. 그 외에, 베버가 지배사회학적 틀에서는 본격적으로 분석하지 않지만 사회이론적 함의가 적지 않은 문제를 하나 추가하자면, 그것은 지배유형과 행위유형 사이의 관계이다. 아래에서는 이 주제들을 간략히 고찰하기로 한다. 그러나 지면관계상 4가지 주제를 같은 비중으로 다룰 수는 없으므로, 여기서는 일단 〈정당성〉 문제를 중점적으로 논의하고, 다른 세 주제는 약술하겠다.

4) 지배의 〈정당성〉

베버의 지배사회학이 사회과학의 고전으로 정착하게 된 것은 그의 관료제론과 함께 무엇보다도 지배의 정당성 문제에 대한 그의 이론 때문이며, 사회학 개론의 필수항목으로 우리에게 친숙한 그의 유명한 지배유형론 역시 바로 이 정당성 문제를 핵심으로 하고 있다. 우선 정당성 문제가 가진 지배이론적 위상을 지적하자면, 지배관계를 〈사회적 관계〉로 파악할 때 우리가 고려해야 할 두 가지 차원 중 베버의 정당성론은 〈이념적〉 차원에서의 강제성(즉, 이념에 근거한 복종의무)과 상호지향성을 포착하고 있다. 그러나 정당성론에 깔린 베버의 문제제기를 일단 좀더 포괄적으로 표현하자면, 그것은 우리가 한 특정한 지배관계 내지 지배구조를 수긍하는 이념적 근거가 무엇인가 하는 점이다. 베버의 말을 들어보자.

> 언제, 어떤 대상에 대해서 그리고 〈어떤 한계 내에서〉 그리고 (경우에 따라서는) 어떤 특별한 조건(가령, 신 혹은 사제의 승인 혹은 선거인단의 동의 등등) 아래서 조직구성원들은 그 조직의 장에게 복종하며, 그의 막료들과 행정조직은 그가 〈지시를 내리거나〉, 특히 질서체계를 강요할 때 복종하는가? (WG: 27)

이 문제제기를 내용적으로 분석하기 전에 우선 명백하게 해두어야 할 것은, 베버는 정당성과 복종의 문제를 모든 규범적이고 당위적인 함의에서 유리시켜 일관되게 경험적·사회학적인 문제로 고찰하고 있다는 점이다(이 점을 간과할 경우 특히 합법적 지배의 정당성 문제에 관해서 베버를 곡해할 위험이 크다: 아래 참조). 이제 내용적으로 베버의 문제제기를 살펴보면, 지배질서에 대한 복종은 개인 혹은 집단에 있어서 매우 다양한 동기에 근거할 수 있다. 복종은 기회주의적 이유에서 위선적으로 수행될 수도 있고, 무의식적 습관 혹은 관습에서, 물질적 이해관계 즉 목적합리적 계산에서, 개인적 무력감 혹은 약점에서, 혹은 적나라한 폭력에 대한 두려움에서 수행될 수도 있다. 그리고 베버는 이러한 개별적 주관적 동기, 특히 〈관습과 물질적 이해관계〉가 〈일상적〉 차원에서 지배관계를 수용하는 데 직접적으로 작용하는 요인임은 자명한 사실이라고 강조하고 있다(WG: 122).

그러나 다른 한편으로 베버는, 지배관계가 지속성과 안정성을 가진 하나의 〈구조〉 또는 〈제도〉로 정착하기 위해서는 이러한 개별적인 특수동기들과 함께 또 하나의 요소가 필수불가결하다고 본다. 그것은 지배자 측에서 내거는 지배의 〈징당성 주상〉과 피지배자측이 지배질서의 〈정당성에 대해 가지는 믿음〉이다(WG: 122~123). 즉, 어떤 지배질서에 관여된 인간들(최소한 그들 중 다수가)이 질서 그 자체가 전범(典範)적이고 구속력을 가졌으며 그래서 정당하다고 믿는 것 및 그렇게 믿도록 하는 것(이것이 말하자면 지배의 이념적 강제성이다. WG: 16)이 지배의 구조화의 필요조건이라는 것이다. 다시 말하여, "직접적으로 위협하는 폭력에 대한 적나라한 공포가 순종을 규정하지 않는 모든 곳에서는 어디서나"(WG: 470), 위에서 예를 든 개별적 동기들 외에, 어떤 형태로든 "정당성 합의"가 필요하다.[16] 그리고 정당성을 확보한 지배에 비하면, 폭력에 대한 공포에 기초한 지배, 또는 순전히 목적합리적 동기(직접적인

16) 베버가 〈정당한〉 폭력행사권의 독점을 중심으로 〈국가〉를 정의내리며, 이것을 국가와 다른 모든 경제사회적 조직들을 가르는 결정적인 기준으로 삼고 있는 것은 잘 알려진 사실이다. 이렇게 볼 때, 바로 국가권력이 가진 이러한 〈특권〉 즉 폭력행사의 독점권이라는 특권은 여타 조직들과는 다른 〈정당화〉를 필요로 함은 자명하다. 베버의 정당성론의 출발점을 우리는 여기서도 찾을 수 있다. 아래 본론 참조.

물질적 이해관계)에만 혹은 관습에만 의존하는 지배관계는 월등히 그 존속기반이 취약하다.[17]

베버에 의하면 실지로 지금까지의 역사적 경험으로 미루어볼 때, 어떤 지배층도 자신의 지배의 존속을 위해 피지배자들의 물질적, 감성적 복종동기에만 의존한 적은 없고 항상 자신이 장악한 지배질서 그 자체의 "정당성"에 대한 믿음을 일깨우고 또 가꾸려고 노력했다(WG: 122). 즉, 어떤 지배도 장기적으로는 물리적 강제력 또는 단순한 이해관계적 타산에만 의존할 수는 없었으며 지배는 그것이 피지배자의 동의, 그것도 이념적 기반을 가진 동의를 어느 정도 기대할 수 있을 때 비로소 안정될 수 있었다는 것이다. 이러한 이론적·경험적 통찰을 근거로 베버가 내리는 결론은, 역사적으로 볼 때 지배층이 내거는 정당성의 성격이 어떠한가에 따라 권력행사의 성격, 복종의 성격, 또 복종을 확보하는 행정조직의 성격이 다르게 나타났으며, 따라서 지배의 종류를 그것이 가진 전형적인 〈정당성 주장〉을 기준으로 구분하는 것은 적절한 방법일 수 있다는 것이다(WG: 122).

베버의 이러한 제의를 우리는 두 가지 방식으로 해석할 수 있다. 첫째, 이 제의는 순전히 발견적이고(*heuristics*) 연구전략적인 성격을 가지고 있다. 둘째, 이 제의는 〈내용적·이론적〉 가정을 내포하고 있다. 즉, 지배관계 형성의 일차적 인과요인을 정당성이라는 〈이념적〉 요소에서 찾아야 한다는 가정(즉 지배현상에 대한 일종의 '유심론적' 해석)이 그것이다. 아래에서 상술하겠지만, 필자는 베버 지배사회학 전모를 두고 볼 때 앞서 말한 제의는 첫 번째 성격, 즉 발견적 연구 전략적 성격을

17) 베버는 목적합리적 동기에 기초한 지배관계는 가장 불안정한 — 가령 관습에 의거한 지배관계보다도 더 불안정한 — 지배관계라고 보고 있다(WG: 16). 그럴 수밖에 없는 것이, 목적의 달성과 함께 지배관계 유지의 동기가 사라지거나 약화되기 때문이다.

가지고 있다고 보는 것이 옳다는 생각이다. 이것은 베버의 지배현상 분석 중에는 역의 전략 즉 물질적 이해관계와 구조에서 이념을 도출하는 전략을 구사하는 수많은 경우들이 있다는 사실에 의해 충분히 입증되었다고 필자는 본다(아래 참조). 비록, 위에서도 언급했듯이, 베버는 〈이념적〉 차원을 결코 단순히 물질적 조건의 반영 혹은 〈사이비 현상〉으로 보지 않는 점을 고려하면 정당성 문제를 부각시키려는 베버의 시도는 분명히 앞서 언급한 의미에서의 〈내용적〉 차원도 내포하고 있음을 부인할 수는 없다고 하더라도 말이다.

베버는 주지하다시피 이 〈정당성 주장〉과 〈정당성 믿음〉의 근거로 3가지를 제시하고 있으며, 이것은 그의 유명한 3가지 〈정당한 지배의 순수유형〉을 형성한다.

① 〈합리적 · 합법적〉 지배유형: 〈형식적으로〉 올바르게 그리고 통상적인 방식으로 제정된 규약들에 대한 순응에 기초한 지배(WG: 19, 124; GARS: 1). 베버는 이 유형의 〈정당성〉을 〈합리적 성격〉이라고 규정하며 이 유형을 〈합리적〉 지배라고 부른다(WG: 124). 이것이 필자가 이 논문에서 중점적으로 분석할 유형이다. 민주주의적 지배유형은 특히 베버의 후기 저서에서는 주로 법치국가적 · 의회주의적인 민주주의와 동일시되며 이것은 합리적 지배유형에 귀속된다.

② 〈전통적〉 지배유형: 예부터 타당성을 지녀온 전통의 성스러움에 대한 일상적인 믿음 내지 항상 있어온 것의 타당성에 대한 믿음에 근거한 지배(WG: 124). 즉, 전통 및 이 전통을 체현하는 인간에 대한 〈충성〉 내지 〈외경〉(*Pietät*)에 기초한 지배.

③ 〈카리스마적〉 지배유형: 비일상적인 것의 성스러움 혹은 비일상적인 것의 가치에 대한 믿음에 바탕하는 지배.

물론 이 유형들은 어디까지나 〈이념형적〉 성격을 가지고 있으며 "우리가 역사적 현실에서 발견할 수 있는 지배형태들은 이 3가지 유형들의 조합, 혼합, 접목 및 전환에서 생겨난다"(WG: 550).

지배 정당성의 근거에 기초한 이 유형론의 높은 발견적 가치는 현대 사회이론의 발전사가 여실히 보여준다. 주지하다시피 〈전통주의〉는 특히 근대화 연구에서 핵심 개념이 되었으며, 카리스마 개념은 가령 초기 기독교, 히틀러주의 및 현대의 저항문화와 같이 지극히 상이한 현상들에 적용되고 있다. 합리적·합법적 지배 근거에 접목하여서는 가령 합법성의 정당성 문제에 대한 논쟁이 일어났는바(아래 참조), 이 논쟁은 아직도 그 시의성을 잃지 않고 있으니 이것은 베버가 이 개념으로 근대의 핵심 문제를 포착했다는 것을 증명해준다. 물론 이렇게 광범위하게 수용되는 동안 베버의 지배유형론은 또 많은 편파적 해석과 왜곡을 겪기도 했다. 이제 이 유형론의 성격과 의의를 좀더 상세히 살펴보면서 어디에 이런 편파적 해석의 소지가 있는지도 함께 규명해보기로 한다.

지배현상의 설명을 위해 근대 사회과학이 제시한 이론적 모델들을 그 기본성격을 기준으로 개괄하면 크게 두 가지 유형으로 대별된다.

① 〈이해관계이론〉: 이것은 다시 조화주의적 이론〔로크(Locke), 애덤 스미스(Adam Smith), 벤담(Bentham), 호만스(Homans)〕과 갈등주의적 이론〔홉스(Hobbes), 맑스주의 그리고 갈등론적 사회이론〕으로 세분화된다.

② 규범주의적 〈합의이론〉들: 뒤르켐, 파슨스, 하버마스 등(Wrong, 1980: 38).[18]

18) 물론 우리는 위 두 유형을 더 단순화한 도식도 확인할 수 있다. 즉, 레닌

그런데 정당성론을 중요한 축으로 하는 베버의 지배사회학은 일견 두 번째 유형인 규범주의적 진영에 속하는 듯하다. 실지로 지금까지 베버 수용사에서 그의 지배사회학은 흔히 그렇게 해석되었고, 베버는 〈지배〉의 〈관념주의적〉 이론가로 간주되었다(특히 지배유형과 행위유형의 연계를 통해 이런 인상은 더욱더 짙어졌다: 아래 참조). 이 해석은, 위에서도 언급했듯이, 가령 "프로테스탄티즘의 윤리와 자본주의 정신"의 유심론적 해석과 맞물려 설득력 있게 들렸으며 동시에 베버 사회학 전반을 하나의 〈관념주의적〉 내지 〈규범주의적〉(즉 물질적 현실적 이해관계보다는 도덕적 이념적 규범이 행위와 제도의 기본 동인이라는 입장) 이론으로 낙인찍는 데 유용한 구실을 제공했다.[19] 물론 정당성론의 특정관점과 그것이 베버 지배사회학에서 차지하는 막대한 비중을 생각하면 이런 해석이 전혀 타당하지 않은 것은 아니다. 그러나 "프로테스탄티즘의 윤리와 자본주의 정신"의 경우와 마찬가지로 지배사회학에 대한 이러한 해석은 여러 가지 이유에서 최소한 일면적인 베버 해석이고 더 나아가서 베버의 의도를 왜곡하는 해석이기도 하다.

우선, 앞서 보았듯이, 베버는 〈일상〉의 차원에서 피지배자의 〈순응〉은 현실적인 이해관계에 기초한 목적합리적 내지 이해타산적인 동기와 전통 및 관습에 의해 결정되며 앞서 말한 의미에서의 〈정당성 믿음〉이 이런 순응의 직접적이고 주된 근거가 아님을 누누이 강조한다

(Lenin)에서 알튀세(Althusser)에까지 이어지는 〈폭력 대 합의〉라는 도식(Bader, 1989: 328).

19) 이러한 규범주의적 베버 해석의 대표적인 예가 파슨스이다. 가령 정당성의 경우, 베버는 실질적인 규칙성으로서의 정당성을 의미한 반면, 파슨스는 이 실질적 규칙성을 규범적 타당성의 영역으로 몰고 갔다. 베버의 방법론이 바로 이런 것을 엄격히 경고함에도 불구하고 말이다(Beyme, 1986). 그래서 1970년대 중반 구조기능주의의 쇠퇴와 함께 미국에서는 베버의 이른바 〈탈파슨스화〉 작업이 진행되어야만 했다.

(WG: 123). 따라서 사회적 질서의 일상적 경험적 안정-불안정 문제에서 정당성 기제의 역할을 과대평가하는 것은 이론적으로나 경험적 분석 지표로서나 적절하지 않다.

이렇게 볼 때 정당성 문제가 심각하게 제기되는 곳은 지배의 〈일상적〉 상황이라기보다는 오히려 〈비일상적〉 상황, 경우에 따라서는 〈체제 위협적〉인 상황이다. 이 비일상적 상황에서는 지배질서의 밑에 깔린 정당성 합의의 실제적인 정도가 비교적 분명히 드러난다. 가령 정치사회적 혁명 상황에서는, 지배층이 가진 가용한 폭력 잠재력 외에, 지배질서의 정당성에 대한 합의의 실제적 정도가 그 사회질서의 존속 혹은 몰락에 있어 중요한 역할을 한다.[20] 따라서 위에서 언급한 두 가지 모델, 즉 이해관계론과 규범주의는 베버에게는 서로 배타적인 것이 아니라 상호보완적인 관계를 가지고 있다.

물론 〈정당성〉 개념을 좁게 이해하면 이 개념은 위에서 우리가 본 지배관계 수용의 개별적 동기나 목적합리적 이해관계와는 일단 구분되며, 그런 의미에서 이 개념이 초주관적이고 관념적인 요소를 내포하는 것으로 간주되는 것은 일견 타당하다. 그러나 이것이 곧 정당성 문제가 순전히 관념적인 문제라는 뜻은 결코 아님을 베버 자신이 다음과 같이 강조하고 있다: 지배의 정당성 — 이 정당성은 소유의 정당성과 매우 특정한 관계를 가지고 있다는 이유에서만이라도 — 은 결코 〈관념적인〉 함의만을 가진 것은 아니다(WG: 123).

이러한 여러 가지 관점들을 고려할 때, 베버의 정당성론의 이론적 성격은 이른바 〈이데올로기론〉과 맥을 같이한다고 보는 것이 옳을 것이다. 이 접목 가능성을 우리는 베버가 지배계층이 가진 정당화에 대한

---

20) 이 관점은 최근의 사회주의체제의 붕괴를 이해하고 설명하는 데 시사하는 바가 적지 않다. 한국의 최근의 정치적 변혁과정에서 정당성 문제가 한 역할도 그 예로 들 수 있다.

〈외적 그리고 내적 이해관계〉를 각별히 부각시키고 있는 데서 찾을 수 있다. 그러나 한 가지 중요한 관점에서 베버의 정당성론은 특히 정통 맑스주의 유의 이데올로기론과 구분된다. 후자가 지배 이데올로기를 포함한 모든 이념적 현상을 일단은 생산구조적인 〈토대〉의 이념적 반영물로서의 〈상부구조〉로, 더 구체적으로는 계급이해 및 계급지배로 환원시킨다면, 베버는 이 문제에서 훨씬 비환원론적 입장을 취하고 있다. 즉, 베버는 한편으로는 모든 이념적 현상이 — 가장 고상한 이념적 욕구까지도(WL: 162) — 계급상황 내지 물질적 이해관계와 물질적 조건에 의해 규정된다는 것을 인정(WL: 162) 하지만, 다른 한편으로는 이 인식을 계급환원론으로 교조화하는 것을 거부하면서 이념적 요소가 가진 일정한 자기논리와 자기역동성을 상정한다(WL: 162). 이것을 그는 〈세계상〉이라는 개념으로 집약하고 있는바, 세계상은 한 문화의 이념적 〈구조원칙〉을 담고 있는 그릇이다. 세계상론은 말하자면 베버 사회학의 〈해석학적〉 패러다임을 대변하며, 그의 사회학이 가진 문화이론적 내지 문화사회학적인 기둥을 표상한다.[21]

이렇게 볼 때, 베버의 지배 정당성 개념은 권력의 문화적인 정의라고 이해될 수 있다. 다시 말하여, 권력이 적나라한 폭력과 이에 대한 공포의 차원, 또한 직접적이고 한시적인 특수한 〈이해관계〉의 충족과 같은 차원을 벗어나 하나의 더 포괄적이고 문화적인 〈의미 내지 상징체계〉 즉, 〈세계상〉에 포섭되었을 때 비로소 〈권력〉은 〈지배〉로 전환될 수

21) 이 패러다임은 그의 문화비교론적 종교사회학에서 구체적으로 실현된다(양영진, 1989). 베버의 이러한 문화이론적인 패러다임 형성에 가장 큰 영향을 끼친 사상가 중의 하나가 니체라는 사실은 최근에 와서 점점 더 명확해지고 있다: 베버와 니체의 관계는, 베버가 거의 전적으로 신칸트학파의 영향하에 있었다는 해석이 주도적이었기 때문에 오랫동안 관심을 끌지 못했으나 요즈음에 와서 서서히 그 정당한 위치를 찾기 시작하고 있다. 물론 우리는 두 사람 간의 공통점과 동시에 베버의 독창성을 인식해야 한다(전성우, 1992 참조).

있는 것이다.[22] 그런데 위에서 언급했듯이, 이러한 상징체계로서의 세계상 형성의 뿌리를 베버는 순전히 형이상학적인 〈관념〉의 세계에서가 아니라, 〈현실〉 속에서 체험되는 사회적 불평등 상황 및 권력의 불평등한 분배에 대한 개인 혹은 집단들의 이념적 · 심리적 〈자기 정당화〉 욕구에서 찾고 있다. 이에 대한 베버의 진술을 들어보자.

> 지배 정당성의 근거 제시가 단순히 이론적 혹은 철학적 사변의 문제가 아니라 경험적 지배구조들의 매우 현실적인 차이의 근거가 되는 이유는 모든 권력, 아니 모든 삶의 기회 자체가 가진 자기 정당화에 대한 욕구라는 일반적인 사실에 놓여 있다. 가장 간단한 관찰만으로도 우리가 알 수 있는 것은, 두 인간의 운명 혹은 상황 사이에 어떤 눈에 띄는 차이점이 있다면 — 그것이 건강의 차이든, 경제적, 사회적 혹은 어떤 차이든 간에, 그리고 이 차이가 순전히 〈우연적〉으로 생겨난 것임이 아무리 분명히 드러나 보인다고 하더라도 — 둘 중 더 좋은 상황에 있는 사람은 자신에게 유리한 이 차이를 〈정당한 것〉으로, 자신의 상황은 자신의 〈업적의 결과〉인 것으로 간주하고, 다른 사람의 상황은 어떻게든 이 사람 자신의 〈잘못으로 인해 초래된 것〉으로 간주할 수 있고, 또한 그렇게 하고 싶어 하는 끊임없는 욕구를 느낀다는 사실이다. 이 욕구는 특권집단과 비특권집단 사이의 관계에서도 작용한다. 고도의 특권을 누리는 모든 집단이 만들어내는 〈신화〉는, 자신들이 〈자연적 혈통〉 우위성을 가지고 있다는 것이다. 그리고 권력 분배구조가 안정되어 있거나, 혹은 지배질서의 성격에 대한 사유가 합리화되지 못한 상황에서는 대중은 이 지배질서를 자연스러운 것으로 여기며 그래서 비특권층 대중도 앞서 말한 〈신화〉를 받아들이는 것이다. 그에 반해, 계급상황이 적나라하고 분명하게, 즉 모든 사람에게 자명하게

---

22) 베버의 세 가지 세계상 유형론, 즉 신화적, 종교적, 인간중심적 세계상론에 대해서는 Schluchter, 1979: 76~77 참조.

운명을 전적으로 결정짓는 힘으로 등장하는 시기에는 특권계층의 바로 앞서 말한 신화, 즉 개개인 스스로가 자신의 운명의 주인이라는 신화야말로 비특권층을 가장 격렬히 분노하게 하는 사안 중의 하나이다. 특히, 근대의 계급투쟁에서는 이 신화 및 이 신화에 근거하는 〈정당성〉 위세야말로 가장 강력하고 효과적인 공격의 대상이다. 우리가 의미하는 모든 지배의 기술적 의미에서의 존속 여부는, 자신이 설정한 정당성 원칙을 생각할 수 있는 가장 강력한 방법으로 옹호하면서 자신의 지배를 정당화하는 전략에 달려 있다는 것은 두말할 나위도 없다(WG: 549~550).

베버의 〈정당성론〉 및 〈세계상론〉의 밑바닥에는 이렇게 인간 특유의 사기 정당화 욕구 — 이것이 이른바 〈의미욕구〉라는 다소간 추상적 형이상학적 욕구의 중요한 실질적 내용이기도 하다 — 에 대한 가정이 깔려 있는데, 세계상이 하는 역할 중의 하나는 바로 이러한 이념적·심리적인 욕구를 충족시켜주는 것이며 그런 의미에서 그것은 불가피하게 〈이데올로기적〉 성격을 띠게 된다. 위의 인용문에서도 표현되었듯이, 〈가진 자〉와 〈힘센 자〉는 단순히 자신의 부와 지위 그 자체에 만족하는 것이 아니라, 이것들이 동시에 자신의 〈정당한〉 몫이라는 것을 〈믿고〉 싶어 하고 또 믿게 하려는 것이다. 마찬가지로 〈못 가진 자〉와 〈힘없는 자〉는 단순히 이 불평등상황 자체를 어쩔 수 없이 수용할 뿐 아니라, 더 나아가 이 불평등을 〈해석〉하거나 해석 받고자 하며 이를 통해 최소한 이념적으로 〈보상〉 받기를 원한다(니체의 〈노예의 윤리〉와 맑스가 종교를 〈아편〉으로 해석한 것은 이 맥락에서 이해될 수 있다). 바로 이런 정당화 및 해석욕구가 곧 〈이데올로기〉, 〈문화〉 및 〈가치〉의 영역이다. 그러나 동시에 이것이 왜 세계상의 영역이 일정한 사기논리와 사기역동성을 가지게 되는가 하는 이유이기도 하다. 즉, 인간의 행위를 규정하는 일차적 요인이 물질적 이념적 이해관계인 것은 사실이지만 모든 이해관계적 행위와 사회관계—이것의 가장 첨예한 예가 바로 지배관계이다—는 일단 앞서 말한 자기 정당화 욕구를 이념적으로 충족시켜주는 세계상에 근거한 〈해석〉의 과정이 개입되는 것이다.[23]

이렇게 볼 때 베버의 정당성론은 정치적 권력의 내적인 한계에 관한 이론 내지 권력의 한계지음 이론이기도 하다. 왜냐하면 정당성 근거는 단순히 권력자가 자신의 권력의 정당화에 활용하는 이데올로기적 수단일 뿐 아니라 동시에 피지배계층에게는 바로 권력자들의 절대 권력을 제한하고 그 한계를 정해주는 역할을 하기 때문이다. 가령 〈전통〉의 성스러움은 한편으로는 예컨대 군주의 권력행사의 근거가 되지만, 다른 한편으로는 바로 이 군주 자신도 쉽게 자의적으로 침범할 수 없는 '성스러운 전통' 영역으로 간주되며 따라서 그의 권련이 가진 한계선을 설정해주는 역할도 한다. 이렇게 볼 때 정당성론은 이른바 〈대항 이데올로기〉 형성의 필수성과 가능성을 전제로 하는 이론이다.

이념과 이해관계 사이의 상호작용과 〈해석적〉 과정의 필연성에 대한 베버의 입장은 인간행위와 역사발전에서 〈의식〉 내지 이념의 역할에 대한 정통 맑스주의자들의 입장과는 좋은 대조를 이루지만, 그러나 다른 한편으로 바로 이 문제에 대한 정통 맑스주의의 결핍을 보완하려는 각종 네오 맑스주의자들의 수정된 이데올로기론과는 매우 근접한 입장이다.[24] 네오 맑스주의 진영 내에서도 특히 그람시(Antonio Gramsci)

---

23) 베버의 유명한 〈전철수〉 비유를 참조(RS I: 253). 이 비유는 이념의 자승자박(自繩自縛)적 속성을 잘 표현하고 있다: 즉 이념(여기서 주로 정치·사회적 이념)은 분명히 이해관계에서 출발하지만, 그러나 한번 형성되고 나면 이념의 창출자들은 바로 이 이념에 의해 자승자박의 상황에 처하게 될 수도 있다는 것이다. 이 명제는 인간의 행위의 동기를 단순화된 공식으로 환원하려는 유물론적 그리고 유심론적 설명전략들에 대한 경고이며, 베버의 반환원론적 입장을 표현한다.

의 입장과 베버의 입장은 일련의 접목 가능성을 보여준다. 왜냐하면 그람시는 상부구조 개념을 비환원주의적으로 재정의 내리고자 하기 때문이다. 즉, 그람시는 상부구조와 하부구조와의 관계를 하나의 구조적 혹은 기능적인 연결고리로 보는 것이 아니라, 하나의 의미연관 맥락으로 파악하고자 한다. 그에 의하면 원래 그 속성상 의미창출과는 직접 연계되지 않는 물리적 생산양식인 '토대'는 상부구조의 매개를 통해서 비로소 행위 준거점으로서의 위상과 의미를 획득한다는 것이다. 그에게 특별히 중요한 것은, 토대가 정치적 행위를 규정하는 과정은 직접적으로 일어나는 것이 아니라 해석을 통해 중재되어 일어난다는 점이며, 이것이 그의 〈헤게모니론〉에 깔린 기본 시각이기도 하다(Gramsci, 1967). 즉, 전체적으로 볼 때 그의 명제는, 사회적·역사적 영향관계 안에서 우리는 이미 해석을 거치지 않은 '순수한' 토대를 분리해낼 수는 없으며, 정치적 지배 역시 언제나 강제와 동의의 결합으로 구성되어 있다

24) 네오 맑스주의자들이 진작부터 인식했던 것은, 역사적 유물론을 하나의 일반적 사회이론으로 재구성하려면 이데올로기적 현상에 대한 포괄적인 재해석이 불가피하다는 것이다. 구조주의적 맑스주의가 제시하는 재해석 모델에 의하면 이데올로기, 혹은 더 정확하게는 이데올로기적 기능은 — 이것은 매우 다양한 구조를 통해 충족될 수 있는 기능이다 — 사회의 보편적이고 필수적인 요소이다. 즉, 이데올로기가 없는 사회적 생활이란 상정될 수 없는 것으로 간주되며 그래서 탈 이데올로기적 이론에 대한 구상도 포기된다. 이제 가능한 것은 이데올로기 내에서 비판적인 거리를 유지하는 것일 뿐이라는 것이다(Arnason, 1988). 따라서 이데올로기는 이론 구성의 지속적인 준거틀임이 인정된다. 가령 아나슨(Arnason)이 네오 맑스주의자들이 보는바 이데올로기의 기능이라고 지적하고 있는 다음과 같은 관점들은 베버의 입장과 크게 다를 바 없다: ① 세계상의 구성, ② 욕구구조, 행위성향 및 정당성 이념의 형성, ③ 이 기능들은 개인과 사회 간을 중재한다. 그러나 이런 모든 수정들에도 불구하고 구조적 맑스주의는 결국에는 의식구조란 하나의 부차적 내지 도출적 역할만을 한다는 기본가정을 버리지 못하고 또한, 만약 〈맑스주의〉라는 자기정체성을 포기하지 않으려고 하는 한, 버릴 수도 없다.

(Gramsci, 1967)는 것으로 요약될 수 있는데, 이것은 바로 베버의 입장이기도 하다.[25]

이와 같이 〈이데올로기론〉의 관점에서 볼 때, 베버의 정당성론은 한편으로는 〈이데올로기〉를 지배양식의 필수적인 구성요소로서 확인하면서, 다른 한편으로는 이데올로기의 단순한 계급환원론적 해석을 거부하고, 이데올로기를 포함한 이념적 영역의 상대적인 자기논리와 자기역동성을 강조하는 것으로 정리될 수 있다. 위에서 논의된 정당성 근거의 이념적 자원은 결국 지배자와 피지배계층이 공유하는 〈세계상〉— 물론 세계상의 발생론적 맥락에서는 지배계층의 이해관계가 결정적인 역할을 하지만 — 에서 찾을 수밖에 없고, 이 세계상은 일단 모든 행위의 포괄적인 준거틀을 제공하면서 일정한 자기역동성을 가진다. 이것이 왜 베버가 지배관계를 〈일방적〉 관계가 아니라, 정당성 〈주장〉과 정당성 〈믿음〉에서 표현되는 최소한의 이념적 상호지향성과 강제성 — 정당성 이념이 부과하는 복종의무 — 에 근거한 하나의 〈사회적 관계〉로 보는가 하는 까닭이다.

그런데 베버가 지배를 일단 〈사회적 관계〉의 관점에서 보고 있음은, 그가 지배 문제를 일차적으로 수장(首長)과 막료 사이의 사회적 관계에서 풀어나간다는 점에서도 드러난다. 그리고 베버는 이 사회적 관계의 형성 및 유지조건에서 지배의 조직화와 제도화 과정을 도출해낸다. 이로써 우리는 베버 지배사회학의 두 번째 기둥, 즉 행정막료와 행정조직의 문제로 넘어간다.

---

25) 베버가 그람시의 사상형성에 끼친 영향이 상당하다는 〈정황증거〉(가령 그람시는 옥중생활 중 베버 저작의 일부를 숙독하고 수용했다)는 충분하지만 아직 본격적인 규명은 이루어지지 않고 있다(Levy, 1987).

5) 행정막료와 행정조직

사실 베버는 정당성 문제가 제기되는 현실적인 맥락을 행정수뇌부와 막료 사이의 관계로 집중시키는 경향이 있다. 즉, 그의 지배사회학이 주로 관심을 기지는 대상은 **정치적 지도자와 그의 행정수뇌부 사이의 정당성 관계의 성격**(WG: 123)이며, 넓은 의미에서의 피지배계층 일반에 대한 관심은 이에 비해 상대적으로 낮다. 이를 근거로 베버의 지배사회학이 너무 '지배자 중심적'이고 '피지배자에 대한 무관심'에 차 있다는 비판이 흔히 제기되곤 했다(Merquior, 1980).[26]

이런 비판은 온당한 것이긴 하다. 그러나 위에서 누차 강조된 사실, 즉, 베버가 지배 문제를 (최소한 그 출발점에서는) 어떤 거시적 〈구조요인〉에서가 아니라 〈사회적 관계〉의 관점에서 접근하고 있다는 사실을 고려하면 베버의 이런 편향은 일단 이해되는 일이다. 왜냐하면 지배관

26) 실지로, 앞서 지적했듯이, 베버는 대중에 있어서는 일상적인 경우 습관과 물질적 이해관계에 의해 규정되는 외적인 순응이 주도적인 성향이라고 가정한다(WG: 122). 물론 비일상적 상황에서는 이러한 성향이 바뀔 수 있으나, 이 전환의 방향은 주로 감정적이고 카리스마적인 형태를 취하는 쪽이다. 이 점에서 베버는 그 당시의 대중심리학의 연구결과들을 참조하고 있다(WG: 658, 686f, 667f). 대중의 성향에 대한 베버의 이러한 입장을 곧바로 엘리트주의적 이데올로기와 연결시켜 그에게 역사발전에서 민중경시론의 올가미를 씌우는 것은 최소한 매우 성급한 짓이다. 왜냐하면 베버의 이러한 입장은 어떤 이데올로기에 기초했다기보다는 우선 대다수 민중의 현실적 상황에 대한 해석의 결과이다. 즉, 그들은 경제적으로 〈생업에 묶여 있으며〉(베버는 이것을 *ökonomisch unabkommlich*라고 표현하고 있다), 이러한 예속상황은 이들에게 일상적 관습과 이해관계의 틀을 벗어나는 인지적 자기성찰의 여지를 매우 한정된 범위 내에서만 허용한다. 그런데 (아래에서 논의하겠지만) 지배의 정당성 문제는 〈인지적〉 요소가 강하고 무엇보다 〈가치합리적〉 행위에 연계되어 있다(Döbert, Breuer). 그리고 이렇게 제한된 의미에서의 정당성 문제에 관한 한 민중 일반의 개입 여지는 축소될 수밖에 없다

계를 하나의 사회적 관계로 볼 때, 이 관계를 직접적이고 지속적으로 맺는 두 당사자는 일단 수장과 막료층이며, 그에 반해 피지배자 일반과의 관계는 간접적이고 매개적인 방식으로 형성되기 때문이다.

수장과 막료의 관계 역시, 모든 사회적 관계가 그러하듯이, 두 가지 차원에서 분석될 수 있는바, 물질적·이해관계적 측면과 당위적 관념의 측면이 그것이다. 그리고 〈행정조직〉이란 이 두 차원에서의 사회적 관계의 제도화의 결과이다. 그런데 위에서 인용했듯이, 베버는 역사적으로 볼 때, 지배층이 내거는 정당성의 성격이 어떠한가에 따라 권력행사의 성격, 복종을 확보하는 행정조직의 성격이 다르게 나타났다(WG: 126)고 본다. 물론 베버는 정당성 유형과 행정유형 사이에 엄밀한 인과적 도출관계가 있다고 주장하는 것은 아니다. 그러나 다른 한편으로 이 두 가지 현상 간에는 분명히 〈선택적 친화력〉의 관계가 존재하는데, 그도 그럴 것이, 사회적 관계로서의 수장-막료관계의 이념적 기반인 '세계상'의 자원은 임의적으로 선택되거나 창출될 수 있다기보다 비교적 고정된 것이며, 따라서 복종의 강요를 위해 동원 가능한 이념적 자원의 성격, 즉 정당성의 성격은 막료의 유형을 어느 정도까지는 규정할 수밖에 없기 때문이다. 이런 관점 하에서 베버는 전통적, 카리스마적 및 합법적 지배유형 내지 정당성 유형에 상응하는 행정막료와 행정조직의 제반 형태들을 분석하고 있다. 그런데 복종대상의 성격을 기준으로 보면 위의 3가지 지배유형은 다시 두 가지 범주로 압축될 수 있다: ①〈인간〉에 대한 복종, 가령 전통의 성스러움을 체현하는 인간(군주), 카리스마적 자질을 가진 인간, ②객관적이고 형식적인 규범에 대한 복종이 그것이다. 이에 상응하여 행정막료의 성격도 크게 두 가지 유형으로 집약될 수 있다: 〈인간〉에 대한 충성을 기초로 하는 〈개인적 행정막료〉(WG: 130~133)와 규칙에 준거하는 형식조직이 그것이다. 여기서 보듯이, 베버는 행정막료가 형성되기 전의 지배상황—그 예는 원시가부장제와

〈원로정치〉이다 — 은 아직 〈준〉지배적인 〈동지〉관계의 상황이라고 본다(WG: 133) (이렇게 볼 때, 개인적인 행정막료의 출현이 지배의 역사에서는, 은유적으로 표현하자면, 일종의 〈원죄〉에 해당한다).

베버 지배사회학의 가장 큰 부분을 차지하는 것은 사실 이 두 가지 주요 축을 중심으로 수행되는 〈행정막료와 행정수단의 사회학적 구조〉(WL: 475)에 대한 분석이다. 왜냐하면 베버에 의하면 **지배는 일상생활에서는 일차적으로 행정**(WG: 126, 154, 545, 548ff)이기 때문이다. 이 분석을 통해 베버는, 위에서 보았듯이 자칫 관념주의적 함정에 빠질 수 있는 그의 정당성 관점을 상대화하면서 동시에 이 관점을 제도적 사회구조적 차원에서 보완하고 있으며, 또한 지배현상의 이 두 가지 측면 즉 〈이념적 · 이데올로기적〉 측면과 〈제도적〉 측면에 대등한 위상을 부여할 수 있게 된다(Schluchter, 1979: 123). 베버는 구체적으로 행정수단의 발전수준(전쟁 운영수단까지 포함)과 행정막료들의 소유권한 내지 소유권 박탈대상(예를 들어 관직 및 영리행위 가능성, 명령권 및 통치권, 관리수단 등의 소유와 박탈)을 세밀히 분석한다. 동시에 베버는 행정체계 외적인 요인들과 이런 행정조직 내적인 요인들과의 상관관계를 포착한다. 예를 들면, 경제적 조건과 지배조직, 환경요인(하천문명, 해안문명, 내륙문명 등)과 지배조직, 사회구조(신분 혹은 계급)와 지배조직 등[27]이 그것인데, 지면관계상 여기서는 이에 관한 매우 흥미롭고 중요한 분석들을 일일이 논의할 수 없으므로, 아래 도표를 통해 이 문제에 대한 베버의 견해와 앞서 말한 정당성 문제와의 상관관계를 압축시켜

27) 그러나 베버는 하위체계들 간의 이러한 상관관계를 주로 전근대적 고도문명세계를 대상으로 집중적으로 분석하고 있다. 사실 베버의 역사사회학 전반이 전근대시기의 고도문명을 중점적으로 분석하는 반면, 뒤르켐과는 대조적으로, 원시 및 초기 문명 시기는 상대적으로 소홀히 하고 있으며, 또 가령 짐멜과 비교할 때 최근세의 문화적 경향에 대한 분석의 비중 역시 상대적으로 낮다.

특성 유형	전통적 유형	합리적 유형	카리스마적 유형
1 정당성	전통 혹은 전통을 체현하는 인간에 대한 〈외경〉(충성)	합법성	소명
2.조직 2.1 권력분할	신분적	입헌적	부재
2.2 지배수장	특권 소유자	(헌법)기관	찬탈자
2.3 행정막료	신하	관료	추종자 · 심복
2.3.1 행정구조	특권적 위계질서	관청의 관할권 위계질서	소명 받은 자의 구체적 능력
2.3.2 관직	개인적인 소유대상	객관화된 업무영역	관직을 〈소명〉으로 간주
2.3.3 충원	출생신분, 명예, 소유	전문자격	은총의 소유 여부
2.3.4 계층구조	출생신분제 및 소유계급	영리신분 및 영리계급	엘리트 구조
2.4 피지배자	전통적 동지 혹은 신민	국가시민	추종자
3. 하위체계들 간의 관계	층화된 분화	기능적 분화	무관
4. 경제적 기반	조직화된 수요충족 내지 자급자족 경제	조직화된 교환경제	노획 혹은 박애공산주의

참조: 슈르흐터(1979: 177).

제시하고자 한다(Schluchter, 1979: 177~178, 183).

이 도표에서 제시된 〈전통적〉, 〈합리적-합법적〉 그리고 〈카리스마적〉 지배유형은 사회체제의 정당성 및 사회조직의 틀을 규정하는 일종의 사회학적 〈구조원칙들〉이다. 이 구조원칙들이 역사의 장에서 구체적으로 어떤 형태로 실현되는가 하는 문제는 물론 그때그때의 역사적 경험적 조건 — 우연적인 사건까지 포함하여 — 에 달려 있지 결코 일반이론적으로나 역사철학적으로 해결될 수 있는 문제는 아니다. 이 역사적 조건에 따라 가령 '전통적 지배'의 구조원칙은 가부장적 지배, 가산제적 지배, 봉건제 혹은 신분국가의 형태로 실현될 수 있다〔슐루흐터(Schluchter)는 이러한 역사적 구체적 실현형태들을 〈구조형태〉라고 부르며 앞서 말한 〈구조원칙〉과 구분한다]. 또 〈합리적 지배〉의 구조원칙은 〈직접민주주의〉, 〈간접 내지 의회민주주의〉, 〈조합주의〉, 〈사회주의〉 등의 형태로 실현될 수 있다.

구조원칙의 이러한 구체적인 역사적 실현과정에서 〈정당성〉 문제는, 위에서도 언급했듯이, 정치적 권력의 〈내적〉 가능성과 한계의 기본틀을 제공하며, 〈행정조직〉의 문제는 정치적 권력의 〈외적〉 가능성과 한계의 기본틀을 제공한다. 그리고 이 기본틀을 확인하고 개념화·이론화하는 것이 바로 사회학의 과업이다. 그러나 다른 한편으로 앞서 말한 가능성과 한계의 선이 구체적으로 어디에 놓여 있는지는 어디까지나 하나의 역사적 문제이며, 따라서 결국 역사적으로밖에 그 해답을 찾을 수가 없다. 이로써 우리는 베버 지배사회학의 세 번째 기둥, 즉 지배구조의 발전사적 맥락으로 넘어가게 된다.

6) 지배구조의 발전사

전반적으로 볼 때 베버는 자신의 발전론적 시각을 개진하는 데 매우 조심스럽다. 그리고 혹 발전론적 명제들을 제시하더라도 이 명제들을 수시로 그의 유형론적·구조론적 시각으로 상대화하며 통제하고 있다. 그래서 베버는 기회 있을 때마다 앞서 말한 자신의 지배유형론을 지배구조의 〈발전단계론〉으로 오해해서는 안 된다는 점을 강조하고 있다. 베버의 이러한 태도를 이해하기 위해서는 베버 당시(19세기 말~20세기 초) 사회과학은 교조적 진화론에 의해 깊이 각인되어 있었으며 각종의 진화론적 발전론들이 창궐하고 있었다는 사실을 상기할 필요가 있다(Roth, 1987: 285). 다시 말하여 이 시기는 근대 초기의 진보주의, 방법론적 전체주의 및 형이상학적 이념의 잔재가 아직 곳곳이 남아 있던 시기였다. 그런데 베버는 그 당시의 진화론적 발전단계론들 대부분에 매우 비판적 입장을 취했으며 이들을 추상적인 모델의 신격화 혹은 〈낭만적 사기〉로 간주했다(WL: 184; WG: 278ff).

그러나 물론 이런 평가에서 곧장, 베버가 역사의 방향성을 완전히 부인했다거나 무시했다는 결론을 도출하는 것은 합당치 않다. 왜냐하면 가령 〈합리화 과정론〉을 비롯하여 베버의 수많은 역사사회학적 설명틀은 이러한 역사발전의 방향성을 포착하는 이론들이기 때문이다. 특히 우리의 관심사인 지배구조의 발전방향에 관련해서도 베버의 이러한 방향성 설정 시도가 확인될 수 있다. 이 방향성을 베버는 인간에 의한 지배에서 일반적·객관적 규칙에 의한 지배(WG: 219, 157ff)로의 전환이라고 규정하고 있다. 다만, 베버는 합리화 과정을 포함한 모든 역사발전은 단선적이고 단계적으로 진행된다기보다는 오히려 수많은 〈대참사〉와 혼란, 갑작스러운 역진, 불연속성으로 점철되어 있다고 보았다.[28] 만약 역사의 방향성에 대한 〈이념형적〉 가정을 출발점으로 삼되, 그 진행과정 자체는 비단선적, 불연속적 요소를 내포하고 있으며 따라서 이 방향성 자체마저도 결국은 〈개방〉되어 있다는 입장을 〈진화론〉으로 정의 내린다면 베버는 이런 의미에서는 진화론자였다.[29] 그러나, 베버의 주안점은 이러한 거시적 방향성 내에서 작동하는 기제들의 비연속성과 비순차성의 분석에 있었다. 이 점은 특히 이른바 '전통'과 '근대'의 비순

28) 이런 의미에서의 '열린' 발전개념을 전제로 할 때 비로소 우리는 베버가 근대사회가 성취한 엄청난 업적들 — 베버는 이것을 흔쾌히 인정한다 — 에도 불구하고 왜 그가 이 문명을 고도로 위기에 찬 문명으로 보았으며 이 문명에 잠재해 있고 또 가시화되는 폐쇄화와 정체, 재경직화의 경향에 저항했는지를 이해할 수 있게 될 것이다(Breuer, 1991: 31). 이렇게 볼 때, 베버는 근대화이론가들이 그를 이해한 것과는 달리 〈전통〉과 〈근대〉의 대립성 내지 순차성을 과도하게 강조하는 이분법을 거부하고 있다.

29) 이런 의미에서의 진화론적 분석의 탁월한 사례들을 우리는 베버의 고대사회 붕괴에 관한 연구와 그의 도시사회학적 분석(전성우, 1984)에서 찾아볼 수 있다.

차성과 혼재성에 대한 그의 예리한 통찰들에서 발견된다. 그리고 우리는 이것을 그의 지배구조 발전론적 고찰에서도 확인할 수 있다.

베버는 곳곳이 이른바 합리적·합법적 지배구조 내에 온존하는 전통적 요소를 분석했으며,[30] 또 역으로 이른바 전통적 지배구조가 가졌던 합리화 잠재력을 추출해낸다.[31] 특히 그의 가리스마론은 〈전통〉과 〈합리성〉이라는 이분법을 상대화하면서 지배구조 및 더 나아가 사회체제가 직면할 수 있는 〈대참사〉 혹은 〈대변혁〉의 가능성을 개념화한다. 그래서 카리스마적 지배유형은, 분석적으로 볼 때, 위에서 언급한 지배구조의 발전사적 차원에서만 이해될 수는 없다. 왜냐하면 베버는 카리스마적 지배를 〈인간에 의한 지배〉 및 〈객관적-합리적 규칙에 의한 지배〉라는 대립 개념 이외에 〈일상적-비일상적〉이라는 개념을 빌려 서술하고 있기 때문이다. 다시 말해, 그는 일상적인 성격을 가진 〈전통적〉 지배 및 〈합리적〉 지배와는 달리 카리스마적 지배는 비일상적인 것으로 상정한다. 따라서 이 지배는 다른 두 가지 지배유형과는 달리 하나의 역사적 단계로 이해될 수 있는 것이 아니라 오히려 하나의 〈대안적〉 성격을 지닌 지배유형으로 이해되어야 하며, 그 결과 카리스마적 지배는 전통적 지배의 틀 속에서나 합리적 지배의 틀 속에서나 모두 하나의 구조적 가능성으로 존재하게 된다(물론 이 가능성은 근대의 합리적 세계상과 지배구조의 조건하에서는 지극히 축소되어 있는 게 사실이다. 이에 대해서는 아래 참조).

---

30) 가령 로스는 베버의 이런 관점을 활용하여 미국의 합법적 지배가 〈보편주의적 인물주의〉(*universalistischer Personalismus*) 경향을 배태하고 있고, 맑스-레닌주의의 카리스마적 지도력 주장은 새로운 가산제와 전통주의를 낳았음을 탁월하게 묘사하였다(Roth, 1987).

31) 베버의 중국국가론은 전통적 중국국가가 지녔던 괄목할 만한 합리성 잠재력에 대한 지적으로 가득 차 있다(유석춘, 1992).

결론적으로, 베버는 지배구조가 역사적으로 〈합리적-합법적〉 유형을 향해 발전해 왔음을 가정하지만, 그러나 그에 의하면 이 발전경향은 전통적, 합법적 그리고 카리스마적 지배유형 간의 복합적 상호작용과 상호견제에 기반하여 진행되는 것이지, 어느 한 유형의 다른 한 유형에 의한 완벽한 대체로 해석될 수는 없다.

베버 지배사회학 전반에 대한 개괄을 이제 우리는 한 가지 매우 논란이 많은 문제, 즉 베버 지배사회학의 '행위이론적' 함의라는 문제를 살펴보는 것으로 마무리 짓고자 한다.

7) 지배유형과 행위유형

막스 베버의 행위유형론은 그의 지배유형론에 못지않게 유명하며 또 현대 사회학의 발전에 남긴 깊은 족적 면에서도 지배유형론에 뒤지지 않는다. 그리고 앞장에서 서술했듯이, 이 두 유형론이 체계적으로 상호 연계되어 있다는 것이 필자의 베버 지배사회학 재구성의 출발점이었다. 즉, 필자는 베버가 지배문제를 원칙적으로 〈사회적 행위〉와 〈사회적 관계〉의 관점에서 본다는 가정에서 출발했던 것이다. 이러한 체계적 연관성은 우선 두 유형론에서 사용되는 개념들의 유사성에서 명확하게 나타난다. 그러나 이런 연결작업에서 우리가 부딪히는 문제는, 베버가 〈사회적 행위〉의 경우 4가지 유형을 제시한 반면에 〈지배〉에 있어서는 3가지 유형만을 제시하고 있다는 사실이다. 잘 알려져 있다시피 베버는 '행위'의 경우 목적합리적, 가치합리적, 전통적 그리고 감성적 행위 등 4가지 유형을 제시하고 있다. 이에 반해 '지배'의 경우 그는 합리적, 전통적 그리고 카리스마적 지배 등 3가지 유형만을 제시하고 있다.[32] 그런데 4가지 요소를 가진 유형론과 3가지 요소를 가진 유형론을 서로 결합시킬 수 있는 이론적 가능성이란 많지가 않다. 지금까지 베버 연구에서 제의된 해결책들을 우리는 다음과 같은 두 가지 관점으로 압축시킬 수 있다.

① 또 하나의 지배유형, 즉, 〈가치합리적〉 지배유형을 추가시킨다(Münch, 1976; Prewo, 1979).

② 두 가지 행위유형을 묶어 하나의 지배유형에 연계시킨다. 기령 목적합리성의 요체로서의 합법적 지배유형은 동시에 항상 자연법적, 가치합리적 요소를 함축하고 있다는 주장(Winckelmann, 1986; Habermas, 1981).

필자의 소견으로는 이 문제는 두 가지 차원을 가지고 있으며 이 두 차

---

32) 이 자리에서 베버의 행위이론을 상론할 수는 없고 단지 합리성 문제와 관련된 이 이론의 핵심적 관점만을 간략히 언급하겠다. 베버의 네 가지 행위유형들 즉 목적합리적, 가치합리적, 감성적 그리고 전통적 행위유형은 합리성의 차등질서에 따라 분류되며, 여기서 차등화의 기준은 행위를 구성하는 요소인 수단, 목적, 가치, 행위결과 등에 대한 의식적 자기조율의 정도이다. 합리적으로 완벽히 자기조율된 행위는 행위자가 특정한 가치지평하에서 의도적으로 목적을 선택하고 이 목적의 실현과정에서 수단을 목적에, 목적을 부작용에, 그리고 마지막으로 다양한 서로 상이한 목적들 그 자체를 서로 대비시켜 검토하는 행위이다(WG: 13). 이런 의미에서 합리적으로 완벽히 통제된 행위는 목적합리적인 행위이다. 다른 행위유형들에서는 합리적 조율의 대상이 줄어든다: 가령 가치합리적 행위에서는 〈결과〉가 고려되지 않고, 감성적 행위에서는 〈결과〉와 〈가치〉가, 마지막으로 전통적 행위에서는 〈결과〉, 〈가치〉 그리고 〈목적〉이 고려되지 않는다. 우리는 이 도식을 이용하여 행위의 합리성 정도를 규정할 수 있다. 즉, 위에서 제시된 행위의 구성요소들의 내용을 자의적으로 결정할 수 있는 가능성이 크면 클수록 그 행위는 합리적인 것이고, 동시에 이 행위의 자율성도 역시 늘어난다. 따라서 〈합리성〉과 〈자율성〉은 서로 불가분의 관계를 지니고 있다(전성우, 1992; Schluchter, 1979: 193). 합리성과 자유의 문제 및 합리성의 유형화(가령 〈주관적〉, 〈객관화된〉 합리성, 〈실제적〉, 〈형식적〉 합리성, 〈실질적〉, 〈이론적〉 합리성 등)에 대해서는 Levine(1967) 참소. 베버 합리성 개념의 문제점에 대해서는 배동인(1997) 참조.

원은 서로 구분되어야 한다. 첫 번째 차원은, 제도적으로 이미 정착된 일상적 지배관계의 경우로서, 이 경우에는 두 가지 지배유형 ―〈전통적〉, 〈합법적〉 유형 ― 과 두 가지 행위유형 ―〈전통적〉, 〈목적합리적〉 행위유형 ― 은 서로 상응관계를 가지며 상호 강화하는 기능을 한다. 그에 반해 카리스마적 지배유형은 이러한 일상화의 맥락에서는 그 입지가 매우 좁고 따라서 최소한 지배문제에 관한 한 〈전통적〉 그리고 〈합법적〉 지배유형에서는 〈감성적〉 행위의 작용 여지도 극소화된다. 두 번째 차원은, 어떤 지배질서의 〈정당성〉을 믿는(혹은 믿도록 유도하는) 〈행위〉의 차원이다. 이 차원을 중심으로 지배유형을 고찰한다면 ― 위에서도 언급했듯이, 베버의 지배사회학에는 그 외의 차원도 있다 ― 앞서 말한 재구성 시도들이 공통적으로 가지고 있는 기본가정, 즉 각각의 행위유형은 그에 상응하는 지배유형에서 주도적 역할을 하며 따라서 4가지 행위유형을 3가지 지배유형과 직접 연결시키거나, 심지어는 또 하나의 네 번째 지배유형을 상정할 수 있다는 기본가정은 많은 문제점을 안고 있다. 이런 가정하에서는 가령 〈전통적 정당성〉은 〈전통적 행위〉의 실현이고, 〈카리스마적 정당성〉에서는 〈감성적〉 행위가 주도적이며 〈합리적-합법적 정당성〉은 〈목적합리적〉 행위의 산물이 된다. 그러나 우선 〈가치합리적〉 행위의 지배유형론적 귀속의 어려움은 차치하고라도(아래 참조), 우리가 위에서 재구성한 베버의 지배 정당성 개념 자체가 이런 유의 단순연결을 불가능하게 한다. 앞장에서의 정당성 논의를 상기시키기 위해 베버를 다시 한 번 인용하자면:

> 지배자와 행정막료 사이의 연대가 순전히 물질적 그리고 목적합리적 동기를 가질 경우 다른 사회관계와 마찬가지로 이 연대관계는 상대적으로 불안정한 기반을 가지게 된다. 보통 이 동기 외에 다른 동기들이 추가된다. 일상생활에서는 관습과 또한 물질적・목적합리적 이해관계가 앞서 말한 연

> 대관계 및 다른 사회관계들을 지배한다. 그러나 관습 혹은 이해관계 상황은 지배관계의 신뢰할 만한 기초를 제공하지 못한다. 이런 조건들 외에 보통 또 하나의 요소가 추가된다. 〈정당성 믿음〉이 그것이다(WG: 122).

다시 말하여, 베버가 《경제와 사회》의 첫머리에 도입하는 4가지 가능한 행위동기 규정요인들은 바로 그가 위의 인용문에서 지배구조의 유지에는 불충분한 기초라고 지적한 그 요인들인 것이다. 물론 이 요인들은 중요한 역할을 하며 복종관계의 설명에서 고려해야 할 점들이다. 그러나 이들이 정당성 그 자체를 구성하는 것은 아니다(Habermas, 1981 I: 238; Merquior, 1980: 99). 왜냐하면 지배의 정당성의 근거는 바로 방금 언급된 행위동기들, 즉 단순한 관습 내지 습관(전통적), 순수한 물질적 현실적 이해관계(목적합리적) 혹은 일시적 감정이나 충동(감성적)을 벗어나서 지배질서 내지 사회질서 그 자체의 〈전범성과 구속력〉을 인정할 때 비로소 생겨나는 것이기 때문이다. 그런데 지배질서 그 자체의 전범성에 대한 이러한 평가는 어느 정도의 자기성찰적 인지적 능력, 특히 근거 제시 및 근거 요구의 능력과 동시에 가치에 대한 성찰력을 전제로 한다(이것이 왜 베버가 정당성 문제의 발생 맥락을 일차적으로 수장-막료 관계에서 찾는가 하는 까닭 중의 하나이다. 물론 정당성 문제가 이 관계에서만 제기되는 것은 결코 아니지만). 그러나 베버에 의하면 감성적 그리고 전통적 행위에서는 바로 이런 근거 제시적, 인지적 성향 및 가치성찰 성향이 미약하거나 혹은 부재하는 것이다. 행위의 정당화에 기여할 수 있는 타당성 주장이 이 행위유형들에서는 제기되지 않거나 혹은 동원될 수가 없는 것이다(왜냐하면 최소한 이념형적 순수유형의 경우, 전통적 그리고 감성적 유형에서는 행위의 진행에 대한 어떤 자기성찰적인 거리유지도 부재하기 때문이다).

그런데 이러한 인지적 근거 제시 및 가치성찰의 속성을 갖춘 행위유형은 목적합리적 및 가치합리적 행위, 혹은 더 엄밀하게 보면, 가치합리적 행위밖에 없다(왜냐하면 목적합리적 행위에서의 〈이념적〉 요소란 이해관계 그 자체가 〈정당〉하다는 — 가령, 근대의 공리주의 혹은 개인주의 — 〈이념〉일 뿐이며 그 밖의 다른 초(超)이해관계적인 〈이념적〉 자원이 불필요하다고 볼 수 있고 따라서 원래적 의미에서의 〈가치〉 차원이 배제되는 측면이 있기 때문이다). 실지로 베버의 지배사회학 중 정당성과 연관된 모든 구절들은 〈타당성〉, 〈당위〉(*Sollen*) 등, 한마디로 〈규범적〉 언어로 점철되어 있다. 객관적 관직 〈의무〉를 근거로 한 지배(합법적), 예부터 존재하는 질서의 신성함에 대한 믿음과 〈외경〉에 근거한 지배(전통적), 카리스마적 지도자가 요구하는 〈의무〉로 간주되는 〈믿음과 인정(認定)〉에 기초한 지배(카리스마) 등이 그렇다. 이렇게 볼 때, 지배관계 내지 지배구조 안에서 정당성 문제가 제기되는 한, 이에 연관된 행위는 〈가치합리적인〉 성격을 띤다. 그래서 〈전통적〉 지배유형에서 정당성을 창출하는 행위는 단순히 관습적인 것을 반 무의식적으로 반복하는 전통적 행위라기보다는 전통의 가치에 대한 성찰적 의식과 수긍을 내포하는 행위, 즉 가치합리적인 행위이다.

실제로 베버는 그의 행위유형론에서, 〈관습적인 것〉을 우리가 의식적 성찰의 대상으로 삼는 순간 〈전통적〉 행위는 〈가치합리적〉 행위로 전환될 수 있음을 지적한다. 이렇게 볼 때, 전통적 지배는 단순히 관행화된 습관에만 의존하는 것이 아니라, 전통적 〈세계상〉, 즉 종교적-형이상학적 세계상이 제공하는 〈전통〉에 대한 타당성 근거들에 의지하는 것이다. 또한 카리스마적 지배와 〈감성적〉 행위의 관계 역시 이와 유사한 방식으로 규정될 수 있다. 카리스마적 지배는 단순히 감성적 행위에서 도출되는 것은 아니다. 이것은 마술가와 카리스마적 예언자의 차이가 보여주는데, 후자는, 전자와 달리, 〈교리〉 — 합리적으로 납득할 수 있는 규범들—를 통해서 정당성을 얻는 것이다(WG: 341). 다시 말하여, 전통적 그리고 카리스마적 지배유형은 직접적으로 〈그에 상응하는〉 행위유형을 구현하는 것이 아니라, 〈가치합리성〉으로 변환된 전통적 그리고 감성적 행위를 각각 실현하는 것이다. 요약하자면, 베버는 정당성 유형을 〈주관적이고 가치합리적으로 수긍되는 타당성 근거〉에 의존해서만 구성하고 있는 것으로 판단된다. 그럼 합법적·합리적 지배의 경우는 어떠한가? 이 문제의 논의와 함께 이제 우리는 이 논문의 본론으로 들어간다.

3. 합리적-합법적 지배유형의 개념적 구성

1) 합법적 지배와 목적합리성

베버는 합법적 지배를, 위에서 이미 논의한 대로, '형식적으로' 올바르게 그리고 통상적인 방식으로 제정된 규칙들에 대한 순응을 바탕으로 한 지배(WG: 19, 124; GARS: 1)라고 정의내리면서, 이 지배유형에 깔린 기본원칙 내지 〈관념들〉을 다음과 같이 다섯 가지로 요약한다.

① 어떤 법이든 협약을 통해 합리적-목적합리적 혹은 가치합리적(혹은 둘 다) 방향으로 제정될 수 있다는 관념.

② 모든 법은 그 본질상 추상적이고 또 대부분 의도적으로 제정된 규칙들의 코스모스라는 관념.

③ 그래서 전형적인 합법적 지배자는 〈상사〉—단지 나보다 상위에 〈배정〉된 자—인바, 그는 지시하고 명령하는 가운데 그 자신 일반적 질서에 복종한다. 즉, 그는 이 질서에 자신의 지시들을 준거시키는 것이다.

④ 복종하는 자들은 단지 〈법〉에만 복종하며 (그 외에는) 어디까지나 서로 대등한 동지라는 관념.

⑤ 위의 ③번에서 지적된 대로 조직구성원들이 상사에게 복종할 때, 그들은 상사라는 인간에게 복종하는 것이 아니라, 앞서 말한 일반적인 질서에 복종하는 것이며 따라서 그들은 이 질서가 상사에게 부여한 관할권, 즉 합리적으로 그 범위가 정해진 객관적인 관할권에 대해서만 복종의 의무를 가진다는 관념(WG: 124~125).

다시 말하여, 이 지배유형에서는 명령권의 개별적인 담지자는, 합법적 규칙들의 체계를 통해 정당성을 얻게 되며 그의 권한은 이 규칙들에 상응하여 행사되는 한에서 정당하다. 이 경우에 사람들은 규칙에 복종하는 것이지, 인간에게 복종하는 것이 아니다(WG: 549~550). 그리고 베버는 이 지배의 정당성 근거를 〈합리적 성격〉이라고 규정지으며 이 지배를 〈합법적〉 지배라고 부르고 있다. 여기서 다시 한 번, "〈합법적〉 지배란 과연 무엇을 의미하는가?" 그리고 "그것은 우리가 앞장에서 논의한 지배유형과 행위유형의 관계에 대해서는 어떤 함의를 가지는가?"라는 문제를 짚어볼 필요가 있다.

많은 베버 연구가들은 합법적 지배란, 《경제와 사회》에 정의된 바와 같은 의미에서의 목적합리성의 지배라고 본다. 여기서 베버는 목적합리적 행위를 행위의 목적, 수단 그리고 부차적인 결과를 고려하여 행위의 방향을 정하며 이 과정에서 수단은 목적과 대비시키고, 목적은 부차적 결과와 대비시키며, 그리고 마지막으로 여러 가지 가능한 목적들을 서로 합리적으로 대비시켜 숙고하는(WG: 13) 행위라고 정의한다. 그래서 가령 몸젠(Wolfgang Mommsen)은 합법적 지배를 〈순전히 목적합리적이며 형식적으로 합법적인 헌법체제〉라고 규정한다(Mommsen, 1974: 136; Rehberg, 1979: 214). 또한 하버마스는 "목적합리적 행위의 하위체계들이 자본주의적 기업과 근대적 국가조직의 형태로 관철된 것"(Habermas, 1981 I: 302)이 합법적 지배라고 이해한다. 그리고 루만(N. Luhmann)도 베버는 사회적 체계의 합리성을 목적-수단-도식에 준거해서 이루어지는 개별행위 모델에 따라 규정한다고 본다(Luhmann, 1983: 91f).

베버 저작에서 목적합리성 개념이 가진 핵심적 위상은 부인할 수가 없다. 그러나 문제는 과연 합법적 지배의 합리성과 또한 이 지배의 정당성의 근거 역시 이 개념에서 도출될 수 있는가 하는 점이다. 앞장에서도 보았듯이, 베버는 정당성 유형들과 구체적 행위지향들 — 오래된 습관, 그때그때의 감정상태 그리고 물론 물질적 목적합리적 동기 등 — 을 엄격히 구분하고 있다. 베버는 특히 '순전히 목적합리적인 동기'에 의해서만 유지되는 질서는 가령 '관습'에 의해 유지되는 질서보다 훨씬 더 '불안정하다'는 점을 강조한다(WG: 16). 따라서 합법적 지배는 단순히 목적합리성의 제도화가 아니라, 하나의 독자적 정당성 근거를 가진 것으로 보아야 할 것이다. 그런데 베버는 이 정당성 근거를 일단 〈합법성에 대한 믿음〉이라고 표현한다. 여기서 문제는 베버가 어디서 합법성의 정당성 창출능력과 또 그것의 합리성을 발견하는가 하는 점이다.

이 문제에 접근하기 위해 우선 합법적 질서의 정당성에 대한 베버의 개념규정을 다시 한 번 살펴보자: 합법성은 이해당사자들의 이 합법성에 대한 합의를 근거로 관련인들에 의해 정당한 것으로 간주될 수 있으며(WG: 19, 324), 모든 관련인들의 자발적인 합의를 통해(WG: 27) 그 정당성을 획득할 수 있다. 이 개념에서 우리가 도출할 수 있는 핵심적 관점은 합법적 규범설정의 〈임의성〉 내지 〈자발성〉과 〈합의성〉이라고 볼 수 있다. 이 자발성은 동시에 베버가 의미하는 합법적 지배의 〈합리성〉 개념과 연결되어 있다(Schluchter, 1979: 180). 즉, 〈합법적〉 지배의 합리성은 단순히 개인들의 목적・수단적 행위의 동기에 근거하는 것이 아니라 이들의 자발적인 합의에 근거한다. 베버는 자발적인 합의에 의해 임의로 창출되는 과정을 〈실정〉(實定, Satzung)의 개념으로 표현하고 있다. 즉, "다른 가능성들 중에서 선택된 것으로서, 또 이로 인해 언제든 개정될 수 있는 것으로 체험되는" 법〔Luhmann, 1983: 24. 루만은 이것을 실정화(*Positivierung*)라고 부른다〕이다. 전통사회에서는, '법'의 성격을 지닌, 즉, '법적 강요'를 통해 부과되는 행위의 규칙들을 우리가 규범으로서 의도적으로 창출할 수 있다(WG: 445)는 생각은 전혀 없었던 반면에 근대의 합법적 지배는 바로 이와 같은 관념을 그 핵심으로 한다. 즉, 형식적으로 자의적인 실정을 통해 어떤 법도 창출되고(기존의 어떤 법도) 변경될 수 있다는 관념(WL: 475)이 그것이다. 이런 의미에서의 합리화란 전통적 구속들로부터 행위의 유례없는 해방을 뜻하며, “그와 함께 행위의 상대적인 자의성의 허용, 더 정확하게는, 다양한 목적에 대한 변혁 지향적이고 혁신적인 행위의 허용”을 뜻한다(Tyrell, 1981: 46).

이러한 자의성과 함께 베버는 특히 그의 법사회학에서 〈체계성〉을 또 하나의 합리적 요소로 지적하고 있다(Schluchter: 132~133). 지배사회학의 초판에서 베버는 합법적 지배의 핵심적인 특징은, 보편적 구속력을 가진 규범으로 실정된 규칙들의 체계가 이 지배유형에서의 명령권의 유효성 내지 타당성의 근거가 된다는 사실에 있음을 지적하였는데(WG: 549, 125), 따라서 합법적 지배는 곧 법체계의 지배이다. 그래서 지배의 합리화 과정은 법이 하나의 완결된, 과학적인 운용대상이 될 수 있는 개념체계로 전환되는(WG: 564) 과정, 즉, 법의 합리화 과정과 병행한다(WG: 396; Schluchter, 1979; Breuer, 1991).

2) 합법적 지배의 초합법적 근거

(1) 법실증주의와 베버

지금까지 서술한 합법적 지배의 합리성 및 정당성에 대한 관점들을 근거로 베버 연구가들은 흔히 그를 개념법학 내지 법실증주의 진영에 귀속시키면서(Rehbinder, 1963: 482f; Loos, 1987: 170), 그의 지배사회학적 모델을 이성법적 내지 자연법적 모델과 대비시키곤 한다. 실제로 이런 법실증주의적 베버 해석을 지지할 만한 문헌적 근거가 있는 것은 사실이다. 법은 임의적인 실정에 근거하며 종교에 의해서도 자연법에 의해서도 제한받지 않는다는 생각은 19세기 초 이래의 실증주의적 공리의 기초이다(Dreier, 1983). 법의 체계성과 논리적 완결성에 대한 관념은 개념법학파의 중심사상이었으며, 베버 당시 법학을 독자적이고 수학에 비견할 만한 학문으로 정착시키려는 엘리넥(Jellinek) 혹은 켈젠(Kelsen)의 시도에 깔린 핵심이념이었다(Wiacker, 1967: 400f). 따라서 베버의 "합법적 지배유형은 법실증주의적 법개념을 전제로 한다"는 명제는(Speer, 1978: 77) 일견 반론의 여지가 없는 듯이 보인다.

물론 베버를 법실증주의자로 간주하는 경우에는 대개 비판적 의도가 그 밑에 깔려 있다. 통상적인 견해에 의하면 법실증주의는 단순히 형식적인 법치국가에 대한 이론이며 따라서 가령 나치의 〈합법적 혁명〉 앞에서 독일 제1공화국이 스스로 〈퇴위〉한 것에 대한 책임의 일단을 법실증주의가 져야 한다는 주장도 제기된다. 이러한 주장이 엄밀한 역사적 검토 앞에서는 유지될 수 없다는 점을 여기서 상론할 수는 없다(Lübbe, 1991). 그러나 베버에 대한 다음과 같은 비판에 대해서는 그를 변호하지 않을 수 없다. 즉, 베버가 합법성을 실제적·상대주의적인 게임규칙으로 전락시킨바, "이 합법성의 형식적인 준수는 실질적으로 근본적인 변화까지도 '합법적인 것'으로 보이게 한다"(Loos, 1987: 134; Mommsen, 1974: 429)라는 비판이 그것이다. 왜냐하면, 이 비판이 암시하는 바와는 달리, 정부권력이 새로운 질서의 강요를 위해 정당한 권력을 사용할 수 있다(WG: 27)는 베버의 명제는 입법자의 전지전능에 대한 법학적 정당화 교리와 혼동되어서는 안 되는 것이기 때문이다. 베버는 법률적 합법성에서 곧바로 정당성을 도출하거나 혹은 심지어 합법성의 확인(내지 인정)을 새로운 질서에 무조건 복종해야 한다는 도덕적 의무와 결합시킨 것은 아니다.

베버의 이와 관련된 문제에 대한 입장은 오히려 다음과 같이 정리될 수 있다. 첫째, 베버는 합법성의 정당성 주장을 우선 경험적·사회학적인 문제로 간주했다. 이와 관련하여 앞에서 이미 소개한 그의 문제제기를 다시 한 번 강조하자면, 베버가 보기에 사회학적으로 흥미로운 문제는, 언제, 어떤 대상에 대해서 그리고 어떤 경계 내에서 그리고 (경우에 따라서는) 어떤 특별한 조건 — 신이나 사제의 승인, 선거인단의 동의 등 — 아래서 조직구성원들은 그 조직의 장(長)에게 순종하며, 그의 막료들과 행정조직은 그가 지시를 내리거나 특히 질서체계를 강요할 때 순응하는가 하는 점이다(WG: 27). 동시대인들의 경험적으로 관찰될 수 있는 행동양태에서 베버는, 이러한 순응용의가 지극히 넓게 깔려 있으며, 새로운 질서는, 만약 그것이 단지 형식적으로 하자 없이 형성되었다면, 매우 높은 순응률을 기대할 수 있다는 결론을 얻었던 것이다. 그리고 앞서 말한 바와 같은 합법주의의 〈옳음〉에 대한 확신이라기보다는 오히려 이런 경험적 관찰이 베버로 하여금 합법적 지배를 정당성의 독자적인 형태로 제시하게 했던 것이다(Lübbe, 1991). 물론 우리는 정당성을 베버와 같이 이해해야 할 필요는 없다. 그러나 많은 비판의 대상이 된, 정당성의 단순한 합법성으로의 전락(예컨대 히틀러의 '합법적' 집권)이라는 현상은 베버의 정당성 이론에서 도출될 수 있는 것이 아니라 그가 관찰한 현실적 가능성 중의 하나였다고 평가하는 것이 공평한 일일 것이다. 적어도 그동안 축적된, 인간의 권위주의적 속성에 관한 사회심리학적 연구성과들(가령 'Milgram 실험')을 고려할 때 베버의 위의 진단, 즉, 〈합법〉이라는 〈권위〉 앞에서는 인간들이 놀라울 정도로 쉽게 굴복한다는 진단이 얼마나 현실성이 강한 것인가를 부인하기는 어렵다(그리고 이것이 단순히 — 가령 나치시대를 근거로 — 전형적인 독일적인 속성에 한정되어 있지 않다는 점도 이제는 상식이다. Breuer, 1991).

베버를 법실증주의자로 해석하는 것에 대해 반박할 수 있는 두 번째 관점은 훨씬 더 근본적이고 이론적인 성격을 가지고 있다. 이 두 번째 관점의 중심문제는, 합법성 그 자체가, 〈최고의 원칙들〉과는 무관하게 그리고 피지배자의 이념적 이해관계와는 무관하게, 한 질서의 모범성과 구속성에 대한 관념을 일깨울 수 있는가 하는 점이다. 그런데 베버에 의하면 이 관념이 없이는 모든 지배구조의 존속은 위협을 받는다. 왜냐하면, 위에서도 보았듯이, 베버에 의하면 지배의 안정의 전제조건은 피지배자들이 단순히 의무감, 공포, 무감각적인 습관 혹은 자신의 이익(WG: 545) 만을 위해서 복종하는 것이 아니라, 이 질서의 옳음에 대한 확신에서 복종한다는 것이기 때문이다. 다시 말하여, 합법적 지배는 (만약 그것이 안정을 지향한다면) 정당화의 원칙을 가져야 하는바, 이 원칙은 규범 근거 및 이에 기초한 피지배자들의 동기화를 창출할 수 있는 것이어야 한다. 과연 합법적 지배는 이러한 원칙의 정립에 필요한 자원을 가지고 있는가?

(2) 실정법의 초실정적 근거-자연법 문제

지배 및 법사회학에서 베버는, 근대국가에서의 정부권력은 정당성의 내적 한계(WG: 394) 를 가지고 있음을 강조하고 있다. 왜냐하면 근대국가의 지시, 명령, 실정된 규칙들은 단지 관할권한(*Kompetenz*) 에 의거해서만 효력을 가지는데(WG: 125), 이 관할권한은 종국적으로는 국가체제의 '헌법' 규범들에 의한 위임에 바탕한다(WG: 389) 고 생각되기 때문이다. 다시 말하여, 이 관할권한이라는 것은 단순히 현행의 객관적인 법의 존중과 실현만을 그 대상으로 하고 있을 뿐 아니라, 다른 실질적인 목적들 — 정치적, 도덕적, 공리주의적 혹은 어떤 성격이든 간에 — 의 실현도 대상으로 하는 것이다(WG: 389). 이런 상황에서 새로운 질서체계는 임의적으로 공표될 수는 없다. 베버의 이런 지적들이 암시하는 바는, 베버 자신 형식적 합법성에 대한 믿음이 가진 정당성 창출능력이 너무나 미약한 것으로 인식하고 있었으며 동시에 합법성 믿음에 깔린 〈가치합리적〉 기초를 인식하고 있었다는 점이다. 왜냐하면 〈법〉의 기초가 더 기초적인 상위법(가령 헌법) 에 있다면 가장 상위법의 〈기초〉는 무엇인가라는 질문이 불가피하기 때문이다. 이 기초는 우선 〈특수한, 형식적〉 절차(합법성, 규약) 그 자체를 〈가치〉로 믿는 것(Bader, 1989:

324) 에서 나타난다. 이렇게 절차 자체가 〈가치〉로 정립될 수 있는 까닭은 이 〈형식적 절차〉도 이 절차를 가능하게 하는, 그리고 이 절차 속에 제도화된 〈가치〉 — 통제 가능성, 획일성, 법적 확실성 등의 가치 — 와 연관되어 있으며, 동시에 다른 지배유형에서는 볼 수 없는 특수한 속성을 가지고 있기 때문이다. 즉, 우리가 위에서 합법적 지배의 〈합리성〉이라고 규정한 임의성, 자발성, 합의성 등이 그러한 속성이다. 특히 베버가 다른 유형에서와는 달리, 이 유형에서만 〈타당성 근거〉의 〈사회적〉 기초로 〈합의성〉(WG: 19) 을 강조하고 있다는 점 역시 베버가 〈합법성 믿음〉은 특별히 정당화의 필요성이 크다고 인식하고 있었음을 증명해 준다.

이렇게 볼 때, 위에서 논한 바 있는 19세기 후반 독일 헌법학 및 정치학에서 확인되는 〈형식적〉 합법성과 〈민주적〉 합법성 사이의 대립 내지 〈법치국가〉의 전통과 〈법의 지배〉(*rule of law*) 의 전통 사이의 대립 (Bader, 1989: 325) 에서, 베버는 형식적 합법성 내지 법실증주의가 아니라 〈민주적 합법성〉의 진영에 경도하고 있었다는 해석이 더 설득력이 있다. 그래서 슈르흐터는 베버가 단순한 실정권한과 이 권한을 제한하는 더 고차원의 〈법원칙들〉 사이를 구분하고 있다는 명제를 제시한다(Schluchter, 1979: 162). 그러면서 슈르흐터는 앞서 말한 법원칙들을 헬러(Hermann Heller) 를 따라 〈문화권 특유의 자연법에 의거한 제 1차적 질서체계 원칙〉으로 해석한다(Schluchter, 1979: 167f). 베버는 말하자면 〈이성〉을 통해 인지될 수 있는 자연법과 〈입법기관에 의해 자의적으로 제정된 실정법〉 사이의 구분을 통해 두 가지 원칙적으로 서로 상이한 타당성 종류를 합리적 내지 합법적 지배의 틀 속에서 상정하고 있었다는 것이다. 즉, 가치합리적인 타당성 유형(자연법) 과 목적합리적인 타당성 유형(실정법 지배) 이 그것이다. 베버는 실제로 자연법, 특히 근대 초기의 계약이론들에 깔린 형식적 자연법이 법의 합리화 과정에서 수행한 역할을 높이 평가하고 있다(WG: 498).

또한 그는 가령 러시아를 겨냥하여, 일반 민중에게 인권사상의 철저한 습득과 자연법으로서의 기본권의 확보를 최우선으로 할 것을 요구했다. 왜냐하면 지금 러시아인들이 '불가침'의 개인 및 자유영역(즉 자연법)을 확보하지 않는다면 그들은 이것을 — 언젠가 세계가 경제적으로 '포만하고' 지적으로 '배부르게' 되면 — 아마도 결코 다시는 쟁취할 수 없을 것이기 때문이다(GPS: 65). 뿐만 아니라 베버가 가령 미국과 영국의 역사에 대해 지대한 관심을 가졌던 중요한 이유는 바로 이 나라들이 자연법적 기본권으로서의 시민권의 발전에 선구적 역할을 했으며 시민권의 신장과 보장에 적절한 조건들을 창출해냈다는 사실 때문이다.[33] 그러면 우리는 베버를 전적으로 〈자연법론자〉로 간주할 수 있는가? 이 질문에 흔쾌히 〈그렇다〉고 답할 수만은 없다는 사실이 베버 해석이 안고 있는 딜레마의 하나이며 이 딜레마는 베버가 근대문명의 기본성격에 대해 내리는 진단과 밀접하게 연관되어 있다. 아래에서는 이 진단의 내용을 간략히 살펴보겠다.

3) 탈주술화와 가치 다신교

법사회학에서 베버는 〈전래의 자연법 사상의 쇠퇴〉, 더 나아가 모든 법 상위적(上位的)인 공리(公理)들의 지속적인 해체와 상대화를 확인하고 있다. 이 해체과정은 법에게 초실증적인 타당성 근거를 부여할 수 있는 가능성을 영원히 파괴했으며 법실증주의의 확산을 불가항력적 과정으로 만들었다(WG: 502). 이 과정의 특수원인으로는 법학적 합리주의,

33) 특히 초기 베버의 권력정치론적 성향이 점차 민주주의론 쪽으로 변화되어가는 과정에 대해서는 Beetham(1974) 제 4장을 참조.

일반요인으로는 지성화 과정을 들 수 있는데, 이 두 과정들은 세계의 근원적인 탈주술화를 초래했던 것이다. 물론 이것은 종교적·윤리적 세계상의 와해에 대한 베버의 일반이론(WG: 353; RS I: 203f)과 밀접하게 연관되어 있다. 베버는 니체의 제자였고 니체와 같이 합리화 과정은 불가피하게 〈허무주의〉로 이끈다는 확신을 가지고 있었다.[34]

그러나 이것이, 베버가 가치 그 자체가 이제 신봉될 수 없다거나 혹은 심지어 불필요해졌다고 주장하는 것은 결코 아니다. 허무주의가 주장하는 〈가치의 탈가치화〉가 의미하는 바는 단지, 가치가 종교적 혹은 윤리적 세계상을 통해 지금까지 소유했던 객관적 보장근거가 상실되고 가치는 이제 더 이상 선험적으로 주어진 것이라고 가정할 수가 없다는 것이다. 이런 입장은 말하자면 하나의 〈객관적〉 허무주의로서(Breuer, 1991), 이것은 주관적인 허무주의 내지 〈가치허무주의적인 입장〉(Loos, 1987: 179)과는 구별되어야 한다. 여기서 도출될 수 있는 것은 단지, 이제 그렇잖아도 주관주의적 문화의 시대에서 우리는 가치를 자신의 가슴으로부터 창출하는 수밖에 없다는 필연성에 대한 통찰일 뿐이다. 즉, 〈객관주의적 문화〉는 이제 사라졌고 이 문화는 학문적 노력에 의해서도 혹은 역사철학적 해석에 의해서도 더 이상 회복될 수 없는 것이다.

> 인식의 나무 열매를 따 먹은 문화시대의 운명은 다음과 같은 사실을 통찰할 수밖에 없다는 것이다. 즉, 현실의 사건들에 대한 우리의 연구가 제아무리 철저하고 그 결과가 제아무리 완벽하더라도 거기서는 이 사건들의 의미가 도출될 수 없으며 이 의미는 우리가 스스로 창출할 수밖에 없다는

34) 전성우(1992), Eden(1983: 134ff), Hennis(1987: 186). 그러나 베버는 허무주의를 출발점으로 삼고 있을 뿐이지, 그것에 〈탐닉〉하는 것은 아니며 그런 의미에서 베버는 니체를 극복하고 있다(Schluchter, 1988 I: 83, 191f, 201f; 전성우, 1992).

사실, 그리고 〈세계관〉은 결코 경험적 지식의 계속적 발전의 산물일 수는 없다는 사실, 그래서 우리를 가장 강력하게 움직이는 최고의 이상들은 항상 다른 이상들과의 투쟁 가운데서만 실현되며, 우리의 이상이 우리에게 성스럽듯이, 다른 이상은 또 다른 사람들에게 우리에게와 똑같이 성스럽다는 사실이 그것이다(WL: 154).

즉, 합리화 과정은 가치지향의 가능성을 파괴하는 것이 아니라 단지 가치의 객관적 타당성을 파괴하는 것이다. 물론 이 과정은 위의 인용문이 보여주듯이, 종교적 세계상과 이것의 자연법 내지 이성법적 후예들이 정립했던 전통적 가치위계질서도 파괴한다. 윤리적, 정치적, 성애적 그리고 심미적 가치들은 이제 더 이상 하나의 명백한 위계순위를 가진 것이 아니라 서로 충돌한다(Breuer, 1991). 이 가치들 사이에는 어떤 상승관계나 상대화가 있는 것이 아니라 단지 화해될 수 없는 사활을 건 투쟁, 마치 '신'과 '악마' 사이의 투쟁(WL: 507)만이 있을 뿐이다. 베버가 자주 사용하는 다신교의 부활이라는 비유는, 그가 가치상대주의적인 혹은 심지어 가치무관심주의적 입장에서 얼마나 멀리 떨어져 있는가를 분명히 보여준다.

많은 옛 신들이 이제는 탈주술화되고 그래서 일반적 힘이라는 형태로 자신들의 무덤에서 기어나와 우리의 삶을 지배하고자 하며 또 서로들 영원한 투쟁을 다시 시작하고 있다(WL: 605).

베버는 이러한 가치충돌을 원칙의 차원에서 해소하는 것은 불가능하다고 본다. 이런 입장은 베버를 '급진적 갈등이론가'로 해석할 여지를 마련해준다. 특히 그는, 학문의 수단으로 개개 가치의 우위-열등에 대한 결정을 도출하려는 모든 시도를 철저히 거부한다(WL: 150).[35] 궁극적인 실천적 가치정립에 대한 베버의 이러한 회의적, 비인지주의적인 태도는 베버가 다음과 같은 계몽주의의 조류들과는 결별하고 있음을 분명히 해준다. 절대적 투명성이라는 유토피아의 이름하에 개별성의 마지막 남은 부분까지도 과학주의적인 담론의 법칙에 예속시키려는 조류들(Breuer, 1991)이 그것이다. 왜냐하면 베버에 의하면 이제 윤리와 가치는 개개인의 가슴에 갇히게 되었고 이와 함께 정치적 재화, 공동체적 재화는 포기되었기 때문이다. 물론 베버 자신이 거의 절망적으로 이러한 정치적 재화를 가늠할 수 있는 기준을 자신의 학문적 실천에서 찾았으나 허사였고 그 자신 결국 이 가능성을 부인하게 된다.[36] 그래서 강단사회주의와 역사학자들이 노동자를 위한 국가개입을 요구했을 때 베버는, 이 요구는 옳고 좋지만 그러나 우리는 그것을 학문적으로 정당화할 수는 없다는 입장을 취할 수밖에 없었다.

다른 한편으로 베버는 경험적-실제적 차원에서는 가치 간의 타협의 가능성을 충분히 인지하고 있었을 뿐 아니라(WL: 508; Turner & Factor, 1987: 344), 더 나아가 타협의 필연성마저 인정하고 있다. 왜냐하면 (역설적이지만) 가치가 이제는 순전히 주관적이 되어버렸기 때문이다. 즉, 더 이상 종합 가능성이 존재하지 않기 때문이다. 이런 입장을 근거로 베버는, 최소한 〈정치적〉 행위의 차원에서는, 개인의 궁극적 가치 준거를 절대화하는 윤리인 〈심정윤리〉의 역할을 제한한다. 이 윤리에 대한 대안으로 베버는 더 융통성이 있고(그래서 〈합법적〉 타협의

---

35) 이것이 근대의 탈주술화된 세계의 맥락에서 경험과학이 봉착하는 기본적 문제상황이다: 이 과학은 의미창출은 포기하면서도 모든 인간생활의 의미유관성에 대한 인식은 포기할 수도 또한 포기하려고도 하지 않기 때문이다. 베버의 〈역설〉은 모든 행위의 의미유관성을 주장하면서 동시에 학문에게는 의미창출적 역할의 포기를 요구하는 것에 놓여 있다.

36) 정치와 윤리의 관계에 대한 베버의 입장에 대해서는 Schluchter, *Rationalismus der Weltbeherrschung* 참조(특히 56쪽)

여지를 가지고 있고), 결과를 준거로 삼으며 기껏해야 부분적이고 변화하는 가치위계질서만을 허용하는 〈책임윤리〉를 제시한다(WL: 508; Schluchter, 1988 I: 250ff).[37]

베버의 앞서 언급한 입장은 또한 의회주의적인 헌법국가에 대한 그의 명료한 선택에서도 나타난다.[38] 왜냐하면 의회주의적인 헌법국가만이 서로 상충되는 이념적(그리고 물론 물질적) 이해관계들이 서로를 파멸시키지 않고 표출될 수 있는 틀을 제공하기 때문이다.[39] 다시 말하여, 의회주의적인 헌법국가만이 다음과 같은 두 가지 상황이 병존할 수 있는 제도적 틀을 제공한다. 즉, 원칙들 사이의 사활을 건 적대관계와 〈중간적〉인 목표 차원에서의 실제적 조정(Turner & Factor, 1987: 347f)이 그것이다. 따라서 베버가 자신의 앞서 말한 근대진단을 근거로 자연법

---

37) 이 윤리에서 베버가 〈결과에 대한 책임〉이라는 개념을 도입한 사실은 주목할 만하다. 왜냐하면 이것은, 단순히 〈선한 의지〉만이 아니라 〈선한 것의 선택〉을 요구하는 고전적 윤리의 원칙이기 때문이다(Hans Mayer, Symposium). 그러나 정치의 영역에서도 베버는 상기 두 유형의 윤리 즉 〈신념〉과 〈책임감 내지 균형감각〉의 윤리가 궁극적으로는 상호보완적임을 강조하고 있다(WL: 508). 이는 베버가 그 당시 지배적 지식인 엘리트들이 가졌던 관직귀족주의적인 행위양태와, 교양시민층의 〈정치적 낭만주의〉가 가진 무책임성 둘 모두에 대해 깊은 반감을 가지고 있었다는 사실과 연관된다.

38) 베버가 헌법국가의 유형들 중 국민투표적인 〈지도자 민주주의〉를 특히 선호했다고 해서 베버의 의회주의관이 약화되는 것은 아니다. 오히려 그의 〈지도자 민주주의〉 발상의 배경 중의 하나는 관료독재 및 관료와 의회의 야합을 통한 사이비 의회주의의 위험이 상존한다는 인식과 이 위험은 카리스마적 지도자의 제도화를 통해 부분적으로 차단될 수 있다는 그의 견해였다.

39) 이렇게 볼 때, 가령 자연법 없이는 법치-민주주의는 불가능하다는 논리를 펴며, 이 논리를 근거로 베버가 민주주의를 부인했다는 해석을 내리고 있는 몸젠의 입장은 설득력이 적다: 비트햄(Beethham)의 주장대로, 한번 정착된 민주주의적 권리들은 자연법적 근거 없이 〈적절한 제도적 장치〉와 구조적 권력분화를 통해서도 충분히 보호될 수 있는 것이다(Beethham, 1974: 113).

사상의 불가피한 약화를 주장한다고 해서 그가 민주주의의 가능성마저도 부인한다거나 혹은 의회주의적·민주적 절차를 극단적으로 형식화하고 이를 통해 이것을 평가절하했다는 비판(Mommsen, 1974: 422)은, 민주주의를 "매우 힘든 타협의 매체로 보지 않고 그것을 철학 세미나, 혹은 진선미에 봉사하는 도덕적인 교육조직으로 보는"(Breuer, 1991) 사람만이 베버에게 가할 수 있는 비판이다.

그럼 앞서 말한 관점들이 합법적 지배에 대해 가진 함의는 무엇인가? 그 가장 중요한 함의 중의 하나는 베버의 관료제론에 담겨 있다.

4) 합법적 지배의 행정조직-관료제

(1) 합법적 지배와 관료제[40)]

베버의 관료제론에 대한 분석을 시작하기 위해서 우리는 우선 〈합법적 지배〉의 정당성 이론적 차원을 상기해야 한다. 이 차원에서 우리는 베버의 근대진단에서 봉착했던 딜레마, 즉 〈합법적 지배〉의 초합법적

---

40) 베버는 주지하다시피 관료제를 여러 다양한 차원에서 풍부한 변형들을 고려하면서 분석하였다. 물론 그의 분석에서 이 개념적 차원들은 서로 구분이 어려울 만큼 상호 엉켜서 넘나들지만, 우리는 이 차원들을 분석적으로 다음과 같이 세분화할 수 있다: ① 관료제의 〈조직사회학적〉 차원과 〈정치사회학적〉 차원의 구분, ② 관료제의 〈역사적〉 차원과 〈구조적〉 차원의 구분이 그것이다. 첫 번째 구분원칙은 미시적 수준과 거시적 수준의 유리를 그 목적으로 하고, 두 번째 구분원칙은 관료제의 기원과 발전사(즉 〈관료제화 과정〉)를 관료적 구조가 사회에 미치는 영향의 문제(〈관료적 지배의 구조〉)로부터 유리시킨다. 본 논문에서 필자는 베버의 관료제론을 주로 〈정치사회학적〉 차원과 〈구조적〉 차원에서만 재구성하고 있다. 조직사회학적 그리고 역사적 차원에 대한 상세한 논의는 다른 기회로 미룰 수밖에 없지만, 여기서 〈조직인〉으로서의 관료에 대한 베버의 잘 알려진 개념정의 중 몇 가지만을 참고로 소개해두겠다. ① 그들은 개인적으로 자유롭고 단지 객관적인 관직의무에만 복종하며, ② 확고한 관직 위계질서하에 있으며, ③ 고정된 관직관할권을 가지고 있으며, ④ 계약에 의거하여, 즉 (원칙적으로는) 자유로운 선발을 통해 고용되는바, ⑤ 이 선발의 기준은 전문자격으로서 — 가장 합리적인 경우 이것은 시험을 통해 확인되고 자격증을 통해 공증된 전문자격이다 — 이를 근거로 그들은 (선출되는 것이 아니라) 임용된다. ⑥ 그들은 화폐로 지급되는 고정급료를 받으며, ⑦ 그들은 자신의 관직을 유일한 직업 혹은 주직업으로 간주한다. ⑧ 그들은 〈행정수단으로부터 완전히 분리된〉 가운데, 그리고 관직의 전유 없이 근무하며, ⑨ 엄격하고 통일적인 관직규율의 통제하에 놓여 있다(WG: 126~127), 베버에 의하면 이 질서체계는 원칙적으로 영리 경제적 기업이나 자선적, 사적 이념적 또는 물질적 목적을 추구하는 어떤 다른 임의적 조직 및 정치적, 교권적 조직에 똑같이 적용될 수 있으며 역사적으로도 (이 순수유형에 다소간 접근하면서) 증명될 수 있다(WG: 127).

그리고 초합리적 정당성 근거를 찾아야 하는 딜레마를 다시 만나게 된다. 왜냐하면, 만약 객관적 타당성이 담보되지 않는 여러 가지 상이한 가치들 가운데서의 선택이 근대문명의 기본 조건이라면, 우리가 또 한 번 제기해야 할 문제는, 어떻게 합법적 질서의 초합법적 가치에 대해 피지배자 계층의 정당성 믿음이 태어나는가 하는 점이다. 즉, 어떻게 가치와 구조의 원칙적인 가변성과 임의성에 기초한 질서가 〈인정〉과 추종, 즉 정당성을 확보한다는 것이 가능한가? 그리고 만약 가능하다면 이 정당성의 조건들은 무엇인가?[41] 가 그것이다

이미 언급한 대로 베버 자신도 이것을 문제로 의식하던 바이지만, 실제로 많은 학자들 — 몸젠이나 하버마스 등 — 은 합법적 지배의 정당성 창출능력을 매우 낮게 평가한다(Mommsen, 1974: 313; Habermas, 1981). 로스는 합법성이 정당성을 창출할 수 있다는 발상 자체가 터무니없다는 의견(Loos, 1970: 125)이며, 뮌히는 심지어, 베버가 전통적

41) 우리는 이 질문에 대해 앞장에서 제시되었던 잠정적 답을 베버의 근대진단과 연결시켜 다음과 같이 보완할 수 있을 것이다: 합법적 지배에서의 합리성이란 규범설정 행위의 상대적인 임의성의 허용이며 이것의 문명사적 전제조건은 세계상의 탈주술화 및 이와 함께 절대적 타당성을 지닌 가치체계의 와해이다. 그럼에도 불구하고 합법적 지배의 정당성이 초주관적 가치들에 그 기초를 둔다고 (또 둘 수밖에 없다고) 할 경우 — 그리고 이것은 베버에 의하면 모든 근대적인 헌법에서 그러하다 — 이 정당성은 그 가치들에 내재하는 속성들 때문이 아니라, 순전히 이 가치들이 자의적 결정을 통해 설정되었고 그래서 원칙적으로 무효화 혹은 개정될 수 있다는 점에서 나오는 것이다. 다시 말하여, 합리적 지배의 합리성은 어떤 특정가치의 절대적 타당성에 놓여 있는 것이 아니라, 오히려 이 절대적 타당성의 상실을 통해 비로소 가능해진 가치선택의 자유에 놓여 있는 것이다. 그리고 바로 이 원칙적 〈자유〉가 합법적 지배의 정당성에 대한 〈믿음〉의 생성근거가 되는 것이다. 그런데 이 정당성 창출 자원은 합법적 지배 〈바깥〉에 놓여 있는 것인 데 반해, 우리는 이 자원을 합법적 지배에 〈내재적인〉 메커니즘에서도 찾을 수 있다. 아래 논의는 바로 이 가능성에 초점이 맞추어져 있다.

지배와 카리스마적 지배의 경우에만 규범의 타당성 확보를 위한 설득력 있는 조건들을 제시했지, 합리적 지배의 경우에는 그렇지 못했다는 입장이다(Münch, 1976). 뮌히에 의하면, 형식적으로 하자 없이 설정된 규범 및 형식적으로 하자 없이 내려진 결정들의 정당성에 대한 믿음은 이 규범과 결정의 실제적인 효력을 설명하는 데는 전적으로 부족하며 오히려 믿음 그 자체가 설명되어야 할 대상이라는 것이다(Münch, 1976: 65).

그러나 과연 그러한가? 오히려 정반대로, 베버는 바로 합리적 지배에 관해서는 그것의 작동 내지 작용의 조건들을 정확히 지적하지만, 다른 두 가지 지배유형의 경우 이 문제가 불명확하다고 볼 수도 있지 않은가? (Breuer, 1991) 가령, 카리스마적 지배는 불안정하고 전통적 혹은 합리적 지배로 전환되는 경향을 가진다. 전통적 지배는 행정수뇌부를 지속적으로 통제할 수 있는 가능성을 매우 적게 가지며 그래서 두 가지 극단, 즉 봉건적 조직과 순전히 가산제적 조직 간을 왕래한다. 이 두 가지 유형의 경우 어느 정도나마 안정된 지배구조는 지배담지자가 지배 외적인 이념적 자원, 즉 자신이 거의 영향력을 미칠 수 없는 기존의 이념적 세계상에 의존할 수 있을 경우에만 유지될 수 있다. 즉, 카리스마적 지배의 경우에는 다소간 〈주술적인〉 세계상, 전통적 지배의 경우에는 종교적 세계상에 의존하는 것이 통례이다(Breuer, 1991).

그러나 합리적 지배는 이러한 외적인 자원을 필요로 하지 않는데, 그 이유는 합법적 지배의 실현방식인 합리적 관료제에 내재하는 자기 충족적 속성에 놓여 있다.[42] 관료적 조직이란 우선 〈지배의 완벽화〉를 뜻

---

42) 이것은 비단 관료제라는 조직영역에만 적용되는 명제가 아니라, 총체적 구속력을 가진 세계상 (즉 〈신학적〉 세계상 내지 〈전통〉에 기초한 세계상) 이 와해되고 사회구조가 상대적 자율성을 가진 부분영역들로 분화되어간 근대사회 일반에 적용되는 명제이다. 탈주술화와 〈전통의 파괴와 축출〉로 인해 이제 각각의

하는데, 왜냐하면 그것은 지배자에게, 행정수뇌부의 행동을 형식적 규칙들에 의거해 남김없이 프로그램화, 즉 고정시키고 구속할 수 있는 가능성을 주기 때문이다(Tyrell, 1981: 45). 둘째로 관료제는 지배 자율성을 확보하게도 한다. 왜냐하면 관료제는 그 구성원들로 하여금 다른 모든 외적인 충성관계를 포기하고 단지 조직의 프로그램과 내부적인 지휘 연쇄고리에만 준거해서 행동하도록 강요하기 때문이다. 물론 합리적 지배는 관료제로만 실현되는 것은 아니며, 가령 합의적 조직체 형태로도 실현된다(WL: 477). 그 외에도 그것은 역사적 현실 속에서는 다른 정당성 유형들과도 결합되어 나타난다. 그러나 이것이 합리적 관료제의 형태로 나타나는 한, 합리적 지배는 그 자체로 정당한 것이다. 즉, 그것은 스스로 자신의 작용 내지 영향력 행사의 소선들을 창출하고 이를 통해 스스로를 정당화하는 유일한 지배형태인 것이다(Breuer, 1991).

(2) 관료제의 자기역동성 - 베버와 국가의 〈자율성〉 문제

이런 맥락에서 보면, 베버가 관료제를 〈기계〉와 비교하는 의도가 명백해진다. 〈기계 비유〉를 베버는 이미 합리적 법에 대해서도 사용하는데, 이것의 특징은 체계성과 계산 가능성이다(WL: 469). 합리적인 행정체계의 특히 다음과 같은 두 가지 조직원칙이 이 기계 모델과의 비교 준거를 마련해준다(WL: 125). 첫째, 관청의 그물은 계획적이고 조직적으로 구성되어 있으며, 이를 통해 부분영역들의 마찰로 인한 손실을

부분영역들(과학, 예술, 법, 경제 등)은 지속적으로 자신의 존재와 기능의 정당성을 증명해야 할 의무를 지니게 되며 동시에 이 정당성의 근거가 이제는 더 이상 〈신적〉인 것에도 또 〈전통〉에도 의존할 수 없이 〈자기 자신〉에서 창출되어야 한다. 뿐만 아니라 근대사회는 자신의 존재근거를 〈자기 자신〉 내에서 찾을 수밖에 없는 사회, 다시 말해 자신의 존재를 '내재적으로' 정당화해야 하는 최초의 사회유형이 되는 것이다(전성우, 1992).

최소화하려고 한다. 둘째, 관청의 작업방식 역시 기계적·합리적이며, 따라서, 특히 하위관청의 경우, 사안처리의 자유재량권은 매우 제한되어 있다. 이런 행정조직의 구성원들은 말하자면 〈주문 자동판매기〉이며, 이들의 생산물은, 마치 어떤 기계의 예상할 수 있는 성능을 계산할 수 있듯이(GPS: 322), 계산될 수 있다. 관료적 조직은 그 전체로서 하나의 〈살아 있는 기계〉인바, 이 기계는 기술세계에서의 〈죽은 기계〉와 같이 '부품들'을 하나의 미리 주어진 전체계획에 의해 조직한다(GPS: 332). 이런 맥락에서 우리는 관료제의 효율성에 대한 베버의 명제 — 이것은 수없이 인용되고 논란의 대상이 되어왔다 — 를 이해할 수 있다:

> 순전히 관료적 행정은 모든 경험으로 미루어볼 때 정확성, 지속성, 규율, 엄격성과 신뢰성, 즉 지배자나 이해당사자들을 위한 계산 가능성, 업무수행의 질적 강도와 양적 범위, 모든 과업에 대한 형식적·보편적인 적용 가능성 등의 면에서 순수하게 기술적으로 최고도의 능률성 수준까지 완벽화할 수 있는, 모든 의미에서 형식적으로 가장 합리적인 지배행사 형태이다(WG: 128).

그런데 이러한 지속적이고, 엄격하고, 집중적이고 계산 가능한 행정을 가장 절실히 필요로 했으며 또 역사적으로 결국에는 이것을 관철시킨 것은 어떤 세력 또는 과정인가? 그것은 자본주의적 세력이며 자본주의화 과정이다(WG: 129).[43] 물론 자본주의가 관료제를 필요로 하는 만

---

43) 그리고 근대 사회주의는 이런 행정체제의, 최소한 그 형식의 차원에서는, 완벽한 계승자이다: 모든 합리적인 사회주의는 이 행정을 그대로 수용하여 더욱더 강화시킬 수밖에 없을 것이다. 문제는 사회주의체제가 합리적 행정 — 그리고 바로 사회주의체제에서의 합리적 행정은 더욱더 확고한 형식적 규칙들에 기초한 엄격하게 관료적인 행정을 뜻한다 — 을 위해 자본주의체제가 창출한 것과 유사한 조건들을 창출할 능력이 있는지 라는 것이다. 만약 그렇지 못하다면, 우리는 여기서 다

큼 근대적 관료제는 다시금 자본주의를 필요로 한다: 자본주의는 관료제가 가장 합리적인 형태로 존속할 수 있는 가장 합리적인 경제적인 기반인데, 왜냐하면 자본주의는 관료제가 효율적 기능을 위해 반드시 필요로 하는 〈화폐경제적〉 재정구조를 가능하게 하기 때문이다(WG: 129).

그런데 재정적·경제적 기반으로서의 자본주의와 관료제가 이런 방식으로 작동하는 데 필요한 또 하나의 중요한 구조적 전제조건은 관료가 행정수단으로부터 분리되어야 한다는 것이다. 관료제에서는 행정막료의 행정 및 조달수단으로부터의 완전한 분리원칙이 시행된다. 행정막료진의 관료, 사무직원, 그리고 노동자들은 물적 행정 및 조달수단을 스스로 소유하는 것이 아니라, 이 수단을 현물이나 화폐형태로 공급받으며 이에 대해 정산의 의무를 가진다(WG: 129). 이 분리는 경제영역에서 노동자의 생산수단으로부터의 분리에 상응하며, 관료제가 〈마치 공장같이〉 기능하게 되는 구조적 배경이다(WG: 825). 베버는 이러한 분리과정을 문화·교육영역에서도 확인한다. 가령, 현대의 학자는 노동자가 생산수단에서 분리된 것과 같이 연구수단에서 분리되어 있다(WL: 584).[44]

시 한 번 예의 중대한 비합리성들 중의 하나를 확인하게 되는 것이다. 즉, 사회학이 수없이 확인하는 현상인 형식적 합리성과 실질적 합리성 사이의 대립(WG: 129)이 그것이다.

44) 관료의 행정수단으로부터의 분리는 다시금 더 포괄적인 구조적 전제조건에 기초하고 있는바, 이 전제조건은 근대국가의 특성에 대한 베버의 유명한 명제 즉 정당한 폭력의 국가독점(WG: 29f, 516f, 518f)이라는 명제에 표현되어 있다. 물리적 강제수단의 국가에 의한 독점은 국가의 〈상대적 자율성〉의 근거를 이루며(또 다른 관점에서의 국가의 〈자율성〉 문제에 관해서는 이페 참조) 이렇게 상대적으로 〈자율적〉인 국가, 즉 구조적으로 다른 부분영역들로부터 유리된 국가가 창출하는 고용집단인 관료층은 그 자체 다시금 하나의 독자적인 사회적 범주로 정착하게 된다. 본 논문의 분석대상에서는 전적으로 제외된 문제이긴 하지만, 이 과정은 자본주의사회의 지배구조 문제와 밀접하게 연관되어 있다. 자본주의적 재생산은 사적 생산과 자유임노동에 기초하고 있기 때문에 물리적

강제수단에 대한 사용권은 자본가의 손에 직접적으로 주어질 수는 없다. 직접적이고 물리적인 폭력사용에 의거하는 수탈과 경쟁은 상품교환에 의해 중재된 자본주의적인 재생산 과정과는 원칙적으로 합치될 수 없는 것이다(Paschukanis, 1970). 그래서 정치적 폭력기구는 자본주의사회에서는 사회적 계급으로부터 〈분리된〉 제도화의 형태를 취한다: 이 기구의 〈유리〉 내지 〈상대적 자율성〉 및 이와 연계된 〈정당한 물리적 폭력의 독점〉은 근대의 정치적 지배가 다른 역사적 지배형태들에 대해 가진 본질적인 차이점이며, 이것이 자본주의적 정치체계가 경제적인 재생산 과정 및 계급에 대해 가지는 관계를 규정한다. 물리적 강제권력을 〈모든〉 계급으로부터 — 경제적 지배계급으로부터도 — 유리시켜 독점화하는 것은 자본주의적 국가의 가장 근본적인 형식특성이며 동시에 이것은 정치적 지배체계 전체의 특수한 구조와 그것의 역동성 및 모순성의 근거가 된다(Hirsch, 1974: 14f; Poulantzas, 1978). 이것이 〈국가〉와 〈사회〉, 행정과 시장, 정치와 경제와의 연관성 및 대립관계를 창출하며 하나의 독자적이고 사회적인 범주로서의 특수한 국가고용집단을 창출하는바, 이 집단은 집단 고유의 이해관계를 가지게 되고, 그래서 정치적 지배계급과 경제적 지배계급은 구조적으로 동일할 수가 없는 것이다(베버는 가령 중세의 영지소유자나 대 상인층과는 달리 근대의 기업경영은 〈전문직업화〉되어 있는바, 즉 기업가는 자신의 〈생활 전체〉를 지속적으로 투자해야 할 〈전문인〉인바, 이런 이유 때문에라도 정치와 경제의 담지자층은 서로 분리될 수밖에 없음을 지적한다) (WG: 545). 그런데 바로 이 두 계급 간의 분리가 자본주의에서의 경제적 지배 안정의 전제조건이다. 이런 조건은 국가기구와 개별적인 자본 내지 자본집단과 다양한 갈등관계를 초래할 수 있다. 왜냐하면 정치적·행정적 지배계급은 첫째, 전체 체제의 재생산을 담보해야 할 의무가 있고 이 과정에서 특수한 개별자본과는 갈등을 감수해야 하며, 둘째, 행정계급 내지 정치계급은 고유의 이해관계와 목표를 가지고 있기 때문이다(Hirsch, 1990). 위에서 서술된 구조적 상황은 〈정당성〉 창출문제와도 연관되어 있다: 자본주의적 국가기구의 억압성의 핵심은 〈이데올로기적〉 혹은 〈대중통합적인〉 기구들의 복합체와 연결되어 있으며 이 기구들은 충분히 사적인 성격을 가질 수 있다(정당들, 연합체들, 교회, 언론기관, 학문조직 및 문화조직들: Althusser, 1973; Poulantzas, 1978; Hirsch, 1974). 시장에 의해 중재된 경제적 재생산과 폭력기구로서의 국가기구가 서로 〈분리〉된 구조가 비로소 이와 같이 복잡다기한 〈헤게모니적〉 기구들의 형성을 가능하게 하는 것이다. 이 복합적이며 좁은 의미에서의 물론 이 살아 있는 기계는 나사와 용수철이 아니라 살아 있는 인간들로 구성되어 있다. 그러나 관료적 조직은 이 살아 있는 인간에게 독자적인 사고와 행위의 여지를 극도로 제한한다. 여기서 주목할 것은, 제재위협에서 구성원 자격박탈 등에까지 이르는 직접적인 강요는 이러한 독자성 제한의 하나의 요소일 뿐이며 더구나 가장 결정적인 요소도 아니라는 사실이다. 더 중요한 것은 개별적 기능 내지 기능적으로 특화된 전문지식에의 예속 및 〈형식에의 복종〉의무, 즉 체계화된 객관적 형식규칙들에 대한 복종의무(이것은 그때그때의 사적 명령의 〈내용〉에 대한 복종과는 다르다) 라는 요소로서, 이 복종의 기제는 관료로 하여금 마치 그가 명령의 내용 그 자체를 자신의 행동준칙으로 삼은 듯이, 그것도, 그 명령의 내용이 가진 가치 혹은 무가치에 대한 자신의 견해는 전혀 고려하지 않은 채, 단지 형식에 대한 복종관계 그 자체를 위하여(WG: 123) 행동하게 하는 것이다. 그러나 형식에 대한 이러한 복종관계를 가령 무의식적인 〈조건화〉와 동일시해서는 안 된다. 물론 베버는 가끔 군대에서의 훈련과 규율화에 준하는 용어들을 사용하여 이 관료적 복종관계 내지 규율화를 서술하고 있기는 하다. 그럼에도 불구하고 베버가 하나의 순수한 행태주의적인 규율개념을 가지고 있었다고 가정한다면 이것은 잘못된 것이다.

위에서 언급한 전문적 기능과 지식에의 의존이라는 요소가 이미 암시하듯이 여기서의 규율화는 항상, 자신의 순전히 사적인 관점을 고려 밖으로 할 수 있는 능력(이것이 〈전문성〉의 요체이다), 즉 피아제(Piaget)가 말하는 〈탈 중앙화〉 능력의 배양을 뜻하는 것이다(Broucr, 1991). 이런 의미에서의 규율화란 일관된 객관성 유지, 합리적 계산, 구체적

억압적인 국가기구를 훨씬 벗어나면서도 그것과 연계된 제도의 연결복합체가 바로 그람시가 〈societa civile〉라고 부르는 것이다(Hirsch, 1990)

상황과 구체적 인간을 배제하고 상황과 인간을 추상화할 수 있는 능력을 교육하는 것이다. 이것들은 발전심리학에서 말하는 형식적·조작적 사고의 단계에서 가능한 능력들이다(Piaget, 1972: 167ff; Habermas, 1981). 베버는 이런 속성을 〈무편견의 원칙〉(*sine ira ac studio*) 혹은 〈형식주의적인 몰인격성의 원칙〉이라고 부르는데, 이 원칙에 따르면 〈이상적인 관료〉는:

> 증오도 정열도 없이, 따라서 '사랑'도 '열광'도 없이, 객관적 의무관념의 압박하에, '사람은 보지 않고', '모두'에게, 즉 동일한 실제상황에 처해 있는 모든 이해당사자들에 대해 형식적으로는 동등하게 자신의 업무를 수행한다(WG: 129).

이렇게 모든 순전히 개인적 요소들, 비합리적 감정적 요소들, 즉 계산의 대상이 될 수 없는 감정적 요소들을 배제한 채(WG: 563) 관직을 수행하는 원칙은 곧 엄격히 객관적인 전문인의 행동원칙이다(WG: 563).[45]

---

45) 베버는 관료제의 발전에 따라 불가피하게 증대되는 이러한 〈전문인간성〉과(WG: 578) 이른바 〈문화인간성〉을 대립시키고 있다. 이 대립은 다시금 〈전문화〉와 〈민주화〉 사이의 대립으로 표현될 수 있는바, 왜냐하면 전문화는 대개 〈과정적〉 합리화와 연결되는 반면, 〈민주화〉는 내용적 합리화와 연결되있기 때문이다(Schluchter, 1972: 145ff). 다른 한편으로 베버는, 바로 전문인력의 가능한 한 광범위한 확보를 지향하기 때문에 관료화는 〈사회적 평준화〉 내지 평등화 및 〈대중민주주의〉의 필수적인 동반자가 된다는 점을 강조하고 있다: 가령 전통사회의 신분제는 이러한 전문인력의 충원자원을 제한하는 장치였는바, 관료적 대중민주주의를 통해 이 장치는 제거된다. 그러나 동시에 이런 전문화가 요구하는 상대적으로 긴 〈교육과정〉으로 인해 관료제는 또 불가피하게 〈금권주의적〉 불평등화 경향을 띠게 된다(WG: 129). 그러나 관료제가 한편으로는 신분적 평준화를 … 창출하지만, 역으로 모든 사회적 평준화는, 행정수단과 행정권의 전유에 기초한 신분적 지배계층을 제거함으로써 … 관료화를

물론 이런 의미에서의 관료제적 원칙은 단순히 국가조직이나 행정에만 국한되는 것이 아니라 하나의 보편적 현상이라는 점은 위에서도 이미 지적되었다. 우리는 그것을 자본주의적 사경제(WG: 562), 공장(WG: 543), 교회, 학교, 병원(WG: 127, 123) 그리고 대중정당(GPS: 324ff)에서도 찾아볼 수 있기 때문이다. 그리고 베버는 이것을 일단은 불가피한 경향으로 본다. 왜냐하면 양적으로나 질적으로나 엄청난 규모의 관리 내지 행정업무를 처리해야 하는 현대의 〈대중사회〉의 조건 하에서는 전업(專業) 전문관료들로 구성된 행정조직만이 정확하고, 지속적이고, 규율잡힌, 그리고 신뢰할 수 있는 행정, 즉, 〈계산 가능한〉 행정을 할 수 있기 때문이다. 이 관료들은 전문훈련을 받아야 하며 임명제로 배정되며 무엇보다도 사안을 순전히 전문적인 기준에 의해 결정할 수 있는 상대적인 자율성을 가져야 한다. 이와 같은 조건이 갖추어지지 않은 경우, 행정은 불가피하게 〈아마추어화〉할 수밖에 없다. 즉, 베버는 오늘날 우리는 행정의 〈관료화〉 아니면 〈아마추어화〉라는 두 가지 대안밖에 없다고 본다(WG: 128). 그러나 이미 현대의 기술과 생산방식의 복합성 때문만이라도 방향은 관료화 쪽으로 잡혔다는 것이다:

> 관료적 행정의 우위성의 탁월한 수단은 전문지식인바, 이것의 전적인 불가피성은 자원조달의 근대적 기술과 생산방식에서 연유한다. 여기서 이 생산방식이 자본주의적으로 아니면 사회주의적으로 조직되어 있는지는 전혀 상관이 없는데, 후자의 경우는 만약 (자본주의에서와) 동일한 기술적 성과가 달성되어야 한다면, 단순히 전문관료제의 엄청난 증대를 의미할 뿐이다(WG: 128).

조장하는바, 어디서나 관료화는 확산되는 '대중민주주의'의 불가피한 그림자이다(WG: 130).

과연 이 조직들이 베버가 염려했듯이 단 하나의 〈강철같이 단단한 우리〉로 통합될지 여부는 차치하고, 분명한 것은 관료제의 확산이 관료적 관행 내지 관료적 행위양식의 일반화를 낳을 것이라는 점이다. 즉, 합리적인 객관화, 직업 및 전문인간으로의 발전(WG: 576)이 현격히 강화될 것이라는 점이다.[46] 이러한 관료화 경향이 낳는 사회는 교수들로 가득 찬 사회만큼이나 위험하다고 베버는 보고 있으며(GASS: 414), 포괄적 관료화는 결국 단 하나의 인간유형, 즉 〈질서인간〉(*Ordnungsmensch*)만을 살아남게 할 위험이 있다. 이들은 질서가 필요하며 또 질서만이 필요한 인간들이며, 만약 기존의 질서가 한 순간이나마 동요하면 불안하고 비겁해지며, 만약 이 질서에 대한 자신들의 절대적인 순응의 궤에서 밀려나면 어쩔 줄 몰라 하는 인간들이다(GASS: 414).[47] 이렇게 하여 관료적 규율화는 단순한 〈행정막료 규율화〉에 그치지 않고 〈사회 규율화〉로 확대된다. 그 결과, 이제 '지배' 정당성의 확보는 관료적으로 조직된 지배체계 전체가 공동으로, 그리고 내재적으로 수행하는 작업이 된다. 즉, 정치적 지배체계는 자기 자신 스스로를 정당화하는 것이다. 그러나 이러한 자기 정당화가 작동할 수 있는 이유는 다름이 아니라 바로 좁은 의미에서의 정치적 영역이 아닌 다른 영역들에서도 앞서 말한 피아제적 의미에서의 형식적·조작적 합리성(즉 관료적 합리성)이 양성되기 때문인데, 이 포괄적 사회·문화적 규율화가 '합리적' 정당성 믿음이 확립될

46) 여기서 우리는 다시 한 번 베버의 사회학적 관심이 〈사회적 관계〉 내지 〈사회적 행위〉의 문제에 놓여 있음을 확인하게 된다. 즉, 어떠한 특정 역사적·구조적 조건이 어떠한 특정 〈사회적 관계〉유형을 선호 혹은 배제, 조장 혹은 억압하는가 하는 문제이다.

47) 철저히 관료화된 〈현실사회주의체제〉가 낳은 인간형이 바로 이런 〈질서인간〉이었음을 확인시켜주는 사례는 무수히 많다(Rolf ReiBig: 1993, 1991). 이것은 맑스가 지향한 창조적이고, 전면적이고 능동적인 이른바 〈사회주의적 인간형〉이라는 이상의 완벽한 전도이다.

수 있는 본래적 전제조건인 것이다.

여기서 잠시 베버의 논리를 다시 한 번 정리하자면 다음과 같다. 합리적 지배란 일반적이고 체계적인 질서, 〈마치 기술적으로 합리적인 기계같이 기능하는〉 법의 지배이다(WG: 469). 그러나 이 질서는 개별인간들이 준거로 삼는 규범체계로 구성되는 것은 아니다. 오히려 이 질서는 다음과 같은 두 가지 방식으로 표출된다. 한편으로는 합리적 관료적 조직들의 틀, 다른 한편으로는 조직된 인간들의 독특한 행위양식 및 행위능력, 즉 기존의 질서와의 내적인 동일화의 능력, 자신의 인격을 기계화 및 수단화할 수 있는 능력, 그때그때의 기능과의 일체화의 능력으로 표출된다.

지금까지 논의한 관료제의 속성과 경향들이 어우러져 낳는 구조적 결과들 중 거시사회학적으로 가장 주목할 만한 하나의 관점을 이제 거론하고자 한다. 즉, 관료제는 베버에 의하면 합리적 지배의 실현을 위한 수단에만 그치는 것이 아니다. 그것은 어느 정도 자기법칙성을 가지고 있으며 경우에 따라서 합리적 지배조직의 수장(首長)의 통제로부터 독립하여 그와 긴장관계를 조성할 수 있다(WG: 572; Beetham, 1974: 65, 78; Mayntz, 1982: 63ff).[48] 다시 말하여, 관료제를 다른 어떤 행정조직 형태보다 우월하게 만드는 바로 그 속성들이 관료제를 단순한 수단에서 목적 그 자체로 만드는 결과를 낳을 수도 있다. 전문지식과 〈직책에서 나오는 지식 내지 정보를 소유하는 자의 우월성〉(WG: 127, 672), 즉 관직에서 얻은 전문지식 및 업무지식은 관료들로 하여금 정치적 조성을 거부하고 자신의 이해관계를 추구할 수 있도록 하는바, 이것은 베버에 의하면 모든 정치체제하에서 일어날 수 있다. 관료적 장치는 권력

48) 아래 논의되는 주제에 대해서는 특히 Schluchter(1972: 116ff)를 참조.

을 쟁취한 혁명세력하에서나 점령적군하에서나, 그전까지의 합법적 정부 하에서와 똑같이 계속 기능한다. 문제는 항상 누가 기존의 관료적 장치를 지배하는가 하는 것일 뿐이다. 그리고 비전문가에게는 이 관료조직의 장악이란 항상 단지 제한된 범위 내에서만 가능하다. 전문·추밀고문관은 비전문가인 장관에 대해 종국에는 대부분 자신의 의지를 관철하는 데 있어서 더 우월하다(WG: 128).

막스 베버는, 지금까지 논의된 그의 관료제론, 특히 관료제의 독립화론 때문에, 국가의 자율성 내지 계급규정성 문제 — 〈국가〉와 〈자본〉의 관계 문제 — 를 중심으로 1970년대 이래 일어난 이른바 국가론 논쟁에서[49] 흔히 국가의 〈절대적 자율성〉을 강조하는[50] 이른바 〈국가주의적 국가론〉의 이론적 대부로 해석되었다(정영태, 1993; 김석준, 1992).[51] 위에서 필자가 제시한 여러 가지 논거로 비추어볼 때, 최소한 이 절대적 자율성론에 깔린 기본 의도, 즉 국가를 단순히 계급환원론적으로 해석하는 것을 거부하고자 하는 의도에는 아마 베버도 동의했으리라고 가정할 수 있다.[52] 왜냐하면 베버는 분명히 관료층과 관료조직은 단순히 다

49) 특히 오페(Offe)의 국가론은 베버의 관료제론에서 깊은 영향을 받았다(Offe, 1987). 독일 국가론 논쟁은 여기서 논외로 한다. 이 논쟁에서 베버가 한 역할에 대해서는 Carnoy(1984: 128) 참조.

50) 국가의 〈절대적 자율성론〉은 신맑스주의 국가론의 〈상대적 자율성론〉에 대한 비판적 대안이론으로서, 국가의 계급성을 부인하면서 근대국가는 〈사회의 모든 세력〉으로부터 완전히 분리된 〈독자적 주체〉(*independent actor*)로서 거의 〈절대적인 자율성〉을 갖는다고 보는 입장이다(정영태, 1993: 57; 박상섭, 1985; Skocpol, 1979).

51) 서론에서도 이미 언급했듯이, 베버는 이 문제를 〈국가사회학〉이라는 주제하에 별도로 분석할 의도를 가지고 있었으나 이 의도를 실현하지 못했다. 따라서 이 문제에 대해서 우리는 많은 경우 추론적 해석에 의지할 수밖에 없다.

52) 그래서 맑스주의의 경제적 환원주의를 부인하고 국가관료제의 자율성, 합리성 등을 주장하면서 1970년대 후반에 새롭게 대두한 이른바 〈신자유주의 국가

른 어떤 〈계급〉에 봉사하는 집단이 아니라, 그 자신 〈행정논리〉에 따라 행동하는 하나의 〈계급〉을 형성하며, 따라서 고유한 계급이해와 계급의식을 가지고 있다고 보기 때문이다.

관료계급과 관료조직의 자율성의 근거는 위에서 이미 밝힌 대로다. 이를 다시 한 번 열거하자면: 정당한 폭력행사권의 독점과 함께 진행되는 〈국가〉의 여타 영역(특히 경제) 으로부터의 분리라는 구조적 조건(이 문제에 관해서는 상기 주석 참조), 전문성에 기초한 기술적 우위성과 기능적 필연성 등이다. 즉, 베버에게 관료제는 근대의 공장제적·기계적인 〈생산양식〉 그 자체가 요구하는 〈행정양식〉이며, 따라서 이 생산양식이 견지되는 한 그 사회체제가 자본주의든 사회주의든 무관하게 관료제는 필수적인 행정양식이다. 물론 역사적으로는 자본주의가 관료제 형성의 첫 추진세력이었던 것은 사실이지만, 근대적 산업생산양식의 일반적 관철과 함께 이 행정유형은 보편적 현상이 되는 것인바, 따라서 모든 합리적인 사회주의도 이 행정을 그대로 수용하여 더욱더 강화시킬 수밖에 없을 것이다(WG: 129). 그런데 이러한 조직 기술적 우위성과 기능적 필연성이 관료제에게 자율성과 독립화의 근거를 제공하기는 하지만, 이 자율성은 가령 네오 맑스주의적 〈상대적 자율성론자〉들이 의미하는 바와는 전혀 다른 의미에서 〈상대적〉이다.

이와 연관하여 우선 지적되어야 할 것은, 베버의 관료제론이 곧 그의 국가론은 아니라는 점이다. 왜냐하면 베버의 국가 개념, 특히 그의 근대국가 개념은 두 가지 요소로 이루어졌기 때문이다. 첫째, 행정조직으로서의 관료영역과 둘째, 비관료적이면서 물리력의 정당한 행사를 독점하는 주체로서의 〈정치〉영역이 그것인데, 여기서 후자는 전자에 대

론〉(이것은 Dobhoff, Ch. Wright Mills 등이 수행한 미국사회의 권력구조 연구에 바탕한다)이 〈신베버주의〉 국가론으로 불리는 것은 일리가 있다(김석준: 47~50).

한 통제의 기능을 가진다. 이런 관점에서 볼 때, 서재진의 제의, 즉 국가를 하나의 〈단일개념〉으로 볼 것이 아니라 복합개념으로 전환하여 관료조직에 해당되는 정부(*government*)와 〈정치〉에 해당되는 정권(*regime*)의 영역으로 분화하자는 제의는 일단 주목할 만하다(서재진, 1990: 200~203). 이 제의에서 서재진은 베버의 국가 개념과 레닌의 국가 개념을 대비시키는 라이트(Wright)에 접목하고 있는데, 라이트에 의하면 "지배사회학의 국가 개념의 요체는 정치지도층이 관료제라는 특정 '조직'을 통제하는 방식에 놓여 있는 반면에, 레닌의 국가 개념의 초점은 자본가계급이 '특정한 구조', 즉 계급구조를 지배하는 방식〉에 맞추어져 있다(서재진에서 재인용: 203).

필자는 이러한 베버 해석은 대체로 정확하다고 본다. 즉, 베버는 분명히 관료제의 상층에 위치지어진 의회를 포함하는 비관료적 〈정치영역〉을 상정한다. 그리고 이 정치영역은 다시금 권력논리에 따라 행동하는 〈정치적 계급〉(Beyme: *Politische Klasse*)을 창출해낸다. 이 계급 역시 단순히 다른 계급에 봉사하는 집단이 아니라 그 고유의 계급이해와 계급의식을 가지는바, 이것의 핵심은 권력의 정당성 창출을[53] 통한 권력의 극대화와 재생산이다. 동시에 베버는 권력논리에 기초한 정치영역의 가장 중요한 기능 중의 하나를 바로 행정논리에 기초한 관료제를 통제하고 그것을 〈수단〉의 상태에 묶어두는 것이라고 보았다.[54] 이것

---

53) 물론 앞장에서 우리는 관료제란 정당성의 자체창출능력을 가진 유일한 지배유형이라고 규정한 바 있지만, 이것은 어디까지나 〈기술적〉 차원에서의 능력에 불과하며, 실질적 내용적 차원에서의 정당성 창출 작업은 궁극적으로 〈정치〉에 의해 수행되는 것이다.

54) 근대 관료제의 특이성은, 바로 그것이 단순한 〈수단〉이기 위해서라도 자율성이 필요하다는 점이다. 왜냐하면 이 관료제의 강점인 전문성과 계산 가능성은 그 조직과 구성원들이 외부의 자의적인 압력과 개입으로부터 어느 정도 자유로울 때 비로소 유지될 수 있는 것이기 때문이다.

이 앞서 말한 관료제의 자율성이 왜 〈상대적〉인가 하는 까닭이다. 다시 말하여, 베버에 의하면 관료제의 수단적 자율성의 대전제는 바로 그것이 〈정치〉의 적절한 통제하에 있다는 것이다. 그리고 〈정치〉와 〈관료제〉의 이러한 통제관계가 유지되는 한, 이 둘의 합으로서의 〈국가〉는 상대적으로 〈자본논리〉의 영향에서 자유로울 수 있다.[55]

그러나 이 모든 논의에서 우리가 고려해야 할 것은, 베버는, 다른 문제에서와 같이, 앞서 말한 국가의 두 영역과 〈자본〉과의 관계 문제에서도 하나의 엄밀한 이론적 도식보다는 오히려 역사적·경험적 차원을 훨씬 더 부각시킨다는 점이다. 그래서 가령 필자가 사용한 〈권력논리〉, 〈행정논리〉, 〈자본논리〉 등 〈법칙성〉을 강하게 풍기는 개념들에 베버는 아마 동의하지 않을 것이며, 또한 결정론적인 색채를 띠는 〈절대적〉 자율성이라는 개념 역시 베버의 입장을 표현하는 개념으로는 적절하지 않다. 다시 말하여, 베버는 관료·정치·자본, 즉, 행정논리·권력논리 및 자본논리 사이의 관계를 이론적 선험적 관점에서라기보다는 주로 역사적·경험적 관점에서 파악한다.[56] 〈국가〉와 〈자본〉—여기서는 통상적 의미에서의 〈사적 자본〉—의 지극히 다양한 역사

55) 서재진에 의하면 국가 개념의 이론적인 흐름을 크게 레닌적 전통—즉 국가는 지배계급의 기구이며 하나의 계급이 다른 계급을 억압하는 기구—과 앞서 말한 의미에서의 베버적 전통으로 나누어질 수 있다(위의 책).

56) 이런 의미에서, 국가자율성의 정도를 경험적 역사적 분석 이전에 선험적으로 가정하는 〈절대적 자율성론〉과 〈상대적 자율성론〉 모두를 비판하면서 국가자율성 문제를 경험적 분석의 대상으로 삼을 것을 주장하는 입장은 오히려 베버의 의도에 가깝다. 이에 의하면 가령 독자적인(즉 권력의 극대화) 이해관계를 가진 국가권력 담당자가 자본의 이익에 침해가 되는 행동을 하는 것이 저지되는가 여부는 자본가계급의 능력(단합과 의지)에 달려 있으며 이것은 경험적 파악의 대상이지 선험적으로 결정될 수 있는 문제는 아니라는 것이다(김명수, 1990).

적 출현형태들을 철저히 감지하던 베버로서는 이러한 역사성의 강조는 당연한 일이었다. 가령, 한편으로는 가부장적 국가(개인적 행정막료가 아직 없는 국가), 가산제적 국가, 술탄제 국가, 봉건국가, 근대관료제 국가, 다른 한편으로는 노획자본, 상인자본, 국가수요 조달자본, 전쟁비용 조달자본, 식민자본, 대농자본, 재정자본, 금융자본, 산업자본(WG: 139) 등등, 이러한 국가 및 자본형태들은 두말할 나위도 없이 그 때그때의 생산력의 수준과 생산양식의 형태들과 밀접하게 연관되어 있다. 베버는 그의 역사사회학적 저서 곳곳에서 이 문제들을 분석하고 있는데, 특히 전근대적 문명조건하에서 국가가 자본에 대해 가질 수 있는 관계에 대한 이러한 역사적 분석의 결과들 — 그 중요한 준거들은 고대 그리스-로마, 이집트, 중국, 중동 등에서의 국가와 자본의 관계이다 — 을 그 특유의 방식으로 이념형화하였으며, 이것은 크게 3가지 모델로 집약될 수 있다〔이 모델에서 베버가 분석하는 변수들은 매우 다양하고 복합적이지만 여기서는 이들을 전혀 논외로 한다. 즉, 국가는 자본에 대해 다음과 같은 기능을 할 수 있다(전성우, 1984)〕.

① 자본 대체의 기능: 이것은 자본축적의 초기단계에 해당하는 관계이다.
② 자본 동반자의 기능: 이것은 사적 자본축적이 어느 정도 이루어져 자본의 자율적 유통이 가능해진 단계이다.
③ 자본질식의 기능: 자본축적의 성공적 진행으로 인해 비대해진 국가조직이 바로 사적 자본의 운동을 저해하게 되는 단계이다.

이 중 어느 기능을 국가가 하게 되는지는 결코 어떤 원칙적 · 이론적 문제가 아니라 역사적 · 경험적 문제이다. 즉, 한 사회의 자본축적의 정도와 정치조직 사이의 역동적이고 변증법적인 관계에 의해 이것은 결정되는 것이다. 따라서 국가의 기능은 변하기 마련이고 또 국가의 자율성

역시 변할 수밖에 없는 것이다.[57]

이 분석에서 베버는 전반적으로 권력 및 행정논리 — 위 3가지 모델들에서는 주로 가산제적 관료제의 형태로 나타난다 — 의 자본논리에 대한 우위성을 암시하고 있다. 왜냐하면 베버는 여기서 국가가 자본의 형성과 유지에 도움을 주거나 그것을 〈질식〉시키는 경우는 상정하고 있지만, 역으로 〈자본〉이 〈국가〉를 압도하고 그것을 〈수단〉으로 지배하는 경우는 상정하지 않기 때문이다. 베버가 상정하는 자본논리의 최고봉은 기껏해야 국가와의 〈동반자〉 관계이다. 물론 권력논리의 이러한 우위성을 확보해주는 가장 중요한 요소 중의 하나는 바로 〈문화논리〉, 즉 종교적·주술적 세계상이었다. 그런데 위에서도 언급했듯이, 이러한 국가·자본 관계 모델은 근대 이전의 전통사회의 조건들에 근거하여 형성되었으며 따라서 이 모델을 근대사회에서의 국가와 자본의 관계에 적용하는 데는 한계가 있다(물론 자본축적의 정도에 따라 상기 모델을 적용할 수 있는 경우들 — 가령, 신생 저개발국들 — 도 많다). 무엇보다, 근대사회는, 다른 점은 제쳐두고라도, 다음과 같은 두 가지 점에서 전통사회와는 〈질적〉으로 다른 사회유형이기 때문이다.

(1) 부분영역들의 상대적 분화, 즉 각 부분영역의 상대적 자율성 내지 자기논리가 관철되어가는 것이 근대이므로, 행정논리, 자본논리, 권력논리, 문화논리들은 각각 일단은 상대적으로 자율성을 가지고 있다고 보아야 한다.

(2) 자본논리와 행정논리의 엄청난 강화: 베버는 근대사회를 규정짓

57) 물론 이런 입장에 깔린 베버의 기본 시각은, 자본형성 내지 축적을 한 특정계급의 역할이나 과업으로만 보지 않고 한 사회 전체의 자원 확보라는 관점에서 보는 것이며, 최소한 근대 이전까지의 인간역사의 대부분에서 가장 크고 중요했던 자본축적의 주체는 (이런 의미에서의 〈기업〉은) 항상 국가 내지 정치적 지배기구였다는 시각이다.

는 두 가지 기본세력을 자본주의적 〈기업〉과 전문적 〈관료제〉라고 본 것이며, 이 둘의 관계는 원칙적으로 대등하고 경쟁적이며 평형의 관계라고, 또 그래야만 한다고 보았다. 그리고 이 경쟁적 평형상태를 유지하는 임무를 지닌 것이 바로 〈정치〉의 장이었다. 이 정치의 장이 원만히 작동할 경우, 〈관료제〉는 순수하게 수단으로 남게 된다. 그런데 만약 이 경쟁적 평형상태가 깨어지고 다른 한쪽으로 권력이 환원될 경우, 베버는 근대의 모든 긍정적·문화적 업적들 — 인권, 자유, 개성주의 등 — 은 위협받게 된다고 보았다. 그러나 전반적으로 볼 때, 현대사회에서 권력이동은 자본에 의한 관료제의 〈수단화〉보다는 관료제의 절대화 쪽으로, 즉 행정논리가 권력논리와 자본논리를 압도할 위험이 매우 큰 쪽으로 진행된다고 베버는 판단했는데, 그 근거는 다음과 같다.

① 관료제가 가진 기술적 우위성과 기능적 필연성, 더 나아가 이 행정논리가 단순히 〈국가행정〉에 한정되지 않고 일반적인 조직원리로 보편화되는 상황.

② 이를 바탕으로 한 관료제의 자기정당성 창출능력.

③ 정당한 폭력행사권을 독점하는 〈정치〉마저 바로 이런 효율성을 근거로 자신에게 예속시키는 관료제의 경향.

④ 민주주의와 평등주의라는 정당성 이념을 구현하고 있다는 대의명분(WG: 563).

그런데 관료제가 〈정치〉의 통제를 벗어나 독립할 때, 관료제의 그때그때의 이해관계의 성격에 따라 그것은 대개 3가지 발전방향을 취할 수 있다. 첫째, 국가 관료제는 자본가계급의 막강한 직·간접적 영향하에 놓이게 된다(WG: 562, 571). 둘째, 관료제는 역으로 피지배계층의 충성심 확보(및 자신의 정당성 확보)를 위해 공리주의 내지 실질합리성의 실현을 통해 오히려 피지배층 일반과 연대할 수 있다(WG: 130. 아래 참조).[58] 셋째, 자신의 고유 이해관계에만 탐닉할 수 있다.

그러나 베버는 어떤 경우든 〈정치〉의 장이 제거되고 관료제의 논리가 절대적이 될 때, 모든 조건의 엄청난 상이성에도 불구하고 결국에는 근대사회도 전근대사회에 대해 제시된 위의 3가지 모델 중 3번째 모델의 결과, 즉 관료제로 상징되는 국가가 자본을 질식시키는 결과를 낳을 수도 있다고 가정했다. 그런데 〈자본〉의 질식사는 물론 〈자본〉으로부터의 〈해방〉을 뜻하지만, 동시에 그것은 당 및 국가관료에의 또 다른 〈예속〉을 뜻한다(WG: 565). 베버는 〈해방〉과 새로운 〈예속〉이 도래할 수 있는 두 가지 가능성을 〈극단적 복지국가〉와 〈사회주의국가〉에서 보았다. 이것이 왜 베버가 그렇게도 끈질기게 선면적 〈관료화〉— 즉 〈국가〉가 〈관료제〉로 환원되는 상황 — 의 위험을 경고하고 그것에의 저항을 요구하며, 왜 그의 최대의 관심사가 아래와 같은 문제에 놓여 있는가를 설명해준다: 즉 기술적 우위성과 기능적 필연성 때문에 산업적 생산양식의 조건하에서 불가피하게 확대되는 국가의 〈관료〉 부분을 〈정치〉의 기제를 통해 통제하고 그것의 전통화를 막는 제도적·이론적 장치들을 발견하는 문제가 그것이다. 그러나 이것이 단순히 자본주의를 옹호하는 이데올로기가 아니라 바로 〈근대사회〉 고유의 문화적 가치들 — 인권, 정치적 자유 등 — 의 확보와 보장을 위한 것임은, 자본논리에 대한 베버의 비판적 자세를 통해 충분히 입증된다.[59] 그런데 베

58) 이렇게 볼 때, 가령 서재진이 국가관료제 내지 〈정부〉는 "자본주의적 생산관계의 재생산 및 자본축적을 가능하게 하는 고유의 기능을 갖는 영역"이며 "국가 내에 경제논리를 전담하는" 영역이라고 보는 것은 최소한 베버의 시각과는 어긋나며, 필자의 소견에는 이것은 이분법적 단순화, 즉 〈경제논리는 정부, 정치논리는 정권(*regime*)〉이라는 이분법적 단순화의 우를 범하고 있다.

59) 이에 대해서는 전성우(1986) 참조. 이와 관련한 베버의 대표적 진술을 한 가지 소개하자면, 베버는 자본주의를 주인 없는 노예제, 주객이 전도된 세계, 즉 〈영

버가 우려한 이러한 관료제의 절대화 과정이 가장 극명하게 진행되던 곳이 다름 아니라 바로 그의 조국인 독일이었다.

그래서 베버는 관료제의 독립화가 낳을 수 있는 결과들을 주로 독일의 최근세사(最近世史)를 예로 들어 설명한다.[60] 군주에 의해서도, 의회에 의해서도 통제받지 않았으며 따라서 실질적으로 책임추궁을 당할 위험 없이 지배하던 독일의 관료조직은 관직을 봉록으로 취급했으며 관료들의 승진을 위해 (비관료출신들에게는 차단된) 고위직들을 독점하고 있었다. 이 과정에서 독일 관료제는 매우 폐쇄적인 '수공업 조합적' 정신을 발전시켰으며, 채용에서도 전문자격이라는 관점만이 아니라(학창시절 동아리 활동을 비롯한 학연에서부터 뇌물을 통해 관직 매수에 이르기까지: GPS: 350, 367; Beetham, 1974: 79ff) 모든 종류의 사적 관계가 중요한 역할을 했다. 이러한 과정의 결과는 독일 관료제가 타의 모범으로 간주되는 근거를 제공했던 그 강한 합리적 · 합법적 요소들에도 불구하고 독일 관료제는 〈전통적〉 지배의 행정조직에 매우 근접하게 되었다는 것이 베버의 진단이다. 그러나 동시에 이것이 독일적 특수상황만의 결과가 아니라 관료제의 내재적 경향임을 베버는 강조하고 있다. 그래서 그는 합법적 정당성 유형에 대한 서술을 마무리하면서 복되게 해주어야 할 피지배자들을 위해 실질적·공리주의적인 방향으로 자신들의 행정과업을 취급하는 관리들의 경향에 우리의 주의를 환기시키는 것이다(WG: 130; Schluchter, 1972: 116). 베버의 명제에 의하면, 만약 우리가 이런

리〉라는 수단이 〈삶〉이라는 목적을 압도하는 세계 등으로 형상화한다.

60) 베버의 관료제 모델이 그 당시 프러시아 국가의 관료조직에 대한 관찰에 주로 의거한다는 것은 잘 알려진 사실이다. 이것은 분명히 관료제에 대한 그의 〈편견〉의 근거가 되기도 한다. 물론 베버의 학문적 창조성은, 그가 바로 이런 〈시대 연관성〉이 이데올로기적 〈시대구속성〉으로 전락하지 않도록 하면서 하나의 보편적 사회학이론을 구성할 수 있었다는 점에서 표출된다.

경향에 쐐기를 박지 않는다면, 형식적 합리성은 아마 제거되지는 않겠지만, 실질적 합리성에 경도하는 경향에 의해 압도당할 것이며(WG: 130), 합리적 지배에 특유한 〈규칙, 직위 및 인적 구성의 원칙적인 변경 가능성〉(Tyrell, 1981: 48) 대신에 바로 그것과는 정반대되는 원칙들 — 체제유지, 기득권 보존, 심지어 정체와 학습거부의 전략들 — 이 들어서게 된다. 이것들은 바로 최근의 관료제 연구가들이 기존의 관료조직들의 분석에서 넘치게 확인한 전략들인 것이다(Albrow, 1972: 62ff). 이 연구가들은 자신들이 베버를 반박하고 있다고 잘못 생각하지만 사실은 베버가 관료제의 〈재전통화〉 경향에 대해 가졌던 통찰들이 옳음을 증명해줄 따름이다(Schluchter, 1972: 122ff). 즉, 관료제가 절대적이면 절대적일수록, 그것은 '전(前) 합리적'인 행정형태들에 가까워지는 것이다. 그래서 옛 동구의 관료적 체제를 연구하는 사람들이 베버의 합리적 관료제론보다는 오히려 전 관료제적 시기의 〈전통적〉 행정수뇌부에 대한 베버 이론에 접목하는 것은 결코 우연이 아니다(Roth, 1987: 58ff).

이렇게 볼 때, 우리는 여기서 하나의 역설과 대면하게 된다. 즉, 형식합리성의 극치라고 간주되는 관료제의 확산에서 발생하는 문제는 형식합리성의 증가에 있는 것이 아니라, 관료조직의 독립화와 연계되는 경향인 실질합리성의 평가절상에 있는 것이다. 베버가 보기에, 빌헬름 황제 시대 독일의 관료제적 지배구조는 합리화 과정의 중단이 야기할 수 있는 결과에 대한 우리의 경각심을 일깨우는 예이다. 즉, 이 사례는 법과 행정이 위에서 논의한 의미에서의 〈기계적〉 그리고 〈수단적〉 속성을 상실하고, 그 자체 목적이 되는 경우 발생하는 위험에 대해 우리에게 경고하는 것이다. 그러나 이 〈수단적〉 속성의 상실은, 법과 행정이 실질적 규범에서 스스로를 해방시켰기 때문에 일어난 것은 아니다. 그것은 〈정치적 영역〉, 즉 〈법〉과 〈행정〉의 〈수단적〉 작용기제를 보장하면서 동시에 법과 행정의 차원을 뛰어넘으며 그래서 그 스스로는 관료적 질서에 종속되지 않은 영역인 〈정치적〉 영역의 권위와 기능이 앞서 말한 관료제의 독립화 과정을 통해 파괴되었기 때문에 발생한 것이다 (Breuer, 1991).

(3) 의회주의와 노동조합주의 - 관료제의 견제세력

지금까지의 논의에서 드러나듯이, 베버가 구상한 관료제에 대한 대응수단은 일차적으로 실질합리적 규범의 확산에 있는 것이 아니라[61] 다음과 같은 조건들을 창출하는 것이다. 즉, 정치적 지도자의 위치를 강화하여, 그가 말하자면 〈합리성에 대한 강제자〉로 역할할 수 있는 조건들을 창출하는 것이다(Anarson, 1988; Breuer, 1991). 이를 위해 베버가 제시한 하나의 매우 잘 알려진 방안이 정치지도자의 '카리스마적' 요소의 활용이다(이 문제에 대해서는 다음 장 참조). 그러나 이보다 훨씬 더 중요하고 또 이 방안의 전제조건이라고 볼 수 있는 것은 철저한 의회주의화이다. 왜냐하면 베버가 보기에 의회주의체제만이 독자적 권력을 가진 〈지도자〉를 창출할 수 있으며 동시에 근대문명의 가장 중요한 성과인 시민권을 제도적으로 보호할 수 있기 때문이다.

그래서 베버의 정치이론 전체는 다음과 같은 문제에 그 초점이 맞추어져 있다고 해도 과언이 아니다. 어떻게 우리는, 관료제를 하나의 단순한 수단의 위치에 묶어두며 그것의 퇴행적인 자기역동성을 저지하는데 필요한 〈정치적〉 에너지를 충분히 창출해낼 수 있는가 하는 문제가 그것이다.[62] 이것은 결국 〈정치적 리더십〉의 문제로서, 관료제적 조

---

61) 우리는 관료적 사회주의체제의 붕괴의 한 원인을 이런 관점에서 해석할 수도 있다. 즉, 이 체제의 구조적 문제점 역시 형식합리성의 확산이 아니라 바로 〈실질합리성〉(사회주의적 이상)의 우위라는 우산 아래 권력구조의 의인화 내지 재전통화가 진행되었다는 것에 있었다.

62) 그러나 베버가, 경우에 따라서는 너무 많은 양의 이러한 정치적 에너지가 방출

건하에서의 현대정치 일반에 대해서 제기되어야 할 문제이지만, 그러나 특히 독일 정치가 봉착한 난관의 핵심내용이었다. 정치적 리더십에 대한 베버의 이러한 절박한 문제의식 밑에는 독일의 정치적 상황, 즉 비의회적인 정부, 황제의 강력한 위상, 세계관의 차이로 분파된 정당체제, 강대국들의 제국주의적 식민지 확장 경쟁[63] 등으로 특징되는 독일

될 수도 있다는 가능성을 — 가령 후의 히틀러의 등장이 보여주듯 — 심각히 고려하지 않았다는 것은 사실이다. 물론 베버의 이러한 한계는 19세기 말~20세기 초의 유럽 일반의 정치·사회·문화적 상황(그중에서도 특히 독일의 상황)을 고려하면 이해가 가능한 일이다(Breuer, 1991).

63) 베버는 한편으로는 이렇게 서유럽 쪽에서 오는 제국주의적 열강들의 위협을 감지하면서, 다른 한편으로는 또 프러시아의 동쪽에서는 독일보다 더 활기에 차고 높은 인구증가율을 가진 폴란드에 의해 독일의 권력기반이 잠식당하고 있다고 보았다. 왜냐하면 베버의 판단에 의하면 산업화의 진전과 함께 (폴란드와 인계된) 동엘베 지역의 독일 농업사회는 더 이상 지탱될 수 없고 이러한 구조적 취약점을 폴란드가 활용하고 있었기 때문이다. 이것이 그의 유명한 프라이부르크대학의 취임연설의 배경이며, 이 연설에서 베버는 실지로 위험한 수준의 민족주의적, 권력정치적 어조를 구사하고 있기도 하다. 물론 후에 베버는 당시의 이런 애국적 열정을 일종의 〈젊은 시절의 객기〉라며 자기비판을 하였으며, 뿐만 아니라 이것은 상기 연설의 초점도 아니었다. 이 연설의 주안점은 프러시아 귀족 내지 동엘베 귀족층의 정치적 지배계급으로서의 무능에 대한 비판이다. 베버에 의하면, 이 계급이 비스마르크를 배출한 것은 사실이지만, 동시에 이들은 이 거목의 그늘 아래에서 안주하는 바람에 어떤 후계나무도 키워내지 못했다는 것이다. 아무튼 이 계층은 이제 더 이상 앞으로의 과업에 적절한 지배계층이 될 수 없다는 것이 베버의 입장이었으며 산업화되는 사회에서는 이제 새로운 엘리트가 필요하며 이 엘리트는 근대적 정당과 의회에서의 민주적 경쟁을 통해 성장해야 한다고 베버는 주장했다. 그래서 베버는 정치적 틀의 의회화를 결정적으로 중요하게 생각한 것인데, 왜냐하면 그는 진정한 권력을 위한 투쟁을 통해서만 앞으로의 과업에 적합한 새로운 엘리트층이 형성될 수 있다고 믿었기 때문이다. 즉, 권위주의적인 국가의 정적(靜寂) 속에서가 아니라 열린 정치적 권력투쟁 속에서 이러한 엘리트가 생겨난다는 것이다. 권력투쟁에 대한 베버의 이러한 긍정적 태도는 독일의 권위주의 국가전통의 유산인 조화지향주

적 상황에 대한 베버의 현실적 경험과 진단이 깔려 있다. 물론 독일에도 보통선거를 통해 구성되는 제국의회가 있기는 있었지만, 그러나 정부를 구성할 수 있는 실질적 권한은 의회가 아니라 황제가 가지고 있었다. 왜냐하면 그가 수상임명권, 즉 실질적인 조각권과 정부구성권을 가지고 있었기 때문이다. 따라서 정당들은 정부구성을 위해 다수파를 형성해야 하는 현실적 필요성과 압박감에서 벗어나 있었으며, 다수파 확보라는 이런 정치적 과업에 몰두하기보다는 오히려 세계관의 차이로 인한 격심한 분파과정에 빠져 있었고 그래서 정당들은 각각 자신들의 이념적 게토(*ghetto*) 속에 움츠리고 있었다. 베버는 이런 유의 정당에서는 통솔력 있는 정치적 엘리트들이 성장해 나올 수 없다고 보았다. 그리고 정당이 제 구실을 하지 못하는 이런 상황은 역으로 고도의 전문적 자격을 갖춘 관료층이 권위주의적 국가경영의 핵심적 담지자로 부각되는 것을 조장하였다.[64] 그러나 베버는 관료들이 할 수 있고 또 실지로 하는 것은 단순한 〈관리〉이지 〈정치〉가 아니며, 그래서 관료들은 순치되고 은둔

의에 정반대되는 태도이다. 그 당시 팽배했던 조화욕구로 인해 자연히 권력, 투쟁, 갈등은 부정적 요소로 간주되었으며 이런 점에서 베버는 당대의, 또 후에 바이마르 공화국에까지 전수되었던 독일의 정치문화에는 배치되는 인물이었다. 그리고 바로 이런 정치문화가 바이마르 공화국의 병폐였고 또 이것 때문에 이 공화국은 결국 실패했다고 볼 수 있다. 독일인들은 공동체를, 조화를 요구한 반면, 정치적 투쟁의 의미와 역할을 적극적으로 평가하고 수용하는 자세는 키우지 못했다. 이런 이유에서도 베버는 다시 서유럽을 부러운 눈으로 바라보았는바, 이 점에서 베버는 독일 정치문화의 결핍을 매우 냉철히 인식한 당대 소수의 사상가 중 하나였다(Mommsen, 1959; Gneuss, 1988).

64) 〈정치〉의 이러한 무기력증은 단순히 관료제의 위세만이 아니라, 〈경제〉 내지 경제적 합리성의 우위와 보편화에도 기인한다는 것은 자명하다. 달리 표현하면, 개개 부분영역이 상대적으로 자율적인 체계로 분화된 근대사회에서 이제 〈정치〉는 전근대사회에서와 같이 전체 체제통합이라는 기능을 수행할 수 있는 구조적 조건을 상실한 것이다.

적인 정치문화를 창출하고 있다고 보았다. 그에 반해 〈정치〉는 베버에게는 하나의 〈소명〉이다. 동시에 정치란 폭력과 강압이라는 〈악마성〉과 벌이는 승부이며 바로 그렇기 때문에 때로는 악마와의 타협도 불가피하다. 그래서 산상수훈이나 〈오른쪽 뺨을 맞으면 왼쪽 뺨도 들이대는〉 심정윤리만으로도, 또는 단순한 객관적·사무적 업무의 완료라는 의미에서의 〈관료윤리〉로도 정치 고유의 윤리는 대체될 수가 없다. 베버는 이 정치고유의 윤리를 〈책임윤리〉라고 부르는데, 여기서 〈책임〉은 혹시 악마와의 결탁까지도 포함할 수 있는 권력논리를 받아들이면서 자신의 〈가치〉의 추구와 실현이 가져다주는 〈결과들〉에 대해 지는 책임이다. 따라서 관료의 자질과 정치가의 자질은 근본적으로 다른 것이다. 이런 관점에서 베버는 바로 관료들의 고도의 업무능력이라는 독일의 〈자랑거리〉에서 오히려 독일의 결함—권력의식과 정치적 결단력이 결핍 을 발견한다. 이것은 베버의 중요한 통찰이며 이것이 독일의 장래에 대한 그의 불안의 근거였다(이 불안은 히틀러의 등장으로 결국 옳았던 것으로 판명났다). 그래서 베버는 독일을 위협하는 경쟁상대국이지만 정치선진국인 영국과 프랑스를 주시하는바, 실제로 그는 독일 교수들 중 앵글로색슨 세계와 친숙하고 그 정치문화에 호의적 태도를 지녔던 몇 안 되는 사람 중의 하나였다(Roth, 1993). 거기서 그는 독일에는 부재한 정치적 리더십이 있음을, 지도적 엘리트가 있음을 확인하고, 이 나라들의 역사에서 분출하는 정치적 행동력을 높이 평가했으며 이러한 찬탄의 대상에는 서유럽 나라들의 좌파 내지 사회주의적인 진영의 발달된 권력의식도 포함되었다(Gneuss, 1988).

그러나 베버가 관료화 문제의 해결책으로 제시한 것은 비단 의회주의를 통한 정치적 리더십의 확보만이 아니니다. 베버는 의회주의 못지않게 노동자의 자율조직을 관료제의 중요한 대항세력으로 간주했으며(베버의 이런 입장은 잘 알려져 있지 않다),[65] 그래서 베버는 의회주의자이자 노동조합주의자가 된다.[66] 이것은 베버가 자율조직 일반에 대해 가졌던 아래와 같은 근본적 신념과 관련되어 있다: 즉 베버는 거대조직들이 확산되고 모든 생활영역이 관료화되는 사회, 동시에 계급 적대적이고 시장에 의해 조정되는 사회에서 어떻게 우리는 〈개성〉을 발전시키고 보존할 수 있는가 라는 자신의 근본적인 문제제기에 대한 답으로 자율조직(*Selbstorganisation*)의 전반적인 관철을 제시하면서, 자율조직을 그 자체로서 하나의 지고한 〈문화적 가치〉로 간주하였다.

베버는, 흔히 계급이해를 초월해 있다고 잘못 간주되는 '국가'에 의한 갈등해결이 아니라 사회적 집단들이 법적으로 대등한 이익대변단체들로 조직되어 벌이는 투쟁을 통한 갈등해결을 지지한다. 그래서 베버는 노동조합의 강화와 이것의 경영자 조직과의 법적 대등화를 강력히 요구했으며 특히 노동자들의 자율적 결사권을 제한하는 법조항들의 폐기를 지지했다(Mommsen, 1987: 107~132; Baier, 1988). 이 맥락에서 주목할 것은 베버가 노동자의 자율조직 문제를 〈사회경제적〉 관점에서 못지않게 〈문화적〉 관점에서 바라보고 있다는 점이다. 왜냐하면 노동자층의 자율조직 — 베버는 〈자발주의〉(*Voluntarismus*) 라는 개념도 자주 쓴다 — 은 한편으로는 관료적으로 조직된 복지국가와 다른 한편으로는 점점 확산되던 대기업이라는 두 가지 거대 세력군에 대한 하나의 대항

---

65) 그 이유는 베버가 이 문제를 좁은 의미에서의 사회학적 주제로 보다는 오히려 〈사회정책적〉·실천적 문제로 논의하기 때문이다. 따라서 이에 대한 베버의 언술들도 그의 사회학적 저술에서가 아니라 주로 사회정책적 논쟁들에서 토론자로 행한 발언들에서 발견된다. 베버는 이 중대한 주제에 대한 학술적-체계적 분석의도를 가지고 있었으나 그 뜻을 이루지 못하였다. 이것은 그의 이 문제에 대한 입장을 체계적으로 재구성하는 작업에서 큰 걸림돌이다.

66) 아래 '노동조합주의' 관련 주제는 이 논문집에 수록된 〈막스 베버 근대사회론〉에서 이미 개진한 바 있다. 그러나 현재의 맥락에서 이 주제는 필히 거론되어야 하는 것이므로 반복을 무릅쓰고 다시 서술한다.

세력을 형성해야 한다는 것이 베버의 입장이지만, 그러나 베버는 이것을 반드시 현실적 성공전망과 연결시키지만은 않고 있기 때문이다. 되풀이해서 베버는 자신에게는 노동조합은 그 자체로서 가치 있는 것이라고 선언했다:

> 내 개인적으로는 솔직히, 노동조합이 공개적 투쟁에서 실지로 얼마나 많은 것을 성취하는지 여부를 떠나서, 노동조합은 그 자체로서 가치가 있는 것이라는 입장이다.[67]

베버는 이른바 노동자계급을 대변하고 있다는 사회민주주의당의 심각한 관료화 경향을 비판하면서 이런 경향에 대한 대항세력으로서 노동조합이 가진 이러한 자체 가치를 강조하고 있다:

> 사회민주주의당 안에서 이상주의적 헌신과 이상주의적 신념의 유일한 저장고는, 독일적 상황에서는, 노동조합이며 또 앞으로도 그러할 것이다. 그래서 나는 노동조합의 본질을 위협하는 모든 시도를 거부한다. 설사 이런 시도가 노동자들의 물질적 이해증진이라는 명분을 내세우는 경우라도 그러하다.[68]

또한 베버는 권위주의 국가적 색채를 띤 노동 관련법과 공무원법이 인격구조에 미치는 영향에 대해서도 이에 못지않은 관심을 가졌다. 1912년 11월에 그가 배부한 사회정책 팜플렛에서 베버는 다음과 같이 진술하고 있다:

---

67) 1905년 뮌헨에서 있은 〈사회정책 협회〉 총회에서의 토론발언: *Schriften des Vereins für Sozialpolitik*, Bd. 116, 1906.

68) 상동.

공기업 및 사기업에서 온갖 종류의 준공무원적인 사무직 고용인들이 지속적으로 증대함에 따라 이미 수백만에 달하는 하나의 계급이 탄생했는데, 이 계급은 그들의 생존조건으로 인해 자신들의 개성발전에서 부분적으로는 노동자계급의 상층부보다 더 심각하게 위협받고 있으며, 이들은 이러한 개성발전에 대한 하찮은 대용물들에 안주하여 특히 다음과 같은 위험에 처해 있다. 즉, 가장 내면적인 의미에서의 문화가 부재할 뿐 아니라, 억압과 충족되지 않은 요구들이 혼합된 상태로 사육되어가는, 정신적으로 비자주적인 인간들의 군집으로 나락할 위험이다(Weber: Schäfers, 1967: 266에서 재인용).

베버에게 중요한 것은 노동자들도 하나의 계급으로서 다른 사회적 계급들에 대비되는 독자적이고 문화적인 자기정체성을 형성해야 한다는 것이다. 이런 의미에서 그는 동료애와 계급의식은 그 자체로서 문화적 가치라고 선언하였다(Schäfers에서 재인용). 이런 시각에서 베버는 관료화 내지 전문인간 유형의 탄생, 그리고 사회민주주의당의 경우, 〈당 봉록 수령자층〉의 탄생과정과 이들이 가진 〈복지부동화〉의 경향을 날카롭게 분석했다. 사회정책적으로 베버는, 위에서도 언급했듯이, 이러한 부동화에 대한 저항세력으로 대등한 사회집단들이 자신들의 이해관계와 동시에, 관료적 경직화와 〈당보수주의적 전략〉을 넘어서는 자신의 계급 특유의 〈이상들〉—물론 이 이상들은 역사적으로 변할 수 있다—을 위해 자유로이 투쟁할 것을 요구하고 있다(AfSS 20, 1905: 551).

베버는 1912년 이러한 문화정책적 의도에서 자신과 같은 생각을 가진 일단의 경제학자와 사회학자를 조직하려고 시도했으며, 그 목적은 최고도의 자치와 자율조직의 관철을 위해 필요한, 가능한 한 포괄적인 사회정책적인 좌파의 기본 지침들을 작성하는 것이었다. 그가 접촉한 학자들 중에는 가령 자유주의적 사회개혁주의의 대부였던 브렌타노(L.

Brentano), 뷔허(Bücher), 퇴니에스(F. Tönnies) 등이 포함되었다. 그러나 이 계획은 실패로 끝이 났다. 그 원인은 가령 보호관세 문제와 사회민주주의자들의 참여 문제 등에 대한 의견 차이뿐 아니라, 무엇보다도, 도대체 이러한 구상이 얼마나 실현 가능하며 또 현실적합적인가라는 문제에 대한 이견이었다. 가령 브렌타노는 노동자의 자율조직보다는 오히려 국가의 감독하에 노동자 및 자본가의 조합주의적인 조직화를 선호했다. 다른 학자들은, 〈자유의 원칙과 개성의 발전을 경제생활에서 다시금 활성화〉하자는 시도 자체에는 찬성하지만 그것의 실현가능성에 대해서는 심각한 회의를 표명했다. 즉, 〈고도자본주의 상황에서는 개성주의와 자유는 불가능하다〉는 것이다. 심지어 가장 개성주의적이고 창조적인 인간들인 기업가와 예술가들마저도 온갖 종류의 조직, 협회, 기구들에 의해 전적으로 구속당하는 판에 어떻게 노동자 대중 다수가 개성주의와 자유를 구현할 수 있겠는가 라는 것이다(Aldenhoff, 1989). 베버의 시도가 실패로 끝났다는 사실은 1900년대의 자유주의적 사회개혁가들이 처했던 딜레마 상황을 여실히 보여준다. 이들은 더 많은 자치와 자율조직의 필요성은 충분히 인식했지만, 동시에 〈생디칼리즘〉, 국유화 등의 막강한 경향 앞에서 결국 굴복하고 말았던 것이다(Aldenhoff, 1989).

그러나 베버 자신은 끝까지 이러한 체념적 패배주의에 동참하지 않았다고 보는 것이 옳을 것이다. 왜냐하면 베버가 노동조합주의를 지지한 것은 궁극적으로 그것이 시민의식과 시민적 행위양식에 대해 가진 교육효과와 또한 그것이 다수 대중에게 어떻게 정치적으로 사고하고 행동하는가를 가르침으로써 얻을 수 있을 실제적 효과에 대한 기대 때문이었다(Scaff, 1973: 128~141). 말하자면 베버는 노동조합운동이 정치적 선택과 참여라는, 냉철하고도 열정적인 행동의 장에 대중들을 노정시키고 단련시키는 과정이라고 믿었던 것이다(Scaff, 1973).[69] 이러한 베버의 입장은 아래 인용문에서 잘 표현되었다.

> 민주주의와 자유는 한 민족이 양떼같이 지배당하지 않겠다는 확고히 정립된 의지를 가진 곳에서만 가능하다. 우리가 〈개성주의자〉이고 민주적 제도의 옹호자이고자 하는 것은 물질적 이해관계의 〈발전주류〉가 이 개성주의와 민주주의와는 반대되는 방향으로 나아가기 때문이다(PS: 61).

그런데 흔히 베버는, 이 인용문의 끝에서 암시되는 대로, 현대사회의 발전방향에 대한 〈비관주의적〉 전망의 대변자로 해석되었다. 이로써 이제 우리는 이 글의 마지막 주제인 〈합리적 지배의 발전전망〉 문제로 넘어간다.

5) '합리적 지배'의 발전전망

(1) 관료제와 카리스마

근대의 '합법적-관료적' 지배체계의 발전전망에 대한 베버의 견해는 흔히 매우 '비관주의적, 체념주의적'인 것으로 해석된다: 관료제의 불가항력적인 전진이 낳을 미래의 새로운 〈예속의 쇠창살 우리〉에 대한 베버의 비유적 언급이 아마도 이와 관련된 가장 잘 알려진 전거 중의 하나일 것이다(전성우, 1992). 그러나 〈비관주의자-체념주의자 베버〉라는 해석에 대해서는 다양한 신중론도 제기되었다. 그중 자주 등장하는 관

---

69) Scaff는 여기서 베버의 정치적 성숙에 관한 관념을 퓨리터니즘의 가치들과 연계시키고 있다. 즉, 시민적 헌신, 근면, 공적 책임감, 직업에의 헌신 등과 같은 가치이념들. 물론 퓨리터니즘의 전통이 부재했던 독일에서 베버가 이런 유의 가치의 착근이 가능하다고 믿었겠는가라는 반론이 가능하지만, 그러나 바로 그렇기 때문에 베버는 이런 가치의 확산에 집착했다고 볼 수도 있다.

점이 '합리화 과정' 내지 '관료제화'라는 변수와 '카리스마'라는 변수 간의 상관관계 문제이다. 파슨스와 실즈(Shils)에 의하면 베버는 카리스마가 이 합리화 과정의 영향을 받지 않는다고 보았다(Parsons, 1949: 663ff; Shils, 1965). 몸젠 역시, 베버에 의거하여, 카리스마는 그 순수한 〈혁명적〉 형태를 유지한 채 합리적-관료적 지배에 대한 대항세력으로 남아 있을 것이라는 입장을 제시하고 있다(Mommsen, 1974: 143). 그에 반해 카리스마는 사라지거나 혹은 〈사이비〉 카리스마라는 몰락형태로만 남아 있을 것이며, 이런 형태의 카리스마는 합리적 세계의 톱니바퀴에 대한 단순한 윤활유로는 유용할 것이지만 그 이상의 역할은 못할 것이라는 견해도 있다(Sennett 1983: 307).

위에서 언급된 견해들은 각기 베버에게서 그 근거를 찾을 수 있다. 그렇기 때문에 베버의 이에 관한 언급들을 그 체계적 연관성에서 고찰하는 것이 중요하다. 분명한 것은, 베버는 카리스마 개념을 전근대적 문화에만 주로 한정해야 된다는 입장은 아니었다는 점이다. 이것을 뒷받침하는 근거는 많다. 가령 전형적 근대적인 현상인 프랑스적 시저리즘, 슈테판 게오르게(Stefan George)를 중심으로 한 예술가 숭배현상, 1918년의 혁명 혹은 글래드스톤(Gladstone) 같은 정치가 등에 대한 베버의 지적이 그러한 예들이다(WG: 665, 140, 155, 667ff). 무엇보다도, 앞서 논의한 지배유형들에 대한 베버의 다음과 같은 언급이 이것을 명확히 해주고 있다:

> 카리스마적 지배는 결코 원시적 발전수준에만 있는 것이 아니다. 마찬가지로 지배구조의 3가지 기본유형들은 단순히 순차적으로 하나의 발전선상에 위치시킬 수 있는 것이 아니라 상호 지극히 다양한 방식으로 결합되어 나타나는 것이다(WG: 679).

즉 카리스마는 합리화의 진행으로 인해 사라지는 것이 아니라 관료화된 상황에서도 사회구조의 매우 중요한 요소로 남아 있다는 것이 베버의 입장이다(WG: 679).

물론 베버의 상기한 진술들을 너무 과대해석해서는 안 된다. 카리스마가 다른 지배형태들과 결합한다는 것이 카리스마가 '정상화'된다는 것을 뜻하는 것은 아니기 때문이다. 오히려, 카리스마는 전통화되거나 합법화될 수는 있지만 그 대가는 카리스마 자체의 서서히 진행되는 질식사(WG: 661; Schluchter, 1988 II: 549)라는 것이 베버의 입장이다. 다시 말해, 비록 베버가 순수한 카리스마가 진전된 합리화의 조건하에서도 가능하다고 보기는 했지만, 동시에 그는 바로 이런 조건 때문에 카리스마의 영역이 점차 줄어든다는 점을 강조하는 것이다. 조직화된 체계들이 포섭하는 행위영역들이 늘어날수록, 합리적·관료적 규율의 힘은 더욱더 커지는 것이다. 관료적 규율은 카리스마의 중요한 반대세력으로서 개별적인 행위 가능성을 점점 더 축소시키기 마련이다. 이것은 물론 〈규율〉 일반에 적용되는 명제이다. 가령 보병 중심의 대중군대가 필요로 하는 규율로 인해 개별전사들과 전쟁영웅들의 카리스마는 제한되며, 과학적 관리라는 공장규율은 카리스마적인 모험자본주의를 약화시킨다(WG: 681ff). 정치에서도 대규모 당 조직의 발전은 중요한 지도자들의 "카리스마의 거세"를 가져온다(WG: 669). 그러나 무엇보다도 관료화는 카리스마의 혁명적인 힘을 차단한다. 왜냐하면 한번 정착된 관료제는 베버에 의하면:

> 파괴하기가 가장 어려운 사회적 형상에 속하며, 실질적으로 파기 불가능한 지배관계의 형태이기 때문이다. 피지배자들은 이 기구를 포기할 수도, 대체할 수도 없으며, 만약 그것이 와해된다면 그 결과는 대혼란인바, 이

> 것의 극복을 위해 피지배계층 가운데서 하나의 대용물을 급조해낸다는 것은 지극히 어려운 일이다. 이 기구는, 만약 그것이 근대적 통신수단(텔레그래프)을 소유하는 경우, 전적으로 새로운 지배관계의 폭력적 창출이라는 의미에서의 '혁명'을 우선 순전히 기술적으로 불가능하게 만들며, 그 다음 관료기구 자체의 철저히 합리화된 내적 구조 역시 '혁명'을 불가능한 것으로 만드는바, 그래서 이 기구는 '혁명'의 자리에 — 프랑스가 이것을 고전적 방식으로 예시하듯이 — 쿠데타를 갖다 놓았다. 왜냐하면 프랑스에서는 모든 성공적인 전복은 결국 쿠데타였기 때문이다. 혹은 쿠데타로 끝났기 때문이다(WG: 569ff).

이로써 베버의 입장은 분명하다. '살아 있는 그리고 죽은 기계의 세계'(관료화된 세계)에서도 카리스마는 있다. 그러나 그것은 영향력과 창조적 기능을 상실해간다. 그리고 설사 카리스마적 현상이 홀연히 나타나는 순간이 있다고 해도, 그것은 곧 다수의 고도로 조직화된 세력들의 저항에 봉착하게 되고 이 세력들은 그것을 일상의 차원으로 끌어들이며 제도화해버린다. 카리스마가 가진 혁명적 가능성, 즉 외적인 조건을 내부로부터 근본적으로 변혁시킬 수 있는 가능성은 이제 거의 없다. 이 가능성은, 정치적 그리고 경제적 구조가 전통사회에서 지녔던 〈인간 대 인간〉관계라는 성격이 객관화된 사무적 사회관계로 대체되는 만큼 적어진다.[70] 그래서 정치적 그리고 경제적 수요 충족의 합리화 과정과 함께 규율화는 불가항력적으로 확산되며 이에 따라 카리스마의 작동 가능

70) 이것이 사회주의적 관료제가 붕괴하는 데 작용한 하나의 요인라고 볼 수도 있다. 즉, 정치권력의 의인화 — 가령 호네커, 브레즈네프, 김일성 등 — 가 아직도 원만히 작용했을 뿐 아니라 그것이 정치체제의 핵심이었던 체제 내에서는 사회주의-이념적 카리스마의 혁명적 작용이 아직 가능했다. 그런데 가령 고르바초프같이 〈의인화〉를 거부하고 제도화, 조직화, 즉 정치권력의 객관화를 향한 개혁을 시도하자마자 그 체제는 붕괴한 것이라고 볼 수도 있다.

성은 지속적으로 감소하게 된다(WG: 687).

다시 말하여, 구조를 결정짓는 세력의 목록에서 카리스마는 이제 제외된다(Breuer, 1991). 카리스마는 이제 조직화된 사회체계들, 합리화된 세계가 남겨놓은 틈바구니에 만족해야 하고, 그 속에서만 작용할 수 있다. 이런 틈바구니의 예로는 예술, 에로틱, 데마고그적 정치 등을 들 수 있다. 물론 비일상적 상황에서는 비범한 정치가가 일시적으로 대중을 열광시키고 조직을 동요시킬 수는 있다(WG: 667ff). 그러나 전면적 합리화 이전의 전통 사회적 조건하에서와는 달리, 카리스마가 합리적인 조직에 대한 하나의 진정한 대안을 만들어낼 수 있는 가능성은 이제 더 이상 없다(Schluchter, 1979). 베버가 근대의 대중민주주의에 직면하여 카리스마적인 당지도자가 관료제라는 〈기계〉와 승부경기를 벌일 것을 요구했던 것은, 역설적으로 그가, 지도자의 카리스마가 의회에서의 일상업무와 행정조직과의 소모전에서 급속히 식어갈 것이라는 것을 잘 알고 있었기 때문이다(PS: 403f.). 베버는 아마도, 이런 방식으로 〈개인주의적 문화〉(WG I/10: 252)의 최소한 일부분이나마 근대적 조직세계로 건져올 수 있으리라는 희망을 가졌을지도 모른다. 즉, 카리스마는 단순히 3가지 지배유형 중의 하나일 뿐 아니라, 합법적·합리적 유형에 의해 지배되는 현대에서 〈정치적인 것〉의 자체 가치를 여타의 조직질서들로부터 보호하는 데 필요한 하나의 중요한 요소라고 베버는 간주했을 수도 있다. 이렇게 볼 때 카리스마는 자율적 정치행위의 필수적인 전제조건으로서 단순히 개인적 권위로 축약되어서는 안 될 것이다. 카리스마적 지도자상의 이면은 바로 순전히 사적인 이해관계를 벗어난 〈하나의 객관적 과제와 대의(大義)〉(Arnarson: 145)에 대한 헌신이며, 지도자 자신은 이 대의가 의인화한 것이다.

지금까지 재구성한 베버의 카리스마론은 아직까지도 충분히 주목할 가치가 있다고 필자는 판단한다. 그러나 다른 한편 그의 카리스마론은, 오늘날의 시대적 조건들을 고려할 때, 분명 보완이 필요한 것도 사실이다. 필자는 최소한 아래와 같은 3가지 보완점을 제시하고자 한다.

첫째, 현대 매스미디어를 이용한 카리스마의 인위적 창출과 조작이 지금과 같이 확산될 수 있다는 가능성을 베버는 충분히 고려하지 않았던 것 같다. 주지하다시피 이제 카리스마는 전문가들에 의해 미리 엄밀한 계산·조직·테스트를 통해 조작된다(이른바 〈Star-system〉, Senett, 1983: 324ff). 가령, 대중민주주의의 〈신인물주의〉는 〈비합리성의 합리적인 활용〉을 극대화하는 것이다(Roth, 1987: 31).

두 번째 보완점은, 초점을 카리스마적 '지도자'보다는 카리스마적 '공동체'로 옮기는 것이다. 전적으로 베버의 의도에도 상응하는 이러한 시각의 확대는 민족주의 같은 현대적 현상도 카리스마의 사회학에 포함시킬 수 있게 해준다. 가령 근대 민족주의는 예전의 종교적 카리스마 (내지 소명의식)가 세속적 주체로 옮겨간 현상으로 해석될 수 있을 것이다. 그리고 여타의, 다소간 정치적 공동체 형성형태들도 이 선상에서 분석될 수 있다. 로스가 말하듯 1960년대의 히피 및 학생운동, 이데올로기적 지향을 가진 공산주의적 혹은 준 종교적 종파운동에서 1980년대의 환경론적·평화주의적인 대안운동들에까지 이 범주의 적용범위는 넓다(Roth, 1987). 실제로 지난 수십 년간의 역사는 (산업예비군에 비할 만한) 〈카리스마적 예비군〉이 있음을 암시하는데, 이 예비군에서 그때그때의 여건에 따라 새로운 공동체 형태들이 생겨났고 또 생겨나고 있다는 진단은 설득력이 있다. 그런데 이 공동체 형태들은 어떤 경우에는 〈이성의 카리스마〉 쪽으로 경도하며 또 어떤 때는 〈비이성의 카리스마〉 쪽으로 기우는바, 후자의 경우에는 다시 마술이 부활한다(Breuer, 1991). 베버가 이것을 예감했다고 볼 수 있는 까닭은, 그가 법사회학에서 〈비합리적인 것으로의 도피〉가 〈과도한 과학적 합리화 과정〉의 결과일 수 있다는 점을 강조하였기 때문이다(WG: 508).

세 번째 그리고 마지막 보완은 카리스마적 운동의 가능한 결과에 관련되는 것이다. 혁명의 종언에 대한 베버의 명제가 옳은 것은 사실이고, 카리스마적 공동체 형성이 어디서도 이제는 조직화한 사회체계에 대한 진정한 대안이 될 수는 없다는 그의 판단 역시 타당하다. 그러나 베버는 고도로 복합적인 사회체제에서도 분출할 수 있는 카리스마의 파괴적인 잠재력을 분명히 과소평가했다. 많은 연구가들이 강한 카리스마적 요소가 있었다고 진단하는 나치즘은, 카리스마적인 과정이, 만약 그것이 사회체계의 변두리에서 이 사회의 핵심적 기능분야로 침입하는 것에 성공한다면, 얼마나 파괴적인 역동성을 발휘할 수 있는지를 명백히 보여준다(Lepsius, 1981). 카리스마적 지배는 그 본질상 기생적이며, 단지 그것이 기존의 전통적 혹은 합리적 일상구조를 수탈할 수 있을 때만 존속할 수 있다는 사실(Schluchter, 1979: 182)을 가장 명백하게 보여주는 것이 바로 나치시대의 독일이다. 이 비극이 일어날 수 있게 했던 조건들은 일회적이고 반복 불가능한 것일지도 모른다. 그러나 카리스마가 다시 한 번 그런 파괴적인 형태로 관철될 수도 있을 원칙적인 가능성은 아무도 배제할 수 없는 것이다(Breuer, 1991).

그런데 베버는 분명 카리스마가 합리적 지배구조를 위협하거나 그것의 발전방향을 수정할 수 있는 가능성을 비교적 낮게 평가하지만, 다른 한편으로 그는 바로 이 합리적 지배구조의 내부에서 이러한 위협의 씨앗을 확인하고 있는바, 그것은 바로 합리적·합법적 지배의 가장 중요한 근간인 법체계 자체의 특정한 발전경향이다. 이것은 합리적 〈관료제〉의 〈전통화〉 논리와 맥을 같이하면서 베버의 변증법적 사고의 한 단면을 예시한다. 즉, 극단의 '합리성' 명제(*These*)에서 싹터 나오는 '비합리성' 반 명제(*Antithse*)가 그것이다. 우리는 이 문제를 베버의 법사회학적 시대진단과 연계시켜 논의해보고자 한다.

(2) 법의 탈 형식합리화

베버는 그의 법사회학, 특히 〈근대법의 형식적 속성들〉에 대한 장(WG: 503~513)에서 몇 가지 흥미로운 예측들을 제시한다. 이 예측들은 우리의 문제인 합리적 지배의 발전전망에 대해서도 많은 시사점을 제공한다. 아래에서는 우선 이 예측들을 간략히 살펴보고, 이것들을 오늘날의 관련 담론들과 비교해보며 끝으로 이 비교에서 합리적 지배의 장래에 대해 어떤 결론을 도출해낼 수 있는지를 논하고자 한다.

법학에서의 방법론 논쟁에 정통했던 베버는 현대 법 발전의 가장 중요한 특징을 체계성에 기초한 법 형식주의의 〈약화〉 내지 〈해체〉에서 찾는다. 체계성은 〈법의 점차적인 특수화〉로 위협받는데, 이 특수화는 새로운 특수영역들의 지속적 분화에서 나타난다. 또한 논리적 구조는 반 논리적 그리고 반 역사적 운동들의 증가로 위협받고 있다. 순전히 법학적 구조는 사회적, 경제적 그리고 윤리적 관념들에 의해 압도당하며 법 자체는 실질화된다. 이것은 법률적 전문인간성 및 법률적 합리주의의 후퇴, 법 합리화의 정체를 뜻한다. 자율적 체계로서의 법은 점차 하나의 타율적 체계, 단지 외적으로만 법학 전문인에 의해 유지되는 체계가 되었는데, 이 체계는 많은 경우에, 그리고 바로 원칙적으로 특히 중요한 많은 규정들에서, 이해관계 타협의 산물이고 또 그것의 기술적 수단임이 밝혀지고 있다(WG: 502).

이러한 견해에서 볼 수 있듯이, 베버는 법의 미래가 형식적 합리성의 단선적 강화라고는 전혀 생각지 않는다.[71] 이 점에서 베버는 법체계의

71) 이것은 베버가 관료제화의 문제점을 형식합리성의 단선적인 증대에서가 아니라 관료제에서의 실질합리성이 증가 내지 관료제의 공리주의화, 전통화에서 찾는 것과 맥이 통한다. 이렇게 볼 때, 베버는 근대의 합리화 과정이 형식합리성의 일방적 관철이라는 방향으로 불가항력적으로 진척된다는 입장이었다기보다는 오히려 형식합리화의 중단과 변질 및 역진가능성을 충분히 상정한다고 보

발전방향에 대한 최근의 논쟁을 일찌감치 선취한다. 가령 비아커(Franz Wieacker)는 작금의 법 발전경향을 〈법률적 형식주의로부터의 탈피〉라고 특징짓는데, 이것은 민법의 도덕화, 판사들의 법의 구속으로부터의 탈피 등에서 나타난다고 본다(Wieacker, 1967: 540ff; 1974: 29). 또한 이런 추세는 경제법, 노동법, 사회법 혹은 형법 등 모든 영역에서 확인되고 있다. 즉, 법체계의 일관성과 체계성 대신에 〈법의 다원화〉가 진행되며 이에 상응하여 방법론적으로도 목적론적 방법, 결과지향주의 및 사회과학의 개입이 두드러진다(Teubner, 1985: 309ff). 다시 말하여, 통일적 법률언어가 이제는 수많은 '방언'들로 대체되고 있으며 그래서 법들이 이제는 더 이상 하나의 동질적 체계 내로 통합될 수 없다는 진단이 내려지고 있는 것이다.

이러한 경향의 원인에 대해서는 대강의 합의가 이루어졌다. 1960~1970년대까지만 해도 일방적으로 국가개입, 〈생존보장〉, 〈규제적 정치〉 등에 원인규명의 초점이 맞추어졌다면, 오늘날 많은 학자들은 그 주된 원인을 조직화된 사회체계의 영향의 증대에서 찾는다. 이런 해석은 막스 베버의 이론과 전적으로 합치된다. 왜냐하면 그 역시 합리화의 추진세력을 국가제도에만 한정시키지 않았으며 그 외에도 이에 관여된 수많은 다른 세력들을 지적하기 때문이다: 예컨대 법집행의 신속화와 현실근접성을 요구하는 시장권력의 이해관계, 정치적 경제적 소외계급들의 사회정의에 대한 요구, 그리고 관할권과 영예획득을 지향하는 법률가 집단(WG: 502, 507) 등이 그러한 세력들이다. 다시 말하여, 자유주의자들의 이데올로기가 아직도 상정하는 바와는 달리, 근대사회는 이미 〈개별인의 사회〉에서 〈조직들의 사회〉로 전환되는 것이다.

이런 경향이 합리적 지배개념에 대해 의미하는 바가 무엇인가를 논의

아야 할 것이다.

하기 전에 우선 짚고 넘어가야 할 것은, 앞서 말한 바와 같은 경향을 전적으로 이른바 '이성의 몰락'이라는 관점에서 해석해서는 안 된다는 점이다. 베버는 분명히 법의 실질화는 형식합리성의 상실과 연관되어 있다고 보았다. 그러나 이런 판단은 말하자면 법 내적으로만 타당한 것이다. 그에 반해 법 외적인 관점에서 보면 바로 법 내적인 기준의 후퇴를 통해 법은 오히려 이른바 '연결합리성'을 더 얻게 되며, 더 개방적이 되고 이를 통해 '학습능력' 역시 증대된다. 뿐만 아니라 법체계는 더 높은 복합성에 의해 조율됨으로써 더 '합리적'이 되는 경향도 보인다. 사실 형식적 법체계는 지금까지 법의 규범적 완결성의 정립에만 진력해왔으며 이 과정에서 법 발전은 법 이론가들의 법 내적인 '지적 욕구'에 주도되어 왔다. 베버는 이러한 지적 욕구가 어떤 결과를 낳을지 알았다. 즉, 법 이론가들이 흔히 법 수요자들의 기대에 대해서는 전적으로 비합리적인 태도 내지 이 기대에 상반되는 태도를 취하는 결과가 그것이다(WG: 506). 이런 관점에서 브로이어(S. Breuer)의 다음과 같은 성찰은 경청할 만하다. 즉, 형식적 법은 탁월하게 구성된 체계였으나 하나의 중대한 결함을 가지고 있었다: 이 체계는 거의 변하지 않거나 혹은 매우 서서히 변하는 환경을 전제로 하였다는 결함이다. 따라서 브로이어에 의하면 오늘날 가치와 생활양식의 증대되는 다원화를 통해 가해지는 외부 압력으로 인해 이 형식법이 다수의 이질적인 부분 질서체계로 와해된다고 해서, 이것을 통일된 형식법체계를 가졌던 과거를 〈찬양〉하는 계기로 삼아서는 안 될 것이며, 오히려 〈몰락의 논리〉의 씨앗을 이미 원래의 형식 합리적 법체계 개념 그 자체에서 찾아내는 비판적 성찰의 계기로 삼아야 한다: "아마도 기계적 세계상의 체계개념을 법에 적용하겠다는 발상 자체가 하나의 환상이었으며 오늘날에야 비로소 우리는 이것이 환상임을 인식하기 시작했다고 볼 수도 있다"(Breuer, 1991: 224).

(3) 관료제의 〈완성〉 아니면 〈와해〉?

앞장의 논의에서 우리가 주목해야 할 것은, 법의 탈 형식화가 합리적 지배에 대해, 특히 그것의 가장 집약된 영역인 정치적·행정적 영역에 대해 낳는 결과이다. 그 첫 결과는 당장 눈에 띈다. 규범이 비형식적일수록 — 덜 정확하면 할수록 — 그것을 적용하는 집단 내지 조직들의 재량권은 더욱더 커진다. 가령 사법체계와 행정체계의 기본구조가 관료적 국가조직들을 통제하기에 너무 연하면, 그 결과는 관료제에 어차피 내재하는 경향인 독립화의 강화, 즉 합리적 지배의 이념형으로부터의 후퇴이다. 그러나 이것이 베버의 지배사회학의 설명틀을 벗어나는 것은 아니다. 왜냐하면 관료제가 단순한 수단에서 자기목적이 되고자 하는 성향이 있다는 것은, 위에서도 보았듯이, 그것의 본질에 속한다는 것이 베버 관료제론의 핵심명제이기 때문이다.

이러한 가정을 지지하는 진단들은 수도 없이 많다. 그래서 법학자, 정치학자, 행정학자들 사이에는 국가기능이 양적으로 질적으로 확대되었으며 이것은 행정의 권력증대로 나타난다는 사실에 대해서는 합의가 이루어져 있다(Schmid & Treiber, 1975: 14, 66ff). 또한 복지국가의 확대 및 〈규제적 정치〉의 확산은 포괄적인 〈법률화〉 과정과 연계된다. 이 과정에서 순전히 정치적 조직들의 기능, 특히 의회의 조정기능은 점차 약화되는 반면, 부처관료들과 행정의 하부구조의 영향력은 (점차 전문부서로 분화되어) 더욱더 커진다(Mayntz, 1982: 181ff). 관료제는 정치의 대용물이 되고 정치는 〈정치가 없는 정치〉가 되며 자기조절적인 행정이 정치마저 수행하게 된다(Schnabel, 1979).[72] 그리고 이것은 베

72) 이런 상황의 가장 중요한 구조적 결과 중의 하나는 〈정치적〉 책임에 대한 귀속기제의 약화 내지 부재이다. 즉, 정부와 정당지도층에게 책임을 물을 수 있는 제도적 장치가 점차 불명확해지는 것이다. 물론 우리는 몇 년마다 선거를 통해 정치적 〈책임〉을 묻기는 하지만 우리의 정치적 결정의 대부분은 몇 년 후에는

버가 예측하고 우려했던 합리적·합법적 지배구조의 발전경향, 즉 관료제의 〈완성〉 쪽으로의 발전경향 그대로이다. 이런 예측과 우려가 그의 카리스마적 지도자-민주주의론의 배경 중의 하나이며 또 그의 현실정치 참여의 중요한 동기였다는 것은 위에서 이미 언급한 바 있다.

물론 위에서 지적된 경향들을 근거로, 현대정치에서 점차 합리적 지배구조는 와해되고 관료제의 절대화 과정이 극적으로 심화될 것이라는 결론을 내리는 것은 적절하지 않다는 베버-비판적 반론도 설득력 있게 제시되고 있다.

베버의 관료적 지배질서에 대한 관념이 가진 문제점을 보여주는 연구결과들 가운데 특히 이른바 〈실행-연구〉의 성과들은 주목할 만하다. 즉, 관료와 그 고객들 사이의 관계가 더 이상 지시-복종의 관계가 아니라는 것이다. 집행 관료들이 대하는 상대가 이제는 더 이상 개별인간이 아니라 자체 로비능력이 있는 〈조직들〉이라는 사실은, 가령 환경법, 경제법 내지 지방자치법의 영역에서 관료들이 이미 일방적 법집행이나 법적용을 고집하는 것이 아니라 사전협상 등을 통해 합의도출, 즉, 일종의 〈교환양식의 협조관계〉의 유지를 시도한다는 점에서도 여실히 드

거의 평가될 수 없을 정도로 변색되어 버린다. 또한 이른바 〈세계화〉의 진전으로 인해 내정적 결정과 국제정치적 결정들 간의 상호의존성이 너무나 커져서 과연 누구에게 무엇에 대한 책임을 귀속시켜야 할지 판단하기가 어렵다. 의회민주주의하의 권력교체가 가진 이러한 단기성에서 가장 이득을 보는 것은 행정부와 사법부, 특히 후자이다. 이것은 정치적 행위를 포함한 모든 공공행위 및 사회적 관계의 매우 포괄적인 법제화에서 확인될 수 있다(Habormas, 1980). 베버 당시에는 아직 심각하지 않았던 문제가 바로 이러한 정치과정의 법제화이다(이러한 문제가 특별히 심한 곳이 독일이다. 독일에서는 모든 행정행위가 법원의 검증에 통과될 수 있을 것인가 라는 기준에 의거하여 집행된다. 그래서 관리들은 결정을 내리기 전에 행정재판소의 최근 판례들을 우선 검토하곤 한다. Gneuss, 1988).

러난다는 것이다. 이것은 자기 상사들에게 성공업적을 제시하기 위해서이기도 하고, 또 매우 흔한 법적 소송으로 장기간의 비싼 대가를 치루지 않기 위해서이기도 하다. 말하자면, 이것은 베버 당시로서는 상상하기도 힘들었던 전혀 새로운 형태의 관료제, 즉 지배하지 않고 교환하는 〈협조적 관료제〉, 다른 비국가적 조직들과 대등한 입장에서 교류하는 협조적 관료제라는 것이다(Breuer, 1991). 가령 빌케(Willke)나 벡(Beck)은 이러한 발전을 범세계적인 탈주술화 과정의 다음 단계 —〈국가 자체까지도 탈주술화되는〉 단계(Willke, 1987: 287; Beck, 1991)—로 보며, 베버는 이 과정을 그 마지막 결과까지 숙고해내지는 못했다고 지적한다.

이렇게 베버 비판에서 출발하는 국가의 탈주술화론은 베버가 가정했던 근대적 지배조직의 관료적 합리성을 의문시하면서, 베버가 우리를 미래의 '새로운 예속의 우리(鐵場)' 속으로 몰아넣는 관료제의 자기역동성을 우려했다면, 이제는 이 과정마저 탈주술화해야 한다고 주장한다. 즉, 이 과정은 더 이상 불가항력적인 것으로 보이지는 않는다는 것이다. 따라서 베버 당시는 물론이고 제 2차 세계대전 이후에도 상당기간 동안 주도적이었던 국가적인 그리고 민족국가적인 범주는 이제 극복되어야 한다는 것이다(Willke, 1987). 이것은 물론 권력개념 자체의 근본적 수정을 요구한다. 즉, 근대 고전사회학은 권력을 대부분 하나의 〈수직적 관계〉로 파악한 반면에 이제 우리는 권력의 수평적 관계성에도 주목해야 하는바, 왜냐하면 이제는 주권의 제도적 중심부가 더 이상 존재하지 않으며, 따라서 국가도 이제 권력을 협상으로 대체해야만 하기 때문이라는 것이다. 실지로 조합주의 모델에서는 정치적 중심부의 권력은 이제 단지 다양한 사회적 주체들을 하나의 협상 테이블에 모으는 기능에 한정되는 것으로 해석된다.[73)]

이들의 통찰에 의하면, 정치적 부분체계는 많은 국가이론들이 1970

년대까지도 가정했던 것과는 달리 이제 더 이상 사회의 통합에서 우선적 지위를 가지지 않는다. 정치적 체계는 점점 더 경제적 체계와 유사하게 조직된 것으로 간주되며 서로 경쟁하는 행위자들의 정치적 시장으로 이해된다. 다시 말하여, 국가의 탈주술화를 통해 정치이론은 경제이론에 점점 더 닮아가는 듯이 보인다. 그래서 가령 〈교환〉이라는 범주가 이제는 정치의 매체로서의 〈권력〉이라는 구래의 범주보다 정치이론에서 더 중요하다고 인식되는 듯 하며, 권력개념 자체는 탈내용화되어버린 듯하다. 즉, 이제는 정치적 체계도 〈그물망에서의 교환〉의 체계에 의해서 조직되어 있지 〈지배적 권력 피라미드〉에 의해 조직되어 있지는 않은 것으로 간주된다.

실제로 국가의 탈주술화, 즉, 근대 민족국가의 고전적 주권성과 기능의 상실을 보여주는 예는 그 외에도 많다. 국가 재정지원의 한계 및 이를 통한 행위반경의 축소, 블럭화로 인한 민족국가적 재량권의 축소 등을 들 수 있다(Offe, 1991: 313). 그중에서도 베버의 지배사회학의 핵심을 이루는 한 가지 관점의 수정을 요구하는 듯한 변화를 살펴보자. 베버에 의하면 관료제가 자기 자신의 이해관계를 위해서 일하든, 아니면 조직상전의 이해관계를 위해서 일하든, 관료제의 권력은 항상 (위에서도 보았듯이) 그것이 가진 전문지식 및 업무지식, 즉 행정경영에 대한 정보

---

73) 더 나아가, 탈근대주의자는 권력을 더욱더 용해시키고 탈실체화하였는바, 가령 권력비판의 대상은 이제 더 이상 정치적 체계가 아니다. 이들에 의하면 권력은 이제 어디엔가 제도적 거처를 가지고 있는 실체라기보다는 하나의 연쇄적, 그물망적 조직들 속에서 기능하는 것으로 파악되어야 한다는 것이다(Breuer, 1993). 권력은 가령 전근대가 가정한 바와 같이 하나의 제도도 아니고, 고전적 근대가 가정한 바와 같이 하나의 구조도 아니며, 그것은 오히려 하나의 〈복합적인 전략적인 상황〉이다(여기서 개념명목론은 극단화된다). 그래서 예를 들어 푸코가 더 관심을 가진 것은 정치적 조직보다는 과학 내지 학문의 영역이었다(Breuer, 1993).

의 수집과 분석, 기구 자체 및 그것의 기능방식에 대한 지식의 우월성에 근거한다(GPS: 352f). 이런 지식의 우월성은 공공기관과 사기관, 공기관 구성원과 비구성원 간의 불평등관계의 기초가 되며, 이런 우월성은 점점 더 강화된다. 그럼에도 불구하고 우리는 이런 발전을, 가령 베버의 관료제론을 근거로, 너무 성급하게 (이를테면) 〈태양국가〉 같은 잘 알려진 오래된 지배 유토피아의 실현이라고 판단해서는 안 된다는 것이 국가 탈주술화론자들의 견해이다. 왜냐하면 이들에 의하면 전문 및 업무지식이 증대하는 것은 분명하지만 이 지식이 봉사해야 할 중심부 그 자체는 중요한 영역에서 이미 오래 전에 와해되어 버렸기 때문이다. 아무튼 이 과정은 (베버가 이미 탁월하게 분석했듯이) 전제군주에서 관료적 절대주의로의 이행과정과 비슷한 방식으로 진행된다는 것이다. 그 당시 군주는 자기 관청들이 소유하는 전문지식 소유자의 증대하는 세력 앞에서 아마추어의 위치로 전락할 수밖에 없었고 그래서 기껏해야 한 전문가를 다른 전문가로 대체함으로써 통치할 수 있었는데(WG: 574), 오늘날의 행정조직 역시 모든 중요한 기술적·과학적 문제에서 그 군주와 유사한 상황에 처해 있다는 것이다(Wolf, 1986: 10). 단지 차이점은, 그 당시에는 갈등이 정치적·행정적 체계 내부에서 군주와 막료 사이에 일어났다면, 지금의 행정조직은 행정 외적인 집단과 조직의 더 우월한 전문지식을 대면하고 있는 것이다. 그래서 오늘날 국민의 안전과 자연의 보호에 관계되는 모든 법률들 — 원자력법, 배기가스법, 수질법 등 — 은 〈과학과 기술의 현 수준에 의거하여〉라는 공식에 따라 조치를 취하도록 되어 있다(Beck, 1986: 12ff). 이로써 기술통제는 기술자 자신들의 손으로 넘어간다. 위험의 처리는 명확한 법규범과 행정의 개입규정을 통해서가 아니라 오히려 지극히 막연한 개념인 〈위험〉, 〈예비조치〉 등의 개념으로만 포착되며, 그 실현 자체는 국가행정 기구 밖에 있는 다양한 조직 및 규제 체계들에게 위임된다. 그래서 실질적인 조정기능은 조합적인 그물조직들 — 민법상의 기술연합체, 특별평가위원회 혹은 전문가위원회 등 — 로 넘어가며, 이들은 〈국가〉와 〈시장〉 사이에서 일종의 〈사적 정부〉의 역할을 수행한다. 이를 근거로 벡은 〈신분적으로 조직된 집단으로 구성된 기술관료적 제 2정부〉를 확인하며 권력관계가 명백하게 〈기술관료 지배〉 쪽으로 이동되었다고 주장한다(Beck, 1986: 192f).

위에서 지적된 현상들이 베버가 제시한 국가행정조직 모델로서의 관료제의 한계를 보여주는 것은 분명하며, 따라서 베버적 의미에서의 관료제는 〈완성〉 내지 절대화의 길이 아니라 오히려 〈와해〉의 길을 걷고 있다는 진단 역시 일단은 주목할 만하다. 그렇다면 관료제를 중심으로 한 베버의 합리적 지배의 개념은 이제 더 이상 우리의 정치·사회적 질서체계에 적용될 수 없는가? 필자는 그렇지 않다고 본다. 왜냐하면 앞서 말한 현상들을 우리는 단지 타당성 근거의 보완·수정, 즉 〈합리적 법〉이라는 요소에 〈과학적 타당성〉이라는 요소의 추가과정으로, 또한 지도층의 부분적 보완·확대의 과정, 즉 법률가와 관료계층에 기술자층의 추가과정으로 볼 수도 있으며, 따라서 이것들은 합의에 의거한 실정법과 절차적 합법성에 대한 믿음이라는 합리적 지배의 정당성 근거와 관료조직의 중심적 위치 그 자체는 건드리지 않는다는 판단도 가능하기 때문이다. 뿐만 아니라, 이른바 〈협상하는 관료제〉라는 현상은 베버가, 앞장에서 보았듯이, 관료제의 공리주의화 내지 실질합리화 경향이라는 명제를 통해 이미 근대 관료조직에 내재하는 운동법칙으로 확인한 바 있다. 특히 〈자율조직〉의 확산에 대한 베버의 요구는 한편으로는 관료제의 견제와 다른 한편으로는 바로 관료제의 개방이라는 목적을 함께 담고 있었다고 이해될 수 있다. 이런 시각에서 볼 때 베버의 〈합리적·합법적〉 지배유형은 그 자체는 바로 헤겔 유의 국가관의 철저한 〈탈주술화〉를 그 출발점으로 삼고 있다는 것이 명백하다. 국가가 탈주술화했기 때문에 비로소 기술적인 효율성과 형식합리성(비주술성)을 기초로 하는 관료제가 그렇게 핵심적 위상을 차지할 수밖에 없게 된다는 것이 베버의 기본 논리이기 때문이다. 물론 가령 위에서 인용된 빌케(H. Willke)의 국가 탈주술화론은 이 관료제까지 그 대상으로 포함하고 있음은 사실이다. 그러나 바로 이 점에서도 우리는 베버의 통찰에 접목할 수 있다. 왜냐하면 베버가 우려했고 또 저지해야 한다고 믿었던 바가 다름 아니라 관료제의 새로운 〈주술화〉 내지 〈전통화〉였기 때문이다.

단지, 이 모든 현상들 — 물론 베버 당시로서는 이 현상들은 아직 잠재적 발전가능성들에 불과했지만 — 에 대한 '평가'와 '처방'에서 베버는 분명히 위에서 예시된 바와 같은 입장들과는 다른 견해를 취하고 있다. 가령 베버는 관료제의 재주술화를 일관되게 경고하였지만 그에 대한 처방은, 포스트모더니즘이 주장하듯이 〈더 적은 정치〉가 아니라 오히려 〈더 많은 정치〉, 즉 순전히 〈정치적〉 영역의 확보와 확대이다. 그리고 이것은 앞서 말한 최근의 경향들에서 나타나는 관료제의 〈연성화〉 및 〈중심부의 상실〉에 대해 베버가 내리는 처방으로도 해석될 수 있는바, 이렇게 볼 때 베버는 〈국가중심주의자〉가 아니라 〈정치중심주의자〉였다. 이와 같은 베버의 입장이 가진 이론적 함의는 적지 않다. 우선, 이러한 연성화와 중심부의 약화는 이중성을 가지고 있음에 주목해야 한다. 한편으로는 이런 경향은 분명히 중앙집권적·획일적 지배의 포기를 요구하는 후기 산업사회적 조건들에 부응하며 따라서 일단은 긍정적 발전경향이라고 간주될 수 있고, 이른바 포스트모더니즘적 패러다임 전환의 경험적 준거를 제공한다. 그러나 다른 한편으로는 이 포스트모더니즘적 경향들은 정치이론에 관한 한 다음과 같은 중요한 부정적 함의를 가지고 있다. 첫째, 이들은 분출하는 집단이기주의적 현상과 특수이해들 사이의 갈등에 대해, 〈소극적〉 방임이라는 처방 이외에는, 이론의 차원에서나 실천의 차원에서나 설득력 있는 답을 제공한다고 보기는 어렵다(Offe 1991). 다시 말하여, 이런 경향들의 무비판적 수용과정에서 자칫 우리는 〈무해결의 해결〉이라는 함정에 빠지기 쉬우며, 이것은 곧 홉스적 '만인의 만인에 대한 투쟁'에서 '강자'에게 일방적으로 유리한 판을 내어주는 결과를 낳을 수 있다. 이것은 경제적 자유방임 시장논리와 유사한데, 이 논리가 적용될 수 있기 위해서는 한 가지 중요한 전제조건, 즉 명백한 효용계산이 가능하고 순전히 이해타산적인 행위가 주도적이라는 전제조건이 충족되어야 한다. 그러나 막스 베버가 어느 누구보다도 설득력 있게 보여주듯이, 정치영역과 정치적 행위는 바로 이러한 효용계산과 이해타산만으로는 포착될 수 없고 또 되어서는 안 되는 영역인 것이다. 여기서는 가치들, 이상들, 세계관들이 서로 충돌하고 적나라한 폭력잠재성이 항존한다.

두 번째 문제점은, 포스트모더니즘에 내재하는 〈심미화〉의 경향이다. 주지하다시피, 포스트모더니즘이 이론사적 뿌리는 문예이론적 논쟁이었다. 이것은 자칫 사회과학을 행위 및 목적지향적 궤도에서 유리시킬 수 있다(Joas, 1990). 즉, 문제들의 심미화는 목적지향적인 정치적 행위를 불가능하게 할 수 있으며[74] 이것 역시 위에서 이미 언급된 결과를 낳을 수 있다: 즉 정치적 〈개괄 불가능〉(Habermas)의 정글 속에서 결국에는 더 강한 이해관계가 관철되고 마는 결과. 이렇게 볼 때, 바로 소외된 집단들 — 예컨대 하층 노동자 계급, 소수 민족집단 혹은 여성 등 — 이야말로 탈근대주의를 경계해야 한다고 말할 수 있는바, 왜냐하면 탈근대는 오히려 특권층의 위상확보에 유용할 수도 있기 때문이다.

뿐만 아니라, 우리는 최근의 정치이론에서 형성된 다른 조류들에도

74) 탈근대주의자는 혁명이론을 〈전체주의적 유혹〉의 한 부분이라고 본다. 가령 푸코는 혁명을 통해서는 국가에 내재하는 권력관계가 변하는 경우가 거의 없다는 견해였다. 이들이 혁명을 논한다면 그것은 이제 정치적 혁명이 아니라 〈문화혁명〉이다.

주목할 필요가 있다. 가령 신조합주의적 조정에 대한 한때의 열광이 많이 식은 것은 사실이지만, 그러나 이제 다시 사회의 자기조정에 대한 국가의 적극적 지원 및 갈등조정 가능성에 대한 새로운 성찰이 시작되고 있다. 다시 말하여, 〈국가의 탈주술화〉라는 과정이 계속되고 앞으로도 단선적으로 더 심화될 것이라고 가정하는 것은 옳지 않다. 물론 1970년대의 계획열광과 현존 사회주의의 과도한 계획광란이 있은 후 — 이들이 국가의 갈등조정 역량을 과대평가한 것은 분명하다 — 조정 기대가 약화된다는 것은 일단 자연스러운 결과였다. 그러나 정치이론이 〈해체이론〉일 수만은 없다. 정치가 '해체된다'라는 이런 생각은 1980년대 서구의 〈좋은 날씨 시기〉, 즉 오일 쇼크에서 바로 회복하고 조정 이데올로기의 보루였던 현존 사회주의가 무너지기 시작했던 좋은 시기에서나 가능했다. 그러나 현실정치의 앞으로의 도전들은 전혀 다른 성격을 가질 수 있다. 가령 체르노빌 유의 환경대참사, 엄청난 규모의 이주물결, 경제적인 불황 등은 조정이론에 대한 수요를 다시 일깨울 수 있다. 이런 경우에는 심지어 이미 사망선고를 받은 사회주의의 조정전략 창고를 다시 활용하려는 시도까지도 가능할 것이다(물론 이 체제의 권위주의적 요소에 대한 요구가 다시 일어날 가능성은 매우 적지만 말이다. 그러나 다른 한편으로 〈절대권위〉 없는 사회주의적 조정이라는 것이 과연 가능할 것인가 라는 문제는 여전히 숙제로 남아 있을 것이다). 이럴 경우 탈근대주의적 조정회의론자들은 아마 다시 입지가 약해지고 행위지향적 이론들이 다시 관심을 끌 것이다.

이와 유사한 진단은 〈정당성〉 문제에도 적용된다. 분명히, 제국주의와 제 2차 세계대전 이후의 세계시장의 건설 등 모든 상황은 〈성스러운 이기주의〉의 승리를 보여주며 이것은 정당성의 마지막 기초까지도 파괴한 것처럼 보인다(Joas, 1990). 그렇다고 해서 모든 정당성 이념은 전근대적 신화이며 따라서 우리의 담론에서 축출되어야 한다는 탈근대주의자들의 선언은 설득력이 없다. 오히려 이런 상황이야말로 정당성 문제를 더욱더 절박한 문제로 만든다고 볼 수도 있다. 베버가 자연법도, 또 종교적 권위도 더 이상 작용하지 않는 근대에서는 바로 그렇기 때문에 국가와 그것의 정당성 문제가 더욱더 심각해진다고 본 것과 같은 맥락에서 그러하다.[75] 탈근대주의자들이 잊어버리는 것은, 규범적 합의는 전통사회에서도 얼마나 갈등에 찬 것이었는가 하는 점이다. 즉, 전통사회에서도 정당성이란 종교의 중재와 권력에 의한 보장이 필요했던 것이다. 이데올로기의 종언은 탈근대에 의해 주장될 뿐 결코 아직 입증된 것은 아니다. 그래서 〈해체〉 담론의 〈국지화〉만이 능사가 아니라, 여러 문화들에서 규범적인 기본 확신들을 찾아내어 인간적 규범의 최소합의 가능성을 도출하려는 진지한 노력이 필요한 것이다. 물론 이 최소합의는 〈절차를 통한 정당성〉을 크게 벗어나지 못할 수도 있다. 이것은 탈근대주의가 상정하는 최소합의의 두 가지 기둥, 즉 남존용의와 폭력포기에 크게 다를 바 없다(Beyme, 1991). 이 두 가지 기둥은 그들이 거부하는 〈절차를 통한 정당성〉 못지않게 형식적인 것이며, 이것은 정의의 기본 원칙들을 개발하려는 시도들 — 가령 롤즈(Rawls), 회페(Höffe) 등 — 이 도달하는 결론이기도 하다. 다시 말하여, 이 시도들도, 만약 합의를 도출할 수 있으려면, 불가피하게 상대적으로 형식적 절차를 거칠 수밖에 없음을 보여주는 것이다.

물론 그럼에도 불구하고 우리가 철저히 배제해야 할 것은 전체주의적 내지 총체적 〈계획 합리성〉 — 그것이 어떤 형태이든 간에 — 으로의 회귀 시도임은 자명하다. 그러나 이것이 곧 합리성 자체의 포기라는 다른 극단적 대안은 함의하고 있지 않다는 것 역시 그에 못지않게 자명하다.

75) 정당성 이론은 한 체제의 정당성이 회의의 대상이 되었을 때 비로소 생겨난다. 가령 중세에는 〈왕의 신성한 권력〉 같은 책은 쓸 필요가 없었으며, 근대의 정당성 이론이 프랑스혁명 이후 생겨난 것은 그래서 결코 우연이 아니다.

오히려 20세기가 저무는 이 시점에서 우리는 그 어느 때보다도 심각한 〈대재앙적〉 위기들에 봉착하고 있으며 따라서 〈더 적은 합리성〉이 아니라 〈더 많은 합리성〉, 그러나 동시에 지금까지와는 〈다른〉 합리성이 필요하다는 결론을 피할 수 없는 듯이 보인다. 이러한 딜레마적 상황은 기실 베버가 탈주술화한 근대사회에 내재하는 기본상황이라고 인식하였던 바이다.

4. 맺음말

베버가 지배사회학을 집필할 당시의 정치적 시대상황이 던져준 이론적 그리고 실천적 문제의 핵심은 다음과 같은 질문으로 요약될 수 있다. "전통적 지배구조로부터 의회주의적 대중민주주의로의 이행이라는 정치적 과정을 어떻게 적절하게 제도화할 것인가?" 따라서 〈탈근대〉를 논하는 오늘날의 정치과정 분석에는 그의 사회학적 틀이, 위에서도 보았듯이, 많은 한계를 노정하고 있음은 어느 정도 당연한 일이다. 그럼에도 불구하고 베버의 지배사회학적 내지 정치사회학적 분석에 깔린 문제의식의 기본 방향은 오늘날에도 우리의 주목을 받을 가치가 충분히 있다는 점 역시 부인할 수 없다. 우선 이론적 차원에서, 베버의 정치사회학은, 그의 사회학 전반이 그러하듯이, 정치적 현상을 두 가지 기본축을 중심으로 조망한다. 첫 번째 축은 〈인간(행위)〉과 〈제도(구조)〉이고, 두 번째 축은 〈이해관계〉와 〈이념〉이다. 여기서 베버는 각각의 축을 구성하는 일견 대립적인 두 요소들을 어느 하나로 환원시키려는 모든 시도를 거부하면서, 이 둘의 관계를 철저히 복합적인 상호갈등 및 긴장관계로 파악한다. 물론 베버는 그 당시 창궐하던 제도주의적, 구조주의적 혹은 진화론적 이론모델들에 대한 비판의식에서 〈행동하는 것은 항상 개별 인간〉이지, 집단(그것이 〈민족〉이든 〈계급〉이든)도, 제도(그것이 〈국가〉이든 〈기업〉이든)도, 법칙(그것이 단선적 〈진화〉이든 〈순환〉이든)도 아니며, 후자들은 그 자체 어떠한 독립적 〈실체〉를 가진 것이 아니며 단지 일군의 인간집단의 사회적 행위가 특정한 방식으로 진행될 수 있는 개연성을 뜻할 뿐임을 강력히 부각시키고 있다(WG: 6f). 그래서 일견 그의 사유의 중점은 〈개별행위〉와 〈인간〉에 놓여 있는 듯이 보인다. 이것은 가령 그의 〈행위론〉, 〈카리스마적 정치지도자론〉이나 〈직업으로서의 정치〉에 관한 그의 명제들 — 〈책임윤리〉 등 — 에서 예시된다. 그러나 이것이, 개인은 사회적으로 구조화되지 않은 진공에서 행동하는 것이 아니라, 사회적 상호작용이 만들어내는 의미연관 맥락과 제도적 조건하에서 행동한다는 사실을 베버가 간과하고 있다는 뜻이 아님은 두말할 나위도 없다. 그래서 정치적 과정에서 베버에게 중요한 것은 가령 소명의식을 가진 개별정치가의 행동뿐이 아니라 지배체제의 〈질서〉 내지 이 〈질서〉에 대한 집단의식이다(이것은 그에게서 정당성 문제로 개념화되어 있다). 이러한 논리는 이해관계와 이념의 문제에도 적용된다. 베버는 그 당시 이미 교조주의적으로 경직되기 시작한 조야한 유물론에 대한 비판의식에서 〈이념〉의 고유논리와 역할을 강조하고 있다. 그러나 이것은 결코 유물론의 유심론적 해체를 뜻하는 것이 아니다. 오히려 베버는 이해관계의 우위성을 전제하고 있는바, 동시에 그는 이해관계의 갈등을 제도화하는 원칙으로 이념의 중요성을 부각시키고 있다. 즉, 이 두 가지 역시 어느 한쪽으로 환원될 수 있는 것이 아니라 상호갈등 및 긴장관계를 유지한다.76)

종합적으로 볼 때, 베버는 결국 〈행위〉와 〈구조〉, 〈이해관계〉와

---

76) 이 맥락에서 위에서 언급한 관점을 다시 한 번 상기시키고자 한다. 즉, 베버는 독일에서 다음과 같은 견해를 가진 소수파에 속했다: 다양한 이해관계 및 그것의 갈등을 인정하고 — 서유럽의 정치이념을 따르면서 — 갈등의 제도화, 예컨대 의회와 노동조합과 기업 간의 균형적 권력관계의 제도화를 지지하는 소수파가 그것이다. 이런 입장을 가진 베버는 그 당시 독일의 지배적 엘리트들과는 매우 대조적이었다. 이들 중 다수는 이해관계의 갈등은 공공복리라는 원칙을 바탕으로 엘리트들에 의해 해소될 수 있으며 이 엘리트들은 공공복리가 무엇인지 가장 잘 규정할 수 있다고 믿었다. 또 한 가지, 이미 위에서 논의한 관점에서 볼 때 베버는 비전형적인 독일학자였다. 왜냐하면 독일의 정치사상 및 정치문화의 특징 중의 하나는, 앵글로색슨의 전통과는 달리 타협과 실용주의보다는 순수이념 지향성, 즉 〈심정윤리적 성향〉이 강했다는 점인데, 이에 반해 베버는 실용적인 책임윤리를 주장함으로써 이런 독일적 전통에 반기를 든다.

〈이념〉의 관계를, 이론의 차원에서나 실천의 차원에서나, 어느 한쪽의 희생 혹은 억압을 통해 〈조화〉시킬 수 있는 관계라고 보지 않았으며 더 나아가 조화되어서도 안 된다고 보았다. 그는 오히려 인간존재의 이러한 근원적 요소들은 원칙적으로 상호갈등과 긴장관계를 갖는다는 입장이며 따라서 해결책은 이 갈등을 부인하는 것도, 그것의 억지조화도 아니라 이 갈등의 합리적 제도화를 통한 다원성의 확보라고 보았다. 이것이 베버에게는 개인 및 제도의 자율성의 확보의 전제조건이다.[77] 이러한 시각은 그의 서구역사에 대한 해석틀에서도 나타난다. 우선 베버는, 필자가 여러 곳에서 이미 서술한 바 있듯이(전성우, 1986; 1992), 서구문명을 하나의 보편적 발전법칙의 실현결과로 보는 것이 아니라, 특수한 역사적 조건의 특수한 조합관계가 낳은 하나의 〈특수 발전경로〉로 본다. 그런데 이 특수성의 요체가 바로 상대적 자율성을 가진 제도들의 분화인바, 이 분화과정은, 한편으로는 인간의 주체적 〈행위〉와 다른 한편으로는 객관적 〈구조〉가 그때그때의 서구의 역사적 특수조건들에 따라 지극히 복합적이고 역동적으로 상호작용한 결과 탄생한 것이다. 가령 중세에는 국가와 교회의 분화, 중세 및 근세초기의 도시시민계급의 혁명적 〈행위〉 및 그들의 〈자율 시민도시〉로서의 제도적 정착을 통해 진행되는 '공화정적' 시민권력과 '봉건적' 영주권력의 분화, 종파의 형성 및 소수파의 혁신적 〈행위〉를 통해 관철되는 〈정통〉과 〈이단〉 종파의 분화 — 즉 '종교개혁' — 등이 그러한 '분화' 및 '갈등' 과정의 예들이다. 다시 말하여, 단 하나의 영역 — 가령 정치적, 경제적 혹은

---

77) 가령 제도의 자율성을 침해하는 관료 및 정치권에 대해 베버가 어떻게 대처했는지를 극명하게 보여주는 것이 대학 자치권 문제에 대한 그의 태도이다. 베버는 문교부가 정치적 이유에서 대학 교육행정에 부당하게 간섭하는 것에 격렬히 저항하면서 교수진의 더 큰 자의식과 자치권의 확대를 요구하였다(Gneuss, 1988).

문화적 영역 — 의 단 하나의 논리가 주도적으로 지배한 것이 아니라 삶의 총체성이 다원적 논리들로 분화되어 서로 갈등하면서 견제하게 되는 것이 서구의 근대 탄생의 배경이라는 것이다. 이와 같은 맥락에서 베버는 자신의 시대를 향해, 그리고 미래를 향해서도, 다원주의의 보존을 요구했다. 베버는 가령 정치영역에서는 기존의 질서에 반대되는 원칙마저도 — 예를 들어, 자본주의적 체제하에서의 사회주의적 원칙 — 제도화될 수 있는 조건이 갖추어져야 한다고 주장하였다(Gneuss, 1991).

그래서 베버는 그 자신 의회민주주의자지만 이 체제를 부정하는 정당까지도 정치과정에 참여시키는 것을 지지하였고[78] 노동자계급이 노동조합을 통해 자율적으로 조직화하는 것을 지지했으며, 시장에서의 경쟁을 지지했고, 정당 사이의 경쟁, 제도적으로 조직된 다양한 문화적 가치영역들 사이의 경쟁을 지지했다. 앞장에서도 언급했듯이, 베버는 간혹 민주주의, 국민주권, 자연법적 근거를 가진 인권의 가치기초에 대해 명확한 신조를 가지지 않았다는 비판(Leo Strauß)을 받지만, 위에서 열거한 모든 것들이 바로 민주주의라는 이념의 실천적 구체화의 예들임을 고려하면 이런 비판은 그 근거가 매우 약하다.

결론을 내리자면, 베버의 목적은 하나의 경직된 〈질서 모델〉을 구상하는 것이 아니라, 이질적 질서요소들의 지속적 상호작용을 보장하는 〈과정〉의 구축이었으며, 베버에 의하면 이 과정은 열려 있어야 하며, 상충되는 질서원칙들의 갈등과 투쟁을 통해 그 혁신적 역동성을 유지할 수 있어야 하며, 무엇보다, 가치의 차원에서, 개인의 자율성의 확보와 확대에 초점이 맞추어져 있어야 한다.

---

78) 사회주의적 성향을 가졌다는 이유로 교수 채용에서 불이익을 당하고 있던 저명한 사회과학자 로버트 미헬스(Robert Michels)를 위한 베버의 헌신적인 구직 노력은 유명하다. 이에 못지않게 유명한 일화는 유대인이기 때문에 학계로부터 배척당하고 있던 게오르그 짐멜(Georg Simmel)에 대한 그의 지원이다.

이런 관점에서 그의 합법적·합리적 지배론을 다시 한 번 반추함으로써 글을 마무리 짓고자 한다. 베버는 소박한 진화주의적 근대화론이 가정하는 것과는 달리 합리적·합법적 지배양식은 근대화 과정에서 자동적으로 관철되는 하나의 보편적 기제라고 보지 않았다. 오히려 베버는 근대의 정치적 지배구조와 개인적 자유의 관계를 하나의 특수한 역사적 관계라고 보았다. 즉, 그는 정치적 자유를, 유일무이한 역사적 전제조건들을 가진, 그리고 매우 불확실한 미래를 가진 불안정한 서구적 업적이라고 간주한다. 그래서 다른 맥락에서 이미 인용한 대로, 1906년에 베버는 제 1차 러시아 혁명에 관하여, 만약 러시아 국민들이 이 절호의 기회를 활용하여 〈불가침의 자유영역〉을 쟁취하지 않는다면, 그런 기회는 영원히 다시 오지 않을지도 모른다고 경고한 것이다(PS: 63ff). 이런 경고에는 바로 위에서 지적한 베버의 〈초조감〉이 담겨 있다. 즉, 만약 우리가 적극적 행동을 통해 자유의 확보에 유리한 특수한 역사적 조건들을 즉각 활용하지 않는다면, 아마도 이 조건들은 다시 주어지지 않을 수도 있다는 초조감이 그것이다. 바로 이런 이유에서 베버는 민주주의적 개인주의라는 나무는 하늘 끝까지 성장하지는 않을 것이라고 예측했으며 이 예측은, 그 이후의 세계사가 보여주듯이, 불행히도 적중했다. 그는 이 예측을 정치적 자유의 범세계적 확산에 대한 희망이 아직 상대적으로 온존하던 시기 — 대부분의 사람들이 이제 전제의 시대는 끝이 났고 민주의 시대, 자유의 시대가 도래했다고 낙관하던 시기 — 에 했던 것이다. 마치 동구 사회주의체제 몰락 이후 일부 학자들이 〈역사의 종언〉을 선언하며 이제 진정한 평화와 자유의 시대가 도래했다고 환호했던 것처럼 말이나(이 환호 역시 불행히도 너무 성급한 것이었음이 지금은 냉혹히 입증되고 있다). 베버에 의하면 역사는 불가항력적으로 새로운 귀족층과 권세들을 낳는바, 따라서 그는 혁명 후의 러시아에서도 아래와 같이 진단하고 있다:

자신을 위해서 혹은 민족을 위해서 필요하다고 판단하는 사람들은 민주주의와 자유를 헌신짝같이 버리고 이런 새로운 권위와 특권들에 매달릴 것이다. 지금(1905) 러시아에 수출되는 고도의 자본주의가 민주주의 혹은 심지어 '자유'(어떤 의미에서든 간에)와 선택적 친화력을 가졌다고 가정하는 것은 어처구니없는 일이다. 오히려 우리가 제기해야 할 문제는 '자본주의의 지배하에서 도대체 어떻게 민주주의와 자유가 지속적으로 가능할 수 있겠는가?'라는 것이다(PS: 63ff).

베버 스스로는 이 질문에 대해 다음과 같이 답하고 있다:

실제로 민주주의와 자유는, 자신을 양떼같이 통치하는 것을 허용하지 않겠다는 국민의 결연한 의지가 지속적으로 작동하는 곳에서만 가능하다(PS: 63ff).

막스 베버는 사회과학이 가진 가장 중요한 과업 중의 하나가 바로 이 〈결연한 의지〉를 형성하고 유지하는 데 필요한 〈정치적 훈련과 교육〉을 제공하는 것이라고 보았다(Hennis, 1987; Scaff, 1973). 이것은 분명히 하나의 매우 범상한 요구이다. 그러나 지금 우리의 현실을 두고 볼 때, 이것은 결코 범상히 넘겨버릴 수만은 없는 요구임도 분명하다.

• 보론

《직업으로서의 정치》 해설

막스 베버 (1864~1920)는 1917년 말에서 1919년 초에 걸쳐 대학생들을 상대로 두 차례 강연을 하였습니다. "직업으로서의 학문"(1917년 11월)[79]과 "직업으로서의 정치"(1919년 1월)가 그것입니다.[80] 대학생을 상대로 한 강연문이 사회과학 '고전'의 반열에 오르는 것은 매우 드문 일인데, 바로 이 두 강연이 그러한 경우입니다. '학문'과 '정치'에 관한 현대 사회과학적 논의에서는 이 쌍둥이 강연이 거의 빠짐없이 중요한 준거점으로 거론되고 있다는 사실이 이를 입증합니다.

특히 《직업으로서의 정치》는 비단 학자들뿐 아니라 정치가 및 정치에 관심이 있는 일반인들도 자주 인용할 만큼 광범위한 수용층을 가진 고전입니다.

베버가 이 강연에서 우리에게 던지는 중심 화두는, 현대의 대중 및 의회민주주의적 조건하에서 정치를 '직업' 또는 '소명'[81]으로 삼으려는 사

79) 《직업으로서의 학문》, 전성우 역, 2006, 나남.

80) 《직업으로서의 정치》, 전성우 역, 2007, 나남. 베버를 강연에 초대한 단체는 독일 뮌헨대학의 진보적 학생단체인 〈자유학생연합〉으로서, 이들은 그 당시 〈직업으로서의 정신노동〉이라는 주제로 연속강연회를 개최하고 있었습니다. 베버는 이 강연회에 두 번 연속 초청을 받았던 것입니다.

81) 이 강연의 제목인 *Politk als Beruf*에서 Beruf는 독일어로 두 가지 의미, 즉 세속

람들이 갖추어야 할 자질은 무엇이며, 정치적 지도자의 덕목은 무엇인가? 라는 질문으로 요약될 수 있습니다. 이 화두를 풀어나가는 과정에서 베버는 자신이 수십 년간 정치현상 전반에 대해 수행했던 학문적 성찰을 응축하여 하나의 거대한 파노라마를 전개하고 있습니다. 이 파노라마에서 베버는 그 특유의 보편사적 시각, 이념형적 개념구성 전략, 현실정치에 대한 날카로운 분석, 정치와 윤리의 관계에 대한 심오한 철학적 성찰 등을 절묘하게 서로 연결시키고 있으며 여기서 그가 제시한 수많은 개념과 발상들은 현대 정치학과 사회학에서 확고한 고전적 위상을 확보하게 되었습니다. 베버가 이 강연을 할 당시 독일은 제 1차 세계대전에서 패한 직후 절체절명의 국가적 위기상황에 처했습니다. 따라서 그를 강연에 초청한 대학생들은 그 당시 독일의 대표적 학자이자 정치 평론가였던 그에게서 이 위기를 타개할 수 있는 구체적 방책과 예언자적 선견지명을 기대했습니다. 그러나 베버는 일견 매정하리만치 냉정하게 이런 기대를 모른 척하면서 강연의 상당 부분을 근대적 정치현상 및 정치제도의 사회학적 속성과 그 역사적 전개과정의 서술에 바쳤습니다. 이 과정에서 그는 가령 왜 우리는 특정 지배체제를 '정당하다'고 간주하고 그것에 복종하는가 라는 문제를 중심으로 한 그의 유명한 지배 정당성 유형론(① 전통적, ② 카리스마적, ③ 합법적-관료적 지배유형)을 논하기도 하며, 어떠한 역사적 조건하에서 근대의 정당 정치적 민주주의가 발현하게 되었는지를 특히 영국과 미국의 사례를 중심으로 서술합니다. 그 외에도 베버는 이른바 '지도자-민주주의론', 관료와 정치가와의 관계 등 베버 정치사회학의 핵심 관점들을 상론하고 있습니

적 생업 또는 신으로부터 부여받은 '소명'이라는 두 가지 의미를 가지고 있습니다. 본문에서 베버는 '정치에 (경제적으로) 의존해서' 사는 직업정치가(*von der Politk leben*)와 '정치를 위해 사는' 직업정치가(*für die Politk leben*), 즉 소명의식을 가진 정치가를 구분하고 있습니다.

다. 물론 이 모든 학술적-역사적 논의는 근대적 '직업정치가'의 출현 및 직업정치가가 갖추어야 할 자질이라는 베버의 중심 화두를 향하여 전개됩니다. 아래에서는 이 중심화두와 관련된 베버의 입장을, 주로 그의 목소리를 직접 빌려, 간략히 요약하고자 합니다.

1) 정치란 "악마적 힘들과 관계를 맺는 것이다".

우선, 베버는 정치란 정치적 조직체, 더 구체적으로는 국가의 "운영 또는 이 운영에 영향을 미치는 활동"(《직업으로서의 정치》: 2) 이라는 통상적 개념 정의에서 출발합니다. 그럼 여기서 '국가'란 무엇인가? 이 문제에 대해서 베버는 국가 일반보다는 근대 국민국가에 논의를 한정하면서 매우 흥미로운 입장을 제시합니다. 즉, 근대국가의 사회학적 속성은 그 목표나 기능(국리민복, 부국강병 등) 내지 '업무내용' 자체가 아니라 이런 목적을 달성하기 위해 국가가 가진 특수한 수단을 근거로 정의하는 것이 가장 적절하다는 것입니다. 그리고 이 수단은 다름 아니라 바로 '물리적 강제력'[82] 입니다. 베버의 말을 들어봅시다.

> 다른 어느 시기보다 오늘날에야말로 국가와 강제력과의 관계는 특히 긴밀합니다. 과거에는 친족에서부터 시작하여 매우 다양한 조직체들이 물리적 강제력을 지극히 정상적 수단으로 사용했습니다. 그에 반해 오늘날에

82) 이 개념은 우선, 그리고 무엇보다도, 인신구속을 비롯해 우리의 신체에 직접적으로 가해지는 합법적 폭력을 뜻하지만, 넓은 의미에서는 법의 이름하에 행해지는 개인과 집단에 대한 모든 종류의 강제적 통제 — 가령 재산권 제한, 강제수용 등 — 를 포함합니다. 그러나 베버는, 아래 인용문이 암시하듯이, 이 개념의 원초적 의미 즉 인신에 대한 합법적·물리적 폭력이라는 의미를 우선적으로 염두에 두고 있습니다.

는 한 특정한 영토 내에서 — 이 점, 즉 〈영토〉는 현대국가의 특성 중의 하나입니다 — 정당한 물리적 강제력의 독점을 (성공적으로) 관철시킨 유일한 인간 공동체는 곧 국가라고 보아야 할 것입니다. 왜냐하면 현대에 와서, 국가 이외의 다른 모든 조직체나 개인은 오로지 국가가 정하는 범위 내에서만 물리적 강제력의 사용권을 부여받게 되었기 때문입니다. 즉, 오늘날 국가는 강제력을 사용할 〈권리〉의 유일한 원천입니다(《직업으로서의 정치》: 3).[83]

따라서 국가운영에 참여하는 정치가의 손에 쥐어진 "가장 중요한 수단은 (폭력적) 강제력입니다"(상동: 72). 물론 이 수단을 통해 도달하고자 하는 목적 내지 대의는, 정치가의 신념에 따라, 지극히 다양하고 고매할 수 있습니다. 가령 그것은 민족과 인류의 번영, 국가의 안위, 심지어 특정한 종교적 신앙의 관철과 확산일 수도 있습니다. 그러나 "그 목적이

---

83) 그런데 베버의 이러한 규정 뒤에는 서양 정치사의 독특한 경험이 깔려 있습니다. 즉, 서양에서는 한 정치공동체에서 폭력행사권이 중앙에 의해 독점되는 경우는 예외적이었고, 폭력 내지 무력은 항상 봉건적으로 분권화된 계층에 의해 분점되었습니다. 다시 말해, 폭력행사권이 중앙권력에 의해 독점된 중앙집권적 통일제국 또는 통일국가는 서양 역사에서는 — 로마제국이라는 일종의 막간을 제외하면 — 근대 이전까지는 실현된 적이 거의 없었습니다. 그리고 절대왕정에서 출발하는 근대적 국민국가에 와서야 비로소 중앙권력에 의한 폭력행사권의 독점이 이루어졌습니다. 그에 반해 우리 동아시아의 역사는 그 정반대의 발전경로를 보여줍니다. 즉, 우리의 경우는 진작부터 중앙집권적 가산제적 관료국가가 정착되었고 따라서, 적어도 형식적으로는, 국가가 합법적 폭력 행사권을 독점하는 것이 정형이 되었고, 오히려 서양적인 봉건적 분권체제는 항상 막간 내지 예외적 상황이었습니다. 따라서 국가의 이 속성에 관한 한 동양은 서양보다 수천 년 앞서 '근대성'을 성취한 셈입니다. 물론, 근대적 국민국가가 바로 상기한 폭력독점권을 기반으로 형성한 다른 구조적 특성들 — 가령 전문관료제, 조세권 등 — 은 다시금 서구의 근대국가가 동양보다 훨씬 더 체계적이고 일관되게 관철시킨 원칙들입니다.

무엇이든 간에 폭력이라는 이 특수한 수단과 손을 잡는 자는—그리고 모든 정치가들이 그렇게 합니다—누구든 이 수단이 가져오는 특수한 결과들에 직면하게 됩니다"(상동: 78). 따라서 정치를 직업으로 삼겠다는 사람이면 누구나 "모든 폭력성에 잠복해 있는 악마적 힘들과 관계를 맺게 되는 것입니다"(상동: 80). 이것이 정치권력을 다른 모든 유형의 권력—경제권력, 사회권력, 문화권력 등—으로부터 구별짓는 점입니다. 왜냐하면, 다른 모든 권력들이 가질 수 있는 현실적으로 막강한 영향력에도 불구하고, 결국 국가라는 '수레바퀴'의 틀을 짜고 이 수레바퀴가 굴러갈 길을 닦고 그것이 굴러가게 하는 데 대한 책임은, 종국적으로는, 합법적 강제력을 수단으로 가진 '정치'에 귀속되기 때문입니다. 따라서 우리는 "어떤 종류의 인물이라야 감히 자기 손으로 역사의 수레바퀴를 움직여도 좋은가 라는 문제"(상동: 61), 즉 정치가는 어떤 특별한 자질을 갖추어야 하는가 라는 문제를 제기하지 않을 수 없습니다. 역사의 수레바퀴가 옳은 방향으로, 아니면 그른 방향으로 움직이는 것은 한 국가 공동체, 그리고 경우에 따라서는 인류 공동체 전체의 운명을 결정짓는 중차대한 문제이기 때문입니다.

2) 정치가의 자질: '열정', '책임감' 그리고 '균형감각'

베버는 정치가가 갖추어야 할 가장 중요한 자질로 아래 3가지를 들고 있습니다. 열정, 책임감, 그리고 균형감각이 그것입니다. 이 자질들은 일견 매우 평범해 보이지만, 베버는 독특한 해석을 통해 이들을 정치권력의 상기한 근본적 폭력성이라는 관점과 연계시킵니다. 우선 이 3가지 사실에 대한 베버의 설명을 살펴보겠습니다. "'열정'은 하나의 대의 및 이 대의를 명령하는 주제인 신, 또는 데몬에 대한 열정적 헌신을 의미하며, 그런 이상 이 열정은 객관적 태도라는 의미를 지니고"(상동: 61) 있다고 말합니다. 다시 말해, 정치가의 열정은 단순히 주관적인 〈비창조적 흥분상태〉가 아니라, 어떤 대의에 대한 뜨거운 확신입니다. 그런데 이 대의의 근거는 사적-주관적인 것이 아니라 초월적인 것 — 베버는 이것을 비유적으로 '신' 또는 '데몬'이라고 표현합니다만 — 에 놓여 있기 때문에, 이 대의에 대한 헌신은 '객관적 태도'라고 볼 수 있는 것입니다. 그런데 권력을 추구하는 정치가의 열정은, 바로 그가 가진 '합법적 폭력 행사권'이라는 수단 때문에, '책임의식'이라는 두 번째 자질로 통제되고 조절되지 않으면 지극히 위험하고 파괴적이 될 수 있습니다.

> 권력추구가 〈대의〉에 대한 전적인 헌신을 목표로 하는 것이 아니라, 객관성을 결여한 채 순전히 개인적 자기도취를 목표로 하는 순간, 그때부터 정치가-직업의 신성한 정신에 대한 배반이 시작됩니다. 왜냐하면 정치영역에서는 궁극적으로는 단 두 가지 종류의 치명적 죄악이 있을 뿐이기 때문입니다. 객관성의 결여와 — 항상 그런 것은 아니지만 흔히 이것과 동일한 것으로서 — 무책임성이 그것입니다(상동: 63).

그리고 이러한 책임의식을 단련하기 위해 필요한 것이 "균형감각"입니다. 균형감각이란 "내적 집중과 평정 속에서 현실을 관조할 수 있는 능력, 즉 사물과 사람에 대해 거리를 둘 수 있는 능력입니다. 〈거리감의 상실〉은 그것 자체로서 모든 정치가의 가장 큰 죄과 가운데 하나입니다"(상동: 62). 베버는 이 3가지 자질 즉 열정, 책임의식 그리고 균형감각이라는 자질을 소유한 자만이 진정한 정치가가 될 수 있고 진정한 정치적 '개성'을 발휘할 수 있다고 보며, 이러한 정치가를 정치적 아마추어, 특히 단순한 '권력정치가'와 아래와 같이 엄격히 구분하고 있습니다.

> 비록 권력은 불가피한 수단이고 권력지향은 모든 정치행위의 추동력 가운

데 하나지만, 아니 오히려 바로 그렇기 때문에, 벼락부자처럼 자신의 권력에 대해 허풍을 떨며 권력도취에 빠져 허영에 찬 자화상에 몰두하는 짓거리 등, 순전히 권력 그 자체를 숭배하는 모든 행태는 정치력을 왜곡시키는 가장 해로운 행태입니다. 단순한 〈권력정치가〉는 막강한 듯이 보이지만, 그의 영향력은 사실은 허망하고 무의미합니다(상동: 63).

그런데 베버는 모든 권력정치론이 가진 이러한 허망함과 무의미성은 인간행위의 의미에 대한 천박한 이해의 산물이며 "모든 행위, 그러나 특히 정치적 행위가 실제로 내포하는 비극성을 전혀 인식하지 못하는 데서"(상동: 63~64) 비롯된다고 봅니다.

그런데 베버는 정치적 행위가 가진 이런 비극성이 뿌리를 정치와 윤리 간의 특수한 관계에서 찾고 있습니다.

3) 정치가의 윤리: '신념윤리'와 '책임윤리'

과연 정치와 윤리[84]의 진정한 관계는 어떠한 것일까요? 이 문제와 관련하여 베버는 우선 아래와 같은 인식을 논의의 출발점으로 삼습니다. 즉, 인간행위의 최종적 결과는 매우 흔히 행위자의 원래의 의도와는 빗나가거나 심지어 그 정반대가 될 수도 있다는 인식이 그것입니다. 그런데 이 사실은 특히 정치적 행위에 대해 심대한 함의를 가집니다. 왜냐하면 "권력과 폭력적 강제력을 수단으로 하는 정치에 뛰어드는 자는 악마적 세력과 계약을 맺는 것"(상동: 75)이며, "또한 정치가의 행위에서는, 선한

---

84) 아래에서 보겠지만, 여기서 '윤리'란 가령 청렴성, 정직성 등과 같이 우리가 일상적으로 사용하는 개인적 인격적 윤리와는 다른 차원의 개념입니다. 베버는 이러한 의미의 보편적 윤리는 모든 인간에게 — 따라서 정치가에게도 — 당연히 적용되는 것으로 전제하고 있다고 볼 수 있습니다.

것에서는 선한 것만이, 악한 것에서는 악한 것만이 나오는 것이 아니라 오히려 그 정반대일 경우가 흔하기"(상동: 75) 때문입니다. 따라서 정치에 관련된 모든 윤리적 문제의 특수성은 국가라는, "인간이 만든 조직의 손 안에 있는 정당한 폭력이라는 특수한 수단"(상동: 78)에 의해 규정된다고 보아야 할 것입니다.

이런 인식을 바탕으로 베버는 인간행위의 윤리적 원칙을 크게 두 가지 유형 즉 〈신념윤리〉와 〈책임윤리〉로 나누고 있습니다. 신념윤리가란, 자신의 신념의 실현이 가져다줄 수 있는 '결과들'은 도외시한 채 이 신념의 실현 그 자체에만 집착하는 사람입니다. 이런 신념윤리가의 태도를 좀 극단적으로 표현하면 아래와 같습니다. "세상이 어리석고 비열하지 내가 그런 건 아니다. 결과에 대한 책임은 나한테 있는 것이 아니라 다른 사람들에게 있으며, 나는 이 사람들을 위해 일하고 있으며 나는 이들의 어리석음과 비열함을 뿌리 뽑을 것이다"(상동: 82). 그에 반해 책임윤리가는 바로 인간이 어리석고 비열할 수도 있다는 — 베버는 이것을 인간의 '평균적 결함들'이라고 부르고 있습니다 — 점을 고려합니다. 그는 "인간의 선의와 완전성을 전제할 어떠한 권리도 자신에게는 없다는 입장입니다. 그는 그가 예측할 수 있는 한도 내에서의 자신의 행동의 결과를 다른 사람에게 뒤집어씌울 수 없다고 믿습니다"(상동: 71~72). 달리 말해, 책임윤리가는 자신의 행동의 "(예견 가능한) 결과에 대해 책임져야 한다는 원칙 하에서 행동하는" 사람입니다. 물론 이것이 가령 책임윤리는 무신념, 신념윤리는 무책임과 동일하다는 것은 뜻하는 것은 결코 아닙니다(상동: 83). 정치가의 자질에 대한 논의에서 보았듯이, 대의에 대한 확신과 헌신을 바탕으로 한 신념윤리는 책임윤리와 서로 대립관계가 아니라 '보완관계'(상동: 83)에 있다는 것은 자명한 사실입니다. 그럼에도 불구하고 정치가의 경우 우리는 이 두 가지 윤리적 원칙 간에 엄연히 존재하는 차이점에 특별히 주목하지 않을 수 없습니다. 왜냐하면 "정치란 하나의 매우 특수한 수단, 다시 말해서, 그 뒤에 폭력성을 내포하는 권력이라는 수단을 가지고"(상동: 68) 하는 행위이며 이 사실은 정치에 대한 윤리적 요구에서 반드시 고려되어야 하는, 정치 특유의 속성이기 때문입니다.

가령 우리는 '악에 대해 폭력으로 대항하지 말라'라는 절대적 신념에 기초한 사랑의 윤리 또는 평화의 윤리를 정치에도 적용할 수 있을까요? 아니면 정치가에게는 거꾸로 오히려 "너는 악에 대해 폭력으로 저항해야만 한다. 만약 그렇게 하지 않으면, 네가 악의 만연에 책임이 있다"(상동: 69~70) 라고 말해야 하지 않을까요? 만약 정치가가 순전히 신념윤리적으로만 행동한다면, 그는 "모든 정치적 행위에 개입되어 있는 상기한 악마적 힘들을 의식하지 못합니다. 이 힘들은 무자비하며, 만약 그가 그들을 인식하지 못한다면"(상동: 83), 이 힘들은 비단 그 자신뿐 아니라 그가 정치를 통해 봉사하고자 했던 공동체 전체의 운명에 치명적 해를 끼칠 수 있을 것입니다. 이런 이유에서 베버는, 정치가란 분명히 신념과 신념윤리적 태도를 가져야 하지만, 그러나 바로 상기한 이유에서 신념윤리가에 머물러서는 안 되며 반드시 책임윤리적 자질을 갖추어야 한다고 봅니다. 이 두 가지 윤리적 원칙을 함께 준수할 수 있는 사람만이 〈정치에 대한 소명〉을 가졌다고 할 수 있을 것입니다.

4) 〈그럼에도 불구하고〉의 철학

정치가의 자질과 윤리에 대한 베버의 이런 성찰들은 '정치'에 대한 그의 유명한 비유로 미무리됩니다. 즉, 정치란 "열정과 균형감각 둘 다를 가지고 단단한 널빤지를 강하게 그리고 서서히 뚫는 작업입니다"(상동: 84). 여기서 '널빤지'란, 역자의 이해로는, 온갖 종류의 복잡다기한 이해관계와 가치관이 뒤엉킨 현실로서, 이 현실은 한편으로는 엄혹한 권력투쟁의 장이면서 다른 한편으로는 궁극적 가치 내지 신념투쟁의 장이기도 합니다. 우선 이 널빤지에 구멍을 뚫겠다는 '열정'이 있어야 정치할 자격이 있습니다. 그러나 만약 이 널빤지를 단칼에, 즉 자신의 신념만이 옳다는 독선으로 단칼에 뚫어 버리겠다는 자(신념윤리가)는 이 널빤지 자체를 깨트릴 위험을 안고 있습니다. 그런 사람에게 우리는 정치를 맡겨서는 안 될 것입니다. 감히 정치하겠다는 자는 '강하게'(즉 열정을 가지고), 그러나 서서히 즉 균형감각과 책임의식을 가지고 이 작업을 수행해야 합니다. 이 과정에서 정치가는 불가피하게 온갖 종류의 어려움에 봉착할 것입니다. 자신의 신념을 유보해야 할 상황, '모든 희망이 좌절'되는 듯이 보이는 상황도 있을 것입니다. "자신이 제공하려는 것에 비해 세상이 자기 눈에는 너무나 어리석고 비열하게 보일 수도" 있을 것입니다. 그러나 "이에 좌절하지 않을 자신이 있는 사람, 그리고 그 어떤 상황에 대해서도 〈그럼에도 불구하고!〉 라고 말할 능력이 있는 사람, 이런 사람만이 정치에 대한 〈소명〉을 가지고 있습니다"(상동: 84 ~85)

정치가란 (합법적) 폭력이라는 '악마적' 수단을 손아귀에 쥐고 있으면서, 끊임없이 '천사적' 대의의 실현을 목표로 삼을 수밖에 없는 사람입니다. '수단'과 '목적' 간의 이러한 극단적 괴리를 온전히 극복한다는 것은 현실세계에서는 불가능합니다. 그리고 신념윤리와 책임윤리를 겸비한 정치가이면 이 불가능성을 냉철히 인식해야 합니다. 그러나 역설적이게도 정치가, 특히 정치적 지도자야말로, 그가 가진 수단의 막강함과 유일무이성 때문에, 바로 이 불가능에 도전할 책무를 지니고 있으며 역사 속의 많은 정치적 '영웅들'은 실제로 그렇게 했고 이를 통해 역사의 새로운 물꼬를 트곤 했습니다. "만약 지금까지 〈불가능〉에 도전하는 사람들이 계속 나타나지 않았더라면, 인류는 아마 가능한 것마저도 성취하지 못했을 것입니다"(상동: 85). 그러나 이것은, 적어도 원칙적으로는, 비단 정치가에게만 해당되는 것이 아니라, 인간 일반에 해당되는 말일 것입니다.

참고문헌

국내 연구서

김명수, 1990, "종속적 산업화에서의 국가의 역할", 한국사회학회 편, 《한국사회의 비판적 인식》, 서울: 나남, 145~176.

김석준, 1992, 《한국산업화국가론》, 서울: 나남.

김용학·장덕진, 1995, "베버의 가치와 사실의 비대칭적 분리-가치연관과 가치중립성을 중심으로", 전성우 편, 《막스 베버 사회학의 쟁점들》, 민음사, 73~101.

김중섭, 1980, "한국에서의 막스 베버 연구", 〈현상과 인식〉, 제4권 4호.

김호기, 1993, "한국 비판사회학의 회고와 전망", 〈사회비평〉, 제10호.

박상섭, 1985, 《자본주의 국가론》, 서울: 한울.

______, 1992, "현실주의: 막스 베버에서 신현실주의까지", 이상우·하영선 편, 《현대국제 정치학》, 서울: 나남, 13~36.

박성환, 1992, "한국의 가산제 지배구조와 그 문화적 의의", 《막스 베버와 동양사회》, 서울: 나남, 359~390.

배동인, 1995, "베버 합리성 개념의 비판적 검토와 재구성", 전성우 편, 《막스 베버 사회학의 쟁점들》, 민음사, 101~136.

서재진, 1990, "한국에서 자본가계급-국가와의 관계에 대한 네오맑스주의 이론의 재고", 한국사회학회 편, 《한국사회의 비판적 인식》, 서울: 나남, 189~210.

송 복, 1991, 《조직과 권력》, 서울: 나남.

송호근, 1991, "베버에서 맑스로", 《한국의 노동정치와 시장》, 서울: 나남, 47쪽.

양종회, 1994, "사회이론에 있어서 문화의 위치", 성대 인문과학 연구소(미간).

양영진, 1989, "종교집단에 대한 일고찰: 베버와 뒤르켐의 비교", 〈한국사회학〉, 23집 겨울호.

______, 1995, "베버 종교사회학 저술들의 내적 연관성", 전성우 편, 《막스 베버 사회학의 쟁점들》, 민음사, 345~392.

______, 1995, "막스 베버의 종교사회학에 대한 일고찰 - 종교신앙과 사회행위를 중심으로", 전성우 편, 《막스 베버 사회학의 쟁점들》, 민음사, 393~425.

유석춘 편저, 1992, 《막스 베버와 동양사회》, 서울: 나남.

전병재 편저, 1985, 《사회학과 맑스주의》, 서울: 한울.

전성우, 1984, Max Webers Stadtkonzeption. Eine Studie zur Entwicklung des okzidentalen Bürgertums, Göttingen.

______, 1986, "막스 베버의 근대자본주의 발생론 Ⅰ", 〈한국사회학〉, 20집 여름호.

______, 1986, "막스 베버의 근대자본주의 발생론 Ⅱ", 〈한국사회학〉, 20집 겨울호.

______, 1988, "막스 베버의 고대사회론 Ⅰ, Ⅱ", 한국사회사연구회 편, 《사회사이론의 새로운 조류》, 서울: 문학과 지성사.

______, 1992, "막스 베버의 근대사회론", 《막스 베버와 동양사회》, 서울: 나남, 17~70.

전태국, 1994, 《지식사회학》, 사회문화연구소.

정영태(1993, "한국정치학의 현황과 과제", 〈사회비평〉, 10호, 40.

차종천, 1995, "가산관료제의 역동성", 전성우 편, 《막스 베버 사회학의 쟁점들》, 민음사, 191~209.

황태연, 1992, 《환경정치학과 현대정치사상》, 서울: 나남.

국외 연구서

Adorno, T., 1973, *Vorlesung zur Einleitung in die Soziologie*, Frankfurt.

______, 1977, *Kulturkritik und Gesellschaft*, Frankfurt.

Albrow, M., 1972, *Bürokratie*, München.

Aldenhoff, R., 1989, "Max Weber und der Evangelisch-soziale Kongreß", *Max Weber und seine Zeigenossen.*

______, 1990, "Nationalökonomie und Kulturwerte um 1900", *Kultur und Kulturwissenschaft um 1900*, Edited by Hübinger, Steiner.

Althusser, L., 1973, *Marxismus und Ideologie*, Hamburg.

Anders, G., 1980, *Die Antiquiertheit des Menschen*, München.

Arnason, J. P., 1988, *Praxis und Interpretation*, Frankfurt.

Assel, H-G., 1992, *Normen in der Politik*, Frankfurt.

Bader, V-M., 1989, "Max Webers Begriff der Legitimität", *Max Weber heute*, 296.

Baier, H., 1988, "Vater Sozialstaat", *Max Weber. Ein Symposion*, 47.

Beck, U., 1986, *Risikogesellschft*, Frankfurt.

______, 1991, *Politik in der Risikogesellschaft*, Frankfurt.

Beetham, D., 1974, *Max Weber and the Theory of Modern Politics*, London.

Bendix, R., 1971, *Scholarship and Partisanship*, Berkeley.

Berger, J., 1988, "Modernitätsbegriffe und Modernitäskritik in der Soziologie", *Soziale Welt*, 224.

Beyme, K., 1986, *Die politischen Theorien der Gegenwart*, München.

______, 1991, *Theorie der Politik im 20. Jhd*, Frankfurt.

______, 1993, "Der Begriff der Politische Klasse", *VPL*, 4~31.

Breuer, S., 1991, *Max Webers Herrschaftssoziologie*, Frankfurt.

______, 1993, "Max Webers Staatssoziologie", *KZfSS, Heft 2*, 199~210.

Carnoy, M., 1984, *The State and Political Theory*, Princeton.

Dreier, H., 1983, "Hans Kelsen und Niklas Luhmann", *Rechtstheorie 14*, 410.

Eden, R., 1983, *Political Leadership and Nihilism*, Tampa.

Glassman, R. N. (ed.), 1984, *Max Webers political sociology*, London.

Gneuss, C. (ed.), 1988, *Max Weber. Ein symposion*, Frankfurt.

Gramsci, A., 1967, *Philosophie der Praxis*, Frankfurt.

Habermas, J., 1981, *Theorie des kommunikativen Handelns 2 Bde*, Frankfurt.

Haferkamp, H., 1989, "Individualismus und Uniformierung", *Max Weber heute*, 461.

Hennis, W., 1987, *Max Webers Fragestellung*, Tübingen.

Hirsch, J., 1984, *Staatsapparat und Reproduktion des Kapitals*, Frankfurt.

______, 1990, *Kapitalismus ohne Alternative*, Hamburg, 42.

Joas, H., 1990, "Partizipation-Yuppisierung-Gewalt", Frankfurt.

Käsler, D., 1979, *Einführung in das Studium Max Weber*, München.

Lepsius, M. R., 1981, "Charismatic Leadership", *Conceptions of Leadership* (Edited by Graumann), New York, 53.

______, 1988, "Politik als Kampf-Politik als Beruf", in *Max Weber. Ein Symposion*.

Levine, D. N., 1967, "Rationality and Freedon: Weber and Beyond", *Sociological Inquiry 51, No. 1*, 5~25.

Levy, C., 1987, "Max Weber and Antonio Gramsci", *Max Weber and His Contemporaries* (Edited by Mommsen et al.), London.

Loos, F., 1987, "Max Webers Wissenschaftslehre und die Rechtswissenschaft", *Max Webers Rechtssoziologie* (Edited by Rehbinder).

Love, J., 1986, "Max Weber and Theory of Ancient Capitalism", *Hostory and Theory 25*, 152.

Lübbe, W., 1991, *Legitimität kraft Legalität*, Tübingen.

Luhmann, N., 1983, *Politische Planung*, Opladen.

Mayntz, R., 1982, *Soziologie der öffentlichen Verwaltung*, Heidelberg.

Merquior, J. G., 1980, *Rousseau and Weber*, London.

Mommsen, W., 1959, *Max Weber und die deutsche Politk, 1890~1920*, Tübingen.

______, 1974, *Max Weber. Gesellschaft, Politik und Geschichte*, Frankfurt.

______(ed.), 1987, *Max Weber and his contemporaries*, London.

Müunch, R., 1976, *Legitimität und politiche Macht*, Opladen.

Offe, C., 1980, *Strukturprobleme des kapitalistichen Staates, S. 109*, Frankfurt.

______, 1991, "Selbestbeschränkung als Methode und Resultat", *Politikk in der Risikogesellschaft* (Edited by Beck), Frankfurt.

Parsons, T., 1949, *The structure of social action*, New York.

Paschukanis, E., 1970, *Allgemeine Rechtslehre und Marxismus*, Frankfurt.

Peters, B., 1991, *Rationalität, Recht und Gesellschaft*, Frankfurt.

Piaget, J., 1972, *Psychologie der Intelligenz*, Freiburg.

Portinaro, P. P., 1989, "Kulturpessimismus und die Grenzen der

Entzauberung", *Kultur und Kulturwissenschaften um 1900* (Edited by Hübinger), Steiner.

Poulantzas, N., 1978, *Staatstheorie*, Hamburg.

Prewo, R., 1979, *Max Webers Wissenschaftsprogramm*, Frankfurt.

Rainer, M., 1989, "Max Webers Handlungstheorie und die Ebenen des Rationalitätskomplexes", *Max Weber heute*, 210.

Rehberg, K-S., 1979, "Rationales Handeln als großbürgerlic hes Aktionsmodell", in *KZfSS 31*, 199.

Rehbinder, N., 1963, *Max Webers Rechtssoziologie.*

______(ed.), 1987, *Max Weber als Rechtssoziologe*, Berlin.

Reißig, R., 1991, *Das Ende eines Experiments*, Berlin.

Reissig, R., 1993, *Rückweg in die Zukunft*, Frankfurt.

Roth, G., 1987, *Politische Herrschaft und persönliche Freiheit*, Frankfurt.

______, 1993, *Max Webers Familie* (미간).

Sackmann, R., 1990, *Herrschaft, Rationalisierung und Individualisierung*, Frankfurt.

Schäfers, B., 1967, "Max Weber und die Gewerkschaft", *Soziale Welt 18*, 199, 266.

Scaff, L. A., 1973, "Max Weber's politics and political Education", *American Political Science Review vol. 67*, 128.

Schluchter, W., 1972, *Aspekte der bürokratischen Herrschaft*, München.

______, 1979, *Die Entwicklung des okzidentalen Rationalismus*, Tübingen.

______, 1988, *Religion und Lebensführung*, Frankfurt.

Schmid & Treiber, 1975, *Bürokratie und Politik.*

Schnabel, F., 1979, "Politik ohne Politiker", *Politik im Dickicht der Bürokratie* (Edited by Wollmann), 49; *Schriften des Vereins für Sozialpolitik, Bd. 116*, 1906.

Schwinn, T., 1993, "Max Webers Konzeption von Mikro-Makro-Problem", *KZfSS, H. 2*, 231.

Sennett, R., 1983, *Verfall und Ende des öffentlichen Lebens*, Frankfurt.

Shils, E., 1965, "Charisma, Oder and Status", *ASR 30*, 199.

Skocpol, Th., 1979, *State and Revolution*, Cambridge.

Speer, H., 1978, *Herrschaft und Legitimität*, Berlin.

Tenbruck, T., 1975, "Das Werk Max Webers", *KZfSS 27*, 663.

Teubner, G., 1985, "Verrechtlichung", *Verrechtlichung von Wirtschaft, Arbeit und sozialer Solidarität* (Edited by Kübler), Frankfurt, 289.

Treiber, H. (ed.), 1984, *Zur Rechtssoziologie Max Webers.*

Turner & Factor, 1983, *Max Weber and the dispute over reason and value*, Routledge.

Tyrell, H., 1981, "Ist der Webersche Bürokratietypus ein objektiver Richtigkeitstypus?", *ZfS 10*, 38.

Weiß, J. (ed.), 1989, *Max Weber heute*, Frankfurt.

Wellmer, A., 1985, *Zur Dialektik von Moderne und Postmoderne*, Frankfurt.

Wieacker, F., 1967, *Privatsrechtsgeschichte der Neuzeit*, Göttingen.

Wiener, J. M., 1982, "Max Webers Marxism", *Theory and Society 11*, 389.

Willke, H., 1987, "Entzauberung des Staates", *Jb. zur Staats-und Verwaltungswisenschaft 1*, 285.

Winckelmann, J., 1975, "Vorwort", in *WG*.

______, 1986, *Max Webers hinterlassenes Hauptwerk*, Tübingen.

Wolf, R., 1986, *Der Stand der Technik*, Opladen.

Wrong, D. H., 1980, *Power*, London.

Zängle, M., 1988, *Max Webers Staatstheorie im Kontext seines Werkes*, Berlin, 221.

Zingerle, A., 1981, *Max Webers historische Soziologie*, Darmstadt.

제 4 부

종교사회학

Ⅰ. 막스 베버와의 가상 대담 Ⅰ

—《프로테스탄티즘의 윤리와 자본주의 정신》 출판 100주년을 맞이하여*

들어가는 말

무겁고 지루한 논문형식 대신 가볍고 '생생한' 대화형식으로 부담 없이 베버 이야기를 해보자는 의도에서 나로서는 초유의 실험인 '가상대담'을 시도했다. 그러나 결과적으로는 논문형식에 못지않은 무겁고 지루한 대화가 되어버렸다. "실패 없는 실험은 없다"라는 말로 자위하면서 독자들의 관용을 구한다.

가상(假想)의 존재인 베버의 발언들은 실상(實像)의 존재인 내가 그의 "입에 넣어 준" 것들임은 물론이다. 베버의 발언들은 크게 두 가지 종류로 나누어진다. 첫째, 대화 '기법상' 내가 자의적으로 지어낸 '가벼운' 말들이 있다. 이것은 누가 봐도 알아챌 것이다. 둘째, 해당 주제와 관련된 베버의 학술적 입장개진들은 다시금 3가지 유형으로 이루어져 있다. ① 베버 원전에서의 직접인용(이 경우에는 인용부호 " "를 사용했다),

* 이 글은 2004년 〈사회와 이론〉 1호 4집에 실린 "막스 베버와의 가상대담 I"을 수정 · 보완한 글임을 밝힌다.

② 베버 원전의 내용을 내 나름대로 풀어쓴 것, ③ 그동안 나 자신을 포함한 국제학계의 베버 연구성과들을 정리한 것 등이다. 대화형식에 부응하기 위해 발언의 문헌적 출처들은 달지 않았다. 그러나 출처가 필요하신 분들에게는 언제라도 제공할 수 있다. 간혹 등장하는 — 대부분 매우 '썰렁'한 — 잡담적 요소들 및 경박한 언어에 대해서는 미리 양해를 구한다. 그리고 이 대담은 "프로테스탄티즘 논문"의 주제 자체에 대한 논의라기보다는 그 주제를 향해 다가가는 도입부적 기능을 하고 있음을 미리 밝혀둔다. 자, 이제 베버 선생을 만나러 가자.

전성우 우선 우리 이론사회학회의 대담 프로그램 초청에 응해주신 데 대해 진심으로 감사드립니다. 물론 '망령'의 모습으로 나오시긴 했지만 말입니다.

베 버 초대해주셔서 감사합니다. 오랜만에 지상 행차를 하였더니 상쾌하기도 하고 또 적잖이 긴장되기도 하는군요. 그러고 보니 금년이 내가 태어난 지(1864) 140년 되는 해, 죽은 지(1920) 84년 되는 해이네요.

전성우 자신이 죽은 해를 언급하시는 것 보니 분명히 망령은 망령이시군요. 오늘 이렇게 선생님을 모시게 된 것은, 선생님의 명저인《프로테스탄티즘의 윤리와 자본주의 정신》출판 100주년을 기리기 위해서입니다.

베 버 벌써 그렇게 되었나요?

전성우 제가 알기로는 올해와 내년에 걸쳐 유럽과 일본 등 여러 곳에서 이를 기념하는 대규모 학술대회가 준비되고 있습니다. 우리 한국 사회학계는 아직 그럴 역량이 부족하여 특별히 학술대회를 계획하지는 못했습니다만, 이렇게 망령을 모시고 가벼운 대화를 나누는 방식으로나마 이 기념비적 논문 — 앞으로 "프로테스탄티즘 논문"으로 부르겠습니다 — 의 의의를 짚어보고자 합니다.

베 버 나로서는 고마울 따름입니다.

전성우 저 자신 "프로테스탄티즘 논문" 번역에 착수한 지 꽤 오래되는데, 출간 100주년인 올해 안에 번역을 마치려고 지금 안간힘을 쓰고 있습니다만 완료 전망은 매우 어둡습니다. 아무튼 번역과정에서 선생님에 대한 저의 애증(愛憎)을 또다시 체험하고 있습니다. 놀라운 통찰들과 엄밀한 역사적 논증을 접할 때마다 선생님에 대한 저의 '사랑'을 다시 한 번 확인하면서 동시에 그 '아문들'과 씨름할 때는 선생님을 '미워하지' 않을 수 없습니다. 정말 '피를 말리는' 작업입니다.

베 버 미안합니다. 저의 글쓰기 방식과 문체에 대한 비판은 하도 들어서….

전성우 이참에 선생님께 대담방식에 대해 제안을 하나 드리고 싶습니다. 우리 '엄숙주의'를 좀 벗어던지고, 진지하지만, 그러나 편안한 마음으로 이야기를 나누었으면 합니다. 가벼운 '잡담'도 간혹 끼워 넣으면서 말입니다.

베 버 좋은 제의입니다. 노력하겠습니다. 그런데 우리 독일 사람들 '가벼운 것'에는 영 소질 없는 것 전 선생도 잘 아시지요?

전성우 알나마다요. 근 11년간(1974~1985) 독일문화의 세례를 현지에서 직접 받은 저 아닙니까? 그것도 전형적인 프로테스탄트지역인 동북부 독일(괴팅겐)에서 말이지요. 유학시절 간혹 가톨릭 국가인 이탈리아로 여행할 때마다, 제가 살던 프로테스탄트 독일과의 정서적 차이를 온몸으로 느끼곤 했던 기억이 납니다. 선생님이 종교사회학 논문집 〈서론〉에서 하신 말씀, 즉 "가톨릭교에서 볼 수 있는, 굴절되지 않은 인간관이 가진 순박한 〈현세긍정〉"이 이탈리아에서는 실감이 나더라구요. 이탈리아인들의 이런 '참을 수 없는 존재의 가벼움'과 프로테스탄트 독일의 '참을 수 없는 존재의 무거움'의 대비가 저한테는 참 흥미로웠습니다.

베 버 그랬군요. 허긴 나 자신도 "프로테스탄티즘 논문"을 쓰기 얼마 전에 비슷한 경험을 했던 기억이 나는군요. 그 당시 나는 심한 신경쇠약증으로 — 나중에 이 문제에 관해 잠시 이야기할 기회가 있겠지요? — 이탈리아에서 요양 중이었습니다. 그때 관찰한 이탈리아 사람들의 생활방식, 늘 유쾌하고 스스럼없고 낙관적인 생활방식은 나의 출생지인 프로테스탄트지역 독일인들의 그 근엄하고 창백한 모습과는 너무나 대조적이더군요. 이런 체험도 직·간접적으로 나의 "프로테스탄티즘 논문"에 녹아 있지요.

전성우 잠깐, 이거 벌써 오늘 대화의 주제로 진입하는 것 같습니다만, 그러나 그전에 아직 넘어야 할 산이 많습니다. 우선, 막스 베버라는 현대 지성사의 거목, 아니 거대산맥이라고 해야 할까요, 거기다 그의 가장 중요한 저작인 "프로테스탄티즘 논문"을 대상으로 하는 대담인 이상 1회로는 아무래도 부족할 것 같아 앞으로 몇 회에 걸쳐 대화를 진행하고자 합니다. 선생님도 괜찮으시겠는지요?

베 버 저야 뭐 시공의 제약이 없는 혼령이니 언제든 부르시면 오지요.

대담의 주제들

전성우 감사합니다. "프로테스탄티즘 논문"을 중심으로 전개될 저희 대담의 전체 내용을 저는 3가지 영역으로 묶어보았습니다. 첫째, 이 논문의 저술배경을 들 수 있습니다. 여기에는 선생님의 가문사(家門史), 그 당시의 정치·사회적 상황, 프로테스탄티즘과 관련된 그 당시의 학문적 논쟁의 맥락 등이 속합니다. 미리 약간 귀띔하자면, 첫 번째 영역에서 나눌 대화는, 사회학계에서 이제 거의 '신화'가 되어버린 "프로테스탄티즘 논문"의 '탈신화화' 내지 '탈주술화' 작업이라고 볼 수도 있겠지요. 왜냐하면 일견 매우 객관적이고 엄밀한 학술적 저작으로 보이는 이 논문에도 기실은 선생님의 개인적 배경과 시대적 상황 및 이 상황에 대한 선생님의 가치판단이 — 적어도 일정 부분 — 담겨 있다는 것을 보여주려는 시도이기 때문입니다.

베 버 나 자신 궁금하군요. 필요한 작업이라고 생각합니다.

전성우 두 번째로는, "프로테스탄티즘 논문" 자체의 이론적·방법론적(선생님의 '상표' 중 하나인 '이념형적') 그리고 역사적 논증구조를 재구성하면서, 이 각각의 차원에서 이루어진 논쟁사를 정리해보겠습니다. 20세기 사회과학 분야에서 가장 많은 논란을 불러일으킨 저작 중의 하나가 이 논문이고, 그런 만큼 발표된 지 3세대가 지나는 동안 이 논문에 대한 연구서들은 도서관 몇 개를 가득 채우고도 남을 만큼 방대합니다.

베 버 지난 100년 동안 후학들이 보여준 관심에는 고마울 따름이지만, 다른 한편으로 그만큼 이 논문이 문제가 많고 난해하다는 이야기도 되지 않나요?

전성우 본인이 직접 지적해주시니 저로서는 편하군요. 아무튼 이 지극히 복잡다기한 논쟁사의 가장 큰 줄기 하나만을 여기서 언급하고 넘어가겠습니다. 즉, 선생님은 과연 이 논문에서 종교라는 '상부구조적' 요소가 경제발전에서 수행한 역할을 '입증'함으로써 맑스의 '하부구조' 중심의 역사적 유물론을 이론적·경험적으로 반증하려고 하셨는지?

베 버 나로서는 지겨운 그 유명한 '맑스냐 베버냐?' 논쟁 말이군요.

전성우 맞습니다. 그러나 여기서는 그냥 거론만 하고 넘어가겠습니다. 그리고 저희 대화의 마지막 세 번째 주제영역은 "프로테스탄티즘 논문"이 가진 현대적 의의 및 그것이 한국 사회의 분석에 대해 가진 함의들 그리고 그것의 사회이론적 잠재력이 되겠습니다. 현대적 의의와 관련하여서는, "프로테스탄티즘 논문"을 단순히 종교개혁과 자본주의 정신의 형성이라는 문제에 국한시키는 것이 아니라 금욕적 〈직업인간〉이라는 근대적 인간형 일반의 탄생 및 근대적 〈직업윤리〉의 형성과정에 대한 연구로 읽고 이러한 근대적 직업인간 유형이 21세기에 접어든 현재 어떤 거시사회학적 의미와 타당성을 갖는지를 살펴보는 것이 그 내용이 되겠습니다.

베 버 이런 쟁점들에 대한 그동안의 연구성과들을 두고 나와 논쟁을 벌이시겠다는 건가요? 엄청난 작업일 텐데요.

전성우 그렇습니다. 이 방대한 주제를 대담형식으로 풀어나갈 수 있을지 자신은 없습니다만. 정 힘들면 논문형식을 취할 수밖에 없겠지요.

베 버 글쎄요. 100여 년 전에 쓴 내 논문이 6개월 단위로 세대가 변한다는 지금 무슨 의미가 있을 거라고 이런 수고를 하겠다는 것인지?

전성우 그럴까요? 적어도 저같이 어디든 '막스 베버'라는 이름만 나타나면 눈이 번쩍 뜨이는 베버 학도에게는 100년 묵은 "프로테스탄티즘의 윤리와 자본주의 정신"이 아직도 곳곳에서 살아 숨 쉰다는 느낌을 금할 수 없습니다. 예컨대 마누엘 카스텔(Manuel Castells)은 이 논문에 기대어 현대 정보사회의 '정신'을 찾고 있는가 하면, 보보스(*Bobos*), 유목인간, 신인류 등 최근에 등장한 새로운 인간유형에 대한 논의에서는 선생님의 직업인간론 및 금욕적 직업윤리가 그 비판적 준거점이 되는 경우가 많습니다. 심지어 컴퓨터 해커들의 〈직업윤리〉에 관한 책에서마저도 선생님이 인용되는 것을 본적이 있습니다. 또 최근 일종의 사회과학적 통합 패러다임으로 주목받는 이른바 〈네트워크 이론〉을 훑다가 보니 여기서도 "프로테스탄티즘 논문"을 재평가하는 작업이 있더군요. 가령 이 이론에서는 프로테스탄티즘 윤리 그 자체보다는 그것이 행사했던 탈 전통주의적 네트워크 창출능력에 주목하고 있긴 합니다만.

베 버 "찾으라, 그러면 구하리라"라는 성경말씀도 있듯이, 전 선생같이 그렇게 열심히 찾으면 곳곳에서 내 사상의 편린들을 발견하실 수야 있겠지요. 그러나 다시 한 번 말할게요. 나 같은 전형적 '아날로그 시대', 그것도 초기 아날로그 시대 사상가가 '디지털' 시대에 대해 던질 메시지가 있을까 싶습니다. 그저 '사상사 박물관'의 한 귀퉁이에서 먼지 뒤집어쓰고 앉아 있는 게 합당할 것 같은데요. 그게 편하기도 할 것이고요.

전성우 두고 보겠습니다. 그런데 앞서 언급한 개별 명제나 개념들을 포괄하면서 선생님의 근대진단의 핵심이자 "프로테스탄티즘 논문"의 주제이기도 한 '탈주술화론' 역시 아직 그 매력을 완전히 상실한 것은 아닙니다. 이 명제를 한마디로 요약하자면, 종교적 그리고 형이상학적 의미자원을 상실한 근대인간은 정신적 의미에서는 모두 하루살이 '노숙자'라는 것이지요.

베 버 모든 것이 "이제 단지 '존재하고' '일어나기만 하지', 더 이상 무언가를 '의미하게' 되지는" 않는 세계가 근대사회라는 나의 말을 그렇게 표현하신 것입니까?

전성우 그렇습니다. 그러나 물론 선생님의 탈주술화론에 반박하면서 현대사회의 재주술화 현상에 주목할 것을 요구하는 소리도 큽니다. 예컨대 '시장 효율성'이라는 가치는 거의 주술적·종교적 교리로 승화되었다는 주장이 그렇습니다. 이 교리를 전파하고 수호하는 최고기관이 뉴욕 증권거래소, 즉 뉴욕 교황청이라고 볼 수 있지요. 이 교황청이 매일매일 정해진 시간에 쏟아내는 주가지수 형태의 '칙령'과 '심판'에 셀 수 없이 많은 사람들이 천당으로 올라가거나 또는 지옥으로 떨어지지요. 실제로 요즈음의 증권거래소에서 행해지는 의례들은 종교의례들과 흡사한 점이 많습니다.

베 버 나의 탈주술화 명제는 바로 이런 재주술화 가능성까지도 담고 있다고 보는데요. 예컨대 탈주술화 명제에 내포된 '가치다신교' 명제가 그걸 암시하고 있지요.

전성우 저도 그렇게 생각합니다. 그런데 흥미로운 것은, 바로 이런 '시장 효율성'의 주술화에 대한 다양한 저항운동의 기본 동기 역시 "프로테스탄티즘 논문"의 핵심 주제와 연관되어 있습니다. 〈금욕주의〉가 그것입니다. 물론 금욕이라는 말 대신 요즈음은 '자기절제', 책임의식 등이 사용됩니다만. 예컨대 환경운동이 그 전형적인 경우이지요. 후손, 지구, 생명체 자체에 대한 책임윤리를 발휘하여 '시장 및 성장 지상주의'라는 '종교'의 자기파괴적 미몽에서 깨어나야 하며, 이제 다시 금욕주의 윤리 내지 자기절제 윤리가 절실히 필요한 시대라는 주장과 이에 근거한 다양한 사회운동들도 이 맥락에 속하겠지요. 일종의 "금욕적 세계문화" 운동이라 할까요.

베 버 그렇게 볼 수도 있겠군요.

전성우 세 번째 주제영역의 또 하나 중점논의 분야는 "프로테스탄티즘 논문"이 한국 사회의 분석에 대해 가진 함의들입니다. 아마 선생님에게도 매우 흥미로운 사실이겠지만, 라인강의 기적에 버금가는 이른바 '한강의 기적'을 이룬 한국은 비서구권에서 가장 빨리 그리고 가장 광범위하게 기독교화한 나라 중 하나입니다. 가톨릭은 물론이고 우리의 주제인 프로테스탄티즘, 특히 칼뱅주의는 우리 종교계의 중심축을 형성하고 있습니다. 과연 프로테스탄티즘이 한국 사회의 산업화와 민주화에서 어떤 역할을 했는지, 한국의 경험이 선생님의 명제를 입증하는 것인지, 아니면 오히려 반증하는 것인지, 또 이것은 유교자본주의론 등과 어떤 연관을 가지는지, 과연 유교 윤리는 프로테스탄티즘 윤리의 기능적 등가물인지 등의 문제도 이 세 번째 주제영역에서 토의될 것입니다.[1]

---

1) "프로테스탄티즘 논문"이 20세기 사회과학의 발전에 끼친 영향은 심대하다. 이 가운데 여기서는 우리와 직접 연관된 영향사의 한 단면만 짚고자 한다: 과거(1960~1970년대) 한국을 비롯한 이른바 '후진국'의 발전경로에 대해 적용되었던 이른바 '근대화이론'의 핵심 관점, 즉 성공적 근대화를 위해서는 '문화적' 전제조건들이 필요하며 또 문화적 변화가 동반되어야 한다는 관점은 〈베버 명제〉에 크게 의존한다. 이런 시각에서 많은 학자들이 비서구 지역 국가들의 사회-경제적 발전 사례들을 중심으로 〈베버 명제〉의 경험적 검증을 시도했다. 또한 국내에서도 일군의 사회과학자들이 〈베버 명제〉의 비판적 독해에서 출발하여 구상한 이른바 〈유교자본주의론〉(유석춘) 등이 일련의 생산적 논쟁을 불러일으킨 바 있다. 다시 말해, 문화적 가치관과 사회경제적 발전 간의 상관관계를 논하는 곳이면 어디서나 〈베버 명제〉는 그 가장 중요한 준거점을 제공하는 것이다. 이와 같이, 〈베버명제〉가 현대 사회학이 창출한 가장 중요한 역사적 ·

베 버　한국과 기독교, 그거 참 흥미로운 현상이군요.

전성우　예. 그렇습니다. 그리고 이 세 번째 주제영역을 마무리지으면서 저는 "프로테스탄티즘 논문"을 중심으로 하되, 동시에 선생님의 사회학적 세계 전반을 대상으로 하여 하나의 총체적 해석틀을 제 나름대로 제시해보고자 합니다.

베 버　기대되는군요.

전성우　그럼 지금까지 소개한 "프로테스탄티즘 논문" 관련 3가지 큰 주제영역들을 다시 한 번 요약하겠습니다. 첫째, 집필 배경, 둘째, "프로테스탄티즘 논문"의 내재적 재구성 및 논쟁사, 셋째, "프로테스탄티즘 논문"의 현대적 의의, 한국 사회분석에 대한 함의 등입니다. 이 3가지 주제영역 중 아마도 세 번째 영역이 가장 흥미로울 것 같습니다만, 동시에 가장 어려운 부분이기도 할 것입니다. 그러나 이 부분을 적절히 다룰 수 있기 위해서는 바로 앞선 두 주제의 규명이 필수적이라고 생각합니다. 왜냐하면 이런 전초작업 없이 이루어지는 이른바 베버 명제 — 즉, 선생님의 프로테스탄티즘-자본주의 정신 명제 — 에 대한 많은 논의들과 적용 시도들은 자칫 "프로테스탄티즘 논문"을 비롯한 선생님의 사회학적 세계에 대한 오해와 왜곡의 위험을 안고 있기 때문입니다.

이론적 명제 중의 하나라는 긍정적 평가가 주를 이루고는 있지만, 그러나 다른 한편 이런 평가에 대해 많은 역사학자, 신학자 그리고 (정치) 경제학자들은 비판적 반론을 제기했다〔가장 고전적이고 영향력 있는 비판의 예는 역사학자 토니(R. Tawney)의 저서인 《종교와 자본주의 발생》이다〕. 이런 논쟁의 핵심은 역시 "프로테스탄티즘 논문"이 유물론적 역사관에 대해 던진 일견 비판적 함의였다.

베 버 전적으로 동감입니다.

전성우 그런데 오늘 첫 대화에서는 위 3가지 주제 중 첫 번째 주제만을 다룰 수 있을 것 같고, 그것도 지면 제약상 아마 충분히 다루지는 못할 것 같습니다.

베 버 알겠습니다.

전성우 오늘 다룰 첫 번째 주제의 성격상 아래에서는 선생님의 사회학에 대한 어떤 새로운 해석 관점보다는 이미 잘 알려진 사실들을 정리하는 작업이 주를 이룰 것입니다. 즉, 노변정담(爐邊情談) 정도의 수준과 내용이라고 생각하시면 되겠습니다. 선생님과의 치열한 논쟁들은 역시 선생님에 대한 지금까지의 비판들이 본격적으로 다루어질 다음 대화들에서나 가능하고 또 바람직하다고 봅니다.

베 버 좋습니다.

막스 베버는 누구?

전성우 우리 이론사회학회 회원들에게야 선생님을 따로 소개할 필요가 없겠지만, 일반 독자들을 위해 잠시 선생님을 소개하지 않을 수 없군요. 그런데 막상 소개하자니 좀 난감하군요. 선생님의 명함에는 무엇이라고 쓰여 있습니까? 사회학자, 경제학자, 법학자, 정치학자, 역사학자, 철학자, 종교학자, 문명비평가?

베 버 갑자기 그렇게 물으시니 나 자신도 헷갈리는군요.

전성우 명색이 사회학자인 저, 그리고 이른바 베버-산업에 종사하는 노동자인 저로서야 선생님이 'Max Weber. 사회학자'라고 명함에 찍어 주시면 좋겠지만, 그러나 선뜻 그렇게 하시기에는 좀 주저되시지요?

베 버 아마도 제가 생전에 사회학에 대해 취한 비판적 입장을 염두에 두고 하시는 질문 같은데 ….

전성우 맞습니다. 예컨대 선생님은 "현재 사회학이라는 이름하에 통용되는 것의 대부분은 사기다"라고 말씀하신 적이 있지요. 그리고 독일 대학에 사회학과가 신설되는 것에 결코 호의적이지 않으셨던 적도 있었지요.

베 버 예. 그런 적이 있습니다. 사실 사회학이라는 신생학문에 대해 나는 상당히 회의적이었습니다. 그 이유는 크게 볼 때 두 가지입니다. 우선, 그 당시 사회학이라는 간판을 내걸고 수행되었던 담론과 연구 중 적지 않은 부분이 콩트-스펜서 류의 진화론적 실증사회학이었습니다. 앞으로 이야기할 기회가 있기를 바랍니다만, 나는 이런 유형의 사회학에 대해 일관되게 매우 비판적이었습니다.

전성우 실제로 그 당시 독일에서 '사회학'은 곧잘 이른바 유기체론적 진화론과 동일시되곤 했지요. 셰프레(Schäffle) 같은 사람이 그 좋은 예가 되겠습니다만.

베 버 그렇습니다. 사회학에 대한 나의 회의적 태도의 또 다른 이유는, 사회학적 연구의 관행과 관련이 있습니다. 즉, 갓 태어난 학문인 사회학은 그 당시만 해도 대부분의 경우 독자적 연구영역이 있는 것이 아니라 다른 인문·사회과학 영역에서 축적된 연구결과를 참조하거나 거기에 의존하는 수밖에 없었기 때문에, 자칫 아마추어리즘에 빠지기 쉬웠습니다. 나 자신도 그 좋은 예 중의 하나입니다만.

전성우 예컨대 《종교사회학》 서문에서 선생님은 종교현상(기독교, 유교-도교, 힌두교, 유대교 등)에 대한 자신의 '사회학적' 연구성과는 이 분야에 대한 문외한인 선생님이 저지르는 일종의 '영역 침범'의 결과라고 되풀이해 강조하고 계시지요.

베 버 그렇지요. 아무튼 나는 사회학 고유의 시각이 아직 정립되지 못한 그 당시 상황에서 사회학적 연구의 많은 부분이 남의 영역에서 빌려온 것을 자작 상품인 양 위장 판매하는 '사기'라고 보았던 것입니다. 사실 이런 사기 또는 아마추어리즘을 극복하기 위해서는 매우 엄정한 비판정신과 무엇보다도 서로 이질적인 주제와 시각들을 연결시킬 수 있는 '상상력'이 필요한데 나는 그 당시 사회학적 연구들의 다수는 이런 비판정신과 상상력을 결여하고 있다고 보았습니다. 물론 이런 지적은 그동안 놀라운 발전을 거듭해 확고히 자기분야를 정립한 현재의 사회학에는 상당 부분 해당되지 않는 것이긴 하겠습니다만.

전성우 그러나 그동안 전문화의 엄청난 진전과 함께 오히려 비판정신과 상상력은 더 약화되었다는 진단도 가능하겠지요. 아무튼 선생님은 사회학에 대한 이러한 회의적 시각에도 불구하고 좀바르트(Werner Sombart), 《공동사회와 이익사회》의 저자로 유명한 퇴니에스(Ferdinand Tönnies) 등과 함께 1909년 독일 사회학회 창립에 적극 관여하셨고 임원으로(회계감사) 활동하시지 않았나요?

베 버 맞습니다. 그러나 퇴니에스는 계속 회원으로 남아 활동한 반면, 나는 곧 사회학회를 탈퇴했습니다. 아시다시피, 가치판단과 사실판단 간의 구분 문제에 관한 회원 다수와의 의견차이 때문이었지요.

전성우 알고 있습니다. 선생님의 탈퇴의 변은 유명하지요. '사실'과 '가치'의 혼합에 반대하는 외로운 투쟁에서 이제 더 이상 '돈키호테적' 역할을 하는 것에 지쳤다는 말씀을 하시고 떠나셨지요.

베 버 이 논쟁의 결과를 나는 1917년 "사회학과 경제학에 있어서 '가치 중립성'의 의미"라는 논문에 서술했습니다.

전성우 그러나 이 문제는 다른 기회에 논하기로 하고 다시 선생님의 직업적 정체성 문제로 돌아옵시다. 선생님의 학문적 '변신' 경력은 꽤나 화려합니다. 선생님은 원래 법학도이신바, 따라서 박사논문 및 '교수자격논문'도 서구 중세와 고대의 법제사를 주제로 하여 쓰셨지요. 그러나 선생님이 1894년 약관 30세에 프라이부르크대학 정교수로 초빙받아 부임하신 분야는 법학이 아니라 경제학이었습니다. 우선, 그 당시나 지금이나 독일에서 정교수직을 얻기란 하늘에 별 따기인데, 어떻게 그리 '젊은' 나이에 — 그러고 보니 선생님이 열렬히 추앙하신 니체 역시 이미 20대 후반에 교수로 취임했군요 — 유서 깊은 대학의 정교수로 초빙받으셨는지 그리고 어째서 경제학과 교수로 초빙받으셨는지요?

베 버 우선 첫 번째 질문에 대해서는 내가 "직업으로서의 학문"이라는 강연에서 한 말을 인용하는 것으로 갈음하겠습니다. "그 당시에 나의 동년배 중 많은 사람들이 내 분야에서 나보다 분명히 더 많은 업적을 이룩했음에도, 내가 매우 젊은 나이에 이 분야(경제학)의 정교수로 초빙된 것은 개인적으로 몇 가지 절대적 우연 덕분이었습니다."

전성우 그렇니까 이 '우연'이 무엇인지는 우리의 상상에 맡기시겠다는 뜻인가요?

베 버 그런 뜻입니다. 그 다음 경제학 교수로 초빙받은 것은 아래와 같은 연유가 있습니다. 아직 사강사 시절이던 1891년 독일 〈사회정책협회〉의 의뢰를 받아 나는 동엘베 지역 농업노동자의 상황에 관한 앙케트 조사를 실시하여 근 900페이지에 달하는 조사보고서를 발표한 바 있는데, 이 보고서는 학계 및 정계에서 큰 반향을 불러일으켰으며 그 결과 나는 졸지에 '경제학자'로 명성을 얻게 되었습니다.

전성우 그런데 프라이부르크대학에 부임하신 지 2년 만인 1896년 선생님은 하이델베르크대학으로 적을 옮기십니다. 그리고 나중에 이야기할 '개인적 사정'으로 1903년 교수직을 사직하신 후 1919년까지 16년간 이른바 '재야학자'로 활동하셨지요. 1919년 다시 학계(뮌헨대학 교수)로 복귀하십니다만 1년 후 세상을 뜨시고 맙니다(1920년 6월 14일). 그런데 하이델베르크대학이나 뮌헨대학 모두 선생님이 봉직하신 학과는 경제학이었습니다. 그것도 당대 최고 경제학자들의 후임으로 말입니다. 그러면 선생님은 당연히 경제학자로 간주되어야 할 텐데, 현재 우리는 선생님을 맑스 및 뒤르켐과 함께 '현대 사회학의 창시자'(말하자면 고전사회학의 '삼위일체') 중 한 분으로 신전에 모시고 있습니다.

베 버 '창시자'라는 평가는 나의 업적에 비추어 보면 터무니없는 과장이라 사양하겠습니다. 아무튼 일부 경제학자들은 나를 경제학자로 보기도 합니다만, 소수에 불과하지요. 예컨대 경제학설사에 나는 거의 등장하지 않습니다.

전성우 다시 말해 명함에 '경제학자'라고 쓰실 여지는 거의 없다고 보아야겠군요. 그에 반해 정치학자들은 매우 적극적으로 선생님을 현대의 고전적 정치사상가로 간주하고 열심히 연구하고 있습니다.

베 버 아마도 내가 던진 화두들인 지배 정당성 이론, 관료제론, 지배유형론 등이 가진 정치학적 함의 때문이겠지요.

전성우 또한 많은 역사학자들은 선생님을 역사학자로, 특히 현대 사회사와 문화사의 지평을 새로 여신 분으로 보고 있습니다. 이른바 '역사적 사회과학'이라는 영역을 개척하신 분이라고 보는 사람들(예컨대 빌레펠트대학 중심의 독일 사회사학파 등)도 있습니다. 그래서 선생님은 독일의 〈위대한 역사가〉 목록에 당당히 자리 잡고 계십니다.

베 버 글쎄요. 매우 영광으로 생각합니다만, 나는 자신을 '전문적' 역사학자로 여긴 적은 없습니다. 사실 나 자신 평생 동안 나의 학문적 정체성 문제에 시달린 사람입니다. 그러나 알다시피 대개 1909년 독일 사회학회 창립을 전후로 해서 나는 스스로 사회학자라는 강한 자의식을 발전시켰다고 말씀드릴 수 있습니다.

전성우 우리 사회학자들이, 특히 우리 이론사회학회가 선생님을 사회학자로 규정하고 싶어하는 마음은 이해하시겠지요. 그러나 다른 한편으로, 오히려 선생님이 하신 바와 같이 학문적 경계선들을 뛰어넘어 서로 다른 분야들을 연결하는 작업이야말로 우리 사회학의 본질적 속성 중의 하나이고 또 과제이기도 하다는 생각이 드는군요. 선생님의 학문적 정체성에 관한 논의는, 사회학이 가진 일종의 종합과학적 성격을 가장 성공적으로 체현한 분 중의 하나라는 말로 결론짓는 것이 어떨까요?

베 버 과분한 평가이십니다.

전성우 그런데 합리성 이론, 탈주술화론의 주창자이신 선생님과 이런 '망령과의 대화'라는 주술적 행동을 하고 있으니 어찌 묘한 기분이 드는군요. 허긴 선생님이야 망령과의 대화가 낯설지는 않은 분이시지요. 선생님의 학문적 세계 전체를 '맑스 망령과의 대화'로 규정하는 사람들도 많으니까요. 말이 난 김에 여쭙지요. '그 위에서'(천당, 지옥,

연옥 등의 말을 피하기 위해 이런 중립적 표현을 택했습니다만) 맑스 선생과는 잘 지내시는지요?

베 버 잘 지내고말고요. 물론 둘 다 성격이 좀 불같아 가끔 티격태격하기는 하지만 말입니다.

전성우 하긴 선생님은 생전에 툭하면 명예훼손 소송을 거실 만큼 성격이 다혈질이셨던 것으로 알려져 있습니다만. 아무튼 1989년 동구 사회주의체제 붕괴 이후 맑스 선생은 상심이 크셨겠고, 그 대신 이른바 안티-맑스 진영의 대부로 흔히 (잘못) 간주되는 선생님은 회심의 미소를 띠고 계시지 않을까 짐작됩니다만.

베 버 꼭 그렇지는 않습니다.

전성우 '상심'도 '미소'도 없었다는 말씀이신가요?

베 버 예. 왜냐하면 맑스 선생은 사회주의체제의 몰락이 비로소 자신의 이론이 '탈주술화'될 수 있는 계기, 즉 자신의 이론이 '이론' 그 자체로서 평가받을 수 있는 계기를 마련해주었다고 생각할 수도 있으니까요. 나는 나대로 사회주의체제의 몰락과 함께 시작된, 나 자신을 인용하자면, '시장적 도구합리성 내지 형식합리성'의 단일지배 시대는 언젠가 '실질합리성' — 사회주의는 바로 이것을 대변하는 이념이지요 — 에 대한 강력한 요구를 분출하게 할 것이라고 보고 있기 때문에 마음이 편치 않습니다. 다시 말해, 나는 시장적 도구합리성의 극대화와 절대화는 관료제적 형식합리성의 극대화와 절대화만큼 치명적이 될 수 있다고 봅니다. 따라서 사회주의체제의 실패는 형식 내지 도구합리성과 실질합리성의 근본적 갈등이 얼마나 해결하기 어려운지를 보여주는 것이지, 사회주의적 이념 그 자체의 실현불가능성을 입증하는 것이라고 생각하지는 않습니다.

전성우 잠깐! 선생님 사상의 핵심인 '합리성' 문제를 여기서 거론하기 시작하시면 이야기가 '삼천포로 빠질 수' 있으니 그 문제는 일단 유보하고 싶습니다. 아무튼 사회주의체제 붕괴에 대한 선생님의 입장을 더 듣고 싶지만, 이것 역시 다음 기회로 미루어야겠습니다.

베 버 좋은 생각입니다.

전성우 우리 대담의 주제와 관련해서 다시 선생님과 맑스와의 관계로 잠시 돌아오겠습니다. 저 자신 애초부터 선생님과 맑스의 관계를 상보적인 것으로 이해하고 또 이런 인식을 확산시키려고 노력했습니다. 그러나 일반적으로 그리고 아직까지도 선생님은 맑스의 유물론적 사회이론에 대해 유심론적 내지 관념론적 대안-사회이론을 제시한 학자로 간주되고 있고 — 서두에 선생님이 '지겹다'고 지적하신 "Marx or Weber!"라는 구호가 이것을 잘 표현하고 있지요 — 이런 해석의 가장 중요한 근거가 바로 우리 대담의 대상인 "프로테스탄티즘의 윤리와 자본주의 정신"입니다.[2] 참고로, 선생님은 1906년, "프로테스탄티즘

2) 베버와 맑스를 이렇게 단순 이분법적으로 대립시키려는 시도에 대해 베버 자신 여러 맥락에서 반박하고 있지만, 바로 이러한 이분법적 대비의 주된 근거로 제시되는 "프로테스탄티즘 논문" 자체의 말미에서 베버는 이에 대해 가장 명료하게 입장을 밝히고 있다. 여기서 베버는 사회 및 역사현상에 대한 어떠한 '교조적' 단일요인적 접근 — 그것이 유물론적이든 관념론적이든 — 을 "어리석기 짝이 없는 교조적"(RS I: 204ff) 접근이라고 규정하면서, 프로테스탄티즘(내지 종교개혁)과 자본주의 간의 발생론적 인과관계에 대한 '어리석은 교조적' 명제 두 가지를 예시한다: ① "경제적 변동에서 종교개혁을 '발전사적으로 필연적인 것'"으로 연역해낼 수 있다는 명제(유물론), ② "'자본주의적 정신'은 순전히 종교개혁의 특정한 영향의 결과로만 탄생할 수 있었다"거나 심지어 "경제체제로서의 자본주의가 종교개혁의 산물이라는" 명제(RS I: 76f., 204ff)(관념주의)가 그것이다. 같은 맥락에서 베버는 다시 한 번 자신의 "프로테스탄티즘 논문"이 "일방적으로 유물론적인 문화 및 역사관의 자리에 그에 못지않게 일방적인 관념론적인 인

논문"의 핵심적인 논증을 보완하는 동반논문인 "Die protestantischen Sekten und der Geist des Kapitalismus"(프로테스탄티즘 종파와 자본주의 정신)도 발표하셨습니다만 여기서는 이 두 논문을 합쳐 "프로테스탄티즘 논문"으로 총칭하겠습니다.

베 버 이제야 본론으로 들어가는군요.

"프로테스탄티즘 논문": '대박'

전성우 사설이 너무 길어져서 죄송합니다. 선생님은 100년 전인 1904~1905년 이 논문을 〈사회과학 및 사회정책 논총〉에 발표하신 후 일약 독일 인문사회과학계의 중심인물 중의 하나로 떠오르셨습니다. 뿐만 아니라 국제학계로부터도 큰 주목을 받게 되셨지요. 요즈음 말로 표현하자면 일종의 '대박'을 터트리신 셈이지요. 그 이래로 "프로테스탄티즘 논문"은 그야말로 선생님 사회학의 트레이드마크가 되어버렸습니다. 사실 선생님이 정립하신 유명하고 중요한 명제들이 매우 많습니다만, 이른바 〈베버-명제〉라고 하면 바로 〈프로테스탄티즘 명제〉를 가리키게 되었습니다.

베 버 글쎄 말입니다. 이것은 나로서도 전혀 예상치 못한 '대박'이었습니다.

전성우 사실 독일 사회과학자 중 선생님만큼 유럽과 영미권은 물론이고 전 세계적으로 그렇게 높은 지속적 명성을 획득한 학자는 드문데, 특

과적 문화관 및 역사관"을 들여놓겠다는 의도를 가진 것은 결코 아님을 강조한다(RS I: 190). 베버의 사회이론적 그리고 역사철학적 기본입장에 관해서는 여기 수록된 필자의 〈막스 베버의 근대사회론〉 등 여타 논문들 참조.

히 영미권에서의 명성은 상당 부분 바로 "프로테스탄티즘 논문"과 연관되어 있다고 봅니다. 이 논문은 선생님의 저작들 중 가장 먼저 영역된 것 중의 하나이며, 역자는 미국 사회학자 파슨스(Talcott Parsons)입니다. 파슨스는 선생님 사후인 1925~1926년 사이에 하이델베르크 대학에서 박사학위를 받고 미국으로 돌아간 후 1930년에 "프로테스탄티즘 논문"을 영역하였습니다. 우연찮게도 파슨스는 제 2차 세계대전 종전 이래 1960년대까지 서방 사회학계를 주름잡았던 대표적 사회이론가입니다.

베 버 번역은 잘 했습디까?

전성우 별로 그렇지 못합니다. 저뿐 아니라 많은 학자들이 그렇게 생각합니다. 그런데 이 문제 있는 영역판이 1930년 이래 독일어권을 제외한 전 세계 수많은 지역의 독자들이 선생님의 "프로테스탄티즘 논문"에 접할 수 있는 유일한 통로였지요. 물론 이 논문이 전 세계에서, 특히 미국에서 얻은 명성에 파슨스가 결정적 기여를 했다는 공로는 마땅히 평가받아야 할 일입니다만. 그러다가 근 70여 년만인 2000년대 초반에 와서야 이 논문은 드디어 베버 연구가인 칼베르크(Stephen Kalberg), 그리고 베어(Peter Bähr)와 웰스(Gordon C. Wells) 등에 의해 새로이 번역되었습니다.

베 버 그렇습니까? 반가운 소식입니다.

전성우 잠시 파슨스로 다시 돌아오면, 그가 "프로테스탄티즘 논문"에 대해 가졌던 관심은 순전히 학술적인 것만은 아니었던 것으로 보입니다. 파슨스는 오래된 상인가문 출신이며 그의 아버지는 프로테스탄트 종파 중 하나인 조합교회주의자 목사였습니다. 이런 가문적 배경이 바로 "프로테스탄티즘 논문"의 주제, 즉 프로테스탄티즘과 자본주의 정신 간의 '선택적 친화력'이라는 주제가 파슨스에게는 개인적으로도 호소력을 가지게 되었던 소이 중 하나이지요. 그러나 영미권, 특히 미국에서 "프로테스탄티즘 논문"이 거둔 성공은 비단 이 대학자의 개인적 관심 때문만이 아님은 물론입니다. 가령 미국의 건국신화에서는 청교도주의가 중심적 위치를 차지하고 있고, 미국은 청교도주의와 정치적 자유 및 자신의 강대국적 위상 사이에는 역사적 · 이념적 연관성이 있다고 믿는 나라 — 요즈음 부시 대통령이 하는 꼴 보십시오! — 아닙니까? 한마디로, 이 역사적 고리를 입증했다고 이해되는 선생님의 "프로테스탄티즘 논문"이 특히 미국에서 지속적인 호응을 얻을 수 있었던 것은 이 논문의 학술적 가치 때문만은 아니라는 것이지요.

베 버 나의 "프로테스탄티즘 논문"이 터트린 '대박' 뒤에는 그런 배경도 있었군요.

전성우 사실 제가 프로테스탄티즘 '논문'이라고 하지만, 그 분량은 장장 200여 페이지 — 물론 1904년 초판은 1920년 개정판보다는 좀 짧습니다만 — 에 달하니 '논문'이라는 표현은 적절하지 않으며 오히려 '저서'라고 불러야 할 것입니다.

베 버 실제로 나는 저서로 출판할 것을 염두에 두고 집필했습니다.

전성우 아무튼 "프로테스탄티즘 논문"은 분량이 방대할 뿐 아니라 그 내용의 복합성 역시 대단합니다. 심오한 신학적 성찰, 미국과 영국의 정치사, 경제학설사, 사회-경제사, 사회과학방법론적 성찰 등, 여기 거론된 각 분야 전문가도 소화해내기 힘들 만큼 지극히 다양한 학문영역의 소재와 시각들이 혼재되어 있는 난해하기 그지없는 서적입니다.

베 버 그렇게 어렵습니까?

전성우 예. 요즈음 번역하면서 다시 한 번 확인하고 있습니다. 그러나 고전의 반열에 올라서게 된 덕분에 "프로테스탄티즘 논문"은 이런 난해성에도 불구하고 일찍부터 사회과학 분야 전공학생들에게 '필수' 학습과제로 부과되는 것이 관행으로 자리 잡았습니다. 그것도 대개 파슨스의 영역판으로 말입니다. 그러나 다수의 학생들은 그 논증구조의 복합성에 질려 중도 포기해버리기 일쑤이지요. 저도 하마터면 그럴 뻔했고, 그랬다면 지금 이렇게 선생님과 마주 앉아 있지도 않을 것입니다.

베 버 무슨 말씀이신지요?

전성우 학부 때 원래 독문학을 전공했던 저는 독일유학 시절 독문학 박사과정을 밟으면서 사회학을 부전공으로 택했습니다. 그런데 사회학 기초과정에 속하는 첫 세미나에서 발제대상으로 "프로테스탄티즘 논문"을 배정받았습니다. 처음 일독했을 때는 참 난감했습니다. 상당 부분 이해를 못했으니까요. 그러나 리포트 작성을 위해 부득불 몇 차례 반복해 읽는 동안 점점 그 마력에 빠져들어 결국 그 당시 이미 쓰기 시작했던 독문학 박사논문을 포기하고 사회학으로 전과하였습니다. 그때부터 선생님의 '마술'에 걸려 이 고생을 하고 있습니다.

베 버 저런! 후회막급이시겠습니다.

전성우 예. 그렇습니다. 하하. 이건 농담이구요. 반드시 그렇지는 않습니다. 아무튼 "프로테스탄티즘 논문"은 현대의 문화과학 및 사회과학이 형성될 시기에 탄생한 가장 매혹적인 저술 중 하나임에는 틀림없지요. 그리고 선생님의 사회과학적 세계를 여는 일종의 다기능적 '열쇠논문'이라고 볼 수 있지요.

베 버 사실 그런 면이 없지 않습니다. 왜냐하면 이 논문 발표 이후 나의 사회학적 연구활동은 이 논문이 불러일으킨 엄청난 반응에 대해 이론적·방법론적으로 대응하는 데 집중되었던 면이 없지 않으니까요. 잘 아시다시피, 나의 종교사회학 논문집에 모여 있는 유교-도교-힌두교-불교-유대교에 대한 비교 종교사회학적 연구가 그 좋은 예이겠지요.

전성우 오늘 대화에서는 선생님이 이 논문을 쓰시게 된 동기와 배경을 주로 이야기하기로 했습니다만, 그러나 그전에 우선 이 논문의 핵심내용만은 간략히 짚고 넘어가야겠지요. 물론 논문 자체의 구성과 논증방식 등은 다음 대화에서 상세히 다루겠지만 말입니다. 선생님이 "프로테스탄티즘 논문"의 핵심내용을 아주 간략히 정리해주시지요.

"프로테스탄티즘 논문" 내용 요약

베 버 그거 참 어려운 주문이군요. 왜냐하면 저자인 내가 봐도 이 논문의 논증구조는 난마같이 얽혀 있고 다차원적이기 때문입니다. 그러나 자세한 논의는 다음번에 할 기회가 따로 있다니까 여기서는 몇 가지 핵심적 관점만 거론해보겠습니다. 우선 나는 근대적 자본주의 경제 및 사회체제가 16~17세기 서유럽에서 최초로 발생하는 과정에서 하나의 특정한 생활양식의 등장이 중요한 역할을 했고, 이 생활양식을 동기적으로 유발한 것은 다시금 하나의 특정한 종교적 가치관 내지 세계상이었다는 전제에서 출발하고 있습니다. 나는 근대 자본주의체제에 적합한 생활양식을 습득하도록 유노하는 이런 윤리적 동기구조를 '자본주의 정신'으로 이념형화[3] 하였습니다(보론 1 및 보론 2 참고).

3) '이념형적' 개념구성 방법에 대해 베버는 아래와 같이 서술하고 있다:

전성우 선생님은 이 자본주의 정신이 거의 이념형적 순수성을 가지고 벤저민 프랭클린(Bejamin Franklin)의 "Advices to a young tradesman"에 표현되어 있다고 보시지요.

베 버 네. 맞습니다. 그 다음, 나는 이러한 '자본주의 정신'과 '선택적 친화력'을 가진 생활양식을 '현세 내적 금욕주의'라는 또 하나의 이념형으로 포착했습니다(보론 3 참조). 현세 내적 금욕주의는 자본주의 정신을 조장하는 이념으로서 이것은 역사적으로 프로테스탄티즘, 그 중에서도 특히 청교도주의가 추구한 종교적 이상에서 유래한다는 것이 나의 기본명제입니다. 이 이상이란 다름 아니라, 윤리적 합리성에 기반한 엄격한 금욕적 생활양식을 통해 구원의 확실성을 확보하려는 것입니다.

전성우 그럼 이런 청교도적 이상에 깔린 신학적 전제들은 무엇이었습니까?

베 버 가장 중요한 신학적 전제는 '구원예정설'(보론 6 참조)에서 도출되는 아래와 같은 교리입니다. 즉, 인간은 결코, 가톨릭에서 전제하듯이, 성사적(聖事的) 의례들 — 가령 영성체, 고해성사 등, 전 선생

이념형은 해당 주제에 관련된 하나의 관점 또는 몇 가지 관점을 일면적으로 강조하면서, 이렇게 일면적으로 강조된 관점들에 부응하는 일련의 개별현상들, 즉 곳에 따라 더 많이 또는 더 적게 분산되어 불명료하게 존재하거나 또 어떤 곳에는 전혀 존재하지 않는 개별현상들을 하나의 일관된 사유상(思惟象)으로 종합함으로써 얻어진다. 이 사유상은 그 개념적 순수성에서는 현실의 어느 곳에도 경험적으로 존재하지 않으며, 따라서 그것은 하나의 유토피아이다(WL: 204ff).

베버는 "프로테스탄티즘 논문"에서 아래와 같은 3가지 이념형을 중심으로 자신의 논증을 전개한다: ① '자본주의 정신', ② '현세적 금욕주의'(프로테스탄티즘 윤리), ③ 칼뱅주의적 윤리관이 그것이다. 이 이념형들에 대해서는 아래 보론 참조.

은 가톨릭 신자라니 잘 아시겠지요 — 을 통해서는 구원받을 수 없으며, 또 단순히 선행을 통해서도 구원을 획득할 수 없다는 것입니다. 또한 이 교리에 의하면 구원노력을 방해하는 부패한 '현세'로부터 퇴각하여 수도사적 '현세 외적' 금욕주의를 지향하는 것 역시 신의 뜻을 거스르는 것이며, 이것은 오히려 구원자격에 대한 인간의 자기 과대평가 내지 오만의 표현에 지나지 않는다는 것입니다.

전성우 선생님은 이러한 교리가 청교도들의 실천적 생활양식에 대해 가진 함의는 무엇이라고 규정하고 계십니까?

베 버 청교도들이 구원에 대해 가진 절박한 관심을 두고 볼 때, 이 교리에서 도출될 수 있는 유일한 긍정적인, 다시 말해 숙명주의적이지 않은 결론은, 지속적 각성과 극도로 엄격한 자기통제를 통해 현세 〈내에서〉, 무엇보다도 자신의 〈직업〉에서 자기 자신의 구원가치를 입증하고 이를 통해 자신의 구원여부를 최선을 다해 확인해야 한다는 것입니다.

전성우 영혼의 구원 문제에 대한 이러한 청교도주의적 해결책을 선생님은 종교 역사상 그 유례가 없는 유일무이한 경우로 보시는 걸로 알고 있습니다만.

베 버 예 그렇습니다. 세속적 '직업윤리'와 초세속적 · 종교적 '구원확실성'이 이렇게 온전히 결합된 경우는 전 세계에서 금욕주의적 프로테스탄티즘이 유일한 경우입니다. 금욕주의적 프로테스탄티스트들은 철저히 규율화되고 체계화된 생활방식을 실천하고자 했으며, 그들이 보기에 헌신적 '직업인간'이 바로 이와 같은 목표를 가장 잘 체현하는 인간유형이었습니다. 이런 과정의 결과 중의 하나로 서구의 현세 내적 금욕주의는 인간과 인간 사이의 관계를 합리적 · 사무적 관계로,

'이익 사회적' 관계로 전환시켰습니다. 이것은 세계의 다른 어떤 종교에서도 발견할 수 없는 특이한 현상입니다.

전성우 말씀하신 의미에서의 청교도적 생활태도는 "지속적이고 체계적인 세속적 직업활동"에 지고의 '종교적' 위엄을 부여함으로써 '부단한 노동' 그 자체를 유례없이 평가절상하였지요. 이러한 평가절상은, 전통사회에서 '노동' 일반 및 세속적 직업활동, 특히 상공업 분야에서의 직업활동은 '손을 더럽혀야 비로소 먹고 살 수 있는 천민'의 몫이었고 따라서 (피할 수만 있다면 피해야 하는) 극도로 평가절하된 것이었다는 점을 고려하면, 그 유일무이한 의미가 더욱 돋보인다고 선생님은 주장하십니다. 더 나아가 상기한 생활태도는, (가령 수도원이나 사찰에서의 수행방식에서 보는 바와 같은) 별도의, 그리고 일상을 벗어나는 금욕기법들에 의존하는 것이 아니라 세속적 일상생활 자체 및 그 전체를 철저한 금욕주의 실천의 장으로 삼게 하면서, 바로 일상의 이러한 금욕적 통제의 정도와 질이 동시에 영혼의 '구원확실성'의 가장 확실한 평가기준이 되도록 하였다는 것이 선생님의 명제입니다. 그리고 바로 이것이 자본주의 정신의 "전례 없이 강력한 촉진제"가 되었으며 "부르주아적이며 경제적으로 〈합리적인〉 생활양식"의 정착에 결정적으로 기여했다고 선생님은 주장하십니다. 그리고 프로테스탄티즘, 특히 청교도주의의 이러한 현세 내적 금욕주의는 재산과 부의 무분별한 향유를 강력하게 억제하고 소비 자체를 엄격하게 제한했으며, 그러나 동시에 이윤추구와 재화획득을 "전통주의적 윤리의 제약들"로부터 해방시켰다는 것입니다. 그리고 이것이 결국 "금욕주의적 절약 강요를 통한 자본축적"에 기여했으며 "근대적 직업문화"의 기초를 구축했다는 것이 선생님의 결론입니다. 동의하십니까?

베 버 여기저기 깔려 있는 전 선생 자신의 해석이 엿보이기는 합니다만, 예, 대충 동의합니다. 어차피 내가 쓴 것이라고 내가 가장 잘 해석한다는 법은 없으니까요.

전성우 덕분에 '베버-산업', '맑스-산업' 등이 번창하는 것 아니겠습니까? 아무튼, 선생님은 상기한 결론에 이르는 과정에 수많은 중간단계의 논증과 변수들을 깔아놓으셨습니다. 예컨대 자본축적은 청교도들의 '의도되지 않은 결과'라는 명제라든지, 또 '직업윤리'와 '직업인간관'의 종교적 근거가 탈주술화 내지 세속화 과정을 통해 점차 사라졌음에도 불구하고 어떻게 이것이 우리 근대인의 정체성의 핵심요소로 자리 잡게 되고, 그 결과 직업인간관은 구원의 수단이 아니라 오히려 우리를 "강철로 된 우리" 속으로 가두어버리는 억압적 힘으로 작용하게 되었는지 등이 그것입니다. 아마도 선생님은 이런 문제들에 대해서 당장 하시고 싶은 이야기가 많을 줄로 압니다만, 저로서는 일단 '금욕'을 부탁드리지 않을 수 없군요. 왜냐하면, 이 문제들에 대한 상세한 논의는 "프로테스탄티즘 논문"의 내용 자체를 대상으로 할 다음 대담을 위해 유보해야 할 것이기 때문입니다. 그렇게 하지 않으면 오늘 대담의 주제인 "프로테스탄티즘 논문" 집필배경 문제는 건드리지도 못하고 대담을 끝내야 할지도 모르니까요. 물론 대화를 효율적으로 이끌지 못한 저의 잘못으로 말입니다.

베 버 좋습니다. 금욕주의를 실천합시다!

"프로테스탄티즘 논문" 집필배경: 개인적 배경

전성우 그럼 우선 "프로테스탄티즘 논문" 집필을 전후해 선생님이 처했던 개인적 상황부터 이야기를 시작할까요? 믿기 어려운 일이지만, 엄청난 양의 다양한 역사적·신학적 자료들을 정리·분석하는 이 복합적인 논문을 집필하시기 직전까지도 선생님은 수년간 극심한 신경쇠약증에 시달렸습니다. 사실 우리는 아직까지도 이 병의 원인에 대해서는 아는 바가 거의 없습니다. 좀 도와주시겠습니까?

베 버 곤란합니다. 나 자신도 잘 모르기 때문입니다.

전성우 하긴 신경병의 경우가 대개 그렇다고 볼 수 있겠습니다만. 그러나 선생님은 주치의에게 이 병에 관련하여 장문의 〈자기분석서〉를 제출하신 적이 있으시지요?

베 버 있습니다.

전성우 그런데 선생님 병의 원인에 대한 열쇠를 담고 있을 수도 있을 이 문건을 부인이신 마리안네 베버(Marianne Weber)가 파기해 버렸다는 설이 있습니다. 확인해주실 수 있습니까?

베 버 아마도 나의 사후 일어난 일일 수는 있겠습니다만, 마리안네의 명예에 관련된 사항이기 때문에 나로서는 '노코멘트'가 제일 현명할 것 같군요.

전성우 이해하겠습니다. 아무튼 현재로서는 이 병의 원인에 대해 추측과 억측만이 난무하고 있다고 보아야겠습니다. 4살 때 앓은 뇌막염으로 인한 뇌 손상설을 주장하는 자가 있는가 하면, 선생님의 '일 중독증적' 성향에 주목하는 자도 있습니다. 선생님은 일종의 워커홀릭(*workaholic*)이셨지요. 선생님 스스로 자신의 이러한 작업욕을 거의 병적이라고 자인할 정도였으며, "편안하고 유유자적한" 생활은 오히려 자신을 불안하게 한다고 말씀하셨다는 증언이 있습니다. 거기다 지적·정신적 과로—여러 번 전공분야를 바꾸셨잖아요,—원래 있었던 우울증 성향 등 갖가지 원인들이 거론되곤 합니다. 병의 근본원인은 이렇게 베일에 가려 있지만, 그러나 발병의 직접적인 촉발제는 비교적 잘 알려져 있지요.

베 버 1897년 7월에 있은 나와 아버지 간의 격렬한 언쟁 말씀이시지요?

전성우 예. 어머니에 대한 아버지의 가부장적이고 권위적인 태도를 선생님이 비판하시면서 시작된 이 언쟁은 급기야 그동안 아버지에 대해 누적되었던 선생님의 깊은 불만이 일거에 폭발하는 지경까지 나아가고 … 자세한 내용은 생략하겠습니다. 아무튼 이 언쟁 직후 아들과 화해도 못한 채 아버지는 홀로 여행을 떠나셨다가 뜻밖에 객사를 하십니다. 당연히 선생님은 자신의 직내적 행동이 아버지 죽음의 원인이 되었다는 깊은 죄책감에 시달리게 되고, 그해 가을부터 극심한 신경쇠약 증세를 보이기 시작하십니다. 부인은 그 당시 선생님의 상황을 이렇게 서술하고 계십니다. "신체적 탈진, 불면증, 불안상태, 양심의 가책. 모든 것이 그에게는 너무나 힘이 든다. 그는 고통 없이는 읽지도, 쓰지도, 말하지도, 걷지도 못한다."

베 버 실제로 그랬습니다. 병 이야기는 이 정도로 해두지요.

전성우 알겠습니다. 어쨌든 이 병으로 인해 선생님은 1897~1903년까지 거의 지적 활동이 불가능한 상황에 처해 계시다가 1903년 초부터 서서히 회복하기 시작하십니다. 병의 원인을 모르듯 어떻게 선생님이 이 심각한 신경병을 '치유'하셨는지에 대해서도 우리는 잘 알지 못합니다. 아무튼 이 첫 회복기인 1904~1905년 선생님은 "프로테스탄티즘 논문"을 발표하십니다. 부인에 의하면 선생님은 "프로테스탄티즘 논문"을 별 노력 없이 '천재답게 일거'에 써 내려가셨다는데요.

베 버 글쎄요. 그 양반은 원래 나를 일종의 '천재'로 여기는 경향이 있었으니 … 과장이라고 생각합니다.

전성우 저 역시 과장이라고 생각합니다. 왜냐하면 이 논문이 담고 있는 엄청나게 긴 주석들, 수많은 인용문들, 날카로운 개념적 구분들, 부연설명들 등은 '일거'에 모으고 소화할 수 있는 자료들에서 '그냥' 나온 것이 아니라 비상한 집중과 끈기의 산물일 수밖에 없기 때문입니다. 제가 받는 인상은, 선생님은 이 논문에서 자신이 겪은 깊은 심리적·육체적 위기 이후 이제 다시 얻게 된, 심지어 더 강화된 학문적 능력을 과시하고 계시는 것 같다는 것입니다.

베 버 인정합니다. 심혈을 기울였습니다. 물론 그것이 꼭 나의 지적 능력의 회복을 증명하려는 동기에서 비롯됐다고 보지는 않습니다만.

전성우 사실 선생님의 그 이후의 저작들은 — 다행히도! — 이 논문보다 주석들이 훨씬 적고 또 그 논증방식 역시 덜 장황합니다.

베 버 정말 후학들에게는 다행스러운 일이겠네요.

전성우 예. 선생님이 이 논문에 대해 얼마나 큰 확신과 애착을 가지고 계신지는, 가령 돌아가시기 한 해 전인 1919년, 그러니까 초판을 발표하신 지 근 15년이 지난 후, 이 논문의 개정판을 준비하시면서 하신 말씀이 잘 보여주고 있습니다: "나는 (초판에서) 제시했던 내용상 중요한 주장들 중 단 하나의 문장도 (이 개정판에서) 삭제하거나, 재해석하거나 그 의미를 약화시키지 않았으며, 또 내용상 그전과 다른 어떤 주장도 추가하지 않았다."

베 버 전 선생 말 그대로입니다.

전성우 그런데 선생님은 1903년, 그러니까 "프로테스탄티즘 논문" 발표 한 해 전에 그 당시까지 휴직상태로 유지하고 계시던 하이델베르크 교수직을 사임하십니다. 즉, '직업'이 없는 처지가 되시는 것이지요. 바로 이때 선생님은 "프로테스탄티즘 논문"의 첫 부분인 〈루터의 직업관념〉을 집필하고 계셨습니다. 여기서 선생님은 루터가 처음 정식화한 매우 이상화된 근대적 직업개념, 즉 "직업"은 곧 "신의 소명"이라는 개념을 서술하고 계시는데, 이 부분을 읽어보면 선생님이 얼마나 열정적으로 근대적 직업개념의 탄생을 평가하고 계시는지 알 수 있습니다. 그런데 정작 이 글을 쓰던 본인은 그때 막 '직업'을 상실한 처지였지요(물론 자발적 포기였기는 하지만 말입니다). 묘한 상황이군요. 선생님의 직업개념 찬양에는 이런 개인적·실존적 상황도 일익을 담당했습니까?

베 버 그렇게 볼 수도 있습니다. 나는 사실 그 당시 나의 학자로서의 직업 내지 소명을 이제 영영 수행하지 못할지도 모른다는 불안감에 빠져 있었거든요.

가족사적 배경

전성우 아무튼 선생님은, 비록 '교수 직업'은 포기하셨지만, 선생님 생애 최대의 육체적·정신적 위기를 초인적 의지로 극복하셨다는 것만은 분명하고 그 가장 설득력 있는 증거가 바로 "프로테스탄티즘 논문" 아니겠습니까? 그런데 왜 하필 프로테스탄티즘 내지 '종교'가 경제학자, 법학사, 사회학자인 선생님의 이러한 새로운 창조적 시기를 여는 첫 주제입니까? 혹시 선생님이 매우 '종교적' 인간이셨기 때문에 그렇습니까?

베 버 천만에요. 저는 경건하지도 않았고, 의례적 수준을 넘어서는 종교생활을 하지도 않았습니다.

전성우 아니, 그렇게 솔직하게 말씀하셨다가 혹시 '천상'에서 무슨 피해라도?

베 버 허허, 나야 이미 '최후의 심판'을 받은 몸(아니, '몸'은 이미 사라졌으니, '영혼'?) 아닙니까? 아무튼 나는 자신이 '종교적 음치'라고 생각합니다.

전성우 흔히 인용되는 문구이지요. 그러나 현대 종교사회학을 창시하신 분 중의 하나이신 선생님이 종교에 관한 한 '음치'라니 얼른 납득이 가지는 않군요. 여담이지만, 음악적 의미에서의 '음치'가 아니신 것만은 분명한 것이, 음악학 전문가들이 아직도 감탄해 마지않는 〈음악사회학〉을 집필하신 분이니까요.

베 버 예. 맞습니다. 그런데 '종교적 음치'라는 말을 이렇게 이해하면 어떨까요? 본인은 음치이지만 음악에 매우 관심이 많을 수도 있지 않습니까? 특히 가령 어릴 때부터 주위에 '명가수'들 내지 음악에 열광하는 사람들로 둘러싸여 자라왔다면 말입니다.

전성우 그럴 수도 있겠지요.

베 버 내가 바로 그런 경우입니다. 사실 나의 외가 쪽은 칼뱅주의 계통의 위그노파에 속한 독실한 프로테스탄트 가문이었습니다. 가톨릭 국가인 프랑스에서 박해를 피해 독일로 이주해온 집안이지요. 특히 나의 어머니와 이모는 가히 프로테스탄트적 경건성의 이념형적 표본이라고 해도 과언이 아닐 정도였습니다. 이런 분들에 둘러싸여 성장했기 때문에 종교에 대한 관심, 특히 프로테스탄트의 역사와 교리에 대한 관심은 저에게는 매우 자연스러웠습니다. 가령 어릴 때부터 사촌들과 성서를 비롯하여 신학서적들을 탐독하고 많은 논쟁을 벌이기도 했습니다.

전성우 그렇군요. 그런데 프로테스탄티즘과 자본주의를 연결시키신 것 역시 선생님의 가족적 배경 내지 분위기와 무슨 연관이 있습니까?

베 버 그렇다고 볼 수 있지요. 나의 친가 쪽 친척들 중에는 엄격한 프로테스탄트 신앙과 사업적 성공을 서로 결합시킨 경우가 적지 않았습니다. 예컨대 프로테스탄티스트인 삼촌 가운데 한 분은 아마포 무역에서 꽤 성공을 거두었습니다. 그러나 프로테스탄티즘과 자본주의의 결합이라는 측면에서는 칼뱅주의 가문인 외가 쪽이 훨씬 더 화려한 이력을 가지고 있지요. 어머니 쪽 가문은 한때 독일(프랑크푸르트)과 영국(맨체스터) 양쪽에 거점을 두고 제조업 및 무역업에서 매우 성공적인 '다국적기업'을 운영했을 정도입니다. 말하자면 '대 부르주아적' 배경을 가진 가문이었지요. 외가 쪽 증조할아버지는 한때 프랑크푸르트의 최대 부호였고, 어머니의 사촌 중 하나는 '획스트'(Höchst)라는 화학관련 대기업 가문과 인연을 맺었지요.

전성우 이 '획스트' 화학회사가 그동안 성장해 지금은 독일이 가진 세계 최대 화공업 재벌 중 하나가 되었습니다.

베 버 그렇습니까? 아무튼 나는 코스모폴리탄적 · 부르주아적 분위기와 가치관의 영향하에 성장했습니다.

전성우 이 점은 선생님이 여러 기회에 공개적으로 언급하신 적이 있으시지요. 그런데 이러한 대 부르주아적 가족배경은 동시에 특정한 정치적 · 이데올로기적 지향을 함축하고 있지 않겠습니까?

베 버 당연히 그러합니다. 자유무역-코스모폴리타니즘을 선호하는 다국적 기업가문답게, 우리 가문의 주요 인물들은 전반적으로 자유주의적이었습니다. 나의 외가 쪽 친척들 중에는 저명한 자유주의적 학자들이 적지 않았습니다. 특히 내가 따르고 존경했던 이모부인 역사학자 헤르만 바움가르텐(Hermann Baumgarten)은 그 당시 가장 중요한 자유주의 이론가 중의 하나였습니다.

정치-사회적 배경

전성우 그러니까 선생님은 종교적으로 프로테스탄티즘, 그리고 정치이념적으로는 자유주의의 영향하에 유소년기 사회화를 거치신 것이군요. 그런데 선생님이 말하자면 막 사춘기에 들어섰을 때쯤인 1870년대 중반 독일에서는 이 두 가지가 결합하여 하나의 정치세력으로, 또는 정치운동으로 발전하였고 동시에 이에 대한 반대세력 역시 결집하여 심각한 정치-사회-문화적 갈등상황이 조성되었지요?

베 버 프로테스탄트와 가톨릭교 간의 이른바 '문화투쟁' 시기를 말씀하시는 것이겠지요?

전성우 그렇습니다.

베 버 이 복잡다단한 현상의 배경을 상론할 여유는 없을 것 같으니 아주 간략하게 그 과정의 핵심만 짚겠습니다. 나는, 전 선생 말대로, 비스마르크가 이끄는 프러시아 정부가 로마교황청에 대해 저항하기 시작하고 자유주의자들이 공적 생활의 다양한 영역에서 가톨릭의 영향을 배격하려던 시기, 즉 프로테스탄트와 가톨릭 간의 이른바 '문화투쟁' 시기에 성장했습니다. 이 문화투쟁 시기에 자유주의 진영 중요 정치가들은 과거의 모든 반 가톨릭적 편견들을 끌어 모아 하나의 매우 그럴듯한 정치 프로그램을 만들어냈습니다. 사실 가톨릭교회는 자유주의와 자본주의를 사회주의와 공산주의에 못지않은 위험한 적으로 간주하고 있었거든요. 아무튼 내가 어릴 때 우리 집에는 — 나의 아버지는 민족자유당 소속 제국의회 의원이셨지요 — 그 당시 지도적 자유주의자들이 빈번히 왕래했습니다. 이들의 열띤 정치적 담론들은 나의 정치의식의 성숙에 큰 영향을 미쳤습니다. 따라서 젊은 시절 나는 프로테스탄트와 자유주의 연대세력에 일단 손을 들어준 비스마르크를 높이 평가했고 따라서 그의 민족주의적 성향 역시 일정부분 내면화했습니다.

전성우 그런데 이 문화투쟁에서 하나의 '반전'이 일어나지요?

베 버 그렇습니다. 비스마르크는 1878년 보수파 및 가톨릭 중앙당과 연대를 선언하고, 프로테스탄트 진영이 주장하던 자유무역정책을 파기했으며 이로써 그는 문화투쟁을 가톨릭 쪽의 '승리'로 종식시켜버렸습니다. 이와 함께 그러잖아도 기반이 약했던 독일 자유주의는 심각한 위기를 맞이합니다. 동시에 적잖은 구 자유주의자들이 자신들을 '배신'한 독재자 비스마르크 쪽으로 돌아섭니다.

전성우 이 기회에 그럼 독일 자유주의의 상황에 대해 잠시 이야기를 나누는 것도 좋겠군요. 진작 산업혁명과 정치혁명을 거친 영국과 프랑스의 토양에서 생성된 자유주의모델이 독일에서 착근하는 데는 많은 어려움이 있었다는 역사학자들의 일반적 평가가 있습니다만.

베 버 바로 그렇습니다. 사실 영국-프랑스 등 서유럽의 고전적 자유주의 이념은 19세기 중-후반 독일에 도입된 후 온갖 종류의 저항과 장애에 부딪히면서 왜곡되고 말하자면 독일판 '별종'(別種)-자유주의로 나락합니다.

전성우 앞서 이야기한 문화투쟁이 끝난 후 — 또는 그전부터도 — 독일 자유주의는 보수주의와 사회주의가 취하고 남은 이념들을 주워 모은 것 같은 잡탕 이념체에 불과했다는 평가도 있습니다만 … .

베 버 심한 과장이라고는 생각하지 않습니다.

전성우 독일 자유주의가 처한 이런 상황의 구조적 원인은 무엇이라고 생각하십니까?

베 버 독일은 19세기 말 이미 중요한 제국세력이었지만, 독일의 산업화과정은 영국, 프랑스, 미국 등과는 판이하게 달랐습니다. 독일의 산업화는 19세기 후반에 집중적으로 진행되었는바, 이것은 프러시아의 귀족지배계급의 주도하에 이루어졌지요. 그래서 독일에서는 정치적으로 독립된 강력한 부르주아 계급 — 자유주의는 원래 바로 이 계급을 대변하는 이데올로기였지요 — 이 형성되지 못했습니다. 그 결과 독일은 권위주의적 · 군국주의적인 국가의 전형이 되어 있었습니다. 따라서 독일 부르주아 계급은 아래와 같은 조건하에서 국가와 연대할 수밖에 없었습니다: 즉, 한편으로는 자신들의 번영을 국가가 보장하고 다른 한편으로는 자신들의 정치적 무력성을 감수한다는 것이 그 조건이었습니다.

전성우 잠깐, 혹시 한국의 산업화 과정에 대해 이야기하고 계시는 것은 아니겠지요?

베 버 아, 유사성이 그렇게 큽니까? 아무튼 위와 같은 상황에서 국가에 예속되고 정치적으로 무기력한 독일 부르주아 계급은 원래 자신의 계급 이데올로기인 자유주의에 오히려 적대적이거나 또는 그것을 수용한다 하더라도 매우 왜곡된 형태로 수용했습니다. 나 자신 이런 독일적 변종으로서의 자유주의와는 비교적 일찍이 작별합니다. 그러나 서유럽적인 고전적 자유주의의 기본 이념만은 끝까지 고수합니다.

전성우 그래서 선생님은 곧잘 '한계상황의 자유주의자'라고 불리시지요. 그런데 여기서 '한계상황'이라는 수식어는 독일이 처한 정치·경제적 상황과 이에서 연유하는 선생님의 민족주의적 성향을 지칭하는 것이 아닌지 생각해봅니다. 사실 선생님은 자유주의자이면서 동시에 민족주의자로, 그러나 '가장 냉철한' 민족주의자로 알려져 있지요.

베 버 그렇습니까? 솔직히, 빌헬름 황제하의 독일에서는 심지어 가장 확신에 찬 자유주의자들도 민족주의적 열병을 앓지 않을 수 없었습니다. 사실 국제무대에서 벌어지기 시작한 가차 없는 정치적 그리고 경제적 헤게모니 투쟁하에서 독일이 후발국으로서 살아남아야 한다는 현실적 당위성 때문에 거의 대부분의 자유주의자들도 일정 부분 민족주의적 성향을 가질 수밖에 없었습니다.

전성우 여기서 자유주의와 민족주의에 대한 또 하나의 대안적 이념체계이자 정치세력이었던 '사회주의'에 대한 선생님의 입장을 듣고 싶은 마음 간절합니다만, 지면관계상 부득이 다시 한 번 '금욕주의'를 발휘할 수밖에 없는 상황이군요. 다만, 이와 관련하여 아래와 같은 몇 가지 점만 지적하고 넘어가겠습니다. 1880~1990년대 독일 사회에서 점차 뿌리내리던 맑시즘에 대해 선생님은 지대한 학문적·정치적 관심을 가지고 계셨으며 맑스 사상의 핵심을 간파하고 계셨다는 점, 또한 맑시즘의 독일적 변형을 구현하던 사회민주주의당에 한때 호의적이셨으며 심지어 사민당 가입까지도 고려하신 적이 있다는 점, 그러나 결국 사민당의 관료화와 교조화에 실망해 이 소식과는 거리를 두게 되셨다는 점 등입니다.

베 버 대충 핵심은 짚은 것 같습니다.

전성우　감사합니다. 그럼 여기서 다시 한 번 그 당시 독일 상황으로 돌아가겠습니다. 1898년 드디어 비스마르크가 퇴장한 이후 선생님은 독일이 이제 경제적 그리고 정치적 자유주의 실현의 길에 들어서리라고 희망하셨지만, 연이어 수립된 반동적 슈툼(Stumm) 정권은 이 희망을 깨어버렸지요.

베 버　그렇습니다. 슈툼 정권은 융커(보수적 토지귀족) 중심의 대농계층과 대기업계층, 이른바 '호밀과 철'의 연대를 통해 독일 정치의 극보수성을 더욱더 강화시켰습니다. 그 당시 나는, 프러시아의 융커, 보호무역을 요구하는 대기업, 노동자계급 중 어느 집단도 독일의 미래를 개척할 수 있는 정치적 역량이 없었다고 보았으며, 이들 중 어느 집단도 "역사 앞에서의 우리의 책임"에 부응할 수 없다고 보았습니다.

전성우　특히 선생님은 그 당시 독일 부르주아 자본의 '봉건화' 경향을 가차 없이 비판하십니다. 그래서 "안전보다는 위험감수"를 요구하시면서, "경제적 투쟁이라는 격랑이 일어나는 바다에서 이겨내야지, 돈으로 산 귀족작위를 가진 금리생활자들의 항구에 진입해 안주하려고 해서는 안 된다"고 선생님은 경고하십니다. 동시에 선생님은 관직사냥에 몰두하고 봉건적 행태를 보이던 독일 엘리트층 전반에 대해 날카로운 비판을 가하고 계십니다.

베 버　그런 이유에서 나는 기성 엘리트계층으로부터 일종의 돈키호테적 이단자라고 비판받는 경우도 많았습니다.

전성우　아무튼 독일의 상황이 이렇게 점차 극우-반동 쪽으로 경직화되어가는 과정, 그리고 이에 수반되어 등장하는 반 근대주의적 '낭만주의'에 대한 선생님의 정치사회학적 그리고 정치경제학적 비판과 분석도 매우 값집니다만. 그러나 우리의 주제와 관련해서 가장 흥미로운 관점은 선생님이 상기한 독일적 상황을 독일의 프로테스탄트를 주도하던 루터교파의 속성과 무관하지 않다고 보시는 점입니다. 선생님은 예컨대 루터교의 권위주의적 요소를 질타하시며, 루터교에는 자율적 개성형성에 필요한 현세 내적인 금욕적 전통이 부재하다고 개탄하십니다. 그리고 선생님은 루터교의 이런 속성들이 독일에서 영국·미국에서와 같은 부르주아 혁명이 일어나지 못했던 이데올로기적 요인 중의 하나라고 보시는 것 같습니다. 이것은 선생님의 아래와 같은 언급에서도 암시되고 있습니다: "자국 왕의 목을 자를 용기를 가져본 적이 없는 국가는 결코 당당한 자존심을 얻을 수 없을 것이다."

베 버 좀 끔찍한 표현을 쓰기는 했습니다만, 나의 솔직한 견해입니다.

전성우 아무튼 앞서 살펴본 독일적 상황에 직면하여 루터교에 대한 선생님의 빈김과 비판은 더욱더 강화됩니다. 다시 말해, '문화투쟁'에서 형성되었던 가톨릭과의 대립전선은 이제 프로테스탄트 내부의 대립전선으로 이동하고 여기서 대립항은 한편에는 루터교, 그리고 다른 한편에는 청교도를 비롯한 금욕적 종파들입니다.

베 버 맞습니다. 그리고 이 당시(1890년대 말) 이 문제에 대해 나에게 중요한 학문적 그리고 규범적 영감을 제공하신 분이 게오르크 옐리네크(Georg Jellnek) 입니다.

전성우 옐리네크는 선생님의 하이델베르크대학 동료이었으며 위대한 법학자였지요.

베 버 그렇습니다. 옐리네크는 1895년 발표한 《인권과 민권선언》이라는 저서에서, 근대적 인권사상은 계몽주의, 루소 및 프랑스 혁명의 산물이라는 그 당시의 통념에 반박하면서 근대적 인권은 17세기 영국의 경건파 비국교도들 내지 청교도들이 모든 기본권의 기초가 되는 기본권인 신앙 및 양심의 자유를 위해 투쟁한 결과라는 주장을 전개했습니다. 나는 이 주장에 깊이 공감하였습니다.

전성우 그러니까 금욕적 청교도주의와 근대 인권의 기원을 연계시킨 옐리네크의 설명 모델은 선생님의 "프로테스탄티즘 논문"의 기본명제와 맥을 같이하는군요.

베 버 그렇습니다.

전성우 이렇게 보면 "프로테스탄티즘 논문"에는 단순히 자본주의라는 근대적 경제 체제의 윤리적 기반, 즉 '자본주의 정신'뿐 아니라 '자유', '인권' 등 근대적 정치 · 사회제도의 기본 원리까지 아우르는 함의들이 있군요.

베 버 그렇습니다. 그리고 자본주의 정신의 고향, 또한 근대적 인권과 정치제도의 고향은 영국이었습니다. 나는 영국의 금욕적 청교도주의가 영국으로 하여금 "자율적 제도들을 창출하면서 동시에 (정치적) 강대국이 될 수 있도록" 하였다고 보았습니다. 즉, '자유' 내지 정치적 민주화와 강력한 경제적 '국부'는 상호 배치되는 것이 아니라 오히려 상호 필수적이라는 것이 나의 입장이었습니다.

전성우 그래서 선생님은 영국을 단순히 경제적 경쟁자로가 아니라 정치적 · 문화적 모델로 본 거의 마지막 독일 자유주의자였다고 평가받지요. 선생님은 독일문화와 독일 정치체제의 권위주의적 정신에 저항하여 영국식의 정치적 자율 및 참여정신을 옹호하고 주창하셨습니다. 그리고 선생님은 이러한 영국적 정치의식과 행동양식의 정신사적 뿌리 역시 금욕적 청교도 정신에서 찾으셨습니다. 선생님은 1906년에 쓰신 한 편지에서 이것이 "프로테스탄티즘 논문"을 쓴 중요한 동기 중의 하나라고 지적하시면서, "독일이 엄격한 금욕주의의 훈련을 한 번도, 그리고 어떤 형태로도 받아본 적이 없다는 사실이 내가 독일에 관련하여 (그리고 나 자신에 관련해) 가지고 있는 모든 증오심의 원천이다"라고 말씀하십니다. 그래서 선생님을 "영국인이 되고 싶었지만 그 뜻을 이루지 못한" 독일인이라고 반농담조로 부르는 학자도 있습니다.

베 버 좀 과장된 표현이긴 하지만, 전혀 일리가 없는 것은 아닙니다.

전성우 이렇게 볼 때 "프로테스탄티즘 논문"은 강한 정치적 메시지를 담고 있습니다. 즉, 이 논문은 권위주의적이고 준 봉건적인 독일이 근대화를 통해 정치적 제도와 경제적 국력에서 선진국가로 도약하기를 바라는 선생님의 희망을 표현하는 것입니다. 그리고 이 근대화의 역사적 모델을 제시한 나라가 청교도 혁명을 주도한 영국이었다는 전제가 이 논문에는 깔려 있습니다. 다시 말해, "프로테스탄티즘 논문"은 그 당시 독일제국의 현실에 대해 앵그로색슨족의 역사를 하나의 거울로 비추면서, 그 당시 독일에 팽배했던 '반 근대주의적 낭만주의' 경향에 경종을 울리고자 하는 선생님의 실천적 열정의 표현이기도 하다고 볼 수 있을까요?

베 버 "프로테스탄티즘 논문"에서 읽어낼 수 있는 다양한 메시지 중 하나라는 전제를 단다면 동의할 수 있습니다.

전성우 여기서 아마도 선생님을 곤혹스럽게 할 수도 있을 질문을 하나 드리겠습니다. 과연 선생님이 이렇게 대안적 모델로 염두에 두신 영국이 그 실제 역사에서 선생님이 상정하신 그런 '이상적' 모습이었을까요? 최근, 선생님이 "프로테스탄티즘 논문"에서 활용하신 영국 관련자료, 특히 영국 청교도에 관련된 역사적 자료들을 영국사에 대한 그동안의 연구성과에 기반하여 면밀히 분석한 학자들 중에는 선생님이 영국 역사의 특정 시기에 대한 특정한 당파적 서술에 너무 과도하게 의존하고 계신다고 주장하는 사람들이 있습니다. 이 학자들에 의하면 이런 당파적 서술의 주역은 영국 자유당 역사가들로서, 이들은 '청교도 혁명'을 자유주의의 전단계로 '발명'하고는 칼뱅주의와 청교도주의의 세계사적 의미를 매우 과장하고 미화하고 있다는 것입니다. 따라서 청교도들의 '영웅적' 역할 및 그들의 영웅적 시기에 대해 이 자유당 역사가들이 만들어낸 '신화'를 선생님은 독일제국의 반근대적 그리고 비근대적 문화와 사회구조에 대한 비판의 잣대로 사용하고 계신다는 것입니다. 말하자면 독일 보수층의 '반근대주의적' 낭만주의에 대항하는 과정에서 선생님 자신은 선생님대로 또 '근대주의적' 낭만주의의 환상에 빠지시지나 않았는지 라는 문제제기입니다.

베 버 거 참 날카로운 비판이네요. 누가 감히 이런 비판을 하지요?

전성우 대표적으로는 귄터 로트(Günther Roth) 입니다. 선생님의 주저인 《경제와 사회》를 영역하였고, 또 지금까지 선생님의 사회학적 세계에 대해 일련의 탁월한 연구서를 내놓으신 분이지요.

베 버 그렇다면 나를 잘 모르는 사람이라고 둘러칠 수도 없겠군요. 하하. 좋습니다. 도전을 받아들이지요.

전성우 그런데 이것은 "프로테스탄티즘 논문"에 대해 우리가 시도할 수 있는 수많은 비판적 도전들 중 하나에 불과합니다. 그러나 이런 도전들에 선생님이 적절히 '응전'하실 수 있도록 하기 위해서는 무엇보다 "프로테스탄티즘 논문" 자체의 내용과 논증구조에 대한 면밀한 분석과 이해가 필수적이라고 생각합니다. 그리고 서두에 말씀드렸듯이, 이 작업은 우리의 두 번째 대담에서 수행될 것입니다. 물론 대담이 될지 아니면 '논문' 형식이 될지는 아직 알 수 없지만 말입니다.

베 버 좋습니다. 만약 대담이 된다면 단단히 '응전'준비를 하겠습니다.

전성우 선생님, 진심으로 감사드립니다. Auf Wiedersehen!

• 보론 1
"프로테스탄티즘 논문"에 깔린 베버의 '역사적' 명제

베버에 의하면 17세기 유럽에서 생겨난 상업적 그리고 산업적 혁신 및 자본축적의 기회들을 최대한 활용한 주된 집단은 '소수'의 경제적 '슈퍼맨'들(가령 메디치 가, 푸거 가, 웰즈 가 등. 이들이 자본주의 창출의 주역이었다는 주장이 베버 당시는 널리 퍼져 있었다) 혹은 당시 최고도로 발달된 은행체계, 막강한 경제력을 자랑하던 가톨릭 국가들 내지 도시국가들(가령 베니스, 플로렌스 등)이 아니라, '다수'의 중견상공인 내지 도시거주 '경제시민층', 그리고 경제적으로 비교적 후진국이었던 서・북유럽(가령 영국, 네덜란드 등) 지역이었다. 그런데 근대 자본주의적 발전의 주도세력으로 떠오르던 바로 이 계층에서 그리고 이 지역에서야말로 금욕주의적 프로테스탄트 종파, 특히 칼뱅주의가 큰 성공을 거두었던 것이다. 이러한 사실에서 베버는 자본주의의 경제적 합리주의와 프로테스탄트, 특히 칼뱅주의 윤리관 사이에는 일정한 '친화성'이 있을 수 있다는 가정을 도출한다. 그러나 이 친화성은 가령 청교도들의 특별히 강한 물질적 탐욕이나 영리욕에 근거하는 것이 아니라 오히려, 역설적으로, 그들의 엄격한 금욕주의에 근거한다는 것이 베버 논증의 요체이다. 실제로 초기 자본주의가 발아하던 16~17세기는 종교개혁 시기로서 이 과정에 참여한 대다수의 사람들은 그 어느 때보다도 강렬한 종교적 열정에 차 있었으며 특히, 신구교 간의 극심한 갈등상황에서, 과연 자신의 영혼이 구원받을 길은 무엇인가 라는 문제에 몰두하였다. 그런데 베버의 관찰과 가정에 의하면 이러한 '구원의 문제'에 열정적으로 매달리며 그 해결책을 갈구했던 집단은 (베니스, 플로렌스 등의) 경제적 '슈퍼스타'계층 혹은 정치적 지배계층이 아니라 도시 상공업에 종사하던, 프로테스탄트 지지경향을 가진 중소시민계층이었다. 이것이 베버에게 앞서 지적한 가정, 즉 자본주의의 경제적 합리주의와 프로테스탄티즘, 특히 칼뱅주의 윤리관 사이에는 일정한 '친화성'이 있을 수 있다는 가정의 단서를 제공했다.

비록 위 〈가상대담〉의 맥락 및 "프로테스탄티즘 논문"과 직접 연관되지는 않지만, 이 자리에서 필자는 베버의 "프로테스탄티즘 논문"의 거시 역사학적 배경에 대해 간략히 보충설명을 하고자 한다.

베버는 "프로테스탄티즘 논문"(그리고 자신의 종교사회학적 연구 일반)에 대한 필수적인 보완논문으로 서양의 도시시민계층에 대한 자신의 연구들을 들고 있는바, 이 연구들은 특히 그의 '도시유형론'(WG: 727ff)에 잘 집약되어 있다(전성우, 1996). 이런 관점에서 베버의 '도시론'이 가진 가장 큰 의의는 그것이 서구 시민계급의 사회사를 개괄한다는 점이며, "프로테스탄티즘 논문"은 이 시민계층 역사의 한 중요한 국면을 다루고 있을 뿐이다. 도시사회학적 개괄에서 베버는 서구의 운명을 결정한 모든 대혁명들 즉 "12~13세기 이탈리아의 혁명, 16세기 네덜란드의 혁명, 17세기 영국의 혁명, 18세기 미국 및 프랑스의 혁명"(RS I: 349)의 핵심적 담지자층이 서구 시민계층임을 지적하고 서구 사회사의 특이성은 곧 서구시민계급의 특이성이라고 규정한다(서구문명 이외의 어느 곳에서도 '시민'이라는 개념이 발달하지 않았음을 베버는 강조하고 있다. RS I: 10). 이렇게 볼 때 서구 시민계층의 발선양식과 구조는 베버의 전 저작을 관통하는 명시적·묵시적 핵심주제이다.

그러나 무엇보다도 베버는 그의 도시사회학에서 근대 자본주의가 발생하기 전, 따라서 근대 기업가집단이 형성되기 전인 서구 중세(10~15세기)에서 이미 '도시시민'이 하나의 정치적으로 자율적인 '신분집단'으로 형성되어 있었음을 강조한다. 따라서 "프로테스탄티즘 논문"은 하나의 전적으로 새로운 행위집단(즉 자본주의적 부르주아)의 형성과정을 주제로 한다기보다는 이미 존재하던 한 집단의 성격 내지 역할의 대전환을 그 대상으로 한다. 이 집단은 도시거주 상공시민계급으로서 이미 중세 말~근세 초기 유럽의 도시에서 특권적인 사회적인 위상을 가지고 있던 집단이다. 따라서 프로테스탄트 종파들이 '자본주의 정신' 형성에 끼치는 영향은, 이미 고도로 분화되고 복합적이던 도시적 사회구조를 배경으로 고찰될 때만 비로소 옳게 이해될 수 있다. 가령 베버가 근대 자본주의 발생의 제도적 전제조건으로 자주 지적하는 '요인들', 즉 합리적, 법적, 정치적 그리고 행정적 구조, 비교적 발전된 화폐제도, 신뢰할 수 있는 기술적 정보와 과학적 지식의 축적 등은 바로 도시적인 사회구조를 그 배경으로 하였으며, 이 사회구조의 중류 내지 중상류계층에 의해 주로 활용되었던 것이다.

따라서 프로테스탄트 종파들은 그 당시 서구인 누구에게나 '무차별적'으로 작용했다기보다는 직업상으로나 의식상으로 이미 자본주의적 성향을 가지고 형성되었던 특정 도시시민계층에 작용한 것이다. 물론 중세 말의 이 도시시민계층과 16~17세기의 초기기업가집단 사이에는 사회학적으로 중요한 하나의 차이가 있다: 전자가 하나의 정치·사회적 '신분집단'이었다면, 후자는 하나의 경제적 '계급집단', 즉 '부르주아' 계급집단이다. 전자로부터 후자로의 이행은 근대 자본주의의 발생(및 '근대'의 다른 정치사회적 발전과정들; 대개 16세기에 시작한다)과 연계되어 있다. 필자는 "프로테스탄티즘 논문"이 이 이행과정의 한 국면을 대상으로 하는 것으로 보며 따라서 그것의 주제는 서구의 시민계층이 '신분집단'에서 '계급'으로 전환되는 과정이다.

그러나 다시 한 번 강조해야 할 것은, 이 이행을 이끄는 층은 베버에 의하면 상류계층의 '슈퍼맨'들이 아니라 중류계층이었으며 따라서 "프로테스탄티즘 논문"은 이 계층이 경제활동의 규범을 변화시키고 그래서 계층의 신분적 구조를 뒤엎고 그 자신 상류계층이 되는 과정의 한 단면을 그 대상으로 한다.

• 보론 2

'자본주의 정신'

'자본주의 정신'은 베버가 초기자본주의 기업가들이 지니고 있던 특정한 규범적 행위양식에 대해 구성한 이념형이다.[4] 베버는 이 이념형을 근대 자본주의 특유의 제도적 속성들에 '적합한' 행위 및 사고관행들에서 추출해낸 후, 이것을 아직 대부분의 경제행위가 전통적 · 비자본주의적인 방식으로 행해지던 중세 말~근세 초기의 행위양식과 대비시킨다. 자본주의 정신은 기업가로 하여금 자신의 '직업'(*Beruf*)을 하나의 '소명'으로 여기도록 하는 것이다. 그래서 프로테스탄티즘 윤리 = 직업윤리 = 근대윤리라는 등식이 성립한다. 이제 프로테스탄티즘 윤리가 어떤 의미에서 '자본주의 정신'의 탄생에 기여하는가를 간략히 살펴보자. 이는 크게 3가지 관점으로 요약될 수 있다.

---

4) 두말할 나위도 없지만, 자본주의 '정신'에 대한 베버의 이념형은 물질적 그리고 사회적 자본주의 '체제'에 대한 그의 이념형과 구분되어야 한다. 필자가 이 논문집 여러 곳에서 이미 서술한 바 있지만, 베버가 제시한 자본주의 '생산체제'에 대한 이념형의 핵심내용을 다시 한 번 정리하고자 한다: ① 생산수단으로부터 유리된 대량의 임금노동자의 존재; 이 노동자들은 형식적으로는 자신들의 노동력을 '자유로이' 처분할 수 있지만 실질적으로는 노동력을 팔지 않고는 생계를 유지할 수 없는 계급이다. 그래서 베버는 이 '기아의 채찍'(WG: 59)에 쫓기는 자본주의하의 노동자들을 '주인 없는 노예층'(WG: 353)이라고 부른다. ② 생산수단의 사유화. ③ 시장에서의 경제적 교환행위에 대한 경제 외적 제한의 약화. ④ 기업의 가계로부터의 분리.

첫 번째로, 프로테스탄티즘 윤리는 자본주의가 필요로 하는 근대적 전문 직업윤리와 엄격한 규율에 순응하는 노동윤리가 확립되는 데 기여한다. 이 윤리에 기초한 '자본주의 정신'은 기업가에게 '끝이 열린', 개방적인 태도를 가지도록 하며 부단히 결단을 내리고, 새로운 혁신을 도입하고 지속적으로 '계산'하도록, 즉 '쉼 없이 활동하도록' 요구하는 것이다. 이렇게 하기 위해 기업가는 자신의 삶 전체를 '체계적 조직과 통제'의 대상으로 삼지 않을 수 없다. 이런 태도의 표현이 바로 근검절약과 부지런함, 계산성과 계획성, 금욕주의, 신용축적 등의 덕목이다〔베버는 이 정신의 성격에 관한 논의에서 상당 부분 벤저민 프랭클린(Benjamin Franklin)의 《부자가 되고자 하는 자들에게 필요한 지침 및 젊은 상인에 대한 조언》이라는 책을 인용하면서 설명한다〕. 이런 의미에서의 자본주의 정신은 기업가의 사회관계의 성격도 결정한다. 즉, 그는 자본의 증식이 요구하는 상기한 바와 같은 지속적인 계산과 저축, 혁신의 필요성 때문에 고용인 혹은 경쟁자들을 포함한 모든 타인에 대해 '냉정한'(즉 타산적 · 사무적) 태도를 취할 수밖에 없다. 그는 가령 공동체의식이나 인간적 연대감에서가 아니라 객관적이고 사무적 시각에서 인간을 보게 되고 그래서 '비공동체적'이라는 의미에서 철저히 '개인주의적'이 된다.

자본주의적 정신의 이러한 모든 특성은 사실 하나의 핵심적인 태도의 다양한 관점이라고 볼 수 있다. 즉, 기업가는 '목적합리적'으로 행동함으로써 자신의 상황을 제어하고 자신의 행동의 결과를 통제해야 하는 것이다. 이 맥락에서 목적합리적 행위란 과거의 관행들에 무의식적으로 적응하는 전통주의와 대비되는 행위양식으로서, 순간적이고 즉각적인 욕구충족의 포기와 장기적인 계획과 계산에 기반을 둔 행위이다(WG: 13). 따라서 자본주의 정신에 순응한다는 것은 곧 목적합리성을 엄격히 실현한다는 뜻이다(Poggi: 1983).

둘째, 프로테스탄티즘 윤리는 기업가, 특히 자신의 노력으로 사업에 성공한 자수성가형 중산층 상공인의 영리활동과 이윤추구를 윤리적으로 승화시키고 종교적으로 정당화하는 데 기여한다. 영리활동과 이윤추구의 이러한 윤리적 평가절상은 타 시대 및 타 문화권에서는 그 유례를 찾기 어려운 새로운 현상이다. 우선 지적해야 할 것은, 영리행위 및 '이윤추구' 그 자체는 시대와 지역을 불문하고 보편적 현상이었다는 점이다:

> 영리욕, 이윤추구, 화폐이윤, 그것도 가능한 한 높은 화폐이윤 추구 그 자체는 자본주의와 전혀 무관하다. 이런 욕구는, 이 욕구의 충족을 위한 객관적인 가능성이 주어져 있었거나 주어져 있는 한, 지구상의 모든 나라들의 모든 시기에 존재했고 또 존재한다: 식당종업원, 의사, 마부, 예술가, 창녀, 부패한 관료, 군인, 강도, 십자군, 도박장 방문자, 걸인: 한마디로, '모든 종류의, 그리고 모든 상황의 인간들'에게 이 욕구는 존재했고 또 존재한다(RS I: 4).

다른 한편, 전통사회에서는 상기한 영리욕, 이윤추구행위 그 자체 및 '돈벌이'와 '돈놀이'를 전담하는 상공인 직업은 어디서나 경멸과 차별의 대상이었다〔동아시아의 경우 사농공상(士農工商) 서열체계가 이를 보여준다〕. 그러나 청교도 상공인들은, 앞서 언급했듯이, 이제 자신의 직업적 영리활동을 수치스러워 하는 것이 아니라 오히려 그것을 '신의 소명'이 실현되는 장으로 여기며 자부심을 가지게 된다(이 과정에 대해서는 여기 수록된 졸고 "서양 노동개념사 소론" 참조).

셋째, 이러한 청교도적 직업관은 '이윤추구'의 성격을 '자본주의화'하는 데 기여한다. 청교도적 직업관에 의하면 기업가의 이윤추구는 (최소한 초기자본가들의 경우) 단순한 쾌락적 탐욕이나 수전노적 욕심과는 다르다: 왜냐하면 그들은 이 이윤을 자신의 사치욕과 과시욕의 충족에 쓰지 않고 저축하였으며, 이렇게 축적된 자본을 장롱 깊숙이 보관하는 것이 아니라 지속적으로 기업에 재투자하여 미래의 더 큰 이윤을 위한 수단으로 활용하였기 때문이다. 다시 말해, 이들이 주도하는 자본주의적 이윤추구는, "이윤의 추구이되, 지속적이고 합리적인 자본주의적 기업을 통해 항상 갱신되는 이윤의 추구"(RS I: 4) 라는 점에서 그 이전까지의 이윤추구 방식과 차별화된다(즉 전통경제에서와는 달리 여기서는 '화폐'가 '자본'으로 전환되는 것이다). 따라서 자본축적과 자본증식은 어떤 다른 목적을 위한 '수단'이 아니라 '목적' 그 자체가 되어 버리는바, 왜냐하면 소비가 아니라 지속적 자본증식 그 자체가 신의 명령으로 간주되었기 때문이다. 그런데 베버는 이런 태도를 '인간'이라는 주(主)와 '영리행위'라는 객(客)이 서로 전도된 상황이라고 보며 인간의 자연적 본성에 반하는 것이라고 해석하며(RS I: 35) 그것은 "결코 자연(자연적 질서)의 산물이 아니다"(RS: 30ff) 고 단언한다. 즉, 자본증식 내지 자본의 극대화는 모든 기업가 활동에 대한 합리적 기준을 제공하며 그들의 궁극적 '목적'인 것은 사실이지만, 이 목적 자체는 합리적이지 못하며 또 합리적 정당화의 대상이 되지도 않는다. 실지로, 우리는 어떻게 자본축적을 위해 자신의 노동의 결과를 직접적으로 향유하는 것을 금지하는 이윤 극대화를 합리적으로 정당화할 수 있는가? 이런 관점에서 볼 때, 자본주의 정신이 요구하는 합리성은 역설적이다. 왜냐하면 이 합리성은 원래 '삶' 내지 생존을 위한 '수단'에 불과한 이윤행위와 노동을, "마치 그것 자체가 절대적인 목적인 듯이"(RS I: 30ff) 수행하도록 강요하기 때문이다. 다시 말해, 자본주의는 전통적 경제보다는 더 합리적인 체제인 듯이 보이지만, 사실은 하나의 비합리적인 욕구(즉 자본의 지속적 축적)에 의해 지배당하는바, 이 욕구는 어떤 다른 기준이나 가치에 의거해서도 정당화될 수 없는 것이다. 그리고 바로 이것이 베버가 "프로테스탄티즘 논문"에서 제기하는 문제의 핵심이다: 즉 '합리적' 자본주의 정신의 근저에 깔린 극도로 '비합리적' 요소. 베버는 이 비합리적 요소의 가장 중요한 자원을 16~17세기 유럽 종교개혁을 통해 형성되는 새로운 종교·윤리적 모델에서 찾았고, 이 모델의 사회학적 요체를 '현세적 금욕주의'라는 이념형으로 포착했다.

• 보론 3
'현세 내적 금욕주의'

'현세 내적 금욕주의'란, 가령 가톨릭 수도원같이 현실 바깥에서 행해진 금욕주의와는 달리 현세 내에서, 즉 세속적 노동과 직업에서 실천하는 일상적 금욕주의를 뜻한다. 여기서 특히 중요한 것은 금욕주의에 기초한 새로운 '직업' 관념이다. 즉, 직업이란 '신의 소명'으로, 신에 대한 봉사로 여겨졌으며, 따라서 직업에서의 성공은 곧 신이 내린 은총의 증기이자 영혼 구원의 증표로 간주되었다. 그 결과, 청교도들은 신의 소명의 실현 및 신의 영광 증대라는 목적을 위해 근검절약, 엄격한 자기통제 등의 원칙에 의거하여 직업활동을 포함한 자신의 삶 전체를 철저히 그리고 체계적으로 조직하고 관리하게 되며 이것은 생활태도 전반의 '합리화'로 이끈다.

그럼 '현세적 금욕주의'에 기반한 근대 자본주의 정신의 종교적 뿌리로 고려될 수 있는 후보들은 어떤 것이 있을까? 베버는 대략 4가지 후보들을 면밀히 검토한다: ① 가톨릭, ② 가톨릭 수도원, ③ 루터교, ④ 칼뱅주의가 그것이다. 여기서 이 후보들 각각을 간략히 살펴보자.

(1) 가톨릭

가톨릭에서 신의 은총과 구원을 얻는 길은 그때그때의 선행과 참회이다. 특히 고해성사 제도는 신도들로 하여금 '하루살이' 속죄 습관을 키워주는 경향이 있다(RS I: 20ff). 또한 가톨릭에게는 한번 상실된 은총도 참회와 선행을 통해 회복될 수 있으며, 구원을 얻기 위해 자신의 전 존재를 지속적으로 통제해야 한다는 강박관념은 상대적으로 약하다. 거기다 가톨릭은 사회를 유기체적 위계질서체제로 보는바, 여기서 개개인은 이미 정해진 위치가 있고 이 위계체제에 순응하는 것이 최고의 덕목이다. 따라서 '개인주의적' 지향보다는 공동체적 지향이 주도적 역할을 한다. 지금까지 열거한 특성들은 가톨릭이 '자본주의 정신'을 창출했을 가능성을 극소화한다(Schluchter: 1988).

(2) 가톨릭 수도원제도

수도원제도는 가톨릭의 공식 교회조직보다는 자본주의 정신의 후보가 될 개연성이 훨씬 높다. 외형적으로 볼 때 수도승들의 '정신'은 실지로 자본주의 정신의 요소들과 많은 유사점을 가지고 있기 때문이다. '노동'과 '기도'의 일체화, 철저한 자기통제력 등 수도승 집단이 준수하던 종교적 계율들과 이에 준거하는 그들의 행동양식은 삶과 일에 대한 합리적이고 체계적인 접근을 조장하는 역할을 했다. 그래서 실지로 수도원들은 농업과 공업의 여러 분야에서 그 당시로서는 혁신적인 기술들을 개발하기도 했으며 경제적 효율성의 표본이 되는 경영방식을 실천하기도 했다. 그러나 이런 외형적 유사성에도 불구하고 수도원 정신과 자본주의 정신 사이에는 아래와 같은 결정적인 질적 차이점이 있다: ① 수도원의 계율들은 단지 종교적 '대가들'만이 도달할 수 있는 고도의 윤리적 완숙함을 그 기반으로 하며 그 결과 가톨릭의 평신도들은 이 계율 실천의 의무에서 면제되어 있다. ② 수도승들이 사는 세계는 '현세 밖의 세계'로서, 그들의 경제적 활동 역시 일반인이 사는 속세를 대상으로 하는 것은 아니며 그래서 그들의 금욕주의는 어디까지나 '현세 외적 금욕주의'이다. 이런 두 가지 이유에서, 설사 수도승 집단의 계율이 자본주의 정신의 먼 단초가 될 수는 있었어도 이것의 직접적인 근거가 될 수는 없었다.

상기한 논리와 근거에서 가톨릭 전통과 '자본주의 정신' 간에는 인과적 친화력이 거의 부재함을 논증한 후 베버는 이제 자본주의 정신의 종교적 뿌리의 가장 유력한 후보로 프로테스탄티즘을 지목하며 이 둘 간의 '긍정적' 관계를 분석한다. 베버가 이 문제에 대해 전개하는 매우 복합적이고 상세한 논증을 지면관계상 여기서는 극도로 단순화시켜 서술할 수밖에 없는바, 필자는 아래 논의를 두 가지 프로테스탄트 종파 즉 루터교와 칼뱅주의에 한정시키고자 한다(베버가 분석한 프로테스탄트의 다른 여러 가지 변형들은 실지로 칼뱅주의의 다양한 제도화 과정의 산물이라고 볼 수 있다).

(3) 루터교

루터의 기독교 개혁정신은 일단은 자본주의 정신과 유사성을 가지고 있다. 왜냐하면 루터는 최초로 근대적 '직업 내지 소명(*Beruf*)' 관념, 말하자면 '소명적 직업관'을 제시하며 이 직업관을 개개인의 세속적 삶의 윤리적 기둥으로 승화시키고 있기 때문이다. 그리고 '소명' 관념은, 이미 지적했듯이, 베버에게는 종교적 프로테스탄티즘 윤리와 세속적 자본주의 정신을 연결시키는 핵심적 고리이다. 이 관념을 통해 노동은 가령 가톨릭의 '관조적 삶'—관념에 내재하는 노동—내지 행동 경시적 편견에서 벗어날 수 있었으며, 그리고 노동은 '저주'이며 영리행위는 도덕적으로 열등하다는 통속적 편견 등에서 해방될 수 있었다. 이제는 승려뿐 아니라 모든 신도가, 자기 직분의 헌신적 수행은 신에 대한 의무이며 자신의 도덕적 가치에 대한 시험이라고 간주하게 되었다(RS I: 63ff). 또한 루터는 개인의 양심이 신을 감지할 수 있는 궁극적 근원이라고 주장하며, 동시에 개인의 구원은 가령 가톨릭에서와 같이 제도적 교회와 가시적 의례, 고해성사 등이 아니라 개개인이 내면적으로 느끼는 신의 은총 여부에 달려 있다고 주장하는바, 이런 입장은 자본주의 정신에 내재하는 윤리적 개인주의와 유사한 종교적 개인주의를 표현한다(Poggi: 1983).

그러나 이런 모든 업적들에도 불구하고 루터교에는 자본주의 정신의 창출을 저해하는 결정적인 한계점이 있었다: 루터의 직업 내지 소명 개념은 아직 중세의 '유기체적 전체'라는 사회관에 얽매여 있었는바, 이에 의하면 사회는 위계질서와 전통적 특권 및 의무에 바탕하는 것으로 간주되어야 한다. 즉, 루터는 우리의 직업적 직분에 종교적·윤리적 권위를 부여하기는 하지만, 그러나 세속적 직분에 대한 루터교적 헌신은 우리로 하여금 현실을 제어하고 합리화하고 변혁시키도록 동기화하지는 않는다. 베버에 의하면, 루터의 소명관은 궁극적으로 우리에게 기존의 전통적 사회틀에 순응할 것을 요구할 뿐이다. 이런 이유에서, 세속적 직분의 평가절상, 도덕성의 궁극적 원천으로서의 개별적 양심의 강조 등에도 불구하고 루터교는 자본주의 정신의 발전에 적합한 종교적 영감의 원천이 될 수는 없었다(RS I: 63ff). 베버에 의하면 자본주의 정신이 필요로 한 종교적 영감은, 세속적 현실을 실험의 장으로 만들며 개개인을 '긴장에 찬 존재'로 만들며 개인들로 하여금 이 실천의 장을 역동적인 목적의 달성을 위해 끊임없이 개조하도록 강요하는 그러한 종교적 비전이었기 때문이다. 그리고 이러한 종교적 비전을 제시한 프로테스탄트 종파가 바로 칼뱅주의이었다.

(4) 칼뱅교, '현세적 금욕주의', 그리고 '자본주의 정신'

베버는 칼뱅주의 교리 가운데 신도들의 윤리적 태도에 특별히 큰 영향을 미친 것으로 아래 두 가지 관점을 부각시킨다(RS I: 84ff):

① 칼뱅주의는 다른 어떤 프로테스탄트 종파보다도 신의 초월성을 각별히 강조하는 교리를 가지고 있다. 이 교리에 의하면 신의 의지가 세계

존재의 유일한 근원이고, 신의 영광의 증대가 세계 존재의 유일한 정당화 근거이다. 그러나 신은 결코 이 세계에 현시하지 않으며 그래서 우리는 그를 볼 수도, 들을 수도 없고 이 세계에 대한 그의 의지를 알 수도 없다. 즉, 파스칼을 경악케 한 '무한한 공간의 영원한 침묵'이 신을 세계로부터 감추고 있는 것이다. 이렇게 '숨겨져 있고 침묵하는' 절대신에 비할 때 인간을 비롯한 모든 피조물은 유한하고, 부패했으며 죄를 짓는 존재들이며 어떤 피조물에게도 피조물과 창조주 간의 이 엄청난 괴리를 메울 수 있는 능력은 주어져 있지 않다. 그러나 이런 메울 수 없는 괴리가 있다는 사실이 곧 인간은 신으로부터 독립해 존재함을 의미하는 것이 아님은 두말할 나위도 없다. 오히려 정반대로, 이 교리에 의하면 신은 세계 및 인간의 운명에 대해 절대적 지배권을 가졌다(두말할 나위도 없이, 여기서 열거된 교리들의 대다수는 기독교 종파 모두에게 공통된 교리들이기도 하지만, 중요한 것은 칼뱅주의의 경우 이 교리들이 독특한 강조점과 색채를 얻게 된다는 사실이다. 아래 참조).

② 이것이 두 번째 교리 즉 '구원예정설'의 출발점이다: 이에 의하면, 신은 영겁 전에 자의적이고 또 변경불가능하게 개개인의 '구원' 혹은 '저주' 여부를 이미 결정해놓았다는 것이다. 그러나 신의 이러한 결정은 우리가 사후(死後) 신 앞에 나타날 때까지는 결코 인간에게 계시되지 않으며 따라서 인간은 자신의 구원 여부를 그전까지는 전혀 알 수 없다. 또한 인간은 어떤 행동이나 업적을 통해서도 신이 미리 정해 놓은 이 운명에 대해서 영향력을 행사할 수 없다. 이것은 가령 성경에 나오는 온갖 계명의 열성적 준수를 통해서도 불가능하다. 그래서 칼뱅교는 종교적 의식과 성사, 교회제도, 사제신분 등을 극단적으로 평가절하한다. 인간은 단지 자신이 혹시 저주받지 않았는지 두려워하거나, 부디 구원 내지 선택받았기를 희망할 수 있을 뿐이다. 그래서 칼뱅교도들은 "전례 없는 내적 고독감"에서 벗어나지 못한다: "나는 선택된 자에 속하는가"라

는 질문은 조만간 다른 모든 인간 및 사물에 대한 관심을 뒷전으로 물러나게 하기 때문이다(Schluchter: 1988).

베버에 의하면 칼뱅교의 이 두 가지 각별히 부각된 교리, 즉 ① 신의 초월성과 ② 개개인의 구원예정설은 서로 결합하여 신도들의 윤리관에 하나의 독특한 적극적·금욕주의적 성격을 부여한다. 물론 피상적으로 볼 때 가령 구원예정설, 즉 구원 혹은 저주라는 자신의 운명이 신성한 신의 의지에 의해 이미 영겁 전에 결정되어 있다는 사실은 신도들로 하여금 세계에 대한 적극적 행동성향보다는 오히려 숙명적 체념이나 아니면 무관심한 태도를 가지도록 할 수도 있었을 것이다. 그러나 베버에 의하면 이것은 구원예정설이 가진 '논리적' 함의일 뿐 실제적 작용방식은 아니었다. 왜냐하면 종교개혁이 낳은 극단적 위기상황 속에서 칼뱅교도는 오히려 자신의 구원 혹은 저주 여부에 대해 지속적이고 뜨거운 관심을 가졌고 이 관심은 그의 내면에, 신이 내린 알 수 없는 결정에 대해 어떤 확실성을 얻으려는 엄청난 '심리적 욕구'를 창출했기 때문이다. 더 나아가, '구원의 증거'에 대한 이 치열한 욕구는 자신의 운명에 대한 숙명적 체념이나 무관심이 아니라 심대한 불안감을 조성했고 신도들은 이 불안감으로부터 자신을 해방시켜줄 수 있는 적절한 일상적 행동 및 사고양식을 찾지 않을 수 없었다. "프로테스탄티즘 논문"의 여러 곳에서, 그리고 다른 저작에서 베버는 이 행동양식을 '현세적 금욕주의'라고 표현한다. 종교적 맥락하에서 금욕주의라는 개념은 원래 신도들이 신의 의지를 실현하는 데 바치는 적극적이고 헌신적인 노력이라는 뜻을 가지고 있었다. 이런 발상은 분명히 신이란 의지와 목적을 가진 존재라는 관념을 전재로 하고 있는바, 이 신은 윤리적 계명을 제시하며 인간들은 이 계명의 실천에 헌신해야만 한다. 그런데 칼뱅주의의 신은 계명의 몇 가지 항목만을 명확하게 제시할 뿐이며, 신의 의지의 전모는 신과 인간 사이의 메울 수 없는 괴리 때문에 감추어져 있다. 이 교리에 의하면, 특히 현세에서의 구체적 행동지침은 신이 세상을 창조할 때 이 세계에 부과한 이 세계 고유의 법칙과 기제들에서 도출되어야만 하며, 이 법칙과 기제들은 객관적으로 인식될 수 있다는 것이다. 왜냐하면 신은 이 현상세계에 내재하는 것이 아니라 이를 초월해 존재하며 따라서 세계는 신과 완전히 유리된 무대로서, 어떤 주술적 신비성도, 상징적 의미도 가지지 않은 사물의 세계이기 때문이다. 즉, 신의 초월성이라는 교리는 '세계'를 하나의 철저히 객관화된, 세속적인, 그리고 의도적 행동을 통해 통제할 수 있는 영역으로 '탈주술화'한다. 이렇게 볼 때, 속세에서 작동하는 사물의 법칙과 기제들을 탐구하고 인식하는 것은 창조주인 신의 '설계'를 확인하는 정당한 작업이 되며, 더 나아가 이 세계를 통제하는 능력의 배양 역시 정당한 소명이 된다. 세계 통제에 대한 이러한 지향은 바로 칼뱅주의가 가진 금욕주의의 핵심이다.

금욕주의 이념의 이러한 측면을 베버는 '현세 내직'이라고 규정한다. 이것이 의미하는 바는 수도승의 금욕주의와는 달리 칼뱅교도의 금욕주의는 실제적 일상생활, 즉 속세적 현실 내에서 실천되어야 한다는 것이다. 즉, 금욕주의적 실천의 장은 바로 신이 부여했으며 신의 의지가 담긴 자신의 현세적 '소명'(내지 '직업')이다. 그래서 가톨릭이 사제와 수도사의 초속세적 소명에 각별한 종교적 가치를 부여한다면, 칼뱅주의는 개개인의 속세적 소명을 종교적·윤리적 관심의 중심에 놓는다. 그리고 이것은 — 모든 기독교의 최대의 관심사이자 궁극적으로는 유일한 관심사인 — '구원'의 문제와 직접 연관되어 있다. 왜냐하면, 칼뱅교에 의하면 자신의 구원여부에 대한 신의 — 미리 정해진, 그리고 원칙적으로는 전혀 알 수 없는 — 의지를 적어도 '심증적'(心證的)으로나마 탐지할 수 있게 하는 유일한 징표는, 신이 내린 소명 내지 '직업'의 장에서 우리가 거두는 '성공' 여부이기 때문이다. 따라서 칼뱅교도에게 이 속세적 삶은 끝이 열린 하나의 과업이자 도전으로서, 자신이 구원될 가치가 있다는 데 대한 '증거'를 찾는 과정이었다. 이에 상응하여 그는 자신의 삶을 장기적으로 계획하고 통제할 수 있는 능력, 즉 삶 전체를 일관성 있게 설계할 수 있는 능력을 소유해야만 했다. 이러한 금욕적이고 체계적인 삶의 설계를 위해 그는 모든 인간관계를 사무적·합리적으로 조직할 수밖에 없었고, 현재의 안락과 쾌락에 대한 집착을 철저히 억제하며 끝없고 끊임없는 금욕적인 '긴장상태'를 유지해야만 했다(Schluchter: 1988). 이러한 생활태도가, 경제적 행위영역에서는, "금욕적인 저축강박관념"(RS I: 180)으로 나타나는바, 베버는 이 관념이 근대 자본축적 과정에서 유리한 '심리적' 요인으로 작용할 수 있었을 것임을 암시한다.

더 나아가 베버는, 상기한 '현세적 금욕주의'는 근대 '자본주의 정신' 일반의 여러 측면들과 연관되어 있다고 본다. 예컨대 근대 자본주의적 기업의 목적은 단순한 일회적 잉여가치의 생산이나 특정한 이윤율에 대한 만족이 아니라 이윤의 지속적이고 (적어도 원칙적으로는) 무한정한 '극대화'이다. 이런 성향은 칼뱅교의 소명관과 연결될 수 있는바, 왜냐하면 구원의 증거를 확인하려는 칼뱅교도는 어떤 특정한 상황을 궁극적인 것으로 수용하거나 그것에 순응하는 것이 아니라 현실을 자신의 역동적인 개입을 통해 지배하고 개조할 수 있는 '끝이 열린' 그리고 '끝없는' 실천의 장으로 보기 때문이다.

'현세 내적 금욕주의'가 '자본주의 정신'의 형성에 끼친 영향을 분석하는 데 있어 베버는 이 두 가지 이념형 간에 존재하는 다원적이고 '유의미한 상응관계'에 의존한다는 점은 위에서 본 바와 같다. 그러나 베버는 자본주의 정신과 현세 내적 금욕주의의 관계는 논리적으로 그리고 역사적으로 필연적 관계라기보다는 '선택적 친화력의 관계'라고 본다. 다시 말하여, 이 종교윤리는 '자본주의 정신'을 의도적으로 창출해낸 것이 아니다. 종교개혁의 이러한 문화적 영향은 오히려 상당 부분 '의도되지 않은' 결과이다(RS I: 76). 이 명제 — 즉 '의도'와 그 실현의 '현실적 결과' 간의 괴리 — 가 가진 사회이론적 함의는 다른 기회에 논의하기로 한다.

참고문헌

인용된 베버 저서

Weber, M., 1976, *Wirtschaft und Gesellschaft* (WG: 《경제와 사회》), Studienausgabe, J. C. B. Mohr Tübingen.

______, 1980, *Gesammelte Politische Schriften* (PS: 《정치평론집》), J. C. B. Mohr Tübingen.

______, 1973, *Gesammelte Aufsätze zur Wissenschaftslehre* (WL: 《과학론》), J. C. B. Mohr Tübingen.

______, 1978, *Gesammelte Aaufsätze zur Religionssoziologie I, II, III* (RS I, II, III: 《종교사회학》), J. C. B. Mohr Tübingen.

______, 1904/5, *Die protestantische Ethik und der Geist des Kapitalismus I, II* (PE I, II: "프로테스탄티즘의 윤리와 자본주의 정신").

______, 1981, *Wirtschaftsgeschichte* (Wirts.: 《경제사》), Duncker und Humblot/Berlin.

______, 1924, *Gesammmelte Aufsätze zur Soziologie und Sozialpolitik* (GASS: 《사회학 및 사회정책학 논문집》), J. C. B. Mohr Tübingen.

국내 연구서

유석춘, 1997, "유교자본주의의 유형과 세계화", 《고대 사회학》, 콜로키움.

전성우, 1996, 《막스 베버 역사사회학 연구》, 나남.

국외 연구서

Parsons, T., 1937, *The Structure of Social Action*, New York.

Poggi, G., 1983, *Capitalism and the Capitalist Spirit: Max Weber's Protestant Ethik*, Amherst MA.

Roth, G., 2001, *Max Webers Deutsch-englische Familiengeschichte 1800 bis 1950*, Tübingen.

Schluchter, W., 1972, *Aspekte der Bürokratischen Herrschaft*, München.

______, 1979, *Die Entwicklung des Okzidentalen Rationalismus*, Tübingen.

______, 1988, *Religion und Lebensführung*, Frankfurt.

Tawney, R. H., 1954, *Religion and the Rise of Capitalism*, New York.

Ⅱ. Protestantism and the Modernization Process of South Korean Society*

— The Weber Thesis Revisited

Introduction

Based on a critical reading of Max Weber's "The Protestant Ethic and The Spirit of Capitalism"(hereafter "the Weber thesis") this paper attempts to explore the sociological and historical relevance of Protestantism for the pattern of Korean modernization processes. First, I will try to define the specific features of Korean modernization process and then formulate the main question of this paper, namely how these features are related to the prominent position of Protestantism in Korea. In the next step I discuss, as the theoretical and conceptual framework for clarifying the main question, the Weber thesis in its multidimensional structure. Utilizing some central perspectives derived from Weberian sociology, I then describe the historical origin of Korean Protestantism during Japanese colonial rule. In the last part of the paper, I attempt to answer the main question of the paper about the relationship between Protestantism and the modernization process in Korea by formulating a few sociological hypotheses.

---

* 이 글은 일본 이와나미 출판사의 전문학술지 〈思想〉, 제 10호, No. 978, 2005년, 103~131쪽에 일본어로 번역되어 수록된 논문이다(〈プロテスタンティズムと韓國社會の近代化 — ヴェーバー · テーゼの光に照らして見た〉).

This paper offers merely a brief sketch of the issues raised, not a full scholarly account of them, because of the limited competence of the author (non-historian, non-Koreanologist) and the limited space. I apologize for this point.

A. The South Korean pattern of modernization

1. The constructive and destructive dynamics of Korean society

Many social scientists characterize the Korean pattern of modernization as 'compressed modernity'(Chang, 1999). The concept indicates, first of all, the extraordinary developmental dynamics in a constructive as well as in destructive sense in which Korean society has displayed in the last, 'compressed' decades. The dynamics in the constructive sense are most commonly ascertained in Korea's miraculously rapid industrialization and economic growth. In my opinion, however, just as much attention should be commanded by the achievements of Korea in two other institutional pillars of modernity, namely democracy and civil society.[1] Korean democracy has, in the mean time, entered seemingly the phase of 'consolidation' and the fundamentals of Korean 'civil society' has also been consolidated in remarkable extent(Diamond et al., 2000). Considering these facts, it could be said that Korea has relatively succeeded in establishing the institutional triangle of modernity, that is, a democracy-market economy-civil society.[2] This is, in my opinion, the specific feature

---

1) The term "civil society" is here understood to designate the domain of social organization that is 'self-generating' and 'self-supporting' and that functions outside the state and the market. Encarnacion(2000) mentions in his interesting study on the problem of civil society only two countries in East Asia which in his opinion succeeded in building up an effective civil society, Japan and South Korea.

2) This institutional-structural triangle of the 'Project Modernity' can claim , in my

of the pattern of Korean modernization process. For, while Korea shares the astonishing economic development with many other countries, especially with the so called 'little tigers' Singapore, Hongkong, Taiwan, its relative success in political democratization and the building up of a powerful civil society is not shared, excepting Japan, by other East Asian countries, at least not to the extent as it is the case with the economic development.

Now I haste to call attention to the extraordinary destructive dynamics equally inherent in Korean society. These destructive dynamics are often encapsulated in terms like 'complex high risk society', 'accident republic', 'safety-frigid society'(Yee, 1998). To look at the destructive potential more concretely, it manifests itself in the political realm in many areas of public life: in the 'dynamic' antagonism of regionalistic fractions under the surface of firmly established formal democratic institutions, in one of the harshest ideological confrontations between conservative parties and progressive or radical parties and in one of the extremely strong nationalistic sentiments. The economic risk potentials lie in the unprecedented dominant position of a few chaebols, or mostly family-based conglomerates of global scale, in spite of their remarkable contributions to the constructive dynamics of Korean society. On the sociocultural level, we find phenomena which themselves cannot probably be evaluated as destructive, but areas symptomatic for the dramatic destabilization of cultural values systems and value conflicts with destructive potentials: the lowest birthrate(1.17 in comparison to 1.39 in Japan, 1.19 in Italy) and the fastest growing divorce rate among OECD countries,[3] extreme family-ism, anomie, a strong consciousness of, and ongoing discourse on the 'systemic crisis' of Korea etc.

---

opinion, an universal vality in a specific sense. I will discuss the theme briefly in the concluding part of the paper.

3) National Statistical Office, 2004.

It is not to deny that all the mentioned phenomena can be found more or less in every modernizing and partly also modernized country, even though in quantity and quality differently. But the vast majority of the social scientists who observe Korea share the opinion that the same phenomena and processes appear in Korea much more intensely and dynamically than in other countries with the similar backgrounds(Diamond et al., 2000).

If we take the constructive and destructive potentials of dynamics in Korea together, it is clear that Korea can in no way be regarded as a developmental 'model'. But, if not as model, but at least as an highly interesting extraordinary case in the sociology of development, Korea has hither to stimulated many social scientists to search for the explanations for the phenomenon 'Korea'. These attempts comprise cultural or 'culturalistic' models(e.g. theory of 'Confucian Capitalism'), political sociology model(e.g. theory of 'developmental dictatorship'), neo-liberalistic model, world systems theory, and Marxist theory(Cha, 2003; Shin, 1998; Lee et al., 2003) etc. Every one of these models, to be sure, catches some important aspects of the phenomenon Korea. To account fully for it, we should thus, ideally, take all of them together and bring them in a consistent and systematic order. Realistically, however, we cannot help but choose certain substantial sides of the phenomenon and concentrate our analysis on them. The choice of this paper which is strongly inspired by the 'spirit' of Weberian sociology in general and by the problematique of the Weber thesis in particular is directed at a 'cultural'(but not to a 'culturalistic')[4] perspective.

The starting point is a rather common phenomenon, namely confrontation, convergence or coexistence of heterogeneous 'worldviews' (Weltbilder),[5] a phenomenon which we can find in both the constructive and destructive dynamics of Korean society described above. Here we can

---

4) 'culturalistic' in terms of 'cultural determinism'.

5) Worldview or Weltbild can be conceptualized as the culturally as well as socially established framework of meanings and values which orients and conditions the mode of social action.

find a variety of values and value systems in coexistence, those of the agrarian-indigenous, industrial, post-industria pr global nature. But if I might abstract from these varieties and bring them in a simplified, and again very common dichotomy on the level of basic worldviews, it would be the dichotomy of individualism and collectivism.[6] If we look at, for instance, the relatively successful establishment of the institutional triangle of modernity, market economy-democracy-civil society, we cannot but assume that the individualism must have realized itself in Korea to a considerable extent. For the triangle, especially the latter two (democracy and civil society) is in its European historical origins just as well as in its sociological mechanism based on an individualistic value system. On the other hand, if we look at aspects of Korean dynamics which can potentially create negative effects like the extreme forms of regionalism, familyism or nationalism, they are related, in their basic value orientation, to collectivism. As already mentioned, however, the encounter as such between heterogenous value systems including individualism/collectivism has been quite common in cultural history and is now more common than ever under the globalization process. Nonetheless, I would contend, out of two reasons, that the encounter between individualistic and collectivistic worldviews carries something peculiar in itself: firstly, it is for Korea not a newly emerging phenomenon, but a phenomenon and process with a long historical background. Secondly, and in consequence of this historical factor, the intensity and extensity of the phenomenon is in Korea much greater than elsewhere. These points, under others, make the Korean case a peculiar case. And, according to my working hypothesis, in this peculiarity, that is, in the particularly intensive interaction between the individualistic and collectivistic worldviews, lies one of the cultural

6) These two highly complex and ambiguous concepts will be used in the paper in the following common and simple sense: Individualism holds that the individual is the primary unit of reality and the ultimate standard of value. In contrast, collectivism holds that the group — the nation, the community, the family, the proletariat, the race, etc.— is the primary unit of reality and the ultimate standard of value.

sources for the mentioned extraordinary dynamics of the Korean pattern of modernization in both positive and negative directions. And this peculiarity is, in my opinion, deeply connected with another peculiarity or even an 'exceptionality' which we can find, at least in the East Asian context, only in Korea: Korea is a predominantly 'Protestant' society.

2. Korea as a Protestant society

While Protestant Christians can be found in practically every Asian country, it is South Korea that has gone through the most spectacular and sociologically relevant Protestant expansion(Kim, 2000). Since its introduction in 1884, Protestant Christianity has proceeded to become the nation's largest religion with over eleven million followers, representing almost one fourth of the total population.[7)] The rise of Roman Catholicism in South Korea has been equally remarkable. Introduced in 1784, it has steadily grown to be the country's third largest religion(nearly four million followers) after Buddhism. Together, Protestants and Catholics thus make up close to a third of the total population in the nation.

The growth was particularly impressive from the early 1960s to the end of the 1980s, the period of Korea's remarkable modernization. And now South Korea is supposedly "the most Christianized" non-Western country in the world.[8)] This is all the more astonishing considering the fact that only about 4 percent of the total Asian population are Christians and that Christianity, both Catholic and Protestant, has failed to take roots in both China and Japan(less than one percent of the Japanese population are Christians), two neighbouring countries with strikingly similar social organization and shared cultural traditions and, like Korea, heavily influenced by Buddhism and Confucianism(Lee, 2000). This is a common

7) Korea Survey(Gallup) Polls, 1997. Other relevant figures: 18.3 percent for the Buddhists, and 7.4 percent for the Roman Catholics.

8) Excepting the Catholic state Philippines(which had been a colony of the Catholic Spain from 16. to 19. century).

feature that might force us to expect that "Protestantism's success would be more or less equal in these three countries. But it was not the case, inspite of the fact that in both China and Japan, the history of Protestant evangelism was considerably longer than that in Korea, in China by seventy-seven years, in Japan by twenty-five years(Lee, 2000).

As the statistics above show, in Korea the Roman Catholics are more than doubled by the Protestants so much so that the Koreans identify the term "Christianity" with Protestantism and refer to Catholicism as something very different, "the religion of the Lord of Heaven".

In face of these phenomena I intend to raise mainly three questions: First, why is it of all countries in East Asia only Korea, one of the most Confucian countries or even the most Confucian society of all, in which Protestantism has been so successful? Second, has the dominant position of Protestantism in Korea anything to do with the extraordinary constructive as well as destructive dynamics of Korean society, as I asserted above? Third, are there any implications of the 'Korean case' for the Weber thesis, a thesis posing that modern capitalism got a major stimulus at a formative stage from "ascetic Protestantism"?

All these three questions are highly complex historical and sociological problems. To account for them in detail and in their multiple interrelationships goes, to be sure, far beyond my scholarly capacity and the scope of this paper. Instead, I will limit the discussion here only to a few selected aspects of the raised issues.

With regards to the 'success story' of Protestantism in Korea, I will confine myself to the historical origin of the phenomenon, assuming that it is a product of the unique and contingent historical context of Korea during the Japanese colonial rule(1910~1945). I contend that among the historical factors the political constellations in modern East Asian history has been a decisive factor in the rise of Protestantism in Korea.[9]

9) There are, of course, many other competing attempts to explain Protestantism' success in Korea such as theologically or socio-economically or psychologically

In regard to the sociological relevance of Protestantism for the Korean modernization process, my task is restricted to formulating some speculative hypothesis about the interaction of two diametrically contrasting worldviews, the Protestant and the Confucian. A further restriction is that my argumentation, even though I spoke of both constructive and destructive aspects of the 'Korean' dynamics, focuses on the understanding of the 'constructive' influences of Protestantism especially in terms of Korea's political and civil societal development.

In regard to the implications of the 'Korean case' for the Weber thesis, I will relativize the standard interpretation of the thesis which can be condensed into a Protestantism/capitalism(more correctly: the 'spirit' of capitalism) nexus and offer a more comprehensive interpretation of the thesis. This extension will comprise, In correspondence to my understanding of the specific features of the Korean modernization process, two additional nexus, namely Protestantism/democracy(or more correctly, the 'spirit' of political protest) and Protestantism/civil society. This extension surely does not mean any denial of the common interpretation of the Weber thesis as Protestantism/capitalism nexus: it only means a partial relocation of the emphasis in reading the Weber thesis. And especially in regard to the so called Korean 'Miracle of Han-river', as not few scholars call the remarkable capitalistic development of South Korea since 1960s, I assume a rather high validity of the Protestantism/capitalism nexus for Korean case. And it is absolutely evident that the three indicated nexus have been systematically and historically interconnected with one another in Europe

---

oriented models. To give just one example of them: it will be argued that correspondences between certain aspects of Protestantism and traditional Korean beliefs — for example, between the concept of God and Hanulnim, the Korean high god — have been in a decisive way responsible for the establishment of Protestantism in Korea (Kim, 2000: Park, 2003). To be sure, in accounting for a complex historical development like the success of Protestantism in Korea, no mono-causal explanation will suffice. It is needless to say that my own emphasis on the 'historical-political' factors has no implication of such a mono-causal explanation.

just as well as in Korea. Nonetheless, I exclude this subject, not the least because of the limited space, from the discussion and reserve it for another opportunity.[10)]

In the following section, I will outline the Weber thesis and discuss the possibility of its extensions as indicated above. Hereby I have to neglect, all the extremely diverse and fine internal differentiations of Protestantism and treat it as one ideal type. This surely does not correspond to Weber's intentions, but is unavoidable for my purposes.

B. Outline of the Weber Thesis

1. Main arguments of the Weber thesis

Since its original publication exactly a century ago, Max Weber's famous essay "The Protestant Ethic and the Spirit of Capitalism"(originally written in 1904/5 and revised and expanded in 1920), has been the focus of the longest running debate in modern social science and still continues to inspire academics to take issue with its central thesis. According to the standard interpretation of Weber's central thesis, at least one leading type of modern capitalism — the 'methodical and rational organization of free labor' to produce and accumulate 'capitals' — flourished especially in countries where 'ascetic' forms of Protestantism[11)] with its practices of

10) It should be mentioned, however, that the majority of Korean social scientists incline to pay more attention to Confucian ethic, or recently, 'developmental ethic' than to the Protestant Ethic as a motivational causal variable for explaining remarkable capitalistic development of South Korea since 1960s(Park G.S., 2003).

11) As is well known, there are innumerable Protestant denominations originating from the Reformation. I have to, however, neglect in this paper all these fine internal differentiations, and treat them all as one comprehensive type called 'Protestantism'. But I am very well conscious of the problematique of such a simplification. Furthermore, I do not take the 'ascetic' element of Protestantism, a

extreme 'self-denial' or 'self-mortification' for religious reasons were important(Lehmann, 1996). There has been a tremendous amount of controversy about the historical and sociological validity of this thesis. But, as I mentioned above, I am not going to take a systematic position to this 'standard' interpretation of the Weber thesis and the controversies about it.[12] Instead, I will mention only one crucially problematic tendency underlying the controversies, namely their tendency to reduce the Weber thesis to a Protestantism/capitalism nexus. In contrast, I propose to extend the thesis into a sociological argument about the 'Spirit of Modernity' in a more comprehensive sense.

2. Protestant Ethic and the Spirit of Modernity

Interpret Weber's thesis as indicating that Protestantism played an initial role in the shift from traditional to modern modes of action in economics just as well as in political, civil societal realms(Smelser, 1994) and in the question of worldview or value system. These shifts , initiated, to be sure, not only by Protestantism, but in substantial extent by it, were directed at capitalism, democracy, civil society and individualism and have proceeded in close connection with one another. Of these plural nexus Protestantism was involved in, the Protestantism/Individualism linkage is the most overarching one and underlies the other institutional-structural nexus because it represents an all-encompassing value system. The general transformation of value system and modes of action that characterizes the period of the Renaissance and the Reformation sets a process in motion through which the individual emancipates himself from the bonds

---

theme of great relevance for Max Weber, into a systematic consideration. For this aspect is, in my opinion, of far less importance in non-Western historical contexts, including the Korean. is true also for my discussion of the Korean Protestantism in the historical part of the paper.

12) For a recent comprehensive and critical review of these controversies see Nielsen (2001) .

imposed on him until then. In that sense, The Protestant Ethic and the Spirit of Capitalism should be reformulated into The Protestant Ethic and the Spirit of Modernity, as the following remark of Max Weber implies: "We must not forget that we owe to the sects achievements which nobody wants to miss today: freedom of conscience and the most basic rights of man. Only radical idealism could bring them about"(Weber RS I: 66, 333).[13]

I concede that not all aspects derived here from the Weber thesis are expressively and systematically treated in the work "The Protestant Ethic and the Spirit of Capitalism". They are, surely except the Protestantism/Capitalism nexus, in the work more or less implied by Weber, have been, though, extensively and intensively explored in his "Sociology of Religion" consisting of three volumes: Weber 1978a)[14] whose starting point and the middle point is, as well known, "The Protestant Ethic and the Spirit of Capitalism".

As a new exegesis of the Weber thesis is not the main aim of this paper and as the space is very limited, merely some key points of the indicated nexus, Protestantism/individualism, Protestantism/democracy, Protestantism/civil society, will be explicated briefly here.

(a) Protestantism/Individualism nexus: Protestantism, or the Reformation as a whole, contributed in a decisive way to the birth of modern individualism as it removed the (Catholic) institutional mechanism of mediation between God and His subjects (Weber RS I) and put in its place personal and individual faith, a faith founded on and justified only by the word of God. The collapse of mediation forced the individual into the uncertain trust of his own will in order to justify his relation to God. This 'individuation of salvation' showed how a 'holy state' might be achievable solely through the systematization of the individual's conduct and thus freed the believer from dependency upon institutions or collectivities in his

13) This in a 1905 letter to Adolf Harnack, quoted from Guenther Roth 2002.

14) in the following abbreviated to RS I, II, III.

search for redemption and enjoined on its believers moral behavior outside the boundaries of the family(Schluchter, 1988). And the emancipation from the collective bonds was crucial in creating a more impersonal system of social trust and in depersonalization of the social relations(Cameron 2003), which was at the same time the cultural cause and effect of the individualizing process in Western Europe.

(b) Protestantism/civil society nexus: Weber shows keen interest in the connection between Protestantism and civil society(Weber, 1980, Politische Schriften[15]: 61, 63; Encarnacion, 2000), as his accounts of "sectlike associations" in early modernity make clear:[16] These associations, induced substantially by Protestantism, signal the beginnings of 'the emancipatory promise of modernity'(Kim, 2005) and the formation of a civil societal sector which is based on individuals ethically equipped with both conviction and thoughtful responsibility(Weber, PS: 557; Kim, 2005) Weber thus stresses that Protestant individualism and associational pluralism built up the foundation of the early modernity and places strong emphasis onsects and associations as providing a training ground for civil and political leaders(Weber, PS: 65).[17]

(c) Protestantism/democracy nexus: Since the thorough study by Guenther Roth about Weber's relation to England(Roth, 2001) we know well how strongly Weber admired the parliamentary democratic system of England and how he brought it in connection with the Puritan tradition of England. And Weber lamented often the deficiency and misery of

15) in the following abbreviated to PS.

16) I myself traced the 'preprotestantic' historical conditions of this development in the autonomous medieval cities of Western Europe(Chon, 1985).

17) It is clear that all these propositions of Max Weber concerning the, religiously or ethically grounded civil societal potentials are, from a systematical point of view, intimately connected with his critique of the risk of over-bureaucritization, which he epitomized in his famous term 'iron cage'(Weber, PS: 63; RS I: 203) .

non-democratic authoritarian political system of Germany and made responsible for that the fact that Germany has never experienced 'the school of hard asceticism' in any form(Roth, 2002).

These fragmentary comments on the multidimensionality of the Weber thesis should be followed now by a short discussion of a few theoretical and methodological implications of the Weber thesis.

3. Theoretical implications of the Weber thesis: Neither idealism nor materialism

Although the Weber thesis could be viewed as a rejoinder to Karl Marx, Weber claimed it was not his goal to replace Marx's one-sided materialism with "an equally one-sided spiritualistic causal interpretation" of capitalism(Weber, RS I: 205). Weber rejects rather reductionism and determinism of both provenance, namely, 'idea'-centered spiritualism as well as the 'interest'-centered materialism.[18] In consequence of his principal rejection of any deterministic reductionism between 'interests' and 'ideas', he offers us a multi-causal concept of history, assuming basically an interplay between 'interest' and 'idea' and paying systematic attention to cross-cultural comparisons and cross-cultural differences (Weber, RS I; Lee, 2000). To be sure, Weber seems to find in 'interests', not in 'ideas', the primary moving forces for human conduct and its systematization and rationalization. However, the question of how the interests themselves are being formulated remains open. For Interests do not exist abstractly, but are shaped within broader horizons of significance: 'Not ideas, but material and ideal interests govern directly man's conduct. Yet, very frequently, the "world images"[Weltbilder] that have been created by "ideas" have, like switchmen, determined the tracks along which action has been pushed by the dynamic of interests'(Weber, RS I: 252).

18) Out of this rejection of any kind of monocausal determinism and reductionism follow his two famous methodological concepts: 'ideal type' and 'elective affinity'.

This Weberian insight into the complex and dynamic interaction between 'interests' and 'ideas' in mind, I will now sketch the historical origin of Protestantism in Korea along the three nexus described above: Protestantism/civil society, Protestantism/political protest and Protestantism/individualism.

C. The 'success story' of Protestantism in Korea: its historical origin

1. The nexus Protestantism/civil society: The beginning of the Protestant Church

The major momentum for missionary work in Korea came from the United States. At the height of missionary expansion in Asia in the late nineteenth century, Korea came out naturally as a fruitful soil for missionary endeavours, especially as an extension of China and Japan mission fields(Hunt Jr., 1980). The first evangelistic agencies to begin missionary work in Korea were the Board of Foreign Missions of the Presbyterian Church and the Foreign Missionary Society of the Methodist Episcopal Church in the United States, two typical representatives of a conservative, puritan, and fundamentalist brand of American Protestantism(Lee, 2000).

When the first Protestant missionaries arrived in 1894, they had to deal with the legacy of Christianity as an outlawed religion, that is, the legacy of Catholicism. For Roman Catholicism, introduced in 1784, almost hundred year earlier than Protestantism, had been subjected to severe persecutions for nearly a century — more than eight thousand Catholics were martyred — and was outlawed by the government(Yu, 1962). And the international political constellations the Protestant missionaries encountered were in a state of much more turmoil than at the time of Catholicism's introduction, as alien forces — Japan, China, and Russia — vied more directly for hegemony in Korea. The country was troubled by a series of internal and external conflicts. Factionalism in the royal court, the growing presence of the Western powers, the increase in the Japanese economic and political strength in Korea, dire poverty in the countryside, rampant corruption among government officials and rebellions in many parts of Korea seriously undermined the stability of the government of Chosun dynasty, and the whole of Korea(Min, 1982).

What the first Protestant missionaries believed they saw in Korea around 1890s was thus literally a sinking ship with people desperately reaching out their hands to anyone who would come to rescue them. But none of the native religions could grasp their hands. For they found themselves in general decay and disarray when the missionaries came. Confucianism, the dominant religio-philosophical and socio-political tradition of the Chosun dynasty and still dominant, was in close affiliation with the disintegrating old order, unable to meet the challenge brought by the dawning new age and, as a typical intellectual ideology, unable to meet the emotional needs of the masses. Buddhism and Shamanism, long despised and suppressed by the Confucian orthodoxy throughout the five hundred year enduring Chosun dynasty, did not have the strength to counter the infiltration of a foreign faith into the land. In short, the country was defenceless, politically as well as religiously, against the propagation of a foreign faith as its traditional religions were losing their hold on the people, people who were in desperate need for any kind of 'salvation' whatsoever. And Protestantism as a typical religion of salvation would have, under such circumstances, easily appealed to Koreans(Hunt Jr., 1980; Kim A., 2000a).[19]

---

19) Actually, the great majority of Koreans who converted later to Protestant Christianity did not convert from another religion, for there have not been in Korea until then, except the since long decaying Buddhism, 'organized' religions comparable to Christianity or Islam with binding organizational power (in forms of 'church'). Apart from such an organizational affiliation, however, the Koreans were deeply saturated with traditional religious or ethical values: religiously, a shamanistic value system instilled practically all aspects of people's consciousness;

Despite such a psychologically favorable context for the mission, however, there remained , politically and officially, during this beginning period of mission a high degree of hostility and restrictions towards foreigners and the foreign religion, as it was the case at the introduction of Catholicism(Paik, 1971).

Because of such hard restrictions against the teaching of the "evil learning", therefore, direct missioning of the people was not possible; hence, the missionaries used institutional work — at first, medical services — to prepare the way for evangelical mission. They provided many essential medical services which would not have been available otherwise, particularly for the underprivileged like the poor and women(Park, 2003).

Then, the missionaries engaged themselves also in education. Knowing the Koreans' zeal for education which is deeply rooted in the Confucian tradition, and hoping to give illiterate Koreans the means to read the scriptures and religious works, the missionaries began to set up schools. They also actively translated the Bible and other literary works into the Korean language. Hospitals and schools thus became indispensable evangelistic tools for the missionaries during the first two decades of their arrival(Min, 1982).

The demand for education was so enormous that schools had to be established all over Korea. By 1910, in fact, missionaries had established about 800 schools of diverse grades, accommodating over 41,000 students, which was about twice the total enrollment in all Korean government schools(Park, 2003). It is not an overstatement to maintain that the church offered the only complete educational system in Korea at the time, namely education from primary to college level(Lee, 1996).

To characterize this encounter between Protestantism and educational 'interest' of Koreans as an interplay between 'idea' and 'interest' would be certainly too convenient, but not entirely out of point. Sociologically the

---

and ethically as well as socially, 'quasi-religious' Confucianism dominated almost all aspects of social interaction and personal interrelationship(Kim A., 2001). See below.

more relevant aspect of the phenomenon lies, however, in the fact that we find here the first scent of the nexus Protestantism/civil society. For, regardless of their own intentions, the missionaries created institutional fundamentals and the intellectual potential for an emerging 'civil societal' segment(in terms of non-state and non-market public sphere) in Korea. Out of these potentials came not only people equipped with modern technical-practical rationality, but also almost all the leading figures of Korean political and social protest movements during the Japanese colonial rule, including even communists and socialists, most of whom were originally Christians and then 'converted' later to Marxism. Furthermore, the mission schools of all levels were the places where in Korea for the first time the individualistic (here in religious terms, that is, in terms of individual salvation) and the collectivistic worldviews met and confronted each other. For the Korean students of the mission schools, originally thoroughly trained in Confucian way of conduct and thinking, did not just turn into 'individualistic' converts, but rang with these two diametrically contrasting worldviews. I will pick up this issue later.

Supplementing the relevance of the missionaries' engagement in education was their intimate connection with Korean nationalism, particularly in light of the imminent Japanese domination. For these schools became, as already implied above, the first knot in the chain which bound together Korean nationalism and the new religion(Grayson, 1985). Herewith we come to the second nexus, Protestantism/the spirit of political protest and to another case of interplay between 'interest' and 'idea'.

2. The nexus Protestantism/political protest: Protestantism and Korean nationalism[20)]

As already mentioned, the period that stretched from 1890 to 1910 makes up one of the most traumatic decades for the Korean people. In 1894, Koreans underwent the Tonghak Rebellion, the largest ever peasant rebellion to break out in Korean history. From 1894 to 1895 and then from 1904 to 1905, Sino- and Russo-Japanese Wars swept over Korea. Feeling elated by victory, Japan imposed a protectorate over Korea in 1905, going on to annex the peninsula five years later, destroying the five-hundred-year-old Chosun dynasty in the process(Park, 2003).

The Korean churches went into a new era when the Japanese annexed the nation in 1910. Although the Japanese administrative policy toward the churches seemed to be not so unfriendly at first, it gradually developed into an open policy of oppression and hostility. The new regime apparently had perceived Korean churches to be the only formation of Koreans capable of resisting its rule. As described above, Protestant churches were constructed in the meantime through their divergent educational and social activities a fundament for a civil sector in which people were not only full of Protestant faith, but were also full of spirit of protest in political and

20) we consider the distinct contents of Korean nationalism, we should rather have to speak of it in plural. For, from the late 19. century on to the beginning of the 20.century, we can distinguish, following Lee (2000), between at least three specific types of Korean nationalism: (1) the 'ultraconservative' party, which tried to maintain intact the traditional order; (2) the Tonghaks(Eastern Learning), a peasant-based reform movement that sought to clean the state through a rebellion; and (3) 'Progressive party' that sought to modernize Korea based on a basically Western, but through Japan mediated and exemplified model of modernization (Lee, 2000). Despite these differentiations, for the purposes of this study it is not inappropriate to use the word in the singular, so long as we understand under the term the prevailing feelings that embraced the idea of "Korea for, by, and of Koreans", since at least on this one important point, all these three groups agreed(Chung, 1995).

social issues have been concentrated.

A more pressing motive which led the colonial regime to change its policy, however, was the important position of Christians in the independence movement and Christianity's association with the rise of Korean nationalism. The most decisive event that formed the link between Christianity and Korean nationalism was the Independence Movement of 1919 or Samil Undong. The March First Movement marked a turning point in modern Korean history(Min, 1991). It was the first political protest movement on a national level, in which Koreans of divergent backgrounds came together en masse to rebel against their Japanese colonizers and to demonstrate to the world their vehement yearning for independence(Lee, 2000).

This movement was well known for the prominent role of Christians, especially Protestants, as its organizers and leaders: Of the thirty-three signers of the Declaration of Independence, for example, sixteen were Protestants - as opposed to two Buddhists, and fifteen Chondokyoists.[21] And in order that the movement could expand so rapidly and with such a solidary spirit, communication and organization were essential. And exactly these had been provided to a substantial extent by the Protestant churches because they were, as indicated above, if not the only, but the most effective 'civil' organizations equipped with national network and local leadership. The importance of Christians in the movement was further recorded in the figure of those imprisoned for participating in the demonstration: over 22 per cent of the total or 2,087 out of 9,458 were Christians(Kim S., 1989). This was all the more surprising if we consider the fact that Christians covered only about 200,000 or 1.3 percent of the total population of 16 million at the time.

It was in this focal event in the development of Korean nationalism that Korean Protestants — thanks to their disproportionately large participation and suffering — confirmed beyond all doubts their devotion to the Korean nation. It was in this event that the missionaries to Korea- after

21) The believers of the 'Eastern Religion' mentioned above.

oscillating between their sympathy for the Koreans and impatience to exhibit good will to the Japanese colonizers, whose indulgence they needed for their evangelistic activity - crucially demonstrated their sympathies for the Koreans, and were, in turn, fully accepted by them (Lee Ch., 1965). The Protestantism imported in Korea was, as mentioned above, originally a very conservative version of the American Protestantism: it now transformed itself, as we just saw, in a 'revolutionary' spiritual power. The linkage between this situation and the extraordinary success of the Korean Protestant church is a good example for Weber's insight into the relationship between 'ideas' and 'interests'. An ideal-driven religion like Protestantism could have succeeded in Korea primarily because it in some way became associated with the real interests of the Koreans(Wells, 1990). In Korean history, from 1876 — when the land was officially "opened" by Japan — to 1919, the year of the March First Movement, such real interests were manifested chiefly in political terms of nationalism, 'the ideology of safeguarding' — and later recovering — Korean sovereignty in the face of Japanese invasion(Kang, 1977). And the association of the spiritual "ideas" of Protestantism with the real interests of the Korean nation constitutes one of the crucial factors in the rise of Protestantism in Korea. Protestantism acquired 'nationalistic credentials' few Koreans could deny(Wells, 1990).

In the end, the movement failed to achieve its objective of Korean independence, but it did succeed in stimulating and uniting Koreans. I will discuss the sociological implications of this phenomenon in the next chapter. Here I will offer a brief comparative comment on the different relations between Protestantism(or Christianity in general) and nationalism in Korea, Japan and China.[22]

Protestantism stood in a negative interaction with the nationalism of China and Japan. As in Korea, Chinese and Japanese political interests of

22) The following comments are based on the excellent accounts of the issue by Lee (2000). See also Scheiner (1970) and; Bays (1996).

the late nineteenth and early twentieth centuries were manifested in their respective nationalisms. Thus, the nationalism played just as an important legitimating role in these two nations as it did in Korea. But unlike in Korea, Protestantism's interaction with Chinese and Japanese nationalism was largely negative. ruling out any chance that there could emerge a positive relationship between Protestantism and nationalism in these two countries (Lee, 2000).

The reason for such enmity can be found in the history of unfavorable interaction between Protestantism and these two nations. In China, for instance, Protestantism became associated with an England that imposed the Opium War(1839~1942) on the Chinese. The Japanese linked Protestantism with an American commodore, Matthew C. Perry, whose gunboat diplomacy disgraced them and forced them to open their ports. As a result of such conflicts, Protestantism(or Christianity in general) seemed to the Chinese and Japanese as a part of a Western imperialism with the intension to crush militarily and economically their nations. Given such histories of conflict, then, it is not surprising that Protestantism has failed to flourish in China and Japan.

To come back to the historical context: The Independence Movement period was followed by relatively liberal and more tolerant policies toward Korean churches during the 1920s, the so called Japanese Politics of Cultural Rule, which were induced largely by international pressures that attacked the Japanese brutality toward the independence movement of 1919. But it ended in 1931 when Japan entered on its imperial venture in Asia.

After Japan began a total war against China in 1937, Japan resolved to set up Korea as its own secure base on the Asian mainland, for Korea was the key to Japan's drive into Asia, supplying the direct overland route into Manchuria and China. Japan thus sought to assimilate Korea and its people aggressively through the policy of "Japanization" in order to absorb them as part of the Japanese empire(Kang, 1977). For Koreans, this period signified the beginning of "Dark Age" which lasted until the liberation of

Korea in 1945. The Christians were coerced during the last period of colonial rule ether to collaborate with the Japanese regime or to adapt themselves passively to the given severe conditions of oppression. This was, so to say, the only 'latent' period for the Korean Protestantism in its history.

3. the post-liberation period: continuation of the nexus

As the object of my historical argumentation is restricted only to explicating some features of the historical origin of Korean Protestantism, I have to dispense with the post-liberation history of Korean Protestantism and will make instead a few summarizing remarks on the issue, confined, naturally, only to South Korea.[23] It is, first of all, to stress that the basic patterns of the role of Protestantism, as we ascertained them above, continues to be valid also for the whole post-liberation era.

To start with the nexus Protestantism/civil society: Protestantism not only continues to play its role as a social and civil societal institution, but rather intensifies it. Protestant Church organizations were, especially since the Korean War(1950~1953), very active in undertaking various social services, providing material aids and spiritual guidance to the 'under-classes'. For instance, programs of industrial chaplaincy were established by both Catholic and Protestant churches in the 1950s(Jo, 1981). Most of all, Christianity in general, but again particularly Protestantism, has taken and is still taking a lead in creating social movements. This will be manifest in some estimates about the Korean civil society sector in 1990s, according to which of South Korea's 1,150 non-governmental organizations, a full 70

---

23) As a matter of fact, in the pre-liberation period Protestantism was widespread all over Korea; furthermore, it was especially intense in the north, enjoying nearly three hundred thousand adherents. But since 1945, just as the Socialists and Communists were being uprooted in the south, the Protestants were subjected to severe persecution in the north that compelled most of them to flee to the south. As a result, North Korea now has at most ten thousand believers with two state-approved Protestant churches(there is also one Catholic church)(Lee, 1996).

percent were Christian-based, while there are only very few Buddhist NGOs(Hong, 2003). This civil societal potentials contributed, furthermore, greatly to the political democratization process in Korea, which is the second issue of my summary, namely the nexus Protestantism/democracy or political protest.

Also In the post-liberation period Protestantism continued to play its role as the center of political protest movement, but directed now, as might be expected, not against a colonial regime, but against the strong authoritarian rule of military or semi-military regimes(1960s~1980s). There are also some other significant differences to the pre-liberation period: (1) Catholicism has participated in the political and social protest movements as actively as Protestantism(Kim N., 1993). (2) Not the Protestant community as a whole, but only the progressive 'dissident' part of it took the leading role in the protest movement, which means that in the post-liberation period there occurred a clear differentiation of the Protestant community in 'radical' and 'conservative' camp(this differentiation existed, needless to say, also in the pre-liberation time, but in uncomparably weak extent). The differentiation in the post-liberation period means, to be sure, that a certain part of the Korean Protestants has been in the meantime advanced to the 'establishment'. (3) The main issue of the political movements was not, as a matter of course, 'nationalism', but democratization, even though for the conservative camp of Protestantism the nationalism played, especially in connection with the anti-communism after Korean War,[24] an important role.

Dissident church leaders took the initiative in organizing civilian anti-government groups and maintained close ties with other democratic movement organizations, and cooperated with them in various anti-government activities. The organizations led by them and, especially in 1980s, by the Marxist oriented student movements[25] played a key role in

24) The majority of those Protestants who had to flee from North to South Korea after the liberation(1945) stand in the center of the anti-communistic camp.

25) Regretfully, I have no space to discuss this quantitatively very minor, but

the transition from authoritarianism to democracy[26] and then in the consolidation of democratic institutions(Chang, 1998).

Today, South Korea is regarded as one of the few non-Western countries that have consistently improved civil liberties and political democracy since the transition to democracy. And also after the consolidation of democracy since the end of 1980s the political role of Christians continues to be decisive: on the one hand as a critical oppositional voice representing the civil societal public sphere whose main social-structural bearer the middle class, in the mean time strongly grown up, is, on the other hand as part of the political leadership responsible for running the state[to give just one hint to this role: in the last legislature(1999~2003), nearly two-thirds of all deputies belonged to one church or another. The present situation is not much different from that].

The mentioned two nexus, Protestants/civil society and Protestantism/democracy, have been accompanied by an upsurge in Protestant converts since 1960s,[27] almost doubled every year, so that now, as mentioned

---

qualitatively important role of Marxism and Marxist groups for a certain limited period of democratic movements in Korea.

26) Normally, 'liberalism' is the typical ideological bearer of democratic movements. But in Korea, according to my very subjective observation, the prominent 'liberalists' are in many instances the most devout Christians so that liberalism as a political and secular ideology seems to be deeply interwined with the religious soteriological ideas of Christianity: When I interpreted the Korean nationalism in the pre-liberation period as a secularization of the salvation idea of Protestantism, so could I do the same for the Korean liberalism in the post-liberation period.

27) To avoid the impression that these nexus as such were decisive for this turning pont of the Korean Protestantism, I would like to stress once more, as I did it for the beginning of the Korean Protestantism, the specific and contingent historical situations: The growth of Protestantism since the 1960s coincided with the country's economic development and rapid urbanization. Acute feelings of despair and alienation created by the awful social and national miseries like the Korean War and dire poverty as well as anomie arising from rapid industrialization and urbanization provided psychological impetus for a large segment of the Korean population, including millions of refugees from North Korea, to seek identity, points of contact

above, Protestant Christianity has proceeded to become the nation's largest religion with over eleven million followers, representing almost one fourth of the total population.[28] And if we include Catholics, one third of total Korean population are Christians. In my opinion, however, the seemingly sudden development of the Protestantism and its establishment as the dominant religious, political and social power in Korea since 1960s would not have been possible, as my historical accounts above showed, without the historical seeds which had been sown long ago in the beginnings of the Korean Protestantism.

In the Introduction, I posed the question: How can we explain the extraordinary constructive as well as destructive dynamics of Korean society ?Hereby I indicated as the expression of constructive dynamics the relatively successful establishment of the institutional triangle of modernity in Korea, democracy-market economy-civil society, and raised the question if this might have something to do with the exceptional role and position of Protestantism in Korea. In exploring this question, I was guided by the Weber thesis which I, however, attempted to understand in a more comprehensive way than commonly done. My own interpretation of the Weber thesis manifested that inherent to the Protestantism was not only, as the standard interpretation of the Weber thesis assumes, the nexus

---

and communities in the Christian faith and churches(Kim A., 2001).

28) It should be here, if not discussed, at least indicated that recently divergent critical voices will be raised against certain features of the Korean Protestant churches: Some of them have been in the mean time developed into gigantic 'Mega-churches' with tendencies of commercializing, bureaucratizing or politicizing. The world's largest Protestant church is not in USA or Europe, but in Seoul, Korea: The Youido Church counts more than seven hundred thousands registered church members and greets, every Sunday, more than seventy thousands regular attendants at the church service, all of them ready to give 'cash' offerings(Hong, 2003). the sociological implications of this phenomenon for a critifical re-definition of role and position of Protestant churches, now as powerful members of the 'establishment', are still to be explored.

Protestantism/capitalism or the spirit of capitalism(this nexus was, out of the above mentioned reasons, here excluded from the discussion), but also the nexus Protestantism/civil society and Protestantism/democracy or the spirit of political protest. My rather fragmentary reconstruction of the historical origin of the exceptionality of Korean Protestantism indicates that Protestantism indeed produced in Korea those two nexus. It became, however, equally clear that not the Protestantism as such did and could bring these accomplishments, but the uniquely given historical contingencies in East Asian context played a decisive role in enabling the Protestantism's success. But, in my opinion, there is one additional sociological, or more correctly, socio-historical aspect which might help us in understanding the specific dynamics characterizing the Korean pattern of modernization. The sociological effect of an intensive interaction, more intensive than anywhere else, between two strongly contrasting worldviews, the Protestant and the Confucian worldview.

To be sure, any religious syncretism, or mutual Incorporation of certain beliefs and practices between two religious or ethical systems, is a extremely complex process which can only be accounted for fully through consideration of a variety of historical, theological and sociological factors. But what I can and will do in the limited scope of this paper is merely to formulate a few more or less speculative hypothesis about the interaction of the two worldviews in Korea.

D. The nexus Protestantism/individualism and Confucianism[29)]

1. two ideal types of worldview

Confucianism can be, in an ideal typical way, characterized as an anthropocentric-collectivistic worldview. It is anthropocentric in the sense that it regards the existence and concerns of human beings as the central fact of the universe. In consequence of this postulate, Confucianism is basically this-worldly oriented: The thought of Confucius included no serious reflection on the supernatural, except for an impersonal divine order described as heaven. The heaven in this specific meaning does not intervene in the human affairs as long as relative order and good government persist on earth. In this sense, Confucianism is a religion without a god, based on the belief in the human being's own capacity of educational self-cultivation. The ultimate goal of self-cultivation is to become a Zhunza or a 'Gentleman'. There cannot be thus concepts like 'other-worldly salvation' or 'original sin', but only a concept of individual's 'faults' resulting from deficient education or self-cultivation.

The central pillar of Confucianism is the family. Confucianism posits the family as the primary source of social relatedness and as an organizing principle, as the fundamental unit of society(Weber, RS I). Indeed, family cohesion and continuity are taken as the foundation for sustaining the human community and the state. The primary Confucian virtue is thus filial piety and the strict observation of the ancestor-worship as its ritualistic institution. In that sense, the collectivisitic element of the Confucianism expresses itself almost exclusively in familyism.

In contrast to Confucianism, Protestantism can be characterized , again

29) Weber's famous concluding part ("Resultat": RS I: 512~536) of RS I is a good starting point of the discussion. I do not, however, offer here an exegesis of this Weber-text, but only some general and common aspects of the two worldviews.

in an ideal typical way, as a (mono-) theocentric-individualistic worldview. In order to get the main features of this worldview, we just have to, as my comment on the Protestantism in previous chapter shows, put the opposite concept for all the above mentioned aspects of Confucianism: other-worldly orientation with a belief in one absolute and omnipotent God, human beings as His creation(thus as 'creatures'), the concept of 'original sin' of human beings, hence the absolute necessity of salvation. The most crucial point of the idea of salvation, however, is that it can and should occur only on a strictly 'individual' base. That is, the organic communities like family or kinship lose, in principle (not, in practice) every relevance for the problem of redemption. The individualistic element of the Protestant worldview expresses itself almost exclusively in this concept of 'individuation of salvation' whose secularization leads then to the modern individualism.

In the following I will formulate two hypothesis about the interaction of these two worldviews, with the question in mind, how this interaction might have contributed to the specific dynamics of the Korean modernization process. The modi of interaction which will be described below could claim, if at all, validity historically and mainly for the period since 1970s when the upsurge of the Protestant converts and the extraordinary developmental dynamics of Korean society coincided with each other. Sociologically, however, the modi of interaction could be said to have been potent since the first encounter of the two worldviews at the end of 19th century.

2. individualism and collectivism: confrontation, convergence or coexistence?

First, the Protestant idea of other-worldly salvation as such and its postulate that salvation can occur only on a 'individual' base and that it thus presupposes logically a 'individualized self', met the high and strong walls of the this-worldly pragmatism and family-centered collectivism of

Confucian worldview. What took place under these circumstances? Could the Protestant individualism replace the Confucian collectivism? or vice versa? Or a convergence, or coexistence of both? Or Confucianization of Protestantism? Probably many of these things have happened simultaneously or one after another. One thing is, however, clear: individuation of salvation, and consequently the individualizing process in its genuine meaning and in full scale did not and could not realize itself in Korea. What happened, according to my hypothesis, historically and practically were two things which you may call 'convergency', syncretism, 'Confucianization' or even 'Koreanization' of the Protestantism(Kim A., 2000): firstly, the individual as the subject of salvation was substituted for by the collective, especially family(for instance, the basic unit of church-goer is not individual, but the whole family) and, as we saw above, by the nation. Secondly, and in connection with and in consequence of the first point, the other-worldliness of Protestant salvation idea was, to be sure not entirely, but substantially, transformed into a this-worldly salvation. That means that Protestantism made partly a compromise between its conception of human being as an isolated independent unit and the Confucian concept of human beings as interdependent parts of organic communities. This compromise finds its best expression in the amicable attitude of Protestantism (in contrast to Catholicism) to the problem of ancestor worship. Such compromise is in itself a common phenomenon at the encounter of different worldviews, But the specific, contingent historical situations in which Korea found itself at the time of introduction of Protestantism made out of this common phenomenon a very uncommon process. The extraordinary high proportion of Protestants under the leading figures of the March First Independence Movement of 1919 is one of the evidences for the uncommonness of convergence process in Korea which had been manifested in the secularization of salvation idea. As already mentioned above, the Protestantism as 'idea' interacted with the nationalism as 'interest' of Koreans, the quest for religious salvation was mixed, under the situation of the deprived national sovereignty, with the quest for secular (national) salvation, and both of these elements reinforced each other. And the quest for national salvation continued on even after the liberation from the Japanese rule: at the place of resurrection of national sovereignty treat now the salvation problems in the form of (1) 'physical survival(Korea remained, with GNP per capita under 100 dollars, until 1960s one of the poorest countries in the world) and (2) national survival(partition of the nation in South and North Korea and the permanent threat from North Korea).

Second, compromise was made not only by the Protestantism, but also on the side of the Korean Protestants who had been socialized beforehand through Confucianism. For the collectives (family or nation) who have substituted the individual as subjects of the salvation are not the same collectives in the traditional and Confucian sense, but collectives infiltered, consciously or not, visibly or not, through the idea of individuation of salvation or individualism as such. And this-worldliness which substituted the other-worldliness of the Protestant salvation is not this-worldliness in traditional and Confucian sense(this-world as the 'best of the possible worlds': Weber, RS I) but a this-world infiltered, consciously or not, visibly or not, through the basic other-worldly orientation of the Protestantism. All that means that there was not a simple and one-sided replacement of the individualism(in religious and secular sense) and the other-worldliness of Protestantism through the collectivism and this-worldliness, but there took place a process of incessant mutual and dynamic 'check and balance' and tension between these two worldviews without being one of them completely absorbed by the other. It is without doubt that since the imperialistic expansion of the Western from 18th century on every East Asian country was confronted with the challenge of Western type of individualism in religious or secular form. But, as I described earlier, in no one country, excepting Korea, could the Protestantism take root in such a successful and dramatic way. Thus, the mentioned process of incessant mutual and 'check and balance' between the individualistic and the collectivistic worldviewsis a uniquely Korean phenomenon. If one might condense the results of this process in one paradoxical term, it could be formulated as the 'individualized collectivism' or the collectively turned individualism.

Let's take the familyism as an example of 'individualized collectivism'. It is without any question that familyism is not a peculiar Korean phenomenon in East Asian context. What distinguishes the Korean type from other cases, however, is twofold: it has got a new dignity and justification through a new individualistic religion named Protestantism and carries the aura of a 'Holy Family'(it is of course a greatly exaggerating expression). In that sense, family can be qualified as an extended conception of the individual. Protestantism, the most individualistic religion which itself is principally indifferent and even hostile to any organic communities including family or kinship, has thus paradoxically reinforced the familyism or collectivism through elevating the family(and, partly, the nation) to the subject of salvation. Secondly, and in contradiction to the first point, the Protestant family stands under permanent pressures coming from the Protestant postulate of individuation. For the Protestantism must require individualism in terms of a individuation of salvation for its believers, if it will keep its religious identity in a logically and theologically consistent way, whereas only few Korean Protestants can practically free themselves from the all-round bonds of familyism or collectivism without bringing themselves in a state of total isolation. Thus, the Protestant postulate for the individuation of salvation, a point of no return for the Protestantism, creates a permanent tension in the psyche of the Korean believers and forces them to oscillate between the two seemingly irreconcilable alternatives. If you are asked for something which you can hardly, because of the restricting structural conditions, realize, which you at the same time can never deny or reject because the postulate of ideological (theological) consistency does not allow it, you have a social-psychological situation which produces permanent and acute anxiety and uncertainty. And the majority of Korean Protestants, the core of Korean middle class, finds themselves, according to my hypothesis, exactly in such a situation. This is similar, definitely not in substance, but only in form, to that situation, with which the dissident Christians of 16～

17. century in Western Europe had been confronted, when they protested against the 1000-year-old mighty Catholic doctrine of (through church) mediated salvation and set up at its place their own new doctrine, namely, the individuation of salvation, and founded Protestantism. This one-to-one confrontation between God and the individual produced, however, anxiety and uncertainty of unprecedented extent and intensity about the question 'Am I saved or not?' And such an extraordinary social-psychological setting was, according to Weber, one of the sources of Protestant's extraordinary, restless activism, dynamics, asceticism and their 'rationalism of world-mastery'(Weber, RS I). And it provided one of the starting points, in its 'constructive' potentials, for the emerging triangle of modernity, democracy-market economy-civil society, in its 'destructive potentials, however, for all kinds of pathologies of modernity or world-destruction'(not 'world-mastery'). It is here not in the least intended to imply any kind of comparability between the situation of the Korean Protestants and that of the Protestants in Western Europe 500 years ago. It is more a 'rhetoric' analogy than s historical or sociological one. I will indicate here only three out of these numerous crucial differences. (1) again the problem of the subject: the sufferer of the extreme anxiety and uncertainty is in Korea not the 'individual' in the sense of a totally isolated, isolated from all organic relationships, atomic being like the Protestant in Western Europe at that time, but again collective in various forms, most of all, of course. the family, or into pseudo-family transformed communities, to which also the churches themselves belong. For, as I implied already many times, the 'individual' in that Western sense and form has never been norm and could not be born in Korea, or in any other places than in Western Europe(and I am not sure — this is my 'value judgement' — if a 'rebirth' of such an individual subject in some other places is desirable for the humanity at all). (2) The question with which the Korean Protestants, in addition to 'Am I saved or not?', were confronted could be formulated as: 'Am I a Protestant or a Confucian, an individualist or a collectivist?' (3) The situations described above did not produce a 'asceticism', as they did in Western Europe, but rather a peculiar Korean form of activism, a 'fastism'

(see below).

According to my highly speculative working hypothesis, one of the sources of the specific dynamic of the Korean modernization pattern and its basically dual character, that is, its constructive as well as the destructive nature, might lie, apart from the other more concrete structural and historical factors, in the social-psychological state of permanent anxiety, uncertainty and tension created by the seemingly irreconcilable paradigms of two worldviews, individualism and collectivism. A state of Intensive anxiety, uncertainty and tension shared by the mass of a society could lead —and have led in other historical cases—to a dynamic activism in constructive sense, but just as well to a destructive activism. Koreans used to call their mode of action, mostly with critical tone, 'fast! fast!'. This 'fastism', or the relentless activism of Koreans, has surely very divergent historical and sociological origins, but could partly be traced back to the social-psychological state brought about by the permanent confrontation of heterogenous worldviews, as my hypothesis assumes. This activism, applied to political and social protest movements and economic development, might have contributed to the establishment of institutional triangle of modernity, democracy-market economy-civil society, in Korea, but just as well to the destructive pathologies of Korean society exemplified at the beginning of the paper. In that sense, the Korean way of modernization has just as many chances as risks.

E. Conclusion

It would be presumptuous for me to attempt deriving systematic implications from the 'Korean case' for a general social theory on the one hand or for a specific 'East Asian' social theoretical paradigm on the other hand. For such a task could be undertaken convincingly only in a comparative-historical framework of analysis.[30] That goes, however, clearly far beyond the scope of this paper.

What I will do instead in this concluding part is to make some rudimentary comments on merely one but crucial theoretical implication of the Korean case. This implication can be formulated in a simple way as follows: Does the modernization process of Korea confirm the universal validity of the Western 'project of modernity' or does the Korean case rather disprove it? In other words, is there only 'one' Project of Modernity which has originated in Western Europe and which will be followed, sooner or later, by all other non-Western countries ? Or are there 'multiple modernities' in terms of 'alternative projects' to the Western?

We observe recently intensive and controversial discourses on this issue. I would simplify these highly complicated controversies into two camps: (1) the 'universalists' camp asserting 'the-one-modernity', certainly with 'eurocentric' implications. This position is represented in a classical way by the so called 'modernization theory' a la T. Parsons and seems to be lately reinforced with the breakdown of the socialistic blocks and the globalization process. (2) the second camp in this controversy consists of 'relativists' asserting the 'multiple modernities' in the sense mentioned above, very often with anti-eurocentric sentiments. My own position regarding the issue can be characterized as a 'relativistic universalism':[31) according to this position, the 'modernity' is singular, not plural, in the sense that there is only one 'Project of Modernity' conceived and originated in Western Europe as a whole(not one country or region of it) around 16~17. century.[32) This project is, on the one hand, equipped with

30) The classical and unsurpassed model of such a framework is Max Webers comparative historical sociology.

31) I think this is also the basic position of Max Weber concerning this issue. But I can not discuss it here.

32) Historically, the Western Europe has born the Modernity not because it was superior to other main civilizations. On the contrary, all the historical evidences which have been in the mean time accumulated in the realm of comparative researches speak for a distinctively 'inferior' civilizational position of Western Europe at the dawn of modern time, especially in comparison to China(Frank, 1998) This backwardness concerned economic, technical, political and, last but not least, ideological-

a few highly abstract conceptions of basic universalistic values(e.g. liberty, equality, solidarity) and of universalistic institutional framework(which I called above the 'triangle of modernity') for the implementation of the basic value catalog. On the other hand, however, it reveals a vast amount of 'vacant' items related to the crucial 'concrete' strategies of implementations. In so far, the Project is a very crude and rudimentary 'blueprint', on which alone nobody would be able to construct a 'modern' house and which requires thus, if it should serve as a practicable blueprint for the construction of a modern house, an enormous work of supplementing interpretations, relocation and recombination of the constitutive value elements(eg. more liberty or more equality or more solidarity? or which other combinations of these values? etc.) and institutional arrangements. In this regard, all the modernization processes after the initial start, including — I have to stress this point — the modernization processes of the individual European countries(Germany, France, Italy, USA etc.) are merely 'variations' or, depending on the specific historical conditions, various interpretations of the original conception (in the sense of 'pregnancy') of the one Project Modernity. That means, there are no European, American, East Asian or socialistic modernities as alternative and particular 'projects' of modernity, but only the European, American, East Asian or socialistic 'variations' of the one 'Project of Modernity'. And each of these variations is 'sovereign' against the original Project of Modernity.

If it is allowed to illustrate this position by an allegory, I would say that the original 'Project of Modernity' is like an orphan. To be sure, its parents can be, as already mentioned, identified as the whole Western Europe in 16~17. century with its uniquely given historical conditions. As, however, nobody planned or intended the child, especially not the

---

intellectual niveaus of Western Europe. Illuminating for the last point is the first reaction of Korean Confucian intellectuals when they encountered with the Christianity(Catholiscism in this case) for the first time in the middle of 18. century. The Confucian scholars, these highly rationalistic 'humanists', accused the Christianity of 'the use of magic spells and incantations' and regarded it as a magical and primitive religion with many 'fairly-tale' like absurdities(Min, 1999).

dominant elite powers at that time(on the contrary, these powers did their best, as soon as it was 'conceived', to abort it, but failed to do that), the child was, so to say, discarded by its parents and became an orphan who could be picked up and adopted by anyone ready to do it. How to grow it up, however, depended substantially on the resources(historical traditions and present capacities) of the adopt-parents. And this is valid also for the 'forced' adoptions of it, as is the case with all non-Western civilizations. For the adoption itself can surely be forced, but not how to grow the adopted child up, because the adopt-parents can raise it only within the limit of their own resources(traditions, historical conditions etc.). This is a allegorical description of what I meant by the 'one-project', but the 'sovereignty' of 'many variations' of modernity. The latter point leads us to the 'relativistic' side of my understanding of the modernity.

The 'relativistic' aspect of my position finds its expression in the great emphasis, much greater than the 'universalists' incline to do, put on the relevance or even 'sovereignty' of the 'variations'. This relativistic position is justified most of all by the state and character of the original 'Project Modernity' as mentioned above: it is so rudimentary and so much in needs of interpretation that no one country or civilization could ever claim to have realized it in its original form. Thus, every variation has its own value and 'sovereignty' and it should be thus respected and supported as long as it adheres to the few constitutive principles of the original 'Project of Modernity'.

In sum, I would accept the 'eurocentrism' as long as it confines itself to the historical 'origin' of the modernity. And nobody would ever envy Western Europe for its original 'birth-right' for modernity if he gets familiar with the awful parturient pains which it had to go through at the birth of modernity in the 16～17. century[33] and to which not only the

33) this was basically a process of breaking up radically and suddenly with the thousands of years old 'traditionalism'(not just with some particular 'traditions', but with the traditional way of thinking and conduction as such).

external conflicts like the decades long cruelest religious wars belonged, but also the internal, psychological tensions, anxieties and uncertainties of unprecedented intensity which were imposed on the emerging 'modern individual', as I described it above for the European Protestants at that time.[34)]

But I reject all kinds of 'eurocentrism' if it claims not only to have born the original 'Projcct Modernity', but also to be the only possible 'variation' of it. To such an eurocentrist I would cite Max Weber's remark at the end of "The Protestant Ethic and the Spirit of Capitalism": " … this nothing (Weber means here 'the last men' — 'specialists without spirit, hedonists without heart' — of the Western capitalistic development: Chon) fancies himself to have ascended a stage which could never have been reached before by the humanity"(RS I: 204) .

In my opinion, the Korean 'variation' of the modernization process with its extraordinary constructive just as well as destructive potentials contains

34) with 'envy', on the contrary, rather with relief I myself grant the Western Europe the 'birth-right'. I would namely prefer 'adoption' to taking the pains of birth for myself. For, in opposition to those who believe that the child should not have been born at all, I have sympathy for this wonderfully ambiguous child and I would wish that it should have been born, if not in Western Europe, then in some other places. Actually, there have been divergent scents of modernity in other civilizations, especially in China since 11. century. That is, they have also conceived (in the sense of 'becoming pregnant') the modernity, but most of them aborted the fetus of modernity in the course of pregnancy. Why? To indicate only one major factor: following, at least concerning China, Max Weber I would assert that the Chinese political structure(not so much out of economical or technical reasons, for in this regard China has been, as mentioned above, far superior to Western Europe almost until the middle of 19. century) was in a crucial way responsible for that. As Max Weber argues so convincingly in his *Confucianism and Taoism* (RS I), the power interests of the elite strata of centralistic patrimonial bureaucratic state did suffocate any fetus of modernity which could threat their power interests. In Europe, there was not such a centralistic power when the modernity was conceived. Rather, there vied plural power blocks for a hegemonic position in Europe which provided unwittingly favorable conditions for the survival of the fetus of the modernity(Weber, RS I).

some interesting implications which indicate the basic historical and theoretical flaws of such an eurocentric claim just mentioned. I cannot, however, discuss these implications in this paper and must suspend the task for another opportunity.

References

works of Max Weber

Weber, M., 1976, *Wirtschaft und Gesellschaft* (WG), Studienausgabe, J. C. B. Mohr Tübingen.

______, 1980, *Gesammelte Politische Schriften* (PS), J. C. B. Mohr Tübingen.

______, 1973, *Gesammelte Aufsätze zur Wissenschaftslehre* (WL), J. C. B. Mohr Tübingen.

______, 1978, *Gesammelte Aaufsätze zur Religionssoziologie I, II, III* (RS I, II, III), J. C. B. Mohr Tübingen.

______, 1904/5, *Die protestantische Ethik und der Geist des Kapitalismus I, II* (PE I and II).

______, 1981, *Wirtschaftsgeschichte* (Wirts.), Duncker und Humblot/Berlin.

______, 1924, *Gesammmelte Aufsätze zur Soziologie und Sozialpolitik* (GASS), J. C. B. Mohr Tübingen.

other references

강위조, 1977, 《일본통치하의 한국의 종교와 정치》, 대한기독교 서회.

김승태, 1989, "종교인의 삼일운동 참여와 기독교의 역할", 〈한국기독교역사연구〉, 25호.

김중기, 1982, 《한국 종교 성장과 신앙 양태에 대한 조사연구》, 현대사회연구소.
민경배, 1982, 《한국 기독교회사》, 대한기독교 출판사.
______, 1991, 《일제하의 한국 기독교 민족 신앙 운동사》, 대한기독교 서회.
______, 1999, 《한국 기독교》, 청목.
유홍렬, 1962, 《한국 천주교회사》, 가톨릭출판사.
조성혁, 1981, 《도시신업 선교 인식》, 민중사.

Bays, D. H. (ed.), 1996, *Christianity in China: From the Eightennth Century to the Present*, Stanford.
Cameron, K., 2003, "Sovereignity of the perverse: democratic subjectivity and Calvin's doctrine of predestination", *Literature and Psychology 9/22.*
Cha, S-H., 2003, "Myth and Reality in the Discourse of Confucian Capitalism in Korea", *Asian Survey 43* (3), 485 - 506.
Chang, K-S., 1999, "Compressed Modernity and Its Discontents: South Korean Society in Transition", *Economy and Society 28* (1), 30~55.
Chang, Y-S., 1998, "The Progressive Christian Church and democracy in South Korea", *Journal of Church and State 3/22.*
Chon, S-U., 1985, *Die Stadtkonzeption Max Webers: Eine Studie zur Entwicklung des okzidentalen Bürgertums*, Edition Herodot.
Chung, C-S., 1995, *A Korean Confucian Encounter with the Modern World: Yi Hang and the West*, Berkely.
Clark, D., 2003, *Living Democracy in Korea: the Western Experience 1900~1950*, Norwalk.
Diamond, L., Kum, B-K. (eds.), 2000, *Consolidation Democracy in South Korea*, New York.
Encarnation, O. G., 2000, "Tocqueville's Missionairis: Civil Society Advocacy and the Promotion of Democracy", *World Policy Journal 3/22.*
Frank, A. G., 1998, *Reorient: Global economy in the Asian Age*, University of Californian Press.
Grayson, J. H., 1985, *Early Buddhism and Christianity in Korea*, Leiden.
Hong, Y-G., 2003, "Encounter with Modernity: the 'Mcdonaldization' and 'Charismatization' of Korean mega-churches", *International Review of*

Mission 4/1.

Hunt Jr., E. N., 1980, *Protestant Pioneers in Korea*, New York.

Kim, A. E., 1995a, "Korean Religious Culture and Its Affinity to Christianity: The Rise of Protestant Christianity in South Korea", *Sociology of Religion 61* (2).

______, 1995b, "A History of Christianity in Korea: From its troubles beginning to its contemporary Success", *Korea Journal 35* (2).

______, 2000a, "Political Insecurity, Social Chaos, Religious Void and the Rise of Protestantism in Late Ninetennth Century Korea", *Social History 26* (3).

______, 2000b, "Christianity, Shamanism, and Modernization in South Korea", *Cross Currents 3* (22).

______, 2001, "The Rise of Protestantism in Contemporary South Korea: Non-Religious Factors in Conversion", *Review of Korean Studies 5* (1).

Kim, N., 1993, "The Politics of Religion in South Korea, 1974-89: The Catholic Church's Political Opposition to the Authoritarian State", Ph. D. diss. University of Washington.

Kim, S-H., 2005, *Max Weber's Politics of Civil Society*, Cambridge University Press.

Lee, B-C. (ed.), 2003, *Developmental Dictatorship and the Park Chung Hee Era: The Shaping of Modernity in the Republic of Korea*, Kangwon National University.

Lee, C-S., 1965, *Politics of Korean Nationalism*, Berkeley, University of California Press.

Lee, T-S., 1996, "Born Again in Korea: The Rise and Character of Revivalism in (south) Korea, 1885-1988", Ph. d. diss., University of Chicago.

______, 2000, "A Political Factor in the Rise of Protestantism in Korea: Protestantism and the 1919 March First Movement", *Church History* 3/1.

Lehmann, H., 1996, *Max Webers Protestantische Ethik*, Göttingen.

Lehmann, H., Roth, G., 1993, *Weber's Protestant Ethic*, Cambridge University Press.

Niesen, F., 2001, "The Beloved Myth: Protestantism and the Rise of Industrial Capitalism in NInereenth Century Europe", *Social Forces 12* (1).

Park, L., George, 1970 (org. 1927), "The History of Protestant Missions in Korea: 1832-1910", Yonsei University (reprint).

Park, C-S., 2003, *Protestantism and Politics in Korea*, Seattle.

Park, G-S., 2003, "Nationalism, Confucianism, Work Ethic and Industrialization in South Korea", *Journal of Contemporary Asia 3* (1).

Roth, G., 1992, *Max Weber und seine Protestantische Ethik*, Düsseldorf.

______, 2001, "Max Webers deutsch-englische Familiengeschichte 1800~1950", Mit Briefen und Dokumenten, Mohr-Siebeck.

Scheiner, I., 1970, *Christian Converts and Social Protest in Japan*, Berkeley.

Schluchter, W., 1988, *Religion und Lebensführung*, *vol. 1*, Suhrkamp Verlag.

Shin, G-H., 1998, *The Crisis and Worker's Movement in South Korea*, London.

Smelser, N. J., 1994, *Sociology*, Blackwell.

Weber, M., 1978 (org. 1921), *Gesammelte Aufsätze zur Religionssoziologie* 3 Bde. 5. Aufl. Tübingen: J. C. B. Mohr.

______, 1980 (org. 1921), *Gesammelt Politische Schriften*, 4. Aufl. Tübingen: J. C. B. Mohr.

Wells, K. M., 1990, *New God, New Nation: Protestants and Self-Recontruction Nationalism in Korea, 1896~1937*. Honolulu.

Yee, J-Y., 1998, "Risk-Society as a system failure: Sociological Analysis of Accidents in Korea", *Korean Journal 38* (1).

Ⅲ. 막스 베버의 중국 연구

— 비교사회학적 재구성*

1. 서론

필자는 이 글에서 막스 베버의 중국 연구에 내재된 몇 가지 문화비교론적 관점들을 재구성하고자 한다.[1] 필자의 분석은 두 가지 서로 연관된 주제에 집중될 것이다: ① 서구-비서구(중점은 중국) 문명권에 대한 비교론적 관점에서 본 베버의 자본주의론, ② 서구-비서구(중점은 중국) 문명권에 대한 비교론적 관점에서 본 베버의 지배구조론 및 세계상구조론이 그것이다. 베버는 이 주제들을 서구 시민계층, 도시 및 자본주의의 역사적 발전과정에 초점을 맞추어 비교사회학적으로 분석한다. 필자는 베버의 이러한 접근방식에 충실하고자 하는바, 따라서 문화비교의 전문 방법론적 관점들은 상대적으로 간략히 다룰 것이며 베버의

* 이 논문은 독일 사회학 전문 학술지 *Soziale Welt*, Sonderband 8, 1992, 115 143쪽에 수록된 필자의 논문 "Max Webers China-Studie: ein Beispiel des Kulturvergleichs"을 번역한 것이다.

1) 논문의 후반부에서는 베버의 여타 종교사회학적 저술들도 일부 분석할 것이다.

비교모델에 대한 다른 방법론적 대안모델들 역시 논의에서 제외할 것이다. 이 논문이 가진 또 하나의 중요한 한계는, 특히 중국학 및 인도학 전문가들이 그동안 축적된 역사적 연구의 성과에 기초하여 베버의 중국 및 인도 연구에 가한 엄밀한 역사학적 비판들도 참조하지 못했다는 점이다.[2] 이것은 필자의 관련 분야에 대한 전문지식의 한계 및 지면의 제한 때문에 불가피한 측면도 있지만, 앞으로 반드시 보완되어야 할 점이다. 한마디로 아래 분석은 다소간 '베버-내재적' 해석의 성격을 띠며 매우 소박한 목표, 즉 베버에게서 비교론적 시각이 역사사회학적 인식의 확장과 심화에 어떤 방식으로 기여하는지를 예시하고자 하는 소박한 목표를 가지고 있을 뿐이다.

우선 지적할 점은, 〈유교와 도교〉[3]라는 명칭을 가진 베버의 중국 연구는 외견상 '문화비교'라는 형태를 갖추고 있지는 않다는 점이다. 즉, 베버는 여기서 중국문화를 다른 문화들과 체계적으로 비교하는 것은 아니다. 예컨대 제 8장과 마지막 장을 제외하면 어떤 장의 제목도 명시적

---

2) 이러한 비판에 대해서는 W. Schluchter 편, 1983, *Max Webers Studie über Konfuzianismus und Taoismus*, Frankfurt/M, 그리고 1984, *Max Webers Studie über HInduismus und Buddhismus*, Frankfurt/M을 참조할 것.

3) 〈유교와 도교〉 집필사에 관해서는 W. Schluchter, 1983, 11쪽 참조. 필자의 분석은 텍스트상으로, 1915년에 발표된 초판에 비할 때 거의 두 배로 늘어난 1920년 확장판, 그중에서도 특히 제 1부 "사회학적 기반"에 준거한다. "사회학적 기반"은 베버 연구자들이 지금까지 상대적으로 덜 다루어온 부분이다. 그러나 필자가 보기에 베버의 비교론적 모델을 이해하는 데 "사회학적 기반"은 결정적으로 중요하다. 아래에서 필자는 두 가지 출판본을 사용하였다: *Gesammelte Aufsätze zur Religionssoziologie*, 3Bde., Tübingen 1920(앞으로 축약: RS I, II, III) 그리고 *Max Weber Gesamtausgabe, Band I/19*, *Die Wirtschaftsethik der Weltreligione*. *Konfuzianismus und Taoismus*, Tübingen 1989(앞으로 축약 MWG I/19). 베버 인용문 내의 모든 강조체는 베버 자신의 강조이다.

으로 문화비교를 언급하지 않는다. 그러나 다른 한편으로, 베버는 〈유교와 도교〉가 수록된 그의 방대한 종교사회학 논문집인 《세계종교의 경제윤리》의 성격을 1915년 초판에서는 아직 단지 "종교사회학적 소묘"라고 표현하였을 뿐이지만 최종판인 1920년 판에서는 명시적으로 "비교 종교사회학적 시도"라고 규정한다. 아니나 다를까 그의 중국 연구의 실질적 분석내용은 비교로 넘친다. 물론, 앞서 지적했듯이, 이 비교들은 어떤 하나의 체계적·비교론적 원칙에 따른 것이라기보다는 그때그때의 주제가 요구하는 비교 필요성을 따르고 있기는 하지만 말이다. 바로 이 점 때문에 베버 중국 연구를 '비교론적 방법'이라는 시각에서 재구성하는 것은 지난하고 또 자칫 함정에 빠질 위험이 넘치는 작업이 될 수밖에 없다.

아래에서는[4] 우선 사회학자로서의 베버가 문화비교라는 문제에 대

---

4) 앞서 지적했듯이, 지면의 제약상 필자는 아래에서 베버 해석 전반 및 그의 종교사회학에 대한 그간의 2차 연구서들을 체계적으로 평가하고 참고하는 작업은 포기한 채 베버 원전 텍스트 자체에 대한 논의에 집중할 수밖에 없었다. 베버 저작 전반에 대한 총체적 해석에 대해서는 무엇보다도 볼프강 슈르흐터(Wolfgang Schluchter)의 탁월한 저서인 *Religion und Lebensführung*, 2. Bde. (1988, Frankfurt/M.)를 추천한다. 특히 베버 방법론 분야에서 여전히 풍성한 지적 자극을 주는 연구서로는 텐부룩(Friedrich Tenbruck)의 "Das Werk Max Webers", *KZfSS*, *27*(1975), 663ff를 들 수 있다. 베버 연구현황에 대해서는 J. Weiß(Hg.), *Max Weber heute*(1989, Frankfurt/M.), 역사가로서의 베버에 대한 평가서로는 콕카〔J. Kocka(Hg.)〕의 *Max Weber, der Historiker*(1986, Göttingen), 베버 역사사회학의 수용사에 관해서는 찡게를레(A. Zingerle)의 *Max Webers historische Soziologie*(1981, Darmstadt) 등을 참조할 것. 필자가 요아힘 마테스(Joachim Matthes)와 베버의 문화비교 모델에 대해 지속적으로 나누었던 대화는 나에게 수많은 영감을 제공하였으며 이 모델에 대한 필자의 본격적 성찰의 계기가 되었다. 이 자리를 빌려 마테스 교수에게 깊은 감사와 경의를 표하고자 한다.

해 어떻게 접근하였는가 라는 방법론적 문제를 매우 단순한 3가지 관점에서 서술하고자 한다: (1) 베버는 "왜" 비교하는가? (2) 베버는 "무엇을" 비교하는가? (3) 베버는 "어떻게" 비교하는가? 즉 비교의 목적, 대상 및 방법이라는 관점이 그것이다. 물론 비교의 목적, 대상 및 방법이라는 일반적 문제들은 지극히 복합적이고 논쟁적인 관점들 — 이론적 그리고 실질적 성격의 관점들 — 을 내포한다. 그러나 여기서는 이러한 문제들을 다룰 여유가 없는바, 필자는 아래에서 단지 몇 가지 베버 텍스트의 내재적인 관점들을 약술하는 것에 그치고자 한다.

앞서 제기한 3가지 문제들에 대해 구체적으로 논의하기 전에 필자는 베버의 사회학적 프로그램의 전반적 성격을 간략히 서술하고자 한다. 이 프로그램의 핵심은 아래와 같은 3가지 명제로 압축될 수 있다.

(1) 사회 및 역사현상에 대한 접근에서 베버는 모든 종류의 '형이상학적' 또는 '인류학적' 가정(예컨대 '민족정신', '인종적 자질'), 또는 역사철학적 내지 목적론적 가정(예컨대 관념론적 또는 유물론적 성격의 단선적 진화론)을 배제하며, 사회적 현상은 항상 '역사적으로 형성된 것' 그리고 '사회학적으로 구조화된 것'으로 간주한다. 문화적 그리고 사회적 현상들이 가진 이와 같은 근본적으로 '역사적' 성격에 대해 베버는, 가령 중국문화와 서구문화의 비교와 관련하여, 아래와 같이 진술한다.

> 그러나 우리에게(즉 예컨대 인류학자 또는 역사철학자와는 달리 우리 사회학자에게: 전성우) 중요한 것은, 매우 쉽게 관찰할 수 있고, 저명한 중국학 전문가들도 그 타당성을 인정하는 아래와 같은 사실이다: 즉 역사를 과거로 거슬러 올라가면 갈수록 중국인과 중국문화는 (여기서 우리에게 중요한 속성들에서) 서구에서도 발견될 수 있는 것들과 점점 더 유사해진다는 관찰이 그것이다. 민속신앙, 고대의 은둔자, 시경의 가장 오래된 가

요들, 고대 전쟁군주들, 철학 학파들 간의 대립, 봉건주의 등뿐만 아니라 춘추전국시대의 자본주의적 발전의 씨앗들 등은, 유교적 중국문화 특유의 속성들이라고 간주되는 것보다는 오히려 서구적 현상들과 훨씬 유사한 것으로 보인다(MWG I/19: 455).

(2) 그러나 우리는 베버의 이러한 '역사 준거적' 입장을 '역사주의적' 입장과 혼동해서는 안 된다. 왜냐하면 베버에 의하면, 앞의 인용문이 암시하듯이, 역사에서는 항상 보편적-사회학적 기제들도 작동하기 때문이다. 따라서 중요한 것은, 이러한 보편적-사회학적 기제들이 특수한 역사적 조건하에서 작동하는 방식이다. 다시 말해, 베버는 보편적 기제들의 의미와 역할을 부인하는 것이 아닐 뿐더러, 베버의 분석에서 그러한 보편적 기제들은 중심적 기능을 수행한다. 실제로 베버는 그가 다루는 중대한 문제들에서 일단은 모든 문화발전이 공통적으로 던지는 보편적 문제 및 그 문제의 해결에 투입된 사회학적 기제들에서 출발한다. 그러나 그 다음 단계에서 베버는, 어떻게 이러한 기제들이 각각의 특수한 '역사적' 조건하에서 때로는 다르게, 때로는 유사하게 작동하는지를 묻는다(MWG I/19: 93). 요약하자면, 베버의 비교사회학적 접근방식의 목표는 보편적·사회학적 기제들과 역사적 특수조건들 간의 상호작용을 체계적으로 규명하는 것이다. 물론 여기서 '보편적'이라는 개념은 '예외 없는', '법칙적', 또는 '결정론적'이라는 의미로 사용된 것이 아니라 '유사한 조건하에서 보편사적으로 광범위하게 퍼져 있다'는 의미, 또는 특정한 조건들은 특정한 기제들과 '선택적 친화력'을 가지는 경향이 있다는, 제한된 의미로 이해되어야 한다.

(3) 이렇게 볼 때 베버의 연구방식은 아래 두 가지 입장과는 상반된다. 첫째, 그의 입장은 다양한 문화들이 "현실적으로 가진 모든 질적인

차이들"은 궁극적으로 '보편적 법칙들'로 환원될 수 있다는 입장 또는 "개별요인들의 혼합관계의 순전히 양적인 차이들"(MWG I/19: 117)로 환원되거나 수렴될 수 있다는 입장에 상반되며 따라서 베버는 모든 종류의 '법칙 과학적 환원론'을 거부한다. 둘째, 그의 입장은 모든 문화적 현상들은 유일무이하고 따라서 개별 문화는 단지 그것의 독자성에서만 이해될 수 있으며 그 결과 역사적 과정들에 대한 어떠한 일반적 규칙들도 정립될 수 없다는 입장에 상반되며 따라서 베버는 엄격한 의미에서의 '역사주의'를 거부한다.

위 서술을 근거로 베버 프로그램에 깔린 기본 전제를 한마디로 압축하자면, 모든 문화는 보편적 요소와 기제들의 특수한 조합 내지 배치를 보여준다는 것이다. 이에 상응하여 역사적 · 비교론적 사회학은, 한편으로는 사회학적-보편적 "규칙성들"(*Regelmässigkeiten*: 이것은 보편적 기제들을 표현하는 베버의 개념이다)을 확인하는 과제('사회학적' 인식관심)와 다른 한편으로는 특수한 역사적 조건들 및 이 조건들과 '규칙성들'간의 상호작용 관계를 규명해내는 과제('역사적' 인식관심)를 서로 결합시켜 함께 풀어내야 한다. 아래에서 논의될 3가지 방법론적 문제들은 베버의 역사적 · 비교론적 사회학이 가진 이러한 기본성격을 구체화한 것이다.

2. 비교목적

우리는 문화들을 이들 간의 차이를 확인하기 위해, 아니면 공통점을 확인하기 위해 비교할 수 있다. 이 두 가지 모두 정당한 목적 중 어느 것을 택하느냐 하는 것은 당연히 우리가 가진 근본적 인식관심에 달려 있다. 만약 우리가 하나의 체계적 역사이론 또는 사회이론의 구축에 관심을 가지고 있다면, 우리는 이들의 차이보다는 공통점 및 이들의 공통된 발전경향을 찾아내고 또 이것을 강조할 것이다. 이럴 경우 개개 문화는 일반 이론적 가설의 타당성을 지지하는 '사례들'로 취급될 것이다. 이에 반해 우리의 인식관심이 해당 문화의 고유성을 '이해'하는 데 있다면 우리는 당연히 이런 고유성을 발생하게 하는 차별적 요인들을 확인하는 데 주력할 것이다. 이럴 경우 개개 문화는 어떤 일반 이론적 모델의 타당성을 입증하는 '사례'가 아니라 그 자체로서 타당한 독자적 개체로 취급될 것이다(물론 인식관심에 대한 상기한 구분은 단지 분석적 · 유형론적 구분이지 실제 연구활동에서 엄격히 준수될 수 있는 구분이 아님은 자명하다).

그럼 베버의 문화비교에서 그의 인식관심은 무엇인가? 베버는 그의 역사적 비교분석에서 하나의 일반적 역사 또는 사회이론의 구축을 지향하지 않는다. 이것은, 일반이론 구성의 가능성 자체에 대한 베버의 회의에 기인한다기보다는 이런 이론의 유용성과 의미에 대한 그의 회의에 기인한다. 그렇다고 베버가, 앞서 지적했듯이, 모든 시대와 문화는 각각 유일무이한 고유성을 가지고 있으며 따라서 우리는 단지 '실제로 어떠했는지'를 '서술'할 수 있을 뿐이라고 주장하는 역사주의에 찬동하는 것도 아니다. 베버의 입장은 '이론적' 그리고 '역사적' 관심의 결합을 그 특징으로 한다. 그의 모델에서 역사적 관심은 일종의 통제역할을 하는 규제장치인바, 이 장치는 분석대상인 문화현상이 특정한 일반이론을 입증하는 하나의 '사례'로 성급히 수렴되어버리는 것을 방지하는 기능을 가지고 있으며, 따라서 그의 역사적 관심은 일차적으로 문화들 간의 차이와 고유성의 확인을 지향한다.

다른 한편, 베버의 사회학적·이론적 관심은 다음과 같은 위험을 방지하는 역할을 한다: 문화비교가 단순히 개개 문화가 가진 역사적 특수성들을 확인하고 서술하는 것으로 만족해버리게 되는 위험, 다시 말해 아래와 같은 진부하지만 올바른 진리, 즉 "나라마다 관습은 다르게 마련이다"라는 진리를 확인하는 것으로 끝나버릴 위험이 그것이다. 왜냐하면 이론적·사회학적 관심은 단순한 '서술'이 아니라 '설명', 다시 말해 '왜 관습이 다른가'라는 것에 대한 '설명' 요구를 내포하기 때문이다. 따라서 '설명'의 차원에서는 보편적 문제맥락들과 기제들이 전면에 나서게 된다. 이러한 입장을 베버는 아래와 같이 표현한다:

> "경험적 현상을 예시적으로 활용하여 이론적 구성체를 만드는 것"이 아니라 이론적 개념들을 관념상의 한계상황들로 이용하여 역사적 연구를 수행하는 것(WL: 205).

이론적 관심과 역사적 관심의 이러한 결합은 베버가 추적하는 핵심적 '설명문제'에서 표출되는바, 두 개의 차원을 가진 이 문제는 그의 모든 문화비교적 분석들을 인도한다. 따라서 우리는 베버의 모델을 2차원적 그리고 문제 준거적 문화비교 모델이라고 규정할 수 있다. 그런데 베버의 '설명문제'가 가진 특이성 또는, 많은 학자들이 주장하듯이, '결함'은 베버가 이론적 관점에서나 역사적 관점에서 이 '설명문제'를 자기 자신의 문화를 잣대로, 즉 '유럽중심적으로' 구성한다는 점이다(RS I: 13, 265). 이와 함께 제기되는 논쟁점들, 즉 '유럽중심주의', '자민족 중심주의', '부정적 논리' 등은 여기서 일단 논외로 하고, 그 대신 필자는 베버의 비교론적 연구들뿐만 아니라 그의 사회학 전반을 관통하는 '설명문제'의 내용이 무엇인지를 서술하고자 한다. 이 설명문제의 이론적 차원은, 잘 알려져 있다시피, '합리성' 및 '합리화 과정' 현상과 연관되어 있고, 역사적 차원은 근대 자본주의 발생과정과 연관되어 있다. 그리고 두말할 나위도 없이 이 두 가지 문제맥락은 밀접하게 상호 연결되어 있다. 이 점을 우리는 베버의 비교론적 종교사회학 연구 프로그램('중국 연구'는 그 일부분이다)에서도 확인할 수 있다. 우선 이 프로그램의 '이론적' 인식관심을 살펴보면, 베버는 이를 "서구 합리주의의 특색(*Eigenart*), 그리고 이 합리주의 중에서도 근대적 서구 합리주의의 특색을 인식하고 이 특색의 발생을 설명하는 것"(RS I: 12) 이라고 규정한다. 그런데 베버의 이러한 이론적 '설명문제'는 직접적으로 '역사적' 설명문제 즉 자본주의 발생 주제와 연관되어 있다. 왜냐하면 자본주의는 "16~17세기 이래 서구에 정착한 시민적 생활합리화 방식의 한 부분현상"(RS I: 265) 이기 때문이다. 다시 말해, 서구적 합리성과 자본주의의 특색을 인식하고 그 발생과정을 설명하는 것은 비단 이와 직접적으로 연관된 베버의 연구 — 그중 가장 유명한 것이 그의 "프로테스탄티즘의 윤리와 자본주의 정신" 논문이다 — 뿐 아니라 그의 중국 또는 인도 연구의 궁극적 인식목표이기도 하다.

이렇게 볼 때, 베버는 타 문화들의 역사를 비교분석하면서도 사실은 이 타문화들을 주로 서구문화권을 비춰보는 거울로 사용하고 있다. 이러한 접근방식으로 인해 베버가 타 문화들의 역사를, 적어도 특정 부분에서는, 얼마나 왜곡되고 잘못된 방식으로 해석하게 되었는지에 대해서는 베버 저작들을 엄밀히 분석한 많은 해당 분야 전문학자들이 지적하였으며 이런 비판은 전적으로 타당한 것이다. 그러나 여기서 필자의 관심사는 이러한 자명한 문제점이라기보다는 아래와 같은 질문이다. 즉, 상기한 바와 같은, 발견적(*heuristic*) 의미와 목적에서의 '유럽중심적' 시각[5]이 적어도 베버 자신에게는 충분한 성과를 주었는지 라는 질문이 그것이다.

우선, 베버의 상기한 접근방식이 그의 중국 연구에 관련하여 낳는 결과는, 그가 "왜 중국은 자생적으로 자본주의를 발전시키지 못했는가"라는 '부정적' 문제제기에서 출발하게 된다는 것이다. 물론, 위의 질문이 중국 또는 다른 어떤 서구 외의 문화가, 역사적으로 서구에서 먼저 발현한 자본주의체제를 수용하고 또 소화할 능력이 부족하다는 뜻을 내포하는 것은 결코 아니다. 이것은 베버의 아래와 같은 진술에서 명백히 드러난다:

> 중국인들은 앞으로 분명히, 근대문화지역(즉 서구)에서 기술적·경제적으로 완숙하게 발전된 자본주의를 일본인만큼, 아니 아마도 일본인들보다 더 잘 습득할 능력을 갖추게 될 것이다. 중국인들이 자본주의적 요구조건들에 대해 천성적으로 '자질이 없다'고는 분명 감히 어느 누구도 생각하지 못할 것이다(RS I: 535).

다시 말해, 중국 연구에서 베버가 제기하는 문제는, 서구에서 미리 정립된 자본주의가 중국 또는 다른 어떤 곳으로 이식될 가능성이 있는지 여부가 아니다. 그의 관심사는 다음과 같은 현상, 즉 왜 중국 또는 다른 문화권 그리고 다른 역사적 시기에는 자생적인 '자본주의적 전환'이 일어나지 않았는가 라는 문제이다. 이 문제를 베버는 아래와 같이 서술한다:

---

5) 물론 베버의 경우에도 그의 유럽중심주의가 이데올로기적 또는 심지어 권력 정치적 함의를 가지고 있었음은 부인할 수 없지만 여기서는 일단 논외로 한다.

> … 자본주의의 발생에 서구보다는 외적으로 유리한 지극히 다양한 조건들을 갖추었음에도 불구하고 중국은 자본주의를 창출하지 않았으며, 이것은 서양과 동방의 고대, 또는 인도 및 이슬람권의 경우에도 마찬가지였다. 비록 이 지역들 각각에서는 중국과는 다른, 그러나 여전히 자본주의 발생에 유리한 조건들이 조성되었던 것처럼 보이지만 말이다(RS I: 535).

이 현상은 분명 '설명'이 필요한바, 베버는 그중에서도 중국의 경우 설명의 필요성이 특별히 크다고 본다. 왜냐하면 중국의 경우, 순전히 경제적 조건들만 두고 볼 때는, 자생적 자본주의적 발전에 유리한 여건들이 존재했음에도 불구하고, 이 여건들은 단순히 근대적 형태의 자본주의를 창출하지 않았을 뿐 아니라 더 나아가 오히려 반자본주의적·전통주의적 경향을 더욱더 강화하는 역할을 했다고 베버는 판단하기 때문이다. 베버는 이를 입증하는 두 가지 상황을 지적한다:

> 첫째 … 귀금속 보유량의 매우 높은 증가는 화폐경제의 발전을 일정 정도 촉진하였는바, 이것은 특히 재정 분야에서 그러했다. 그러나 이러한 화폐경제의 발전은 전통주의를 깨트리는 것이 아니라 오히려 전통주의를 명백히 강화하는 과정과 동시에 진행되었으며, 그것은 자본주의적 경향들을, 우리가 확인할 수 있는 한, 결코 주목할 만한 수준으로 강화하지는 않았다. 둘째, 인구가 엄청나게 증가했지만, 이것 역시 경제를 자본주의적으로 전환시키는 자극제가 되지도 않았고 또 경제가 인구증가로부터 발전동력을 얻지도 않았다. 즉, 인구증가 역시 경제의 (후퇴는 아니지만 적어도!) 정체상태와 병행했던 것이다. 이것은 설명이 필요한 현상이다(MWG I/19: 147·148).

상기한 현상이 베버에게는 "핵심문제"(MWG I/19: 217)이다: 중국인들의 '태생적 자질'을 보든, 17~18세기 중국의 경제적 여건들을 보든 중국 사회는 근대 자본주의를 자생적으로 발전시키기에 매우 유리한 상황이었음에도 불구하고 중국은 그렇게 하지 못했다. 베버의 문제제기 방식이 암시하는 대로, 그의 분석이 지향하는 바는 중국의 상기한 상황을 그 자체로 단지 '서술'하고 '이해'하는 것이 아니라 이 상황을 인과적으로 '설명'하는 것이다. 동시에 베버는 여기서 이미 인과연쇄의 일정한 위계구조를 암시하고 있다. 즉, 그는 특정한 인과요인들을 특별히 부각시키려 하는 것이다. 베버가 이 특정 인과요인들을 종교적 영역에서 찾고 있다는 점은 그의 중국 연구가 '종교사회학적' 연구 프로그램에 속해 있다는 사실에서부터 자명해보이며 또 일반적으로 그렇게 이해된다.[6) 위에서 본 바와 같이, 단순히 '서술'에 그치는 것이 아니라 '설명'을 하겠다는 명시적 주장을 내세우는 것이 베버의 문화비교 모델의 특징인바, 따라서 우리는 이 장의 주제, 즉 베버가 추구한 문화비교의 '목적'이 무엇인가 라는 질문에 대해 그것은 역사현상의 인과적 '설명'이라고 답할 수 있다.

상기한 '핵심문제'[7)] 를 염두에 둔 채, 이제 베버의 중국 연구에 깔린 비교'대상' 및 비교'방법' 문제를 다루고자 한다.

---

6) 그러나 필자는 이런 해석에 전적으로 동의하지는 않는다. 그 근거는 아래에서 제시될 것이다.

7) 물론, 매우 구체적으로 표현된 상기한 '역사적' 핵심문제의 저변에는, 이미 지적했듯이, 합리주의 및 합리화 과정이라는 '이론적' 핵심문제가 깔려 있다. 그러나 필자는 아래에서 이 핵심문제의 '역사적' 차원에 논의를 한정할 것이다.

3. 비교대상

역사적 차원에서 중국 사회에 대한 비교대상으로 베버는 다양한 형태의 ‘전통적’ 사회들을 택하고 있다. 일차 대상은 중세 및 초기 근세의 유럽, 그중에서도 서유럽[8] 이다. 그 나음 서양 고대(특히 관료체제를 갖춘 로마제국)와 근동(간혹 인도도 포함)이 비교대상으로 활용된다. 다시 말해 베버는 다양한 ‘전통적’ 사회체제들을 서로 대면시킨다. 왜냐하면 그의 관심사는 전통적 사회 자체 내에서 진행될 수도 있었을 자본주의적 전환 잠재력의 확인이기 때문이다. 여기서 베버는 비교할 수 없는 것들을 서로 비교하는 오류를 피하고자 매우 세심한 주의를 기울인다. 즉, 가령 한 문화권에서 오랜 역사적 과정의 산물로 존재하는 현상과, 다른 문화권에서는 이제 겨우 역사적으로 형성되기 시작하는 현상을 비교하는 그런 형태의 오류 말이다.[9] 이런 오류는 자본주의의 경우에도, 아니 자본주의의 경우에야말로 더욱 쉽게 발생할 수 있다. 그래서 베버는 중국의 전통적 경제 형태들을, 가령 근대 유럽의 자본주의와 비교하는 것이 아니라 일관되게 중세의 전통적 유럽 사회의 이른바 ‘소자본주의’와 대비시키는 것이다. 더 나아가 지적할 점은, 베버는 개별 문화 또는 국가보다는 오히려 ‘문화권’들(예컨대 유럽-기독교 문화권, 중국-유교 문화권 또는 근동문화권 등)을 서로 비교한다는 것이다(이 점은 특히 지배구조의 논의에서 매우 중요하다).

8) ‘유럽’(경우에 따라서는 ‘옥시덴트’)이라는 용어는 아래에서 주로 서유럽 지역을 뜻한다.

9) 물론 그럼에도 불구하고 우리는 베버가 다루는 비교대상들 중 여러 사례에서 바로 이러한 ‘비교 적절성’ 문제를 제기할 수 있고 또 제기해야만 한다는 점은 두말할 여지도 없다.

체계적-사회학적 차원에서 다루어지는 비교대상들의 성격은 우선 '전체 사회적-구조적'이다: 즉 유리된 개별적 부분영역이 아니라 제반 영역들의 전체 사회적 연관맥락들이 비교의 대상이라는 말이다. 두 번째로, '구조'(베버는 이것을 흔히 '사회학적 기반'이라고 부른다) 및 역사 과정의 구조적 결과는 항상 앞서 지적한 '핵심문제'와의 연관하에 비교대상이 된다. 그런데 필자의 견해로는 베버의 구조 개념의 중핵은 사회적 기능의 담지자계층이 누구인가 라는 문제 및 이 계층이 처한 "외적, 사회적 성격의, 그리고 … 내적, 심리적 성격의 이해관계상황"(MWG I/19: 103, 100)이 어떻게 조직되는가 라는 문제이다. 다시 말해, 구조란 이원적 자원으로부터 그 형성과 변화의 자양분을 얻는바, 그것은 한편으로는 주관적·내면적 자원, 다른 한편으로는 객관적 사회적 자원이다.

주된 비교단위인 사회적 핵심구조들 내지, 베버의 표현을 따르자면, '가치영역들'은 통상적인 구분법을 따라 '지배구조', '경제구조', '문화적 세계상 구조' 그리고 '사회적 구조'로 요약될 수 있다. 각각의 핵심구조(필자는 이 글에서 주로 지배구조와 세계상의 구조에 집중할 것이다: 아래 참조)가 어떤 종류의 자원을 보유하고 있고, 베버가 이러한 자원들의 '보편적' 조합 형태들의 비교론적 분석을 위해 어떠한 기준들을 적용하는지는 앞으로 상론하겠지만 여기서는 우선 베버의 방법론적 절차에 대해 몇 가지 관점을 제시하고자 한다.

4. 비교방법

앞서 필자는 베버의 문화비교 모델의 핵심을 보편적 관점과 역사적 관점의 결합이라고 규정한 바 있다. 그리고 이것은 당연히 그의 비교방법의 기초를 이룬다. 우선 베버는 비교대상들이 직면하는 '보편적'(베버가 흔히 쓰는 표현은 "거의 전 세계적" 또는 "전 지구적" 등이다) 문제들과 이 문제들에 대한 잠재적·구조적 해결가능성들을 확인한다. 그런 다음 그는, 이러한 보편적 문제상황들이 어떠한 특수한 '역사적' 조건들을 통해 서로 분기(分岐)하게 되는지를 묻는다. 이 분기지점들에서 해당 문화들은 각각 자신의 고유의 길을 가기 시작한다.

비교될 문제의 상기한 두 가지 축을 개념상으로 포착하는 방법론적 장치는 베버의 잘 알려진 이념형적 개념구성이다. 그는 '보편적' 구조상황이라는 축에 대해서는 사회학적 이념형(구조적 기제들)을, 그리고 '특수한' 조건들이라는 축에 대해서는 역사적 이념형을 구성한다. 여기서 역사적 이념형은 대체로, 사회학적 이념형을 문화적 고유조건들을 고려하여 구체화 또는 세분화한 결과이다.[10] 이념형의 이 두 가지 축을 하나의 상호 연관된 설명모델로 결합시키는 기능을 하는 것이, 필자의 소견으로는, 바로 발전이념형 또는 이념형적 발전모델이다.

그런데 이념형, 특히 역사적 이념형은 단순히 집적된 역사적 사료들의 중간치 내지 평균치를 도출해내는 방식으로 구성되는 것이 아니라,

---

10) 물론 이와 관련해 지적하지 않을 수 없는 사항은, 베버의 텍스트들에서 우리는 이념형을 명확하게 정의되고 정리된 개념보다는 어떤 방법론적 주도이념이라는 형태로 접하는 경우가 흔하다는 점이다. 다시 말해, 베버는 많은 경우 최종적 개념화 과정이라는 쉽지 않은 과제는 우리 후학들의 몫으로 남겨둔 것이다.

분석과정에 깔려 있는 핵심적 '설명문제'에 준거하여 구성되는 것이다. 따라서 역사적 이념형은 역사적 평균현실을 반영하는 것이 아니라, 경험적 현실의 특정 관점들을 의식적으로 "강화"한 결과를 담고 있는 것이다(WL: 191).

이제 우리는 지금까지 매우 간략한 명제형태로만 제시된 베버의 방법론적 원칙들이 그의 실질 연구에서 어떻게 적용되는지를 살펴보고자 한다.

5. 베버의 자본주의 개념: 비교론적 관점에서

서두에 제시한 베버의 '핵심문제'를 다시 한 번 상기해보자: 중국에는, 특히 근세에 와서, 순전히 경제적으로만 조망한다면 자생적 자본주의 발전에 유리한 조건들이 주어져 있었다. 인구 폭발, 귀금속 유통 증대 그리고 무엇보다도 화폐경제의 확산 등이 그러한 조건들이다(베버는 그 외에도 일련의 다른 요인들도 지적하였다). 그럼에도 불구하고 중국에서는 근대적 자본주의가 발흥하지 않았을 뿐 아니라, 베버에 의하면 오히려 정반대로 상기한 조건들 중 일부는 심지어 전통주의를 강화하는 결과를 낳았다. 특히, 자본주의의 동력이자 자본주의 구조의 필수적이고 보편적 전제인 화폐경제마저도 그와 같은 결과를 초래했다고 베버는 주장한다. 이 명제에서 우리는 베버가 한 특정한 성격의 설명모델—즉, 경제주의적 모델—을 애초부터 문제시하고 있음을 읽어낼 수 있다. 이 설명모델의 논리를 단순화하자면: 자본주의는 '경제적' 현상이고 따라서 중국의 경우에도 자본주의 발생의 조건들을 경제적 영역에서 찾는 것이 타당하다. 그런데 이 모델을 따른다면 베버가 보기에 중국에서 자본주의가 발전하지 않았을 이유가 거의 없다. 한마디로, 경제적 요인은 그 자체만으로는 어디에서도 자본주의를 창출하지 않았다는 것이 베버의 입장이다. 이런 근거에서 베버가 중국에서 찾는 것은 중국이 원래 가지고 있었던, 자본주의에 유리한 '경제적' 요인들이 '자기 법칙적'으로 발전하는 것을 저해한 조건들 및 이 조건들이 경제적 요인들과 상호작용하는 방식이다. 이렇게 볼 때, 베버의 문화비교적 '실험'에서 경제적 요인은 말하자면 '종속' 변수이고 다른 경제 외적 전체사회적 요인들이 '독립' 변수이다.

그런데 모든 현상은, 더구나 근대 자본주의의 발전(내지 미 발전) 같은 혁신적 현상은, 역사적으로 셀 수 없이 많은 개별요인들의 극도로 복합적 상호작용의 결과임은 자명하다. 그럼에도 불구하고, 또는 더 정확히는, 바로 그렇기 때문에 우리는, 만약 우리가 단순 소박하면서도 올바른 공식, 즉 '모든 것은 모든 것과 연관되어 있다'라는 공식 확인에만 만족하려고 하지 않는다면, '사안들의 질서'를 구축하려는 시도(이것이 이념형적 방법론의 핵심이다)를 감행해야 할 것이다. 이에 상응하여 필자의 베버 설명모델 재구성 작업이 중점적으로 추적해야 할 것은, 베버가 어떤 '가치영역들'의 어떤 요인들을 인과적으로 가장 중요한 요인들로 보는가 하는 점을 규명하는 것이다. 이에 대한 필자의 명제는 아래와 같다. 한편으로 베버는 문화단계에 따라 개별 핵심구조들의 인과적 중요성을 달리 평가한다. 가령 그는 고도문명 이전 시기의 문명 구성적 요인들로는 지리적·기후적 측면을 포함하는 경제적·물질적 요소들을 전면에 내세운다. 그에 반해 베버는 사회적 조직력의 증대과정과 함께 도래하는 고도문명 시기에는 정치사회적 구조 및 이와 2차적으로 연결된 세계상 구조, 더 정확히는 이런 구조들의 사회적 담지자계층의 사회학적 성격을 인과적으로 중요한 요인군으로 부각한다. 이 명제를 필자는 아래에서 유럽 자본주의 발전에 대한 베버의 분석 및 고도문명 시기 전통사회의 지배구조와 세계상 구조에 대한 그의 분석을 중심으로 논증하고자 한다. 베버의 이 두 가지 분석틀은 그의 상기한 '핵심문제'에 대한 답을 일정 부분 담고 있다.

이미 지적한 대로, 베버는 자신의 핵심문제를 중국 자체의 내재적 역사에서 도출하는 것이 아니라 유럽문명의 자본주의적 발전사에서 도출한다. 그 결과 베버는 중국에 대한 핵심문제를 규명하는 과정에서 동시에 유럽 자본주의의 발전사도 재구성하게 된다. 그리고 사실 여기에, 이미 보았듯이, 베버의 문화비교의 진정한 목표가 놓여 있다. 그런 이상 우리는 핵심문제에 대한 베버의 규명작업에서 그가 중국의 발전에 대해 하는 이야기뿐 아니라 그에 못지않게, 그리고 어떤 의미에서는 그보다 더, 베버가 중국 역사 분석을 바탕으로 유럽의 자본주의적 발전사에 대해 하는 이야기에 주목해야 한다. 이것은 물론 모든 문화비교에서 당연한 과정이긴 하지만, 베버의 경우에는 앞서 지적한 그의 인식관심의 '일방성' 때문에 특별히 강조되어야 한다. 이런 상황이 가진 함의 중 하나는, 베버가 전개하는 사회학적 논증구조 전반의 핵심을 포착하기 위해서는 그의 비교론적 분석틀에서 출발해야만 한다는 점이다. 왜냐하면 그의 비교론적 분석틀에서, 그리고 많은 경우 이 분석틀에서만 우리는 유럽 자본주의의 구조와 역사적 발전과정에 대한 베버적 설명모델의 핵심 관점들을 발견할 수 있기 때문이다. 이 관점들은 가령 '유럽 내재적' 시각에서 집필된 그의 자본주의 연구서들에서는 전혀 볼 수 없거나 또는 단지 암시되어 있을 뿐이다. 따라서 우선 비교론적 시각에서 본 베버의 근대 자본주의 개념을 분석하는 작업이 필요하다.11)

베버에 의하면 근대 유럽 자본주의는 "형식적으로 자유로운 노동의 합리적 조직을" 기반으로 하며 "경제시민계급이 주도하는 합리적 기업자본주의"이다(RS I: 7f.). 그런데 베버에 따르면 이런 유형의 자본주의는 기업경영 차원에서 보면 '합리적'이지만 '사회적' 관점에서 볼 때는 "특수한 실질적 비합리성"을 내포한다. 이 비합리성은 아래와 같은 사실에서 표출된다: "자본회계의 최고 수준의 형식적 합리성은 노동자를 기업가들의

11) 물론 아래에서 논의될 베버의 관점들이 그의 중국 연구에서만 등장한다는 뜻은 아니다. 이 관점들은 그의 저작 곳곳에서, 특히 〈경제와 사회〉에서 발견할 수 있다(가령 시민계층 문제). 그러나 이들은 중국이라는 비교론적 대비모델하에서 그 의미가 가장 명료하게 드러난다.

지배하에 둘 때만 성취될 수 있다"(WG: 78)는 사실이 그것이다. 다시 말해, 노동자의 시각에서 볼 때 이러한 경제체제는 불가피하게 "자본주의적 예속"(RS I: 387)을 초래하는바, 왜냐하면 여기서는 자본의 '형식적 합리성'이 사회적 관계의 '실질적 비합리성'을 대가로 해서만 확보될 수 있기 때문이다. 이런 체제에서는, 베버의 다른 표현을 빌리자면, "원래 인간의 물질적 생활(생존)욕구의 충족이라는 목적에 대한 수단이었던 돈벌이가 이제 인간의 삶의 목적 그 자체로 간주된다"(RS I: 35f.). 베버는 이런 상황을 "자연적 상황의 어리석은 역전"(RS I: 35f.)이라고 부른다. 그런데 자본가들은 노동자들을 법적·신분적 강제가 아니라 "기아라는 채찍"(Wirts.: 240; WG: 59f.)을 통해서만 이러한 자본주의적 예속 관계로 몰아넣을 수 있는바, 왜냐하면 노동자들은 이제 형식적으로는 "자유롭기" 때문이다.

베버는 이런 이유에서 자본주의체제하의 노동자들을 (주인이 있었던 서양 고대 노예와 구분하여) "주인 없는 노예층"(WG: 353, 361, 708f.)이라고 부른다. '기아의 채찍' 또는 '주인 없는 노예제'를 통해 달성되는 성과는 말하자면 하나의 새로운 유형의 "규율"(또는 훈육)(WG: 78)의 산물인바, 이 규율은 자본주의체제의 아래와 같은 구조적 가능성에 기인한다: "예속된 자들의 노동성과 일반을 강제할 수 있고, 그것도 규정된 양과 질 그리고 시한 내의 성과를 강제할 수 있는"(MWG I/19: 274) 구조적 가능성이 그것이다. 따라서 우리는 자본주의에 대한 대비개념으로서의 '전통주의' — 앞서 베버의 '핵심문제' 서술에서 등장했던 개념이다 — 를 우선 아래와 같은 경제 및 사회체제로 규정할 수 있을 것이다: 이 체제에서도 분명히 예속적 의존관계가 존재하지만 앞서 지적한 방식으로 노동성과를 관철시킬 수 있는 가능성은 "지극히 낮은"(MWG I/19: 274) 경제 및 사회체제가 그것이다. 따라서 베버가 그의 '핵심문제'에서 던지는 질문, 즉 왜 중국에서는 자본주의가 발현하지 않았는가 라는 질문은,

왜 중국에서는 상기한 바와 같은 '근대적' 형태의 예속, 규율화 그리고 "자연적인 상황의 어리석은 역전"이 일어나지 않았는가 라는 질문으로 환치될 수 있다.

중국에 대한 이 '부정적' 질문은 근대 유럽에 관련하여서는 당연히 '긍정적' 질문으로 역전된다. 즉, 왜 앞서 지적한 자본주의적 불평등체제가 근세 유럽에서 관철될 수 있었는가? 그리고 위의 논증을 기초로 우리는 이 질문에 대해 일단 아래와 같은 두 가지 조건의 결합이 성공 요인이었다는 잠정적 답을 제시할 수 있다: 즉 한편으로는 독자적 자본소유 경제시민계층〔베버는 이 계층을 "독자적 기반을 가진 강력한 권력"(RS I: 349) 이라고 부른다〕이 형성될 수 있었다는 조건, 다른 한편으로는 이 시민계층 권력이 정치 내지 국가권력의 강력한 지원을 받을 수 있었다는 조건(이 조건들에 대해서는 아래 참조) 이 그것이다. 같은 맥락에서 우리는, 근대 자본주의 이선의 경제적 전통주의체제의 존속요건을 아래와 같이 단순화할 수 있을 것이다: 국가가 경제시민적 자본계층이 권력을 확보하도록 도와줄 능력이 없었다는 요건, 또는 경제시민계층 이외의 다른 계층이 정치권력을 독점하면서 경제시민계층의 부상을 성공적으로 제압할 수 있었다는 요건이다. 이와 같은 관점들을 배경으로 필자는 아래에서 근대 유럽 자본주의의 발생과 정착과정에 대한 베버의 설명모델을 6가지 명제로 압축하여 제시하고자 한다.[12] 이 명제들에서 거론되는 관점들은, 앞서 지적했듯이, 베버의 유럽 내재적 연구에서보다는 그의 문화 간 비교론적 자본주의 분석에서 훨씬 더 명확하게 드러난다.

(1) 유럽 자본주의 발전을 주도한 계층은 경제시민계층(부르주아지)

12) 다만, 제한된 지면으로 인해 각각의 명제를 여기서 상세히 논증할 수는 없다.

이었다는 것은 사회경제사적 '상식'이다. 베버 역시 이런 상식에서 출발하지만, 비교론적 연구에서 그가 집중적으로 주목하는 것은 이 계층의 '역사적 뿌리'인바, 이 뿌리를 그는 서구 중세 도시시민계층에서 찾는다. 따라서 베버는 서구와 비서구 문명권들의 비교작업에서도 바로 '도시' 및 '도시거주 시민계층'의 차이와 공통점의 확인에 분석의 상당 부분을 할애한다. 이것은 위에서 서술한 베버 문화비교의 주된 관심 사안에도 부응한다. 즉, 그는 다양한 문화권의 전통사회 내에서 확인되는 자본주의적 전환 잠재력을 추적하고 있으며 이의 논리적 귀결로 베버는 유럽의 전통사회인 중세를 집중적으로 분석하는 것이다. 그에 반해 베버는, 맑스와는 달리, 이미 정착된 근대 유럽 자본주의의 구조와 작동기제에 대해서는 상대적으로 적은 관심을 보인다.[13)]

(2) 베버의 비교 역사적 분석들은, 이른바 '구조주의적' 접근이 통상 '행위이론가'로 알려진 베버에게 얼마나 중요하며 또 얼마나 생산적으로 활용되는지를 잘 보여준다. 물론, 특히 그의 학문적 '상표' 역할을 하는 "프로테스탄티즘의 윤리와 자본주의 정신" 논문이 예시하듯이, 베버는 다른 어느 고전사상가보다 예리하게 인간행동의 내적·심리적 측면—위 논문의 경우 적극적·금욕적 '구원' 욕구—이 가진 인과요인적 역할을 부각한 것은 사실이다. 그러나 바로 그의 비교론적 연구들이 보여주는 바는, 베버가 심리적·내적 동기와 윤리적 지향이 특정방식으로 작동할 수 있는 '구조적'·외적 조건들에 결정적 중요성을 부여하였으며, 이 두 유형의 인과요인들의 상호작용을 일관되게 추적하고 있다는 점이다.

---

13) 이런 이유에서 필자는 이 글의 마지막 두 개 장을 유럽 시민계층의 중세적 뿌리에 대한 베버의 분석을 재구성하는바, 이 부분은, 필자가 보기에, 베버의 역사적 비교방법론의 규명에도 매우 유용하다.

그럼 자본주의적 시민계층의 형성과 발전을 규정하는 핵심적·구조적 조건은 무엇인가? 베버에 의하면 그것은 정치적 지배양식, 더 구체적으로는 '국가구조'이다. 베버는 이 점을 우선 중국 상황을 사례로 분명히 하는바, 중국에서 자본주의적 발전이 일어나지 않은 이유에 대한 베버의 아래 진술이 이를 잘 보여준다:

> … (중국의) 상기한 소자본주의적 싹들에서, 순전히 경제적 관점에서만 본다면, 전적으로 경제시민계층 중심의 상공업적 자본주의가 발전했을 개연성은 매우 높았다. 그런데 그렇지 않았는바, 그 일련의 이유들을 우리는 이미 지적한 바 있다. 이 이유들의 거의 전부는 결국 국가구조로 귀착된다(MWG I/19: 279).

우리는 베버의 이러한 결론을 거꾸로 유럽에 대해서도 적용하여, 유럽에서 자본주의가 발생할 수 있었던 이유의 거의 전부는 '국가구조'로 귀착된다고 가정할 수 있을 것이다. 필자의 이 가정을 달리 표현하자면, 유럽에서 경제시민계층이 자본주의의 담지자층으로 부상할 수 있었던 소이는 일차적으로는 지배사회학적 조건들에 연관되어 있지, 이 계층의 주관적 속성들(그것이 윤리적, 또는 어떤 다른 심리적 성격의 것이든)에 연관된 것은 아니다. 그럼 어떠한 지배사회학적 조건들이 시민계층의 부상에 연관되어 있었는가? 이는 두 가지 관점으로 요약될 수 있다.

(1) 시민계층이 하나의 독립적 신분으로 탄생하는 데는 국가의 허약함이 결정적 요인이다. 유럽 중세 봉건 시기에 정치적 지배구조는 수많은 중소 군주국들로 파편화되었고, 거기다 이 군주들은 오랜 기간 서로 지속적인 전쟁상태에 있었다. 따라서 이들은 주로 전쟁터와 요새(다시 말해 도시나 관저가 아니라 전쟁터가 위치한 '시골' 지역)에 머무를 수밖에

없었다. 그 결과 이 군주들이 도시에서 형성되던 시민계층을 효율적으로 통제할 여지와 여력은 매우 제한되었다. 도시에서 발생한 이러한 정치권력 공백구조를 시민계층은 자신의 해방운동을 위해 활용했는바, 이 운동의 종착점에서 이들은 스스로를 하나의 독립적이고 정치적으로 자율적인 '신분계층'으로 정착시킬 수 있었다. 이 해방과정은 폭력적 갈등과 '상업적' 타협이라는 두 가지 방식의 혼합을 그 특징으로 한다. 즉, 한편으로는 도시시민 공동체가 봉건군주를 무력으로 제압하여 자율권을 확보할 수도 있었고, 다른 한편으로는 도시시민계층이, 항상 전쟁자본의 부족에 허덕이던 군주로부터 정치적 자유권을 송두리째 '구매'해버리는 방식의 상업적 타협을 통해 자율권을 확보할 수도 있었다.

(2) 그런데 시민계층이 독립적 '신분'의 차원을 넘어 하나의 독자적 계급으로 정착하는 과정에서는, 상기한 중세적 봉건국가의 '무력함'과는 정반대로 절대주의적 가산제 국가의 강력함이 결정적 요인으로 작용했다. 왜냐하면 절대왕정은 (많은 경우에) 시민계층의 편을 들었고 시민계층은 또 역으로 절대왕정의 출현과 강화에 기여했기 때문이다. 이 과정을 간략히 살펴보자. 중세 말기 및 근세 초기에 유럽의 주도국가 지위를 두고 벌어진 절대왕조들 간의 엄청나게 치열한 경쟁적 각축전에서 전쟁자본의 확보에 혈안이 된 절대국가와 정치경제적 입지 확보에 진력하던 경제시민계층 간에는 자연스럽게 동맹관계가 형성된 것을 알 수 있는바, 그 구조적 결과가 바로 '부르주아 국가'(혹은 '계급국가')의 탄생이었다. 베버의 말을 들어보자:

> 이 경쟁적 각축전이 근세 유럽 자본주의에 최대의 기회를 제공하였다. 개별 국가는 자유로이 이동하는 자본의 확보를 위해 경쟁해야만 했는바, 여기서 자본가들은 국가에게 (자본가들 자신에게 유리한) 요구조건들을 내

걸면서 이런 조건하에서만 해당 국가의 권력쟁취에 협조하겠다는 전략을 구사했던 것이다. 국가와 자본 간의 이러한 궁여지책적 동맹에서 국가 단위의 시민신분계층이, 즉 현대적 의미에서의 부르주아 계급이 탄생하게 된 것이다. 이렇게 볼 때, (파편화된 중소 봉건국가들을 하나의 단일체로) 통일한 국민국가가 자본주의의 존속 가능성을 보장해준다. 즉, 국민국가가 하나의 세계제국으로 대체되지 않는 한, 자본주의 역시 계속 존속할 것이다(Wirts.: 288f; RS I: 349; WG: 139).[14]

이런 시각에서 볼 때, 우리는 지금까지 베버 학계가 관행적으로 제시하는, "프로테스탄티즘 논문" 중심의 '베버 자본주의 기원론'보다는 훨씬 더 주의 깊게, 부르주아 국가가 유럽의 자본주의 발전에서 수행한 '선도자' 역할을 베버가 얼마나 강조하고 있는지 주목해야 한다. 베버에 의하면 경제시민계층과 정치권력 간의 이러한 상호작용, 즉 한편으로는 시민계층의 국가로부터의 혁명적 해방, 다른 한편으로는 국가와의 동맹이라는 두 과정의 독특한 결합은 유럽 역사 특유의 현상인바, 베버는 이를 아래와 같이 서술한다:

… 서구에서는 독자적 기반을 가진 강력한 (경제시민적) 세력들이 존재했다. 어떤 경우에는 군주 권력이 이 세력들과 연대하여 전통의 장벽들을 파괴할 수 있었고, 또 다른 경우에는 이 세력들 스스로가, 매우 특수한 조건들에서는, 독자적 무력을 사용하여 가산제 국가권력의 굴레들을 벗어 던져버릴 수도 있었다. 서구의 운명에 결정적 역할을 한 다섯 번의 중대 혁명들이 바로 이런 과업을 수행했는바, 즉 12, 13세기의 이탈리아 혁명, 16세

14) 상기한 과정에서 발전해 나오는 근대적 전문관료제는 외견상으로는 마치 하나의 '기계' 같이 중립적으로, 즉 전문적이고 예측할 수 있는 방식으로 작동하는 것 같지만, 사실은 자본의 이해관계에 결정적으로 봉사한다.

기의 네덜란드 혁명, 17세기의 영국 혁명, 18세기의 미국 및 프랑스 혁명이 그것이다. 중국에는 이런 독자적 세력들이 없었는가(RS I: 349)?[15]

상기한 관점을 취할 경우 우리는 유럽 부르주아지의 특징을, 이들이 단순히 '경제인간'(*homo öconomicus*)이었을 뿐 아니라 고도의 '정치인간'(*homo politicus*)이었다는 점에서 찾아야 할 것이다. 이것은 중세의 도시시민계층에도 적용되는바, 왜냐하면 이 계층 역시, 나중에 상술하겠지만, 매우 발달된 정치의식과 잠재적 정치권력을 지니고 있었기 때문이다.[16] 이렇게 볼 때 유럽 경제시민의 이념형은 '정치-경제인간'(*homo-öconomicus-politicus*)이라고 규정해도 무리가 없을 것이다.

이 점은 비교론적 시각에서 볼 때 특히 두드러진다. 왜냐하면 베버는 유럽 경제시민층을 중국 경제시민층과 비교하면서 후자의 순전히 '사회적', 다시 말해 '비정치적' 성격을 일관되게 그리고 매우 강하게 부각시키기 때문이다. 여기서 도출할 수 있는 함의는, 중국 경제시민의 '역사적' 이념형이야말로 순수한 의미에서의 '경제인간'(*homo öconomicus*)으로 규정될 수 있거나, 또는 적어도 이 유형에 서구의 경제시민보다는 훨씬 더 가까운 것으로 이해될 수 있을 것이라는 점이다.

이렇게 볼 때, 베버가 중국 경제시민계층에게 '결핍'되었다고 판단하는 것은 '경제인간'의 자질이 아니다. 정반대로, 베버는 그들이 이런 자질은 넘치게 갖추었고 또 이 자질을 탁월하게 발휘하였다고 본다. 그래서 베버는 반복해서 중국인들의 전설적인 근면과 '영리욕구', 그들의 기술력과 경제적 · 사회적 조직력을 지적한다. 그에 반해 이들에게 결여

15) "중국에는 이런 독자적 세력들이 없었는가?"라는 이 질문은 본 논문의 핵심주제이며 아래에서 상세히 논의될 것이다.

16) 독일 부르주아지의 '정치의식' 및 권력추구욕의 결핍에 대한 베버의 잘 알려진 혹독한 비판은 아마도 이런 맥락에서 이해될 수도 있을 것이다.

된 것은 '정치인간'으로서의 자질들이다.[17] 물론 여기서 필자가 염두에 두고 있는 것은, 애초부터 정치권력과 연계된 이른바 '모험 자본주의'의 전형적 인간 군상들이 아니다. 이런 인간유형은, 베버가 되풀이해 강조하듯이, 역사상 항상 그리고 어디서나 존재했고 또 앞으로도 존재할 것이다. 베버에 의하면 이런 인간유형은 어디서도 근대 자본주의의 촉발자도, 주된 담지자도 아니었다. 따라서 경제시민의 '정치성'에 대한 필자의 상기한 명제가 의미하는 바는, 개별 경제인이 아니라 경제시민계층 전반이 가진 정치적 의식과 정치적 권력추구성향이다. 이러한 집단적 정치의식과 권력추구가 비로소 "독자적 기반을 가진 강력한" 계급을 구성할 수 있게 하기 때문이다.

(3) 위의 (2)번 항에서 서술한 관점들에서 아래와 같은 결론을 도출할 수 있다: 학계에 널리 유포된 통상적 베버 해석과는 달리, 우리는 특정 종류의 '정치적 자본주의'를 근대의 '합리적 기업자본주의', 즉 순수한 '경제적 자본주의'의 중요한 전제조건으로 간주해야 한다는 결론이 그것이다. 여기서 특정 종류의 '정치적 자본주의'란 특히 아래와 같은 두 가지 자본축적 방식을 내포한다: ⓐ 강력한 국가 개입(이것이야말로 앞서 인용한 노동자의 '자본주의적 예속화'를 완벽하게 보장한다), 그리고 ⓑ 정치적 권력관계의 활용(특히 '식민지 및 전쟁자본주의')이 그것이다. 물론 베버 자신은 다른 저서들에서 이와 관련된 다양한 언급을 통해, 마치 '정치적 자본주의'와 '경제적 자본주의'는 역사적으로 볼 때 서로 별다

17) 이 맥락에서 우리는 아래와 같은 가설을 구상해볼 수 있을 것이다: 일본이 비서구권에서 최초로 자본주의적 전환에 성공한 것은, '사무라이'계층, 다시 말해 한때 '정치적' 지배계층이었던 사무라이계층의 상당 부분이 메이지 유신 이후 근대적 경제시민계층으로 변신한 것과 연관되어 있지 않을까 라는 가설이다. 이에 대해서는 아래 주석(18번) 참조.

른 상관관계가 없다는 듯한 인상을 불러일으키기는 한다. 그러나 그의 비교론적 연구들에서는 이 두 유형의 자본주의 간에 존재하는 연관성을 명시적으로 강조한다(아래 참조).

(4) 그러나 앞서 제시한 의미에서의 '정치적' 자본주의가 유럽에서 작동할 수 있었던 것은 비단 국가와 자본의 연대 또는 유럽의 개별 국민국가의 내정적 조건들에만 기인하는 것이 아니라 구조적 전체구도, 즉 국가들 간의 관계구도에 기인하는 것이다. 이 전체구도는 '통일제국'이 아니라 '다수국가체제'(*Staatenwelt*)였다. 이 체제하에서는 "동일한 문화권 내에서 다수의 가산제적 부분권력들(*Teilgewalten*)이 치열한 경쟁을" 벌이게 된다(WG: 151). 이러한 전체구도가 가진 결정적인 구조적 의미는 비교론적 맥락에서 비로소 명확하게 드러난다. 왜냐하면 이 구도는 중국의 상황, 즉 '통일제국'의 지속이라는 중국의 상황과는 엄격히 대조적인 것이기 때문이다. 바로 이런 상황으로 인해 중국에서는 제국 건설 이전의 봉건시대에 자라났던 정치적 자본주의의 싹들이 짓밟혀버렸고, 그 이후 새로운 싹들은 더 이상 트지 못했다는 것이 베버의 진단이다. 이와 관련된 중국의 상황에 대한 베버의 설명을 들어보자:

> (중국에서는) 세계제국의 건설을 통해 평정이 성취된 이래 합리적 전쟁은 없었으며, 그리고 더 중요한 것은, 다수의 서로 경쟁하는 독립국가들이 상호 간의 전쟁을 지속적으로 준비한다는 의미에서의 무장된 평화가 없었다. 따라서 이러한 무장된 평화가 창출하는 특유의 자본주의적 현상들, 가령 전쟁채권이나 전쟁 목적의 국가주도 물자공급 등과 같은 것도 없었다. 마찬가지로 중국에서는 해외 및 식민지 거점들이 존재하지 않았다. 이런 상황은, 서양의 고대, 중세 그리고 근세가 공통적으로 보여주는 노획자본주의의 온갖 변종들, 예컨대 해적질과 결합한 고대 지중해의 해외무

역자본주의, 그리고 근세의 식민지자본주의 등과 같은 변종들이 중국에서 발흥하는 것을 저지하였다(MWG I/19: 283~284).

(5) 지금까지 논의된 비교론적 시각에서 볼 때, 윤리 내지 '이념적' 요인들의 역사적 역할은 학계의 베버 해석에서 통상 접하는 것보다는 훨씬 덜 극적인 것으로 드러난다. 적어도 우리가 윤리적·이념적 요인의 역할을 유럽 내적 차원에서만 고찰할 경우보다는 그러하다는 말이다. 특히 베버의 그 유명한 '프로테스탄티즘-자본주의-명제'가 촉발했고 아직도 지속되는 이 명제에 대한 격렬한 논쟁을 고려하면 더욱 그러하다. 필자의 견해로는, '프로테스탄티즘 윤리'의 영향은 상기한 구조적 배경에서 고찰될 때 비로소 올바르게 평가될 수 있으며, 따라서 우리가 베버의 프로테스탄티즘 연구에서 더 집중적으로 주목해야 할 구절들은 베버가 프로테스탄티즘 윤리를 "상승세를 타고 있는" 계층, 즉 경제시민계층과 연계시키는 구절들이다. 다시 말해, 베버의 프로테스탄티즘-명제는 그의 정치사회적 설명모델과의 연계하에서 성찰될 때 비로소 그 올바른 가치가 인식될 수 있을 것이다. 그리고 이념적 요인(프로테스탄티즘 명제)과 정치사회적 요인의 이러한 상보성을 전제로 한다면 베버의 프로테스탄티즘 명제는 베버 특유의 사회학적 사고의 가장 독창적 업적이며, 따라서 우리는 앞으로도 이 업적을 계승 발전시켜나가야 할 것이다.[18]

---

18) 프로테스탄티즘 명제가 가진 이러한 상보적 성격은 예컨대 아래와 같은 사회과학적 설명모델들에 대한 반론으로 제시될 수 있다. 이 모델들은, 막스 베버를 근거로 제시하면서, 비서구권 후발국들의 자본주의적 발전의 성공 여부는 주로 윤리적 또는 심성적 범주들로 설명될 수 있다고 주장한다. 예컨대 유교적 전통하에 있는 동아시아 국가들 — 이른바 '작은 용들'인 타이완, 한국, 싱가포르 등, 또는 '큰 용'인 일본 — 의 성공이 그런 사례로 제시된다. 그런데 여기서 바

(6) 베버는 비교론적 연구들에서, 다른 어떤 문헌에서보다 훨씬 더 명료하게, 사회발전의 보편적 사회학적 기제들(그리고 바로 그렇기 때문에 일견 매우 상식적이고 통상적인 기제들)을 지적하는바, 이것은 크게 '갈등', '경쟁' 그리고 '긴장관계'로 요약될 수 있다. 그러나 이 기제들은 한 사회가 "강력한 독자적 세력들" 간의 각축에 기반하고 있을 때 가장 왕성하게 작동할 수 있었고 또 지금도 그러하다. 베버가 보기에 유럽에는 이런 조건이 주어졌고 이것이 유럽 특유의 역사적 역동성을 설명하는

로 일본 사례가 보여주는 바는, 베버의 프로테스탄티즘 모델 즉 이념적·윤리적 범주 중심의 모델이 아니라 오히려 위에서 제시한 '국가-자본-연대 모델'이 더 설명력이 있다는 점이다. 일본은 근세 아시아사에서 식민지 및 전쟁자본주의라는 명백히 '정치적'인 자본주의가 성공한 유일한 경우이기 때문이다. 물론, 하필 일본에서 아시아에서는 처음으로 근대적 기업자본주의가 성공할 수 있었다는 사실이 상기한 ('정치적 자본주의'의 존재) 조건과 연계되었는지 여부는 경험적으로 검증되어야 할 사안이다. 그러나 만약 베버의 설명모델을 따른다면 이런 가설이 전혀 무의미하지는 않을 것이다. 또한 '식민지 및 전쟁자본주의'라는 의미에서의 '정치적' 자본주의는 아니지만 산업화 과정에서 국가가 주도적 역할을 한다는 의미에서의 '정치적 자본주의'는 앞서 지적한 다른 동아시아 국가들에서도 분명 결정적 역할을 했다. 베버의 설명모델의 중핵을 이런 식으로 프로테스탄티즘 같은 이념적 요인에서 '국가'라는 권력요인으로 이동시킨다면, 필자의 견해로는 그의 모델의 적용영역이 훨씬 더 확대된다. 두말할 필요도 없지만, 필자의 이러한 제의가 국가와 자본이 결합하는 모든 종류의 '정치적' 자본주의 또는 '강력한' 국가 또는 '정치화된 자본' 등의 순기능을 암시하고 있다는 식으로 이해되어서는 결코 안 된다. 상식의 차원에서 보더라도 이런 해석을 반박하는 경험적 사례들은 너무나 많다: 가령 수많은 군사독재 또는 민간독재 형태의 강한 국가들은 형언할 수 없는 정치사회적 불의들을 저지르기만 하고 경제발전 차원에서는 비참하게 실패했다는 것은 널리 알려져 있다. 따라서 필자의 상기 서술은 어떤 경제발전전략적인 '처방'이 아니라 하나의 '역사적' 논증으로서, 그 핵심은, 만약 우리가 베버를 따른다면, 그리고 그를 따를수록, 국가의 역할에 대해 지금까지 학계 일반에서 한 것보다 훨씬 더 집중적이고 체계적으로 주목해야 한다는 것이다.

요인이다(RS I: 34f. 437f.). 유럽에서 "강력한 독자적 세력들"은 중세부터 형성되기 시작했다: 이 시기에 봉건영주들은(베버는 이들을 "봉건적 중간계층"이라고 부른다. RS I: 373) 황제와 왕으로부터 해방되기 시작했고, 도시시민계층은 봉건영주들로부터 해방되기 시작했으며 이 과정은 부르주아지와 프롤레타리아가 각각 계급으로 구성되는 길로 이어진다. 여기서는 논외로 하겠지만, 베버는 서구 역사의 이와 같은 발전경로의 잠정적 종착점인 '근대사회'를 움직이는 기제들을, 거시적이고 추상적 차원에서, 개별 '가치영역들'(국가, 경제, 문화, 과학 등 또는 '진'-'선'-'미'의 영역들)의 자율화와 분화라고 규정한다. 아무튼 베버는 경제와 기술, 권력 혹은 이념의 차원 등에서 일어난 개별적 사건들이나 변화들 그 자체가 아니라 이들로 인해 야기된 가치영역들 간의 '갈등', '경쟁' 그리고 '긴장관계'의 역동적 상호작용이 비로소 근대 자본주의사회를 잉태시켰다는 입장이다.

아래 두 장에서 필자는 서양의 이러한 역동성의 역사적 기원을 유럽과 아시아의 전통적 지배구조 및 세계상 구조에 대한 베버의 비교론적 분석을 근거로 재구성하고자 한다. 물론, 필자의 재구성 작업에 깔린 주된 관심사는 "서구 경제시민계층 및 이 계층의 특이성의 발생"(RS I: 10)이라는 문제이다. 왜냐하면 이 경제시민계층은 근대 유럽의 역동성의 주된 담지자였으며, 그리고 바로 이 계층이 주된 담지자였다는 사실이, 왜 유럽의 근대적 역동성이 '형식적' 내지 '도구적' 합리화 과정 또는 '물상화 · 객관화 과정'(*Versachlichung*)이라는 방향을 취하게 되었는지를 상당 부분 설명해주기 때문이다. 기실 근대 자본주의는 바로 이러한 합리화 과정 내지 물상화 · 객관화 과정의 한 표출형태, 아마도 가장 중요한 표출형태일 것이다. 그도 그럴 것이, 경제시민계층이야말로 자신의 생존 및 행위조건들로 인해 도구합리적 능력을 가장 고도로 보유하고 있기 때문이다:

인간과 자연을 기술적 또는 경제적으로 계산하고 통제하는 능력에 — 그 수단이 얼마나 단순한지 여부는 여기서 문제가 되지 않는다 — 이 계층의 생존 그 자체가 달려 있기 때문이다(RS I: 256).

물론 이러한 도구합리적 능력(또는 시장합리성이라고 할 수도 있다)은 서구 경제시민계층에만 고유한 것, 즉 특정문화권의 속성인 것은 아니며 오히려 특정 사회계층의 속성, 즉 경제시민계층 일반의 속성이다. 다시 말해, 경제시민계층은 어느 문화권에서나 보편적으로 도구합리적 지향을 가진다. 이에 못지않게 보편적이었던 현상은, 모든 전통사회에서 경제시민계층의 이러한 능력은 '묶여 있었다'는 점이다. 이 제약은 통상 두 가지 차원에서 이루어졌다.

첫째, 정치적 제약: 손을 더럽히며 일하는 자, 즉 "자신의 몸뚱어리로 먹고 사는"사람들은, 최소한 하나의 사회적 집단으로서는, 과거에 어디서나 정치사회적으로 예속된, 이런 의미에서 "부정적 특권"(베버의 표현: 즉 지배당할 '특권')을 지닌 계층에 속했다. 두 번째 제약은 전통문화의 주술적 세계상과 연관되어 있다. 이 세계상은 사람들 간의 관계 및 자연에 대한 관계를 객관화하고 물상화하는 것을 저지하는 강력한 내적·외적 제동장치로 작동하며, 사람들로 하여금 세계를 하나의 '거대한 마술정원'으로 바라보게 하며 이에 따라 "주술적 혈연연대"를 모든 인간관계의 기본으로 삼게 한다.

전통사회에서 도구 내지 시장합리성을 제약하는 이러한 전형적 이중족쇄를 풀고자 하는 저항운동은 개별 인간 또는 개별 집단 차원에서는 역사상 어디서나 벌어졌지만, 한 '사회계층'에 의해 이 운동이 담지되고 또 상대적으로 성공한 최초의 사례는, 보편사적으로 볼 때, 서구 중세의 도시시민계층의 해방운동에서 찾을 수 있다. 이 계층은 혁명적 서약결사체의 구성을 통해 정치적으로 자율적이고 법인체 성격을 지닌 "자치도시"를 구축하는 데 성공하는바, 이를 기반으로 이들은 자유로운 시민신분집단으로 발전하게 된다. 이와 함께 근대 자본주의 및 근대적 시민사회 발생의 가장 중요한 구조적 전제조건이 창출되었다.

그런데 '도시단위'의 시민신분집단이 '국가단위'의 경제시민계급으로 발전하고 이를 통해 근대 부르주아 사회가 본격적으로 그 돌파구를 마련하게 되는 데는 다른 일련의 역사적 도약들(가령 가산제적 설대왕조 및 국민국가의 탄생, 국가와 자본의 연대 등)이 필요했다는 점은 앞서 이미 지적한 바 있다. 그러나 이러한 도약들은 중세 경제시민계층이 이미 준비해놓았던 무대를 기반으로 해서만 가능했다. 그렇기 때문에 바로 서양 중세의 이 시민계층이 베버의 중국 연구에 깔린 가장 중요한 비교 준거점 중의 하나이다. 이런 이유에서 필자는 앞으로 아래와 같은 질문, 즉 어떤 역사적 조건들 덕분에 서구 중세 시민계층은 상기한 이중 제약, 즉 정치적 지배권력에 의한 제약과 세계상적 제약이라는 두 가지 제약에서 스스로를 (상당 정도로) 해방시킬 수 있었던 것인가 라는 질문을 비교론적 시각에서 추적할 것이다.[19] 이 과정에서 필자는 중국을 넘어서서 "서양과 아시아"라는 매우 단순화된 비교론적 이분법을 가지고 작업할 것이다. 물론 필자는 이런 이분법이 가진 문제점과 '부당함'을 온전히 의식하고 있지만, 제한된 지면관계상 이는 불가피한 측면이 있다. 서술 또한 같은 이유에서 '체계적'이라기보다는 단편적이고 예시적이라는 점도 미리 지적해두고자 한다.

19) 아래 서술에 관해서는 필자의 저서 *Max Webers Stadtkonzeption: Eine Studie zur Entwicklung des Okzidentalen Bürgertums*(막스 베버 도시론: 서양 시민계층의 발전에 대한 연구, 1985, Göttingen) (특히 60쪽 이하) 및 《막스 베버 역사사회학 연구》(1996, 나남) 참조.

6. 전통적 지배양식, 시민계층 그리고 도시: 서양과 아시아의 비교분석

막스 베버에 의하면 특히 전통사회에서 지배권력이 형성되는 데는 보편적으로 두 가지 형태의 자원이 중요했다: "전쟁 군주의 군사적 카리스마"와 "주술사의 평화적 카리스마"가 그것이다. 베버는 이 두 유형의 지배자원들이 서로 어떠한 조합관계를 형성하는가 라는 문제는 해당 국가공동체가 어떤 형태의 발전경로를 취하게 되는가에 지대한 영향을 미친다고 본다:

> 문화발전에서 결정적으로 중요한 것은 대체로 한 가지였다: 즉 전쟁군주의 군사적 카리스마와 (보통 기상예언전문가인) 주술사의 평화적 카리스마 이 두 가지가 한 사람에게 집중되어 있는지 여부였다(MWG I/19: 175).

만약 이 두 가지 카리스마가 한 손에 집중되어 있다면(정교 일치주의), 이 경우 중요한 것은 "이 두 가지 카리스마 가운데 어느 것이 군주권력 발전의 더 중요한 기반이 되었는가"라는 점이다(MWG I/19: 175). 아래에서 논증하겠지만, 베버에 의하면 서양의 지배구조 발전과정은 그 시초부터 (그리고 그 이후의 발전과정 전반에서도) '군사적' 카리스마의 주도적 역할에 의해 각인되어 있다. 이에 반해 비서구지역의 지배구조 발전은 '평화적' 카리스마의 주도적 역할(또는 적어도 경향적으로 평화적 카리스마 쪽으로의 중점이동)을 그 특징으로 한다.

그런데 일단 특정 권력체제가 성립된 후 이 체제가 안정화 내지 '일상화' 단계에 들어서면, 이제는 당연히 '군사적 카리스마'의 일상적 관철을 위한 행정수단이 결정적 자원으로 전면에 등장한다: "지배란 일상에서는 일차적으로 행정”이기 때문이다(WG: 126). 따라서 행정양식, 즉 행정수단이 어떻게 점유되고 분배되는가 라는 문제, 그리고 무엇보다 중앙과 지방간에 권력이 어떻게 배분되는가 라는 문제가 한 사회의 전체구조를 규정하는 결정적 요인이 되며, 이렇게 한번 구축된 행정양식은, 경우에 따라서는 ‘생산양식’보다 상대적으로 더 높은 수준의 자체논리와 자체동력을 발휘하게 된다.

중앙과 지방(물론 여기서 ‘지방’이란 지역적 영토적 의미뿐 아니라 주군에 의존적인 특수권력들 일반이라는 의미도 가지고 있다) 간의 권력분배 차원에서 보면, ‘전통적 지배구조’는 두 가지 기본양식으로 분류될 수 있다[20]: ‘봉건적’ 지배양식과 ‘가산제적’ 지배양식이 그것이다.[21] 베버에 의하면 서양의 지배체제는, 상대적으로 짧은 로마제국시대를 제외하면, 대부분 ‘봉건적’ 기본구도를 특징으로 한다. 그에 반해 동방(내지 중

20) 베버의 ‘전통적’ 지배유형론 및 ‘정당성 개념’ 등에 대해서는 여기 수록된 필자의 논문 “막스 베버 지배사회학 연구” 참조(원전의 경우 특히 WG: 130ff, 580ff 참조).

21) 필자의 “막스 지배사회학 연구” 및 아래 논의 참조. 이 자리에서 베버의 ‘봉건제’ 이념형을 다시 한 번 간략히 소개하자면: 주군과 봉신(封臣) 내지 가신(家臣)의 지배관계는, 각각 독자적 무력 소유권을 인정한 가운데 서로 맺는 주종서약(主從誓約)에 의해 성립되며 봉신은 이러한 충성 서약의 대가로 자치권이 보장된 ‘봉토’를 수여받는다(‘봉토 봉건주의’). 물론 이러한 주종관계는 봉건영주와 가신 간에만 적용되는 것이 아니라, 상-하위 영주들 간에도 적용된다. 이러한 지배 내지 정치사회학적 봉건제 개념과 밀접하게 연관되어 있지만 여기서는 논외로 하는 것이 사회경제사적 봉건제 개념, 즉 영주와 농노 간의 사회경제적 예속관계에 바탕한 생산체제이다. 가산제 개념의 경우도 상기한 필자 논문 및 아래 논의 참조. 가산제란 한마디로 국가(즉 영토와 인민 일체)를 군주 가문의 세습재산(가산)으로 간주하며 따라서 통치권과 소유권이 일치하는 지배체제를 일컫는다(WG: 1130ff, 580ff).

동) 및 아시아 지역은 주로 '가산제적' 기본구도를 그 특징으로 한다(물론 여기서도 시대에 따라 예외가 있다: 예컨대 중국의 '춘추전국시대'). 각각의 지배양식에 고유한 지배권력 구조화의 전형적인 사회학적 기제들을 우리는 아래와 같은 이념형적 이분법으로 요약할 수 있다. 첫째, 국가 간의 관계의 경우, '봉건적 다자국가체제' 대 '가산제적 단일제국체제', 둘째, 일국 내적 구조의 경우, '봉건적 탈 중앙집중주의' 대 '가산-관료제적 중앙집중주의'가 그것이다.[22] 첫 번째 관점인 '외정적' 내지 국제관계적 봉건구도는 서양의 경우 우선 고대 다자(多者)도시국가체제에서 출발하여 그 다음 중세의 다자봉건국가체제를 거쳐, 위 두 시기와는 현저히 다른 구조적 기반을 가지고 있기는 하지만, 근세의 유럽 다자국민국가체제에 이르기까지 일관되게 유지된다.[23] 서양 지배체제 구도의 이러한 지속적인 봉건적 양상에 비교될 수 있는 사례들은 거대제국들의 연속이라는 특징을 가진 동방 및 동양 문화권에서는 거의 찾아보기 어렵다. 물론, 비교적 단기간 지속된 예외적 경우가 있기는 하지만 말이다.

이제 '내정적' 측면을 살펴보자. 지배권력의 '봉건적' 구조화가 의미하는 바는 무엇보다도, 정치군사적 권력이 주군과 그의 가신 — 이 두 집단은 대개 공히 현역 '직업무사'들이다 — 간에 분산되어 있다는 점이다(WG: 558, 631).[24] 이것은 군사적 자기무장원칙 및 무장비용의 자기

22) 베버가 근대의 합리적 관료제와 대비시키는 관료제 유형으로서, 앞서 지적한 가산제의 특성 즉 통치권과 소유권의 일치라는 특성에 걸맞게 통치자와 관료 간의 관계는 철저히 시혜적 · 개인적 지배-종속 관계이다. 필자의 상기 논문 및 아래 논의 참조.

23) 물론 근세 초기 절대왕정-국민국가는 국가 내적 구조상으로는 '봉건적'이 아니라 '가산제적'이었다는 점은 자명하다.

24) 아래 서술은 주로 유럽의 '봉토 봉건주의'를 염두에 두고 있는바, 왜냐하면 이

부담원칙에서 각별히 잘 드러나는바, 이 원칙은 개별 권력조직 단위 전체에게뿐 아니라 개별 조직의 개별 구성원들, 즉 전투참여 권리와 의무를 동시에 지닌 개별 구성원들에게도 공히 적용된다. 다시 말해, 무사들은 전쟁수단으로부터 분리되어 있지 않으며 또한, 이들이 무장경비를 스스로 조달하도록 되어 있는 한, 분리될 수도 없다:

> 서양에서는 … 군대의 자기무장 원칙이 존속하였다. 그러나 이것이 의미하는 바는 군복무 의무가 있는 자 각각이 군사적 독립성을 가지게 되었다는 것이다(WG: 756).[25]

그런데 군사적 자율성(즉 무장권 및 자비무장의무)은 전통사회에서는 통상 정치적 자율성과 결합되어 있었는바, 왜냐하면 전통사회의 틀 내에서는 정치적 권리와 자유는 흔히 "무기소유권과 동일"했기 때문이다(WG: 517). 이런 구도하에서는 주군은 형식적 위계서열상으로 그리고 정당성 차원에서는 최고 권위를 가졌지만, 그러나 실질적으로는 "동등한 자들 가운데서 제일인자"(*primus inter pares*) (WuG: 756) 일 뿐인 경우가 허다했다.

그런데 위에서 지적한 '봉건적 자결권(自決權)'은 행정영역에도 적용

유형에서 봉건적 기제가 이념형적으로 가장 순수하게 표출되기 때문이다.

25) 그런데 이것은 비단 '직업무사'계층에게만 적용되는 것이 아니라, "경제적으로 방어능력이 있는", 달리 표현하면 자기무장비용을 경제적으로 감당할 수 있는 비군사적 계층 일반에게도 상당 부분 적용된다. 왜냐하면 탈 중앙집중화된 봉건적 '중앙국가정부'는 재정적으로나 조직상으로나 자신의 신민들에게 (신체, 재산, 치안상의) 전반적 안전을 지속적으로 보장해줄 능력을 가지고 있지 못하기 때문이다. 따라서 비군사적 계층들도, 만약 이들이 그럴 만한 경제적 자원을 소유하고 있다면, 군사적으로 '자조'(自助) 할 권리가 있을 뿐 아니라 어떤 의미에서는 그렇게 할 의무까지도 지니고 있다.

되는바, 왜냐하면 행정막료 역시 행정수단으로부터 분리되어 있지 않으며 이 수단에 대한 고유권한을 가지고 있기 때문이다. 다만 그 대가로 그는 행정비용도 스스로 충당해야 하는바, 이런 의미에서 행정수단과 행정직책은 '사적으로' 점유되어 있다고 볼 수 있다. 이러한 점유원칙과 앞서 지적한 군사적 독자성은 모든 봉건적 단위를 하나의 자율적인 '정치조직'으로 만든다. 그리고 이렇게 독립화된 봉건적 조직들은 모두 정치적 헤게모니를 두고 서로 만성적인 상호 경쟁상태에 처하게 된다(RS I: 440f., 460ff). 지금까지 서술한 내정적 그리고 외정적 탈 중앙집중화 경향을 근거로 베버는 봉건적 사회의 기본성격을 "개별주의적(개인주의적: *individualistisch*) 사회구조"라고 규정한다(RS I: 302f. 이 점에 대해서는 아래 보론 1 참조).

지금까지 약술한 서양사회의 봉건적 기본구도의 가장 중요한 산물 중 하나가 바로 우리의 중심주제 가운데 하나인 유럽 중세의 '자치도시'였다(이 주제에 대한 좀더 상세한 논의는 아래 보론 2에 제시되어 있다). 이와 관련하여 베버가 봉건적 기본구도 중 특별히 주목하는 것은 바로 상기한 '자기무장 원칙'인바, 이 원칙으로 인해 중세도시의 시민은 군사적 자기방어력 소유에 대한 '권리'와 '의무'를 동시에 지니게 되었다. 베버는 봉건제의 이러한 구조적 요건이 '서약 공동체적'(아래 참조) 자치도시 발달의 "실질적으로 가장 중요한 인과적 요인"이라고 지적한다(WG: 734ff). 왜냐하면 '시민신분'이 현실적으로 '무사신분'에 버금가는 군사력을 가진 신분이 되면서 이들은 봉건영주에 대항하여 자치권을 쟁취할 수 있는 가장 중요한 전제조건을 확보할 수 있었기 때문이다. 더 나아가, 특히 중세 봉토봉건주의에 관련해 강조해야 할 점은, 이 체제가 내포하던 행정력 결핍 및 봉건영주의 정치・군사적 "현장중심활동"(그는 현업 직업무사로 전쟁터에 상주해야 하는 경우가 허다했다) 이 자치도시 발생의

인과요인으로 작용했다는 점이다. 베버의 말을 직접 들어보자:

> … 군주는 거의 항상 군사적 업무에 철저히 매여 있었고, 부하들을 상시 통제할 수 있는, 자신에게 예속된 합리적 행정조직은 거의 가지고 있지 않았다. 그 결과 군주가 자신의 고유권한을 유지하기 위해서는 … 부하들의 자발적 호의와 협력에 의존할 수밖에 없었다. 자신에게 의존적인 이러한 계층의 권리들이 점차 일종의 동반자 권리들로 관례화되고 이들에 의해 점유된 것은 역사적으로 위와 같은 상황(즉 자기무장 원칙과 행정조직 부재)에 그 뿌리를 두고 있는 것이다(WG: 438).

이제 베버가 비서구문명권의 지배체제에 대해 제시한 이념형인 '가산제적' 기본모델을 살펴보자(이에 대한 보충설명은 아래 보론 3을 참조). 권력의 가산제적 점유체제에서는 군사적 권력수단들이 단일 중앙지배조직에 의해 독점되어 있다. 베버에 의하면, 서양 이외의 고도문명권들(중동, 이집트, 중국 등)의 지배구조의 이러한 가산제화를 규정한 근본적 인과요인 중 하나는, 이들 문명권에 일정 정도 공통된, 문명 발생 초기의 지리적 환경 및 이 환경이 초래하는 구조적 문제이다. 즉, '하천변' 환경 및 이에서 발생하는 "하천통제와 관개(灌漑)정책의 필연성"이라는 문제이다.[26] 특히 운하와 보(洑) 건설을 통한 상기 문제의 해결은 피지배층의 노동력의 중앙집권적 조직화, 즉 '관료적' 행정조직의 구축을 요

26) 베버는 문화지리학적 요인들의 중요성을 매우 강조하고는 있지만, 동시에 그는 사회적 현상들을 자연조건에서 기계적-결정론적으로 도출하는 것 — 비드포겔(Wlttvogel)의 중국 연구가 그 전형적 사례이다 — 에 대해서는 분명한 반대 입장을 취하고 있다(RS II: 378). 왜냐하면 문명발전이 일정 단계에 도달한 이후부터는 자연적 조건은 단순한 '순응'의 대상이 아니라 적극적 '개조'의 대상이 될 수 있기 때문이다.

구한다. 이런 조직은 처음에는 "순수한 건설관료조직"으로 등장하지만, 점차 신민들의 강제부역의 제도화로 귀결되며 이는 종국적으로 "신민들의 생존 자체가 왕이 관장하는 관료제의 활동에 의존하게 되는"(Wirts. : 275) 결과를 낳는다. 이런 상황 덕분에 왕은:

> 막료와 관료행정이 벌어들이는 수입을 이용하여 군대조직을 스스로 운영할 수 있게 된다: 여기서는 '장교'와 '병사', 즉 군주가 자신의 비축자원으로 무장시키고 부양하는 징집된 군대가 군주의 군사적 권력의 기반이 되었다(WG: 756, 587ff).

다시 말해, 가장 중요한 생산수단들(가령 관개시설들) 뿐 아니라 "전쟁수행수단들"도 왕의 손에 집중된다. 이로 인해 '중간계층들'은 군사적 '자기무장' 가능성으로부터는 구조적으로 차단되어 버린다. 가산제적 '장교'들은, 비록 '군인'이기는 하지만, '무장해제'되어 있으며 이것은 신민 전체에게도 해당된다. 군주의 비용으로 무장된 가산제적 군대는 전쟁수행 방식에서도 봉건적 군대와 구별된다: 후자의 경우에는 개별 기사들 각각의 '영웅적 전투'가 중심을 이루지만 후자의 경우에는 "상비군의 대중규율"이 전쟁수행능력의 핵심이다(Wirts. : 278; WG: 589). 또한 이러한 구조하에서는 앞서 봉건주의에서 관찰한 현상, 즉 경제적 무장비용 감당능력이 군사적 무장권한 내지 무장의무로 전환되는 현상은 일어날 수가 없다.

이러한 조건들에서 일련의 가산제 고유의 지배구조형태들이 도출된다. 왕 또는 황제라는 중앙권좌의 권력독점의 결과는 그의 막료와 일반대중 전체가 — 이 두 단위 모두 원칙적으로 '무장해제'되어 있다 — 단일한 "신민집단"으로 평준화되어버리는 것이다(RS I: 372f.). 이런 상황에서 가산제 군주가 자신의 권력정당성을 확보하는 데 있어서 중요한 것은, 봉건제하에서와는 달리, 군사적으로 독립된 '중간계층들'의 충성이 아니라 — 이런 계층의 형성은 여기서는, 앞서 보았듯이, 어차피 구조적으로 차단되어 있었다 — '대중'(신민 일반)의 충성이다. 그래서 가산제 군주는 대개 "신민보호"라는 이데올로기로 치장된 "공리주의적이고 사회윤리적인 복지정책" 내지 "실질적 정의의 수호"정책을 추구한다. 이러한 정책은 일견 사회의 '평등화'를 지향하고 또 일정 정도 그러한 결과를 낳기도 한다. 그러나 지배사회학적으로 볼 때 이러한 정책에는, 신분적으로 자율적인 "권력 경쟁자들"의 형성을 저지하려는 가산제 통치자의 의도가 깔려 있다(RS I: 272, 202, 272, 435f.; WG: 486f., 491, 493f., 589).[27]

가산 관료제적 중앙기구의 관료들은, 장교들이 무기들로부터 분리된 것과 마찬가지로, 행정수단으로부터 분리되어 있으며 따라서 자신들의 생존을 위해서는 주군에 전적으로 의존적일 수밖에 없다. 물론 관료적 행정막료의 권력은, 순전히 현실적으로만 본다면, 충분히 하나의 독자적 역동성을 발전시킬 수 있으며(그리고 역사적으로 흔히 그러했다) 이를 통해 주군의 형식상의 독점지위를 잠식할 수 있다. 그럼에도 불구하고

27) 물론 중앙집권화적 가산제적 체제의 사회구조 역시 여러 개의 실질적인 법적 특권층과 신분계층으로 분화되지만, 이들의 사회학적 성격은, 재차 강조하지만, 봉건적 신분집단과는 그 근본을 달리한다. 왜냐하면, 가산제적 신분집단의 권력은 무력적 자기방어권 및 영토지배에 기반하는 것이 아니며 따라서 이들 개개는 정치적 독립집단이 아니다. 가산제적 최고통치자는 오히려 어떻게 해서든 독립적 신분계층의 출현 즉 사회구조의 개별화를 억제하려고 시도하며 그래서 베버는, 이미 지적했듯이, 가산제적 최고통치자가 표방하는 정치 및 사회이념을 〈평등주의〉라고 규정한다(RS I: 272, 303, 372, 435f.; WuG: 486f., 493f., 589, 756). 말하자면 〈왕〉인 나를 제외하면 너희들은 모두 〈평등〉하다는 뜻에서: 가령 중국 특유의 현상인 과거제도 같은 것은 최소한 그 평등주의적 기본발상 면에서 볼 때 봉건제의 〈개별주의적 사회구조〉하에서는 상상하기 힘든 제도이다.

이들의 권력은, 사회학적으로 볼 때, '봉건적' 막료의 권력과 중요한 점에서 차이를 보인다. 왜냐하면 이들은 가산제의 구조적 조건들, 그중에서도 특히 '전 국민의 무장해제'라는 조건 때문에, 독자적 군사력과 독자적 영토지배권을 가진 하나의 '정치적 조직'으로 발전할 수는 없었으며 단지 비자율적 위계적 '행정'권력으로 남아 있을 수밖에 없었다. 이에 상응하여 이들의 경제적 기반은 "관직봉록(봉급)"에 있는 것이지, 봉건적 의미에서의 지주권 내지 영주권, 즉 특정지역에 대한 정치경제적 독자 통치권이라는 의미에서의 지주권에 있는 것이 아니다(WG: 136, 599ff).[28] 따라서 영토와 인민을 두고 독립적 무사조직들이 벌이는 폭력적 권력경쟁이 아니라 관직의 고하와 봉급의 다소를 두고 비자율적 "관직봉록수령자집단들"이 벌이는 비폭력적 권력경쟁이 가산제의 전형적 작동기제이다(RS I: 440).

지금까지 약술한 베버의 전통적 지배구조론이 그의 중국 연구에 대해 가진 함의는 무엇인가? 한마디로 압축하자면 아래와 같다: 베버에 의하면, 가치 및 신념체계로서의 유교보다는 오히려 바로 상기한 관직봉록수령자계층의 정치적 그리고 물질적 이해관계상황이 중국 사회의 '전통주의'의 더 중요한 뿌리이며 동시에 이것이 중국에서 자본주의적 전환이 일어나지 않은 가장 중요한 요인 중의 하나이다. 위에서 보았듯이, 이 계층은 행정수단으로부터 분리되어 있었으며 거기다 정기적으로 근무지를 바꾸는 전임(轉任) 체제(그러나 자신의 고향지역으로는 절대 전임되지 않았다) 하에 있었다. 동일지역에 장기간 근무할 경우 발생하는 경향 즉 관직권력과 행정자원을 사유화하는 경향을 차단하자는 것이 전임

28) 물론 봉록은 영토와 사람들에 대한 통치권의 형태를 띨 수도 있다. 그럼에도 불구하고 봉록과 봉건적 지주권 사이의 사회학적 차이는 앞서 지적한 이유에서 명백하다.

체제의 정당화 논리였는데, 이 논리는 일견 '합리적'이지만, 현실적으로 볼 때 전임체제는 지방권력의 자립화를 차단하려는 가산제 특유의 통제 수단으로 작용했으며, 결국에는 전통주의적 경직기제로 전락한다[29]:

> 중국에서 관료들의 수입원은, 영향력 있는 최고위 관료층의 이해관계를 기준으로 볼 때, 개별적으로 점유된 것이 아니라 언제든 전임발령이 가능한 이 관료신분계층 전체에 의해 집단적으로 점유되었다. 따라서 이 신분계층은 수입원에 대한 어떤 간섭에도 합심하여 저항하였으며 '개혁'을 부르짖는 다양한 합리주의적 이데올로기들을 극도의 증오감으로 다 함께 공격하였다(MWG I/19: 224).

디시 말해, 외부세력에 의한 제도개혁은 관료들의 수수료 수입원을 위협할 소지가 다분했던 것이다. 앞서 언급한 베버의 '핵심문제'에서 그가 던진 질문 중 하나, 즉 왜 중국에서는 화폐경제의 확산이 자본주의적 발전에 대한 추진력을 제공하지 않았을 뿐 아니라 오히려 정반대로, 기존체제에 대한 집착이라는 의미에서의 전통주의적 경향을 강화하였는가 라는 질문을 상기하면, 그 답의 일부를 여기서 확인할 수 있다:

> 왜냐하면 바로 화폐경제야말로 봉급이라는 형태를 통해 핵심 관료계층의

29) 이에 대한 대비모델이, 위에서 보았듯이, 정치적 행정적 권리의 사유화에 기반한 유럽의 봉건체제이다. 이 체제는 그 자체로서는 '비합리적'이지만(왜냐하면 '공권력'을 '사유화'하기 때문에), 이해관계와 권력의 작용을 직시하고 계산할 수 있다는 형식적 의미에서는 '합리적' 체제로 작용한다(중국의 경우와는 달리):

> … 수입원을 지속적으로 점유하는 서양의 방식은 관여된 이해관계들을 포착할 수 있도록 하고, 많은 경우 특정한 이해관계집단들이 서로 단합하여 폭력적으로든 아니면 타협 또는 특권을 통해서든 그때그때의 교역방해물들을 제거할 수 있도록 했다(MWG I/19: 224).

수입기회를 창출했기 때문이다. 화폐경제적 수입기회는 일반적으로 '연금생활자 정신'을 강화했을 뿐 아니라, 봉급수령에 의한 수익창출에 결정적으로 중요한 기존의 경제적 조건들의 보존을 이에 참여하는 계층의 가장 우선적인 관심사로 만들었던 것이다(MWG I/19: 225).

베버에 의하면, 단지 "폭력적인 혁명 — 그것이 아래로 부터의 혁명이든 위로부터의 혁명이든"만이 이런 상황의 변화를 초래할 수 있었을 것이다. 물론 중국에서도 혁명적 전복은 결코 드물지 않았다. 그러나 이런 혁명들에서 전복된 것은 왕조들이었지, 가산제 체제 그 자체는 아니었는바, 이 체제는 청 제국이 몰락할 때까지 그대로 존속했다.[30]

지금까지 서술한 가산제적 기본구도가 비서구 지역의 도시 발전의 지배사회학적 배경을 이룬다. 베버는 가산제적 기본구도의 핵심을, "무사들은 전쟁수단으로부터 분리되어 있으며 신민들은 군사적으로 저항할 능력

30) 그런데 지금까지 서술한 가산제적 기제들이, 사회학적으로 볼 때, 근세 유럽의 가산제 국가에도 적용된다는 점은 명백하다. 그러나 이에 못지않게 명백한 것은, 유사한 사회학적 기제들이 중국과 유럽에서 전혀 다른 결과들을 낳았다는 점이다. 즉, 가산제가 중국에서는 전통주의의 온상으로 남아 있었던 반면, 유럽에서는 자본주의 발전의 선도자 역할을 했던 것이다. 그리고 이것은 가산제적 기제가 작동했던 이 두 문화권이 각각 지니고 있던 '역사적' 특수조건들에 기인하는 것이다. 이 조건들이 가진, 이미 지적한 바 있는 두 가지 함의를 여기서 다시 한 번 강조하고자 한다: 첫째, 유럽에서는 통일제국이 아니라 '다자국가체제'가 가산제적 국가들 간 관계의 배경을 이루었다. 둘째, 가산제는 일반적으로 아래와 같은 과정의 산물이다. 즉, 군주가 자립적인 중간계층들을 제압하고 '평민'계층과 연대하는 데 성공하는 과정의 산물이다. 유럽에서는 군주가 경제시민계층(부르주아지)과 연대한 반면, 중국에서는 그 대상이 농민층이었는바, 황제는 이 인민대중의 집단충성에서 통치 정당성을 확보했던 것이다. 이를 입증하는 사실로 베버는, 중국에서 정부정책이 상대적으로 성공한 거의 유일한 경우가 경제시민계층에 대처하기 위해, 그리고 이들의 자본축적에 대처하기 위해 시행한 "농민보호정책"이었다는 점을 지적하고 있다(MWG I/19: 227ff).

이 없다"는 상황으로 압축하면서 아래와 같이 진술하고 있다:

> 이런 토양에서는 왕권으로부터 독립된 정치적 자치도시가 생겨날 수 없었다. 왜냐하면 시민은 비 군인이었기 때문이다(WG: 756).

도시거주자는 '신민들'이었지 자율적 시민들이 아니었다. 그리고 제도로서의 도시는, 다른 모든 제도들과 마찬가지로, 중앙집권화를 추구하는 가산관료제의 손아귀에 놓여 있었다. 중국에서 도시는 통상적으로 합리적 행정조직의 산물이었는바, 이것은 이미 도시의 외적 형태에서 드러나곤 한다. 우선 보루 또는 성벽이 있고 인구가 성벽 안 부지를 채우지 못하는 경우 강제이주로 이를 채웠다(RS I: 294).

도시는 관료적으로 관리되는 "행정구역"이었는바, 이것은 촌락의 경우도 마찬가지였다. 물론 도시가 일정한 행정적 특수지위를 가졌던 적도 드물지 않았다. 그러나 이 지위는, 서양도시의 경우와 같이, 도시시민층이 주도하는 정치적 해방운동에 근거한 것이 아니라 비서구문명권의 주요 도시가 대부분 황제 거처지이고 관청의 소재지였다는 사실에서 유래하는 것이다. 그런데 도시가 수도이자 관청소재지였다는 점은, 일반 거주자들의 상기한 군사적 방어력 결핍에 더하여 이들의 정치적 해방가능성을 차단하는 또 하나의 추가적 요인이었는바, 이것 역시 중세유럽의 상황과 대비되는 점이다(이 주제에 관한 보완설명은 보론 3에 제시되어 있다). 왜냐하면 가산관료적 권력과 왕궁수비대 및 경호부대의 군사력은 다른 곳이 아니라 바로 도시에서 가장 막강한 위세를 부리고 있었기 때문이다. 즉, 비서구문명권 도시주민들은 "군주 친위부대의 바로 코앞에 있었다"(WG: 737).

그런데 가산 관료조직은 도시에서와는 달리 농촌지역의 관리에서는 흔히 매우 비효율적이었다. 이것은 이 지역들이 행정중심부로부터 멀리 떨어져 있을수록 더욱더 그러했다(RS I: 295f.). 왜냐하면 관료적 중앙행정의 경우 그 방대한 외적·형식적 외연과는 극히 대조적으로 그 "내포는 엄청나게 빈약했는바, 이것은 특히 농촌지역의 경우 그러했다"(RS I: 295f., 380f.). 그래서 중국행정의 역사는 황제의 중앙행정이 자신의 통치력을 도시지역 이외에서도 확보하려는 부단히 반복된 시도로 점철되어 있다(MWG I/19: 265).

그러나 이런 시도는 성공하지 못했다. 실제로 중국에서는 흥미롭게도 농촌마을이 자치권과, 부분적으로는, 군사적 방어력을 소유하고 있었다: '도시'는 자치행정이 부재한 고관본거지이고, '농촌마을'은 고관이 부재한 자치행정구이다(RS I: 381)!

다시 말해, 서양 도시의 자치권이 봉건주의에 내재하는, 군주의 직접적 지배력의 결핍상황의 산물이었다면, 중국 농촌마을의 자치권은 가산제적 지배력 결핍의 산물인 것이다. 그리고 이런 상황과 밀접하게 연관된 또 하나의 현상은 친족관계의 한결같은 엄청난 중요성이다: 왜냐하면 농촌마을은 대부분 친족 구성원들로 이루어져 있었으며 따라서 마을자치권이란 실제로는 친족자치권과 동일하고, 마을권력이란 친족 권력과 동일하였기 때문이다: "… 친족집단은 법적 권리와 의무 조직의 실질적인 핵심 주체였다"(MWG I/19: 238~239). 그랬기 때문에 국가는 국가대로 의무 부과(세금, 부역 등) 시 친족집단에 의존하였는바, 이것은 다시금 "오래된 농민친족집단의 결속"을 엄청나게 촉진했다. 물론, 이러한 외적·사회구조적 요인 이외에도 조상숭배사상이[31] 친족관계의 확고한 위상 확립에 결정적 역할을 했음은 두말할 나위도 없다(MWG I/19: 259). 그러나 인과관계 측면에서 볼 때 이에 못지않게 분명한 것

31) 그런데 조상숭배사상은 유교가 등장하기 훨씬 전부터 민중신앙으로 중국에 깊이 뿌리내리고 있었다(MWG I/19: 259).

은, 앞서 언급한 국가구조 및 국가정책이 친족결속의 유지와 지속적 강화에 상당 부분 기여했다는 점이다. 그런데 이것은 결코 항상 국가권력에 유리하게만 작용한 것은 아니며 자본주의적 발전에는 더더구나 그렇지 못했다. 왜냐하면:

> … 친족집단의 일심 단결한 저항은 당연히, 가령 자발적으로 조직된 현대 노동조합의 파업과는 비교할 수 없으리만큼 강력한 장기적 영향력을 발휘했기 때문이다. … 이런 요인 때문에라도, (그 당시 중국에서는) 근대적 대기업이 요구하는 그런 유의 '노동규율' 뿐만 아니라 시장을 통한 자유로운 노동자 선발도 관철될 수 없었으며, 또한 서양식의 합리적 행정체제 역시 관철될 수 없었다(MWG I/19: 272).

경제영역에서 친족최우선주의가 표출되는 방식은, 경제조직의 대다수가 "실세적인 또는 모방된 사적 친족관계"에 기반하고 있다는 것에서 잘 드러난다. 이런 구도로 인해, 경제적으로 보면, 기업과 시장의 확장은 상당한 한계에 부딪힐 수밖에 없다. 그러나 이 구도는 개개인에게는 하나의 중요한 사회적 보호막을 제공한다: (친족관계에 기반하여) 어느 정도 규모를 갖춘 경제단위들이 설립되는 다양한 방식들은, 사회적으로 볼 때, 특별히 '민주적' 성격을 가지고 있었다. 왜냐하면 이 방식들은 개개인의 생존을 프롤레타리아트화의 위험 및 자본주의적 예속화의 위험으로부터 지켜주기 때문이다(MWG I/19: 273~274).

중국에서 자본주의적 발전을 저해한 또 다른 구조적 요인, 특히 도시 경제시민계층에 관련된 구조적 요인들은 이미 언급한 바 있지만 여기서 약간 다른 각도에서 다시 한 번 거론하고자 한다. 중국의 도시도 당연히 상공업의 거점이었고 따라서 상인조합과 공인조합을 가지고 있었다.

그리고 이러한 직업조합들은 일정 정도의 자치권을 소유하고 있었다:

> 이런 직업조직의 수뇌부가 제 삼자에 대해서도 상당한 강제권을 행사할 수 있는 경우도 있었다. 그러나 이 권력은 — 통상적으로 — 단지 특정한 개별조직이 이 조직의 구체적 집단이익을 건드리는 특정한 문제들에 대해 가지는 권한이거나 실제적 영향력에 지나지 않았다. 그에 반해 도시시민 전체로 구성된 지역 공동체를 대표하는 기능을 가진 그런 공동조직은 중국에는 — 통상적으로 — 존재하지 않았다. 이런 개념은 (중국) 어디에서도 찾아볼 수 없다(WG: 737).

이렇게 볼 때, 중국 도시 상공인들의 특권과 권한은 "전적으로 불확실한 성격"이었으며, 설사 이것들이 공식적으로 보장되었다고 하더라도, "법적으로는 우연적" 성격을 가지고 있었으며 또 그럴 수밖에 없는 것이, 왜냐하면 이런 특권과 권한은 어떠한 독자적 정치 · 군사적 권력기반에도 터하지 못하고 있었기 때문이다. 이 계층이 가진 권한의 성격은 '사회적'이었지 '정치적'인 것은 아니었다. 정치적으로 보면 도시 상공인층은 항상 하나의 타율적 신민집단이었으며 계속 그렇게 남아 있었다. 상공인층이 아닌 가산제 관료층이 비서구문명권의 도시를 대표했다(WG: 737). 무엇보다 바로 이러한 정치적 타율성으로 인해 비서구문명권 도시거주자들은 하나의 "시민신분집단"을 구성할 수 없었던 것이다: "중국의 도시거주민들에게 무엇보다 결여되었던 것은 이 집단만의 고유의 신분적 자격이다"(WG: 737).

그런데, 중국의 경우와는 달리, 서구의 도시거주민들이 바로 이러한 신분적 자격을 획득하고 자율적 자치도시를 구축할 수 있었던 것은 단순히 이들의 군사적 방어력에만 — 이것은 유럽 중세의 봉건적 기본구도의 산물임을 위에서 보았다 — 기인하는 것은 아니다. 이 과정은 서구 도시시민들이 "**서약공동체적 의형제동맹**"을 맺을 수 있는 행위성향을 가지고 있었다는 점과도 연관되어 있다. 베버는 이런 행위성향을, 전통사회적 맥락에서 관찰할 수 있는 '합리적' 결사체 구성의 한 특이한 사례로 간주하는 듯하다. 의형제동맹에 기반하는 서구 "도시민결사체"는 구체적으로 아래와 같은 자치구 구성 및 운영원칙들에서 표현된다: 종교의례와 시민신분 차원에서의 보편적 법적 평등, 통혼권, 공동회식 및 친교 권한(WG: 744)이 그것이다. 이 원칙들은 모두 단 하나의 사회심리학적 상황을 환기시킨다: 즉 자치도시의 시민들은 카스트 또는 혈통 등 "**친족관계의 주술적 옥죔**" 및 이런 관계에 내재하는 금기장벽들로부터 일정 정도 자유로워졌으며 따라서 이들은 "**인간관계의 원초적 구조형태들**"을 뛰어넘어 의도적으로 선택한 목적조직을 구축할 용의와 또 그럴 내적 능력을 갖추었다는 사회심리학적 상황이 그것이다.[32] 이렇게 볼 때 베버는 서구의 자치도시 탄생은 난순히 정치-군사-경제적 '권력의 문제'만이 아니라 문화적 연원을 가진 내적 행위성향의 문제와도 연관되는 것으로 보고 있다. 물론 이러한 행위성향은, 근대의 세속화된 실용적 세계상을 배경으로 비로소 관철되는 철저히 이해관계지향적인 목적합리성과 동일한 것은 아니다. 왜냐하면 이미 위에서 사용된 표현들, 가령 "종교적 평등", 특히 "의형제동맹" 등만 보아도 여기서는 아직 종교적 세계상이 지배하고 있음을 알 수 있기 때문이다. 다시 말해, 중세의 자치도시적 결사체합리성은 전통적 세계상, 즉 종교적·주술적이고 인격신적인 세계상(RS I: 12, 522ff)을 벗어난 것이 아니라 그 범위 내에서 형성된 것이다. 그래서 베버는 상기한 바와 같은 행위성향이 서구에서

32) 이런 행위성향은 베버가 그의 유명한 '사회적 행위유형론'에서 '목적 내지 도구합리성'이라고 규정한 행위유형의 중요한 구성요소이기는 하지만 이것과 동일한 것은 아니다. 아래 참조.

주로 발전했다는 사실을, 물론 전적으로는 아니지만, 상당 부분 서구의 종교적 세계상이 가진 특수성의 탓으로 돌린다. 이러한 종교사회학적 조건과 위에서 논의한 지배사회학적 조건의 조우가 비로소 서구적 자치 도시를 창출했던 것이다: "종교적 의형제동맹과 군사적 자기무장이 (서구에서) 도시의 발생과 존속을 가능하게 했던 것이다"(Wirts. : 276).

이제 우리는 상기한 종교사회학적 요인들을 고찰하고자 한다.

7. 전통적 세계상, 시민계층 그리고 도시: 서양과 아시아의 비교분석

서두에서 이미 지적했듯이, '전통적' 세계상을 떠받치는 중심이념은 세계란 "하나의 거대한 마술정원"(WG: 379)이며 인간관계의 기반은 "주술적-정령주의적 친족결속"(WG: 744)에 놓여 있다는 믿음이다. 따라서 "자연에 의해 주어진 개개 인간들 간의 관계" 및 친족 어른 중 "살아계시는, 그리고 돌아가신, 구체적 인간들에 대한 숭배"(RS I: 522ff)가 사회적 상호작용원칙의 중심을 이룬다. 베버는 전통적 세계상을, 이런 특수한 의미에서, 주술적 "인간관계중심주의"(*Personalismus*)라고 규정한다(RS I: 522ff).

그런데 우리의 논의 맥락에서 우선 중요한 것은, 인간의 종교적 사고의 원초적 출발점이었다고 볼 수 있을 상기한 전통적 세계상이 개별 문화권의 발전경로에 따라 어떤 '변형들'로 나타났으며 이 변형들은 다시 도시 및 도시시민계층의 발전과 어떤 연관성이 있는가 라는 점이다. 주지하다시피, 이 문제에 대한 베버의 사회학적 분석은 이른바 '종교적 합리화 과정'이라는 개념을 중심으로 이루어진다. 베버는 그의 저작에서 종교적 합리성 잠재력의 평가를 위한 매우 정교하고 복합적 기준들을 제시하지만 우리의 논의 맥락에서 핵심적 기준은 두 가지이다: 첫째, 전통적 세계상에 대한 상기한 정의가 암시하듯이, "주술"을 벗어나는 정도(RS I: 512), 둘째, 이와 긴밀히 연관된 것으로, 사회적 관계의 탈혈연주의라는 의미에서의 객관화 내지 사무적 관계화이다.

이 기준에 의거하여 베버가 '세계종교'들[33]의 합리화 역량 및 합리화

33) 베버는 '세계종교'를 "특별히 많은 수의 신도를 모을 수 있었던 종교적 생활규제

방향에 대해 내리는 역사적 진단을 극도로 단순화시켜 표현하자면 아래와 같다: 서양 종교, 즉 유대-기독교적 종교는 종교 내적 및 종교 외적 요인들의 복잡한 상호작용의 결과로, 장기적으로 보면, 세계에 대한 태도의 차원에서는 "탈주술화"라는 경로, 그리고 인간의 사회적 상호작용의 차원에서는 "객관화"의 경로를 걸어왔다. 그에 반해 비서양 '세계종교'들은, 물론 개개 종교마다 그 정도와 또 작용요인들이 다르기는 하지만, 전반적으로 볼 때 주술적 인간관계중심주의라는 전통적 틀을 벗어나지 못했다.

필자가 보기에 베버의 설명모델은 크게 두 가지 분석차원을 가지고 있다(다만 이 두 차원은 베버의 서술 자체에서는 서로 뒤엉켜 있다) : 논리적 · 내재적 차원과 역사적 · 사회학적 차원(아래 보론 4에서는 이 두 가지 차원을 '이념'과 '이해관계'의 상호작용이라는 관점에서 해석하며 베버 종교사회학의 기본 구도를 서술한다) 가 그것이다. 논리 내재적 설명 차원에서는 서양과 비서양 종교들의 이념적 내면구조들을 비교론적으로 밝혀내는 작업이 진행되는바, 여기서의 인식목표는 서양 신앙체계에 내재하는 합리화 잠재력을 확인하는 것이다. 이 잠재력은 장기적으로 볼 때, 앞서 지적했듯이, 결국 세계에 대한 관계의 '탈주술화'라는 방향으로 실현된다. 이 차원에서 진행되는 비교론적 작업의 중심주제는 신-관념

체계 또는 종교적 영향하에 형성된 생활규제체계"라고 정의내리며 이 개념은 "전적으로 가치중립적 개념"임을 강조한다(RS I: 237ff). 이런 의미에서의 세계종교로 베버는 유교, 힌두교, 불교, 기독교, 이슬람교를 지적하며 이들을 그의 주된 종교사회학적 분석대상으로 삼고 있다. 따라서 필자가 이 글에서 사용하고 있는 '서양-비서양 내지 동양' 세계종교라는 이분법이 얼마나 위험하고 부당한 단순화인지는 아무리 강조해도 지나치지 않을 것이다. 그러나 필자의 매우 제한된 서술목표를 염두에 둘 때 이런 단순화는 일정 정도 불가피했는바, 이에 대해 재차 양해를 구한다.

(물론 여기서 '신'은 '지고의 존재'라는 일반적 의미도 내포한다)에 관련한 서양과 비서양 내지 동양 간의 아래와 같은 이분법적 차이이다: 서양의 경우 신은 "초월적이며, 분노하고 용서하며, 사랑하고 요구하며, 벌을 주는 의인화된 창조주" 내지 '유일신', 즉 부단히 '행동'하는 신이다. 그에 반해 동양의 경우 신은 "예외가 없는 것은 결코 아니지만 그러나 대체로 비의인화된 지고의 존재(또는 본성)로서, 인간은 이 존재 내지 본성에 단지 명상을 통해서만 그리고 특정(깨달음의) 상태로서만 접근할 수 있다"(RS I: 257f.). 이 경우 신은 말하자면 부동(不動)의 존재질서 및 우주질서 그 자체를 형상화하는 것이다. 이를 우리는 서양의 "행동의 신"과 동양의 "질서의 신"(RS II: 173)이라는 이분법으로 표현할 수도 있다. 첫 번째 유형, 즉 유일신적이고 '신중심주의적'인 유형에는 이란과 근동의 종교 및 여기서 "파생된" 서양 종교가 속하며 두 번째 유형, 즉 '우주 중심적' 유형에는 인도와 중국 종교가 속한다.

여기서 잠시 간략한 역사적 고찰을 삽입하고자 한다. 베버에 의하면 신(神) 관념의 상기한 분화가 일어나기 전에는 근동과 아시아에서 매우 유사한 신 관념이 존재했다. 여기서 신은 대개 "의인화되고 윤리적"이며 "농민적 지역신"의 모습을 띠고 있었다. 이 모습에는 두 가지 요소, 즉 한편으로는 정령주의적·자연주의적 관념과, 다른 한편으로는 세속적 "지상의 왕 모델"과 초월적 "천상의 왕"(즉 "최고위 왕") 모델이 동일시되거나 서로 혼합되어 있다(MWG I/19, 160ff). 그러나 이와 같이 상대적으로 공통된 출발점을 벗어난 이후 중국문화권의 신 관념과 셈족 계열의 근동의 신 관념은 — 아래 서술은 지면관계상 이 두 가지 문화권에 한정된다 — 서로 정반대되는 길을 가게 된다: 중국의 경우 신 관념은 신의 "비의인화"의 길, 다시 말해 신이 실체화가 아니라 '상태화'(즉 신은 실체적 '존재'가 아니라 깨달음의 '상태'이다)의 길을 가게 되고, 서양의 경우 신 관념은 신의 "의인화"의 길, 다시 말해 신의 실체화, '인격화 내지 의인화'의 길을 가게 되는바, 여기서 신은 "초월적인 창조주 및 세계의 제왕적 통치자"로 승화된다(MWG I/19: 161f.).

그런데 베버는 두 문화권의 길이 이렇게 서로 갈라지게 되는 과정을 주로 그들이 처했던 서로 전혀 다른 정치적, 특히 "대외관계적" 조건들로 설명한다. 우선 이스라엘의 경우를 살펴보자. 이스라엘이 안고 있던 핵심적 문제는 대외관계의 지속적 위기상황이었는바, 즉 이스라엘은 "막강한 메소포타미아 약탈왕국들에 대한 극도의 불안"에 지속적으로 시달린 국가였다. 베버는 이러한 대외적 위기상황이 이스라엘의 신인 여호와의 "최종적 모습"을 형성하는 데 결정적 역할을 했다고 본다:

> … 대외 정치가 여호와의 활동무대였는바, 이 무대는 전쟁, 민족들의 급변하는 운명으로 점철되어 있었다. 따라서 여호와는 우선 그리고 무엇보다도 비일상적인 것의 신, 즉 전쟁운명의 신, (상시적 위기에 처해 있는) 유대민족의 신이었다(MWG I/19: 163).

이에 반해 중국의 정치적 조건들의 핵심은, 춘추전국적 혼란상태가 비교적 일찍 평정되어 가산관료제적 제국이 건설될 수 있었다는 점으로 요약될 수 있다. 이에 상응하여 여기서는 신 내지 '천상'(天上)이 "전쟁, 승리, 패배, 망명 그리고 귀환희망 가운데 경외되는 영웅신, 즉 대외 정치적 민족운명의 비합리성 가운데 현시되는 영웅신"(MWG I/19: 167)의 모습을, 다시 말해 앞서 언급한 의미에서의 '의인화된' 신의 모습을 띠기가 힘들었다. 중국의 종교적 관념에서 중심적 문제는 "혼란과 무질서"였지, 이스라엘의 경우와 같은 민족의 비합리적 운명이 아니었다. 그리고 이 중심문제에 대해 중국인들이 점차 찾게 되는 해결책은 천상을 하나의 "객관적 질서"로 파악하는 것이었다. 즉, 정열, 분노 그리고 승리 약속 등에 가득 찬, "현세를 초월하는 창조주신"이 아니라 "신을 초월하는 비의인화된 영원한 상태"가 그 해결책이었다(MWG I/19: 169f.). 종교적 사고의 이러한 평화화(平和化) 경향은 문인계층이 지배계층으로 정착하면서 더욱더 강화되었다. 이 과정의 정점은 유교가 국교화되는 것인데, 이와 함께 유교는 중국의 종교적 틀을 점차 의례주의적 방향으로 몰고 가게 된다: 즉 자연법칙과 의례법칙을 "동일한 것"으로 간주하는 경향이 자리 잡게 되는 것이다(MWG I/19: 169f.).

이제 이러한 '역사적' 차원에서 다시 '체계적' 논의 차원으로 되돌아가자. 베버는 신 관념에 대한 상기한 이분법적 차이에서 서양과 아시아 종교 간에 존재하는 일련의 구조적 차이들을 도출한다. 그는 이 차이들을 주로 두 가지 관점에서 체계화한다: 즉 궁극적 축복에 이르는 길이라는 관점과 종교적 행위지향성(또는 행동양식)이라는 관점이 그것이다. 우선 궁극적 축복에 이르는 길은, 유일신교적·인격신적 종교의 경우 "구원"에 놓여 있는 반면, 비의인화된 천도(天道) 개념을 가진 종교의 경우에는 궁극적 존재근거에 대한 "지식" 내지 탈속세적·금욕적 수련을 통한 "깨달음"에 놓여 있다. 그리고 이렇게 서로 다른 신 관념 및 구원 관념은 다시금 종교적 행위지향성의 차이의 근거를 제공한다. 서양의 경우 이 행위지향성 내지 행동양식을 규정하는 관념은 이른바 '도구론'으로 압축될 수 있다: "신의 도구로서의 인간이 신이 원하는 바를 행하는 것"(RS I: 257)이 인간의 신성한 도리이며 따라서 신의 영광을 위해 "적극적이고 금욕적인 현세개조"(RS I: 263, 257)를 지향해야 한다. 이와는 달리 동양의 종교적 행동양식을 규정하는 관념은 이른바 '그릇론'으로 압축될 수 있다: 인간은 "신적인 것을 담고 있는 그릇"(RS I: 539)이며 따라서 인간에게는 "명상을 통한 구원 소유"가 가능한바, 그 결과 구원 추구자는 "현세 내에서의 적극적 행동을 지향하기보다는 오히려 신비적이고 명상적인 현실도피"에 기우는 경향이 있다(RS I: 263). 그런데 이 두 가지 유형, 즉 현세 개조형와 현세 도피형 또는 "금욕주의"와 "신비주의"의 공통점은 그 기본자세가 "현세 거부"라는 것이다. 이런 현세 거부적 종교로는 유대교, 기독교, 힌두교 및 불교를 들 수 있다(RS I: 538).[34] 그러나 방금 보았듯이, 같은 '현세 거부적' 태도가 정반대의 행동지향(현세 개조 대 현세 도피)을 낳을 수 있는바, 이와 관련된 베버의 명제를 다시 한 번 요약하자면: 서양 종교가 가진 상기한 — 그리고 여기서는 다루지 못한 다른 — 이념구조적 특이성들로 인해 신도들은 "행동의 길"을 지향하는 경향을 보이며, 장기적으로 볼 때 세계의 "탈주술화"를 향해 나아간다. 주지하다시피 베버는 이 과정의 정점을 근대 프로테스탄티즘의 탄생에서 찾는다. 그러나 이 자리에서는 베버가 분석하는, 신 관념과 탈주술화 내지 합리화 과정 간의 매우 복합적인 논리적·심리적 상호작용 관계는 일단 논외로 하기로 한다.

그 대신 아래에서 필자는 앞서 지적한 두 번째 설명 차원, 즉 역사적·사회학적 설명 차원으로 넘어가고자 한다. 이 차원은 지금까지 다룬, 말하자면 '관념주의적'이라는 인상을 주는 차원을 보완하면서 동시에 이 차원을 상당 부분 상대화하기도 한다. 역사적·사회학적 설명 차원의 핵심적 문제제기는, 종교의 이념적 구조와 그것의 발전 동력은 어떻게 역으로 그것의 담지자계층이 가진 역사적·사회학적 특이성에 의해 규정되는가 하는 점이다. 베버는 중요 종교체계들의 사회적 담지자계층을 두 가지 체계적 관점에서 유형화한다. 담지자계층은: 첫째, 이 계층의 기본적 행위성향에 따라 이론가 유형(내지 지식인 유형)과 실천적 행동가 유형(RS I: 254f.)으로 분류될 수 있으며, 둘째, 이 계층의 정치사회적 지위에 따라 "유리한 (긍정적) 특권을 가진" 계층과 "불리한 (부

34) 이들 동서양 종교들과는 대조적으로 중국의 유교는 "절대적 현세 긍정과 현세 적응"을 특징으로 하는바, 이 점은 아래에서 논의될 것이다(RS I: 515).

정적) 특권을 가진"(RS II: 124, 247)[35] 계층으로 분류될 수 있다. '이론가' 유형의 대표적 사례들은 중국의 문인계층, 인도의 브라만계층 등을, '실천적 행동가' 유형의 사례로는 무사집단, 정치·행정적 관료층, 농민층 그리고 "경제시민계층"을 들 수 있다. 여기서 지적된 계층 각각은 전체로서 또는 그 일부가 구체적인 정치사회적 그리고 경제적 배경여건에 따라 '긍정적' 또는 '부정적'으로 특권화되어 있을 수 있다.

이러한 사회적 행위조건들이 가진 종교사회학적 함의는, 이 조건들이 종교적 기본욕구의 방향과 성격에 중대한 영향을 끼칠 수 있다는 점이다. 이를 근거로 베버는 정치사회적 위상과 종교적 해석욕구의 방향 사이에 존재하는 '선택적 친화력'을 아래와 같이 제시한다: 긍정적 특권을 가진 자들은 "행복의 신정론"(즉 신의 이름으로 행복을 정당화하는 이론)으로 기운다. 왜냐하면 "행복(행운)도 '정당성'을 확보하고자"(RS I: 242) 하기 때문이다. 이 맥락에서 베버는 행복 내지 행운의 정당화야말로 "종교가 지배자들의 내적 그리고 외적 이익에 봉사하는" 가장 전형적인 방식이라고 언급하고 있다(RS I: 242). 그에 반해 "부정적 특권을 가진 자들"의 종교적 기본관심사는 일반적으로 "고통의 신정론"이다(RS I: 242). 즉, 이들은 자신들이 처한 억압과 핍박상황이 주는 지속적 '고통'이 결국에는 (가령 내세에서는) 신에 의해 '보상'받을 수 있을 것이라고 '정당화'한다.

이제 담지자계층의 두 번째 유형론적 구분, 즉 이론가 유형과 실천가 유형을 살펴보자. 여기서는 아래와 같은 선택적 친화력 관계를 확인할 수 있다: "세계와 세계의 의미를 순전히 사고적 수단을 통해 파악하고자"

35) 앞서 지적했듯이, "부정적(불리한) 특권"이란 형용모순이기는 하지만 베버는 이 표현을 간혹 쓴다. 예컨대 억압과 수탈이 단순히 '현실적' 상황의 결과가 아니라 '법'과 '제도'로 강제된 것이라면 이런 의미에서 억압당함은 말하자면 '부정적 특권'이다.

하는 지식인계층은 우주론적 세계 해석으로 기울며 명상을 통해 영원한 부동의 본질적 근원에 도달하는 것을 "인간에게 가능한 최고의 그리고 최종의 종교적 자산"이라고 간주한다(RS I: 254). 그에 반해 실천가계층, 즉 "실천적으로 행동하면서 생활하는" 계층은 생존을 위해 자연과 현실에 개입하며 이런 개입을 통해 발생하는 구체적 도전들과 끊임없이 씨름할 수밖에 없는 계층이다. 따라서 이 계층의 종교적 관심과 행동양식은 관조적·신비적이 아니라 "적극적이고 금욕적"인 성격을 가지기 십상이다(RS I: 257). 물론, 이런 속성은 모든 실천가계층에서 동일한 정도로, 그리고 동일한 형태로 발견되는 것은 아니다. 오히려 종교적 행동양식이 적극적·금욕적 성격을 띠게 되는 계층은 "경제시민계층"이 거의 유일하다고 볼 수 있다. 다른 실천가계층에서는 이러한 행동주의적 성향이 전혀 상이한 모습을 띠거나 (가령 무사계층) 아니면 상대적으로 덜 부각될 수 있다(RS I: 255f.).

이와 함께 우리는 종교의 '사회적 규정성'에 대한 베버의 역사적 기본 명제를 거론할 지점에 왔다. 베버에 의하면 동양 종교들은, 이들의 문화적으로 가장 중요한 속성들을 중심으로 볼 때, "고상하고" 신분이 높은, 즉 "긍정적 특권을 가진" 지식인계층에 의해 주도되었으며 이런 의미에서 "행복의 신정론",[36] "구원귀족주의" 또는 "지식인구원주의"의 속성을

36) 물론 유교의 경우는 동양적 종교전통 내에서도 하나의 독특한 위치를 차지하는 바, 왜냐하면 유교의 담지층은 사유적 이론가와 실천적 행동가의 결합형이었기 때문이다: 선비는 곧 지배관료(실천적 행동가) 즉 특권층이었고(혹은 최소한 특권층이 될 잠재력을 가지고 있었고) 또 지배관료가 되기 위해서는 선비(사유적 이론가)라야만 했다. 담지 세력의 이런 상황이, 이미 지적했듯이, 유교로 하여금 내세적·현실거부적 구원론이 아니라 철저한 현실적응적(*Weltan-pass-ung*) 세계상을 구축케 했으며(선비 중심의 중국식 가산제적 관료주의와 유교적 세계상의 상관관계에 대한 베버의 세밀한 논리전개를 여기서는 더 이상 논할 여유가 없다. RS I: 430ff) 〈고통의 신정론〉이 아니라 〈행복의 신정론〉

가지고 있었다(RS II: 366). 그런데 이 종교들이 가진 명상적·신비주의적 기본경향은 '탈주술화'와 '객관화'라는 의미에서의 합리화 과정에 관련하여 무엇보다 아래와 같은 결과를 낳았다: 즉 그 자체로서는 보편적 현상인, "대가(大家) 종교성"과 "대중(大衆) 종교성" 간의 대립을 한층 더 강화시키는 결과가 그것이다(RS I: 259ff). 베버는 이런 대립 심화과정이 가진 사회학적 함의에 특별히 주목하면서, 동양 문명권의 경우 종교로부터는 "대중의 일상을 파고드는 어떠한 윤리적" 교화력도 생겨나지 않았다고 주장한다(RS I: 378). 다시 말해, 특히 "경제활동의 본거지"인 일상은 종교적·윤리적 합리화 과정의 테두리 밖에 놓여 있었다는 것이다. 따라서 일반 평민들은 "주술의 강력한 원초적 힘"에 계속 예속되어 있게 된다(RS I: 248). 그에 반해 종교의 주된 담지자인 상류층 지식인들은 지적 합리주의의 극치에 도달하게 된다. 즉, 동양에서는, "사회적 세계가 식자층 및 교양인계층과 무지한 평민 대중으로 갈라져 있었을 뿐"(RS II: 378) 아니라(이것은 어느 사회에서나 그러했다), '종교적 세계'에서마저도 이러한 지혜와 지식의 '양극화'가 진행되었던 것이다.

그런데, 사회적 일상으로까지 내려오지 않는 동양 종교들의 이러한 고결한 대중성은 이 종교들이 가진 "비정치적, 비사회적" 그리고 "평화적 성격"(RS I: 469)의 중요한 근거이다. 어차피 "상류층은 현실 세계의 실제적 내부질서들을 … 알지도 못한다"(RS II: 378)는 사실은 도외시하더라도, 기존질서의 정치사회적 변화가 이 계층의 이해관계에 부합하는 경우는 드물었다. 이 계층은 통상적으로, 가령 중국의 경우에도, 현존하는 신정적·가산제적 제국 내의 특권계층에 속해 있었기 때문이다.

을 추구하게 했던 것이다. 그것도 현세에서의 복을(중국문화권에서만큼 현세적 복에 대한 이야기가 많은 곳도 드물 것이다: 3복, 5복, 7복 등. 치아가 튼튼한 게 만복의 근원이라는 속담은 이런 현세복 지향성의 극단적인 예이겠지만).

이제 우리의 주제와 관련해 던져야 할 질문은: 지금까지 매우 거칠게 단순화시켜 서술한 동양 종교의 핵심구조가 시민계층 및 도시 문제에 대해 가진 함의는 무엇인가? 과연 동양의 도시거주 시민들도 카스트 또는 친족조직을 벗어나서, 예컨대 서양 중세의 '의형제 동맹'에 준하는 방식으로 결사체를 구성할 수 있었을까? 적어도 베버의 답은 부정적이다. 물론 이런 거사가 성공한 개별적 사례들은 분명히 있지만 '시민계층' 전체가 단합된 하나의 집단으로서 이런 거사에 성공한 경우는 찾아보기 힘들다. 그러기에는, 앞장에서 서술한 가산제적·정치사회적 족쇄 이외에도, 인도의 경우, 카스트들 간의 의례주의적 배타성이, 그리고 중국의 경우 친족유대의 주술적 승화가 쌓아 놓은 장벽이 너무나 높았다. 즉, 이런 토양 위에서는 종교적으로 그리고 신분적으로 보장된 "법적 평등"이라는 원칙에 의거한 서약동맹 내지 "도시시민결사체 구성" 같은 과정이 진행될 여지가 구조적으로 극히 제한되어 있었다. 베버는 이러한 제약요건의 한 사례로, 예컨대, 중국인의 사회적 정체성 문제를 거론한다. 이 정체성의 결정적 요소는 '어떤 도시의 시민이다'라는 것이 아니라 그가 '어느 친족집단에 속하는가'였다:

> 도시로 이주한 자는 … 자기 가문의 조상묘가 있고 사당이 있는 종가(宗家)와의 관계를 계속 유지하였다. 즉, 그의 종교의례상 그리고 사적으로 중요한 모든 관계들은 출신지 마을에 뿌리가 있었고, 그는 이 관계들을 그대로 유지하였다(RS I: 282).

그런데 단순히 종교의례상이나 사적으로뿐만 아니라 법적으로도 도시 이주 중국인은 친족집단과 사당이 있는 그의 고향마을에 속했지 도시조직에 속하지 않았다(WG: 737). 다시 말해, 친족조직의 권력은, 긍정적 의미에서든(가령 모든 종류의 집단적 보살핌) 부정적 의미에서든, 비단 마을 거주 구성원들에게만 행사되는 것이 아니었다. 그 권력은: "… 외지에, 특히 도시에 거주하는 사람들에게까지도 행사되었다. 그래서 도시는 도시거주민 대다수에게는 '고향'이 아니라 사실 전형적인 '타향' 이었다"(RS I: 380).

이렇게 볼 때, 중세 유럽의 "도시 공기는 우리를 자유롭게 만든다"라는 유명한 격언은(이에 대해서는 보론 2 참조) 아시아에서는 생겨나지도, 관철되지도 못했을 것인바, 그것은 단지 앞서 논의한 '정치적' 조건들(가산체 체제)에만 기인하는 것이 아니라 방금 서술한 '문화적' 조건들, 즉 사람들에게 주술적 혈연지상주의로부터 내면적으로 해방될 수 있는 여지를 거의 주지 않는 문화적 조건들에 기인하기도 하는 것이다.

동양 종교들과는 대조적으로, 대표적 서양 종교인 기독교의 발흥과 발전의 주역은 실천가계층, 더 정확히는 도시거주 상공시민 및 서민계층이었다. 이 계층은 "세계와 그것의 의미를 사고를 통해 파악하고자" 하는 욕구에 충만한 계층이 아니라, 일상적 현실을 적극적으로 헤쳐 나가야만 살아남을 수 있는 절박한 상황에 처해 있는 계층이다:

> 기독교는 편력하는 수공업 도제(徒弟)들의 교리로 시작했다. 그래서 기독교는 각별히 도시적 그리고 무엇보다도 시민적 종교였고 또 계속 그렇게 남아 있었다. 이것은 기독교의 외적 그리고 내적 부흥의 모든 시기, 즉 고대 초기 기독교 시기, 중세 그리고 청교도 시기 등 모든 시기에 그러했다. 유일무이한 특성을 가진 서양 도시 및 특정한 의미에서의 시민계층 — 이런 의미에서의 시민계층은 세계사적으로 단지 서구에서만 발생했다 — 이 기독교의 본거지였다. 이것은 고대 영지주의적 공동체 경건성, 중세 중기의 탁발수도회 그리고 종교개혁 시기의 경건주의와 감리교 등과 같은 종파들에 이르기까지 모두 그러했다(RS I: 240).

경제시민계층은 "현실을 합리주의적으로 다루는" 경향과 능력을 지니고 있었고 또 그래야만 살아남을 수 있었다. 이 노동하는 평민계층은 자신의 생존조건들로 인해 상류층 문인들의 지적 합리주의를 감당할 수도 없었고, 종교적 대가들의 명상적 신비주의나 현실 도외시적 금욕주의도 감당할 수 없었다. 오히려 이 계층은 각별히 사무적·실용적 합리주의로 기울었으며 또한 현세 내적·금욕주의적 생활영위 방식을 실천했다: "… 바로 이 계층이야말로 항상 아래와 같은 가능성 — 비록 그 정도는 다양했지만 — 을 지니고 있었다: 즉 기술적 그리고 경제적 합리주의 경향에 접목하면서 하나의 윤리적으로 합리적인 생활통제체제를 구축할 수 있는 가능성이 그것이다"(RS I: 257).[37]

정리하자면, 베버는 두 가지 인과요인의 복잡한 역사적 상호작용을 분석해내는바, 그것은 한편으로는 유대-기독교의 신관(神觀)에 내재하는 이념적 자체논리이며, 다른 한편으로는 이 신관의 현실적 담지자층이 가진 사회적·심리적 특성들이다. 베버는 이 두 가지 요인의 상호작용이 종국에는 탈주술화와 객관화 과정을 낳았다고 본다. 그러나 이 자리에서는 베버의 이와 관련된 재구성틀을 체계적으로 서술할 여지가 없는바, 따라서 아래에서는 이 틀의 몇 가지 중요한 관점들을 상세한 논증근거 없이 일련의 단순한 명제 형태로 약술하고자 한다.

우선 기독교의 뿌리인 유대교에 대한 지적으로 시작하고자 한다. 베버에 의하면 유대교 특유의 예언의 출현, 다시 말해 "현세 내에서의 적극적 행동을 요구하는" 이른바 "소명 예언"의 출현은 서양 종교에서 주술의 평가절하의 결정적 계기가 되었다. 물론 이 말이 유대교가 주술의 존재

37) 이와 연관된 기독교적 노동윤리에 대해서는 아래 수록된 졸고 "서양 노동개념사 소론" 참조.

자체를 부인했다는 것은 아니다. 왜냐하면 주술에 관해 취할 수 있는 태도의 차이들은, 주술의 힘을 믿는 태도와 그것을 믿지 않는 태도라는 이분법이 아니라 오히려 아래와 같은 질문에 대한 답에서 나오기 때문이다: 즉 "주술이 가진 적극적 구원의미가 온존하는가" 여부에 대한 답이 그것이다. 베버에 의하면 동양 종교에서는 그 답이 '그렇다'이다. 즉, 여기서는 수술이 계속 적극적 구원(또는 행운)의 의미를 갖고 있었다. 그에 반해 유대교 및 기독교에서는 그 답이 '그렇지 않다'였다. 왜냐하면 여기서는 "모든 주술적인 것은 악마적인 것이 되어 버렸기 때문이다"(RS I: 443). 이러한, 말하자면 주술의 '악마화' 과정과 무관하지 않아 보이는 현상으로 베버는 바빌론 유배기 이후 유대교에서 관찰할 수 있는 현상, 즉 "친족집단이 가진 사회적 그리고 종교의례적 의미의 쇠퇴"를 든다(RS III: 150): 즉 "세습 카리스마적 친족집단"이 아니라 "의형제 동맹"과 "계약"에 바탕한 "서약 결사체"가 점차 "이스라엘의 사회질서"의 기반이 되었기 때문이다(RS III: 81ff).

방금 지적한 두 가지 현상, 즉 친족관계의 종교의례적 의미의 상실과, "주술이 다른 곳에서 통상 누리는 권세가 부재하다"(RS III: 233)는 현상은 일견 고대 유대교에서 일종의 "합리적 신념윤리" 원칙이 싹튼 듯이 보이게 한다. 그러나 이 원칙은 결정적인 구조적 한계를 가지고 있었는바, 왜냐하면 이 원칙은 유대민족 내부에만 적용될 뿐, 그 외부에는 적용되지 않았기 때문이다: 즉 그 자체로는 보편적이고 원초적 현상인 "내부윤리와 외부윤리의 대립관계(이원주의)"(RS III: 357)[38]가 여호와의 "선택받은 민족"이라고 믿는 이스라엘인들에게는 다른 어느 곳에서보다도 강하게 작용하였으며, 이 대립관계는 유대인들이 베버의 표현을 빌리

38) 즉 집단 구성원들('동지')에게 적용되는 윤리와 집단 외부인들('비동지')에게 적용되는 윤리의 구분이 그것이다.

면 "자발적으로" 스스로를 방랑민족으로 고립시켜가면서 훨씬 더 강화되었다(RS III: 360).

그런데 베버에 의하면 유대인의 내부윤리-외부윤리 이원주의가 가진 상기한 한계를 극복한 것이 그 당시 유대교에서 파생되어 나와 그 모습을 갖추어가던 기독교의 업적, 그것도 엄청난 결과를 낳은 업적이었다. 베버는 이 점을 두 가지 사건을 원용하여 명확히 한다: 첫째, 성령 강림의 기적으로서, 이 기적은 모두가 "기독교적 성령의 힘으로 형제가 된다"는 믿음의 기초를 제공한다. 둘째, "안티키아의 날"[39] 이다:

> 이날 바오로는 할례 받지 않은 자들[40] 과 예배의례를 같이 수행했다(베드로는 이것을 거부했었다): 이와 함께 친족, 부족 그리고 민족들 간에 존재하던 주술적 장벽들이 … 무너졌으며, 동시에 이를 통해 서구의 도시가 탄생할 가능성이 주어졌다(Wirts.: 276f).

여기서 진행된 과정, 즉 특수부족이라는 유대적 관념 또는 고대 영웅적 혈족이라는 관념에서 아직 작동했던 장벽, 즉 "객관화를 저해하는 인간관계 중심주의적 장벽"의 궁극적인 극복이라는 과정이 비로소 '서구적 시민'의 탄생에 필요한 내적 전제조건을 창출했던 것이다. 이런 이유에서 베버는 상기한 "안티키아의 날"을 "서구 시민이 잉태되던 순간"이라고 해석하는바(RS II: 40), 여기서 '시민'이란 개인화된 인간으로서, '시민'

---

39) 성서에는 '안디옥'으로 나오는, 시리아와의 국경 부근에 있는 도시이다. 47~55년 사도 바울이 전도를 본격적으로 시작한 곳이며 특히 이방인 전도의 중심지 역할을 했다.

40) 유대교에서 '할례'(割禮)의 의미는 아래와 같다: 하나님은 언약의 증거로서 이스라엘 백성에게 태어난 지 8일째에 할례를 받도록 명하였고 만일 할례 받지 않은 남자가 있으면 그는 언약을 어긴 자로서 백성들로부터 추방될 것이라고 하였다(창세기 17: 1~14, 23~27).

의 내적 정체성은 "혈연공동체"가 아니라 "신앙과 윤리적 생활 영위의 공동체"에 기반하는 것이다(RS I: 523). 종족 및 혈연관계에 내재하는 원초적인 심리적 제약들로부터의 이러한 해방은, 앞서 언급한 정치·군사적 조건과 함께, 서양 도시가 (후에) 자치도시로, 즉 자유로운 개인들의 결사체로 발전하는 데 필요한 '(종교)문화적' 그리고 심리적 조건을 제공하였다.[41] 물론, "안티키아의 날"이 유럽 시민 및 유럽 도시의

---

41) 이제 서구인은, 자연이 그어준 모든 유기체적 구속의 굴레(친족, 종족)를 벗어나 모든 인간과 형제가 될 수 있는, 그러나 그렇기 때문에 또 철저히 개별화된 〈시민〉으로 탄생했다는 것이다. 이것은 다시 상기한 의미의 도시공동체 출현을 위해 필수적인 내적 자율의 획득에 다름 아니고, 더 나아가 〈시장원칙〉 즉 모든 교환상대자를 객관화되고 계산될 수 있는 개체로 취급하는 원칙의 실현을 위한 이념적 조건이 창출되는 순간이기도 한 것이다. 이런 탈혈연주의적 그리고 탈주술화적 분기점의 배경에는 — 베버 논지의 요점이 여기에 있다 — 〈부모를 버리지 않으면 내 제자가 될 수 없다〉 혹은 〈아버지를 미워하지 않으면 내 제자가 될 수 없다〉는(WuG: 350), 특히 유대교적 입장에서 볼 때는 용납될 수 없는 비인간적인 예수의 요구를 담은 기독교의 교리적 발전논리가 있었다. 물론 이것은 탈주술화 과정의 〈유일한〉 뿌리가 아니라 〈하나〉의 중요한 뿌리이다. 왜냐하면 베버는 이에 못지않게(또한 이 종교적 특성의 발생 자체에 영향을 준) 중요한 인과요인으로 중세문명 초기의 다음과 같은 특수한 역사적 상황을 들고 있기 때문이다: 수백 년에 걸친 민족대인동의 혼란을 통해 서구인들은 기존의 친족 내지 이웃관계의 부단한 파괴를 경험했고, 전혀 생소한 이방인들과 새로운 인간관계를 형성하지 않을 수 없었으며, 이런 상황하에서 〈친족〉(*Sippe*) 관계는 사회집단 구성원칙으로서의 기능을 점차 상실할 수밖에 없었다. 그 결과 이들은 친족집단의 심리적 그리고 실질적 기능을 대신(*Ersatz*)할 수 있는 공동체 내지 공동체 구성원칙을 찾지 않을 수 없었고, 그들의 이런 절박한 내적·외적 욕구에 부응하면서 형성되는 것이, 곧 기독교적 공동체(*Gemeinde*), 즉 '개인' 자격으로 가입하는 신도들의 공동체이다. 다시 말하여, 기독교에 내재하는 반친족적 성향과 — 이것은 단순히 상기한 역사적 상황의 산물이 아니라, 이미 유대교 및 초기 기독교에서 완연히 드러나는 속성이나 — 중세 초기의 특수한 역사적 조건의 상호 상승적 결합이 위에서 언급한 탈주술화적 과정에 깔려 있다(WuG: 754f., 453, 288, 298).

문화적 · 이념적 "잉태의 순간"이었다면, 이렇게 이념적으로 '잉태된' 아이는 그 이후 근 천 년이 지난 후에야 비로소 적절한 물질적 · 정치적 조건들과 만나서 유럽 중세의 자치도시 및 자유 경제시민계층으로 성장하게 된다. 그리고 이러한 도시 경제시민계층이 국가 단위의 시민계층, 즉 '부르주아지'로 성장하고 자본주의적 '근대'를 열어젖히는 데 주도적 역할을 하기까지는 또 다시 수백 년간의 — 이제 주로 '가해자'로서 — 무자비하고 참혹한 갈등의 과정을 거쳐야만 했다.

8. 맺음말

이 글의 목적은, 베버의 중국 관련 연구를 비롯한 종교사회학적 저술들의 몇 가지 주제에 초점을 맞추어 그의 문화비교 모델을 '텍스트 내재적으로' 재구성하는 것이었다. 이 재구성 작업에서 필자가 내용상으로 중점을 둔 것은, 베버 역사사회학에 깔린 비교론적 시각이 가진 위상과 의미를 추적하는 것이었다. '텍스트 내재적' 접근방식을 통해 필자는 베버의 모델에서 문화비교의 인식목표, 대상 및 방법이 얼마나 상호 긴밀히 연결되어 있는가를 밝히고자 했다. 당연한 말이지만, 이런 내적 상호연결성 그 자체는 (물론 필자가 여기서 어느 정도나마 설득력 있게 이런 연결성을 규명했다고 전제한다면) 한 모델의 질적 수준을 평가하는 기준이 될 수 없고 또 되어서도 안 될 것이다. 왜냐하면 이 모델에 깔린 이론적 규범적 전제들이 과연 '우리'(현 시대의 우리, 그러나 특히 비서구문명권의 우리)의 전제들이 될 수 있는가 라는 질문에 대한 치열한 성찰 없이는 이 모델에 대한 가치 평가는 불가능하기 때문이다. 필자는 이 글에서 이러한 치열한 성찰을 할 여유를 가지지 못했으며 다음의 과제로 남겨놓았다.

문화적 가치이념들은 문화마다 그리고 역사적 시대마다 다르며, 또한, 베버의 표현을 빌리자면, "중대한 문화적 문제들의 빛"(WL: 214)이 이동하면 그와 함께 변하기 마련이다. 잘 알려져 있다시피, 베버는 이러한 인식을 자신의 사회과학적 성찰의 기본 전제로 삼았으며 따라서 그는 자신의 문화비교 모델이 가진 한계를 철저히 인식하고 있었다(RS I: 13, 267). 이렇게 볼 때, 베버는 자신의 "핵심문제"(및 인식목표)를, 필자의 재구성이 보여주듯이, 명백히 '일면적으로' 구성하고 이 문제를 끈질기고 일관되게 추적함으로써 역설적으로 우리에게 아래와 같이 요

구하고 있다: 즉 우리는 이제 '우리'의 '핵심문제'를 발견하고 또 표현해야 한다는 요구이다. 필자는, 베버가 우리로 하여금 이렇게 할 '자유'와 동시에 '의무'를 인식하도록 만들고 있다는 것 자체가 그의 학문하는 방식 또는 그의 모델이 가진 강점 중의 하나라고 믿는다.

• 보론 1

서양 중세 봉건적 지배구조의 역사적 배경

우선 본문에서 서술한 봉건적 지배양식의 구조적 특성을 (일정 정도의 반복을 무릅쓰고) 다시 한 번 요약하고자 한다.

봉건적 지배유형의 특성은 한마디로 전쟁 및 행정수단의 사유화이다. 즉, 지배집단들은 자신들의 지배수단 특히 전쟁수단으로부터 유리되지 않으며, 그 결과, 마치 자본가들이 생산수단의 소유로 인해 독자적 시장권력을 행사할 수 있듯이, 이들은 독자적 〈정치권력〉을 행사할 수 있다. 또한 군대조직 역시 사적 부담으로 무장한 기사들의 개별적인 〈영웅적 전투〉(*Heldenkampt*)를 주축으로 형성된다. 사실 고대에서 중세까지 서양에서는 전쟁수행자의 〈자기무장 원칙〉(*Silbstausrüstungspronzip*: WuG: 756)이 (이건 비단 지도급 무사만이 아니라 평민의 경우에도) 거의 지속적으로 실현되어왔음을 확인할 수 있다. 여기서 자기무장이란 가령 단순히 폭동이나 반동 시 일시적으로 무기를 손에 든다는 뜻이 아니라, 위에서 말했듯 구조적으로 무기의 소유와 행사가 정당화(*legitimiert*)되어 있다는 뜻이다.

막스 베버가 근대국가의 가장 중요한 특성 중의 하나로 정당한 (물리적) 강압 내지 폭력수단의 국가에 의한 독점을 지적했을 때(WuG: 29f., 183, 516, 518) 그가 염두에 둔 것은 무엇보다도 근대 이전 서구사회가 지녔던, 폭력수단의 봉건적 사유화라는 서구 특유의 역사적 배경이었다. 현대사회 형성이란 이런 관점에서 〈지배수단〉이 지배행사자로부터, 〈생산수단〉이 생산담당자로부터 유리되는 과정이라고 볼 수 있다. 물론 이렇게 유리된 수단의 독점주체는 두 경우 서로 상이하지만 말이다. 아무튼, 봉건적 지배계급 내의 각 집단은 그래서 상기한 두 가지 조건 즉 폭력수단의 독자적 소유와 이에 근거한 지배영역의 확보라는 조건을 충족시키는 자율적인 〈정치조직체〉(*politischer Verband*)를 형성하며, 이의 구조적 결과를 한마디로 묶는다면 〈정치권력의 분산〉이다. 이렇게 볼 때, 봉건주의는 어느 정도 〈권력분립의 원칙〉을 실현하는 셈이다. 물론 이것은 가령 몽테스키외(Montesquie)가 말하는 것과 같은 현대적 의미의 3권 분립 즉 〈질적〉 권력분립이 아니라 단순히 〈양적〉 권력분립이다(WuG: 634). 왜냐하면 개개의 봉건적 정치조직체는 그 자신 3권의 행사권을 지니고 있기 때문이다. 이런 형태의 지배구조 원리를 우리는 봉건적 분권화의 원리라고 부를 수 있다.

이 원리의 사회구조적 결과를 베버는 〈신분사회〉(*Ständegesellschaft*)라는 개념으로 표현한다. 물론 전통적 사회는 일반적으로 모두 신분사회(현대의 계약 및 계급사회와 대칭 되는 의미에서)라고 지칭될 수 있지만 베버는 신분, 특히 지배신분의 개념을 좀더 엄격히 규정하며, 단순한 실질적 특권집단이 아니라 정치적·법적인 자기방어권을 가진 상대적으로 자율적인 집단을 신분이라 일컫는다(RS I: 274; WuG: 137, 757). 신분계급의 상대적 자립성 때문에 이 구조에서는 지배와 피지배의 경계선이 특별히 엄격하고 신분들은 상호 폐쇄적이다. 이런 의미에서의 신분구조를 베버는 가령 획일성이 강한 제국적 사회구조와 대비해 〈개별주의적 사회구조〉(*individualistische Sozialverfassung*: RS I: 302f.)라고 부른다.

지금까지 열거된 구조적 조건들로 미루어볼 때 봉건적 사회는, 여러 다양한 자율적 정치조직체 및 신분들 간의 끊임없는 상호경계, 헤게모니를 위한 갈등 및 경쟁의 관계에 바탕을 둔 체제라고 규정될 수 있다.

그리고 이 집단들의 경쟁의 대상은 상기한 의미에서의 〈정치권력 내지 영역〉이지, 단순한 〈행정권 내지 행정영역〉이 아니다. 물론 봉건체제에도, 이런 모든 신분적 '부분권력들' 위에 군림하는 왕 혹은 다른 형태의 최고통치자가 있기 마련이지만, 그의 권위는 실질적인 것이라기보다는 오히려 명목적이고 상징적인 경우가 대부분이며, 그의 통치권 행사는 다른 독립적 신분집단과의 타협 내지 협상에 근거해서만 가능하며 이들 신분집단은 많은 경우 통치자에 대해 명시적인 〈저항권〉(*Widerstandsrecht*)을 가지고 있다. 그래서 봉건체제하의 최고통치자는 흔히 primus inter pares, 즉 동등한 자 가운데 제일인자일 뿐이라고 불린다(WuG: 756).

이제 이러한 서양 중세 봉건적 지배양식 형성의 역사적 배경을 보완 설명하고자 한다.

중세 봉건주의의 (최소한 우리의 주제를 위해서는) 가장 중요한 특성 중의 하나는, 분권화된 정치권력의 소재지가 〈도시〉가 아니라 〈농촌〉(*auf dem Land*)이었다는 사실이다(GASW: 293). 이 기이한 현상은 중세문명 발상 시의 여러 가지 역사적·자연적 조건들과 연관되어 있다. 우선 중세 초기 서부유럽의 자연적 조건은, 가령 서양 고대의 〈해안〉이나 동양의 〈하천〉과는 달리 〈숲〉의 밀집으로 특징될 수 있다. 즉, 고대가 해안문명이고 동양이 하천문명이라면 중세는 내륙적 숲의 문명으로(*Binnen und Waldkudkultur*) 출발한다(GASW: 45ff; WuG: 560f.). 더 나아가, 이 문명의 주체인 게르만족은 〈도시〉라고는 거의 모르는 종족으로서 숲의 개간, 유목 및 약탈을 중심으로 생활을 영위했으며, 이런 연유에서 게르만 문명은 각별히 "rustikal", 즉 시골적·농촌적 성격을 띠었다. 그렇다고 해서 그 당시 유럽에 도시가 전혀 없었던 것은 아니다. 왜냐하면 전형적인 도시문명인 로마제국의 힘이 서부유럽에까지 뻗쳤을 때, 여기서도 적잖은 도시가 건설되었기 때문이다. 물론 그들 중 상당 부분은 로마제국의 멸망, 몇백 년에 걸친 민족대이동의 파괴적 혼란 등을 통해 황폐화되었던 건 사실이지만 말이다. 그런데 7~8세기에 서구가 새로운 문명창조를 위한 발돋움을 시작했을 때, 이의 지배층으로 등장한 게르만 무사집단들의 소재지는 기존의 로마도시도 아니었고 그렇다고 새로이 건설된 웅장한 도시도 아니었다. 그들이 자리 잡은 곳은, 전략적으로 유리한 요지에 지은 요새였으며 이 요새를 중심으로 후에 장원(莊園)이라고 불릴 그들의 영토가 펼쳐졌으며, 이 영지들은 각각이 하나의 자율적·독립적 〈정치조직체〉를 형성했던 것이다. 즉, 그들의 본거지는 〈시골〉이었다.

이 현상의 원인은 복합적인 것이다: 우선 상존하는 전쟁의 위험은 이들로 하여금 평지의 도시보다는 전략적인 고지를 택하게 했으며, 또한 자신들의 비도시적·〈시골적〉 문명전통도 이들의 도시성향을 약화시키는 요인으로 작용했을 것이다. 이에 못지않게 중요한 요인은 물론, 그 당시의 극히 미개한 생산력의 수준으로 볼 때, 〈도시〉에서 수탈할 수 있는 경제적 자원 자체가 미약했다는 점일 것이다. 이런 연유에서(그리고 여기서 언급되지 않은 다른 많은 역사적 조건 때문에) 중세의 지배층은 〈도시〉로 모여 〈집단화〉하기보다는 각자의 요새 혹은 영지로 〈분산〉 내지 〈개별화〉되며, 이렇게 분산된 지배집단은 각기 하나의 독립된 정치조직체를 형성하는바, 이것이 곧 상기한 봉건적 분권화라는 구조원리의 중세 역사적 실현방식이다. 지배권력의 이러한 개별화에 적지 않은 영향을 미친 다른 한 요인은, 위에서 언급한 유럽의 자연조건이다: 중세 초부터 진행된 〈숲〉의 개간은 가령 하천의 관장을 통한 농경의 경우와는 달리 대규모적이고 집단적인 노동력의 동원 및 이것의 합리적이고 통일적인 조직을 바탕으로 했다기보다 상대적으로 〈개별적〉인 작업으로(*relativ individualistische Rodung im Urwald*: GASW: 46)

수행되었으며 또 그 당시의 생산력의 수준을 고려할 때 그럴 수밖에 없었다. 다시 말하여, 정치조직의 개별화 경향은 (숲의 개간이라는) 생산조건 및 생산과정의 (상대적) 개별화 내지 소규모화와 직접적으로 연관되어 있는 것이다.

베버는 상기한 여러 상황들에 의거해 중세의 봉건주의를 〈개별적 형태의 봉건주의〉(GASW: 3) 라고 부르며, 더 나아가 중세 전체를 하나의 〈개별성의 시대〉(WuG: 605) 라고 규정짓는다. 물론, 이렇게 분화된 정치적 집단들은 극히 다양한 방식으로 상호 연계되어 중세사회 전체를 포괄하는 봉건적 지배체제를 이룬다. 그러나 이 체제는 그 근본성격상 "불안정하고 명목적이며, 여러 조각들이 다소 우연히 모여 형성된 덩어리가 가질 법한 그런 정도의 유대성"에 기초할 뿐이며 이 체제 안에서는 상호 견제하고 경쟁하는 많은 수의 권력체들이 하나의 불안정한 균형상태를 유지하고 있다(WuG: 559). 봉건체제의 이러한 불안정한 경쟁적 균형상태는 종국적으로 중세의 봉건적 지배관계가 가진 독특한 사회학적 성격에 연유하는바, 이것을 베버는 이른바 자유 봉건주의라는 개념으로 묶고 있는데 이의 요체는 다음과 같다: 권력집단들을 서로 맺는 고리는 가부장적 종속관계라기보다는 자유계약적 관계이며 이는 구체적으로 개인적인 충성 서약의 교환형태로 나타난다(WuG: 148ff, 181, 626f.; Wirts.: 86f.). 이는 전통적 지배관계의 틀을 벗어나는 현상이며 그런 의미에서 서구에서의 지배의 합리화 과정의 중요한 이정표이다. 물론 이 합리화는 일단은 지배집단 간의 관계에만 적용되는 것인즉, 왜냐하면 지배층과 대중적 피지배층 간의 관계는 여전히 '전통적 지배'의 정당성 근거와 통치기제들에 기반하기 때문이다. 상기한 과정의 역사적 소건들인 〈자유봉건주의〉(이것은 다시 추종자 봉건주의와 봉토 봉건주의로 세분화된다) 의 이론적 함의는 여기서 더 이상 논의할 여유가 없다.

• 보론 2
서양 중세도시 형성의 역사적 배경

보론 1에서 서술했듯이, 서양 중세 봉건적 정치권력의 중심지는 〈도시〉가 아니라 〈시골〉이었다. 그리고 바로 이 점에 서구도시 및 도시시민계급의 해방을 위해 결정적으로 중요한 구조적 조건이 놓여 있었다. 왜냐하면 정치권력의 관심 밖이었고 그래서 상대적으로 정치권력이 부재한 도시는, 그 직업의 본질상 도시에 모이기 마련인 전형적 경제인, 즉 상공인(이들은 세계 어디서나 마찬가지로 여기서도 우선은 천민층이었다)에 의해 점유될 수 있었고, 그래서 중세도시는 〈정치 내지 행정인의 도시〉가 아니라 〈경제인 도시〉로 출발할 수 있었다. 이렇게 하여 기존의 도시는 경제화하였고, 이제 서서히 상승하는 생산력과 함께 형성되기 시작하는 지역시장을 중심으로 새로이 일어나는 도시는 그 시초부터 경제인을 주축으로 하고 있었다(GASW: 256).

그렇다고 도시의 명목적인 법적 주인이 처음부터 상공인층이었다는 것은 아니다. 이 주인 자리(이른바 *Stadtherr*: 도시영주)는 엄연히 봉건영주가 차지하고 있었다. 단, 이 도시영주는 위에서 보았듯이 시골에 있는 자신의 요새에 앉아 있거나 아니면 전쟁터에서 말안장 위에 앉아 있었다(WuG: 438). 그는 대부분의 경우 쓰지도 읽지도 못하는 일자무식꾼으로서, 단지 영웅적 전승에서 생의 최대의 의미를 찾는 직업적 무사였다(교회법상 도시거주의 의무가 있는 주교가 상전인 주교도시의 경우는 문제가 좀 다르지만 여기서는 논외로 한다).

그러나 이런 상황이 곧바로 도시의 자율화 및 시민계급의 해방으로 연결되는 것이 아님은 물론이다. 왜냐하면, 한편으로는 유럽대륙의 점차적인 평정과 함께 전쟁의 빈도수가 줄어들면서 무사인 영주들의 정착성이 높아지고, 다른 한편으로는 경제수준의 향상으로 인해 교환 내지 시장경제의 중심지인 도시에 쌓이는 부의 양의 늘어나면서, 그때까지 거의 명목적 존재였던 정치적 〈도시영주〉들은 이제 도시의 수탈에 직접적이고 적극적으로 참여하기 시작하기 때문이다(GASW: 264). 그들은 온갖 종류의 과다한 세금부과를 통해 도시경제의 여력을 수탈코자 하며 동시에 그들은 그동안 도시 내지 도시시민계급이 정치권력의 공백기를 이용해 취득한 적잖은 실질적인 정치적·경제적 자율권을 무효화시켜 도시를 온전히 자기의 영향권에 넣으려고 시도하는 것이다.

그럼 어떤 조건들이 시민계급으로 하여금 이러한 정치적 갈등에서 종국적으로 승자의 위치를 차지케 하여 자율적 도시의 정착, 정치적 해방 및 독립적 신분계급으로의 상승을 이룩하게 하였는가? 물론 극히 복합적인 요인들이 이 과정에서 작용했다. 가령 시민들의 축적된 경제력도 중요한 역할을 한바, 그들이 몇몇 자율권은 아예 “일시불”로 사버린 경우 등이 이를 예증한다.

그러나 이것은 세계 어디서나 볼 수 있는 현상일 뿐 아니라, 지속적이고 구조적인 자율의 확보를 위해서는 매우 일시적인 효과만 발휘하는 방법이다. 언제 다시 칼을 앞대고 자율권을 되빼앗거나 혹은 또 한 번 “일시불”을 요구할지 알 수 없기 때문이다. 구조적인 자율을 획득 내지 유지할 수 있는 거의 유일한 그리고 효과적인 길은, 자기 자신이 위협에 내맡길 수 있는 “칼”을 소유하는 것이나. 특히 무기소유권이 서의 모는 것을 결정하는 중세 봉선제제하에서는 그러하다. 따지고 보면 영주들의 〈왕〉에 대한 자율권의 절대적 근거도 바로 그들의 무력적 독립성이 아닌가? 그런데 바로 이 무장권을 서구도시 시민층은 소유하고 있었고,

이를 근거로 그들은 영주들의 타율화 시도에 대항했으며(WuG: 757) 이 대항과정이 곧 이른바 "꼬뮨 혁명"(*kommunale Revelution*)이라고 불리는, 중세도시들의 정치적인 혁명들이었다(WuG: 742, 748f., 750ff; RS I: 291, 391).

그럼 어떤 연유에서 중세시민은 무장된 시민이 될 수 있었던가? 이것은 다시 봉건주의적 구조원리와 역사적 조건들의 절묘한 결합의 산물이다. 신하 모두를 보호해주고 일관되게 통치권을 발휘할 능력을 갖춘 중앙정부가 없고(혹은 유명무실하고), 끊임없는 외환과 내환에 시달리는 상황의 중세사회에서는 봉건체제의 기본원칙인 〈자기무장의 원칙〉은 무력적 자조권(*Selbsthilfe*)으로 확대 실현될 수밖에 없었다. 즉, 직업적 무사계급 외에도 무기를 사고 자신을 무장할 수 있는 경제적 여력을 가진 모든 집단은 그럴 권리가 있을 뿐 아니라 더 나아가 그럴 의무까지 지게 되는 것이다(베버는 이것을 "*ökonomische Wehrhalftigkeit*"라는 다원적 의미의 개념으로 요약한다: WuG: 757. 의역을 하자면 '무장을 통한 경제적 저항능력'이라고 할 수 있을 것이다). 왜냐하면 어떤 정치권력도 모든 시민을 효과적으로 외침 및 내란으로부터 보호해줄 만큼 충분한 재정력도 치안력도 소유하지 않았기 때문이다. 도시시민은 바로 이 자기무장권리 및 의무를 수행할 수 있는 경제적 힘을 가진 계층이었다. 그래서 그들은 시민이면서 〈민병대〉였고 또 그들은 자신들의 도시에 방어용의 높은 담과 탑을 쌓을 수 있었고 또 쌓아야만 했다. 그리고 바로 이 무기와 성벽과 견고한 도시의 문이 봉건적 도시상전에 대한 혁명적 대항의 바탕이었다.

이런 해방과정을 통해 도시 시민계급은 단순한 경제적 이익집단이 아니라 정치적으로 자율적이고 법적인 기반을 가진 〈신분〉집단으로 정착하게 되며 동시에 도시는 단순한 행정구역이 아니라 상기한 의미에서의 〈정치적 조직체〉의 성격을 가지게 된다. 왜냐하면 위의 두 가지 구성요건, 즉 폭력수단의 소유와 신분집단화는 도시를 농촌공동체와는 정치적·법적으로 또 구조적으로 완연히 구별되는 하나의 **자율적 도시공동체**(WuG: 288)로서 정착하게 한다(베버는 이것을 "*Anstalt*"라는 개념으로 표현하는바, 이 개념은 여러 가지 복합적 의미를 갖지만 이 맥락에서는 일단 '법인체'로 번역할 수 있을 것이다: WuG: 288). 이런 상황을 잘 표현하는 경구 중 하나가 〈Stadtluft macht frei〉라는 것이다: 직역하자면 '도시의 공기는 우리를 자유롭게 한다'는 것인데, 여기서 〈자유롭다〉라는 말은 단순히 가령 익명성이 우리의 행동을 자유롭게 한다는 뜻만이 아니라, 법률적 의미를 지니고 있다. 왜냐하면 중세의 도시 시민법은 가령 농촌에서 도망나온 농노가 도시의 문을 들어서서 1년 동안 범법행위나 시민의 품위에 어긋나는 행위를 하지 않았으면 그는 농노의 신분에서 해방되어 〈자유민〉이 될 수 있도록 규정했기 때문이다(WuG: 742). 즉, 도시는 봉건적 예속에서 인간을 해방시킬 수 있는 정치력을 소유하고 있었다. 그런데 이 도시라는 정치적 조직체는(방금 든 "Stadtluft macht frei"라는 예가 암시하듯이) 그것이 몸담고 있는 봉건적 체제의 전통주의적 정당성의 근거와는 전혀 다른 정당성 모델에 의거하고 있으니, 그건 곧 〈민주주의〉적 정당성 모델이다. 즉, 법적으로 〈시민〉의 신분을 획득한 모든 도시 구성원의 합의에 의해 형성되는 정치권력만이 정당성을 가진다는 모델 말이다.

그래서 봉건적 지배계급의 눈으로 볼 때 도시시민의 정치권력은 이중적 의미에서 **비정통적 지배**(*nichtlegitime Herrschaft*: 베버는 WuG의 도시에 관한 장에 이 제목을 붙였다)이다: 첫째 도시의 자율권은 봉건영주의 고유 정치권한을 혁명적 과정을 통해 〈찬탈〉(*Usurpation*: Wirts.: 274; WuG: 750ff)한 결과이니 그렇고, 둘째, 도시의 〈민주주의〉적 지배모델은 영주들의 봉건주의적 정당성 모델에 어긋나는 것이니 또한 비정통적이다. 물론 실질적 내용 면에서 중세도시의 민주주의〔흔히 상공인조합적 민주주의(*Zunftdemokratie*)라고 불린다〕란 우리의 관점에서 볼 때 많은 비민주적 그리고 봉건적 요소를 내포했으며 따라서 베버는 중세의 도시민주주의에 대해서도 고대민주주의의 경우와 같이 매우 비판적이다. 그러나 이러한 도시 내적 구조에 대해서는 여기서 상론할 여유가 없으므로, 단지 다음과 같은 점만 지적하고자 한다.

도시시민의 독자적 신분계급으로서의 정착은 봉건적 지배구조에 결정적인 균열을 가져오니 이것은 곧 〈정치〉영역과 〈경제〉영역의 상대적 분화이다(추가로 지적되어야 할 또 하나의 중요한 분화형태는 정치권력과 종교권력의 분화이다). 그리고 이 분화가 비로소 경제영역이 그 고유의 목적합리적 조직 및 행위원칙에 의해 발전할 수 있는 구조적 조건을 마련해주는 것이다. 물론 중세기에는 이 분화가 아직 원초적 단계에 있었고 또 그것이 곧바로 합리적 생산력의 폭발로 연결되는 것은 아니었다. 오히려, 위에서 언급한 조합적 민주주의가 봉건적 요소를 내포했던 것과 같이 도시의 조합경제는 많은 반자본주의적·폐쇄적 성향을 가지고 있었다. 그래서 역사적으로 볼 때 근세 초의 자본주의의 발흥은, 이런 조합경제의 단순한 양적 확대의 결과라기보다는 오히려 이의 변증법적 와해를 바탕으로 이루어지며 또한 근대적 시민사회 역시 〈도시시민사회〉의 단순한 연장선상에 있다기보다는 자율적 도시 및 봉건국가가 근대적 주권국가 속으로, 〈도시시민〉이 〈국가시민〉으로 발전적으로 용해되는 과정을 거쳐 태어난다. 그러나 여기서 와해되고 극복되는 것은 조합경제적 혹은 도시경제적 〈조직〉형태이지, 결코 그 뒤에 숨은 〈구조적〉 틀, 즉 시민계급의 자율화 및 이와 연관된 정치와 경제영역의 분화라는 구조적 조건은 아닌 것이다. 즉, 중세사회가 짜놓은 이 구조적 바탕 위에서만 비로소 근대의 자본주의적, 시민사회적 발전이 이루어질 수 있었던 것이다.

• 보론 3

중국 중세도시 형성의 역사적 배경

아래에서는, 본문에서 제시된 관점들을 다시 한 번 요약하면서, 중국 도시의 특성에 대한 설명을 보완하고자 한다.

서구도시의 특성이 중세사회의 역사적 · 자연적 조건 및 봉건적 지배양식의 산물이었듯, 동양의 도시구조 역시 하천문명적 제반조건과 〈동양적 지배양식〉, 즉 중앙집권적 가산제와 밀접한 관계가 있다. 하천을 중심으로 형성되는 문명이 해결해야 할 가장 큰 문제는 물의 합리적 관리, 즉 수리(水利), 관개(灌漑), 운하의 건설 등이다(WuG: 607f.; GASW: 46; RS I: 298). 이런 작업은 가령 숲의 개간이라는 비교적 〈개별적〉 작업과는 달리 대규모의 노동력의 동원과 이의 합리적 조직, 획일적이고 또 지속적인 관리와 통제를 불가피하게 한다(흔히 "관계가설"이라고 불리는 이 명제는 근래에 와서 많은 비판의 대상이 되고 있음만을 여기 부기해둔다). 이러한 중앙통제적 노동조직의 필연성은 이 조직의 최고통솔자인 〈왕〉의 위치를 강화하고 이 건설조직의 관료화를 촉진하기 마련인바, 이것이 곧 동양의 중앙집권적 가산제의 출발점이다(GASW: 46). 즉, 동양적 지배양식은 하천관리에 불가피한 〈건설관료제〉(*Baubürokratie*)에 그 중요한 뿌리를 둔다(중국 법의 개념이 그 어원상 〈물〉 관리와 연관되어 있음을 베버는 지적한다: RS I: 298). 동양의 도시는 바로 이러한 구조적 조건의 산물이다: 그것은 시장을 중심으로 한 경제인들의 자연스러운 모임의 결과가 아니라, 왕 및 관료들의 거주와 행정의 목적을 위해 인위적이고 계획적으로 건설된 정치적 〈행정도시〉이다(RS I: 294). 다시 말해서, 동양의 경우, 중세와는 달리 정치권력의 소재지는 처음부터 〈도시〉이지 〈시골〉이 아니다(이 결과, 앞서 지적했듯이, 중앙 권력의 통제권에서 멀리 떨어진 농촌공동체가 중국에서는 오히려 자율성을, 경우에 따라서는 〈무장〉된 자율성을 소유할 수도 있었다: RS I: 381, 383; 물론 파견된 지방관료가 있지만 이는 토속친족집단의 막강한 힘 앞에 무력한 경우가 많다). 따라서 도시의 주체는 시민이 아니라 행정관료이며 도시의 생존목적은 시민의 〈경제적〉 이익실현이 아니라 관료들의 〈행정적〉 정치적 기능수행이며 그래서 도시는 가령 농촌의 공동체들과 전혀 다를 바 없는 하나의 〈행정구역〉에 불과하지 상기한 의미에서의 자율적인 〈정치적 조직체〉가 아니다. 왜냐하면 행정관료란 봉건적 영주나 가신과는 달리 자신들의 지배수단 즉 〈전쟁 및 행정수단〉을 소유하는 것이 아니라 단지 중앙집권적 왕으로부터 〈공급〉 내지 〈위임〉받을 뿐이며 도시라는 영토는 자신들이 소유하는 지배영역이 아니라 단순한 〈관리〉영역에 불과하기 때문이다.

이런 상이한 기원과 구조는 가령 동서양 도시의 규모와 도시 건축적 차이에서도 나타난다: 산업화 이전의 시기에서 흔히 〈백만의 도시〉라고 일컬어지는 대도시는 오히려 동양적 현상이었고 또 그럴 수밖에 없는 것이, 이런 거대한 도시의 건설과 유지에는 막강한 관료적·재정적 저력이 필요했을 것인즉 이는 동양의 도시만이 제공할 수 있었던 것이다(물론 중세 서구에서도 이런 현상이 있었지만 그 규모와 배경은 아주 다르다). 뿐만 아니라 동양도시가 가진, 중앙집권적 지배세력의 집산지라는 성격 역시 도시의 이러한 대형화에 크게 기여했을 것이다. 이에 반해 중세 유럽의 경우는 주민수가 1만 명만 넘어도 대단한 〈대도시〉 행세를 할 수 있었으며 2만 명이 넘는 도시는 극소수에 불과했다(중소도시의 평균 주민 수는 2천~5천 명이라고 추산된다). 또 도시 건축구조를 보면,

서구 여행객에게는 당장 눈에 띄는 것이지만 중세의 도시는 〈시장〉, 〈시청〉 및 우뚝 솟은 〈교회〉를(어떤 건물도 교회보다 높아서는 안 된다: 여기서는 전혀 논외로 했지만, 종교권력이 도시 내지 중세사회 발전에서 해낸 역할은 물론 막중하다) 중심으로 형성되어 있으며, 영주나 왕의 거주지는 흔히 관광객에는 불편할 만큼 시에서 멀리 떨어진 〈시골〉에 자리 잡고 있다(도시에서 비교적 화려하고 웅장한 건축은 시청과 교회 외에는 거의 대부분 부유한 상인의 저택이다). 이에 반해 동양 도시의 핵은 말할 것도 없이 왕궁이나 지방행정관청장의 주거지이며 도시 전체의 구조는 자연발생적이라는 인상보다는(가령 서구 중세도시의 경우는 매우 자주 이런 인상을 받는다) 비교적 잘 계획되고 정돈된 인공물이라는 인상이 더욱 짙다.

이런 구조적 조건하에서 상공경제인이라는 의미에서의 도시 시민계급의 위치는 그럼 어떠했는가? 우선 이들은 다른 모든 신하와 마찬가지로 〈무장해제〉되어 있다. 뿐만 아니라, 가령 서구 중세 초기의 도시가(물론 상대적 의미에서) 정치권력 부재로 특징되었다면, 동양의 경제시민은 자신의 활동의 본거지인 도시야말로 모든 정치권력의 총집산지라는 조건에 직면하게 된다. 즉, 이들은 정치권력의 직접적이고, 적극적이고 지속적인 감시, 규제 및 수탈의 손아귀에 잡혀 있는 것이다(WuG: 737). 물론 이들 역시 조합, 길드 등과 같은 많은 이익단체를 조직하여 — 경제력 혹은 조직 면에서 이들은 많은 경우 서구 중세도시의 유사한 단체들보다 더 막강했다 — 자신들의 이익을 대변하고, 조직 내적 자치권을 가지기도 하며 또 경제력을 바탕으로 자신들에게 유리한 조치나 자율권을 관료로부터 매입하기도 하고 혹은 부여받기도 하며 심지어는 그들 고유의 재판영역까지 소유하기도 한다(WuG: 741, 736). 그러나 이것은 어디까지나 개별적 상황에 대한 개별적 대응책이고 그래서 〈우연적〉인 것이지 결코 구조적·정치적 자치권의 산물은 아닌 것이다

(WuG: 737; RS I: 381). 특히 재력만을 바탕으로 한 자율권이란 항상 매우 한정되어 있을 뿐 아니라 극히 불안정한 것이다. 다시 말해서 전통사회의 틀 내에서는 〈경제력〉이 곧 〈정치력〉으로 연결되지는 않는다.

중국 도시의 수많은 이익단체들은 〈사회적〉인 성격의 것이지 결코 〈정치적〉 성격의 것이 아니었다. 물론 이들 역시 정치 내지 행정권력의 부당한 수탈시도에 대항하여 자주 봉기하나, 이것은 개별적 사례에 대한 개별적 시정요구를 내건 폭동이고 반동이지 결코 한 계급 전체의 자율과 독립을 지향하는 정치적 〈혁명〉은 아니었다. 그들이 성취할 수 있었던 것은 가령 특별히 악질적인 특정관료의 파면이나 소환 혹은 특정조치의 철회 등이었고 또 이것이 그들이 지향하는 바이기도 했다. 그러나 자신들을 하나의 독자적인 법적 신분계급으로 정착시키고자 시도하기에는 상기한 구조적 조건들이 이들에게 너무나 불리했다. 무장해제된 상황에서 이들이 할 수 있었던 것이라고는 주어진 관료체제와의 기민한 타협 및 이를 통한 이익추구뿐이었고, 따라서 이들은 계급으로서는 어디까지나 타율적 〈신하집단〉(*Untertanemverband*)의 위치를 벗어나지 못했다.

동양의 경제시민계급은 그 목적합리적 행위지향성에서나, 이윤추구 동기에서, 서구의 시민계급보다 나을 것도 못할 것도 없었다(베버가 누차 강조하는 것은, 이윤추구 동기 그 자체는 자본주의의 특징이 아니라 보편적 현상이라는 것이다). 단 그들이 지니고 있던 결정적 약점은, 이 목적합리적 잠재력의 구조적 실현에 필수적인 요건 즉 행위의 〈외적〉 내지 정치적 자율의 결여였고, 이것은 다시 동양의 지배양식이 가진 속성에서 유래하는 동양도시의 특성과 인과적으로 연결되었던 것이다.

그러나 본 논문의 앞부분에서 지적했듯이, 목적합리적 행위의 전제조건은 비단 〈외적〉인 자율만이 아니라 〈내적〉 자율 즉 인간관계 및 자연관계에 대한 사무적·객관적 태도라는 의미에서의 내적 자율도 포함한다. 그리고 이 내적 자율은 동시에, 최소한 전통적 사회의 틀 내에서 볼 때, 성공적인 정치적 〈혁명〉의 전제조건이기도 하다. 왜냐하면 정치적 혁명이란 집단행위이며 이 집단행위의 필수적 요건은 집단구성원들이 가진 연대감 내지 동류의식(혹은 물질적·사회적 이해관계 하나만으로 뭉쳐진 집단의식이라는 뜻에서 〈계급의식〉이라 불러도 좋다), 즉 자신들의 행위목적에 대한 합의뿐 아니라, 이 집단 전체를 하나의 〈객관적 목적단체〉로 여길 수 있도록 하는 내적 성향이 필요한 것이다. 이것을 우리의 경우에 적용하면: 도시시민들의 〈시민의식〉, 즉 자연이 그어준 경계에 의한 혈연의식이나 동족의식이 아니라 도시라는 〈지역〉 및 도시시민이라는 객관적이고 인위적이고 합목적적인 공동체에 대한 귀속 및 동류의식이 정치적 혁명 혹은 계급행위 일반의 전제조건인 것이다. 서구의 도시공동체는 〈친족〉의 모임도 〈이웃〉의 모임도 아니라, 피의 나눔에 관계없이, 과거의 신분적 전력에 관계없이, 단지 시민서약(*Büuge-reid*: WuG: 747)이라는 일반적 의례에 의거하여 도시공동체의 존재목적에 동의하는 〈개개인〉의 모임인 것이다. 〈시민서약〉의 주체는 그래서 어디까지나 〈개인〉이지(WuG: 747) 결코 〈친족적 집단〉이 아니다. 즉, 시민이 되기 위해서는 우선 자신을 하나의 독자적인 〈개체〉로 인식할 수 있는 내적 성향, 이를 달리 표현하자면, "인간관계에서 자연이 준, 유기적이고 원초적인 구조형태들"(WuG: 383. 가령 혈연의 연대체)에서 자신을 해방시켜 객관화할 수 있는 내적 자율의 능력이 필요한 것이다. 그런데 베버에 의하면 바로 이 내적 조건이 서구시민계급에게는 기독교에 내재하는 탈주술화 경향에 의해 주어졌던 것이며, 이것은 구체적으로 〈종교적 형제동맹〉(WuG: 748; RS II: 40f.)이라는 형태로 나타난다(〈형제〉라는 개념에서 우리는 탈주술적 합리성 속에 아직도 남아 있는 친족적 전통성의 요소를 엿볼 수 있는 듯하지만, 물론 여기서의 형제개념은 바로 친족을 초월하고 또 어떤 의미에서는 그것을 대체하는 기능을 가진다) : 서구의 도시는 혈연에 관계없이, 과거의 신분적 전력에 관계없이 기독교적 유일신에 대한 신앙고백 내지 선서를 수행하는 〈개개인〉들 간의 동맹을 바탕으로 형성된다. 다시 말해, 자신들을 선서를 중심으로 모인 이들의 형제동맹체(WuG: 744, 749, 756)라고 여기는 서구 중세도시인의 시민의식은 이러한 종교적 뿌리를 가지고 있는 것이다.

서구 도시시민계급의 정치적 혁명 역시, 단지 그들이 무기를 손에 쥐었기 때문만이 아니라, 이와 함께 개개 도시시민 및 더 나아가 전체 도시시민이 모든 자연적 경계를 넘어서서 하나의 객관적 〈시민의식〉으로 뭉칠 수 있었기 때문에 비로소 가능했던 것이다. 그러나 동양의 시민계급에는 바로 이러한 내적 자율이 결여되어 있었으며 따라서 이런 연유에서도 그들은 정치적 〈혁명〉의 주체가 되기 어려웠던 것이다. 이 현상의 중요한 원인(결코 유일한 원인이 아니다)은 동양의 종교적 전통에 놓여 있었다. 이 관점이 베버의 종교사회학을 그의 도시론, 자본주의이론 및 정치사회학과 연결짓는 징검다리이다. 따라서 우리는 이들 모두를 함께 읽을 때 비로소 베버 사회학의 역사적 설명구조를 옳게 파악할 수 있게 될 것이다.

참고문헌

인용된 베버 저서

Weber, M., 1976, *Wirtschaft und Gesellschaft* (WG: 《경제와 사회》), Studienausgabe, J. C. B. Mohr Tübingen.

______, 1980, *Gesammelte Politische Schriften* (PS: 《정치평론집》), J. C. B. Mohr Tübingen.

______, 1973, *Gesammelte Aufsätze zur Wissenschaftslehre* (WL: 《과학론》), J. C. B. Mohr Tübingen.

______, 1978, *Gesammelte Aaufsätze zur Religionssoziologie I, II, III* (RS I, II, III: 《종교사회학》), J. C. B. Mohr Tübingen.

______, 1904/5, *Die protestantische Ethik und der Geist des Kapitalismus I, II* (PE I, II: "프로테스탄티즘의 윤리와 자본주의 정신").

______, 1981, *Wirtschaftsgeschichte* (Wirts.: 《경제사》), Duncker und Humblot/Berlin.

______, 1924, *Gesammmelte Aufsätze zur Soziologie und Sozialpolitik* (GASS: 《사회학 및 사회정책학 논문집》), J. C. B. Mohr Tübingen.

______, 1989, "Die Wirtschaftsethik der Weltreligionen. Konfuzianismus und Taoismus", *Gesamtausgabe* (MWG) I/19, hrsg., von Helwig Schmidt-Glintzer, Tübingen.

국외 연구서

Chon, S-U., 1985, *Max Webers Stadtkonzeption*, Göttingen.

Kocka, J. (Hg.), 1986, *Max Weber, der Historiker*, Göttingen.

Schluchter, W., 1988, *Religion und Lebensführung: Studien zu Max Webers Kultur-und Werttheorie*, 2 Bände, Frankfurt/M.

______ (Hg.), 1983, *Max Webers Studie über Konfuzianismus und Taoismus*, Frankfurt/M.

______ (Hg.), 1984, *Max Webers Studie über Hinduismus und Buddihsmus*, Franfkurt/M.

Tenbruck, F., 1975, "Das Werk Max Webers", *KZfSS.*, 27.

Weiß, J. (Hg.), 1989, *Max Weber heute*, Frankfurt/M.

Zingerle, A., 1981, *Max Webers historische Soziologie*, Darmstadt.

Ⅳ. 막스 베버 유교론

— 개괄과 비판적 평가*

1. 머리말

이 글은 막스 베버(1864~1920)의 유교론(儒教論)을 재구성한다. 발표된 지(1915년) 근 90년이 넘었지만, 그의 유교론은 오늘날까지도 국제적 '유교 담론'에서 — 긍정적 시각에서든 아니면 비판적 시각에서든 — 여전히 주목할 만한 준거틀의 하나로 논의되고 있다. 이 글은 베버 유교론의 핵심내용 자체를 원전에 근거해 가능한 한 충실히 재구성하는 데 그 일차적 목표를 두고 있다.

* 이 글의 주제는 앞장인 "Ⅲ. 막스 베버의 중국 연구: 비교사회학적 재구성"의 주제와 동일하다. 따라서 이 글의 문헌적 근거와 논증 내용은 상당 부분 앞장과 겹친다. 그러나 다른 한편, 집필 시기와 계기가 달랐기 때문에 일정 부분 앞장을 보완하는 면도 가지고 있다. 내용상 동일한 서술은 삭제한 부분도 많으나, 전체 논증구조를 유지하기 위해서는 상당 정도의 반복을 피할 수 없었다. 이에 대해 미리 심심한 양해를 구하고자 한다.

서술의 순서는 아래와 같다. 우선 베버가 유교론을 저술하게 된 배경을 살펴본 후(2장), 유교론이 속한 더 포괄적 맥락인 베버의 비교 종교사회학을 개괄한다(3장). 이런 기초작업을 바탕으로 베버의 '유교사회론'을 본격적으로 재구성한다(4장). 마지막 장에서 필자는 베버 유교사회론이 가진 문제점에 대한 간략한 비판적 고찰을 시도한다.[1)]

1) 막스 베버 종교사회학 전반에 대한 국내 학자들의 연구서로는 아래 글들을 추천한다. 양영진, 1995, "베버 종교사회학 저술들의 내적 연관성", 전성우 편, 《막스 베버 사회학의 쟁점들》, 민음사, 345~392.

2. 유교론의 저술 배경

1) 베버 사회학의 중심주제

막스 베버는 칼 맑스 및 에밀 뒤르켐 등과 함께 현대 사회학의 창시자 중 하나로 간주된다. 그러나 베버는 비단 사회학뿐 아니라 정치학, 경제학, 역사학, 종교학, 동양학, 과학철학, 조직론 등 현대 인문사회과학 전반의 발전에 거대한 족적을 남긴 학자이다. 베버의 이렇게 다양한 연구활동 전반을 관통하는 일관된 인식목표는 자본주의적 근대사회의 역사적 기원과 그 사회학적 성격을 규명하는 것이었다. 특히 베버는 왜 하필, 14~15세기까지만 해도 가령 그 당시 찬란했던 중화 또는 중동 문명권에 비할 때 상당히 후진적인 문명권에 속했던 서유럽이라는 '변방'에서 근대 자본주의 및 이에 의해 각인된 근대문화 일반이 최초로 발현했는가 라는 문제에 관심을 가졌다. 베버는 그의 (상대적으로) 짧은 학문적 생애 동안 서양과 동양의 역사 전반을 섭렵하면서 자신의 이러한 문제의식을 지속적으로 확대하고 심화시켰다. 그가 섭렵한 시대와 문화권은 메소포타미아, 이집트, 고대 이스라엘, 헬레니즘, 로마제국, 중세 및 근대 유럽, 그리고 중국과 인도를 포괄한다. 베버는 이러한 방대한 작업과 지적 편력을 통해 상기한 의문 즉 왜 하필 서유럽에서 근대문화가 발생했는가 라는 의문에 대한 답을 추구하였다. 이 과정에서 그는 정치사회학적, 경제사회학적, 법사회학적, 도시사회학적, 조직사회학적 그리고 종교사회학적 시각을 상호 연계하고 교차시키는 매우 복합적인 분석들을 구축하였으며, 이른바 '이념형론'[2]으로 집약할 수 있

2) 이념형적 방법이란, 연구자가 하나의 사회현상이 가진 무한히 다양한 관점들 가운데, 자신의 문화적 가치관과 인식관심을 기준으로, 어느 한 특정 관점을 선택하여, 이 관점을 중심으로 해당 사회현상에 대한 하나의 '논리적' 개념체계

는 독자적 방법론을 개발하였다. 그러나 상기한 의문에 대해 베버가 제시한 가장 유명한 답은 바로 종교사회학적 분석틀과 연관되어 있다. 즉, 베버는 1904~1905년에 발표한 논문인 "프로테스탄티즘의 윤리와 자본주의 정신"[3] (이하 "프로테스탄티즘 논문") 에서, 비록 근대 자본주의 체제 그 자체는 아니더라도,[4] 적어도 그것의 윤리적 기반을 형성하는 데는 바로 유럽 종교개혁과 함께 탄생한 금욕주의적 프로테스탄트 종파들(특히 칼뱅주의) 이 결정적 역할을 했다는 명제를 제시하였던 것이다.

를 구성하는 방법을 뜻한다. 따라서 이념형은 역사적·경험적 현실을 '반영'하는 것이 아니라 연구자가 이 현실에 이론적·개념적 '질서'를 부여하여 구성한 분석적 수단에 불과하다. 아래에서 재구성되는 베버 유교론의 개념들 역시 이런 의미에서 이념형들임은 물론이다.

3) Max Weber, 1976(초판: 1920), "Die protestantische Ethik und der Geist des Kapitalismus", 《종교사회학 논문 전집》(*Gesammelte Aufsätze zur Religionssoziologie I, II, III*), J. C. Mohr, Tübingen. 전 3권인 이 논문집을 아래에서는 RS I, II, III으로 축약해 인용하겠다. 위 논문은 RS I: 17~206에 수록되어 있다.

4) 여기서 근대적 경제체제로서의 자본주의란 베버에 의하면 아래와 같은 특성을 가진 경제체제이다: ① 생산수단으로부터 유리된 대량의 임금노동자의 존재; 이 노동자들은 형식적으로는 자신들의 노동력을 '자유로이' 처분할 수 있지만 실질적으로는 노동력을 팔지 않고는 생계를 유지할 수 없는 계급이다. 그래서 베버는 이 '기아의 채찍'(WuG: 59)에 쫓기는 자본주의하의 노동자들을 '주인 없는 노예층'(WuG: 353)이라고 부른다. ② 생산수단의 사유화. ③ 시장에서의 경제적 교환행위에 대한 경제 외적 제한의 약화. ④ 기업의 가계로부터의 분리 등〔특히 *Wirtschaft und Gesellschaft*(WG) J. C. Mohr, Tübingen, 1976(초판: 1922): 177ff 참조. 여기서는 WG로 축약해 인용하겠다〕.

2) "프로테스탄티즘 논문"과 비교 종교사회학

"프로테스탄티즘 논문"은 발표되자마자 즉각 큰 반향을 불러일으켰으며 이 반향은 극단적 찬사와 극단적 비판이 서로 교차되는 것이었다. 그리고 이 찬반 논쟁은 논문이 발표된 지 근 100년이 지난 오늘날까지도 아직 계속되고 있으며, "프로테스탄티즘 논문"은 이른바 '베버-명제'라는 이름하에 모든 사회학도들이 한 번은 읽어야 할 '필수적' 학습과제로 정착해 있다. 뿐만 아니라 "프로테스탄티즘 논문"이 제기하는 문제는 학문의 경계선을 넘나드는 다차원적인 것이기 때문에 이 논쟁에는 비단 사회학자뿐 아니라, 경제학자, 신학자, 역사학자, 심리학자, 철학자등 인문사회과학의 거의 전 분야 학자들이 참여해왔다. 그런데 이 논문에 대한 '찬사'는, 이데올로기적으로 볼 때는, 주로 보수적 · 부르주아적 진영에서 나왔으며 그 요체는, 막스 베버가 드디어 맑스 유의 유물론적 사회이론에 대한 설득력 있는 '관념론적' 대안을 제시했다는 것이다. 왜냐하면 베버는 이 논문에서 프로테스탄티즘 윤리라는 〈이념〉이 자본주의라는 〈물질적 체제〉를 창출했음을, 더 일반적으로 표현하자면, 베버는 사회 · 경제적 현상(자본주의 생산체제라는 '하부구조')이 관념적 현상(종교 내지 프로테스탄트라는 '상부구조')에 의해 규정되는 것임을 입증했기 때문이라는 것이다. 그래서 이 진영은 "프로테스탄티즘 논문"을 근거로 막스 베버를 관념론적 사회이론의 대변자로 치켜 올렸으며 그를 대표적 반 맑스주의자 내지 '부르주아 진영의 맑스'라고 평가하였다.[5] 그러나

---

5) 가령 1930년대 이래 미국에 막스 베버의 사회학을 소개하고 여러 면에서 베버 연구에 중대한 업적을 남겼으며 서구의 베버 해석에 결정적 영향을 미쳤던 미국 사회학자 파슨스가 베버 명제에 대해 열광했던 이유 중의 하나는, "프로테스탄티즘 논문"에는 맑시스트적 사회이론에 대한 하나의 관념론적 · 기능주의적 대안이 잠재해 있다고 믿었기 때문이었다. 베버의 이러한 '파슨스화'는 그동안 베

자신의 논문에 대한 이런 평가를 베버는 처음부터 근본적인 오해라고 반박하면서, 자신은 결코 관념론적 이론가, 즉 인간의 역사를 움직이는 동력이 (특히 물질적 · 사회적) '이해관계'가 아니라 '정신' 내지 '관념'에서 나온다는 입장을 취하는 관념론적 이론가가 아니라고 수많은 반론에서 강력히 주장한다.[6]

베버가 제시하는 반론의 요체는 아래와 같이 정리될 수 있다: "프로테스탄티즘 논문"에서 베버는 의도적으로 분석대상과 분석방법을 엄격히 제한하고 있다. 즉, 만약 우리가 자본주의 개념을 물질적 · 제도적 '체제'로서의 자본주의와, 이 체제에 '적합한' 이데올로기적, 문화적 행위 및 사고양식으로 구분한다면, 더 간단히는 '체제'와 '정신'으로 구분한다면, 베버가 "프로테스탄티즘 논문"에서 분석대상으로 삼은 것은 '자본주의 정신'의 이념적 형성요인에 한정되어 있다. "프로테스탄티즘 논문"은 따라서 근대 자본주의의 역사적 '기원'을 설명할 수 있는 매우 광범위한 인과요인의 틀 중에서 의도적으로 단일군의 인과과정만을 떼어내어 이념사적으로 추적한다. 다시 말해, 이것은 베버 스스로가 방법론 차원에서 의도적으로 설정한 한계였고 일면성이었지 결코 자신의 사회이론적 · 사회철학적 입장의 표현은 아니었다(RS I: 205).[7] 그런데 "프로테

버의 "프로테스탄티즘 논문"(더 나아가 그의 사회학 일반)의 진정한 의의와 의도를 이해하는 데 적지 않은 장애를 제공했다.

6) 베버의 이런 반론들은 아래 책에 수록되어 있다. *Die Protestantische Ethik II. Kritiken und Antikkritiken*, Gütersloher Verlag, 1968.

7) 물론 만약 우리가 유물론을 사회-역사적 현실의 발전 법칙과 구조에 대한 극도로 일반적이고 최종적인 이론체계라는 의미로 이해한다면, "프로테스탄티즘 논문"은 분명 유물론 비판적이다. 그러나 이것은 역사적 유물론이 가진 '한계'를 밝힌다는 뜻에서만 유물론 비판적이지, 결코 "일면적으로 유물론적인 문화관 및 역사관의 자리에 그에 못지않게 일면적인 유심론적인 인과적 문화관 및 역사관"을 들여놓는다는 의미에서 그러한 것은 아니라는 점을 베버 자신이 논문의 말미에

스탄티즘 논문"이 가진 방법론적 일면성이 불러일으킨 '오해'를 불식시키면서 동시에 이 논문에서 그가 제시한 문제제기의 타당성 즉 역사과정에서 '이념'은 특정 조건하에서는 중요한 역할을 할 수 있다는 문제제기의 타당성을 입증하기 위해 베버는 방대한 연구 프로그램을 구상하게 되는바, 그것이 곧 '세계종교의 경제윤리'라는 주제하에 그가 수행한 비교 종교사회학적 내지 비교 문명론적 연구들이다. 이 연구에서 그는 4개의 문화권에서 선택된 6개의 고등종교를 상호 비교한다. 중국의 유교와 도교, 인도의 힌두교와 불교(중국의 불교도 일부 포함), 중동의 고대 유대교 그리고 이 유대교에서 유래된 서구의 기독교가 그것들이다. 베버는 그의 연구성과들을 연작 논문으로 발표했으며, 이 논문들은 그의 사후 출판된 3권의 종교사회학 논문집에 수록되어 있다.[8] 그리고 이 연

명백히 밝히고 있다(RS I: 190). 오히려 베버는 "프로테스탄티즘 논문"을 통해 두 가지 '어리석고 교조적인 명제들'을 비판하고자 했다. 그 두 가지란: ① 경제적 요인으로부터 종교개혁을 '발전사적으로 필연적인 것'으로 연역해낼 수 있다는 명제(유물론)와 ② "'자본주의적 정신'은 순전히 종교개혁의 특정한 영향의 결과로만 탄생할 수 있었다"거나 심지어 "경제체제로서의 자본주의가 종교개혁의 산물이라는" 견해(관념주의)이다.

8) *Gesammelte Aufsätze zur Religionssoziologie* 전 3권(RS I, II, III), 제 7판, 1976, J. C. Mohr, Tübingen. 막스 베버는 자신의 종교사회학적 연구결과들을 모은 이 논문집에 대한 교정을 채 완료하기 전인 1920년 6월 급사했다. 그의 사후 출간된 전 3권의 논문집에 수록된 저작들은 아래와 같다.

제 1권: 〈서언〉
〈프로테스탄티즘의 윤리와 자본주의 정신〉
〈신교종파와 자본주의 정신〉
〈세계종교와 경제윤리〉: 〈서론〉, 〈유교와 도교〉, 〈중간 고찰〉
제 2권: 〈세계종교와 경제윤리〉: 〈힌두교와 불교〉
제 3권: 〈세계종교와 경제윤리〉: 〈고대 유대교〉

베버는 위의 종교들 외에도 구약의 시편과 욥기, 탈무드 유대교, 초기 기독교, 동방 기독교, 이슬람교 및 중세의 교단들과 종파들에 대한 연구를 추가하여 전

작 논문의 첫 번째가 바로 그가 1915년에 발표한 《유교-도교론》[9] 이다. 이렇게 볼 때 유교-도교론이 베버 사회학 전반에서 차지하는 의의와 위상은 대개 아래와 같이 규정될 수 있다.

4권의 종교사회학 논문집을 펴낼 계획이었으나 그 뜻을 이루지 못한 채 급사했다. 베버는 《세계종교와 경제윤리》에 대한 작업을 1911~1914년까지 수행하고 1915~1916년부터 《사회과학 및 사회정책논총》에 발표하기 시작했다. 이 논문들은 동시에 《경제와 사회》에 포함된 종교사회학 관련 장들과 서로 해석하고 보완하는 관계에 있다고 베버는 밝히고 있다.

특히 《경제와 사회》(*Wirtschaft und Gesellschaft*)의 제 2부 제 5장 〈종교사회학〉 중 제 7절 〈신분집단, 계급 그리고 종교〉는 《세계종교와 경제윤리》와 내용적으로나 집필 시기상으로나 상호 밀접하게 연관되어 있으며 베버는 두 곳에서 같은 자료를 가지고 작업하였다. 그러나 다른 한편으로 사회과학적 개념들의 〈건축학〉이라고 불리는 《경제와 사회》의 성격에 걸맞게 베버는 같은 주제와 자료이지만 〈신분집단, 계급 그리고 종교〉에서는 〈서론〉에서보다 더 일관되고 면밀하게 체계화와 일반화 작업을 수행하였다. 참고로 《경제와 사회》 제 5장 〈종교사회학〉에서 다루어지는 주제들은 아래와 같다.

1) 종교의 발생, 2) 주술사-사제, 3) 신개념 · 종교적 윤리 · 금기, 4) '예언자', 5) 교단, 6) 신성한 지식 · 설교 · 목회, 7) 신분집단, 계급 그리고 종교, 8) 신정론의 문제, 9) 구원과 재생, 10) 구원의 길과 이것의 생활영위 양식에 대한 영향, 11) 종교적 윤리와 '현세', 12) 문화종교와 '현세'.

9) *Konfuzianismus und Taoismus*, 개정판(1919~1920), RS I: 276~536쪽에 걸쳐 수록되어 있다. 260쪽에 달하는 이 개정판은 1915년에 발표된 초판에 비하면 거의 두 배 정도로 확대된 논문이다. 그러나 이 확대와 수정은 거의 대부분 이른바 '사회학적 기초' 즉 중국의 국가구조에 관련되어 있으며 유교에 대한 종교사회학적 분석은 큰 수정 없이 1915년 초판의 틀을 유지하고 있다. 베버의 논문 자체에서도 서술의 중점은 유교에 놓여 있지만, 필자 역시 아래에서는 지면의 제약상 주로 유교분석에 집중하고자 하며 따라서 베버 논문에 대한 지칭 역시 '유교론'으로 통일하기로 한다. 그러나 기회가 닿는 대로 베버의 도교론도 재구성하여 소개하고자 한다. 베버는 이 연구를 위해 그 당시 영역 또는 독역된 유교경전 전반을 철저히 독해했으며, 또한 그 당시 중국학 관련 유럽 학자들의 방대한 연구결과들을 독창적으로 소화했다.

첫째, 유교-도교론은 이들 종교 내지 이념체계 자체에 대한 관심에서 촉발된 연구가 아니라, 서두에서 언급했듯이, 베버 사회학 전반을 관통하는 역사적 인식관심, 즉 근대 서구 자본주의 및 근대 서구문화 일반의 기원에 대한 관심에서 출발한 연구이다.

둘째, 그런데 베버는 프로테스탄티즘이 근대 '자본주의 정신'의 발생에서 중요한 역할을 수행했다고 전제하기 때문에, 티 종교들에 대한 그의 분석은 철저히 프로테스탄트와의 비교관점을 중심으로 수행된다. 따라서 그가 던지는 질문은, "왜 여타 종교는, 프로테스탄트와는 달리, 각각의 문화권에서 근대 자본주의 정신의 발생을 촉진하는 역할을 하지 못했는가"로 요약될 수 있다. 이것은 물론 유교에도 해당된다.

셋째, 그러나 비서구 종교들에 대한 비교 종교사회학적 분석에서 베버는 "프로테스탄티즘 논문"의 경우와는 다른 방법론적 접근방식을 택하고 있다. 즉, "프로테스탄티즘 논문"의 경우 베버는 어떻게 프로테스탄트라는 종교적 현상이 자본주의라는 경제체제의 '정신적' 기반 형성에 영향을 끼쳤는가를 규명하는 일면적 인과분석 작업을 수행한 데 반해, 전자 즉 비서구 종교들에 대한 비교 종교사회학적 분석에서는 이러한 일면적 시각을 극복하고 철저히 쌍방적 인과관계를 추적한다. 다시 말해, 베버는 여기서 유교 또는 여타 고등종교가 어떻게 해당 문화권의 '경제사회적' 상황을 규정하였는가 라고 묻고 있을 뿐 아니라 역으로 어떻게 이 종교들이 그 문화의 여타 '사회적' 조건들로부터 규정되었는지도 함께 고려한다.[10)]

---

10) 이런 그의 방법론적 시도가 성공적이었다는 것은, 가령 저명한 맑시스트 역사가인 톰슨(E. P. Thomoson)이 《세계종교와 경제윤리》 연작집의 〈서론〉에 대해, 만약 저자를 모르고 누군가가 이 논문을 읽는다면 그는 맑스가 저자일 것이라고 추측하기 십상이라고 말한 데서도 엿볼 수 있다. 그만큼 종교의 사회규정성, 특히 종교가 지배계층의 이데올로기로서 수행하는 역할에 대한 베버의

넷째, 방금 언급한 접근법에서 우리는, “프로테스탄티즘 논문” 자체에서는 아직 드러나지 않았던 베버의 이론적 틀의 기본성격을 도출할 수 있다. 즉, 베버는 역사적 과정을 추동하는 힘은 ‘관념적’ 요소와 ‘물질적’ 요소, ‘이념’(*Ideen*)과 ‘이해관계’(*Interessen*) 중 어느 한쪽에서만 나오는 것이 아니라 이 두 가지 요소들의 부단한 ‘상호작용’에서 나온다고 본다(RS I: 241). 다시 말해, 베버는 여기서 문화적 ‘행위규범’과 정치-사회-경제적 ‘구조’ 간의 쌍방향적 규정관계를 추적하는 것이다.11)

분석이 설득력이 있다는 것이다. 더 나아가, 베버가 종교현상의 상당 부분을 ‘지배’현상으로 파악하고 있음은 톰슨이 언급한 〈서론〉의 말미에 지배유형론을 제시한다는 점에서도 극명하게 드러난다.

11) 이런 시각에서 볼 때, 위 주석 10에서 소개한 톰슨의 상기한 평가는 또 다른 오해의 소지를 안고 있는바, 그 이유는 아래와 같다. 베버는 분명히 맑스에 못지않게 종교가 일차적으로 특정한 담지자계층의 ‘이데올로기’ 또는 물질적·이념적 이해상황의 ‘반영’일 수 있으며, 따라서 종교적 상징체계의 상당 부분은 이른바 ‘허위의식’의 표현일 수 있음을 강조한다. 그러나 이러한 통찰이, 이념들은 이해관계 상황의 ‘단순한 함수’이거나 기계적 ‘반영’에 지나지 않는다는 교조적이고 결정론적인 역사철학 내지 세계관으로 우리를 오도해서는 안 된다는 것이 베버의 입장이다. 베버에 의하면 이념들은 한편으로는 이해관계상황을 대변하는 ‘이데올로기’이지만 동시에 항상 이 이해관계상황을 넘어서는 의미를 지니는 것이다. 이것은 무엇보다도 베버가 가진 인간관과 연관되어 있다. 즉, 베버는 인간을 단순히 권력이해를 추구하는 〈정치인간〉(*homo politicus*) 및 물질적 이해를 추구하는 〈경제인간〉(*homo öconomicus*)으로서뿐 아니라 정신적 ‘구원이해’를 가진 〈문화인간〉(*Kulturmensch*)으로도 규정하기 때문이다. 물론 이 3가지 이해관계는 상호 밀접하게 연관되고 또 상호작용하지만, 그러나 동시에 이들은 서로 환원될 수 없는 고유성을 가진다. 따라서 베버는 종교를 하나의 진정한 인간적 경험이 표출되는 (집단적 그리고 개인적) 상징세계로 보면서 이 세계가 상대적으로 고유한 법칙을 가진 독자적 세계임을 인정한다. 그렇기 때문에 베버는 종교적 상징체계를 기능화하고 그것을 하나의 ‘토대’로 — 가령 맑스의 경우 이 토대는 경제적·사회적인 것이고, 니체와 프로이트의 경우 그것은 심리적·생물학적인 것이다 — 환원시키는 입장을 거부한다. 베버에

따라서 베버의 유교론을 올바르게 이해하기 위해서는 우선 베버의 비교 종교사회학 전반의 기본구도를 살펴볼 필요가 있다.

3. 베버의 비교 종교사회학 개요

1) 베버의 분석시각

유교를 비롯한 '세계종교의 경제윤리'에 관한 베버의 연구를 인도하는 인식관심을 단순화해서 표현하면, 이미 언급했듯이, 왜 프로테스탄트는 서유럽에서 '자본주의 정신'의 발생에 긍정적 역할을 한 반면, 다른 고등종교들은 해당 문화권에서 그런 역할을 하지 못했는가 라는 문제이다. 이런 인식관심으로 인해 베버는 해당 종교들의 분석에 필요한 개념들을 각 종교들의 내재적 구성원리와 발전논리에서 도출하는 것이 아니라 자신이 서양문명에 준거하여 개발한 개념들을 표준으로 삼고 이에 대한 대칭개념들을 구성하여 타 문화권을 서술한다. 이것은 분명히 유럽중심주의이다. 비록 베버의 유럽중심주의는 규범적 성격보다는 방법론적·발견적 성격이 강하기는 하지만, 그럼에도 이것은 그의 분석의 분명한 한계이다.

그러나 다른 한편, 베버는 우리가 제기하기도 전에 그 자신 이미 이 문제에 대한 답을 주고 있다. 즉, 베버는 자신의 문제설정과 분석시각

의하면 종교의 힘은 상당 부분 종교적 원천 그 자체에서, 그리고 종교적 욕구에서 생성되는 것이다. 따라서 종교는 이 종교의 주된 담지자층이 물질적·이념적 이해관계를 반영하기는 하지만, 그러나 이 계층의 "사회적 상황의 단순한 함수"로 이해될 수는 없는 것이다. 오히려 베버는 종교를 인간정신의 합리화 과정의 한 단계로 보며 동시에 하나의 독자적인 합리성의 영역으로 간주한다.

이 유럽중심적임을 스스로 명시적으로 밝히고 있다. 이 점은 그의 종교사회학 논문집 전체에 대한 〈서언〉[12]의 첫 문장에서부터 표현된다. 베버는 여기서 비록 "적어도 우리 유럽인들이 기꺼이 상정하듯이"라는 제한적 단서를 달기는 하지만, 유럽문명의 특정 현상들이 "보편적 의의와 발전방향을" 지니고 있음을 전제로 한다. 그러나 이것은 유럽문명의 특정한 제도(특히 자본주의)와 행위유형(특히 목적합리적 내지 '도구합리적' 행위유형)이 사실상 범세계적으로 확산되고 있다는 의미에서 "보편적 발전방향"을 지녔다는 것이지 '규범적' 의미에서의 유럽중심주의, 즉 유럽문명이 '보편타당한 가치'를 지녔음을 전제한다는 의미에서의 유럽중심주의가 아님은 베버의 논증이 전개되어감에 따라 점차 분명해진다. 베버는 자신이, 세계종교들의 우열에 대한 어떠한 가치판단적 서열 매김도 하지 않음을 누누이 강조한다. 이런 의미에서 베버의 유럽중심주의는, 앞서 지적한대로, 이른바 '발견적 내지 방법론적' 유럽중심주의로 규정될 수 있을 것이다. 즉, 베버는 근대합리주의의 탄생에 이르기까지 여러 상이한 세계종교의 합리화 과정들이 어떻게 서로 선택적 친화력으로 맺어졌는지 또는 서로 단절되었는지를 종교사회학적으로 규명하고자 했던 것이다. 그렇기 때문에 베버는 비서구적인 종교문화에 내포된, 서구문화에 대한 '대안적'인 성격을 있는 그대로 진지하게 수긍하고 오히려 세기말에 승승장구하던 '규범적' 유럽중심주의에 강한 비판적 자세를 취하는바, 이것은 가령 〈중간고찰〉의 말미에 잘 표현되어 있다.

여기서 그는 조로아스트교적 이원론과 칼뱅의 예정론을 신정론 문제

---

12) 이 〈서언〉을 베버는 1919~1920년에 그의 《종교사회학 논문집》 전 3권 출판을 준비하면서 집필했으며 〈서언〉은 그가 남긴 거의 마지막 문헌에 속한다. 따라서 여기에는 비단 종교사회학적 주제뿐 아니라 그의 수십 년간에 걸친 사회과학적 연구작업의 결과들이 종합되어 있다. 이런 이유에서 이 〈서언〉은 흔히 베버의 학문세계를 여는 일종의 '열쇠'로 간주된다.

에 대한 두 개의 가장 일관된 해결책으로 소개한 후, 힌두교로 넘어가면서 인도 종교에 대해 아래와 같이 말하고 있다:

> 그 일관성과 탁월한 형이상학적 업적으로 인해 각별히 돋보이는 세 번째 신정론 형태는 인도의 지식인 종교이다. 여기서 탁월한 형이상학적 업적이란 (아래와 같은 일견 상호모순적 요소들) 즉 스스로의 힘에 의거한 대가적(大家的) 자기구원과, 구원의 보편적 획득가능성을 서로 결합시키고 있는 것, 지극히 엄격한 현세거부를 유기체적 사회윤리와 결합시키고 있는 것, 최고의 구도(求道)로서의 명상을 현세 내적 직업윤리와 결합시키고 있는 것 등이다(RS I: 573).[13]

우리는 이 인용문에 깔린 태도가 한 '열등한' 비서구문화를 내려다보는, 우월감에 찬 서구 지식인의 태도라고 보기는 어려울 것이다.

이제 베버의 비교 종교사회학의 골격을 이루는 관점들을 살펴보기로 한다. 앞서 지적했듯이, 종교 내지 이념(프로테스탄티즘)이 사회발전

13) 베버는 중국 종교의 경제윤리에 대한 분석을 마친 후 인도의 종교성(불교와 힌두교)에 대한 분석에 들어가기 전에 〈사회과학 및 사회정책논총〉 1915년도 11월호에 〈중간고찰〉을 발표한다. 〈서론〉과 마찬가지로 〈중간고찰〉 역시 그의 전 종교사회학적 연구의 잠정적 종합이라고 말할 수 있다. 단지 여기서 베버는 〈서론〉보다는 더 구체적으로 자신의 이론적 분석틀을 제시하는바, 이것은 〈종교적 현세 거부의 단계와 방향에 대한 이론〉이라는 부제에서 표현된다. 〈중간고찰〉은 직전에 발표된 유교 논문(1915)과 앞으로 수행될 (또는 계획된) 힌두교·불교·고대 유대교·탈무드 유대교·초기 기독교·중세의 교난과 종파 및 이슬람교에 대한 연구 간의 가교 역할을 하도록 구성되었다. 이러한 가교가 필요했던 이유는, 유교 논문은 철저한 현세 적응의 윤리에 대한 연구였던 반면에, 그 이후의 연구대상은 모두 매우 다양한 단계와 방향을 가진 현세 거부의 종교윤리들이기 때문이다.

(근대 자본주의의 발생)에 끼친 영향을 일면적으로 고찰한 "프로테스탄티즘 논문"에서와는 달리 베버는 그의 비교 종교사회학적 연구에서는 이 두 가지 변수, 즉 종교와 사회현실 내지 사회발전 간의 상호작용과 상호연관성을 분석하고자 함을 분명히 밝히고 있다(RS I: 238). 사회적 현실과 종교적 이념 간의 상호 영향관계에 주목하고자 하는(RS I: 206) 베버의 이런 접근은 다시 아래와 같은 두 가지 질문으로 구체화될 수 있다: 첫째, 어떻게 종교적 이념과 신앙체계는 그것을 믿고 유지하는 집단들의 현실적·심리적 이해관계에 의해 영향을 받는가? 둘째, 어떻게 일단 '세계상'으로 정착된 하나의 신앙체제가 그 자체 일정 정도 독자적인 영향력을 획득하여 역으로 이 신앙체계를 신봉하는 집단들의 이해관계의 해석방향과 그 실현방식에 영향을 주는가? (RS I: 241) 아래에서는 이 두 가지 질문을 염두에 두고 상기한 문화권들에서 형성된 '세계상'에 대한 베버의 비교 종교사회학적 분석틀을 간략히 재구성하고자 한다.

일반적으로 '세계상'(또는 '세계관')이란 자연, 사회 및 인간의 상호관계와 각각의 위상에 대한 견해가 종합되어 이루어내는 하나의 이념체계를 뜻한다. 이 이념체계는 우주의 근원, 인류의 발생과 그 미래, 삶의 본질과 그 궁극적 의미, 타당한 윤리적 규범체계 등과 같은 근본적인 문제들에 대한 견해를 논리정합적으로 체계화한다. 그러나 이러한 다양한 내용들 중 가장 핵심적인 것은 역시 인간 및 세계의 궁극적 존재의미가 무엇인가? 라는 문제 및 이 존재의미에서 도출되는 윤리계명은 무엇인가? 라는 문제일 것이다.

이러한 '세계상' 개념을 염두에 두고 필자는 우선 상기한 6개의 종교를 한두 가지 특정한 관점에서 유대교-기독교적 '서양 종교유형'과 '동양 종교유형'으로 단순화시켜 비교·고찰할 것이다. 비교론적 분석의 차원은 앞에서 언급한 베버의 종교사회학의 기본문제 설정에 상응하여 다음 두 가지 상호연관된 관점이 될 것이다. 첫째, 역사적·사회적 차원: 여기서는 어떻게 사회적·현실적 이해관계 내지 실천적 행동조건이 종교적 세계상의 발전을 특정한 방향으로 유도하는가 라는 문제가 주안점이다. 둘째, 교리 내재적 내지 이념적 차원: 여기서는 어떻게 교리체계(특히 '신' 개념)가 그것을 신봉하는 인간들의 생활양식을 어느 특정한 방향으로 유도하는가를 묻는다. 그러나 지면의 제약상 아래 서술은 이 두 차원 중 '역사적-사회적' 차원에 집중한다.

위에서 상정한 세계상적 문제 즉 인간 및 세계의 궁극적 존재의미가 무엇인가 라는 문제를 제기하고 또 그 답을 추구하는 것은 일단 인간의 보편적이고 초계급적인 성향이라고 볼 수 있다. 그러나 이런 의미추구가 구체적으로 어떤 내용의 이념체계 혹은 세계상을 낳느냐 하는 것은 이미 초계급적 차원의 문제가 아니라 특정 이념체계의 형성을 주도하는 **'담지자층'**[14] 의 계급성과 연결된 문제이다(RS I: 253; WuG: 308). 이런 시각에서 베버가 구성하는 복잡한 사회계층유형론을 필자는 일단 다음과 같은 두 가지 관점을 중심으로 단순화시키고자 한다(RS I: 254; RS II: 124, 247; WuG: 308). 첫 번째 관점은, 담지자층이 사유적 이론가 집단인가 아니면 실천적 행동가 집단인가 하는 점이다. 이 두 집단의 종교적 성향은 각각의 현실적 행위조건에 따라 서로 현격한 차이를 보임은 두말할 나위도 없다. 두 번째 관점은, 담지자층이 정치사회적 지배층 내지 특권층인가 아니면 피지배계층(천민층)인가 하는 점이다(RS II: 124, 247). 특권층의 세계상의 핵심은 한마디로 **'행복의 신정론'**[15] 으로 요약될 수 있다. 즉, 그들은 자신들이 현세에서 누리는 특권이라는

---

14) 여기서 '담지자층'(*Trägerschicht*)이란 베버가 자주 사용하는 용어로서 종교적·이념적 또는 사회적 운동을 주도하는 집단을 뜻한다.

15) 신정론(*Theodizee*)는 흔히 변신론, 신의론 등으로도 번역되는바, 이것은 고통, 악, 죽음 또는 행복과 같은 현상을 종교적으로, 즉 신의 존재에 의거하여 정당화하려는 믿음체계를 의미한다.

'복'(내지 '행복')이 신이 부여한 정당성(신정론)을 지닌다고 믿는 것이다(RS I: 242). 그래서 종교가 수행하는 역사적·실제적 역할의 한 축은 바로 지배층에게 그들의 '복'을 정당화해주는 것이라고 베버는 강조한다(RS I: 242). 이에 반해 천민층의 종교적 세계상의 중심에는 **'고통의 신정론'**이 있다(RS I: 242, 247ff, 253). 이 계층에게 종교는 자신들이 현세에서 겪는 핍박과 고난이 신의 뜻이라 믿고 정당화하도록 유도하는 기능을 한다(RS I: 257).

그 다음, 위에서 이념적 차원이라고 지칭한 차원 즉 '신' 개념을 중심으로 한 교리 내재적 차원은 상기한 사회적 차원과 밀접한 상호작용하에 형성되는바, 여기서는 두 가지 유형을 지적만 하고 그 내용적 논의는 아래에서 진행하도록 하겠다. 두 가지 유형이란 '신' 중심적 구원종교체계와 '우주' 중심적 비구원적 문화종교체계이다. 이제 위의 두 가지 차원 즉 '사회적' 규정성의 차원과 '이념적'(교리 내적) 규정성의 차원에서 제시된 관점들을 활용하여 기독교적 세계상과 동양 종교적 세계상을 간략히 비교 검토하고자 한다.

2) 기독교적 세계상 : '신 중심적' 세계상

(1) '사회적' 규정성

서구 종교, 특히 기독교의 역사적 담지자층은 주로 도시거주 천민층(내지 소시민층)이었으며(WuG: 300; RS I: 240) 기독교는 전형적인 내세적 그리고 현세거부적 '구원종교'이다. 단, 기독교의 경우 다른 많은 내세적 구원종교와는 상이하게 현세 거부가 '현세 도피'로 연결되지 않고 오히려 역설적으로 적극적인 '현세 관장'(RS I: 263, 257, 538) 내지 '현세 개조'로 나타나게 되는바, 그것은 다시금 기독교를 지탱한 사회계층의 성격, 즉 도시거주 소시민층의 성격과 연관되어 있다(RS I: 240).

우선, 초기 기독교의 열렬한 신봉자며 전파자였던 층은 이 도시에서 저 도시로 방랑하는 수공업적 도제들이었으며(RS I: 240) 그래서 기독교는 전형적인 도시적 종교이며, 특히 상공업에 종사하는 소시민층의 종교로 출발한다. 즉, 기독교와 도시 및 도시거주 상공인 시민층은 상호밀접한 선택적 친화력에 의해 묶여져 있다. 그런데 이러한 소시민층의 생존은, 인간 및 자연세계에 합리적이고 적극적으로 개입하여 이를 통제해야만 한다는 조건에 결정적으로 달려 있다. 즉, 이들은 자신들의 특유한 생존조건으로 인해, 일반적으로, 가령 사유적 통찰을 수행할 일상적 여유를 갖지 못하며, 또는, 가령 신비주의자들과 같이 현세 도피 내지 현세 초월을 통해 신과의 합일 혹은 '대오'(大悟)를 시도할 수도 없으며, 그렇다고 가령 특권층같이 권력에 기반한 현세통치를 기대할 수도 없는 것이다. 기독교의 주된 담지계층인 도시거주 소상공인계층의 주된 그리고 (이들의 생존조건을 고려할 때) 필연적 관심은 오히려 적극적인 자연변형과 자연지배, 합리적 · 계산적 현실 제어에 놓여 있었다. 그 결과 기독교는 하나의 특수한 유형의 실천적 합리주의, 즉 인간관계 및 자연과의 관계를 사물화하고 객관화한다는 의미에서의 실천적 합리주의를 지향하게 된다(WuG: 350). 그러나 이러한 적극적 행동지향성은 다시 유대교-기독교의 신 개념과 밀접한 관계가 있으며, 이 문제는 우리를 위에서 언급한 두 번째 분석차원, 즉 이념적 차원으로 이끈다.

(2) '이념적' 규정성

기독교의 신은 주지하다시피 '인격화된(또는 의인화된) 유일신'이다. 즉, 그는 '화내고, 사랑하고, 벌주고, 용서하는' 절대적 창조주이며[16] 그래서 곧 '행동의 신'이다.[17] 이러한 절대적 인격신관에 의하면 인간은

16) RS I: 257.

'신의 도구'[18] 이고 인간의 역사는 신의 의지의 실현과정이다. 그래서 현세는 인간이 '적극적이고 금욕적으로' 관장해야 할 대상이며 종국에 가서는 극복되어야 할, 즉 그것으로부터 '구원받아야' 할 시련과 행동의 장이다. 따라서 이 세계상은 원칙적으로 '현세 거부적' 입장을 요구한다.

신의 개념에서 유추될 수 있는 '이념적' 요구, 즉 실천적 행동을 통해 자연과 현실을 적극적으로 관장해야 한다는 요구와, 이런 신관(神觀)의 주된 담지계급인 상공인 천민층이 가진, 자연과 현실을 객관화·사물화하려는 행위속성 내지 '이해관계'는 서로에게 선택적 친화력을 행사하며 종국에 가서는 서구의 기독교도들로 하여금, 세계를 '마술의 정원'이라고 보는 전통적 세계상의 한계를 벗어나 '탈주술화'의 길로 들어서게 하고 또 이들을 '행동의 길'[19] 로 유도하는 것이다.

3) 동양 종교의 세계상: '우주 중심적' 세계상

(1) '사회적' 규정성

이제 유교를 비롯한 동양 종교의 경우를 보자. 동양 종교의 전형적 주체는 천민층이라기보다는 특권층이었고, 실천적 행동가라기보다는 사유적 이론가였다. 인도의 브라만, 중국의 사대부 집단 등이 그 전형적 예이다. 물론 유교의 경우는 동양적 종교전통 내에서도 하나의 독특한 위치를 차지하는바, 왜냐하면 유교의 담지자층은 사유적 이론가와 실천적 행동가의 결합형이었기 때문이다. 즉, 사대부는 곧 지배관료 즉 특권층이었고(혹은 최소한 특권층이 될 잠재력을 가지고 있었고) 또 지배

17) RS II: 173, 326.

18) RS I: 257, 538.

19) RS I: 264.

관료가 되기 위해서는 사대부라야만 했다. 담지세력의 이런 상황이 유교로 하여금 내세적·현세 거부적 구원론이 아니라 철저한 현세 적응적 세계상을 구축케 했으며(선비 중심의 중국식 가산제적 관료주의와 유교적 세계상의 상관관계에 대한 베버의 논증은 아래 참조) '고통의 신정론'이 아니라 '행복의 신정론'을 추구하게 했다. 이런 이유에서 베버는 유교를 가장 고도로 발달한 '비구원적 문화종교'로 규정하고 있다. 그에 빈해 인도의 종교들은 다분히 내세적·현세 거부적 구원종교의 요소를 가지고 있다. 단, 이 종교들의 주체도 역시 특권층이고 사유적 이론가들이며, 따라서 이들의 현세 거부는 일반적으로 여러 형태의 현세 초월 혹은 현세 도피로 연결된다. 이런 경향은 가령 이 종교들이 개발한 고도로 합리적·지적 세계상 혹은 신비주의 등에서 표출된다.[20] 그러나 어떤 경우든 이들의 이러한 현세 초월적 길은 '대중'이 접근할 수 없는 (지적 그리고 종교적 의미에서의) '대가'(大家)들만의 길이다. 그래서 이들이 제시하는 것은 '지식인의 구세론'[21] 이고 또한 '구원의 귀족주의'이다.[22]

(2) '이념적' 규정성

동양의 신 개념은 종교적 주도세력이 지닌, 상기한 바와 같은 사유적 이론적 기본성향과 밀접하게 연관된다. 동양의 신은 인격적인(의인화된) 창조주가 아니라(물론 이런 경우도 있지만) 탈 인격적이고 사유적인 '상태' 혹은 '질서'로 형상화되는바, 따라서 동양적 신은 '행동의 신'이라기보다는 '질서의 신'[23] 이다. 이에 상응하여 신에 도달하는 길 역시 동서양은 서로 다른 성격을 지닌다. 기독교의 경우는 신 자신의 결정에 의

---

20) RS I: 257.

21) RS II: 366.

22) RS II: 366.

23) RS I: 257; RS II: 173, 326.

한 '은총'을 통해 현세로부터 '구원'받는 것이 그 길이라면, 동양의 경우 우리는 우주적 존재질서에 대한 사유적 인식을 통해서, 혹은 현세 초월적 내지 도피적 금욕을 통해서 이 질서의 근원에 대해 얻게 되는 '대오'(大悟)를 통해서 신에 접근할 수 있다. 그런데 '질서' 자체가 신이므로 이런 인식이나 대오는 동시에 인간 자신이 곧 신적인 존재가 될 수 있게 한다. 즉, 인간은 신의 '도구'라기보다는(이 경우 인간과 신 사이에는 뛰어넘을 수 없는 심연이 있다) 오히려 이 우주적 질서를 자기 자신이 내포한 존재이고 그런 이상 그는 '신적인 것을 담고 있는 그릇'[24] 이다. 즉, 인간은 신의 도구로서의 '행동'을 통해 신에 의해 '구원'받는 것이 아니라, 질서의 '인식'을 통해 신을 '소유'[25] 하게 되는 것이다. 그런데 신에 이르는 이러한 길은 기실 종교적 · 지적 '귀족'들만이 성공적으로 갈 수 있는 길이다.[26]

지금까지 서술한 동양 종교의 특성이 야기하는 사회학적 결과들 중 하나는, 이른바 '대가의 종교성'과 '대중의 종교성'[27] 간에 메울 수 없는 깊은 괴리가 형성된다는 점이다. 다시 말해, 한편에는 대가들의 극도로 발달된 지적인 합리성과 신비적 대오의 길이 있고, 다른 한편에는 주술적 세계의 포로로 남아 있는, 즉 '마술의 정원'의 울타리를 넘지 못하는 대중이 있다.[28] 즉 대가적 종교의 합리성과 대중적 일상생활의 주술성은 서로 단절된 채 평행선을 달리는 것이다. 그 결과 대중의 종교성에서

---

24) RS I: 539.

25) RS I: 538f.

26) RS II: 378.

27) RS I: 259.

28) RS I: 248, 432; RS II: 378. 베버는 상기한 대가의 종교성을 〈모범적 예언〉이라고 부른다: 즉 이 대가들은 대중에게 신의 길에 오를 수 있는 길을 모범적으로 예시하는 것이다. 이에 대칭 되는 서양적 예언개념은, 윤리적이고 적극적 금욕적 행동을 요구하는 〈소명의 예언〉이다. RS I: 257.

는 주술이라는 원초적 힘이 계속 작동하게 되며, 따라서 자연에 의해 주어진 모든 유기적 굴레들은 손상되지 않은 채 지속적으로 인간행위의 반경을 결정짓게 된다.

지금까지의 논의를 요약하자면, 베버가 분석한 세계종교들은 각각 일관된 이념체계를 구성하면서 자신들의 세계상을 '합리화'했다. 즉, 금욕적 프로테스탄트는 '현세 지배'(현세 개조)를, 유교는 '현세 적응'을, 그러나 인도의 몇몇 지식인 구원론은 '현세 도피'를 자신의 세계상의 핵심원리로 삼으며 이 원리들을 체계적으로 '합리화'했다. 이러한 합리화 과정을 통해 기독교와 힌두교 및 불교는 '구원종교'로 발전하는바, 이 중 특히 프로테스탄트는 일관된 '실천적 합리주의'를, 그리고 힌두교와 불교는 일관된 초월적 합리주의를 구현하게 된다. 그에 반해 유교는 구원이념이 부재한 '정치적' 종교로서, 기독교 내지 프로테스탄트와는 다른 의미에서(아래 참조) 특정한 실천적 합리주의를 발전시킨다.[29]

막스 베버의 비교 종교사회학 골격에 대한 이러한 예비적 고찰을 바탕으로 이제 그의 유교론을 좀더 상세히 재구성하고자 한다.

29) 물론 위의 명제가, 어떤 세계종교는 실천적 합리주의, 다른 세계종교는 초월적 내지 이론적 합리주의만을 대변한다는 것을 의미하는 것은 아니다. 세계에 대한 대도에 관한 한 모든 고등종교는 이 두 가지 합리주의의 요소들을 동시에 가지고 있다. 따라서 특정 종교성과 특정 합리주의 간의 친화적 관계에 대한 베버의 명제는 앞서 설명한 바 있는 의미에서의 '이념형적' 명제로 이해해야 한다.

4. 베버의 유교론

1) 중국 국가구조와 유교

프로테스탄트를 위시해 서구 종교에 관련하여 베버가 던지는 질문은, 이미 지적했듯이, 어떻게 이들이 근대문명의 발현에 기여했는가? 라는 긍정적·적극적 질문이라면, 비서구 종교들에 대해 베버가 던지는 질문은, 왜 이 종교들은 해당 지역에서 근대문명, 특히 근대 자본주의가 발현하는 것을 방해했는가? 라는 부정적·소극적 질문이다. 그리고 베버가 이런 부정적 질문을 가장 집요하게 던지는 대표적 경우가 바로 유교의 경우이다. 그 이유 중의 하나는, 아마도 근대 자본주의가 발생할 개연성이 가장 높았던 고등종교와 고도문명권이 있었다면 그것은 바로 중국문화권이라고 베버가 믿었기 때문일 것이다.

이런 가정의 근거로 베버가 우선 주목하는 것은 중국의 물질적·경제적 조건들이었다. 가령 청 왕조 성립(1644) 이후 중국에서는 상당한 정도의 자유가 허용되었고, 인구와 귀금속 재고가 획기적으로 증가했으며, '직업집단들'은, 비록 법적 보장은 미약했지만, 다양한 실질적인 자율을 누리고 있었으며 또한 이들이 17세기 후반과 18세기 초에(혹은 그 이전부터) 보여준 '근면하고 타산적인' 생활태도는 거의 전설적이었다. 그런데 이런 일련의, 외양상 자본주의적 발전에 유리한 물질적·사회적 조건, 그리고 일상생활적 행동양식에도 불구하고, 중국에서는 근대적 자본주의의 자생적 발현이 일어나지 않았다.[30]

---

30) RS I: 290, 340, 350, 390. 여기서 중요한 것은 중국에서 근대 자본주의가 '자생적'으로 발현하지는 않았다는 강조점이다. 왜냐하면 베버는 근대 자본주의의 최초의 '발현'(서유럽)의 문제와, 이렇게 발현된 자본주의의 '이식'(移植)의 문제는 전혀 별개의 것으로 보았기 때문이다. 그래서 베버가 마치 유교문화권(또

또한 정신문화의 차원에서 보더라도 예컨대 유교는, 앞장에서 보았듯이, 프로테스탄트와 같이 실천적 합리주의를 지향하고 있으며 또한 서구 근대의 공리주의적 이념체계와 많은 점을 공유한다. 다시 말해, 이념적 차원에서도 중국의 상황은 서구와 일련의 유사점을 보이는 것이다. 그럼에도 불구하고 중국에서는 근대적 자본주의 문화가 발생하지 않았다는 사실이 베버가 풀고자 하는 수수께끼이다.

왜 그럴까? 이에 대한 베버의 답은 우선 상기한 많은 외적 유사성의 저변에는 서구와는 극단적으로 대비되는 사회구조적 그리고 정신적 조건들이 깔려 있었다는 말로 요약될 수 있다.31)

베버는 유럽적 의미에서의 근대적 발전이 중국에서 진행되지 않는

는 다른 어떤 문화권)에서는 근대적 자본주의가 정착할 수 없다고 주장한 듯이 그의 유교론을 해석하는 것은 전혀 합당치 않다. 가령 일본에 이어 유교 문명권의 이른바 '4마리 용들'이 유례없는 경제적 발전을 이룩할 시기에(1980~1990년대) 특히 한국에서 이른바 '유교자본주의론'이 부상했으며 적잖은 학자들이 베버의 유교론이 유교의 잠재력에 관한 한 잘못된 판단을 하였음을 지적하곤 했다. 그러나 베버가 그의 종교사회학 내지 역사사회학 전반에서 제기하는 문제는, 왜 근대적 자본주의체제가 서구에서 역사상 최초로 '발생'하였는가 하는 것이다(그리고 이 체제가 서구에서 처음으로 탄생했다는 것은 움직일 수 없는 역사적 사실이다). 그에 반해 베버는 이렇게 한번 '발생'한 자본주의체제가 다른 문명권에서도 성공적으로 정착할 수 있다는 데에 대해서는 조금도 의심을 품지 않았다. 더 나아가, 베버는 이러한 성공적 정착을 위해 매우 유리한 조건을 갖춘 문명권이 바로 유교문명권 내지 중국일 수 있다는 입장까지도 표명하였다. 이미 인용한 바 있는 《유교와 도교》 말미의 베버 발언을 다시 한 번 상기시키자면: "중국인은 일본인 못지않게, 또는 어쩌면 일본인보다 더 훌륭히, (서구의) 근대문화권에서 완숙한 발전에 도달한 자본주의를 익혀서 자기 것으로 만들 수 있을 것임은 거의 틀림없다"(RS I: 535). 따라서 일본을 비롯한 이른바 '4마리 용'의 한때의 비상(飛翔)에 대해 아마도 가장 적게 놀랐을 사람 중의 하나는 베버일 것이다.

31) RS I: 266.

것을 설명하기 위해 3가지 범주의 원인을 지적하고 있다.

① 중국 종교성 일반 및 유교의 성격, ② 유교 담지자층의 물질적 그리고 이념적 이해관계, ③ 정치-사회구조적 상황의 성격이 그것이다.

아래에서는 이 3가지 관점을 차례로 간략히 살펴보겠다.

2) 중국 종교성 일반 및 유교의 성격

유교의 종교적 성격에 대한 베버의 평가는 이미 위에서 지적한 바 있다. 즉, 구원이념의 부재, '악의 악마적 힘'이라는 이념의 부재, 심지어 종교라는 용어 자체의 부재 등이 중국 종교성의 핵심 특징들이다.[32] 또한 베버는 중국 사상에는 형이상학과 서양적 의미에서의 철학이 부재한다고 주장한다. 그리고 중국적 철학이라고 간주될 수 있는 사고세계 마저도, '사변적-체계적 성격'을 지니고 있지 못하며 '전문적 논리학'도 가지고 있지 않으며, 그 결과 중국적 사고에서는 합리적 논증의 자리에 '비유'(比喩)의 방법이 자리 잡고 있다고 베버는 논증한다.[33]

유교의 또 한 가지 중요한 특징으로 베버는 '의례규범'의 강력한 위상을 지적한다. 베버에 의하면, 유교 문헌들은 원래 영웅서사시들에 기초하고 있었지만, 점차 이 서사시들은 문인들이 주도한 체계적인 정화작업을 통해 '영웅적인 것'에 대한 서사에서 '윤리적인 것'에 대한 교훈으로 전환되었다. 그리고 이 과정에서 예식 및 의례규범들이 법규범들과 '전적으로 동일한 선상'에서 취급되었고, 이 규범들은 체계화된 의례주의적 윤리의 차원에 고착되는 경향을 보였다.[34] 무엇보다 이 규범체계에는, 금욕적 프로테스탄트와 고대 불교에 특징적 요소, 즉 '구원종교가 가진,

32) RS I: 432.
33) RS I: 415.
34) WuG: 348.

체계적으로 삶을 인도하는 중심적 힘'이 결여되었다.[35]

앞서 지적했듯이, 이것은 물론 중국 종교성이 가진 '초월적 존재'에 대한 관념과 연관되어 있다. 베버는 중국의 종교성 내지 정신문화의 형성에 결정적인 시기를 기원전 8세기에서 3세기 사이라고 보면서[36] 중국의 상황을 중동의 상황, 특히 고대 이스라엘의 상황과 비교한다.[37] 고대 이스라엘에서와 같이, 중국에서도 이 시기에 원초적 · 주술적 세계상이 극복되고 윤리적 · 종교적 세계상이 형성되기 시작한다. 그러나 이 과정에서 고대 이스라엘에서와는 달리 중국에서는 '인격적 천주(天主)'가 아니라 '비인격적 천(天)'이라는 관념, '윤리적 신'이 아니라 '윤리적 천'이라는 관념이 형성되는바, 여기서 '하늘'은 천상과 지상을 아우르는 하나의 영원한 질서를 수호하는 힘이다.[38] 이 질서의 수호를 위해 요구되는 것은 천상적인 것과 지상적인 것의 조화로운 관계이다. 그러나 이 조화는 파괴적(주술적) 세력들의 존재를 통해 지속적으로 위협받는데, 이런 위협에 대처하는 가장 중요한 수단 중의 하나는 특히 정치적 지배계층 즉 황제와 그의 측근들의 덕행이다.[39] '천자'로서의 황제는 여기서 성스러운 세계와 대비되는 인간적 질서의 대표자로, 그리고 인간적 질서에 대해서는 성스러운 세계의 대표자로 간주된다.[40] 그러면서 베버

---

35) RS I: 458.

36) RS I: 304, 319, 459.

37) RS I: 298.

38) RS I: 307.

39) RS I: 310, 444, 457. 이 점에 대해서는 Thomas Metzger, 1983, "Max Webers Analyse der konfuzianischen Tradition", *Max Webers Studie über Konfuzianismus und Taoismus*, Suhrkamp, 229 참조.

40) 이 점에 대해서는 Peter Weber-Schäfer, 1983, "Die konfuzianischen Literaten und die Grundwerte des Konfuzianismus", *Max Webers Studie über Konfuzianismus und Taoismus*, Suhrkamp, 202 참조.

는 중국의 황제를 서양의 상황에서 유추하여 일종의 교황으로 해석한다.[41] 그런데 비인격화된 '천' 관념과 함께 중국적 세계상을 구성하는 또 다른 중요한 두 가지 요소가 있다.

(1) 지고(至高)의 비인격적 하늘의 힘[42]이라는 이념은 인격화된 신들과 정령들의 '만신전'을 배제하는 것은 아니다. 그 당시 네덜란드의 중국 전문가이었던 드 그루트(de Groot)에 의거하여 베버는 하늘의 숭배 이외에도 20여 가지의 숭배대상과 이에 상응하는 정령들과 신들을 지적하는바, 이들은 대부분 인격화된 기능신 아니면 지역신들이라고 해석한다.[43] 물론 이 인격화된 힘들은 인간보다는 상위이지만, 비인격적 힘들보다는 하위에 위치지어져 있다.

(2) 고도의 추상적 사고능력을 전제하는 천 사상과, 지극히 구체적인 개별인간 — '살아 있는 그리고 죽은 인간' — 을 대상으로 하는 조상숭배와 효(孝) 사상은 서로 공생하며 또 상호작용한다. 베버는 중국의 조상숭배를 '황제교황주의(정교합일주의)적 정부 및 그 관료들이 아니라 가족-사제(司祭)로서의 가장이 가족의 도움하에 집행하는, 분명히 고전적이고 매우 오래된 유일한 민속적 숭배사상'[44]이라고 본다. 조상숭배사상이 가진 준(準) 종교적 중요성은 가령 황제의 조상정령들이 '하늘 정령과 거의 대등한 추종자층'을 이루고 있다는 점에서도 표출된다.[45] 그런데 베버에 의하면 이를 통해 국가숭배와 조상숭배, 영원한 비인격적 질서에 대한 관념세계와 정령주의적 관념세계가 서로 결합되어버리고, 이를 통해 윤리적 요소들과 주술적 요소들이 서로 얽혀버린다.

---

41) RS I: 304, 311, 319.

42) RS I: 466.

43) RS I: 308.

44) RS I: 376.

45) RS I: 377.

그러나 베버는 이러한 요소들이 유교가 성취한 인간정신의 고도의 윤리화 수준을 훼손하는 것은 결코 아니라고 강조한다. 다만 유교의 경우 이러한 윤리화 과정은 종교적 뿌리와 지향을 가졌다기보다는 다른 어떤 고등문명권에서보다 더 정치·사회적으로 규정되었다는 것이 베버의 평가이다.

3) 담지자층의 물질적 그리고 이념적 이해관계

앞에서 지적한 정치·사회적 지향성은 중국의 정신문화를 유교적으로 합리화시킨 담지자층, 즉 베버가 중국의 지도적 계층이라고 부르는 계층인 관료와 관직 대기자층의 물질적 그리고 이념적 이해관계와 연관되어 있다.[46] 이 신분계층의 대두는 중국의 가산제 국가의 형성과 밀접하게 연관되어 있다. 베버는 중국의 국가발전을 특히 아래와 같은 관점(이것은 그의 모든 지배사회학적 분석을 관통하는 관점이다)에서 분석하고 있다. 즉, 수장(중국의 경우 황제)과 그의 행정막료 간의 관계가 어떻게 조직되는지 라는 관점이 그것이다. 이 문제에 관해 중국의 역사는 특히 3가지 모델을 대안으로 가졌는바, 이 모델들은 각각 다른 계층에 의해 선호되고 선전되었다.

(1) 봉건주의: 이것은 세습 카리스마적인 친족집단 및 대 가문들이 선호했다.

(2) 술탄주의: 이것은 주로 환관들이 선호했으며, 절대주의적 성향을 가진 많은 황제들도 선호했다.

(3) 가산제: 이것은 특히 사대부층의 이해관계에 부합하는 모델이다.[47]

---

46) RS I: 341.

위의 계층들은 특히 전국시대 종료 이후 그리고 봉건제의 분쇄 이후인 기원전 220년 이래 서로 격렬한 갈등상황에 처해 있었다. 베버에 의하면 이러한 갈등관계에는 물론 이제 겨우 서서히 형성되던 학파 간의 대립, 예컨대 공자와 노자 추종자들 간의 대립 내지 유교와 도교 간의 대립도 개입되어 있었다.[48] 그런데 도교는 처음에는 귀족층과, 그 다음에는 환관층과 연대한 반면, 유교는 사대부층과 점점 더 긴밀한 친화력을 발전시켰으며, 그래서 이 계층이 선호한 가산제가 '유교적 정신의 기초를 이루는 구조형태'로 부상하게 되었다.[49] 장기간 계속된 상기한 계층들 간의 투쟁상황은 한(漢) 제국시대에 와서 하나의 중요한 전환점을 맞이한다. 왜냐하면 이 시기에 '사대부들은 그들에게만 고위관직이 할당되도록 하는 제도를 관철시켰기 때문이다'.[50] 이 전환점은 동시에 중국의 정치구조에서 봉록주의(俸祿主義)가 정착하는 계기이기도 했다. 봉록주의의 특징은, 군사적 업무가 아니라 행정업무가 정치의 중심을 형성하고 봉록으로 주어지는 관직은 세습이 되지 않으며 또한 수장의 '자유로운 자의'에 의해 수여되는 것이 아니라 개개인의 자격에 따라 수여되는 것이다.

이 개인적 자질을 검증하고 발탁하는 가장 중요한 수단은 과거제도(科擧制度)이다. 베버는 이 제도가 오랜 기간의 형성과정을 거쳐 서서히 정착해갔다고 보는바, 그에 의하면 한 제국이 멸망한 지 수백 년이 지난 기원 후 7세기경에 비로소 전국적으로 도입되었으며 14세기경에 와서야 비로소 완전히 제도화되었다.[51] 과거제는 한편으로는 행정의

47) 아래 논의에 대해서는 Wolfgang Schluchter, 1988, *Religion und Lebensführung I, II*, Suhrkamp, 15 이하 참조.

48) RS I: 329, 474.

49) RS I: 330.

50) RS I: 329.

봉건화와 술탄화를 저지하였으며, 다른 한편으로는 이 제도에 내재하는 경쟁기제, 즉 개별관료들 내지 관직후보자들 간의 극심한 경쟁기제는 행정에 대한 황제의 독자권한을 확보해주는 결과를 낳았다. 물론 과거제도가 관료충원의 유일한 방법이었던 적은 없었지만, 그럼에도 불구하고 이 제도는 점차 사대부 집단의 사회진출의 필수적 관문이 되었을 뿐 아니라, 무엇보다도 이 계층의 '정신'을 각인하는 역할을 하게 된다. 왜냐하면 과거제도는 단순히 선발장치에 그치는 것이 아니라, 하나의 특정한 유교적 '교육 이상'의 실현 내지 유교적 '인간성'의 육성을 목표로 했기 때문이다.[52] 이 교육 이상의 내용은 카리스마적 각성이나 깨달음도, 전문 기술적 훈련도 아니라 한마디로 지배계층에 걸맞은 지고의 덕을 갖춘 '문화인간'이 되는 데 필요한 신분적 수련이었다.[53] 다시 말해, 관직봉록자격 수여권을 독점하던 과거제도에 깔린 유교적 '정신'은 '현세 내적 세속인(世俗人)-도덕성'에 기초한 냉철한 정치적·실천적 합리주의이다.[54] 베버에 의하면 이 합리주의는 주술적 광란뿐 아니라 구원론적 금욕주의 또는 신비주의, 심지어는 종교 그 자체를 '내면 깊숙한 곳에서부터' 경멸하면서, 이 현세로부터의 구원이 아니라, 이 현세에의 합리적 적응을 그 궁극적 목표로 삼았다.[55]

51) RS I: 405.

52) RS I: 398.

53) RS I: 408.

54) RS I: 445.

55) RS I: 433, 441.

4) 정치 · 사회구조적 상황의 성격

그러나 앞장에서 약술한 유교 담지자층의 물질적 그리고 이념적 이해관계는 중국의 정치 · 사회구조적 전체 틀 안에서 고찰될 때 비로소 그 사회학적 의미가 드러난다. 실제로 베버는 유교 관련 논의를 일관되게 전국시대 이후 수백 년간 진행되는 중국의 가산제적 통일국가 형성과 연관시켜 전개한다. 그리고 베버의 이 문제에 대한 논증을 면밀히 읽으면 베버는 근대적 자본주의 및 근대문화 일반이 중국에서 먼저 발생할 수 없었던 가장 중요한 근거 중의 하나를 바로 중국의 '국가구조'에서 찾고 있음을 알 수 있다.[56] 그리고 베버에 의하면 이 국가구조는 황제와 관료층만이 아니라 그 이외의 사회구조적 요인들을 함께 고려할 때 비로소 옳게 파악될 수 있다. 베버는 여기서 다시 한 번 서양의 발전경로를 비교 준거로 삼는바, 실제로 베버는 다른 어떤 논문에서보다도 유교 연구에서 서양과 동양을 종교, 정치, 법, 경제 등의 영역에서 상호 비교할 수 있는 기준들을 풍부하게 제공한다. 이와 관련된 매우 복합적인 베버의 논증을 여기서는 하나의 구체적인 문제를 중심으로 정리해보고자 한다.

베버에 의하면 중국에서는 화폐경제의 발전이 경제적 전통주의를 약화시킨 것이 아니라 오히려 강화시킨 반면 서유럽에서는 화폐경제의 발전이 경제적 전통주의를 혁파하고 근대적 자본주의를 탄생시키는 역할을 했다. 그 이유는 무엇일까? 베버의 이에 대한 답은 '독자적 기반을 가진 강력한 세력들'이 '서유럽에는 존재했던 반면, 중국에는 이런 세력들이 거의 없었다'는 것이다.[57] 그럼 이 세력들은 어떤 세력들이었는가? 베

56) RS I: 390.

57) RS I: 349.

버는 아래 3가지 세력을 염두에 두었는데, 이 3가지 세력은 바로 서유럽 사회구조의 역사적 특이성이기도 하다:[58] ① 교권주의적 구조를 가진 자율적 교회, ② 시민층이 중심이 된 자율적 상공업도시, ③ 신분구조에 기초한 봉건제도가 그것이다.[59]

위의 3가지 세력들이 중국에서는 부재했다. 황제절대주의는 국가와 교회의 이원적 분리를 불가능하게 했으며 일찍 정착한 관료조직은 가산관료제로 발전하여 자율적 도시발전을 저해하며 자율적 도시경제의 성장을 억제했다.[60] 또한 통일제국은 봉건제를 붕괴시키고 귀족의 정치적 무력화를 초래했다. 물론 중국에서도 되풀이해 거대 지주층이 형성되곤 했지만, 그러나 이 지주층은 정치적으로는 대부분 무력했다. 베버가 종합적으로 서술하듯이, '법적으로 소시민층 및 소농민층 위에는 곧바로 가산관료적 기제가 존재했다. 즉, 법적으로나 그리고 사실 실질적으로도 서구 중세의 봉건적 중간계층 같은 중간계층은 존재하지 않았다'.[61]

다시 말해, 베버가 보기에 중국에서는 '중앙'과 '지방'이 서로 직접적으로 대면했지, 중앙권력은 봉건적 또는 시민적 중간계층에 의해 정치적으로 중화되지 않았던 것이다. 즉, 원로, 명망가, 친족집단, 조상숭배 관장기구 그리고 촌락 등으로 구성된 '지방'이 한편에 서 있고, 다른 한편에는 황제의 궁정, 가산관료제, 국가숭배관장기구 그리고 행정도시 중심의 '중앙'이 서 있다. 즉, 중재세력이 없는 이러한 양극적 이중구조가 중국 사회를 지탱하는 주춧돌이었으며, 이에 따라 중국의 국가구조는 두 가지 지배 중심축을 가지게 된다: ① 촌락에서는 친족집단이 지배하고, ② 촌락 바깥에서는 가산관료제가 지배한다.

---

58) RS I: 1[illegible]9.

59) 전성우, 1996, 《막스 베버 역사사회학 연구 I》, 사회비평사, 198 참조.

60) RS I: 298.

61) RS I: 373.

이 맥락에서 베버는 특히 중국 도시의 상황에 주목한다.[62] 왜냐하면 서양에서 근대 자본주의가 발흥하는 데 결정적 역할을 한 것은 바로 앞서 언급한 자율적 상공업도시의 발전이었기 때문이다. 그런데 중국의 도시는 바로 중앙집권적 가산관료제의 가장 큰 피해자 중의 하나이다. 물론, 외견상 중국도시의 직업조직들의 실질적인 힘은 서양의 길드나 수공업조합보다 오히려 더 강했으며, 상당한 실질적 자치를 누렸다. 그러나 베버가 보기에 결정적인 것은 이러한 자치의 법적 보장의 결여인바, 이것이 자유도시 및 자유시민계층의 발전을 구조적으로 크게 제약했다. 베버는 이런 상황을 '〈도시〉는 자치권 없는 고관거주지이고, 〈촌락〉은 고관이 없는 자치기구'[63] 라고 표현하였다.

베버는 상기한 정치적 구도가 중국 사회의 '구조적' 경쟁기제의 약화를 초래했다고 판단한다. 그러나 베버가 보기에 중국에서는 비단 정치·사회적 영역에서만이 아니라 정신적·이념적 영역에서도 경쟁기제의 작동이 제약을 받았다. 물론, 유교와 도교는 이념적 헤게모니를 위해 투쟁했으며, 이 투쟁은 특히 아직 '개방적'이었던 춘추전국시대 및 그 이후의 수백 년간 정치적으로도 중요했다. 도교는 초기에는 구원종교적 성향을 보이며 따라서 개별적인 구원추구를 촉진하고 수도원과 교권조직을 통해 황제절대주의에 대한 하나의 대안적 조직형태를 구축하기도 했다. 그러나 베버에 의하면 도교는 유교의 중요한 이념적 기본전제들에 근본적 도전을 시도하지 않았으며, 도교 자체는 시간이 가면 갈수록 주술적 세계상을 적극적으로 뒷받침하고 이에 상응하는 주술적 관행을 조장하였다.[64] 그런데 이 과정은 유교의 반발을 야기하지 않은 채

---

62) 전성우, 위의 책 218 참조.

63) RS I: 381.

64) RS I: 458.

진행되는바, 왜냐하면 유교는 분명히 주술을 경멸하지만, 그러나 주술에 대하여 적극 대체할 이념적 자원을 충분히 보유하지는 않았기 때문이다. 베버는 이것이 조상숭배가 모든 계층에 행사한 절대적 영향력에 기인한다고 본다. 결국, 전반적으로 볼 때, 유교와 도교(불교 역시 부분적으로 추가될 수 있을 것이다)는 중국에서 초기의 투쟁국면 이후에는 일종의 평화적 공존상태를 유지했으며, 동일한 국가적 틀 내에서 각각이 서로 다른 기능을 수행하는 상황이 유지되었다.65)

종합하자면, 중국에서 좁게는 '근대적 자본주의', 넓게는 이와 연동된 '근대적 합리주의'로의 내재적 발전이 이루어지지 않은 것에 대한 베버 설명틀의 핵심은, 자립적인 강력한 힘들이 중국에서는 부재했다는 진단이다. 반면 종교개혁 이후의 서유럽에서는 각 분야 — 정치, 경제, 종교, 문화 등 — 의 크고 작은 자립적 권력집단들이 서로 사활을 건 생존경쟁을 벌이는 상황이 조성되는바, 이 세력들이 바로 전통주의를 혁파하는 역동성의 주역들이었다. 이와 같은 맥락에서 베버는 자신의 유교분석에 갈린 기본명제를 아래와 같이 요약한다:

> 결과적으로, 중국에서는, 관료층이 삶에 대해 가진 비(非)초월적(즉 현세 내적 또는 속세적) 관념에 대항할 수 있는 어떤 경쟁상대도 없었다. 즉, 어떤 합리적 과학도, 어떤 합리적 예술작업도, 어떤 합리적 신학, 법학, 의학, 자연과학 그리고 기술도, 그리고 어떤 신적인 권위 또는 인간적으로 대등한 권위도 이 비초월적 관념에 대한 경쟁세력으로 등장하지 않았으며 그래서 이 관념은 거침없이 실현될 수 있었고 이 관념에 합치되는 윤리를 창출할 수 있었던 것이다. 이 (관료계층의) 관념을 제약한 유일한 힘은 친족과 정령신앙에 담겨 있는 전통이 힘이었을 뿐이다. 이 관념은, 서구문화

---

65) RS I: 466, 479.

77) RS I: 440.

에 필수적이었던 그러한 근대적 합리주의의 어떠한 요소들도 동반자로 — 경쟁세력의 형태로든 지원세력의 형태로든 — 가지고 있지 않았다. 이 관념은 서양에서는 이미 고대 도시국가의 발전과 함께 극복되었던 그러한 기초 위에 접붙여져 있었다. 따라서 이런 관념에 의해 주도된 문화는 거의 하나의 실험으로 간주될 수 있다. 즉, 관직봉록계층 지배체제에 깔린 〈실천적〉 합리주의가 순전히 그 자체로서 어떤 결과를 낳는지를 알아볼 수 있는 실험이 그것이다. 이러한 상황의 결과가 바로 정통 유교였다.

5. 베버의 유교론: 비판적 평가

지금까지 재구성한 베버의 유교론은 한편으로는 현대 서양 사회과학자들의 유교상(儒教像) 형성에 지대한 영향을 끼쳤지만, 다른 한편으로는, 그리고 특히 근래에 와서는, 중국학 전문가 및 베버 연구자들에 의해 일련의 신랄한 비판의 대상이 되기도 했다. 이러한 비판들은 크게 3가지 관점으로 요약할 수 있다.

① 분석의 시간적 틀, ② 중국의 세계상은 유교를 통한 윤리적 합리화에도 불구하고 '순전히 주술적 종교성의 중단 없는 존속'[66]으로 특징된다는 베버의 이른바 주술-명제, ③ '정치-사회적' 설명모델이 그것이다.

아래에서는 이 3가지 관점하에서 베버 유교론의 한계점들을 간략히 정리해보고자 한다.

1) 시간적 틀

전반적으로 볼 때, 베버는 그의 비교 종교사회학적 논증에서 분석대상인 문화권의 역사적 연대기를 그렇게 충실히 따르고 있지는 않다. 그는 오히려 한 문화권의 정신적 그리고 정치적 구조의 기초가 형성되었다고 여겨지는 그러한 특정 '시대'에 분석의 초점을 맞춘다. 중국의 경우 이것은 베버가 보기에 전국시대 및 그 전후인바, 베버의 분석은 여기에 집중되어 있다. 그리고 베버는 이 시점 즉 기원 전후 약 몇백 년간의 시기에서 곧 바로 17세기 청 왕조 시기로 넘어간다. 그리고는 청 제국 시기의 상황을 염두에 두고 앞서 인용한 바 있는 그의 중심적 '설명의 문제'

66) RS I: 515.

즉 왜 물질적으로 유리한 일련의 조건들에도 불구하고 중국에서는 근대 자본주의가 발생하지 않았는가 라는 문제를 제기한다. 그에 반해 베버는 한 제국과 청 제국 사이에 놓인 시기들에 대해서는 단지 간헐적이고 비체계적으로 언급할 뿐이다. 즉, 베버는 한 제국과 청 제국 사이의 시기에는 중국에서 어떤 결정적인 혁신도 일어나지 않은 것으로 보았다.

물론, 베버가 이러한 시대구분에서 왕조보다는 중국 지배양식의 구조적 변화를 기준으로 삼고 있다는 해명은 일정 정도 타당하다. 가령 ① 원시적 가부장제, ② 정치적 봉건주의(주 제국), ③ 가산제 국가(진 제국과 한 제국), ④ 완성된 가산제적 · 봉록적 통일국가(청 제국) 등이 그가 염두에 둔 지배양식의 유형들이며 이것은 베버가 주로 주목한 연대기에 어느 정도 부합한다. 또한 우리는 베버의 중국 역사지식이 그 당시(1913~1920)에 가용했던 중국 관련문헌의 학문적 수준에 의해 크게 제약받았던 점을 인정할 수도 있을 것이다.[67] 그럼에도 불구하고 베버의 시대구분은 오늘날의 시각에서 보면 결정적인 결함을 가지고 있다. 즉, 그는 중국에서 기원 후 1000년에서 1500년 사이에 진행된 엄청난 변화들을 고려하지 않는바, 전문가들은 이런 변화들을 기준으로 중국은 이 시기에 거의 모든 영역에서 서유럽에 우월했다고 평가하고 있다.[68] 또한 이 시기는 베버가 조금 경멸적으로 다루는 중국 철학이 중요한 발전을 이룩한 시기이기도 하다.[69]

전반적으로 볼 때, 베버는 중국 정신문화의 매우 중요한 흐름들을 전

---

67) Wolfram Eberhard, 1983, "Die institutionelle Analyse des vormodernen China", *Max Webers Studie über Konfuzianismus und Taoismus*, Suhrkamp, 55 참조.

68) Wolfram Eberhard, 위의 논문 78 참조.

69) Tu Wei-Ming이 이 점을 설득력 있게 보여준다. Tu Wei-Ming, 1983, "Die neokonfuzianische Ontologie", *Max Webers Studie über Konfuzianismus und Taoismus*, Suhrkamp, 271 참조.

적으로 간과하고 있는바, 가령 그는 법가(法家)도, 신유교도 다루지 않는다. 또한, 슈미트 그린처(Helwig Schmidt-Glintzer)가 지적하듯이, 유교적 정통과 도교적 이단이라는 베버의 구상도 오늘날의 연구수준과 통찰에 부응하지 않는다.[70] 나탄 시빈(Nathan Sivin)에 따르면 유교와 도교라는 개념은 이미 한 제국시대에 순전히 겉껍질뿐인 개념들이었으며 이들은 어떤 특정한 담지자층과는 더 이상 연계될 수 없을 지경이었다.[71] 또한 중국의 불교에 대한 베버의 지적들도 매우 산만하다.

지금까지 지적한 베버 유교론의 맹점들은 단순히 베버가 의존했던 그 당시 중국학 연구수준의 미흡함에만 기인하는 것은 아니며, 또한 그가 의도적으로 선택한 비교관점들의 한계에서만 유래하는 것도 아니다. 이 맹점들은 오히려 유교 및 중국문화 일반을 바라보는 베버의 기본시각에 깔린 근대 유럽인 특유의 뿌리 깊은 '편견들'과 연관되어 있다. 이러한 편견들 중 대표적인 예가 기독교적 서구문화는 합리적·탈주술적 문화이며 비기독교·비서구 문화들은 비합리적·주술적 문화라는 이분법적 단순도식이다. 이런 편견은 베버로 하여금 중국문화에 대한 많은 잘못된 판단을 내리게 하였다. 그중 하나가 중국문화에 대한 베버의 이른바 '주술'-명제이다.

70) Helwig Schmidt-Glintzer, 1983, "Viele Pfade oder ein Weg?", *Max Webers Studie über Konfuzianismus und Taoismus*, Suhrkamp, 298 참조.

71) Nathan Sivin, 1983, "Chinesische Wissenschaft", *Max Webers Studie über Konfuzianismus und Taoismus*, Suhrkamp, 342 참조.

2) 주술의 지속적 존속

베버는 중국에서는 주술[72]이 어떤 단절도 없이 지속적으로 영향력을 발휘했다고 주장한다. 이 명제 자체를 비판적으로 검토하기 전에 우선 이 명제가 제시되는 맥락들을 확인할 필요가 있는바, 베버는 대개 3가지 상이한 맥락에서 이 명제를 전개한다.[73]

① 유교적 윤리와 종교적 대중간의 관계, ② 도교-논의, ③ 중국의 국가조직에 관한 논의가 그것이다.

아래에서는 이 3가지 맥락을 간략히 살펴보겠다.

(1) 유교적 윤리와 종교적 대중 간의 관계

우선 지적해야 할 것은, 베버가 프로테스탄티즘을 제외한 모든 종교적 윤리에 대해 주장하는 바가 유교에도 적용되고 있다는 점이다. 즉, 유교적 윤리는 대중 속으로 침투하지 못했다는 것이다. 그 이유로 베버는 두 가지를 들고 있다. 첫째, 유교 윤리는 하나의 신분윤리로서, 이 윤리의 담지자층은 대중의 의식과 관행에서 일상화된 주술의 근절을 자신들의 목표로 전혀 삼지 않았다.[74] 둘째, 유교 윤리는 '주술을 통한 구원'이라는 관념을 완전히 거부하는 것은 아니다. 물론 주술은 덕(德)에 대해서는 무력하다는 것은 유교의 핵심적 명제 중의 하나이긴 하지만, 그럼에도 주술은 심지어 정통 유교에서마저도 일정 정도 공인되었다.[75]

---

72) 베버는 주술 개념을 적어도 3가지 의미에서 사용한다. ① 의식세계의 표현(주술적 세계상), ② 하나의 규범유형의 표현(금기적 규범, 주술적 윤리), ③ 구원의 방법의 표현(주술적 의례주의). Schluchter, 위의 책 54쪽 참조.

73) Schluchter, 위의 책 58쪽 참조.

74) 〈대가 종교성〉과 〈대중 종교성〉 간의 괴리에 대한 앞의 논의를 참조.

75) RS I: 490.

(2) 도교-논의

이 주제에 대한 베버의 복합적 논증을 지면관계상 여기서는 한마디로 압축하고자 한다: 베버에 의하면 유교는 그나마 주술을 단지 용인하는 것에 그치지만, 도교는 주술을 적극적으로 권장한다. 베버는 도교가 그 최종단계에서는 하나의 '주술적 장수법, 치료학 그리고 액운 방지술'이 되어버린 것으로 간주하며, 그래서 그는 도교란 세계를 하나의 '마술정원'으로 보는 주술적 세계상이라고 해석한다.[76]

(3) 중국의 국가조직에 관한 논의

베버가 보기에 중국의 황제 내지 국가숭배사상에는 비인격적 그리고 인격적 정령들이 혼합되어 있으며 이것은 다시금 조상숭배사상과 연계되어 있는바, 그 결과 주술은 '중국의 정부권력 분배의 필수적 기초'에 속하게 된다.[77] 또한, 앞서 지적한 관점을 한 번 더 부각시키자면, 베버는 서유럽과 중국의 정치·사회적 상황을 비교하면서, 전자의 경우에는 '강력한 독자적인, 즉 자기 발로 설 수 있는 세력들'(교회, 신분집단, 도시 등)이, 근대 이전 어디서나 작동했던 전통주의의 엄청난 벽을 깨고 근대적 자본주의를 탄생시켰다고 주장했다. 그에 반해 중국에서는 이러한 독자적인 사회적 세력들이 부재했고 따라서 여기서는 전통주의가 혁파될 수 없었다고 추론한다. 그리고 그는 이런 상황의 가장 중요한 원인으로 중국의 국가구조를 제시한다. 사실 베버의 유교-도교 논문의 구성을 보면 유교를 비롯한 중국의 정신문화에 관한 분량 전체와 국가구조에 관한 서술의 분량이 맞먹을 만큼 후자의 비중이 매우 크다. 그러나 바로 베버의 중국 국가관련 분석들도 많은 비판을 받고 있다. 지면관계

76) RS I: 481, 484.
77) RS I: 485.

상 이런 비판의 구체적 내용을 여기서 서술할 여지는 없지만(이 문제는 추후 별도논문에서 다룰 예정이다), 그 요체를 한마디로 요약하자면, 중국 관료제 및 법제도, 과거제도 등에 대한 베버의 거의 일관된 부정적 평가는 그동안 역사학자들의 연구로 인해 상당 부분 근본적 수정이 불가피하다는 것이다.[78]

78) Wolfram Eberhard, Peter Weber-Schäfer 등의 위의 논문 참조.

6. 맺음말

베버에 의하면 지금까지 거론된 모든 요소들이 함께 작용하여 중국적 세계상의 탈주술화를 저지하며, 이런 요소들은 오히려 주술적 마술정원의 존속과 확산에 유리한 상황구도를 창출해낸다.[79]

그러나 베버의 위와 같은 주장들은 부분적으로 타당한 관찰들을 매우 과장하고 있다. 이런 과장이 낳는 첫 번째 결과는, 베버가 중국 정신문화의 발전 잠재력을 심히 과소평가하게 된다는 것이다. 이것은 우선 중국의 학문발전에 대한 그의 평가에서 드러나는데, 가령 베버는 중국 학문의 이른바 '후진성'을 도교의 주술집착에서 도출한다. 그러나 최근의 과학사적 연과성과가 여실히 보여주듯이, 중국 학문은, 특히나 자연과학은, 유럽의 학문보다 적어도 13세기까지는 훨씬 앞서 있었으며, 또한 중국 학문의 발전은, 연금술만 제외한다면, 도교와는 거의 전혀 관계가 없다.[80]

베버의 과장된 주술-주장은 더 나아가 중국문화의 윤리적 발전도 잘못 판단하는 결과를 낳았다. 즉, 그는 자신의 주술-주장을 결국에는 유교적 윤리에까지 확대 적용하면서 주장하기를, 마술정원의 유지는 도교와 국가숭배의 영향에만 기인하는 것이 아니라, 이것은 유교적 윤리의 가장 은밀한 경향에 속한다는 것이다. 그래서 그는 프로테스탄티즘 윤리와 유교 윤리의 비교를 아래와 같은 말로 마무리 짓는다:

이 두 윤리는 모두 비합리적 근거를 가지고 있다. 즉, 유교 윤리는 주술에

---

79) RS I, 513.

80) 이 점에 대해 Nathan Sivin은 Joseph Needham과 Benjamin Nelson의 연구들에 접목하여 상세히 서술하였다. Sivin의 위의 논문 참조.

그 근거를 가지고 있으며 프로테스탄티즘 윤리는 초월적 신의 알아낼 수 없는 결정에 그 근거를 가지고 있다.[81]

이런 평가는 무엇보다도 베버 자신의 입장과 일치하지 않는다. 왜냐하면 그 자신의 분석이 보여주는 바는 유교적 윤리는 고도의 (그리고 근대적 형태의) '공리주의적 냉철함'을 성취했으며, 이런 발전은 세계의 '주술적' 해석 성향을 상당 부분 극복하지 않고는 일어날 수 없는 것이기 때문이다. 유교의 실천적 합리주의와 금욕적 프로테스탄트의 실천적 합리주의는 외적으로는 유사점을 가지고 있지만, 전혀 다른 전제조건들에 근거하고 또 전혀 다른 결과들을 낳았던 것과 마찬가지로, 주술적 세계상의 기계적 현세긍정과 유교적 윤리의 합리적 현세긍정은 전혀 다른 전제조건과 결과를 낳을 수 있는 것이다. 베버는 이 중대한 차이점을 자신의 연구를 마무리하는 최종단계에서는 무시해버리는바, 그 이유 중 하나는 아마도 베버가, 자신의 준거틀에 반하여, 종교를 은연중 (기독교적 형태의) 구원종교와 동일시한다는 점에 있을 것이다.[82]

그러나 필자가 보기에, 베버의 논증이 안고 있는 상기한 맹점들에도 불구하고(필자 자신 이 맹점들의 상당 부분을 수긍한다) 베버의 유교론은 적어도 두 가지 차원에서 우리에게 여전히 중요한 연구대상이라고 본다. 첫째, 베버는 '이념적' 요소와 '사회구조적' 요소 간의 극히 복합적인 상호작용관계에 대한 이론적 그리고 역사적 논증을 통해 모든 종류의 환원론적 교조주의 — 그것이 유물론이든 관념론이든 — 의 함정에 대해 우리의 지적 경각심을 일깨운다. 이런 시각에서 볼 때 가령 국내외

81) RS I: 513.

82) Schluchter, 위의 책 37쪽 참조.

학계에서 한동안 큰 관심을 모았던 '유교자본주의론' 또는 한국 사회에서 최근 유행한 '유교 망국론'이나 '유교 구국론'은 모두 소박한 환원론의 함정을 가진 수사(修辭)에 그칠 수 있다.

둘째, 중국학에 대해 문외한이었던 베버가 이 문화에 대해 던진 과감한 도전장은, 겹겹이 벽을 쌓고는 이른바 '전문가'의 성채(城砦)에 갇힌 현재의 사회과학도와 인문과학도들에게 분연히 그 성채에서 뛰어나와 서로에게 문제를 던지고 또 서로의 답을 나누어가지라는 화두(話頭)를 제공한다. 그리고 이것은 필자 자신에게도 매우 절박한 화두이다.

참고문헌

인용된 베버 저서

Weber, M., 1978, *Gesammelte Aaufsätze zur Religionssoziologie I, II, III* (RS I, II, III: 《종교사회학》), J. C. B. Mohr Tübingen.
(이상 세 권의 약자: RS I, RS II, RS III)

______, 1976, *Wirtschaft und Gesellschaft* (WG: 《경제와 사회》), Studienausgabe, J. C. B. Mohr Tübingen.

______, 1982, *Die protestantische Ethik II: Kritiken und Antikritiken*, Gütersloher Verlag.

국내 연구서

양영진, 1995, "베버 종교사회학 저술들의 내적 연관성", 《막스 베버 사회학의 쟁점들》, 민음사, 345~392.

전성우, 1996, 《막스 베버 역사사회학 연구 I》, 나남.

국외 연구서

Eberhard, W., 1983, "Die institutionelle Analyse des vormodernen Chin", *Max Webers Studie über Konfuzianismus und Taoismus*, Suhrkamp.

Metzger, T., 1983, "Max Webers Analyse der konfuzianischen Tradition", *Max Webers Studie über Konfuzianismus und Taoismus*, Suhrkamp.

Schluchter, W., 1988, *Religion und Lebensführung*, Suhrkamp.

______(ed.), 1983, *Max Webers Studie über Konfuzianismus und Taoismus*, Suhrkamp.

Schmidt-Glintzer, H., 1983, "Viele Pfade oder ein Weg?", *Max Webers Studie über Konfuzianismus und Taoismus*, Suhrkamp.

Sivin, N., 1983, "Chinesische Wissenschaft", *Max Webers Studie über Konfuzianismus und Taoismus*, Suhrkamp.

Weber-Schäfer, P., 1983, "Die konfuzianischen Literaten und die Grundwerte des Konfuzianismus", *Max Webers Studie über Konfuzianismus und Taoismus*, Suhrkamp.

Wei-Ming, T., 1983, "Die neokonfuzianische Ontologie", *Max Webers Studie über Konfuzianismus und Taoismus*, Suhrkamp.

제 5 부

‘인간’ 베버 재조명

서평: ‘막스 베버 신화’:
‘인간’ 베버에 대한 새로운 조명

• 서 평

'막스 베버 신화': '인간' 베버에 대한 새로운 조명*

《하이델베르크: 지식인 집단의 교차지점. 한 '세계마을'의 '정신적 사교'에 대한 지형도: 1850~1950》[1] 라는 긴 제목의 이 연구논문모음집은, 독일 소도시 하이델베르크가 19세기 중반~20세기 중반까지 어떻게 '지식인 담론'의 국제적 중심지('세계마을')가 되었으며, 그 결과 어떻게 이른바 '하이델베르크 신화'를 낳게 되었는지를 여러 각도에서 조명한다.[2] 단 하나의 대상에 대해 너무나 다양한 해석들과 이미지들을 제공하는 위와 같은 논문모음집을 논평한다는 것이 쉬운 과제가 아니다.

---

* 이 서평은 독일의 사회학 전문 서평지인 *Soziologische Revue*, Heft 4, Oktober 1995, 481~490쪽에 수록되어 있는 필자의 글 "Mythos Max Weber: Beobachtungen eines 'Grenzgängers'"을 번역한 것이다.

1) Treiber, H., Sauerland, K. (eds.), 1995, *Heidelberg im Schnittpunkt intellektüller Kreise. Zur Topographie der 'geistigen Geselligkeit' eines 'Weltdorfes': 1850~1950*, Opladen, Westdeutscher Verlag.

2) 논평자는 1994년 한 학기동안 하이델베르크대학 사회학과에서 막스 베버에 대해 강의할 기회를 가졌다. 하이델베르크는 한국에서 가장 잘 알려진 독일도시이다(이것은 아마 다른 많은 나라들에서도 그러할 것이다). 물론 이러한 유명도는, 1950~1960년대 세계적 흥행작이었던 멜로드라마적 뮤지컬 〈황태자의 첫 사랑〉(황태자와 서민처녀의 사랑에 관한 이야기)이 환상적인 하이델베르크 고성(古城)을 그 무대로 하였다는 점과 무관하지 않을 것이다. 이렇게 볼 때, '지식인 집단들'의 교차점만이 아니라 귀족과 서민의 교차점이 이 도시 유명세의 산모 중 하나인 셈이다.

더구나 이 책 속에는 수많은 '신화적' 거장들(베버, 루카치, 슈테판 게오르게 등)이 우글거리고 있으며, 이들 중 적지 않은 인물들(가령 막스 베버)은 아직도 그 신화적 '마력'을 잃어버리지 않고 있다는 점을 고려하면 논평의 어려움은 더욱 가중된다. 다시 말해, 이 책에는 논평자 또는 독자가 '마술에 걸려버릴' 위험이 도처에 잠복해 있다.[3)]

그런데 다행히 이런 위험으로부터 우리 독자들을 보호하는 것은 이 논문집의 전반적 서술양식이다: 저자들은 서술대상인 하이델베르크 사상가들의 '주술'에 걸린 사람들이 아니며, 새로이 발굴된 풍성한 전기 자료들에 근거하여 객관적이고 냉철하게 다루면서 이 대가들을 많은 경우 오히려 '탈주술화'하고 있기 때문이다.[4)]

논문집이 다루는 주제들은 아래의 3가지 영역으로 나눌 수 있다: ① '제도', ② '인물' 그리고 ③ '대학 주변환경'이 그것이다. 물론 궁극적으로는 어떻게 이 3가지 영역의 역동적 상호작용이 하이델베르크의 국제적 '문화 헤게모니'를 창출했는가 하는 점이 모든 저자들의 주된 관심사

---

3) 그런데 논평자와 같은 '경계인'(독일유학 경험을 가진 한국인)에게 이렇게 '마술에 걸려버릴' 위험이 더 클 수도 있다. 아니면 오히려 더 적을까? 편집자인 Hubert Treiber는 '서문'에서, 하이델베르크가 어떻게 "정신적 독일의 은밀한 수도라는 명성"을 얻게 되었는지의 문제를 다루면서 막스 베버의 아래와 같은 통찰을 지적한다: 이 통찰에 의하면 주변부 내지 '문화적 외곽구역'의 사람들이야말로 '세계의 흐름에 대해 독자적 문제의식을 가지고 접근하는' 능력을 아직 상실하지 않은 경우가 많다(9쪽). Treiber는 이에 관련해 아래와 같이 진술한다: " … 이런 편견 없는 태도는 특히 '경계인'으로 부유하는 사람, 즉 두 문화의 '경계영역'에서 교류하는 사람이 지니고 있는 듯하다"(9쪽). 논평자는 이런 의미의 (독일과 한국 사이의) '경계인'이기는 하다. 그러나 이러한 경계인 상황이 편견 없는 태도를 강화하는지 아니면 오히려 정반대로 편견을 배가하는지 여부는 논평자의 글을 읽는 독일 독자들이 판단해야 할 문제일 것이다.

4) 물론, '위대한' 사상가들의 탈신화화는 다시금 일정 정도 새로운 신화화의 요소를 내포한다는 것은 잘 알려진 사실이지만 말이다.

이다. 첫 번째 범주의 논문들은 좁은 의미에서의 제도화 과정(주로 학과 및 학술지)을 대상으로 한다. 다뤄진 학과와 학술지를 열거하자면 다음과 같다(괄호 안은 논문저자): 빌헬름 빈델반트(Wilhelm Windelband)를 중심으로 한 하이델베르크대학 철학과(K. Köhnke), 페도르 스테푼(Fedor Steppuhn)을 중심으로 한 학술지 〈로고스〉(*LOGOS*) 및 이 학술지의 러시아판(M. Bezrodnyj, R. Kramme)이 그것이다. 여기에는 러시아계 독일학자 슈테푼이라는 흥미로운 인물에 대한 한 편의 독립적인 기고가 추가된다(H. Treiber). 그 다음이 에리히 로타커(Erich Rothacker) 중심의 계간지 〈문예학과 정신사 계간지〉(*Die Deutsche Vierteljahrsschrift für Literaturwissenschaft und Geistes-geschichte*) (Ch. König)이다.

두 번째 범주인 '인물'의 경우, '하이델베르크 신화'의 두 핵심인물, 즉 막스 베버와 슈테판 게오르게(Stefan George)에 대한 기고들이 중심을 이룬다. 베버 관련 논문들의 주제는 아래와 같다: 그의 가족적 배경(G. Roth), 그의 결혼생활(T. Allert), 감성적·성애적 '무능력자' 베버(B. Choluj) 그리고 베버의 직업개념과 개성개념이 가진 (시대 진단 및 시대 치유책 차원의) 문화철학적 함의(W. Schluchter)가 그것이다. 슈테판 게오르게에 대한 두 편의 기고문은 이른바 '게오르게 서클'의 형성과정과 그 영향력을 추적하며(R. Kolk와 S. Breuer), 이 글들은 그를 단순히 막스 베버에 대한 대척적 인물로만 보는 것이 아니라 게오르게 고유의 모습 그대로를 재현하고자 노력한다. 그 다음에는 베버와 게오르게라는 두 중심인물 외에 역시 '하이델베르크 신화' 형성에 직간접적으로 크게 기여한 다양한 인사들이 다루어진다: 에밀 라스크(Emil Lask) (E. Karadi), 게오르그 루카치(Lukacs) (M. Vajda), 레더러(Lederer) (H-U. Eßlinger) 및 (하이델베르크 의과대학에서 최초로 정신과 교수자격을 획득한 여성학자인) 우비슈(Ubisch) (M-S. Baader)가 그들이다.

끝으로, 하이델베르크대학의 지적 주변환경에 대한 문화사적이고 사회학적인 조망들이 제시된다. 예컨대 '막스 베버 서클'이 다른 지적 서클들과 가진 관계(G. Essen) 또는 하이델베르크대학의 '자유주의적' 성향의 변화과정(Ch. Jansen) 등이 다루어진다. 그리고 하이델베르크에 대한 일종의 '쇠락헌사'를 담은 글(H. Detering)이 논문집을 마무리한다.

모든 기고문들이 해당 주제를 탁월하게 분석하지만, 지면관계상 그리고 본인의 전문분야(막스 베버)의 한계상 논평자는 아래에서 베버 관련 다섯 편의 논문들에 대한 간략한 분석으로 서평을 대신하고자 한다. 물론, 막스 베버가 어차피 '하이델베르크 정신'의 대변자로, 따라서 가장 '신화적' 인물로 간주된다는 사실을 고려하면 논평자는 적어도 이 논문집의 핵심 주제는 놓치지 않는 셈이다.

아이러니컬하게도, 현대 사상가 중 막스 베버만큼 일관되게 그리고 강력하게 신화형성에 저항하고 과거와 현대의 신화들의 파괴에 기여한 학자도 드물 것이다.[5] 그런데 베버 자신이 이제 신화가 되어버렸는바, 이것은 분명 그가 '의도하지 않았던' 결과일 것이다. 그리고 이 논문집에 실린 베버 관련 다섯 편의 기고문은 바로 베버를 둘러싼 이러한 의도하지 않은 신화 형성과정을 밝혀내는바, 여기서 저자들은 특히 '하이델베르크 시민' 막스 베버에 대한 생애사적 접근에 집중한다. 그중 슐루흐터(W. Schluchter)의 논문은 작품사와 생애사를 체계적으로 연결시킨다는 점에서 두드러진다. 아무튼 위 다섯 기고문은, 오늘날까지도 베버

5) 이 말이, 베버가 신화 일반의 사회적 역할을 낮게 평가하거나 인식하지 못했다는 것을 뜻하는 것이 아님은 자명하며 이것은 베버 연구가에게는 상식에 속한다. 오히려 베버 사회학의 가장 중요한 기여 중의 하나는 그가 — 특히 전통사회 분석에서 — 종교적 그리고 이념적 신화의 결정적 역할을 탁월하게 분석했다는 점이다.

전기(傳記)가 아직 '빈칸'으로 남아 있다는 점을 고려하면, 매우 주목할 만한 성과이다. 물론 최근 베버 일가의 서한들이 상당량 출판됨으로써 베버 생애 연구 가능성이 한껏 개선되기는 했지만, 지금까지 이 '빈칸'은 주로 베버 부인인 마리안네 베버가 그린 그림들(그녀의 베버 전기는 베버의 이름인 '막스'를 따서 흔히 '막스 신화'라고 불린다)로 채워져 있었다. 그런데 위 기고문들은 바로 마리안네의 그림들이 적잖은 문제를 안고 있다는 점을 보여준다. 물론 그렇다고 마리안네 베버의 탁월한 업적이 평가절하 되는 것은 결코 아니지만 말이다.

베버 관련 기고문들을 관통하는 하나의 범주는 바로 '직업'(또는, 철학적 종교적 의미에서의 '소명')이다. 물론 이 범주는 슐루흐터의 논문에서만 명시적 주제로 사용되기는 하지만, 사실 다른 모든 기고문들에도 묵시적으로 깔려 있다. 가령 로트(G. Roth)의 경우에는 가문의 직업, 알레르트(T. Allert)와 초루즈(B. Choluj)의 경우에는 직업으로서의 '삶' 자체 그리고 슐루흐터의 경우에는 직업으로서의 학문과 정치 등이 직업 개념의 그러한 변주곡들이다. 그럼에도 불구하고, 저자 개개인이 직업 범주에서 도출하는 결론은 서로 매우 상이하다. 예컨대 로트는 베버가 '코스모폴리타니즘'(세계시민주의)에 대해 거의 '운명적 소명감'을 가졌다는 결론을 내리는가 하면, 알레르트와 초루즈는, 베버가 '삶'이라는 '직업'에서는 좌절했다는 점을 부각시키고 있으며, 슐루흐터는 베버의 직업이념을 하나의 '자발적 자기절제' 이념으로 재해석한다.

로트가 하는 '이야기' — 실지로 그는 단순히 냉철하고 무미건조한 학술적 분석만이 아니라 흥미진진하고 생생한 이야기, 간혹 심지어 '재담' 수준의 이야기를 제공한다 [illegible]는 수없이 인용된 베버의 자기고백, 즉 "나는 부르주아 계급의 구성원이며, 나 자신 그렇게 느끼고 있고 또 이 계급의 관점과 이상 속에서 자라났다"(GPS: 20)는 자기고백의 확인이며 동시에 그의 '사고'(思考) 세계가 외가 쪽 선조들의 '상업'(商業) 세계와 무관하지 않다는 점을 확인해준다(203). 물론 많은 식자들이 베버의 외가가 부유했다는 사실은 알고 있지만, 19세기 후반부에 (외가 쪽 증조부 가문의 사업본부 소재국인) 영국에서 가장 부유한 가문 중 하나였다는 사실, 그리고 가령 우리에게 친숙한 세계적 대기업인 '획스트'와 '아그파'(Agfa)가 그렇게 멀지 않은 과거에 베버 가문과 연계되어 있었다는 사실을 아는 사람은 많지 않을 것이다. 우리의 이러한 무지를 로트는 부분적으로는 마리안네 베버가 베버의 증조부 세대에 대해 그린 편파적 그림의 탓으로 돌린다. 이 그림에서 마리안네는 "베버 가문이 영국과 가졌던 관계를 대수롭지 않은 것으로 왜곡하며 그 대신 베버의 증조할아버지인 게오르그 프리드리히 팔렌슈타인(Georg Friedrich Fallenstein, 1790~1853) — 그는 나폴레옹에 대항한 극단적 애국주의적 자유투사였다 — 을 적극적으로 찬양한다"(185).

물론 로트는 이 맥락과 동시에 마리안네가 베버 전기(*Das Lebensbild*)를 집필할 당시의 상황을 지적하면서 이 상황이 그녀의 이러한 일방적 태도를 부분적으로 이해할 수 있게 한다고 말한다: 로트에 의하면, 예컨대 제 1차 세계대전에서의 패전, '부당하다'고 간주되었던 베르사유 강화조약 등이 마리안네로 하여금 가문의 애국주의 전통을 과도하게 부각시키게 한 상황요인 중 하나이다(185). 마리안네의 상처받은 민족감정 때문에라도 그녀는 베버 가문 계보의 최상위에 '코스모폴리탄적'이고 영국 우호적이었던 증조부 칼 코른리우스 수셰(Carl Cornlius Souchay, 1768~1838) — 그는 온유한 성품의 '모험자본가'였다 — 가 아니라 앞서 언급한 애국자 팔렌슈타인을 내세웠을 것이다. 뿐만 아니라 생을 즐기고 예술을 사랑하며 향락 추구를 꺼리지 않았던 상기한 칼 코른리우스 수셰는 베버의 '자본주의 정신' 개념과 전혀 부합하지 않았을 것이다.

이 '정신'에 의하면 자본주의적 "인간은 영리활동을 자신의 삶의 목적으로" 삼아야 하며 "스스럼없는 쾌락추구는 피해야 한다"(RS I: 35f). 아마도 그래서 마리안네는 이 증조할아버지를 그냥 대충 언급하고 넘어갔을 것이라는 것이 로트의 추론이다(188).

그러나 로트는 베버의 바로 이 증조할아버지 칼 코른리우스 수셰에 주목하면서 그가 그 당시 유럽에서 가장 큰 성공을 거둔 가족기업 자본가로 성장하는 과정을 서술한다. 이 이야기는 우리를 프랑크푸르트에서 함부르크로, 거기서 런던과 맨체스터로 데리고 가지만, 그러나 하이델베르크로 다시 데려온다. 그러나 이것은 단순히 한 가문의 사적인 역사가 아니라 초기 유럽 자본축적 과정 — 이 과정은 놀라운 활기에 넘쳤지만 그러나 동시에 엄청나게 불안정했다 — 에 대한 한 편의 문화사 및 사회사이기도 하다. 로트는 이 역사를 스스로 발굴한 극히 흥미로운 문헌자료들을 근거로 입증한다(가령 로트는 에두아르트 프란쯔, — 그는 칼 코른리우스 수셰의 아들이며 10여 년간 프랑크푸르트 시장을 역임했다 — 의 지금까지 발표되지 않았던 회고록을 분석한다: 187).

우리의 주제인 '하이델베르크 신화 또는 정신'에 대해 이 가족사가 가진 함의는 무엇인가? '하이델베르크 정신'의 핵심 요소는 자유주의적 '코스모폴리타니즘'(세계시민주의)이라는 함의일 것이다. 이 이념에는 하이델베르크 자유주의자들의 영국 우호적 태도와 '영국의 하이델베르크 낭만주의'가 혼합되어 있다(184) (여담이지만 이런 현상은 이미 18세기에 시작되었다). 그런데 로트의 명제는, 막스 베버의 자유주의와 세계시민주의는 분명 일차적으로는 베버가 "그 당시 세계상황에 대해 내렸던 냉철한 평가"에 기반하지만, 그러나 동시에 상기한 "독일-영국을 잇는 가족전통에 의해 강화되었다"는 것이다(184).[6] 다시 말해, 가족사적 그

6) 다시 말해, 로트는 어떤 형태의 환원주의도 여기서 거부한다.

리고 정치적 상황이 베버가 "세계시민주의적 하이델베르크인"이 되도록 한 것이다(186). 따라서 베버는 강력한 의회와 정치적 자유주의 전통을 가진 영국을 단순히 경쟁자로만이 아니라 동시에 모범이자 핵심 준거점으로 간주했다. 이것은 베버의 "프로테스탄티즘의 윤리와 자본주의 정신"에서 잘 드러난다. 이 저작에서 베버는 황제 치하의 독일이 문화적으로나 사회구조적으로나 처해 있던 권위주의적 현실에 대해 "이상화된 영국 역사라는 거울"을 들이대고 있는 것이다(203).

그런데 로트에 의하면 베버의 상기한 (영국 우호적) 가족전통은 "베버의 동료들 및 빌헬름 시기의 다른 수많은 '교양시민들'이 빠져 있던 현혹과 무절제 상태에 베버가 동참하지 않도록 하는 데 도움을 준" 자산이었다(184). 물론, 이 가족전통 자체가 막스 베버가 과도한 민족주의로 기우는 것을 막지는 못했다. 하지만 이 가족전통이 가진 자유주의적·세계시민주의적 지향이 베버가 상기한 '현혹과 무절제'에 빠지지 않도록 해주었다는 점만은 분명하다(185).

그런데 로트가 수셰 가문의 가족사에 깔려 있다고 보는 세계시민주의는 — 그리고 이것은 사안의 성격상 당연한 일이지만 — 정치와 이념의 차원이 아니라 경제적 차원의 세계시민주의이다. 이러한 상업적 세계시민주의를 기반으로 수셰 가문은 프랑스 혁명 및 나폴레옹 집권시기 이래 프랑크푸르트, 런던 및 맨체스터를 거점으로 한 국제적 상업네트워크를 구축하였다. 그래서 로트는 베버를 "뒤늦은 프랑크푸르트 시민" 그리고 "좌절한 영국인"이라고 부른다(186). 이 과정에서 하이델베르크는 일종의 "가문의 거점" 역할을 했다. 왜냐하면 "축적된 부는 여기서 소비될 수 있었고, 3세대 동안 이 작은 대학도시는 베버의 독일 및 영국 친인척들이 교육, 학문적 활동 그리고 은퇴 후 생활을 위해 즐겨 찾는 도시였기 때문이다"(186). 로트는 이 하이델베르크 세대의 가장 중요한 인물들과 이들의 여정을 서술하는바, 그 마지막 단계에 막스 베버가 서 있다. 그래서 베버는 어릴 때부터 자신의 복잡다단한 가족사 — 여기에는 영국 및 벨기에 쪽 친인척도 포함된다 — 와 친숙했으며 평생 정서적으로도 이들과 연대감을 느끼고 있었다.

로트는 우리에게 일정한 '베버 탈신화화'를 제공한다. 왜냐하면 그는, 경우에 따라서는 '이념'이 아니라 '이해관계'(여기서는 '가문적' 이해관계)가 이념의 역동성이 전개되는 선로의 차단기 역할을 할 수 있다는 점을 보여주기 때문이다.[7] 로트 연구의 또 다른 함의를 지적하자면: 그는 베버의 '세계시민'에 대한 (가족사에 기인한) '운명적 소명감'을 반론의 여지 없이 보여줌으로써, 베버의 이념적 그리고 실천적 추(錘)가 민족주의와 자유주의 중 후자 쪽으로 더 기울었을 여지가 충분히 있음을 암시한다는 점이다.

틸만 알레르트(Tilman Allert)의 논문은 막스 베버와 마리안네 베버의 결혼생활을 대상으로 한다. 그의 주된 명제는 상기한 로트의 명제와는 흥미로운 대조를 이룬다. 왜냐하면 로트가, '이념'(자유주의와 세계시민주의) 뒤에 숨은 '이해관계'(가족배경)를 조명하고자 한다면, 알레르트는, 어떻게 제도 내지 '이해관계'-공동체로서의 결혼〔즉 성(性), 번식, 생존확보 등에 대한 이해관계〕이 베버 부부에게서는 매우 특이한 방식으로 '이념'에 의해 유지되고 심지어 대체되었는가 하는 점을 추적하기 때문이다. 여기서 '이념'이란, 부부는 대등한 '동반자'라는 생각, 즉 "남여평등과 인간 해방"(210)에 대한 확신인바, 말하자면 성별에 관한 '세계시민주의' 이념이라고 할 수 있을 것이다. 또한, 로트에게서 우리는 매

7) 논평자는 여기서 '이념'과 '이해관계'의 위상에 대한 베버의 그 유명한 '전철수' 비유를, 약간 의도적으로, 노치시킨다. 물론 이것이, 이념의 독자성과 독자법칙성에 대한 베버의 명제를 문제시하는 것은 결코 아니다. 뿐만 아니라 로트의 해석에 이해관계로의 환원주의가 작동하고 있다는 징후는 전혀 없다.

우 성공적인 '가족직업'(즉 국제적 기업군단으로 이끈 '상업세계주의')에 대한 이야기를 들었다면, 알레르트가 해주는 이야기에 의하면 베버의 말하자면 '가정'이라는 '직업'은 단지 표면상으로만 성공적이었다.

물론 알레르트 자신은, 논평자의 상기한 피상적 해석이 암시하는 것보다는 훨씬 더 복합적이고 야심찬 의도를 가지고 있다: 즉, 그는 우선 "부부관계에서 감성적 연대의 전형"을 확인하고자 한다. 그 다음 그는 이런 감성적 연대의 독일적 전형은 "독일 프로테스탄트 특유의 긴장관계, 즉 사회적 상호작용의 야생성에 대한 긴장관계에 의해 규정되어 있다"는 점을 입증하고자 한다(210). 유감스럽게도 논평자의 아래 논평은 이 논문이 가진 고도의 복합성 수준에는 미치지 못하며, 단지 몇 가지 흥미로운 관점들을 지적하는 것에 그친다.

알레르트는 상기한 시각에서 베버 부부의 결혼생활을 — 이것은 통상 '모범적'이었다고 알려져 있다 — 재구성한다. 논평자는 여기서 혼인성립에 이르기까지의 소소한 배경사실들은 뛰어넘고 곧바로 마리안네와 베버 혼인의 직접적 계기에 관한 논평으로 들어가고자 한다. 이 계기는 "자연발생적 감정"에 근거한 배후자의 '자유로운 선택'이었다기보다는 "확대 친족관계망의 편협한 환경"하에서 이루어진 "조정"의 결과였다(221).[8] 그리고 이 점을 알레르트는 "베버 결혼생활을 그늘지게 하는

---

8) 여담이지만, 여기서 우리 한국인의 눈에 이상하게 보이는 것은, 두 사람의 결혼이 '이성적 조정'의 결과라는 사실이 아니다. 이런 '조정'(이른바 '중매결혼')은 우리 한국인들도 '합리적'인 면이 있는 것으로 간주하며 중매결혼은 우리의 혼인방식에서 아직도 그 비중이 적지 않다. 우리에게 당혹스러운 것은 '친척 간의 결혼'이다. 즉, 부인 마리안네는 베버의 5촌 여동생뻘이었다. 한국에서는 아직까지 법적으로 그리고 관습적으로 이른바 8촌 이내의 촌수관계를 가진 사람들은 서로 결혼할 수 없도록 규정되어 있다. 이것은 이른바 '혈통의 신화'와 연관되어 있는바, 이 신화는, 바로 베버가 그의 저서들에서 설득력 있게 입증한 바와 같이, 서구에서는 비교적 일찍부터 붕괴되기 시작했다.

부담”(221) 중의 하나라고 본다. 그가 이렇게 해석하는 이유 중의 하나는, 베버 부부가 이런 ‘합리적’ 조정 이후에 사후적으로나마 자신들의 부부관계에 ‘감성적’ 기반을 마련하려는 노력을 하지 않았다는 점이다: “… 분명한 것은, 반려자 선택에 작용할 수 있는 객관적 요인들에 속하는 에로틱과 성애가 베버 부부의 경우 적어도 중요한 역할을 하지는 않았다는 점이다”(222).

아마도 친척 간 결혼에서 흔히 볼 수 있는 이러한 감정적 기반의 결여를 보상하고자 베버 부부는 자신들의 혼인을 처음부터 “동반자 혼인”으로 인지했을 것이다. 그들은 각각 상대방을 “부부관계에서의 평등이라는 새로운 이념의 대변자”로 간주하고 이 이념을 먼저 프라이부르크대학(1894년 베버의 첫 부임지) 및 하이델베르크대학의 환경 아래서 실천하고자 했다(225). 즉, 이들의 결혼은 ‘이성적 결혼’이자 일종의 이념적 ‘프로그램 결혼’이라고 규정될 수 있다. 알레르트는 이 맥락에서 1897년 하이델베르크 저택에서 있은 베버 부사(父子) 간의 잘 알려진 격렬한 언쟁 및 그에 연이은 베버의 극심한 신경쇠약 증세 등에 대해 몇 가지 흥미로운 해석관점들을 제공한다. 가령 알레르트는 베버의 심리적 위기에 대해 가족사회학적 설명을 제공하는바, 이에 의하면 장자인 베버에게 사람들이 걸었던 기대를 충족하지 못했다는 베버의 자기진단이 이 신경병적 위기의 원인이었다는 것이다(226). 또한 알레르트는, 가치관들 간의 화해불가능성에 대한 베버의 지속적인 성찰은 그 자신이 부모와의 관계에서 겪었던 갈등과 무관하지 않다는 명제를 제시한다(228). 그러나 논평자는 이 부분은 뛰어넘고, 여러 곳의 요양병원을 전전한 결과 베버의 병세가 어느 정도 호전되어 다시 하이델베르크에 안착한 시기로 바로 넘어가고자 한다.

하이델베르크로의 귀환과 함께 이른바 ‘하이델베르크 신화’의 본격적 단계가 시작된다. 왜냐하면 베버 부부는 이때부터 이 도시의 지적 교류 서클에서 중심적 위치를 구축하기 때문이다. 아마도 이렇게 노출된 사회적 지위가 어차피 이들의 혼인 출발점부터 작동하던 '동반자 간의 혼인'이라는 이념을 강화시키고 동시에 이들을 대외적으로 '모범적 부부'의 전형으로 만들었을 것이다(231). 그런데 '모범 부부'라는 이러한 외양의 밑바닥에서는 그렇게 모범적이지 않은 관계가 자라고 있었다. 베버는 두 여인과 연애를 시작하였던 것이다: 피아니스트인 미나 토블러(Mina Tobler)와 자신의 옛 제자인 엘제 폰 리히트호펜(Else von Richthofen)이 그들이다. 이 관계들에서 베버 자신 "끊임없이 악마화했던 성적 욕구"의 문제가 뒤늦게나마 돌파구를 찾게 된다. 베버는 "부르주아적 혼인으로부터의 해방"을 이렇게 실천했지만 이를 대외적으로 그리고 공개적으로는 부인했다. 예컨대 그는 부인 마리안네와 함께 그 당시 혼외정사에 대한 지식인 논쟁 및 오토 그로스(Otto Gross)가 주도하던 성 해방운동 등에 반대하며 단호하게 부르주아적 결혼제도를 옹호하는 입장을 취했다(231). 그런데 내면과 외면, 이념과 현실, 금욕과 탐닉 간의 이러한 긴장관계를 알레르트는 베버 자신의 범주들로 번역하는바, 그것은 '일상'(구조)과 '카리스마'(개별인간적인 것) 간의 긴장관계이다(233). 알레르트는 연이어, 베버가 일상은 이론적으로 명확하게 규정하지 않은 대신에 카리스마적인 것은 더욱더 강조하는 성향, 즉 이 두 영역 간을 이원화하는 성향을 가졌다고 지적한다(234).

이 맥락에서 알레르트는 베버의 상기한 성향이 유대교와 독일 프로테스탄트 간의 사고전통의 차이와 무관하지 않음을 암시한다. 그에 의하면 유대교에서는 '비일상적인 것'과 '일상적인 것'의 '동시성' 내지 '동등성'이 인간행동의 특별한 속성이라고 간주된다(234). 그에 반해 프로테스탄트적 관행에 집착하는 사고방식에서는 "일상이란 순치되어야 한다는 끊임없는 요구가 제기된다: 즉, 일상적 행위에 내재하는 야생성은 실천적 삶의 부담스러운 속성으로 해석되며"(234) 따라서 "도덕적 승화"

의 대상이 된다. 베버 저작에서 “친밀한 관계(가령 사랑, 결혼, 가족, 사회화 등)의 사회적 논리”가 결여되어 있다는 사실(234)은 상기한 사고 전통의 차이에서 보면 이해 가능하게 된다.

이와 연관하여 알레르트는 베버에게 아래와 같이 비판한다: 즉, 베버는 스스로가 발견한 가장 중요한 근대성의 핵심법칙, 즉 “가치영역들 각각의 자기법칙성”이라는 법칙을 위반하고 있다는 것이다. 왜냐하면 이 법칙이 요구하는 바에 의하면, 우리는 노동과 직업에서는 ‘동반자’를 구할 수 있겠지만, 사랑에는 이보다는 더 높은 위엄을 부여해야 하는 것이다(236). 이렇게 볼 때 베버의 오류는 그가 동반자를 노동과 직업이 아니라 결혼생활에서 구하였다는 것, 그리고 이를 통해 가치영역들의 자기법칙성을 위배한 것에서 찾을 수 있을 것이다. 이에 대한 논평자 의 시각은 나중에 슐루흐터 논문에 대한 분석에서 제시하고자 한다.

알레르트의 베버에 대한 비판, 즉 베버에게는 “친밀한 관계의 사회적 논리”가 결여되어 있다는 비판은 보쩨나 조루즈(Bozena Choluj)의 〈막스 베버와 에로틱〉에 대한 논문에서도 반복된다. 조루즈 역시 베버의 ‘심리학 적대감’에 대한 통상적 비판이 정당하다고 보기 때문이다. 조루즈에 의하면 베버는, 비록 여러 논문에서 가장 광의의 심리학적 문제들을 다루기는 하지만(가령 로셔와 크니스에 대한 논문들)(242), 그의 저작 어디에서도 개인심리학을 심층적으로 분석하지는 않는다. 다만 조루즈는 몇 가지 예외적 경우들을 확인하는바, 가령 베버가 ‘개성’ 개념 및 카리스마적 지도자유형을 정의내릴 때와 프로테스탄티즘 윤리를 묘사할 때가 그러한 경우이다(242).

이런 전제하에 조루즈는 ‘오토 그로스(Otto Gross) 현상’[9]에 대한 베

---

9) 프로이트의 제자였던 오토 그로스는 그 당시 대표적 성 해방론자였다.

버의 반응을 기초로 그의 개성개념이 가진 문제점을 밝히고자 한다. 조루즈에 의하면 이 개념에는 '작품'과 '인간'이 매우 특이한 방식으로 상호 침투한다. 그는 베버의 개성개념의 핵심문제를 이론적 차원과 (규범적) 요구차원 간의 모순에서 찾으며, 이 모순의 뿌리를 다시금 감각적인 것에 대한 베버의 혐오에서 발견한다(243). 즉, 조루즈에 의하면 베버는 자신의 개성개념을 "금욕적 청교도"를 본보기로, 그리고 '청교도적 윤리'를 기준으로 구성하는바, 따라서 베버적 개성개념의 필수적 구성요소는 철저히 감각 내지 감성 적대적인, 비 즉흥적 합리적 행위와 가치지향적 세계관이다(249).

그런데 베버의 개성개념이 단순히 하나의 이념형적 구성물이 아니라 오히려 현실에 적용되는 하나의 실천적 행동준칙임을 조루즈는 그로스와 베버의 비교를 통해 보여준다. 예컨대 그에 의하면 프리섹스 주창자 그로스의 글과 행동에 대한 베버의 격렬한 반응을 옳게 이해하기 위해서는, 그로스가 베버 자신의 내면 깊숙이 있는 가치이념들을 건드리고 있다고 가정하지 않을 수 없다는 것이다. 그로스는 '자연인간'을 대표하는 데 반해 베버의 이론적 그리고 실천적 개성개념은 '문화인간'만을 허용한다. 다시 말해, 베버는 "자연성과 문화성" 간의 긴장관계에 대해 어떤 타협도 거부하고 "동물적인 것을 억압하고 승화시켜야 한다"고 끊임없이 요구한다는 것이다(243).

그런데 실제 상황은 어떠했는가 하면, '동물적인 것' 또는, 베버 스스로의 표현을 빌리면 '논리 외적인 것'은 '인간' 베버가 문제없이 극복 또는 억압할 수 있는 그런 사안이 아니었다. 오히려 정반대이다. 논평자의 생각으로는 데몬적(사탄적) 힘은 그를 항상 그리고 어디서나 위협하고 있었다. 그런 만큼 베버는 본능적 욕망을 억누르고자, 그리고 자신의 무절제한 생활방식에 대한 애착(여기에는 심지어 그의 도박중독도 속한다: 245)을 "윤리적 규범 준수"를 통해 극복하고자 엄청나게 노력해야만 했다. 그런데 그로스는 이런 모든 논리 외적 힘들을 있는 그대로 명명했을 뿐 아니라 더 나아가, 이런 힘들의 '억압'이 아니라 그것의 실현이야말로 진정한 인간성을 창출한다고 주장했던 것이다. 이와는 달리 베버는 '머리'의 논리적 · 합리적 세계와 '가슴'의 논리 외적 · 비합리적 세계 간에는 어떤 "생산적 상호작용"도 있을 수 없다고 믿었다(248). 이런 입장은, 추측건대 강력한 성적 체험이 동반되었을 엘제와의 정사를 경험한 후에도 전혀 흔들리지 않았다. 만약 사정이 그러하다면, 베버는 적어도 하나의 '직업', 즉 '삶'(*Leben*)이라는 직업에서는 좌절했다. 앞서 언급한 슈테픈에 따르면 '삶' 역시 하나의 직업인데, 베버뿐 아니라 사실 다수의 독일인들은 최소한 이 직업에서는 서툴기 짝이 없다: "이 직업은 영감과 능수능란한 기술을 요구하는 것이다. 아이고! 대부분의 독일인들은 — 마부든, 교수든, 심지어 배우들까지도 — 삶에 관한 한 얼마나 가련한 아마추어들에 불과한지!"(253)

그러나 논평자는 베버의 '여성편력'을 달리 해석할 수도 있다고 본다. 즉, 베버는 일상과 카리스마, 윤리와 에로틱, 금욕과 도취 간에 존재하는 심연을 일관되게 인정하였으며 자기 앞에 놓인 이 심연을 사전 또는 사후에 '가치이론적'으로 무력화 내지 무효화하려고 시도하지 않았다. 물론 조루즈는 이런 자세를 베버의 '엄숙주의'라고 부르며 이 엄숙주의는 베버의 "죽음에 이르는 병"이었다고 진단한다(258). 그럴지도 모른다. 그러나 다른 한편 우리는 베버가 자신의 실존적 한계상황을 사전 · 사후에 이론적으로나 이데올로기적으로 정당화하는 대신, "그래, 나는 지금 여기에 서 있다. 그리고 나는 달리 어떻게 할 도리가 없다"(GPS: 559)라고 솔직담백하게 고백하는 모습을 떠올릴 수 있다. 이런 지적 정신적 '성실성'의 문제는 다음 논평대상인 슐루흐터 논문의 중요한 주제 중의 하나이다.

슐루흐터의 기고문 〈행위와 자제(자기한정)[10]: 직업으로서의 학문과 정치에 대한 베버의 입장〉의 중심주제는 제목 그대로 베버 특유의 직업개념이다. '직업'(또는 '소명')으로서의 학문과 정치에 대한 베버의 그 유명한 두 강연은 그동안 베버 학계가 가장 집중적으로 해석해온 문헌에 속하지만 그중 슐루흐터의 해석이 그 깊이와 체계성 면에서 압도적 위상을 차지한다. 슐루흐터의 논문은 그만큼 이미 잘 알려져 있기 때문에 논평자는 위에서 거론된 주제들과 연속선성에 있는 몇 가지 관점만을 간략히 논평하는 데 그치고자 한다.

슐루흐터는 이 논문에서, 베버가 가치들 간의 근본적 대립상황에서 '타협'을 거부하는 것은 통찰력의 부족이나 심지어 지적·윤리적 무능이 아니라 오히려 '자제' 행위라고 주장한다. 슐루흐터는 독일 대학생들을 상대로 한 베버의 두 강연을 "현대 문화의 중심적 문제들에 대한 베버의 답, 그리고 그 당시의 정신적 그리고 정치적 상황 및 이와 연관된 의미문제에 대한 베버의 답을 담고 있는 핵심적 텍스트"(264)로 간주한다. 그에 의하면 이 두 강연의 중심 메시지는 베버의 아래와 같은 요구, 즉 "헌신과 거리감 간의 긴장관계하에서 자제에 찬 노동"(264)을 수행할 의지를 갖추어야 한다는 요구이다. 왜냐하면 베버에 의하면 이런 자세를 통해서만 독일의 장래뿐 아니라 서구문화의 장래가 지켜질 수 있기 때문이다.

두 강연의 이런 근본적 성격규정에 연이어 슐루흐터는 이 강연 전후, 즉 제1차 세계대전 발발(1914년)에서 1919년까지의 베버의 정치적·학술적 활동을 상술한다. 베버 생애에서 이 시기는 비단 이 당시 그가

---

10) 여기서 '자제'는 독일어 'Entsagung'의 역어인데, 이 개념은 소극적 '체념' 내지 '단념'의 뜻과 함께 자진해서 포기한다는 적극적 '자제'의 뜻도 가지고 있다. 베버와 슐루흐터는 후자의 의미로 이 개념을 쓰고 있다는 것이 논평자의 견해이며, 그래서 맥락에 따라 '자제'를 '자기한정'으로 의역하기도 했다.

이룩한 탁월한 학문적 성과(《경제와 사회》, 《세계종교의 경제 윤리》 등의 집필) 때문만이 아니라, 베버가 이 시기에 본격적으로 정치적 참여를 시도했기 때문에 각별히 중요하다. 이로써 우리는 이 논문모음집의 베버 관련 기고문들이 거론하는 4번째 현실차원을 접한다: 로트의 '가족사적' 현실, 알레르트의 '부부관계' 현실, 조루즈의 '에로틱' 관련 현실에 이어 슐루흐터의 '정치적' 현실이 그것이다.

베버는 제1차 세계대전 중인 1915년 하이델베르크 예비군 야전병원에서 군복무를 한 후 우선 언론을 통해 정치에 개입하기 시작한다(특히 외교 및 전쟁전략에 관한 기고 활동). 이 과정에서 그는 정치에 직접 참여할 수 있는 기회가 오기를 희망했지만, 그런 기회는 오지 않았다. 그러나 그는 신문, 정치평론지 등에 대한 기고활동을 통해 여론형성 작업을 활발히 전개한다. 그는 이러한 활동에서 우파적 그리고 좌파적 정당 모두를 엄정하게 비판하면서 그 대안으로 "책임정치로서의 현실주의적 정치"를 제시하는바, 이것은 단순한 권력정치와는 엄격히 구분되는 것이다(269). 베버는 이 과정에서 자신을 유대교의 "유배 이전 시기의 재앙 예언자" 중의 하나라고 느낀다(베버는 그 당시 집필하던 《세계종교의 경제윤리》의 틀 안에서 '예언자' 주제를 다루고 있었다) (267).

동시에 베버는 공개강연 등에서 독일 지식인들의 점증하는 비합리주의와 이른바 '체험문화'도 혹독히 비판한다. 니체 숭배에서 게오르게 서클 그리고 무정부주의자들에 이르기까지 다양한 형태로 등장했던 그 당시의 "비합리적인 것에 대한 근대적 지성주의적 낭만주의" 추종자들은 특히 과학적(내지 학문적) 지성주의를 비방하는바, 그 비방의 근거는 이 과학적 지성주의가 "서유럽"적이고 따라서 "비독일적" 성격을 갖고 있다는 점이다(272). 이런 낭만주의에 대해 베버는 이른바 "냉철함의 열정"에서, 그리고 '지적 성실성과 엄격한 공평성'을 기준으로 내세우며 격렬히 저항한다. 베버는 "신비주의에서 표현주의에 이르기까지 모든 형태의 정신적 마취제를"(277) 거부하며 이 맥락에서 "아름답고 충만한 인간성" 내지 "파우스트적 전면성"에 대한 신화를 여지없이 파괴한다(285).

베버의 이러한 입장은, 근대의 합리화된 세계가 우리에게 허용하는 것은 '직업 인간성'이라는 그의 확신에 근거한다. 그리고 베버의 직업개념의 핵심은 "자기한정"(자제) 내지 "금욕적 기본동기"이다. 그런데 "직업과 자기한정", "자기한정으로서의 직업"의 토대를 쌓는 작업은 탈주술화된 현대에서는, 직업 관념이 형성되던 근대 초기와는 달리, 더 이상 종교적 자원에 의존할 수 없게 되었으며 오로지 세속적 자원을 활용할 수 있을 뿐이다. 이런 진단에 근거하여 베버는 '직업'과 '자기한정'이라는 두 개념을 제 3의 개념, 즉 '개성'의 개념과 연결시킨다(288). 그러나 그의 개성개념은, 그 당시 유행하던 '체험' 중심의 개성개념과는 확연히 다르게, 어떠한 낭만주의적, 자연주의적 또는 심미적 내용도 내포하고 있지 않다(288).

이러한 낭만주의적·심미적 개성개념 — 우리는 이것을 낭만주의의 원조인 노발리스의 그 유명한 공식, 즉 "감수성(감정)이 운명이다"라는 공식으로 요약할 수 있을 것이다 — 에 대한 대안으로 베버는 자신의 개성개념을 제시한다. 이 개념의 핵심은, 한 인간이 "인격형성 과정"에서 특정한 궁극적 가치들에 대해 구축하게 되는 "일관된 내적 관계"인바, 따라서 "인격형성 과정"이야말로 "운명적 과정"이다(288). 다시 말해, 노발리스의 "감수성이 운명이다"라는 공식에 대해 베버는 "가치형성이 운명이다"라는 공식을 대안으로 제시하는 것이다.

이를 근거로 슐루흐터는 베버의 개성개념의 기본성격을 "금욕적인 인문주의적 개인주의"(288)로 규정한다. 그리고 이러한 인격적 특성, 즉 금욕주의적이고 인문주의적이며 개인주의적인 특성을 습득하는 자는 누구이든 하나의 '개성'을 가지게 되는 것이며, 자신의 "데몬"을 발견한 자가 되는 것이다(289). 여기서 슐루흐터는, 베버가 괴테의 후기저작들을 숙독하였다는 점에 근거하여, 그의 개성 및 직업개념을 괴테의 '자제'(자기한정) 개념과 연계시킨다. 이 개념에 의하면, "우리가 우리 고유의 것을 우연적인 것에 내어주어 버릴 위험, 우리의 내면을 외면적인 것에 내어주어 버릴 위험을 피할 수 있는 유일한 길은 결국 자제(자기한정)를 통해서이다"(289).[11] 베버가 1919년에 뮌헨대학 교수로 초빙되어 다시 학계로 복귀하면서 정치를 '포기'했을 때, 아마도 그는 자신의 상기한 '자기한정 명제'를 실천하고 있었는지도 모른다(274).[12]

물론 우리는 '단념하는 자기한정'이라는 베버의 개념을 아래와 같은 상황을 고려할 때만 옳게 이해할 수 있다: 즉 그 당시 "곳곳에서 새로운 가치통합에 대한 열망이 들끓고 있었고"(293~294) 온갖 종류의 새로운 가치통합론이 만개하고 있었다는 상황이 그것이다. 베버는 이들 중 많은 것을 "이미 실패했거나 또는 결국 실패하고 말 단순한 마취제"로 여겼

11) 슐루흐터는 이 맥락에서, 금욕적 자기한정을 중심으로 하는 베버의 개성개념 및 데몬개념이 엘리트주의적으로 들리지만 그런 의도가 깔려 있지는 않음을 매우 강조한다: "베버는 분명 정신적 귀족주의를 지향하지만 엘리트주의를 옹호하는 것은 아니다. 만약 우리가 스스로 선택한 초개인적 대의에 추호도 흔들림 없이 헌신한다면, 누구든 자신의 데몬을 발견할 수 있고 누구든 개성을 구축하고 자신이 주인인 삶을 살 수 있는 것이다"(289). 그럼에도 불구하고 논평자가 보기에 아래와 같은 질문은 거의 불가피하다: 즉 자기한정에 대한 위의 어느 정도 비장한 요구는 사실 다음과 같은 여건하에서만 설득력을 가지게 되는 것 아닌가? 라는 질문: 즉 우리가 '현실적으로' 자기한정을 '할 수 있는(*can*) 여건하에 있을 때만" 우리는 '규범적으로'(*should*) 자기한정을 하게 되는 것이 아닌가? 그러나 만약 현실적·외적 조건들로 인해 우리가 자기한정을 할 수밖에 없을 때(*must*), 다시 말해 한정 이외의 다른 대안이 없을 때는 상기한 요구는 기실 무의미해지는 것이 아닌가?

12) 물론 이 결정을 내리게 된 배경을 보면 여러 가지 매우 구체적인 상황들이 작용했음을 알 수 있다. 가령 베르사유 강화조약 체결의 과정과 그 내용에 대한 베버의 깊은 실망, 제 1차 세계대전 동안 그가 겪은 정치적 경험들 등이 중요한 역할을 했다(274).

다(294). 이런 마취제 대신에 베버는, 근대의 운명적인 가치충돌을 의연히 이겨낼 수 있도록 하는 그런 금욕주의를 요구했던 것이다.

베버의 이러한 요구가 지금 우리가 사는 이 시대에 대해 가진 함의는 무엇일까? 논평자가 보기에, 동구 사회주의체제의 붕괴 이후 우리는 지금 대안 없는 '가치통합', 예컨대 자유주의-자본주의라는 가치통합을 강요받는 상황에 처한 것은 아닌가? 이런 상황에 대한 베버의 메시지는 무엇일까? 논평자는 아마도 아래와 같은 요구가 아닐까 추론한다: 즉 '역사의 종언'이 아니라 아직까지도, 아니 이제야말로 올바른 역사가 만들어지기 시작한다는 것을 통찰해야 한다는 요구이다. 왜냐하면 역사에 끝이 있다는 생각, 즉 내재적 목적지 또는 단 하나의 '가치지향점'이 있다는 생각이야말로 베버가 애초부터 하나의 '신화'로 간주한 생각이었고 그는 이 신화에 맞서 싸웠다. 물론, 이 투사 자신이 점차 하나의 '신화'가 되어갔다. 전혀 다른 의미에서의 '신화'라는 것은 말할 나위도 없지만 말이다.

아마도 베버는, 직업에서의 진정한 대가는 단순히 '개성의 소유자'일 뿐 아니라 '신화 창출자'가 될 수도 있다는 것을 알고 있었을 것이다. 만약 그가 논평자의 아래와 같은 명제, 즉 탈주술화된 현대가 허용하는 유일한 형태의 '신화'는 '직업수행'의 비상한 대가성(大家性)이 창출하는 신화일 뿐이라는 명제에 동의한다면, 우리는 베버를 앞으로도 계속 '신화'로 살아가게 해도 좋을 것이다. 그리고 하이델베르크에 대한 이 탁월한 논문모음집은 우리에게 다음과 같은 통찰을 제공한다:

즉, 우리는 바로 현대가 '신이 없는 세계'이기 때문에 베버 같은, '학문'이라는 '직업'을 통해 탄생한 '신화'는 더 적게가 아니라 더 많이 필요로 한다는 통찰 말이다.

부록

1. 막스 베버 생애 주요 연보
2. 《막스 베버 전집》 전체목록
3. 저자(전성우) 저작 목록

• 부록 1 • 막스 베버 생애 주요 연보

1864년: 4월 21일 독일 에르푸르트에서 태어나다.
법률가 막스 베버 1세(1836~1897)와 헬레네 베버(1844~1897, 친정 성: 팔렌슈타인) 사이의 4남 4녀 중 장남.

1866년: 막스 베버 뇌막염을 앓다.

1868년: 남동생 알프레드 베버(후에 사회학자로 활약) 출생.

1869년: 베버 가족 에르푸르트에서 베를린으로 이사하다.
베버 아버지는 베를린 시 참사회 공무원으로 봉직 후 프러시아 의회 및 독일 제국의회 의원(1869~1897)으로 활동.

1870년: 베버는 샤를로텐부르크 소재 '되벨린 사립학교'에 입학.
두 번째 남동생 카르 베버 출생.

1871년: 베버 가족 샤를로텐부르크 소재 저택으로 이사.
베버는 '왕립 황후-아우구스타 김나지움'에 입학.

1882년: 김나지움 졸업 후 하이델베르크대학 법학과 입학(부전공으로 역사학, 경제학, 철학 등을 수학).

1883년: 슈트라스부르크에서 1년간 지원병으로 군복무.
여기서 슈트라스부르크대학 역사학 교수로 있던 이모부 헤르만 바움가르텐과 깊은 친교를 맺음.

1884년: 베를린대학에서 학업 계속.

1885년: 괴팅겐대학에서 사법 국가시험 준비.
법관(試補) 시험을 치른 후 다시 베를린 친가로 돌아와
골트슈미트 교수 및 아우구스트 마이쩬 교수 밑에서 학업을 계속.

1888년: 〈사회정책협회〉에 가입

1889년: 레빈 골트슈미트 교수 밑에서 중세 무역회사에 대한 논문으로
법학박사학위 취득.

1890년: 베버는 프리드리히 나우만과 친교를 맺게 된다.
〈사회정책협회〉는 베버를 동엘베 지역 농업노동자에 대한
앙케트 조사 책임자로 위촉한다.

1891년: 아우구스트 마이쩬 교수 밑에서 고대 로마 농업사와
국가법 및 사법의 관계에 대한 연구로
법학 분야 대학교수 자격(하빌리타치온)을 획득한다.
브레멘시의 법률고문직에 지원했으나 채용 좌절.

1892년: 베를린대학에서 로마법, 독일법 및 상법 강의.
상기한 앙케트 조사결과를 담은 보고서
《동엘베 지역 농업노동자 실태》 출판.

1893년: 그의 삼촌 칼 다비드 베버의 손녀인 마리안네 슈니트커와 결혼.
프라이부르크대학으로부터 경제학 및 재정학 정교수로 초빙된다.

1894년: 프라이부르크대학 경제학 및 재정학 교수로 취임.

1895년: 〈국민국가와 경제정책〉이라는 주제로
프라이부르크대학 교수 취임강연을 한다.

1897년: 저명한 경제학자 카르 크니스 교수의 후임으로 하이델베르크대학
경제학 및 재정학 정교수로 초빙되어 하이델베르크로 이주.
이 해 7월 하이델베르크를 방문한 부친과 격렬한 언쟁.
그 직후(8월 10일) 부친 사망.

1898년: 베버 발병. 제네바 호반, 콘스탄츠 근교 요양소 등에서
요양하였으나 병세는 호전되지 않았으며 그 해 말부터는
극심한 무기력증에 빠진다.

1899년: 대학에 여름학기 병가 신청. 병세가 호전되지 않자
겨울학기에는 사직서를 제출했지만,
대학에서는 무기한 휴직으로 처리한다.

1900~1902년: 주로 이탈리아에서 요양하면서 건강 회복을 도모한다.
점차 병세가 호전되자 1902년 베버는 하이델베르크로 귀환한다.
이 시기에 베버는 '방법론'에 관한 논문 집필에 착수한다.

1903년: 베버는 하이델베르크대학 정교수직을 사임하고,
강의권은 있지만 박사학위 수여권은 없는 명예교수로 남게 된다.
이 시점에 그는 "프로테스탄티즘의 윤리와 자본주의 정신" 논문을
구상하고 관련 연구를 시작한다.

1904년: 베버가 프라이부르크대학 재직 시 동료였고 그 당시 하버드대학
교수로 있던 후고 뮌스터베르크의 초청으로 미국 방문.
세인트루이스에서 열렸던 세계박람회에 참석하여
독일 농업에 대해 강연한다.

베르너 좀바르트 및 에드가 야페와 함께
〈사회과학 및 사회정책 학회지〉의 공동 편집자로 부임한다.

1905년: 러시아 혁명이 발발하자 러시아어를 배워
혁명과정을 면밀히 추적하고 분석한다.

1908년: 부인 마리안네 베버가 작고한 외할아버지로부터 유산의 일부를
상속받는다. 이를 통해 베버 부부의 경제적 독립 기반이 확보된다.
베버는 이 해에 친척 소유 방직공장에서
'산업노동의 정신물리학'에 대한 경험연구를 수행한다.

1909년: 독일 사회학회가 창립되며 베버는 회계담당 이사로 선임된다.
이 해에 베버는 《사회경제학 총서》의 책임 편집자로 위촉되고,
베버는 자신이 맡은 부분인 《경제와 사회》의 집필을 시작한다.
피아니스트인 미나 토블러와 교제 시작.
비엔나에서 개최된 〈사회정책협회〉 총회에서 벌어진
'가치판단논쟁'에 적극 참여.

1910년: 제 1차 독일 사회학대회가 프랑크푸르트에서 개최된다.
베버 부부는 외조부의 옛 저택으로 이사
(찌겔호이저란트스트라세 17번지: 현재 〈막스 베버 하우스〉).
이 저택을 거점으로 베버의 사회적 학술적 교류가
확대 · 심화된다(슈테판 게오르게, 게오르그 루카치,
에른스트 블로흐 등이 주요 교류 인사들이다).

1912년: 베를린에서 개최된 제 2차 독일 사회학대회에서 회계 보고를 한다.

1913년: 스위스에 있는 아스코나(그 당시 '성 해방운동'의 본거지)를 방문.

1914년: 아스코나 재방문. 제 1차 세계대전이 발발하자 베버는
하이델베르크 야전병원 위원회의 훈육장교로 복무하게 된다.

1915년: 훈육장교직에서 퇴임한 후, 종교사회학 연구에 몰입한다.
동생 카르 베버 및 친구 에밀 라스크가 전사한다.

1916년: 베버는 잠수함-전쟁 강화를 반대하는 진정서를 발표한다.

1917년: 베버는 〈프랑크푸르트 짜이퉁〉(그 당시 독일의 대표적 일간지) 에
정치평론적 기사를 활발히 기고한다.
또한 헌법초안 작성작업에 적극적으로 동참한다.
베버는 사회주의적 및 평화주의적 성향의 학생들이 조직한
"라운엔슈타이너 집회"에 두 차례 참석한다.
여기서 그는 에릭 뮈잠(무정부주의자이자 평화주의자) 과
에른스트 톨러(급진좌파적 혁명운동가) 를 만났으며
이들은 베버를 그 해 겨울 여러 번 방문한다.
베버는 11월 7일 뮌헨에서 〈직업으로서의 학문〉이라는
주제로 강연한다.

1918년: 베버는 비엔나대학의 경제학 교수직 제의를
잠정적으로 수락하고 강의를 시작한다.
러시아와의 평화협정(Brest-Litowsk 협정)이 체결된 후
뮌헨에서는 쿠르트 아이스너의 주도하에 혁명이 일어난다.
'독일민주당'이 창당되는바, 나우만과 베버의 동생인
알프레드 베버 등이 베버에게 가입을 권한다.
베버는 이에 응하며 활발한 선거운동을 펼친다.

1919년: 모친 사망.
뮌헨대학에서 〈직업으로서의 정치〉에 대해 강연한다.

'독일민주당' 선거운동에 적극 참여하며
'전쟁책임' 문제에 대해 활발한 정치평론 활동을 펼친다.
종전 협상단의 일원으로 베르사유 회의에 참석한다.
브렌타노의 후임으로 뮌헨대학 사회과학(*Gesellschaftswissenschaft*), 경제사 및 경제학 분야 정교수로 초빙된다.

1920년: 자신의 종교사회학 연구논문집 출간 및《경제와 사회》 제 1부의 출간 준비에 몰두한다.
1월 중순 사회주의 정치가 쿠르트 아이스너 암살범인 우익 청년장교 아르코 백작에 대한 처형을 주장해 보수우익 학생들의 격렬한 항의를 받는다.
막스 베버의 막내 여동생 릴리가 4월 7일 자살한다.
베버 부부는 그녀의 네 자녀를 입양하기로 한다.
베버는 폐렴으로 6월 14일 사망 후 하이델베르크에 안장된다.

• 부록 2 • 《막스 베버 전집》 전체목록*

Verlag J. C. B. Mohr (Paul Siebeck), Tübingen.

Abteilung I: Schriften und Reden(제1부: 저작과 강연문)

MWG I/1: *Zur Geschichte der Handelsgesellschaften im Mittelalter. Schriften 1889~1894.* (2008)
: 중세 무역회사의 역사.

MWG I/2: *Die römische Agrargeschichte in ihrer Bedeutung für das Staats- und Privatrecht 1891.* (1986)
: 로마의 농업사가 헌법 및 사법에 대해 가진 의미.

MWG I/3, 1: *Die Lage der Landarbeiter im ostelbischen Deutschland 1892. 1. Halbband.* (1984)
: 동엘베강 지역 독일의 농업노동자 실태, 제 1부.

MWG I/3, 2: *Die Lage der Landarbeiter im ostelbischen Deutschland 1892. 2. Halbband.* (1984)
: 동엘베강 지역 독일의 농업노동자 실태, 제 2부.

* 1984년부터 시작된 《막스 베버 전집》(Max Weber-Gesamtausgabe: MWG) 간행작업은 근 29년이 지난 오늘날까지도 진행 중이다. 아래 목록은 낱권까지 포함해 총 3부 52권으로 예정된 전집 중 현재(2012년)까지 출판된 40권의 저서 목록이다. 군데군데 누락된 총서번호들은 아직 미간된 저서들을 암시한다. 매권 마지막에 있는 괄호 안 연도는 전집 출간연도이다.

MWG I/4, 1: *Landarbeiterfrage, Nationalstaat und Volkswirtschaftspolitik. Schriften und Reden 1892 ~1899. 1. Halbband.* (1993)
: 농업노동자 문제, 국민국가 그리고 경제정책. 1892~1899년간의 저작과 강연집, 제 1부.

MWG I/4, 2: *Landarbeiterfrage, Nationalstaat und Volkswirtschaftspolitik. Schriften und Reden 1892 ~1899. 2. Halbband.* (1993)
: 농업노동자 문제, 국민국가 그리고 경제정책. 1892~1899년간의 저작과 강연집, 제 2부.

MWG I/5, 1: *Börsenwesen. Schriften und Reden 1893 ~1898. 1. Halbband.* (1999)
: 증권제도. 1893~1898년간의 저작과 강연집, 제 1부.

MWG I/5, 2: *Börsenwesen. Schriften und Reden 1893 ~1898. 2. Halbband.* (2000)
: 증권제도. 1893~1898년간의 저작과 강연집, 제 2부.

MWG I/6: *Zur Sozial- und Wirtschaftsgeschichte des Altertums. Schriften und Reden 1893 ~1908.* (2006)
: 고대 사회경제사. 1893~1898년간의 저작과 강연집.

MWG I/8: *Wirtschaft, Staat und Sozialpolitik. Schriften und Reden 1900 ~1912.* (1998)
: 경제, 국가 그리고 사회정책. 1900~1912년간의 저작과 강연집.

MWG I/8: *Wirtschaft, Staat und Sozialpolitik. Schriften und Reden 1900 ~1912. Ergänzungsheft.* (2005)
: 경제, 국가 그리고 사회정책 보충판. 1900~1912년간의 저작과 강연집.

MWG I/10: *Zur Russischen Revolution von 1905. Schriften und Reden 1905 ~1912.* (1989)
: 1905년 러시아 혁명. 1905~1912년간의 저작과 강연집.

MWG I/11: *Zur Psychophysik der industriellen Arbeit. Schriften und Reden 1908 ~1912.* (1995)
: 산업노동의 심리물리학. 1908~1912년간의 저작과 강연집.

MWG I/14: *Zur Musiksoziologie. Nachlaß 1921.* (2004)
: 음악사회학. 1921년 유고작.

MWG I/15: *Zur Politik im Weltkrieg. Schriften und Reden 1914 ~1918.* (1984)
: 세계대전에서의 정치. 1914~1918년간의 저작과 강연집.

MWG I/16: *Zur Neuordnung Deutschlands. Schriften und Reden 1918 ~1920.* (1988)
: 독일의 재편에 대하여. 1918~1920년간의 저작과 강연집.

MWG I/17: *Wissenschaft als Beruf 1917/1919 - Politik als Beruf 1919.* (1992)
: 직업으로서의 학문, 직업으로서의 정치.

MWG I/19: *Die Wirtschaftsethik der Weltreligionen. Konfuzianismus und Taoismus. Schriften 1915 ~1920.* (1989)
: 세계종교의 경제윤리. 유교와 도교. 1915~1920년간의 저작.

MWG I/20: *Die Wirtschaftsethik der Weltreligionen. Hinduismus und Buddhismus 1916 ~1920.* (1996)
: 세계종교의 경제윤리. 힌두교와 불교. 1916~1920년간의 저작.

MWG I/21, 1: *Die Wirtschaftsethik der Weltreligionen. Das Antike Judentum. Schriften und Reden 1911 ~1920.* (2005)
: 세계종교와 경제윤리. 고대 유대교, 제 1권. 1911~1920년간의 저작과 강연집.

MWG I/21, 2: *Die Wirtschaftsethik der Weltreligionen. Das Antike Judentum. Schriften und Reden 1911 ~1920.* (2005)
: 세계종교와 경제윤리. 고대 유대교, 제 2권. 1911~1920년간의 저작과 강연집.

MWG I/22, 1: *Wirtschaft und Gesellschaft. Die Wirtschaft und die gesellschaftlichen Ordnungen und Mächte. Nachlaß. Teilband 1: Gemeinschaften.* (2001)
: 경제와 사회. 경제와 사회질서 및 권력. 유고집. 제 1권: 공동체.

MWG I/22, 2: *Wirtschaft und Gesellschaft. Die Wirtschaft und die gesellschaftlichen Ordnungen und Mächte. Nachlaß. Teilband 2: Religiöse Gemeinschaften.* (2001)
: 경제와 사회. 경제와 사회질서 및 권력. 유고집. 제 2권: 종교적 공동체.

MWG I/22, 3: *Wirtschaft und Gesellschaft. Die Wirtschaft und die gesellschaftlichen Ordnungen und Mächte. Nachlaß. Teilband 3: Recht.* (2010)
: 경제와 사회. 경제와 사회질서 및 권력. 유고집. 제 3권: 법.

MWG I/22, 4: *Wirtschaft und Gesellschaft. Die Wirtschaft und die gesellschaftlichen Ordnungen und Mächte. Nachlaß. Teilband 4: Herrschaft.* (2005)
: 경제와 사회. 경제와 사회질서 및 권력. 유고집. 제 4권: 지배.

MWG I/22, 5: *Wirtschaft und Gesellschaft. Die Wirtschaft und die gesellschaftlichen Ordnungen und Mächte. Nachlaß. Teilband 5: Die Stadt.* (1999)
: 경제와 사회. 경제와 사회질서 및 권력. 유고집. 제 5권: 도시.

MWG I/24: *Wirtschaft und Gesellschaft. Entstehungsgeschichte und Dokumente.* (2009)
: 경제와 사회. 저작과정과 자료들.

Abteilung II: Briefe(서간)

MWG II/5: *Briefe 1906 ~1908.* (1990)

MWG II/6: *Briefe 1909 ~1910.* (1994)

MWG II/7-1: *Briefe 1911 ~1912. 1. Halbband: Briefe Januar 1911 ~März 1912.* (1998)

MWG II/7-2: *Briefe 1911 ~1912. 2. Halbband: Briefe April ~Dezember 1912.* (1998)

MWG II/8: *Briefe 1913 ~1914.* (2003)

MWG II/9: *Briefe 1915 ~1917.* (2008)

Band II/10-1: *Briefe 1918 ~1920.* (2012)

Band II/10-2: *Briefe 1918 ~1920.* (2012)

Abteilung III: Vorlesungen und Vorlesungsnachschriften (강의록 및 강의필사본)

MWG III/1: *Allgemeine* (*"theoretische"*) *Nationalökonomie.* (2009)
: 일반 ('이론적') 경제학.

MWG III/4: *Arbeiterfrage und Arbeiterbewegung. Vorlesungen 1895~1898.* (2009)
: 노동자 문제와 노동운동. 1895~1898년간의 강의록.

MWG III/5: *Agrarrecht, Agrargeschichte, Agrarpolitik. Vorlesungen 1894~1899.* (2008)
: 농산법(農産法), 농업사, 농업정책. 1894~1899년간의 강의록.

MWG III/6: *Abriß der universalen Sozial- und Wirtschaftsgeschichte. Mit- und Nachschriften 1919/20.* (2011)
: 일반 사회경제사 개요. 강의 필사본.

MWG III/7: *Allgemeine Staatslehre und Politik* (*Staatssoziologie*). *Unvollendet. Mit- und Nachschriften 1920.* (2009)
: 일반 국가론과 정치(국가사회학). 미완성, 강의 필사본.

• 부록 3 • 저자(전성우) 저작 목록

국외 출판 저서 및 논문

Die Stadtkonzeption Max Webers: Eine Studie zur Entwicklung des okzidentalen Bürgertums, 1984, Gottingen.

Sozialer Wandel in Korea und Deutschland nach dem Ende des Kalten Krieges (ed.), 1991, Schriftenreihe des Sozialwissenschaftlichen Forschungszentrums der Universität Erlangen-Nürnberg. Heft 3.

"Max Webers China-Studie: ein Beispiel des Kulturvergleichs", 1992, *Soziale Welt, Sonderband 8*.

"Mythos Max Weber: Beobachtungen eines 'Grenzgängers'", 1995, *Soziologische Revue 14*.

"Enigie Betrachtungen zur Frage der Wiedervereinigung Koreas"(Vortrag), 1996, Universität Erlangen-Nürnberg.

"Für eine interkulturelle Kompetenz: Thesen zum Toleranzpotential des Konfuzianismus", 1999, *Zukunftsentwurfe*, Campus.

"Die gegenwärtige Gemeinschaftsbewegung in Korea: Eine Bestandsaufnahme und Perspektivensuche", 2001, Asiatische Selbstbehauptungsdiskurse, Deutsches Insitutut für Japanstudien.

"Geschichte, Gegenwart und Problematik des koreanischen Nationalismus", 2003, *Selbstbehauptungsdiskurse in Asien: China - Japan - Korea*, Deutsches Institut für Japanstudien.

"Die deutsche Sprache in Korea. Geschichte und Gegenwart", 2003, Die *Bedeutug von Deutsch and anderen Fremdsprachen für koreanische Natur- und Geisteswissenschaftler*, Iudicium.

"Das Weltbild und die Alltagsstruktur", 2003, *Methodologien, Perspektiven, Modelle: Was erklärt die Soziologie?*, Loccum, Hagen-Fernuniversität.

"Difference and Tolerance: An East Asian Perspective", 2004, *The Makaing*

and Unmaking of Differences, Martin-Luther University, Halle-Wittenberg.
"プロテスタンティズムと韓國社會の近代化――ヴェーバー・テーゼの光に照らして見た", 2005, 〈思想〉(일본 이와나미 출판사), 第10戸, No. 978.
"Kritik, Theorie, Kritische Theorie: Zivilgesellschaftsdiskurs und die Kritische Theorie in gegenwärtigem Korea", 2008, *Kritische Verhältnisse: Die Rezeption der Frankfurter Schule in China*(Hg.: Iwo Amelung), Campus.
"Heimat als Los und heimatlos: Einige soziologische überlegungen über den kulurellen und sozialen 'Hybridisierungsprozess' im 'Toji'-Zeitraum(1896~1945)", 2009, *Heimat/-Los und Moderne: Zur narrativen Rekonstruktion von Heimat und Heimatverlust in der koreanischen Literatur*, Koreastudien der FU Berlin.
"市民社會談論和批判理論在韓國的現況", 2011, 《Frankfurt 學派在中國》, 社會科學文獻出版社(중국).

국내 출판 저서 및 논문

"막스 베버의 근대 자본주의 발생론 I", 1986, 〈한국사회학〉 20집.
"막스 베버의 근대 자본주의 발생론 II", 1987, 〈한국사회학〉 21집.
"서양 노동개념사 소론", 1986, 〈중소연구〉.
"막스 베버의 고대사회론 I", 1987, 《한국사회사연구회 논문집》, 문지사.
"막스 베버의 고대사회론 II", 1988, 《한국사회사연구회 논문집》, 문지사.
"막스 베버에 대한 일 고찰", 1989, 〈사회비평〉 겨울호.
"사회주의체제의 정치사회화", 1990, 〈중소연구〉.
《독일 통일에서 무엇을 배울 것인가》, 전성우 외, 1990, 연합통신.
"반월공단 노동자문화에 대한 실태조사", 1991, 〈인간과 경험〉.
"막스 베버의 근대사회론", 유석춘 편, 1992, 《막스 베버와 동양사회》, 나남.
"사회통합의 관점에서 본 독일 통일 3년", 1993, 〈통일문제연구〉, 통일원.
"프로테스탄티즘의 윤리와 자본주의 정신", 1994, 《사회학의 명저 20》, 김진균·임현진·전성우 외, 1994, 새길사.
"안산지역 지방화의 가능성과 한계", 1994, 한양대 산업사회연구소.

《막스 베버 사회학의 쟁점들》, 전성우 외, 1995, 민음사.
"막스 베버의 지배사회학 연구", 1995, 《막스 베버 사회학의 쟁점들》, 민음사.
"베버: 현대사회와 합리성", 1995, 《탈현대사회사상의 궤적》, 새길.
"독일통일의 사회학적 함의", 1995, 〈경제와 사회〉.
《막스 베버 역사사회학연구》, 1996, 나남.
"독일 사회사의 최근 동향", 1997, 〈역사와 사회〉 52호.
"막스 베버 사회과학방법론 연구", 1998, 〈현대 산업사회 연구〉 2집.
"권력엘리트집단간의 세휴와 민주화", 1999, 《한국의 근대성과 전통의 변용》, 한국정신문화연구원.
"베버: 합리성의 역설을 넘어서", 1999, 《시원으로의 회귀》, 나남.
"서양 중세 가족", 2000, 〈전통과 현대〉.
"사회통제의 이론과 현실", 2000, 〈사회문제연구회〉.
"막스 베버 종교사회학의 이론적 틀", 2001, 〈민족과 문화〉.
"Max Weber 사회학의 현대적 의의", 2001, 〈인간과 사회〉.
"막스 베버의 유교론: 비판적 재구성", 2003, 〈남명학연구〉.
"막스 베버와의 가상대담 I", 2004, 〈사회와 이론〉 1호 4집, 한국이론사회학회.
"근대성: 하나인가 여럿인가?", 2005, 〈사회와이론〉 1호 6집, 한국이론사회학회.
"서평: '담론과 해방'", 2005, 한국간행물윤리위원회.
"막스 베버의 합리성론에 대한 소고", 2006, 〈철학사상〉, 서울대학교.
"서평: 〈맹자의 땀, 성왕의 피: 중층근대와 동아시아 유교문명〉", 2012, 〈사회와 이론〉 2호.

베버 저작 번역서 목록

《막스 베버 역사사회학연구》(저), 1995, 나남.
《막스 베버 사회과학방법론》, 1997, 나남.
《탈주술화 과정과 근대: 학문, 종교, 정치》, 2002, 나남.
《직업으로서의 학문》, 2006, 나남.
《직업으로서의 정치》, 2007, 나남.
《막스 베버 종교사회학 선집》, 2008, 나남.
《막스 베버 사회과학방법론 선집》, 2011, 나남.

찾아보기

ㄱ

ㄴ~ㄷ

ㄹ~ㅂ

ㅅ

ㅇ

ㅈ

ㅊ~ㅍ

ㅎ

인명